15 ANOS DA REFORMA FISCAL DE 1988/89

Jornadas de Homenagem ao Professor Doutor Pitta e Cunha

ASSOCIAÇÃO FISCAL PORTUGUESA
INSTITUTO DE DIREITO ECONÓMICO, FINANCEIRO E FISCAL
DA FACULDADE DE DIREITO DE LISBOA

15 ANOS DA REFORMA FISCAL DE 1988/89

Jornadas de Homenagem ao Professor Doutor Pitta e Cunha

15 ANOS DA REFORMA FISCAL DE 1988/89
JORNADAS DE HOMENAGEM AO PROFESSOR PITTA E CUNHA

EDITOR
EDIÇÕES ALMEDINA, SA
Rua da Estrela, n.º 6
3000-161 Coimbra
Tel.: 239 851 904
Fax: 239 851 901
www.almedina.net
editora@almedina.net

EXECUÇÃO GRÁFICA
G.C. – GRÁFICA DE COIMBRA, LDA.
Palheira – Assafarge
3001-453 Coimbra
producao@graficadecoimbra.pt

Novembro, 2005

DEPÓSITO LEGAL
234605/05

Os dados e as opiniões inseridos na presente publicação
são da exclusiva responsabilidade do(s) seu(s) autor(es).

Toda a reprodução desta obra, por fotocópia ou outro qualquer processo,
sem prévia autorização escrita do Editor,
é ilícita e passível de procedimento judicial contra o infractor.

PREFÁCIO

Reúne-se no presente volume uma parte significativa das intervenções nas jornadas comemorativas dos quinze anos da reforma fiscal e de homenagem ao presidente da Comissão, que a preparou, o Professor Paulo de Pitta e Cunha, realizadas em Novembro de 2004 por iniciativa conjunta da Associação Fiscal Portuguesa e do Instituto de Direito Económico, Financeiro e Fiscal da Faculdade de Direito da Universidade de Lisboa.

Este volume, no qual o leitor encontrará intervenções da generalidade dos mais importantes fiscalistas portugueses, não dá a dimensão exacta das Jornadas, por lhe faltar a riqueza dos debates que muitas das intervenções motivaram. Constitui, ainda assim, um repositório de reflexões e informações imprescindíveis para quem queira conhecer a fiscalidade portuguesa e a sua evolução.

Um dos méritos evidentes do livro que agora se publica é, de resto, o de se não ficar pela apreciação das soluções que foram consagradas na reforma fiscal de 1988-1989, antes incluindo toda uma série de textos sobre a evolução posterior, bem como de reflexões sobre os problemas actuais e sobre as perspectivas que se abrem na área fiscal.

A componente internacional que se associou a este debate revelou-se de especial importância num mundo em que a harmonização fiscal europeia reduz significativamente a capacidade de manobra dos decisores financeiros nacionais, já severamente atingida pelos efeitos da mundialização.

Temos, aliás, a este propósito, o privilégio de contar com a colaboração de Vito Tanzi que, num texto expressamente escrito para este evento, dá sequência à brilhante investigação que vem desenvolvendo sobre os problemas actuais da fiscalidade.

A obra colectiva que se apresenta é, antes do mais, o resultado de análises sobre os mais variados domínios da fiscalidade, reflectindo perspectivas muito diversas, unidas por um respeito comum pela obra realizada com a Reforma Fiscal de 1988/89, que constituiu um passo decisivo para a modernização do sistema fiscal português.

Muitos dos seus obreiros aceitaram reflectir sobre o trabalho realizado quinze anos depois e a eles se juntaram outros que estiveram menos directamente ligados à Comissão da Reforma Fiscal ou que não tinham sequer iniciado as suas carreiras de fiscalistas aquando da reforma

Para além da reflexão técnica, integra-se também no presente volume um conjunto de textos de enquadramento dos problemas políticos e económico-sociais da Reforma, que permitem uma mais clara percepção desse processo.

Estamos certos que este será um título de referência na fiscalidade portuguesa e agradecemos penhoradamente aos autores que se dispuserem não só a apresentar comunicações, mas também a revê-las com vista à publicação.

São também aqui devidos agradecimentos às entidades que patrocinaram as jornadas – KPMG, Fundação Luso-Americana, Banco de Portugal, Direcção Geral dos Impostos e Livraria Almedina que, mais uma vez, aceitou juntar-se à Associação Fiscal e ao Instituto de Direito Económico Financeiro e Fiscal da Faculdade de Direito da Universidade de Lisboa, dando à estampa o presente volume.

Uma última palavra destina-se a reafirmar a homenagem ao Professor Pitta e Cunha e à Comissão a que presidiu, pela qualidade e determinação com que souberam abrir novos caminhos à fiscalidade portuguesa.

Lisboa, Setembro de 2005

15 ANOS DA REFORMA FISCAL DE 1988/89

Jornadas de Homenagem ao Professor Doutor Pitta e Cunha

1 – INTERVENÇÕES INICIAIS

Intervenção Inicial do Presidente da AFP

"As Grandes Linhas da Reforma Fiscal de 1988-89"
Prof. Paulo de Pitta e Cunha

"O Enquadramento Político da Reforma Fiscal de 1988/89"
Dr. Miguel Cadilhe

"As Vicissitudes do Processo Legislativo na Reforma Fiscal de 1988/89"
Dr. Olívio Mota Amador

"A Reforma da Tributação do Rendimento nos Anos 90:
Encontros e Desencontros"
Conselheiro Ernesto da Cunha

"Os Desenvolvimentos Posteriores à Reforma de 1988/1989"
Dr. Luís Máximo dos Santos

Resumo da intervenção
Dr. Octávio Teixeira

2 – REFORMA FISCAL DE 1988/1989

2.1. A Tributação do Rendimento das Pessoas Singulares

"O IRS na Reforma Fiscal de 1988/89"
Prof. Dr. Xavier de Basto

"O Código do IRS face ao Direito Internacional Fiscal"
Prof. Doutor Manuel Pires

"A Reforma Fiscal de 1989 (uma visão por dentro)"
Dr. Vasco Branco Guimarães

"A Evolução dos Reembolsos no IRS: Uma Perspectiva Jurídico-Financeira"
Dr. MANUEL FAUSTINO
Comunicação
Dr. JOAQUIM ÁGUEDA PETISCA

2.2. A Tributação do Rendimento das Pessoas Colectivas

"O Enquadramento do IRC na Reforma Fiscal de 1988/89"
Prof. Doutor ROGÉRIO FERNANDES FERREIRA

"A Tributação das Sociedades na Constituição e na Reforma de 1988/89"
Dr. HENRIQUE MEDINA CARREIRA

"Tributação dos lucros das Sociedades: Perspectiva actual e evolução histórica"
Dr. RAUL ESTEVES

"O Conceito de Estabelecimento Estável na Tributação do Rendimento"
Prof. Doutor LUÍS MENEZES LEITÃO

"O IRC no Contexto Internacional"
Dr. LUÍS MAGALHÃES
KPMG

"A Reforma Fiscal e a Competitividade das Empresas:
Sucesso ou Oportunidade Perdida"
Dr. CARLOS LOUREIRO
DELOITTE

"Alguns Desafios ao Código do IRC – Preços de Transferência
e o Desafio Europeu"
Dra. PAULA ROSADO PEREIRA

2.3. A Tributação Local e os Benefícios Fiscais

"A Tributação Local na Reforma Fiscal de 1988/89.
Uma avaliação 15 anos depois"
Prof. Doutor MANUEL PORTO

"Os Benefícios Fiscais na Reforma Fiscal de 1988/89"
Dr. NUNO SÁ GOMES

"Do Código da Contribuição Predial ao Código do Imposto Municipal sobre Imóveis"
Prof. Doutor RUI DUARTE MORAIS

"Algumas Notas em Especial sobre a Tributação de Prédios Urbanos no Contexto da Reforma da Tributação do Património"
Dr. Luís D.S. Morais

"O papel do economista na reforma da tributação local – o "ontem", o "hoje" e o "amanhã"
Dr. José Carlos Gomes Santos

"Breves Notas sobre Benefícios Fiscais numa Perspectiva Económica"
Dra. Maria Teresa Barbot Veiga de Faria

3 – NOVOS DESAFIOS DA TRIBUTAÇÃO

3.1. O Investimento Estrangeiro e os Contratos Fiscais

Intervenção
  Conselheiro Presidente do S.T.A. Dr. Manuel Fernando dos Santos Serra
Resumo da intervenção
  Dra. Maria Eduarda Azevedo

"Investimento Estrangeiro e Contratos Fiscais"
Prof. Doutor José Casalta Nabais

"Em torno do «investimento estrangeiro e contratos fiscais»: Uma visão sobre a competitividade fiscal portuguesa"
Dr. Ricardo Henriques da Palma Borges

"IDE: Sucursais e Subsidiárias – Discriminações e Situações Triangulares"
Dr. Francisco de Sousa da Câmara

3.2. Fiscalidade Ambiental e do Urbanismo

"Fiscalidade do Ambiente e do Urbanismo – que Papel?"
Dr. Rodolfo Vasco Lavrador

"(Um d`) Os Novos Desafios da Fiscalidade Ambiental: A Política Energética e as Finanças Públicas"
Dra. Claudia Soares

"O Automóvel e o Ambiente: o Contributo do Instrumento Fiscal"
Dr. Manuel Teixeira Fernandes

"As Implicações Financeiras da Política Tributária Ambiental"
Dr. Guilherme Waldemar d'Oliveira Martins

"Fiscalidade Ambiental e do Urbanismo"
Mesa Redonda
Dra. Isabel Marques da Silva
"A Tributação do Urbanismo no Quadro do Desenvolvimento Sustentável"
Dr. Carlos Baptista Lobo

3.3. A Administração Tributária e as Novas Tecnologias

"Encefalopatia Espongiforme Administrativa"
Prof. Doutor João Caupers
"A Administração Tributária e as Novas Tecnologias"
Dr. João José Amaral Tomaz
"Um Ponto de Vista sobre a Administração Tributária"
Dr. António Nunes dos Reis
Intervenção
Dr. Miguel Teixeira de Abreu
"Administração Tributária e Novas Tecnologias – principais desafios, novas tecnologias e medidas em curso"
Dr. Tiago Marreiros Moreira

3.4. A harmonização e a Concorrência Fiscais

Intervenção
Prof. Doutor Ruy de Albuquerque
"O Desafio dos Novos Estados-Membros e o Código de Conduta da Fiscalidade das Empresas"
Dra. Clotilde Celorico Palma
Intervenção
Dra. Maria Margarida Mesquita Palha
"Nova Reforma Fiscal"
Dr. Nuno de Sampayo Ribeiro

4 – PERSPECTIVAS DE REFORMA

"Globalization and Tax Systems"
Prof. Vito Tanzi
"Desafios Actuais da Política Fiscal"
Dr. António Carlos Santos

"La Fiscalité des Societés dans L`Union Européenne Élargie"
M. Michel Aujean

5 – HOMENAGEM AO PROF. DOUTOR PAULO DE PITTA E CUNHA E INTERVENÇÕES FINAIS

"Relembrando os tempos da Reforma"
Prof. Paulo de Pitta e Cunha

Intervenção do Presidente da AFP em homenagem ao Prof. Doutor Paulo de Pitta e Cunha

Carta do Prof. Richard Musgrave

Intervenção do Prof. Doutor Pedro Soares Martínez

Intervenção do Vice-Presidente na AFP no encerramento das Jornadas

Alocução do Dr. João Lopes Alves

Intervenção do Director-Geral das Contribuições e Impostos
Dr. Paulo Macedo

1 – INTERVENÇÕES INICIAIS

INTERVENÇÃO INICIAL DO PRESIDENTE DA ASSOCIAÇÃO FISCAL PORTUGUESA

Professor Doutor Eduardo Paz Ferreira

É com vivo prazer que em nome da Associação Fiscal Portuguesa e do Instituto de Direito Económico, Financeiro e Fiscal da Faculdade de Direito da Universidade de Lisboa, dou as boas vindas a todos os que aceitaram o nosso convite para se juntarem em torno de três objectivos: a reflexão sobre a reforma fiscal de 1988/89, a homenagem ao Presidente da Comissão de Reforma e, através dele, aos restantes membros e a busca de novos caminhos da fiscalidade.

Sem querer antecipar o teor dos nossos debates permitam-me apenas que, de modo sintético, refira porque considero da maior importância essas três tarefas.

A reforma fiscal de 1988/89, apesar de todas as vicissitudes que marcaram a sua aprovação, constituiu um marco decisivo na história da fiscalidade portuguesa, dando sequência ao primeiro grande esforço modenizador da Reforma Teixeira Ribeiro, a cujos trabalhos a nossa Associação esteve, aliás, especialmente ligada.

Tomou-se frequente a afirmação de que o imposto constitui a melhor confissão que uma sociedade faz de si mesma, permitindo avaliar quais as suas prioridades e valores fundamentais.

Tal afirmação em poucos casos será tão verdadeira como a propósito da reforma fiscal portuguesa de 1988/89, na qual se capta nitidamente a imagem de uma sociedade com a manifesta aspiração de modernidade, mas que conservava o apego a alguns dos valores que a Constituição Económica de 1976 fixara e que condicionavam, de resto, o legislador ordinário.

É certo que se podem levantar dúvidas quanto à solução que objectivamente privilegiou os rendimentos do capital em relação aos do trabalho ou à diminuta expressão do imperativo constitucional de protecção da família, mas é evidente que já aí a realidade fez sentir o seu peso sobre os ideais.

A reforma consubstanciou, de facto e ainda assim, uma solução de grande equilíbrio entre os desejos de maior justiça fiscal e social e os impulsos neo-liberais de uma tributação neutra, introduzindo factores de racional idade, modernidade e justiça que, no essencial, se têm mantido.

Com esta reforma entramos na Comunidade Europeia e com ela nos armámos para enfrentar as profundas transformações que a sociedade portuguesa iria conhecer.

Naturalmente que a reforma era um primeiro passo que exigiria, pelo seu carácter ambicioso, um grande esforço de modernização da Administração Tributária e do sistema informático que, apesar do grande empenho de muitos devotados servidores públicos, não teve pleno desenvolvimento.

Exigiria, por outro lado, a reforma que se tivesse seguido um período de profunda estabilidade legislativa para testar e aprofundar as soluções introduzidas.

Rapidamente, no entanto, se dissolveu a Comissão que a preparara e se entrou em frenesim legislativo com a introdução de centenas e centenas de alterações pontuais, que apenas a desvirtuaram.

Às novas necessidades da fiscalidade resultantes de profundas alterações sócio-económicas e da abertura da economia foi-se procurando responder designadamente com duas importantes iniciativas – a da Comissão Silva Lopes e a protagonizada por Sousa Franco e António Carlos Santos, à qual se associou, aliás, Pitta e Cunha.

Mas aquilo que mais importa reter, quinze anos depois, é que a reforma fiscal de 88/89 permitiu a entrada na modernidade da fiscalidade portuguesa e constitui, ainda hoje, um quadro de referência essencial.

Mas se esse me parece ser o balanço que a distância permite efectuar da reforma, tal balanço justifica amplamente que homenageemos quem para ela contribuiu decisivamente, rompendo o impasse que se prolongava desde a Constituição de 1976, com natural e especial relevo para o Professor Paulo Pitta e Cunha, ilustre professor desta casa, mas um professor sempre disposto à luta por causas e ao empenhamento no serviço público.

Dele e da sua contribuição falaremos, em qualquer caso, mais detalhadamente na sessão da próxima sexta-feira.

Quereria, por agora, sublinhar apenas porque é que optámos por não nos cingir à análise do que foi a reforma fiscal e os seus desenvolvimentos e preferimos juntar uma visão dos grandes problemas da actualidade e dos desafios do futuro.

Vivemos num período em que o pacto social tradicional entre o Estado e os seus contribuintes se quebrou, dando lugar a uma situação que já foi qualificada de mal-estar fiscal e em que a generalidade dos cidadãos têm uma percepção negativa dos impostos, considerados, na versão mais benigna, como um mal necessário, mas sempre como um mal.

Ora, nada pode haver de mais errado os impostos são um exercício de cidadania, como expressivamente recordou Gabriel Ardant, na sua monumental História do Imposto, ao dedicá-la aos contribuintes que, através das suas reivindicações souberam fundar as modernas democracias.

É através do pagamento de impostos, por outro lado, que assegurarmos o funcionamento do Estado, essencial à vida em sociedade e ao próprio desenvolvimento da actividade económica.

Impõe-se, pois, alterar este estado de coisas quer através de um actuação que, por um lado, restabeleça a confiança mútua entre o Estado e os cidadãos através de um escrupuloso respeito pelos princípios da ética financeira e fiscal, quer pela busca de novas soluções fiscais em que as comunidades políticas se reconheçam mais facilmente.

Necessariamente não se trata de qualquer nova forma de "poujadismo", que aponte para a supressão dos impostos ou da rápida adesão a sereias da modernidade mal testadas e seguramente geradoras de profundas injustiças sociais, mas de uma reflexão serena em tomo de questões como a da preferência pela tributação do rendimento ou do consumo, dos limites da progressividade, do compromisso entre os objectivos de personalização e simplificação da carga fiscal, da adopção de novas formas de tributação como a ecológica, ou ainda da apreciação dos efeitos da concorrência fiscal internacional.

Que esta reflexão seja levada a cabo conjuntamente por académicos, responsáveis pela Administração Fiscal e práticos de fiscalidade parece-me uma garantia de que todos sairemos desta semana com ideias mais claras.

Muitas foram as dívidas de gratidão que a Associação Fiscal, o IDEF e eu próprio contraímos na sua preparação destas jornadas.

Permitam-me que recorde, desde logo, as largas dezenas de qualificados intervenientes que me sensibilizaram com a sua disponibilidade imediata para este exercício e que recorde, em especial, os vieram de longe e até do estrangeiro, honrando-nos com a sua presença como sucede com Vito Tanzi, Alberto Xavier, Michel Aujean e António Carlos Santos.

Falhou-nos à última hora um convidado muito especial – Richard Musgrave – que apesar dos seus noventa e quatro anos se dispôs a vir a Lisboa, numa deslocação que acabou por lhe ser desaconselhada, mas não deixou de manifestar o maior empenho pelos nosso trabalhos e em especial pela homenagem ao professor Pitta e Cunha.

Da mesma forma, quero manifestar toda a minha gratidão e honra pela presença do Senhor Secretário de Estado dos Assuntos Fiscais e do Senhor Director Geral dos Impostos e outros altos dirigentes da Administração Fiscal, formulando votos de pronto restabelecimento ao Senhor Ministro das Finanças, através da sua representante, Drª Rita Magalhães Colaço, em quem não podemos deixar de rever a figura da Professora Isabel Magalhães Collaço – vulto maior desta casa – infelizmente recentemente desaparecida.

Também ao Senhor Reitor; Professor Barata Moura, é devida uma palavra de especial gratidão pela sua presença, bem demonstrativa da sua concepção da Universidade e do seu empenho no diálogo com a sociedade civil.

Uma palavra de vivo agradecimento vai para os nossos patrocinadores e para a Faculdade de Direito que nos viabilizou o acesso a este magnífico auditório.

Quereria, ainda, recordar a devotada equipa da Associação Fiscal e do IDEFF, que tive o prazer de coordenar, e que foi decisivo para a organização, permitindo-me agradecer de forma especial aos drs. Rogério Manuel Fernandes Ferreira, Olívio Mota Amador, Isabel Marques da Silva, Carlos Lobo e Sérgio Vasques e às Sras D^{as} Conceição Faveiro, Andrea Firmino e Carla Aires.

Ao terminar, formulo o voto de uma semana profícua de trabalhos, que dê a imagem do crescente empenho da Associação Fiscal em debater os grandes temas da fiscalidade contemporânea.

AS GRANDES LINHAS DA REFORMA FISCAL DE 1988-89

Professsor Paulo de Pitta e Cunha

1. Antes de relembrar os principais aspectos da reforma fiscal de 1988-89, não quero deixar de endereçar as minhas felicitações à organização desta Conferência, a qual constitui, porventura, a mais ampla reunião de cultores da fiscalidade até hoje realizada em Portugal.

Não é excessivo considerar-se que a reforma fiscal de 1988-89 representou uma viragem histórica na fiscalidade portuguesa. Visou-se a substituição do sistema cedular-misto, que vinha sendo praticado há longos anos, pela fórmula de tributação tendencialmente unitária do rendimento global. Esta substituição havia sido prevista no preâmbulo do Código do imposto complementar introduzido pela reforma de 1962-65, e consagrada na Constituição da República em 1976, por explícita referência ao carácter global e progressivo da tributação do rendimento – o primeiro aspecto ligado sobretudo a uma preocupação de equidade horizontal, o segundo visando a equidade vertical.

Em certo sentido, o novo sistema de tributação do rendimento tinha como distante antecedente histórico a décima militar do século XVII, que atingia complexivamente o rendimento dos capitais, dos prédios, dos ofícios e das rendas. Também na efémera reforma de 1922 se deparara com a visão do imposto global – tornado então impraticável pela manifesta incompatibilidade entre o nível de desenvolvimento do País e as exigências de uma fiscalidade evoluída.

2. A cedularização do sistema, que constituiu a nota dominante das alterações do sistema fiscal em 1929, acabou por ser mantida na já referida reforma de 1962-65. As medidas então introduzidas representaram uma alteração muito significativa do sistema, com especial referência à

consagração do princípio da tributação dos rendimentos reais. Mas faltou o golpe de asa que seria a passagem à tributação unitária, ou, pelo menos, a um sistema em que os impostos parcelares, longe de permanecerem independentes, actuassem como dispositivos operando "por conta" do principal. E, com o decorrer do tempo, a tendência não foi a de aproximação da figura da tributação unitária, mas, ao invés, a de uma "cedularização" crescente, assinalada pelo tratamento diferenciado das diferentes espécies de rendimentos, ao ponto de se ter introduzido a progressividade no âmbito de algumas delas (foi o caso do imposto profissional), ao mesmo tempo que o imposto complementar perdia o protagonismo que deveria alcançar.

Quando a Comissão de Reforma Fiscal foi nomeada, por diploma legal de Julho de 1984, já tinha decorrido quase uma década desde a introdução na Constituição da referência à fórmula unitária, e haviam sido feitas repetidas reflexões convergindo na necessidade de profunda remodelação das estruturas fiscais. A verdade é que a passagem ao modelo de tributação unitária já tardava. Esse modelo, tradicionalmente implantado no mundo anglo-saxónico e germânico, foi objecto de introdução, já algo tardia, em sistemas de raiz latina. Mas, ao tempo da criação da Comissão de Reforma Fiscal, já a conversão destes se operara há bastante tempo: na Bélgica, em 1963; na Itália, em 1973; em Espanha, em 1978. Na OCDE, Portugal estava, assim, na posição pouco invejável de derradeiro portador da fórmula dualista, posição compartilhada, em plano extra-europeu, por certos países da América Latina, pelo Egipto, pela Síria e pelo Líbano.

3. Para além da premência de instituir em Portugal o sistema unitário de tributação do rendimento, a reforma de 1988-89 acompanhou a onda das mutações fiscais impulsionadas pela reforma tributária dos Estados Unidos, e que alastraram a países como a Nova Zelândia e o Reino Unido, a qual se sintetizava na sigla RR-BB ("rate reduction, base broadening"). O que estava em causa era, por um lado, o sensível abrandamento da progressividade, responsável, dados os níveis extremos alcançados, por desaconselháveis efeitos de desincentivo, e, por outro, o alargamento das bases de tributação, através da supressão de múltiplos regimes privilegiados.

Entre nós, das taxas absurdamente elevadas atingidas "teoricamente" pelo imposto complementar passou-se à fórmula da tributação compreensiva do rendimento, segundo uma escala moderada, traçada por forma a não ultrapassar o limiar dos 40% (nível idêntico ao praticado na altura no Reino Unido, mas consideravelmente inferior ao fixado em países da Europa continental, como a Alemanha e a França, menos abertos à aceitação da mencionada onda).

Foi, assim, dominante a preocupação de equidade horizontal, inerente à visão da unicidade, que constituía a pedra angular da reforma – havendo também imperativos de eficiência e de simplificação na base do delineamento do novo sistema.

A inserção da reforma fiscal portuguesa numa linha de tendência internacional, expressa pela já referida sigla RR-BB, não resultava de qualquer vinculação a compromissos formalmente assumidos em relação ao exterior, mas da convicção de que se tratava do caminho mais aconselhável para o enquadramento do desenvolvimento económico nacional. Os constrangimentos internacionais eram, em meados dos anos 80, bem mais limitados do que são hoje. A adesão à Comunidade Económica Europeia pelo Tratado de Lisboa de Junho de 1985 apenas implicava um esforço de harmonização no campo da tributação indirecta, traduzido na adopção do modelo comunitário do imposto sobre o valor acrescentado. Embora a intensificação da concorrência e a prevista liberalização dos movimentos de capitais aconselhassem a que se estivesse atento à comparação de taxas de tributação das empresas, semelhantes imperativos não se suscitavam no campo das pessoas singulares. Houve, assim, um apreciável desafogo no traçar das linhas do sistema, perante um quadro limitado de efectivos constrangimentos internacionais.

4. A globalização visada pela reforma de 1988-89 norteou-se em função de uma concepção ampla da tributação do rendimento – a perspectiva do acréscimo patrimonial, conhecida pelo modelo de Schanz/Simons, presente quer no tratamento dos rendimentos individuais, quer na definição do lucro no plano dos societários. A adopção do conceito de rendimento – acréscimo em substituição do de rendimento – produto implicava o alargamento da base de incidência a aumentos de poder aquisitivo não resultantes das fontes produtivas, trazendo para o campo do imposto as mais-valias e ganhos fortuitos.

5. Os trabalhos da Comissão correram em clima de assinalável consenso. A transparência e a democraticidade de funcionamento marcaram as largas dezenas de reuniões havidas. Nunca o presidente pretendeu impor as soluções que partilhava, tendo-se mais do que uma vez tomado

decisões divergindo da sua posição – embora tal não tenha acontecido quanto aos pontos fundamentais da nova estrutura fiscal.

A Comissão tinha por missão, nos termos do diploma que a instituiu, realizar os estudos para a reestruturação do sistema tributário e propor as medidas adequadas a essa reestruturação (o que implicava a elaboração dos diplomas reguladores das categorias fiscais propostas – os novos códigos fiscais). Os termos de referência da sua missão eram suficientemente vagos e amplos para permitir larga liberdade criativa aos trabalhos da Comissão.

A Constituição da República, a par da afirmação do carácter global do imposto, fazia prevalecer a perspectiva de equidade vertical, com o relevo dado ao carácter progressivo da tributação. Esta visão reconduzia-se à preocupação ideológica de igualização do rendimento e da fortuna, tornando necessário um certo esforço de interpretação a fim de integrar as preocupações de eficiência que acabaram por constituir marcas básicas da reforma. É de notar, no entanto, que a equidade horizontal já estava de certo modo intuída na afirmação do carácter global do imposto.

6. Como foi reconhecido por deputados dos vários quadrantes, formou-se um consenso generalizado quanto à necessidade da reforma empreendida e verificou-se uma invulgar convergência das forças políticas nacionais quanto ao resultado do trabalho da Comissão de Reforma Fiscal.

Houve um aspecto que suscitou certa polémica, mas, curiosamente, o problema não se suscitou em relação ao exterior, pois se traduziu numa diferença, de carácter doutrinal, entre as posições da Comissão de Reforma Fiscal, representada pelo seu presidente, e o próprio Ministro das Finanças, a propósito da extensão das chamadas "taxas liberatórias".

A questão resume-se assim. O Governo começou por apresentar uma proposta da "lei de bases" da reforma, a qual reflectia os pontos de vista da Comissão. Mas decidiu apresentar separadamente uma segunda proposta, concretizando a matéria das taxas e outros aspectos quantitativos. Dessa segunda proposta existiram duas versões – a primeira reflectia ainda as concepções da Comissão; na segunda, apresentada no mesmo dia, e que veio substituir aquela, propunha o Governo que se retirasse à globalização as categorias das mais-valias e dos rendimentos de capitais, submetendo-os, na prática, a tributações autónomas, e assim subvertendo a concepção unitária do imposto.

A história da reforma relembrará a troca de cartas, em que, com assinalável elevação, cada um dos lados desenvolveu os seus argumentos. A crise veio a ser superada por meio da fusão das duas propostas, consagrada numa única Lei de Autorização (Lei n.º 106/88, de 27 de Setembro), em termos de se recompor, embora apenas parcialmente, o pressuposto da unicidade (tendencial) por que se norteava a Comissão. É justo que se saliente aqui o empenho posto pela Comissão de Economia e Finanças da Assembleia da República na busca de uma solução.

7. A substituição da tributação dualista pela tributação unitária do rendimento (tornando possível a existência de verdadeiras deduções personalizantes) assumiu, como foi referido, carácter tendencial: por um lado, consagraram-se excepções ao princípio da globalização, traduzidas na existência das mencionadas taxas liberatórias; por outro, foram integrados elementos da fórmula analítica, mantendo-se regimes específicos no tratamento das diferentes categorias, elementos esses que constituem reminiscências da antiga estrutura fiscal.

Na tributação do agregado familiar foi consagrada a fórmula do coeficiente conjugal, em especial por invocação de imposições constitucionais – isto a despeito de fortes argumentos no sentido da tributação separada, solução para que se inclinavam vários membros da Comissão, incluindo o presidente.

Procedeu-se ao alargamento das garantias dos contribuintes, situando-se a base de aferição da matéria colectável nas declarações, abrindo-se possibilidade à arguição judicial da errónea quantificação dos factos tributários, e afirmando-se, por fim, a necessidade de fundamentação dos actos da Administração fiscal.

Na continuidade da anterior reforma fiscal, alargou-se o campo de tributação dos rendimentos reais efectivos.

8. A par do imposto sobre o rendimento das pessoas singulares foi instituído o imposto sobre o rendimento das pessoas colectivas, ficando conhecidos respectivamente pelas siglas IRS e IRC. No último, sucessor da contribuição industrial, tornou-se ainda mais visível a perspectiva do rendimento acréscimo na definição do conceito de lucro tributário. Estabeleceu-se um sistema de articulação entre ambas as categorias fiscais, através do método do crédito de imposto concedido aos titulares de lucros distribuídos.

Na evolução do sistema instituído pela reforma fiscal de 1988-89 cabe salientar três momentos: a publicação, em 1996, do Relatório da Comissão para o Desenvolvimento da Reforma Fiscal, presidida por José da Silva Lopes, no qual se integraram múltiplas reflexões e sugestões de medidas; a apresentação, em 1997, pelo então Ministro das Finanças, António de Sousa Franco, do que se denominou o regime de "transição para o século XXI", no qual se propuseram inovações, mas não foram postas em causa as estruturas fiscais saídas da reforma; e a alteração legislativa de Dezembro de 2000. Esta última consistiu numa "mini--reforma", assente sobretudo na criação de um "regime simplificado", envolvendo presunções de rendimento mínimo e o estabelecimento de coeficientes fixos para deduções feitas a título de custos, e comportando ainda a consagração de indicadores objectivos de riqueza para correcção das declarações dos contribuintes.

Com a reforma de 2000 e os sistemas simplificados que gerou, operou-se significativa entorse do princípio da tributação dos rendimentos reais efectivos, e iniciou-se um processo de erosão das garantias dos contribuintes. É uma orientação perigosa, convergindo com o que já se praticava em Itália, onde se instituíram dispositivos baseados em coeficientes fixos segundo o esquema do chamado "reditómetro", o qual foi qualificado por reputados fiscalistas como marcando uma evolução perversa da fiscalidade nesse país.

9. Quinze anos passados sobre a conclusão dos trabalhos da Comissão de Reforma Fiscal, é de concluir que os modelos fiscais instituídos estão consolidados e são hoje consensuais. As intenções expressas em 1996 e 1997, e as próprias alterações que se concretizaram em 2000, aceitaram a filosofia de base do sistema e não puseram em causa as categorias fiscais que o integram.

Houve, desde 1989, múltiplas modificações do quadro normativo dos novos impostos, sem que, contudo, alguma delas merecesse o qualificativo de verdadeira reforma. É no campo de tributação do património que parece ainda existir espaço para uma acção reformadora, embora diminuída no seu alcance pela exiguidade das receitas que daí podem advir.

Tem de reconhecer-se a existência de aspectos positivos, como é o caso da prossecução da gradual redução das taxas de IRC e do aprofundamento da conceptologia dos preços de transferência e das vantagens acessórias.

Mas é bem maior o número de pontos preocupantes: a já referida corrosão da pureza de concepções da tributação do rendimento, por via da introdução de métodos indirectos de determinação da matéria colectável; o cerceamento das garantias dos contribuintes pelo recurso a normas anti-abuso, como as que envolvem a prática inutilização dos prazos de prescrição e caducidade; as inversões do ónus da prova; o acesso ilimitado às contas bancárias.

No plano internacional há que anotar os importantes constrangimentos que entretanto foram sendo criados: o Pacto de estabilidade, verdadeira criação masoquista dos Estados membros da união económica e monetária, responsável pela ânsia com que se procura, de qualquer maneira, a produção de receitas fiscais; a lista do Código de conduta, fórmula de "soft law" cuja eficácia está por demonstrar; a directiva da poupança e o seu efeito na tributação dos rendimentos de capitais.

Por outro lado, suscita perplexidade a forma ligeira com que se pretende passar por cima de compromissos internacionalmente assumidos, como os relativos ao regime de atribuição de benefícios fiscais nas zonas francas, consagrados como auxílios de Estado e negociados com a Comissão Europeia com base na invocação de factores de ultraperificidade.

É, pois, com preocupação que, tendo como pano de fundo a impotência na redução do nível de despesa pública, se assiste à avidez na obtenção de receitas fiscais de qualquer modo, com o risco de se ver esboroar parte do travejamento da reforma fiscal de 1988-89. E, ao mesmo tempo, vai-se suscitando sensível instabilidade legislativa, fonte de grande insegurança para o contribuinte.

10. A reforma de 1988-89 representou um ponto alto na evolução do nosso regime fiscal. A justeza dos princípios por que se guiou teve comprovação na consensualidade com que foi acolhida.

A Comissão de Reforma Fiscal foi incumbida da proposição de soluções e do estudo das linhas normativas da nova fiscalidade do rendimento. Não se cansou de apontar ao Governo a necessidade de fazer acompanhar uma reforma, concebida à escala de um país evoluído, por todo um esforço de harmonização da Administração fiscal. Infelizmente, tal esforço não foi prosseguido com suficiente empenhamento e os resultados, nesse plano, não são brilhantes.

11. Um fenómeno recente merece ser referido. Nos últimos anos, observa-se uma paradoxal tendência de regresso à cedularização, por implicação dos efeitos da globalização na concorrência fiscal internacional. Países de sistema fiscal avançado vão nesse sentido, desde Estados escandinavos, com o "dual income tax", até à Holanda, com o sistema das "boxes" independentes (tornando impossível deduzir as perdas verificadas numa delas aos lucros apurados em outra ou outras).

O retorno à perspectiva cedularizante, que – sublinhe-se – não atingiu (ainda) os grandes países, implica o crescente distanciamento em relação às bases de capacidade contributiva e aos imperativos de equidade.

Alguns até admitem, espera-se que prematuramente, a hipótese de o sistema de imposto global, à maneira de Simons, não poder sobreviver.

12. A contribuição das reformas fiscais para enfrentar os grandes desafios lançados ao País neste início do século XXI, em termos de melhoria da produtividade e da competitividade, é decerto importante, mas não será o factor decisivo. O esforço de modernização compreende reformas estruturais em áreas-chave, como a justiça, a saúde, a educação e a segurança social.

Estamos conscientes de que no campo da fiscalidade não há realidades eternas. Mas, nas condições que prevaleciam no País e no mundo, na altura em que o sistema português de tributação global do rendimento foi introduzido, julga-se que a fórmula encontrada correspondia às exigências de justiça, eficiência e simplicidade próprias de um sistema fiscal evoluído. Daí que os que trabalharam na Comissão de Reforma Fiscal (infelizmente, já não estão entre nós dois dos seus membros) possam, sem falsa modéstia, sentir orgulho pelo trabalho que desenvolveram.

Lisboa, 15 de Novembro de 2004

O ENQUADRAMENTO POLÍTICO DA REFORMA FISCAL DE 1988/89

Dr. Miguel Cadilhe

Minhas Senhoras e Meus Senhores

Os meus cumprimentos iniciais vão para os Senhores Presidentes da Associação Fiscal Portuguesa e do Instituto de Direito Económico, Financeiro e Fiscal da Faculdade de Direito de Lisboa.

Muito obrigado pelo convite que me dirigiram.

Tenho muito gosto em falar do enquadramento político que, há 15 anos, envolveu, condicionou e viabilizou a Reforma Fiscal.

Começarei pelas motivações e contra-motivações de reforma, em geral. E recordaria que, naqueles anos, se vivia um ambiente político e uma vontade verdadeiramente reformadores, em múltiplas áreas do Ministério das Finanças.

Depois, procurarei rever, mais em particular, as motivações de contra-Reforma Fiscal.

Abordarei, igualmente o "trade off" entre, por um lado, a política orçamental anticíclica, em plena expansão, e, por outro lado, a proposta de maior desagravamento fiscal, da qual, aliás, eu teria sido primeiro subscritor se outra tivesse sido a conjuntura económica.

E terminarei com uma palavra sobre os trabalhos da Comissão da Reforma Fiscal e o elevado grau de acolhimento político das suas propostas.

I

1988/89: MOTIVAÇÕES DE CONTRA-REFORMA, EM GERAL

A nível do País, não há desenvolvimento sem boa saúde financeira. Ou seja, sem disciplina das contas do Estado, sem controlo das contas externas, sem segurança dos ritmos de crescimento económico.

O primeiro dever de um ministro das Finanças é garantir condições de saudável clima financeiro.

Olhando para as três últimas décadas, não é fácil encontrar uma série de anos como 1986 a 89 em matéria de resultados macroeconómicos. A saúde financeira do País é como a nossa saúde: *só se dá por ela quando falta*.

Também dificilmente se encontra uma outra série de anos em que o País tenha assistido a um conjunto tão vasto de reformas. Das Privatizações ao Tribunal de Contas, do Sistema Financeiro à Dívida Pública, dos instrumentos de poupança e do Mercado de Capitais à Reforma Fiscal.

Assumir, por inteiro, a responsabilidade activa de fazer reformas na área do Ministério das Finanças, em vez de manter a responsabilidade *passiva e despercebida de as não fazer*, foi a opção de fundo que decidimos levar a cabo, ainda na qualidade de Governo minoritário, e depois já em maioria após as eleições de Julho de 1987.

Bem sabemos que em qualquer país, em qualquer época, as reformas sempre constituem um alimento *infindável* de críticas, receios e fantasmas.

É sempre assim. Os críticos e os fantasmas fazem opinião pública nas circunstâncias da reforma. Alastra-se o espírito de contra-reforma. E o *reformador* dificilmente escapa, incólume, à época das reformas.

Uma reforma *não é uma revolução,* nem é a passagem, de uma só vez, a uma situação final, definitiva, imutável.

As reformas são evolutivas, gradualistas, moderadas. Atendem à situação de partida. Relativizam a situação de chegada como uma passagem para um ponto de referência que é, ele mesmo, muitas vezes inatingível.

Nesta medida, *os governos reformistas* têm um toque de utopia, mas não perdem, por causa dela, a noção e a proporção das realidades.

Por vezes, há que admiti-lo, nem será indiscutível o caminho escolhido. E podem surgir mesmo, no trilho das reformas, algumas injustiças...

As reformas são assim.

Pior do que elas é, seguramente, o *conservadorismo*, porque pode cristalizar injustiças bem mais gritantes e, no extremo, consagrar o imobilismo e bloquear a modernização.

Muito pior ainda é a *revolução,* porque pode subverter estruturas e desmantelar a confiança e, em seu lugar, colocar o vazio do anarquista ou o pleno do autoritário.

Entre as atitudes dos espíritos *timoratos* e as dos espíritos *temerários*, há uma atitude construtiva e reformadora que passa ao largo da crítica pela crítica.

Mas valeria mesmo a pena trilhar a via das reformas?

É que, ao fazê-lo, estávamos a "trilhar", quer dizer, também a magoar, ferir, macerar interesses... Por isso, muitas vezes, *um governo que semeie reformas colhe, para si, tempestades.*

Disso não tínhamos dúvidas quando iniciámos o trilho das reformas. Como não tínhamos dúvidas de que algumas pessoas recorreriam a muitos meios para resistir às reformas ou desviar o curso das mudanças.

Quem reforma, repito, enfrenta diversas motivações de contra-reforma. Umas são legítimas. Outras são ínvias e subterrâneas.

O *contragosto* das oposições parlamentares pelas reformas de um governo é político, é natural. E inspira, à luz do dia, o seu discurso e a sua prática que até podem acabar por ser, objectivamente, *anti-reformistas,* neste sentido de estar contra o modo e o tempo de cada reforma que um governo vai realizando.

Mas isso é distinto da *motivação oculta e sombria* da contra-reforma que, na penumbra, busca quaisquer meios para atingir os fins e vai aumentando a parada dos meios numa luta desigual – como notoriamente ocorreu em 1988 e 89.

Abundavam, assim, em diversas frentes, poderosas motivações de contra-reforma naqueles anos finais da década de oitenta...

É bom, sabe bem, ter hoje presente este passado e as suas vicissitudes anti-reformistas.

II

1988/89: MOTIVAÇÕES DE CONTRA-REFORMA FISCAL, EM PARTICULAR

Um bom exemplo dos *maus momentos* por que passou toda a equipa das Finanças é-nos dado pela Reforma Fiscal. E é quase indescritível a confluência de *altas pressões de conservação* a que foi sujeito aquele Ministério.

Foram muitas as críticas. E nem todas foram válidas e objectivas.

Umas decorreram unicamente do desconhecimento dos princípios estabelecidos nos diplomas propostos para a Reforma Fiscal.

Outras indiciaram uma persistente vontade política de subalternizar uma das mais profundas reformas estruturais no Portugal democrático. Há um quarto de século que o País não vivia uma experiência homóloga.

Outras, ainda, mal disfarçavam ser o receio de uma eficiência tributária aquilo que mais as movia.

Outras, finalmente, tentaram fazer a apologia de soluções alternativas, o que, em si mesmo, era positivo e muito me aprouve registar pelo enriquecimento da própria Reforma.

As críticas mais ligeiras e desajustadas, mas mais perniciosas, foram feitas a pretexto de um *invocado agravamento fiscal*.

Generalizou-se, em 1989, essa falsa ideia sobre a Reforma. O tempo haveria de repor a verdade dos factos.

E a verdade é esta, que uma vez mais se reafirma: – com a Reforma Fiscal, quer em IRS, quer em IRC, houve desagravamento fiscal sobre os rendimentos correntes da maioria esmagadora das pessoas singulares e colectivas, contribuintes efectivos e cumpridores.

O desagravamento fiscal inseria-se numa óptica de *gradualismo*. E era compatível com o crescimento da receita fiscal global, daí, talvez, uma das fontes de miopia e confusão.

Um tal gradualismo tinha de se fazer sentir, desde logo, no primeiro ano de aplicação do IRS e do IRC. Impunha-se que fossemos particularmente prudentes, para diminuir os riscos da transição quer sobre a receita fiscal efectiva, quer sobre o aquecimento da expansão que então vivíamos.

Não foram esgotadas em 1989 as margens de manobra da Reforma, no sentido de futuros e cautelosos desagravamentos logo que a conjuntura e o nível efectivo da receita o consentissem.

Aqueles que diziam que a Reforma Fiscal deveria ter ido mais longe no desagravamento confiavam, *a priori*, mais do que nós, no efeito-eficiência resultante do novo sistema fiscal e da maior operacionalidade do Fisco. E, por isso, não relevavam, tanto quanto nós, o imperativo da redução do défice público. Ou subalternizavam, diferentemente de nós, a função estabilizadora da procura interna que cabia à política fiscal desempenhar, como importantíssimo componente da política macroeconómica em expansão.

Houve também aquele estapafúrdio caso do Imposto Complementar de 1988, cobrado, como era de regra, em 1989 e que tanta celeuma deu sob argumento, absolutamente erróneo, de dupla tributação do mesmo rendimento (que não era o mesmo).

Foi assim, politicamente, a Reforma Fiscal.

Fizeram-na parecer outra coisa. Moveram-se os espíritos de contra--reforma...

Mas, em política, as boas ou más aparências só resistem ao curto prazo. E a Reforma Fiscal era para valer por muitos anos.

Chegámos, por vezes, a pensar que, no curto prazo dos políticos mais astutos, não compensa fazer reformas.

Ou, dito de outro modo, inquirido sobre a Reforma Fiscal e outras iniciativas de uma governação reformista, sempre um qualquer ministro *finório e experimentado* haveria de retocar o conhecido provérbio e recomendar: – *Reformas? Reformas! Deixemos para amanhã o que podemos fazer hoje.*

E não se diga que é cinismo. É sabedoria ao serviço da política *stricto sensu*, isto é, da política de motivações partidárias, preocupações eleitorais e objectivos de conservação do poder. Sabedoria em que, todavia, não alinhei. Sabedoria, aliás, que ainda hoje dispenso.

III

A RESTRIÇÃO ORÇAMENTAL NA REFORMA FISCAL

O objectivo da redução do défice público impunha um constrangimento à Reforma Fiscal.

Como é sabido, as receitas fiscais crescem em correlação com o crescimento nominal da actividade económica. Mas também as despesas públicas crescem. Interessa é que a correlação seja maior nas receitas do que nas despesas. E que o crescimento destas, sobretudo da sua parte corrente e primária, seja inferior ao crescimento do PIB. Mais precisamente, em meu entendimento e no de muitos economistas, interessa que diminuam os rácios do défice corrente primário e da despesa corrente primária em percentagem do PIB.

Registe-se que os indicadores das finanças públicas atingiram então, talvez, o melhor desempenho de sempre, em democracia. Incluindo aí a acomodação de efeitos quer da verdade das contas públicas, quer da racionalização da dívida pública, quer da majoração dos vencimentos do funcionalismo para fins do IRS – que, obviamente, muito sobrepesaram o lado das despesas (o último factor foi neutro para o défice).

A questão era esta: como *obter mais receita sem agravar a carga fiscal* que já incidia sobre os contribuintes efectivos e cumpridores? As soluções foram de três tipos, para além da nova eficiência do sistema reformado – o que era o mais importante de tudo.

Em primeiro lugar consagrou-se o alargamento da base de incidência. Passámos a abranger factos tributários, ou contribuintes, que simplesmente não pagavam imposto porque os rendimentos respectivos não estavam abrangidos, ou, estando, estavam mal conceituados nas regras de incidência.

Encontrámos esta linha de orientação quer no IVA sobre os serviços de advocacia quer na própria Reforma Fiscal/89, através do conceito de rendimento adoptado, bem como da tributação em IRS dos funcionários públicos, e titulares de cargos políticos, entre outros exemplos que poderíamos dar.

Em segundo lugar, procedemos à eliminação de benefícios fiscais. Reduziu-se drasticamente a vastíssima manta de isenções, reduções de taxas, deduções à matéria colectável ou à colecta, criadas e mantidas ao longo de anos. Eram estas situações responsáveis por uma enorme "despesa fiscal".

Uma série de cinquenta pequenos/grandes casos figura no art. 50.º da Lei do OE/88.

Os juros activos das entidades do sector público administrativo – desde sempre isentos de Imposto de Capitais – passaram a ficar sujeitos a imposto desde 1988.

E o Governo passou, em 1989, a emitir dívida pública com taxa de juro *bruta*, naturalmente mais elevada, o bastante para compensar o facto de ela ser até aí *líquida* de impostos. O efeito do lado da despesa pública foi bastante menor do que o do lado da receita fiscal.

Em terceiro lugar, reforçámos o combate à evasão fiscal, mediante a afectação de meios operacionais extraordinários. A informatização tributária, à escala em que então foi lançada, perspectivava-se como uma das maiores infra-estruturas informáticas do País.

Mas sinto que a reforma da administração fiscal propriamente dita não avançou tanto quanto devia, até hoje. E, na verdade, uma boa reforma a nível do conceito pode esvair-se a nível do administrativo. Alguma coisa falhou aí, de muito, muito importante, nos Governos seguintes, desde perdas de prioridade, até cortes de dotação orçamental, passando pela motivação de quadros.

Em 1989, o saldo corrente e o saldo global do SPA (sector público administrativo) e o saldo do sector público alargado (incluindo sector empresarial do Estado), em percentagem do PIB, atingiam níveis de muito bom progresso.

O rácio despesas correntes primárias estacionava, em 1989, nos 28% do PIB (12 pontos percentuais abaixo do asfixiante rácio de 2003 e 2004).

A Reforma Fiscal estava controlada, do ponto de vista dos riscos de derrapagem orçamental das receitas.

IV

O EXCELENTE TRABALHO DA COMISSÃO DA REFORMA FISCAL

Em fins de 1985, quando cheguei ao Ministério das Finanças, um dos domínios mais carenciados do nosso sistema fiscal era o da tributação do rendimento. Para preparar as mudanças, o Governo anterior tinha – e muito bem – criado a Comissão da Reforma Fiscal.

Lembremo-nos, por outro lado, que os trabalhos da reforma da tributação da despesa tinham já chegado ao fim. Em 1986, o IVA substituiu o velho IT (imposto de transacções), bem como toda uma série de pequenos impostos. Era um projecto que herdei no Ministério das Finanças, solidamente preparado pela Comissão do IVA. Havia quem recomendasse adiar por um ou dois anos a aplicação do IVA, com argumentos bastante respeitáveis. Mas decidiu-se avançar, em sério risco político. Correu bem.

Estávamos, pois, motivados para fazer passar à prática a nova tributação do rendimento. Em 1988, prosseguiam os trabalhos da Comissão da Reforma Fiscal, em fase avançada, quase conclusiva. Fixámos, então, a meta de 1989 para a entrada em vigor do IRS e do IRC.

Politicamente, havia que evitar prolongamentos, já pouco produtivos, dos estudos e investigações.

Cabia à Comissão da Reforma Fiscal analisar exaustivamente problemas, comparar situações, carrear soluções técnicas e concepções teóricas, suscitar orientações do Governo quanto a opções de fundo, configurar propostas e submetê-las a decisão final.

E cabia ao Governo decidir e assumir os inerentes riscos e responsabilidades, ponderando o mais possível as soluções e as dúvidas e mesmo as indeterminações que, ao nível técnico, lhe fossem apresentadas.

Obviamente, as propostas nunca vinculam em absoluto os governos, que têm o dever e o direito de as temperar com considerações de outra ordem. O vínculo a uma proposta é sempre relativo, embora haja diferentes graus de vinculação, conforme a natureza dos assuntos e a qualidade e o mandato de quem, sobre eles, estuda e propõe.

Não tenho dúvidas em afirmar que, no caso da Reforma Fiscal, as propostas da Comissão, pela sua qualidade intrínseca, pela categoria dos seus membros, pela importância da matéria, atingiam um elevado grau de vinculação tendencial.

Fiz sentir, desde a primeira hora, o empenhamento político em realizar a Reforma Fiscal. E procurei acolher, em quase plena extensão, as propostas apresentadas. Era o meu dever. Mas também era meu dever acautelar outras valências e dar a tudo uma visão política e económica devidamente integrada.

Nos raros casos de não acolhimento das posições da Comissão, isso aconteceu ou porque não existiam propostas acabadas ou porque houve que pesar outras razões de ordem substancial e política, e, designadamente, razões de estabilização da procura interna.

Por exemplo, quanto às razões deste último teor, as propostas apresentadas pela Comissão sobre taxas e deduções em IRS e taxa em IRC poderiam levar a uma excessiva libertação de rendimento disponível e a um acréscimo de défice orçamental que se me afiguravam contrários às recomendações de política macroeconómica, no meu modo de antever a conjuntura de 1989, como já deixei referido nas partes II e III.

Aí houve, digamos, uma divergência de *grau*.

Já uma divergência de *fundo* surgiu a propósito do tratamento dos rendimentos de capitais em sede do IRS – seguramente um dos casos mais polemizados nos debates sobre as grandes linhas da Reforma Fiscal, picando mesmo uma certa confrontação ideológica que se remoçou nesses tempos de 1988.

A questão justificou que eu escrevesse ao Presidente da Comissão da Reforma Fiscal uma extensa carta que se encontra, algures, publicada.

Minhas Senhoras e meus Senhores

Gostaria de terminar voltando ao essencial, às traves mestras de tudo o que foi a Reforma Fiscal de 1988/89.

A esta distância, são verdadeiramente memoráveis os trabalhos da Comissão da Reforma Fiscal. Trabalhos longos, de notável espessura e competência, trabalhos de autêntica missão pública e de inestimável serventia a desígnios reformadores – magníficos trabalhos esses que apenas tive o privilégio de ajuizar como ministro das Finanças.

Permitam que retome umas palavras que escrevi em livro, nos inícios de 1990, já fora das andanças de ministro; «**É devida uma homenagem à Comissão da Reforma Fiscal, no seu conjunto e a cada um dos seus membros individualmente, pela profundidade e extensão dos trabalhos realizados e pela riqueza das reflexões, das dúvidas, das conceituações, da doutrina e da teoria elaboradas.**»[*]

Hoje, com renovada gratidão e reconhecimento, aqui deposito perante V.Exas. o meu **Bem haja, muito bem haja, Prof. Paulo Pitta e Cunha.**

---

[*] *Factos e Enredos – Quatro anos no Ministério das Finanças,* ed. Asa, Porto, 1990. Uso várias passagens deste livro na presente intervenção.

AS VICISSITUDES DO PROCESSO LEGISLATIVO NA REFORMA FISCAL DE 1988/89

Dr. OLÍVIO MOTA AMADOR[*]

1. A reforma fiscal de 1988/89 permitiu, como assinalou de forma impressiva o Professor Doutor Eduardo Paz Ferreira, "...a entrada na modernidade da fiscalidade portuguesa e constitui, ainda hoje, um quadro de referência essencial"[1].

O processo legislativo conducente à aprovação da reforma fiscal de 1988/89 foi marcado pela ocorrência de acontecimentos políticos e de profundas divergências sobre questões técnicas.

Os acontecimentos políticos com repercussão no processo legislativo foram a dissolução da Assembleia da República em 1987, a subsequente realização de eleições, em 18 de Julho desse ano, e a posse do XI Governo Constitucional.

As principais questões técnicas objecto de diferendo respeitaram ao nível da tributação e à problemática das taxas liberatórias.

A conjugação destes dois factores, instabilidade política e divergências sobre questões técnicas, originou diversas iniciativas legislativas e tornou o processo legislativo relativo à reforma fiscal mais complexo[2].

---

[*] Secretário-Geral da Associação Portuguesa. Assistente da Faculdade de Direito da Universidade Clássica de Lisboa.

[1] Vd., Intervenção na sessão de abertura das *Jornadas "15 anos da reforma fiscal de 88/89"*, promovidas pela Associação Fiscal Portuguesa e Instituto de Direito Económico Financeiro e Fiscal, 15 de Novembro de 2004 (texto policopiado distribuído aos participantes).

[2] Basta referir que foram apresentadas três iniciativas legislativas do Governo relativas à Lei de Bases da Reforma Fiscal: Proposta de Lei n.º 54/IV de 1 de Abril de 1987; Proposta de Lei n.º 3/V de 16 de Outubro de 1987 e Proposta de Lei n.º 59/V de 25 de Maio de 1988.

As vicissitudes do processo legislativo na reforma fiscal de 1988/89, que hoje tendem naturalmente a ser esquecidas, encontram-se registadas em diversos documentos e jornais da época[3].

No presente texto iremos relembrar os traços essenciais desse processo legislativo conturbado, do qual se podem extrair algumas conclusões com interesse para a problemática das reformas fiscais na actualidade.

2. A Comissão de Reforma Fiscal apresentou, em Fevereiro de 1987, ao Governo um projecto de proposta de lei relativa à criação do Imposto sobre o Rendimento das Pessoas Singulares (IRS) e do Imposto sobre o Rendimento das Pessoas Colectivas (IRC)[4]. O referido projecto era acompanhado por uma desenvolvida exposição de motivos a fundamentar as opções expressas no articulado e que sintetizavam o vasto trabalho desenvolvido pela Comissão de Reforma Fiscal.

O Governo transformou o projecto da Comissão de Reforma Fiscal na proposta de Lei de Bases da Reforma Fiscal que apresentou à Assembleia da República e recebeu a designação de Proposta de Lei n.º 54/IV, de 1 de Abril de 1987[5].

As modificações que o Governo introduziu no projecto da Comissão de Reforma Fiscal foram de pormenor[6]. A alteração mais relevante consistiu em suprimir os limites máximos das taxas dos novos impostos e prever uma autorização legislativa suplementar para legislar em matéria de taxas.

Na exposição de motivos da referida proposta de lei relativamente à opção quanto às taxas dos novos impostos defendia-se a orientação seguinte:

---

[3] O Professor Paulo de Pitta e Cunha na comunicação apresentada, em 20 de Outubro de 1994, no Auditório da Fundação Calouste Gulbenkian, em sessão promovida pelo Centro de Estudos Fiscais, referiu-se detalhadamente a este aspecto. A referida comunicação encontra-se publicada sob o título "O andamento da reforma fiscal", in *A Fiscalidade dos Anos 90 (Estudos e Pareceres)* Almedina, Coimbra, 1996, pp. 63-77. Sobre o eco destes problemas na imprensa da época vd., a notícia "Pitta e Cunha revela erros do Governo" in edição do jornal *O Independente*, de 24 de Junho de 1988, pp. II – 4.

[4] A Comissão de Reforma Fiscal foi instituída pelo Decreto-Lei n.º 232/84, de 17 de Julho, e remodelada pelo Decreto-Lei n.º 345/87, de 29 de Outubro.

[5] Publicada no Diário da Assembleia da República, II série, n.º 62, de 1 de Abril de 1987, pp. 2506-2520.

[6] Vd., PAULO PITTA E CUNHA, "O novo sistema de tributação do rendimento", in *A Fiscalidade dos Anos 90,* Almedina, Coimbra, 1996, pp. 13.

"A moderação das taxas conjugada com o alargamento das bases de tributação – já concretizado em parte através da generalização aos servidores do Estado da situação de contribuintes comuns e da reposição em vigor da tributação dos lucros da exploração agrícola – constituem propostas centrais da reforma da tributação do rendimento.

Os imperativos de eficiência económica, justificados quer no plano do mercado interno, quer no da inserção da economia portuguesa no contexto da abertura à competição internacional, aconselham a fixação de taxas marginais em níveis relativamente moderados.

Anote-se que a tendência para o abrandamento da progressividade das escalas de taxas nominais do imposto sobre o rendimento é, hoje, mundial.

Dos meados dos anos setenta para cá a taxa marginal mais elevada desta categoria fiscal foi reduzida em grande número de países. Já na presente década observaram-se medidas de redução dos níveis das taxas nos Estados Unidos, na Irlanda, no Japão, na Nova Zelândia, no Reino Unido e na Suécia, e recentemente foram propostas soluções do mesmo tipo na Dinamarca, na Holanda e na Noruega.

A adopção de uma escala de taxas do imposto sobre o rendimento das pessoas singulares, caracterizada por uma progressividade relativamente branda (quando comparada com a que marcou o imposto pessoal de sobreposição no final dos anos setenta e princípios dos anos oitenta, vai ao encontro da preocupação de contrariar, quanto possível, o efeito negativo do imposto sobre o esforço de trabalho e a competitividade e a incitação ao desenvolvimento da economia subterrânea.

A solução proposta não ignora, porém, a finalidade redistributiva do sistema de tributação do rendimento, e daí que o leque de taxas deva assegurar com nitidez o critério da tributação progressiva.

O objectivo da simplificação recomenda que se adopte um número reduzido de escalões na tabela de taxas do IRS, além de se afastar o método actualmente seguido no domínio do imposto complementar de adopção de tabelas diferentes consoante a situação familiar dos contribuintes.

A norma de equidade inerente à natureza da própria tributação global, em um só grau, do rendimento individual implicará que deixem de ser tributados alguns dos estratos de rendimentos mais baixos, hoje separadamente apurados nos impostos parcelares, ao mesmo tempo que o objectivo de desagravar a situação fiscal, do agregado familiar conduz a aconselhar um regime de tributação que atenue o efeito da cumulação dos rendimentos em sistema de taxas progressivas."[7].

O articulado da proposta de lei estabelecia que as taxas do IRS seriam escalonadas em progressividade, aplicando-se cada uma delas ao valor da matéria colectável compreendida no respectivo escalão[8]. No entanto, admitia-se que relativamente a algumas espécies de rendimentos das categorias E (Rendimentos de capitais), G (Mais-valias) e I (Outros rendimentos) poderiam ser fixadas taxas especiais, tendo em conta a natureza desses mesmos rendimentos ou a impossibilidade da sua individualização para efeitos de englobamento[9].

O IRC comportava uma única taxa aplicável aos contribuintes que exerçessem, a título principal, actividade de natureza comercial, industrial ou agrícola, podendo estabelecer-se taxas reduzidas para os restantes contribuintes[10].

O Governo comprometia-se a submeter à Assembleia da República, num prazo de 120 dias, as tabelas das taxas do IRS, do IRC e da contribuição autárquica seguindo "...um critério de moderação tanto no estabelecimento dos escalões de taxas do IRS como na fixação das taxas do IRC e da contribuição autárquica"[11].

Devido à dissolução da Assembleia da República, ocorrida no mês de Maio de 1987, a referida proposta de lei nem chegou a ser discutida e votada[12].

3. Com base nos resultados das eleições de 18 de Julho de 1987 tomou posse, em 17 de Agosto de 1987, o XI Governo Constitucional.

---

[7] Vd., Diário da Assembleia da República, II série, n.º 62, 1 de Abril de 1987, pp. 2507-2508.
[8] Vd., artigo 8.º n.º 1 da Proposta de Lei n.º 54/IV de 1 de Abril de 1987.
[9] Vd., artigo 8.º n.º 3 da Proposta de Lei cit..
[10] Vd., artigo 14.º da Proposta de Lei cit..
[11] Vd., artigo 27.º da Proposta de Lei cit..
[12] A dissolução da Assembleia da República implicou a marcação de eleições legislativas para o dia 18 de Julho de 1987 e o X Governo Constitucional, que tinha tomado posse a 6 de Novembro de 1985, esteve em funções até ao dia 16 de Agosto de 1987.

O novo Governo apresentou à Assembleia da República a Proposta de Lei n.º 3/V, de 16 de Outubro de 1987[13]. A nova iniciativa legislativa retomava quase integralmente o teor da anterior Proposta de Lei n.º 54/IV, de 1 de Abril de 1987.

Por deliberação da Comissão de Economia, Finanças e Plano, de 28 de Outubro de 1987, foi constituída uma Subcomissão para a apreciação daquela iniciativa legislativa[14]. A Subcomissão, através do Relatório, de 19 de Abril de 1988, concluiu que a Proposta de Lei n.º 3/V devia ser aprovada na generalidade e sugeria as seguintes emendas a introduzir durante a discussão na especialidade[15]:

a) Estabelecimento de um limite para as taxas, por forma a diminuir os actuais extremos da carga fiscal individual[16];

b) Estabelecimento do princípio da participação entre o Estado e o contribuinte, com a criação de um estatuto de direitos e deveres, com a definição das correspondentes responsabilidades[17].

A Proposta de Lei n.º 3/V foi aprovada na generalidade pela Assembleia da República.

4. Quando a Assembleia da República já procedia ao exame na especialidade da Proposta de Lei n.º 3/V, o Governou apresentou a Proposta de Lei n.º 59/V, de 25 de Maio de 1988[18].

---

[13] Vd., Diário da Assembleia da República, II série, n.º 9, pp. 53-68.

[14] A Subcomissão integrava os seguintes deputados: Alberto Monteiro de Araújo (PSD), que exercia funções de Coordenador; José Manuel Gameiro dos Santos (PS); Octávio Teixeira (PCP); José Silva Lopes (PRD); José Luís Nogueira de Brito (CDS) e João Corregedor da Fonseca (ID).

[15] No âmbito dos seus trabalhos a Subcomissão ouviu a Comissão de Reforma Fiscal, o Sindicato dos Trabalhadores dos Impostos, a Confederação Geral dos Trabalhadores Portugueses – Intersindical Nacional, a Confederação do Comércio Português, a União Geral dos trabalhadores – UGT, o Movimento Nacional de Defesa dos Contribuintes e o Dr. Victor Faveiro. A Subcomissão endereçou convites para a prestação de parecer à Associação Industrial Portuense (AIP), à Associação Portuguesa de Economistas, à Associação Industrial Portuguesa e à Associação Nacional de Municípios. Vd., Relatório da Subcomissão para a Apreciação da Proposta de Lei n.º 3/V , Comissão de Economia, Finanças e Plano da Assembleia da República (não publicado).

[16] Vd., alínea f) do ponto n.º 7 do Relatório da Subcomissão para a Apreciação da Proposta de Lei n.º 3/V, de 19 de Abril de 1988.

[17] Vd., alínea g) do ponto n.º 7 do Relatório cit..

[18] Vd., Diário da Assembleia da República, II série, n.º 78, de 25 de Maio de 1988.

O contexto em que surge esta nova iniciativa legislativa é descrito pelo Professor Doutor Paulo Pitta e Cunha como de renovado empenhamento do Governo quanto à realização da reforma expresso numa atenção prioritária dada à vertente administrativa tendo, por virtude desse facto, sido atribuídas acções aos serviços centrais da Administração Fiscal em detrimento da Comissão de Reforma Fiscal. Por isso, os exercícios de simulação para a definição das taxas e escalões dos novos impostos não foram realizados pela Comissão de Reforma Fiscal[19].

Na exposição de motivos o Governo explica a razão para a apresentação desta proposta de lei da seguinte forma:

"Entendeu o Governo que seria conveniente tratar da importantíssima matéria da reforma fiscal em três fases legislativas consecutivas. Numa primeira – que deu lugar às mencionadas propostas de lei n.º 54/IV e 3/V – definir-se-ia o conjunto dos grandes princípios. Numa segunda – a que corresponde a presente proposta de lei – especificar-se-ia a sua expressão numérica, fruto já de um intenso labor calculatório em torno das regras gerais já consagradas. Numa terceira fase, que está aliás, bastante adiantada, aprovar-se-ia a configuração total e detalhada dos IRS, IRC e CA, mediante decretos-leis, com os respectivos códigos.

O tempo decorrido fez reajustar, naturalmente, aquele sentido sequencial do processo legislativo. E a própria aprovação na generalidade da primeira proposta facilitou o avanço e a ultimação dos trabalhos técnicos sobre a segunda proposta de lei.

Tem, afinal, a Assembleia da República a oportunidade de apreciar, em simultâneo, as duas propostas de lei em visão integrada, por certo, mais fecunda. E poderá mesmo, se achar melhor, proceder à fusão dos dois projectos numa única lei. Nada tem o Governo a opor a tal eventualidade." [20].

Assim, a Proposta de Lei n.º 59/V procedia à quantificação dos parâmetros fundamentais dos novos impostos a nível de taxas, escalões, deduções e abatimentos.

---

[19] Vd., PAULO PITTA E CUNHA, "O novo sistema de tributação do rendimento" in *A Fiscalidade dos Anos 90,* Almedina, Coimbra, 1996, pp. 13.

[20] Vd., Diário da República, II série, n.º 78, de 25 de Maio de 1988, pp. 1476.

Na referida Proposta de Lei estabeleciam-se quatro situações de tributação através de taxas liberatórias[21]:
a) Rendimentos de capitais;
b) Mais-valias;
c) Ganhos de jogo, lotarias e apostas mútuas;
d) Não residentes.

Quanto aos rendimentos de capitais estabelecia-se a tributação em IRS, por retenção na fonte, dos juros de quaisquer depósitos à ordem ou a prazo (taxa de 20%, com opção de englobamento), de rendimentos de quaisquer valores mobiliários ao portador não registados nem depositados (taxa de 25%, sem opção de englobamento), de outros rendimentos da categoria E (taxa de 25%, com opção de englobamento)[22]. Além disso, admitia-se a possibilidade de serem estabelecidas taxas liberatórias reduzidas para as espécies de rendimentos da categoria E (Rendimentos de capitais) provenientes da propriedade intelectual ou industrial ou de experiência adquirida no sector industrial, comercial ou científico, quando não auferidos pelo seu titular originário, ou ainda os derivados de assistência técnica e do uso ou da concessão do uso de equipamento agrícola e industrial, comercial ou científico[23].

As mais valias seriam tributadas através da taxa de 10%[24].

Quanto aos ganhos provenientes de jogo, lotarias e apostas mútuas sobre os quais não incida o imposto do jogo estabelecia-se a tributação por uma taxa liberatória de 25%[25].

Os rendimentos dos não residentes em Portugal poderiam ser tributados por uma taxa liberatória até 25%[26].

5. A Proposta de Lei n.º 3/V reflectia as posições da Comissão de Reforma Fiscal.

---

[21] Vd., Artigos 7.º, 8.º, 9.º e 10.º da Proposta de Lei n.º 59/V.
[22] Vd., Artigo 7.º n.º 1 da Proposta de Lei. cit..
[23] Vd., Artigo 7.º n.º 3 da Proposta de Lei cit..
[24] Vd., Artigo 8.º n.º 1 da Proposta de Lei cit..
[25] Vd., Artigo 9.º da Proposta de Lei cit..
[26] Vd., Artigo 10.º da Proposta de Lei cit..

A Proposta de Lei n.º 59/V divergia substancialmente das concepções defendidas pela Comissão de Reforma Fiscal e até de versões anteriores preparadas pelo Governo[27].

O principal foco de discórdia residia no Governo ter decidido alargar o âmbito dos rendimentos que ficariam sujeitos a taxas liberatórias, ou seja, excluídos do englobamento.

A Comissão de Reforma Fiscal defendia que podiam ser feitas algumas concessões em relação à pureza do modelo de tributação global e admitia que, por excepção, não viessem a ser englobadas certas espécies de rendimentos de capitais e mais valias. A impossibilidade de individualização de certo tipo de rendimentos para efeitos de englobamento, como acontecia com os juros dos depósitos bancários e os juros e dividendos de títulos ao portador não registados nem depositados, justificava este regime.

A Comissão de Reforma Fiscal defendia que, apesar do principio da unidade do imposto não poder ser entendido em termos absolutos, os regimes especiais de taxas que fossem admitidos deveriam confinar-se a casos bem delimitados e a situações em que não fosse possível a identificação dos titulares dos rendimentos. Caso contrário, o princípio da unidade do imposto não podia continuar a inspirar as soluções da reforma fiscal.

O Governo considerava que estava plenamente justificada a fixação de taxas liberatórias em relação a duas categorias inteiras de rendimentos, ou seja, os rendimentos de capitais (categoria E) e as mais valias (categoria G). As referidas categorias de rendimento ficariam excluídas da tributação pessoal global para se sujeitarem a taxas constantes, aliás com um nível inferior ao das taxas progressivas que atingiam os rendimentos do trabalho e os rendimentos prediais. Assim, o Governo entendia que era inevitável ampliar o âmbito de aplicação das taxas liberatórias, porque não era possível manter integralmente o princípio da unidade do imposto e a própria Comissão de Reforma Fiscal já tinha admitido a existência de taxas liberatórias.

---

[27] No mesmo dia em que a Proposta de Lei n.º 59/V deu oficialmente entrada na Assembleia da República uma outra versão do documento, conforme com as posições da Comissão de Reforma Fiscal, foi apresentada e logo substituída pelo novo texto. Vd., PAULO PITTA E CUNHA "O andamento da reforma fiscal", in *A Fiscalidade dos Anos 90 (Estudos e Pareceres)* Almedina, Coimbra, pp. 65.

6. Esta profunda divergência tinha consequências, porque a Comissão de Reforma Fiscal considerava que não podia continuar a trabalhar se a posição oficial viesse a desrespeitar as características essenciais da tributação unitária proposta[28].

Perante a controvérsia gerada a Comissão Parlamentar de Economia e Finanças da Assembleia da República desencadeou um trabalho destinado a aproximar a posição do Governo, defendida pelo Ministro das Finanças, e a posição da Comissão de Reforma Fiscal, expressa pelo seu Presidente Prof. Doutor Paulo Pitta e Cunha[29].

Deste esforço de conciliação resultou a fusão da Proposta de Lei n.º 3/V e da Proposta de Lei n.º 59/V e a aprovação da Lei n.º 106/88, de 17 de Setembro.

Na referida Lei a Assembleia da República autorizou o Governo a aprovar os novos códigos fiscais reguladores do IRS e do IRC[30].

No tocante aos regimes especiais de taxas, ficou estabelecida a tributação em IRS por retenção na fonte nos casos seguintes:

a) Juros de quaisquer depósitos à ordem ou a prazo (à taxa de 20%);

b) Rendimentos de títulos nominativos ou ao portador (à taxa de 25%);

c) Ganhos provenientes de jogo, lotarias e apostas mútuas sobre os quais não incida o imposto de jogo (à taxa de 25%);

d) Rendimentos de trabalho dependente, prediais e pensões quando os titulares não residam em Portugal[31].

As mais valias realizadas com a transmissão onerosa de partes sociais e outros valores mobiliários, deduzidas as menos valias, foram tributadas à taxa de 10%[32].

---

[28] Vd., PAULO PITTA E CUNHA," O novo sistema de Tributação do rendimento", in *A Fiscalidade dos Anos 90,* Almedina, Coimbra, 1996, pp. 13.

[29] A posição da Comissão de Reforma Fiscal ficou expressa numa posição comum resultado da reunião do dia 7 de Junho de 1988 e vinha na sequência de duas cartas que o Prof. Paulo Pitta e Cunha escreveu ao Primeiro Ministro a exprimir a sua discordância Vd., "Pitta e Cunha revela erros do Governo", in *O Independente,* de 24 de Junho de 1988, pp. II – 4.

[30] Vd., artigo 1.º da Lei n.º 106/88, de 17 de Setembro.

[31] Vd., n.º 1 do artigo 12.º da Lei cit..

Não foram consideradas como rendimento para efeitos de IRS as mais-valias e menos valias realizadas respeitantes a[33]:
a) Obrigações e outros títulos de dívida;
b) Unidades de participação em fundos de investimento;
c) Acções adquiridas antes da data de entrada em vigor do IRS;
d) Acções adquiridas após a data de entrada em vigor do IRS, desde que detidas pelo titular durante mais de 24 meses.

Em ambos os casos os titulares dos rendimentos podiam optar pelo respectivo englobamento sendo nesse caso a situação havida como pagamento por conta do imposto devido no final[34].

As restantes mais-valias eram obrigatoriamente sujeitas a englobamento[35].

Como se pode verificar o campo de aplicação das taxas liberatórias resultou muito mais amplo do que inicialmente a Comissão de Reforma Fiscal tinha previsto, mas em contrapartida não se consagrou, como pretendia o Governo, a exclusão integral dos rendimentos de capitais e das mais valias do princípio do englobamento.

Em conclusão, o Prof. Doutor Paulo Pitta e Cunha considerou que se verificava uma excessiva extensão do recurso a taxas liberatórias, com especial referência aos rendimentos dos próprios títulos nominativos, mas apesar de tudo ficou reposto, "... em medida que a Comissão de Reforma Fiscal considerou "razoável", o princípio básico informador do modelo do IRS."[36].

Apesar disso, a Comissão de Reforma Fiscal manifestou discordância em relação a outros aspectos desta lei, a saber[37]:
a) A fixação dos limites dos escalões em valores nominais muito modestos;
b) A introdução de um factor de agravamento do fraccionamento conjugal;

---

[32] Vd., n.º 1 do artigo 13.º da Lei cit..
[33] Vd., n.º 2 do artigo 13.º da Lei cit..
[34] Vd., . n.º 2 do artigo 12.º e n.º 3 do artigo 13.º da Lei cit..
[35] Vd., n.º 4 do artigo 13.º da Lei cit..
[36] Vd., PAULO PITTA E CUNHA "O andamento da reforma fiscal", in *A Fiscalidade dos Anos 90 (Estudos e Pareceres)*, Almedina, Coimbra, 1996, pp. 67.
[37] Vd., PAULO PITTA E CUNHA "O novo sistema de tributação do rendimento", in *A Fiscalidade dos Anos 90 (Estudos e Pareceres)*, Almedina, Coimbra, 1996, pp. 14.

c) A fixação dos níveis de dedução à colecta de 20 contos por contribuinte não casado e apenas 15 contos por cada contribuinte casado;
d) A parcimónia na consagração do abatimento de um conjunto de despesas relativas à situação pessoal do contribuinte;
e) A fixação da taxa do IRC em nível demasiado elevado;
f) A modéstia do valor estabelecido para a atenuação da dupla tributação económica dos lucros distribuídos e a regressão na admissibilidade da correcção em função da inflação.

7. A digressão que realizámos sobre o processo legislativo na reforma fiscal de 1988/89 permite destacar, de forma resumida, três aspectos essenciais.

Em primeiro lugar, o processo de elaboração da reforma fiscal evidenciou áreas de divergência, gerou debates e propiciou consensos[38].

A elaboração de projectos legislativos que traduzam opções claras de política fiscal, o subsequente debate entre forças políticas, económicas, sociais e comunidade científica e, por fim, a procura de consenso contribui decisivamente para decisões políticas em matéria fiscal eficazes e democráticas. Só decisões políticas em matéria fiscal antecedidas de um processo participado de elaboração podem minorar o mal estar fiscal e induzir os contribuintes a um maior grau de responsabilização, devido à melhor percepção, por parte destes, das opções feitas pelo legislador[39].

O segundo aspecto central que o percurso seguido permitiu identificar foi o papel activo desempenhado pela Assembleia da República, através da Comissão de Economia Finanças e Plano, na busca de consensos entre o Governo e a Comissão e Reforma Fiscal.

Num contexto marcado por uma tendência de perca de influência do parlamento nos assuntos económicos e financeiros é útil destacar este caso que vai ao arrepio da tendência dominante[40].

---

[38] A este respeito ver a posição expressa pelo Professor Doutor António de Sousa Franco in *Estruturar o Sistema Fiscal do Portugal Desenvolvido*, Almedina, Coimbra, 1988, p. 122.

[39] Ver, para uma síntese do denominado mal estar fiscal EDUARDO PAZ FERREIRA, *Ensinar Finanças Públicas numa Faculdade de Direito*, Almedina, Coimbra, pp. 255-260; Veja-se ainda, MICHEL BOUVIER, "Les transformations de la légitimité de l'impôt dans la société contemporaine", in *Réforme des Finances Publiques, Démocratie et Bonne Gouvernance*, L.G.D.J., Paris, 2004, pp. 82-93.

[40] Vd., ANTÓNIO LOBO XAVIER, *O Orçamento como Lei. Contributo para a compreensão de algumas especificidades do direito orçamental português*, Coimbra, 1990, pp. 18 e ss.

A intervenção dos parlamentos na elaboração e discussão das reformas fiscais constitui um factor de legitimação democrática que pode propiciar uma melhor eficiência na execução das medidas adoptadas.

Por fim, no processo legislativo que analisámos tem um significado muito especial, quer no plano científico quer no plano da coerência de princípios, a Comissão de Reforma Fiscal.

A Comissão de Reforma Fiscal, em parte devido aos méritos do seu Presidente Professor Doutor Paulo de Pitta e Cunha, grangeou um estatuto de independência e de reconhecida qualificação técnica.

Assim, a Comissão de Reforma Fiscal nunca foi um mero departamento no âmbito do Ministério das Finanças que se limitou a apresentar estudos e soluções, mas defendeu publicamente as suas posições quando aspectos essenciais do modelo de reforma estiveram em risco de ser alterados[41].

O trabalho desenvolvido pela Comissão de Reforma Fiscal e o papel preponderante que teve no debate que se realizou durante a aprovação parlamentar revelam a importância que estruturas de caracter técnico temporário podem desempenhar na realização de reformas legislativas. Perante as dificuldades no exercício da função legislativa por parte de Parlamentos e Governos os métodos participativos de preparação de legislação assentes em comissões de especialistas podem permitir encontrar equilíbrios entre as componentes técnica e política dos projectos legislativos e obstar à prevalência de legislação, cujo conteúdo é definido pela Administração e veicula os interesses próprios da burocracia confundindo-os deliberadamente com o interesse público, ou de legislação que se limite a veicular os interesses de grupos de pressão.

Lisboa, Março 2005

---

[41] A Comissão veio a ser extinta só em 20 e Janeiro de 1989 vd., Artigo único do Decreto-Lei n.º 20/89, de 19 de Janeiro. O Professor Doutor Paulo Pitta e Cunha explica "... por ter chegado à conclusão da inutilidade do seu trabalho em face da menor atenção dada pelo Governo ao teor dos seus últimos projectos e sugestões, chegando, como aconteceu no caso do IRS, a ser substituído ao próprio anteprojecto revisto pela Comissão um outro, que foi divulgado, e que mereceu desta todo um leque de reparos, só parcialmente considerados na posterior revisão do texto governamental." Vd., "O novo sistema de tributação do rendimento" in *A Fiscalidade dos Anos 90*, Almedina, Coimbra, p. 18.

A REFORMA DA TRIBUTAÇÃO DO RENDIMENTO NOS ANOS 90: ENCONTROS E DESENCONTROS

Cons. Ernesto da Cunha[*]

1. Em primeiro lugar, gostaria de sublinhar que me associo com muito gosto a esta iniciativa conjunta da Associação Fiscal Portuguesa e do Instituto de Direito Económico, Financeiro e Fiscal da Faculdade de Direito de Lisboa, com o duplo propósito de comemorar nestas jornadas os 15 anos da Reforma da Tributação do Rendimento nos anos 90, e simultaneamente prestar urna justíssima homenagem ao Presidente da respectiva Comissão de Reforma Fiscal, Senhor Professor Doutor Paulo de Pitta e Cunha.

Em segundo lugar, teria naturalmente, preferido que a presidência deste painel relativo à discussão parlamentar das iniciativas legislativa relativas à Reforma da Tributação do Rendimento, tivesse cabido, como aliás estava inicialmente previsto, ao Presidente do Tribunal de Contas, Senhor Conselheiro Alfredo José de Sousa. Por um lado, porque a sua ausência se deve a razões melindrosas de saúde, formulando daqui, e estou certo que todos me acompanharão, os mais sinceros votos para uma rápida recuperação. Por outro lado, porque sendo um especialista em direito fiscal, ao contrário do que sucede comigo, estou certo de que asseguraria esta intervenção com muito mais competência, brilho e proveito para todos os presentes.

2. Não quis, porém, deixar do responder ao apelo do Senhor Professor Doutor Eduardo Paz Ferreira. A este facto não será naturalmente

---

[*] Vice Presidente do Tribunal de Contas.

alheio, por um lado, a profunda amizade, consideração e respeito que me merece este ilustre Professor da Faculdade do Direito de Lisboa, e por outro, as gratas recordações que tenho na minha memória da pujança e vigor das aulas do Senhor Professor Doutor Pitta e Cunha na Faculdade de Direito de Lisboa nos anos lectivos de 1972/1973, respectivamente nas disciplinas de Economia Politica (2º ano), Economia Politica (3º ano) e Direito Fiscal em que tive a prazer e a honra de ter sido seu aluno. Não posso deixar de invocar aqui a sua postura académica, ética, intelectual e cívica. E sobretudo o seu enorme cabedal cientifico. O ensino do Senhor Professor Doutor Pitta e Cunha, teve um enorme impacto na minha formação académica e intelectual. Pela profundidade com que analisava os temas que se propunha expor, estudar ou investigar. Pela clareza da sua exposição oral e escrita. Pela simplicidade com que conseguia abordar temas complexos no nível da ciência económica e das finanças públicas, do direito fiscal, da economia monetária e das relações económicas internacionais. E pelo cuidado posto na indicação de uma bibliografia plural representativa das mais variadas escolas do pensamento económico e da ciência das finanças públicas e da fiscalidade, sempre actualizada, e acompanhando os mais recentes fenómenos económicos, monetários, cambiais, financeiros e fiscais, ao nível nacional, europeu e mundial, e, bem assim, os contributos mais actuais ao nível da investigação teórica e aplicada e a difusão da informação mais relevante disponibilizada por organizações económicas internacionais, como a O.C.D.E., F.M.I. e B.I.R.D. (hoje Banco Mundial).

3. Não posso deixar, igualmente, de registar o enorme fascínio intelectual que algumas das suas obras mais significativas, nos anos 60, na área da economia monetária, relações económicas internacionais e ciência das finanças, exerceram sobre mim[1]. E mais recentemente quando

---

[1] "Expansão e Estabilidade os Dilemas da Politica Macroeconómica", 1972 (dissertação de doutoramento); "Equilíbrio Orçamental e Politica Financeira Anticíclica", 1962 e "Introdução à Politica Financeira", 1971, ambas separatas da Revista Ciência e Técnica Fiscal; "A Moeda e a Politica Monetária nos Domínios Interno e Internacional, Esquema de um Curso de Economia Monetária", publicado na Revista da FDUL, Vol. XXIII, 1970/1971; "A Suspensão da Convertibilidade do dólar", 1971, "O Regime Monetário nas Economias Socialistas da Direcção Central". 1971 e "As Reforma Económicas e o Ressurgimento dos Mecanismos Monetários nos Países do Bloco Socialistas". 1971, todos separatas da Revista da Banca. Mais recentemente, mereceram também a minha particular atenção a leitura dos Estudos "O Fundo Monetário internacional e a sua Inter-

recentrei as minhas preocupações intelectuais sobre o problema da integração europeia, da União Económica e Monetária, dos critérios de convergência em matéria de défice público e divida pública, do pacto do estabilidade e crescimento, do federalismo fiscal e orçamental e da ausência de instrumentos de política anticíclica ao nível do orçamento da União Europeia para fazer face aos choques assimétricos nas economias dos estados membros com menor grau de desenvolvimento e que entram mais facilmente em recessão, em virtude de politicas orçamentais restritivas ou contraccionistas impostas pelos critérios de convergência e pelo pacto de estabilidade e crescimento, a leitura das obras do Senhor Professor Doutor Paulo Pitta e Cunha neste domínio, algumas delas até mesmo publicadas nos anos 60, mas que não tinha tido a oportunidade e o interesse de ler, voltaram a marcar-me profundamente. O mesmo se diga, aliás, das suas judiciosas considerações sobre as sucessivas revisões do Tratado CEE e da União Europeia (Maastricht, Amesterdão e Nice), sobre a alteração da ponderação de votos nas decisões do Conselho, em favor dos países grandes e em detrimento dos países médios e pequenos, e mais recentemente sobre o Tratado que aprova uma Constituição para a União Europeia[2].

No que a este último diz respeito, merece uma especial referência o seu estudo "Revisão Constitucional de 2004 e os Novos Preceitos relativos à União Europeia"[3].

---

venção nas Politicas Internas", "Memórias da Academia das Ciências de Lisboa", Classe de Letras, Tomo XXI, 1980 e "A influência do F.M.I na Orientação das Politicas Cambiais e na Formulação de Programas de Estabilização", Separata do número especial do BFDC – Estudos em Homenagem ao Prof. Dr. José Joaquim Teixeira Ribeiro, 1980.

[2] "A União Monetária e o Pacto de Estabilidade", in "Estudos Jurídicos em Homenagem ao Prof. Dr. João Lumbrales", pag. 975 e segts.; "Integração Europeia, Estudos de Economia, Direito e Politica Comunitários", 1963-1993, 2ª Edição, 2004; "De Maastricht a Amesterdão, Problemas da União Monetária Europeia", 1999; "A Integração Europeia no Dobrar do Século", 2003; "A Constituição Europeia, Um Olhar Critico sobre o Projecto", 2ª Edição, 2004; "Direito Institucional da União Europeia", 2004.

[3] Publicado no Direito institucional da União Europeia pag. 177 a 179; em sentido radicalmente diferente veja-se Prof. Dr. Fausto de Quadros, "Direito da União Europeia", 2004; Prof. Dra. Ana Guerra Martins. O Projecto de Constituição Europeia, Contributo para o debate sobre o futuro da União Europeia, 2ª Edição, com as alterações introduzidas pela CIG 2004 e Curso de Direito Constitucional da União Europeia, 2004. Sobre a concepção dos tratados corno uma constituição da União Europeia, veja-se a obra fundamental do Prof. Dr. Lucas Pires, Introdução ao Direito Constitucional Europeu, 1999.

Também não poderei deixar de realçar a sua relevante acção à frente do Instituto Europeu da Faculdade de Lisboa, e a dinamização do curso de Estudos Europeus e de vários seminários e de cursos de verão, de carácter temático, sobre problemas específicos da integração europeia, de elevado nível cientifico, com a colaboração de Professores Universitários, nacionais e estrangeiros, e que foram sempre objecto de atempada publicação[4]. Merecem especial relevo a realização de um colóquio internacional, realizado em Lisboa, em Maio de 2003, subordinado ao tema "Uma Constituição para a Europa", e o curso de verão de Direito Comunitário e Direito da Integração "A União Europeia e Portugal: A Actualidade e o Futuro", cujas conferencias foram objecto de publicação, respectivamente, em 2004 e 2005.

Uma palavra tambem relativa a sua acção à frente da Inteuropa (Associação Portuguesa para o Estudo da Integração Europeia), sendo de destacar a realização em 1980, em parceria com o Trade Policy Research Centre e a Fundação de Ciências Politicas, com o apoio da Comissão das Comunidades Europeias, Comissão para a Integração Europeia, Fundação Calouste Gulbenkian e The Ford Foundation, de uma conferência internacional subordinada ao tema "Portugal e o Alargamento das Comunidades Europeias", cujas intervenções foram objecto de publicação em 1981[5].

Por ultimo, registe-se a coordenação, de parceria com o Professor Doutor Manuel Porto, da Faculdade de Direito de Coimbra, de um seminário organizado em Portugal (Coimbra e Lisboa) de 1 a 3 de Julho de 1998, pela DG-X da Comissão Europeia (Acção Jean Monnet e Meios Universitários), em colaboração com a Cadeira Jean Monnet e AREP (Associação Internacional de Estudos Europeus), a filiada portuguesa do ESCA (European Community Studies Association), subordinado ao tema "O Euro e o Mundo", cujas comunicações foram objecto de revisão em 2001 e em 2002 e objecto de publicação em Janeiro de 2002, onde interviram reputados Professores Universitários da Cadeira Jean Monnet, e, bem assim, dos Estados Unidos da América do Sul, Africa e Ásia[6].

---

[4] Cfr. "A União Europeia na Encruzilhada", 1996; Em torno da Revisão do Tratado da União Europeia, 1997. S

[5] Portugal e o Alargamento das Comunidades Europeias", Conferencia Internacional, 1981.

[6] "O Euro e o Mundo, The Euro and the World, L'Euro et le Monde", 2002.

4. As preocupações do Senhor Professor Doutor Pitta e Cunha pela fiscalidade são muito anteriores à sua assunção de funções como Presidente da Comissão da Reforma Fiscal, estando algumas relacionadas com os fenómenos da integração económica internacional[7]. No ano lectivo de 1973/74 assegurou a regência do curso de Direito Fiscal, na sequência da nomeação do Senhor Professor Doutor Alberto Xavier como Secretario de Estado do Planeamento do último Governo chefiado pelo Senhor Professor Doutor Marcello Caetano, antes de 25 de Abril de 1974. Do seu ensino resultou a publicação de Lições posteriormente objecto de actualização e publicadas na Revista "Ciência e Técnica Fiscal" como "Esquema de um Curso de Direito Fiscal".

5. Em 1979 publicou na mesma revista aquilo que viria a constituir uma das mais importantes reflexões sobre a necessidade de alterar a tributação do rendimento, passando de uma tributação cedular a uma tributação unitária: "A Tributação do Rendimento na Perspectiva de uma Reforma Fiscal"[8].

Em 1981 veio a produzir duas importantes reflexões sobre as alterações em matéria fiscal constantes da proposta orçamental para 1978 e 1979 subordinadas, respectivamente, ao tema "O Esforço Fiscal na Proposta Orçamental para 1978" e "O Imposto Extraordinário e as Características da Actual Estrutura Tributaria Portuguesa". Ambos os textos correspondem a intervenções apresentadas em sessões de estudo realizadas na Associação Fiscal Portuguesa, respectivamente, em 15 de Dezembro de 1977 e Março de 1979. Na sequência da publicação do D.L. 232/84, de 12 de Julho, veio a ser nomeado Presidente da Comissão da Reforma Fiscal, alias integrada por uma pleia de ilustres fiscalistas de formação jurídica e económica[9]. O documento mais significativo produzido pela

---

[7] "Problemas Fiscais da Associação Europeia do Comércio Livre", 1960; "Os Direitos Fiscais na Convenção de Estocolmo", 1960; "Os Impostos sobre as Transacções", 1963; "Aspectos Fiscais da Integração Económica Internacional", 1964; "The Portuguesa Tax Reform". 1966; "A whole Sales Tax in Portugal", 1966; "O Tratamento Tributário dos Rendimentos da Propriedade industrial e intelectual", 1970; "Taxation of Royalties in Portugal". 1970, e mais recentemente a "Colectânea de Estudos e Pareceres". A Fiscalidade dos Anos 90, 1996.

[8] Separata da referida revista nº 226/228.

[9] A saber; Mestre António Brás Teixeira, Conselheiro António Joaquim de Carvalho, Dr. António Carlos Santos, Dr. Carlos Santos Ferreira, Prof. Dr. Jorge Braga de

Comissão da Reforma Fiscal foi o projecto de proposta de lei relativo à criação do imposto sobre o rendimento das pessoas singulares (IRS) e do imposto sobre as pessoas colectivas (IRC), antecedida, alias, de uma notável Exposição de Motivos[10]. As orientações constantes deste importante documento não vieram a ser totalmente adoptadas pelo Governo na proposta de lei de autorização legislativa apresentada pelo Governo à Assembleia da Republica, e, bem assim, nos códigos relativos ao IRS e IRC[11] – Essas divergências estiveram, aliás, na base da cessação de facto de funções por parte da Comissão, em Outubro do 1988, e acompanhado de um pedido para a sua extinção que veio a ocorrer apenas em Janeiro de 1989. Esta extinção não foi mais do que a confirmação de uma morte anunciada com aviso prévio pela própria Comissão.

6. Importa realçar que, se por um lado, as decisões politicas e legislativas em matéria tributária cabem claramente ao Governo e à Assembleia da Republica, a verdade é que o Governo teve dificuldade em lidar com o espírito de independência técnica manifestado pela Comissão no seu conjunto e pelo seu Presidente em especial. Acresce que a lisura do procedimentos por parte do Governo com o crescente resvalar de competências da Comissão, e à revelia desta, para os serviços centrais de administração tributária, foi no mínimo eticamente censurável e descortês. Além de que optou por soluções dificilmente compatíveis com os princípios constitucionais em matéria de sistema fiscal, de tributação do rendimento e processo legislativo[12]. O que aliás vejo a ser manifesto

---

Macedo, subdirector Geral das Contribuições e Impostos Martins Barreiros, Mestre José Guilherme Xavier de Basto, Prof. Dr. Manuel Lopes Porto, Conselheiro Manuel Henrique do Freitas Pereira, Prof. Dr. Manuel Pires, Dr.ª Maria do Lurdes Correia do Vale, Prof. Dr. Rogeiro Fernandes Ferreira, secretariados respectivamente pelo Director de Finanças Teixeira Borges e pala Mestra Maria Eduarda do Almeida Azevedo.

[10] Reforma da Tributação do Rendimento, Projecto do Proposta do Lei, Lisboa 1987.

[11] Sobre essas divergências veja-se Prof. Dr. Paulo Pitta e Cunha. "O Novo Sistema de Tributação do Rendimento", in "A Fiscalidade nos anos 90" (Estudos e Pareceres, pag. 13 a 15) e Dr. Miguel Cadilhe, "Factos e Enredos", pag 251 a 260 e 303 a 309.

[12] Cfr. Prof. Dr. Paulo Pitta e Cunha "O imposto Único sobre o Rendimento: Reflexão sobre Algumas Linhas da Proposta", 1987; "A Reforma da Tributação do rendimento Individual. Linhas do Modelo e Referências Constitucionais", 1988, "A Reestruturação do Sistema da Tributação do Rendimento em Portugal no Contexto Mundial das Reformas Fiscais", 1988; "Sobre a Reforma da Tributação Individual", 1989; "A Reforma Fiscal", 1989; Prof. Dr. Casalta Nabais, "Direito Fiscal", 2ª Edição, 2004, pag. 464 e Dr. Medina Carreira, "Uma Reforma Fiscal Falhada", 1990, pag. 35 e segts. E 53 e segts.

durante a discussão parlamentar particularmente no âmbito dos trabalhos da Comissão de Economia Finanças e Plano, onde com grande sabedoria, bom senso e independência foram adoptadas soluções mais realistas e compagináveis com os princípios constitucionais relativos à densificação das matérias objecto de autorização legislativa em matéria fiscal. Disso, estou certo, poderão dar conta com muito mais proveito o Senhor Dr. Rui Machete (PSD) na altura Presidente da Comissão Parlamentar de Economia e Finanças, e a Senhor Eng.º João Cravinho (PS), o Senhor Dr. Octávio Teixeira (PCP) e o Senhor Dr. Nogueira de Brito (CD/IPP) na altura membros da referida Comissão Parlamentar, que aliás, também é justo sublinhar, realizou um trabalho de mérito[13].

E dai resultou, por um lado, um imposto pessoal sobre as pessoas singulares e, de outro lado um imposto real sobre as pessoas colectivas. Anteriormente já havia sido aprovado, em 1985, o novo imposto sobre a despesa, o IVA[14].

Naturalmente que as preocupações do Senhor Professor Doutor Pitta e Cunha sobre a fiscalidade continuam bem actuais, como se pode concluir da leitura de inúmeros Estudos e Pareceres publicados já depois da Reforma Fiscal de 1990 e patenteados em muitos dos títulos que estão indicados em notas de rodapé.

7. Aqui deixo o testemunho da minha sentida homenagem ao Senhor Professor Doutor Paulo de Pitta e Cunha, meu mestre, que no exercício das suas funções de Presidente da Comissão da Reforma Fiscal, confirmou o seu elevado saber, a sua independência intelectual, o seu sentido ético e deontológico de académico e universitário, a sua verticalidade, postos ao serviço do seu país.

---

[13] Cfr. Prof. Dr. Teixeira Ribeiro, "A Reforma Fiscal", 1989, pag. 248.

[14] Sobre a avaliação "ex post da Reforma Fiscal" veja-se Prof. Dr. Paulo do Pitta e Cunha, "A Reforma Fiscal a Caminho do Primeiro Ano", 1989; "A Harmonização Fiscal e o Sistema Fiscal Português", 1990; "A Harmonização da Fiscalidade e as Exigências do União Monetária na Comunidade Europeia", 1993; "O Andamento do Reforma Fiscal, 1994/95", todos publicados in "A Fiscalidade dos Anos 90", 1996, pags. 39 a 77. Sobre a "Reforma Fiscal", veja-se também Prof. Dr. Saldanha Sanches, "Princípios Estruturantes da Reforma Fiscal", 1991.

OS DESENVOLVIMENTOS POSTERIORES À REFORMA FISCAL DE 1988/1989

Dr. Luís Máximo dos Santos

1. Permitam-me que inicie a minha intervenção com duas palavras muito breves mas também muito sinceras e sentidas. Por um lado, para as direcções da Associação Fiscal Portuguesa e do Instituto de Direito Económico, Financeiro e Fiscal da Faculdade de Direito de Lisboa, a quem agradeço, na pessoa do Professor Eduardo Paz Ferreira, o convite que me dirigiram, e a quem quero felicitar pela oportuna realização deste evento.

Por outro lado, uma palavra muito especial para o Professor Paulo de Pitta e Cunha, que em tão boa hora a Associação Fiscal Portuguesa decidiu homenagear no âmbito desta iniciativa sobre os 15 anos da Reforma Fiscal de 1988/89. Aqueles que me conhecem mais de perto sabem bem da minha sincera e profunda admiração pelo Professor Paulo de Pitta e Cunha enquanto académico e enquanto pessoa. Tive o privilégio de ser seu aluno em diversas disciplinas da licenciatura e no mestrado e, bem assim, o de poder reger nesta casa várias disciplinas sob a sua coordenação. Tenho igualmente prestado colaboração – creio que desde o seu primeiro curso – no Instituto Europeu desta Faculdade, a que preside, bem como em muitas outras circunstâncias e ocasiões.

Não é possível exprimir em poucas palavras tudo quanto ao longo desse tempo de contacto fui aprendendo, nos mais diversos planos, com o Professor Paulo de Pitta e Cunha. Posso no entanto dizer que desde o já distante ano lectivo de 1979-80, em que ingressei no 1º ano da licenciatura em Direito, o Professor Paulo de Pitta e Cunha constitui sem dúvida uma das minhas maiores referências. Logo, também por isso, é para mim motivo de grande honra e alegria poder participar neste Colóquio.

2. Creio que ninguém tem dúvidas de que a Reforma Fiscal de 1988/89 constituiu um enorme passo no sentido da modernização do País. Independentemente dos aspectos que o futuro veio a revelar menos bem sucedidos – o mais importante dos quais ocorreu no plano da tributação do património, já que a contribuição autárquica não esteve à altura do impulso reformador que era necessário (desde logo porque nunca foi possível fazer aprovar o Código das Avaliações, peça essencial para o seu sucesso) –, é inegável que a reforma, globalmente considerada, trouxe o sistema fiscal português para um patamar de evolução muito superior, aproximando-nos claramente dos sistemas fiscais mais avançados.

Mas isso não impediu que relativamente cedo, mais concretamente na primeira metade da década de 90, se tenham começado a sentir sinais de insatisfação. Os problemas orçamentais foram o motor dessa insatisfação, facto que em si mesmo está longe de constituir – deve dizer-se – uma originalidade portuguesa.

Em 1993, acompanhando a tendência europeia, Portugal estava em recessão e o défice do sector público administrativo atingia o valor de 7% do PIB. Para encontrar valores mais elevados do que este é preciso recuar a 1988 (em que o défice foi de 7,5%), sendo certo no entanto que na primeira metade da década de 80 o défice em percentagem do PIB chegou a valores na ordem dos dois dígitos.

Ora, a situação das contas públicas em 1993 não foi seguramente alheia à decisão tomada em Abril de 1994 de criar a Comissão para o Desenvolvimento da Reforma Fiscal (CDRF), presidida pelo Dr. Silva Lopes, que viria a entregar o seu relatório em Abril de 1996[1].

O objectivo da criação de tal Comissão foi o de que ela propusesse "medidas para o aperfeiçoamento e desenvolvimento do sistema fiscal e para a melhoria do funcionamento da Administração". Esta referência específica ao "funcionamento da administração" é em si mesma reveladora quanto à fonte de uma boa parte dos problemas que se pretendia debelar. Daí em diante, foi-se tornando cada vez mais claro que todo e qualquer processo de reforma tinha forçosamente de envolver a administração fiscal – simultaneamente como objecto e como sujeito – sob pena

---

[1] Este relatório constitui um marco fundamental na reflexão crítica sobre a reforma fiscal de 1988/89, pelo que é de saudar a iniciativa recente da sua publicação nos Cadernos de Ciência e Técnica Fiscal (n.º 191).

de provável fracasso das intenções reformadoras. Infelizmente, como sabemos, essa consciência não foi ainda susceptível de se traduzir nos resultados desejados.

3. Através de uma Resolução do Conselho de Ministros adoptada em 1997 (a Resolução n.º 119/97, de 14 de Julho), o Governo saído das eleições de Outubro de 1995 definiu os quadros gerais de um novo processo de reforma fiscal que planeou executar até 2003, ou seja, durante o período de duas legislaturas.

A par de um esforço notável em matéria de elaboração de estudos sobre aspectos nucleares para o desencadeamento de qualquer acção reformadora no domínio fiscal, a segunda parte da legislatura de 1995-99, sob o impulso do saudoso Professor Sousa Franco, foi marcada pela aprovação de um conjunto de medidas, que, a meu ver, vieram melhorar o sistema fiscal português. O balanço desse trabalho está feito, pelo que lembraria apenas algumas das medidas de maior impacto[2]:

a) A aprovação, em 1998, da Lei Geral Tributária, que veio preencher uma lacuna há muito identificada no nosso sistema fiscal;

b) A aprovação do Código de Procedimento e de Processo Tributário e, bem assim, do Código do Imposto do Selo e do Código dos Impostos Especiais sobre o Consumo;

c) A transformação dos abatimentos à matéria colectável em deduções à colecta, o início do processo de descida da taxa do IRC (de 36% para 34%), a criação do regime fiscal das micro empresas, etc.

Por esta altura, em finais da década de 90, era já muito grande a pressão no sentido de se alterar profundamente o estado das coisas no domínio da fiscalidade. Os cidadãos foram a pouco e pouco ganhando consciência do elevado grau de iniquidade e ineficiência que vinha caracterizando o sistema fiscal. Tornava-se cada vez mais claro que a dimensão da fraude e da evasão fiscal estava a comprometer importantes objectivos

---

[2] Para uma visão geral desse balanço, veja-se, em especial, António de Sousa Franco e António Carlos dos Santos, *Estruturar o Sistema Fiscal do Portugal Desenvolvido – Balanço de uma Legislatura*, Ministério das Finanças, 1999, e Ministério das Finanças, *Estruturar o Sistema Fiscal do Portugal Desenvolvido – Textos Fundamentais da Reforma Fiscal para o Século XXI,* Almedina, Coimbra, 1998.

económicos e sociais e ameaçava mesmo romper a aceitação social dos impostos, pedra basilar de qualquer sistema fiscal em regime democrático.

É neste quadro que o XIV Governo Constitucional, saído das eleições de Outubro de 1999 (igualmente chefiado por António Guterres mas com Joaquim Pina Moura como Ministro das Finanças), criou a chamada Estrutura de Coordenação da Reforma Fiscal (ECORFI), a que tive a honra de pertencer, com o propósito de continuar e, em certos aspectos, aprofundar o processo de reforma fiscal iniciado em 1997. Para isso tomou-se como base as propostas da CDRF e da já mencionada Resolução do Conselho de Ministros de 1997, bem como o impressivo e precioso conjunto de estudos a que já atrás aludi.

Em conformidade, foi renovado um vasto propósito reformador que não se cingia à tributação do rendimento, antes procurando atingir várias áreas da fiscalidade. De facto, se a projectada reforma da tributação automóvel, por exemplo, nunca se chegou a concretizar, já a reforma da tributação do património, como todos sabemos, tornou-se uma realidade em 2003, por acção do XV Governo Constitucional, mas em larga medida baseando-se no modelo e em projectos que haviam sido propostos e trabalhados durante todo o ano de 2001[3].

No plano da tributação do rendimento, e para além das alterações ao nível das taxas, verificaram-se modificações em importantes aspectos do IRS e do IRC, bem como em determinados benefícios fiscais, tendo sido igualmente consagrado um conjunto de novos e significativos instrumentos de combate à fraude e à evasão fiscal.

O elenco das alterações introduzidas é bastante vasto e o seu alcance, em muitos casos, profundo. Já muito se escreveu sobre o assunto, pelo que as medidas são, em geral, conhecidas, até porque o seu inventário e enquadramento foi feito na altura própria[4].

Irei limitar-me, por isso, a indicar algumas medidas que julgo poder incluir entre as mais importantes, até pela permanência que revelaram num contexto marcado por sucessivas modificações políticas:

  a) Em sede de IRS, a redução de nove para seis das categorias de rendimentos, através da unificação das anteriores categorias B, C

---

[3] Veja-se *ECORFI – Relatório Final e Anteprojectos*, Cadernos de Ciência e Técnica Fiscal, n.º 190, e, para o período entre Julho de 2001 e o fim do XIV Governo Constitucional, Ministério das Finanças, *Reformas da Tributação Automóvel e do Património – Anteprojectos*, Almedina, 2002.

[4] Para uma visão geral, ver *ECORFI*, loc. cit..

e D numa única categoria designada "rendimentos empresariais e profissionais" e das anteriores categorias G e I numa nova categoria designada "incrementos patrimoniais";
b) A criação de regimes simplificados de tributação em sede de IRS e de IRC;
c) A previsão de novos casos de determinação da matéria colectável através de métodos indirectos, que passam pelo estabelecimento de padrões de rendimento correspondentes a certas manifestações de fortuna;
d) A consagração, pela primeira vez entre nós, de um mecanismo de derrogação administrativa do sigilo bancário para efeitos fiscais;
e) A aprovação do regime geral das infracções tributárias.

Entre as medidas mais importantes que não sobreviveram às alterações políticas, o destaque vai para o que se pretendia que fosse o novo regime de tributação das mais-valias obtidas na alienação de valores mobiliários, sem dúvida o aspecto que veio a merecer maiores críticas. Como é conhecido, tal regime foi suspenso e alterado pelo Orçamento do Estado para 2002 e seria posteriormente revogado pelo Governo saído das eleições de Março de 2002, voltando-se ao regime que vigorava desde o início da Reforma Fiscal de 1989.

Não é esta a ocasião adequada para cuidar deste aspecto, mas creio que a reposição do regime inicial de (não) tributação, em sede de IRS, das mais-valias realizadas na alienação de valores mobiliários deixou por resolver um problema que mais tarde ou mais tarde ou mais cedo se voltará a colocar, tão injustificado que é, sob diversas perspectivas, tal regime.

4. Mesmo para um observador menos atento, é notório que as intervenções sobre o sistema fiscal têm sido nos últimos anos caracterizadas por assinalável instabilidade e controvérsia. Isso verificou-se tanto a propósito do processo de reforma de 1997-2001 como em relação às alterações ocorridas a partir de 2002.

Por um lado, isso resulta do facto de existir hoje, por parte da comunidade em geral, uma maior atenção em relação às questões fiscais. Trata-se de algo que devemos saudar pois contribui para uma melhor qualidade da democracia. As matérias fiscais, independentemente da sua complexidade técnica, estão intimamente ligadas à cidadania e à política no que ela pode ter de mais nobre e profundo.

Mas o relevo que a problemática fiscal tem vindo a ganhar na nossa sociedade deriva também do novo regime económico que estamos a viver desde 1 de Janeiro de 1999, quando se iniciou a terceira fase da União Económica e Monetária (UEM), em resultado da mudança operada no enquadramento das políticas macroeconómicas.

Desde essa data a política monetária está centralizada na União Europeia e perdemos também a autonomia da política cambial. Portugal passou a ter menos instrumentos de política económica para prosseguir os mesmos objectivos de sempre das políticas de conjuntura.

Caiu-se assim naquilo que alguns autores chamam o paradoxo da UEM: o recurso por parte dos Estados-membros à política orçamental – que se mantém na sua competência – revela-se mais necessário do que nunca face à perda das políticas monetária e cambial. Mas, ao mesmo tempo, o próprio bom funcionamento da UEM impõe o estabelecimento, ao nível comunitário, de significativos constrangimentos ao manejo da política orçamental, dos quais o mais importante é o relativo à dimensão do défice.

Decorrente da UEM, há assim um novo *policy mix,* do qual sai revalorizado o papel da política fiscal. A especial visibilidade que a política fiscal tem adquirido entre nós nos últimos tempos resulta, em boa medida, da circunstância de ela constituir um dos últimos redutos da soberania dos Estados.

No domínio das políticas de conjuntura, e à falta de outros instrumentos, é para a política fiscal que os Estados tendem a virar-se. De algum modo, dir-se-ia que procuram um novo paradigma para a sua formulação, num contexto que é particularmente difícil, pois a margem de manobra dos Estados é cada vez mais estreita, pelo menos para os Estados da zona euro.

Na verdade, o último reduto de soberania a que há pouco aludi está a tornar-se uma fortaleza cada vez mais cercada. Temos assistido inexoravelmente a esse processo a partir da segunda metade dos anos 90.

Aos limites decorrentes da necessidade de respeitar os princípios e regras da harmonização da tributação indirecta há que somar as consequências do avanço – ainda limitado, é certo – do processo de harmonização da tributação directa, o qual se tem dado muitas vezes não em resultado de um processo de decisão política mas sim sob o efeito, nem sempre previsível, da jurisprudência do Tribunal de Justiça das Comunidades Europeias.

Para já não falar das incidências no domínio da fiscalidade das regras do sistema comercial multilateral, no âmbito da Organização Mundial do Comércio (OMC). A estas condicionantes à formulação da política fiscal acresce ainda a que decorre da concorrência fiscal internacional, sem dúvida a mais poderosa.

De todo o modo, quaisquer que sejam os constrangimentos, está sempre presente, como inevitável pano de fundo, o propósito de obter as receitas necessárias ao financiamento de um modelo de Estado que se atribui vastas funções.

Mas a questão ainda se torna mais complexa se pensarmos que, apesar deste enorme colete-de-forças, de tudo um pouco se pede hoje à política fiscal. De facto, já não nos chega – como se isso fosse pouco – que a política fiscal seja justa, promova a competitividade e o crescimento económico e, claro, financie gastos públicos de elevada dimensão.

Quer-se também que a política fiscal seja amiga do ambiente, que incentive os mercados financeiros, que promova a poupança, que contribua para a preservação do património cultural, que apoie a criação artística e até que contribua para o crescimento da natalidade, como se a diminuição da mesma fosse resultado de puras questões materiais e não de considerações que tocam fundo nos valores da nossa actual civilização.

Sem dúvida que os requisitos de uma política fiscal moderna são muito mais exigentes do que no passado, mas não se deve cair no erro de pedir à política fiscal que traga a solução para problemas que só adequadas políticas sectoriais podem resolver.

Acresce que o actual modelo de integração europeia também não se revela apto a suprir as dificuldades verificadas no plano de cada Estado--membro. A insuficiente dimensão do orçamento comunitário impede que este exerça uma função redistributiva e não existem também quaisquer outros mecanismos geradores de transferências que possam facilitar o ajustamento em caso de ocorrência dos chamados choques assimétricos. Tal situação tem sido considerada, muito justamente, como a maior lacuna e vulnerabilidade do projecto da UEM.

5. De acordo com um estudo da OCDE[5], a carga fiscal em Portugal, medida em termos de receitas fiscais em percentagem do PIB, situa-se

---

[5] *Tax Administration in OECD Countries – Comparative Information Series* (2004), OCDE, Paris, 2004.

nos 33,5%. Com a excepção da Irlanda, que regista 29,9%, é a mais baixa da União Europeia a 15 e está também abaixo da média dos países da OCDE. Quanto aos restantes treze países, apenas a Suécia ultrapassa o limiar dos 50%, situando-se sete países em valores acima de 40% e cinco em valores acima de 35%. É de notar igualmente que mesmo entre os países que aderiram à União Europeia em Maio de 2004 existem alguns cuja carga fiscal é superior à de Portugal (*v.g.* República Checa – 38,8% e Hungria – 39%)

Mas tal facto não nos deve deixar tranquilos. É que um outro estudo da OCDE, publicado em 2002[6], embora apresentando Portugal na mesma posição relativa, demonstra que o nosso país, a par da Grécia e da Suiça, revela desde 1965 uma tendência de progressão da carga fiscal claramente superior à média da progressão verificada nos países da OCDE, facto que, embora se compreenda à luz do baixo valor de partida em 1965 (15,8% do PIB) e do desenvolvimento do Estado-Providência verificado a partir de 1974, não deixa de ser preocupante.

Importa no entanto sublinhar que as relações entre a carga fiscal e a competitividade da economia não devem ser consideradas de forma linear. Com efeito, de acordo com o último Índice da Competitividade, publicado pelo Fórum Económico Mundial[7], a economia mais competitiva é a da Finlândia, em 3º lugar surge a da Suécia, em 4º a da Dinamarca e em 6º a da Noruega. Ora, voltando ao estudo da OCDE do mês passado, estes países são dos que têm maiores cargas fiscais: 46,1% para a Finlândia, 51,4% para a Suécia, 49,8% para a Dinamarca e 43,3% para a Noruega. Parece assim claro que as boas *performances* em matéria de competitividade não são em si mesmas incompatíveis com níveis altos de carga fiscal.

Por outro lado, no Índice do Desenvolvimento Humano, publicado este ano pelo Programa das Nações Unidas para o Desenvolvimento (PNUD), verifica-se que nas posições cimeiras se encontram muitos dos países com maior carga fiscal.

Quer isto dizer que o objectivo de prosseguir a competitividade e o crescimento através da moderação dos impostos está errado? É óbvio que não. Mas talvez possamos extrair destes números que o Estado-Provi-

---

[6] *Fiscalité et économie. Analyse comparative des pays de l' OCDE*, OCDE, Paris, 2002.

[7] Referimo-nos ao último índice publicado à data da conferência, ou seja, 15 de Novembro de 2004.

dência, que tem caracterizado o modelo europeu nos últimos 50 anos, não está necessariamente condenado à esclerose económica nem o seu fim é uma inevitabilidade histórica.

Tudo está em saber se há capacidade para adoptar as adequadas estratégias para o efeito, que de modo nenhum se podem cingir à mirífica esperança de que a permanente baixa de impostos faça nascer um mundo idílico de alto investimento e alto crescimento.

Pelo contrário, em países em que – mal ou bem – há uma forte ligação entre público e privado, a redução abrupta do financiamento do Estado em vez de gerar um efeito de libertação de recursos para a produção no sector privado pode engendrar um processo de regressão estrutural que acabará afinal por dificultar a própria acção do sector privado e, nessa medida, comprometer o crescimento económico.

Não se deve esperar da política fiscal que seja o remédio milagroso para suprir o fracasso da formação profissional, a incapacidade do sistema de ensino em gerar as qualificações que suportam o desenvolvimento, o insuficiente investimento na investigação, a má qualidade da gestão e as deficiências das políticas de *marketing*, em síntese, a incapacidade para substituir actividades de mão-de-obra intensiva por outras de alto valor acrescentado.

Em Portugal, infelizmente, muitas vezes o discurso contra o excessivo peso da carga fiscal, embora mascarado de preocupações com a competitividade, tem na sua verdadeira génese uma deficiente valorização dos deveres de solidariedade e de cidadania ou uma concepção contrária ao desempenho pelo Estado de certas funções – seguramente legítima – mas que não deixa de ser, no mínimo, tão ideológica quanto as concepções que se diz querer combater.

Hoje em dia, não é preciso ser institucionalista para reconhecer o papel fundamental que o desempenho das instituições tem para o crescimento económico. Sobre isso é aliás bem significativo o facto de o Fórum Económico Mundial incluir o desempenho das instituições públicas como um dos *items* para o cálculo do índice da competitividade.

Infelizmente, porém, vivemos num modelo económico e social que, como nunca antes, privilegia o curto prazo, o que dificulta uma actuação esclarecida no plano da reforma das instituições. Mas mais do que isso, essa sobrevalorização do curto prazo está a revelar-se nociva para o próprio processo de desenvolvimento. Como alguém já disse, vivemos sob a tirania do relatório trimestral o que muitas vezes dificulta uma visão de médio e longo prazo que é fundamental para o progresso económico e social. Alguns exemplos bem recentes ocorridos no plano empresarial, tanto nos Estados Unidos como na Europa, vieram aliás demonstrar, de forma bem dramática, como o propósito de apresentar resultados imediatos pode contribuir para gerar uma espiral de ficção e fraude.

A importância do factor fiscal na promoção do investimento e do crescimento tem de ser reconhecida e acarinhada mas não deve ser sobrevalorizada. Muitas vezes, mais do que no nível da tributação, é noutros factores que residem os problemas, como seja, por exemplo, na incapacidade de a administração fiscal decidir de forma clara em prazos razoáveis, preferindo-se a delonga que está mais "à mão" para evitar a assunção de responsabilidades que qualquer decisão sempre implica. A lentidão do funcionamento da administração fiscal e dos tribunais tributários, além de exasperante, é anti-económica, sobretudo se pensarmos nos padrões por que se rege o investimento nos dias de hoje.

6. A excessiva instabilidade da legislação fiscal constitui outro importante factor adverso à criação de um ambiente económico competitivo. É certo que esta questão não se pode hoje analisar à luz de critérios passados, simplesmente porque o mundo actual é muito diferente e está em permanente mutação.

Mas o que impressiona negativamente é que as mudanças surgem muitas vezes sem que se perceba porquê, sem que se conheça a avaliação da aplicação das normas alteradas, sem que se explique a real necessidade da mudança.

Pensemos, por exemplo, no combate à fraude e à evasão fiscal. Onde está a avaliação da aplicação dos diversos instrumentos que a lei contempla para esse efeito? Se andamos há vários anos a dar prioridade a esse objectivo, porque escasseiam os resultados?

Entendo que seria útil, por exemplo, que com a proposta de Orçamento do Estado o Governo enviasse à Assembleia da República um relatório específico sobre a forma como no ano anterior foram aplicados os instrumentos de combate à fraude e à evasão, com recurso a indicadores objectivos sobre os resultados alcançados.

É preciso trazer maior objectividade para este assunto, evitar que ele se transforme em arma de arremesso político. Se é certo que o combate à fraude e à evasão fiscal tem de ser um combate permanente, a eternização do discurso em seu torno acaba por gerar nos cidadãos a sensação de um *déjà vu*, que não se sabe bem – à força da recorrência – se é para levar a sério.

7. A par da instabilidade legislativa, é já um lugar comum criticar a excessiva complexidade do sistema fiscal. O valor da simplicidade como característica do sistema fiscal foi aliás enfatizado por Adam Smith nas suas célebres regras sobre os impostos. E não se pense que o problema é unicamente português. Nos EUA, por exemplo, o Código do Imposto sobre o Rendimento publicado em 1998 inclui 9833 secções e 2769 páginas. Se a isso somarmos os chamados "regulations", o número de páginas sobe para 7146 e o número de total palavras chega à impressionante cifra de 5,5 milhões![8]

Num mundo cada vez mais integrado e em interacção, em que as relações económicas e sociais há muito se internacionalizaram, em que a actividade económica, por exemplo no domínio financeiro, atinge uma notável sofisticação, talvez a pretensão de que o sistema fiscal seja simples constitua afinal uma utopia. A menos que a troco da procura da simplicidade renunciemos a um conjunto de objectivos que se tem entendido constituírem bases fundamentais das modernas políticas fiscais.

Isto não quer dizer, claro está, que não haja margem para prosseguir esforços de simplificação do sistema fiscal. Muitos países estão a eleger – e bem – esse aspecto como um dos objectivos dos seus processos de reforma fiscal. Também nós devemos fazê-lo e de forma decidida. Mas devemos igualmente ter a consciência de que num mundo tão complexo como o de hoje falar de simplificação pode significar apenas – e já não é pouco – alcançar para o sistema fiscal um grau de complexidade que não comprometa a sua boa gestão.

8. Seguramente, a vida não está fácil para os decisores fiscais. Basta dizer que em Portugal, de 1975 até hoje, só por oito vezes o défice do Orçamento do Estado se quedou por valores inferiores a 3% do PIB (em 1989, de 1997 a 2000, e de 2002 a 2004.). Não são resultados animadores, sabendo-se para mais das condições em que esse limiar foi alcançado nos anos de 2002 a 2004 (com deliberado recurso a volumosas receitas extraordinárias), e mesmo em 2000.

Perante desafios tão complexos, não espanta que estejamos a assistir ao repensar de certezas há muito tidas por adquiridas. Nalguns países

---

[8] A este propósito, veja-se Cidália M. Mota Lopes, "Simplicidade e complexidade do sistema fiscal: algumas reflexões" in *Fiscalidade*, n.ºs 13/14, Janeiro/Abril 2003, pp. 51-83.

nórdicos, por exemplo, a tributação do rendimento está a seguir caminhos contrários à tendência do imposto único, através da desagregação de certas categorias de rendimentos em função da mobilidade da sua base, optando-se por uma tributação a uma taxa proporcional, mas que atinge valores na ordem dos 30%.

No que toca a Portugal, e após as alterações legislativas verificadas nos últimos anos, julgo que a melhoria do sistema fiscal poderá vir mais de um melhor funcionamento da administração do que de grandes reformas de cariz legislativo. Não quer isto dizer que não se devam e possam fazer ajustamentos na legislação. Mas após a reforma da tributação do património diminuíram claramente as áreas carecidas de uma intervenção sistémica.

Mais do que de regimes fiscais pretensamente miraculosos, é do bom desempenho da administração fiscal que pode vir um grande contributo para o desenvolvimento económico. Para isso é preciso encontrar para ela um quadro de gestão adequado e estável, coisa que, bem sabemos, não tem sido fácil.

Nesta como noutras áreas da vida nacional existe um problema de qualidade do desempenho das instituições, cuja importância é cada vez mais reconhecida como vital para o desenvolvimento. Depois de décadas em que esse aspecto foi de algum modo desconsiderado, este recente reconhecimento da dimensão institucional do desenvolvimento é, aliás, uma boa notícia para os juristas.

Termino, sublinhando o seguinte: sempre tão criticado, o legislador português revelou-se atento ao estatuir na Lei Geral Tributária que a tributação visa, por um lado, a satisfação das necessidades financeiras do Estado e promove a justiça social, a igualdade de oportunidades e as necessárias correcções das desigualdades na distribuição da riqueza e do rendimento (artigo 5.º, n.º 1) mas, por outro, deve também favorecer o investimento e ter em conta a competitividade e internacionalização da economia portuguesa, no quadro de uma sã concorrência (artigo 7.º, n.ºs 1 e 2).

A política fiscal tem hoje, mais do que nunca, um carácter compromissório. Cada vez mais, a boa política fiscal é aquela que consegue o melhor equilíbrio entre objectivos por vezes conflituantes. Sem dúvida que é mais fácil dizê-lo do que fazê-lo. Trata-se de um caminho apertado. Mas estou certo de que iniciativas como esta poderão dar um precioso contributo para a árdua tarefa de encontrar o rumo adequado.

RESUMO DA INTERVENÇÃO

Dr. Octávio Teixeira

É incontroverso que em 1988/89 estavam criadas todas as condições políticas para se proceder a uma reforma profunda do sistema fiscal português, que pudesse beneficiar de um amplo apoio parlamentar nas suas grandes linhas de orientação, sem prejuízo das naturais divergências que se pudessem confrontar em aspectos particulares.

Era unânime a opinião dos partidos políticos com assento na Assembleia da República de que o sistema existente era uma verdadeira manta de retalhos e que havia entrado em ruptura irreversível. Tal como eram comum e amplamente aceites os objectivos que deveriam presidir à Reforma Fiscal, em particular dos impostos directos. A saber, e basicamente, a criação de um imposto único sobre o rendimento das pessoas singulares, a tributação das empresas pelo seu rendimento real, a simplicidade e a equidade do sistema.

Foi nesse sentido que avançou a proposta apresentada pela Comissão para a Reforma Fiscal – Comissão a que, na pessoa do seu presidente Professor Doutor Paulo da Pitta e Cunha quero cumprimentar e homenagear. Não é, pois, de estranhar que a proposta da Comissão tenha sido recebida no Parlamento com o generalizado agrado de todos os Grupos Parlamentares.

A verdade, porém, é que o Governo de então não soube, ou não quis, aproveitar e beneficiar desse clima político-parlamentar favorável a uma reforma de fundo relativamente consensual.

Desde logo na forma como a proposta governamental foi apresentada ao Parlamento e pela forma arrogante como o Governo se comportou ao longo de todo o debate parlamentar. Tudo isso, aliás, já foi descrito pelos colegas (Deputados que representaram as respectivas bancadas em todo o processo) que me antecederam no uso da palavra, pelo que me dispenso de tornar a descrever. Realço, apenas, o facto "provocatório" – por acréscimo inconstitucional – da apresentação de um pedido de autorização legislativa e não de uma proposta de lei substantiva, a não apresentação pelo Governo de uma tabela de taxas (elemento essencial de qualquer imposto) e repetida recusa de apresentação de vários elementos que lhe foram sendo legitimamente solicitados pela generalidade dos grupos parlamentares. Isto é, por inépcia ou por vontade políticas, o Governo conseguiu substituir um ambiente de consenso alargado num clima de tensão e "guerra". E, impõe-se reforçar o que já foi evidenciado pelo meu amigo Dr. Nogueira de Brito, a situação só não atingiu proporções mais graves porque o então presidente da Comissão Parlamentar, o meu não menos amigo Dr. Rui Machete, exerceu em todo o processo de debate um papel de elevada seriedade, de grande rigor e de incansável moderador.

Mas o que agora mais me parece ser de realçar, são as alterações substantivas que o Governo entendeu introduzir na proposta originária da Comissão de Reforma Fiscal, inviabilizando, de facto, a criação de um imposto único sobre os rendimentos das pessoas singulares, impedindo a equidade do imposto, fazendo tábua rasa do objectivo da simplicidade do sistema.

De facto, e como na altura tive ocasião de afirmar, a lei relativa ao IRS que foi aprovada, exclusivamente pelos votos dos deputados do partido no Governo, em 22 de Julho de 1988 afectou irremediavelmente aquilo que é o centro nevrálgico de um qualquer imposto único sobre o rendimento: uma tabela de taxas progressivas aplicável ao rendimento global dos contribuintes. O aprovado foi um imposto único sobre os rendimentos de trabalho e pouco mais, já que consignou, injustamente, taxas liberatórias para a generalidade dos rendimentos de capital e das mais-valias de capital, por acréscimo mais baixas que as aplicáveis aos rendimentos englobados.

E entendo ser de realçar estas alterações substantivas hoje, quinze anos após a Reforma, porque estes são pecados do sistema fiscal que perduraram durante todo este período já decorrido e ameaçam perdurar por muitos anos mais. Quinze anos depois, são estas as principais, e graves, injustiças e distorções do sistema liscat-português.

Finalizando, as insuficiências, distorções e injustiças da lei de 1988, e que ainda hoje persistem, ficaram a dever-se à arrogância do Governo de então e à sua surdez às críticas feitas por todos aqueles que sobre o processo se debruçaram, incluindo aqueles que durante três anos trabalharam para abrir caminho a uma verdadeira e justa reforma da tributação directa: a Comissão da Reforma Fiscal, presidida pelo hoje homenageado Professor Doutor Paulo de Pitta e Cunha.

2 – REFORMA FISCAL DE 1988/1989

2.1. A Tributação do Rendimento das Pessoas Singulares

O IRS NA REFORMA FISCAL DE 1988/89

Professor Dr. José Guilherme Xavier de Basto

1. Aproximadamente duas décadas parece ser o ritmo das reformas fiscais em Portugal, na segunda metade do século XX.

Nos anos 60, sem mudar radicalmente os modelos de tributação, operou-se uma importante transformação nos impostos de rendimento, que passaram a assentar, fundamentalmente, no rendimento real, efectivo ou presumido, e não, como até então, sobre o rendimento normal. A par de muitos aperfeiçoamentos de forma e de substância, e de uma primeira tímida incursão na tributação das mais-valias – uma outra novidade da reforma dos anos 60 – o princípio da tributação do rendimento real e o consequente afastamento da imposição dos rendimentos normais marcaram, sem dúvida, um assinalável progresso na fiscalidade nacional, em matéria de impostos de rendimento.

A reforma dos anos 60 completou-se com uma outra importante inovação, qual seja a da introdução no sistema fiscal português de um imposto geral de consumo – o imposto de transacções. Tendo falhado, ainda nos anos 20, uma primeira tentativa de adopção dessa espécie fiscal, a publicação, em 1966, do Código do Imposto de Transacções, trabalhado por uma equipa dirigida pelo Professor Doutor Pitta e Cunha, constituiu também uma decisiva etapa na história recente do sistema tributário nacional.

Duas décadas depois, nos anos 80 do século passado, a Reforma Fiscal percorreu um caminho em certa medida inverso, pois iniciou-se pela reforma da tributação indirecta, com a adopção, em 1986, do IVA em substituição do IT e de outros tributos menores – em decorrência da adesão de Portugal às Comunidades Europeias – para, em 1988, abordar, também aqui sob a direcção do Prof. Doutor Pitta e Cunha, a mais complexa problemática da tributação directa do rendimento, de pessoas singulares e de pessoas colectivas.

Para manter o ritmo aproximado de duas décadas, foi já em 2000 que se verificou a mais importante revisão do sistema de tributação do rendimento, criado em 1988. Tratou-se, porém, de uma revisão e não verdadeiramente de uma reforma fiscal.

2. Examinemos perfunctoriamente a situação do sistema fiscal nas vésperas da adopção da Reforma Pitta e Cunha, para nos apercebermos das suas circunstâncias e dificuldades.

Portugal foi o último Estado de economia avançada a abandonar a tributação cedular do rendimento e a adoptar um imposto único sobre o rendimento pessoal e um imposto sobre o rendimento das pessoas colectivas.

A reforma dos anos 60 – inspirada e dirigida pelo grande Mestre Teixeira Ribeiro – não tinha considerado existirem condições para adoptar o modelo do imposto único sobre o rendimento pessoal. O principal obstáculo radicava afinal numa economia incipientemente desenvolvida e numa administração fiscal antiquada, que dificilmente poderia aplicar métodos relativamente uniformes de determinação da matéria colectável aos rendimentos das diferentes origens ou fontes. Por outro lado, a Reforma erigira como objectivo fundamental a superação da tributação do rendimento normal e de várias formas de tributação obsoleta – como era o caso de "impostos de repartição" ainda então existentes no domínio dos rendimentos do trabalho independente. A inovação básica da reforma dos anos 60 era, pois, a da tributação do rendimento real, efectivo ou presumido, mantendo-se a tributação do rendimento normal, ainda que mitigada, apenas em zonas marginais do sistema fiscal, como era o caso dos contribuintes do Grupo C da Contribuição Industrial.

De resto, essa Reforma fora concebida, por Teixeira Ribeiro, como uma etapa preparatória da adopção do imposto único sobre o rendimento pessoal, que as condições da época, como se disse atrás, não permitiam construir. A ideia fora sempre, porém, o de fazer evoluir o sistema de tributação do rendimento no sentido do imposto único, fortalecendo o elemento personalizador do sistema, que era o imposto complementar, ao mesmo tempo que menos ênfase, com as consequentes menores receitas, ia sendo posto nas componentes reais, ou seja nos impostos cedulares.

Como se sabe, as coisas não se passaram nada assim – e foram estas e outras que levaram Teixeira Ribeiro a apontar um dedo acusador à contra-reforma fiscal legislativa e administrativa que estava a impedir, e haveria em definitivo de frustrar, a evolução do sistema no sentido desejado.

Os impostos parcelares não foram minguando com o passar dos tempos, bem ao invés. Alguns, como o imposto profissional, receberam taxas progressivas, enquanto o imposto complementar não via a sua importância crescer, como seria desejável para a evolução no sentido do imposto único. Também não ajudava a teimosia em manter fora da tributação os rendimentos da função pública, que, em princípio, não entraram assim na base de incidência nem do imposto profissional nem do imposto complementar, – obstinação que o autor da Reforma repudiava, pelo que fora efectuada fora dos textos legislativos básicos, em diplomas transitórios de aprovação dos Códigos fiscais.

A incapacidade do sistema nascido da reforma dos anos 60 de evoluir no sentido da modernidade e das próprias exigências do desenvolvimento económico pesou fortemente sobre a reforma de 88, já que se tratou de adoptar modelos básicos de tributação que se desviavam radicalmente dos existentes, o que implicava uma transformação significativa, não só da legislação como das práticas administrativas.

3. As características básicas do IRS suponho que podem sintetizar-se nos seguintes pontos.

a) Quanto à base de incidência, posto que a Comissão de Reforma Fiscal tenha analisado a hipótese da base consumo, à maneira da proposta de Kaldor dos anos 50 e de Meade umas décadas depois, optou-se por assentar a base de incidência numa concepção de rendimento-acréscimo (*comprehensive tax base*).

A hipótese de adoptar a tributação pessoal do consumo, uma *expenditure tax*, à maneira de Kaldor, dito de outro modo, a hipótese de tributar o rendimento isentando as somas poupadas (e tributando o rendimento consumido com saldos anteriormente aforrados) só remotamente poderia constituir alternativa, por muito que possam ser atraentes os seus méritos teóricos. Bastará pôr em relevo a circunstância de uma tal base de imposição nunca, a bem dizer, ter sido praticada em Estados de economia desenvolvida – não constituindo modelo de tributação adoptado na área geográfica em que nos inserimos – e referir os tremendos problemas de transição que a passagem da tributação segundo o rendimento para a tributação segundo o consumo suscita.

A Reforma de 88, pois, adoptou, como era de esperar, o conceito de rendimento-acréscimo, que já vinha, de alguma maneira, assumido na reforma dos anos 60. Na verdade, já desde então se tributavam algumas mais-valias, através do designado "Imposto de Mais-valias", imposto real que, todavia, não influía na base de incidência do Imposto Complementar.

O IRS saído da reforma de 1988 tomou para base de incidência do imposto pessoal o conceito alargado de rendimento, que abrange todos os acréscimos patrimoniais líquidos afluindo aos patrimónios individuais, independentemente da sua fonte, deixando só de fora, na linha aliás de todas as legislações conhecidas, as aquisições a título gratuito.

Isso reflectiu-se na inclusão das mais-valias ou ganhos de capital na base de incidência da tributação pessoal, embora sob uma forma necessariamente selectiva e não generalizada e ainda assim com significativas excepções, todas concentradas no domínio dos valores mobiliários, cujas mais-valias receberam tratamentos favoráveis que a Comissão de Reforma Fiscal (CRF) não propusera e que foram da iniciativa do então Ministro das Finanças, Miguel Cadilhe. Destinadas, ao que foi então alegado, a evitar perturbação ao então ainda incipiente mercado dos valores mobiliários, tais tratamentos favoráveis mantiveram-se até hoje praticamente imodificados, se esquecermos uma tentativa de os "amaciar", operada no ano 2000, mas que teve vida muita curta.

Permaneceu, pois, como característica constante do IRS português uma insuficiente tributação pessoal das mais-valias, no domínio dos valores mobiliários, a qual, porém, não pode imputar-se a escolhas da Comissão Pitta e Cunha, que havia proposto o englobamento por metade de tais ganhos nas mesmas condições vigentes para as mais-valias tributadas de outros activos. As tendências internacionais mais recentes de alívio na tributação dos ganhos de capital são conhecidas e não é aqui e agora a ocasião para as discutir. Essas tendências acabaram por tornar porventura inoportuna – por considerações de concorrência fiscal – a indiscutivelmente mais equitativa solução do englobamento, em vez da pura e simples isenção de tais ganhos ou a sua imposição à generosa taxa especial de 10%.

b) Posto que assente no conceito de rendimento acréscimo e portanto originando uma base de incidência alargada, o modo de definição da incidência real do IRS português não se afasta da delimitação de tipo analítico ou categorial dos rendimentos, que é usada na generalidade das legislações. Agrupam-se os rendimentos, para efeitos de incidência e de determinação da matéria tributável, em diferentes categorias, em número de 9, no início da vigência do imposto, em número de 6, a partir de 2000.

Posto que a categoria I, hoje extinta e integrada na nova categoria G, se designasse "outros rendimentos", não era uma categoria residual, já que tributava apenas os ganhos de jogo. Faltava, na delimitação da incidência, uma categoria a que pudessem imputar-se incrementos patrimoniais inominados, ou não justificados, ou seja, os que, pela própria natureza, não pudessem ser enquadrados em qualquer categoria de rendimentos. Várias categorias – é certo, e é o caso da categoria A e da categoria E – conheciam características residuais e as categorias B, C e D, atendendo a que tributavam ganhos de tipo empresarial, sempre poderiam servir para tributar rendimentos inominados resultantes de actividades ilegais ou outras.

Veio também a revelar-se insuficiente a delimitação da incidência do imposto em matéria de indemnizações, originando porventura, em casos de fronteira, situações de injustificável não tributação de certos ganhos. Como é evidente, deficiências deste tipo são inevitáveis, porque a capacidade de previsão do legislador é limitada e só a aplicação prática do sistema consegue detectar lacunas de previsão, de modo a conseguir a posterior afinação das normas de incidência.

c) No que respeita à definição de sujeito passivo – e já que os aspectos internacionais da incidência são deixados, e com substanciais ganhos de profundidade e de clareza, para o nosso ilustre Colega o Professor Doutor Manuel Pires – merece, a meu ver, menção especial a opção pela tributação conjunta do agregado familiar, em vez de pela tributação separada dos cônjuges, solução em que se ignora a família como unidade fiscal e o sujeito passivo é o indivíduo, sendo então o seu estatuto fiscal independente do seu estado civil ou situação familiar.

Como resulta do relatório do IRS, a CRF não desconhecia a já então clara tendência das legislações para adoptar a tributação separada dos rendimentos dos cônjuges e não deixava de ser sensível aos argumentos a favor desse sistema e às vantagens de neutralidade que apresenta em relação ao regime alternativo da tributação conjunta.

Foram sobretudo motivos de ordem constitucional que conduziram à opção pela tributação conjunta do agregado familiar. A referência, no n.º 1 do artigo 104.º da Constituição da República, à necessidade de o imposto pessoal de rendimento tomar em conta os rendimentos e as necessidades do agregado familiar é geralmente interpretada, mas não unanimemente, como impedindo um sistema de tributação separada obrigatória. Este obstáculo constitucional parece, de todo o modo, estar a impedir a evolução do sistema do IRS na direcção da tributação separada, a qual, certamente com motivações e fundamentações muito diversas, tem vindo a recolher, tanto quanto posso aperceber-me, a maioria das preferências dos fiscalistas. Em matéria tão fortemente marcada por opções de carácter ideológico, pode parecer surpreendente o largo consenso técnico a favor da tributação separada que vem emergindo na ciência fiscal portuguesa. Para além daqueles – entre os quais me conto – que preferem a tributação separada sobretudo por considerarem desejável a neutralidade da política pública quanto às preferências individuais em matéria de situação familiar, a tributação separada tem vindo também a recolher apoios devido à percepção de que o quociente conjugal nem sempre resolve o problema do *bracket creeping* resultante do englobamento dos rendimentos do casal, podendo até a tributação conjunta voltar-se contra o casamento ou induzir mesmo divórcios fiscais.

Continua pois em aberto esta questão no IRS português.

d) Destacarei apenas quatro pontos, que se me afiguram fulcrais, pelo que toca à determinação da matéria colectável:
- englobamento dos rendimentos;
- a integração do imposto pessoal de rendimento com o imposto sobre os lucros das sociedades;
- a questão dos regimes simplificados;
- a opção entre um sistema de abatimentos e um sistema de deduções à colecta.

(i) O princípio do englobamento dos rendimentos das diferentes categorias – que tem de constituir, no sistema do imposto único sobre o rendimento pessoal, o princípio básico de determinação do rendimento colectável – sofreu significativos entorses com a imposição de taxas liberatórias para a generalidade dos rendimentos de capitais.

A existência de taxas liberatórias sobre alguns rendimentos de capitais, auferidos por residentes, é, de certo, inevitável. Pelo menos os juros dos depósitos – por motivos de simplificação bem fáceis de compreender – não parecem de todo aptos para o englobamento obrigatório. Ora, sendo certo que existe acentuado grau de fungibilidade entre os vários tipos de activos produtores de rendimentos de capitais, a tributação por taxas liberatórias de alguns deles facilmente conduz à aplicação de tais taxas a outros activos que são dos primeiros substitutos perfeitos ou quase. Se os juros dos depósitos são tributados por taxas liberatórias – o seu englobamento obrigatório parece estar fora de causa – por que não o hão-de ser também os juros de obrigações a outros títulos de dívida, afinal substitutos tão próximos dos depósitos? O campo de aplicação das taxas liberatórias pode assim facilmente – por via de argumentos deste tipo – alargar-se consideravelmente.

Como é bem conhecido, o campo de aplicação das taxas liberatórias a rendimentos de capitais auferidos por residentes – ou, se se preferir, a problemática geral do tratamento fiscal dos rendimentos de capitais – foi objecto de controvérsia e divergência notável entre a CRF e o então Ministro das Finanças Miguel Cadilhe.

Não é aqui ocasião para recordar os detalhes da polémica[1].

À distância de década e meia, poderá interpretar-se o diferendo como o resultado de um diferente sensibilidade a dois objectivos do sistema de tributação do rendimento, muito dificilmente conciliáveis, e que foram julgados com pesos diferentes pelas duas partes da controvérsia.

De facto, a excepção ao englobamento da maior parte dos rendimentos de capitais – bem como, por outro lado, os tratamentos de favor extremo às mais-valias dos valores mobiliários, outro ponto de controvérsia entre a CRF e o Ministro – constituem ataques frontais ao objectivo de equidade do sistema que a CRF entendia preservar. Do lado do Governo, porém, temiam-se efeitos económicos prejudiciais ao então ainda incipiente mercado dos valores mobiliários. Equidade e efeitos económicos defrontaram-se pois nessa querela e, como é sabido, não há frequentemente compromisso viável entre esses objectivos e um deles acaba sacrificado no altar do outro. A acrescer a isto, os receios de criar um sistema fiscal não competitivo com outras jurisdições terão explicado a decisão governamental – não partilhada pela CRF – de sacrificar em tão forte medida a igualdade, tanto na sua vertente horizontal, como na sua vertente vertical. Considerações de competitividade fiscal, combinadas com o proclamado objectivo de fomentar o desenvolvimento do mercado de capitais, explicam a posição do Governo do tempo, a favor da larga utilização de taxas liberatórias para os rendimentos de capitais de pessoas singulares residentes, sempre mais baixas do que a taxa máxima do IRS.

A solução governamental acarretou, todavia, ainda, significativas distorções de tributação entre os lucros distribuídos por sociedades anónimas e não anónimas, a dano da desejável neutralidade perante as formas de organização económica.

---

[1] Pode colher-se uma ideia dos principais motivos de divergência entre a Comissão de Reforma Fiscal e o Ministro das Finanças em Paulo de Pitta e Cunha, "O novo sistema de tributação do rendimento", *A fiscalidade dos anos 90 (Estudos e pareceres)*, Almedina, Coimbra, 1996, p. 11-25.

O princípio do englobamento sofreu ainda algum entorse pelo que toca ao tratamento das perdas apuradas nas diferentes categorias de rendimentos.

Enfaticamente proclamada numa norma do CIRS – que é o artigo 54º, n.º 1 – o princípio da comunicabilidade das perdas, que é o que decorre da natureza sintética do imposto, foi negado nas disposições subsequentes, ao impor o reporte para a frente das perdas nos rendimentos da própria categoria, apenas admitindo a comunicabilidade para os rendimentos prediais.

Foram razões de prudência que recomendaram a solução. Temia-se, e com alguma razão, que o sistema da comunicabilidade ilimitada pudesse induzir comportamentos de manipulação de perdas destinados a diminuir o rendimento global líquido. Esse receio parece ter-se até acentuado com o tempo, porque, posteriormente, a comunicabilidade das perdas apuradas nos rendimentos prediais foi também eliminada, bem ao arrepio, diga-se, das necessidades de conservação do parque imobiliário nacional destinado ao arrendamento.

(ii) O segundo ponto sobre que me proponho uma reflexão é o da integração do imposto pessoal de rendimento com o imposto sobre as sociedades, ou seja, a integração do IRS e do IRC.

No final dos anos 80, era já muito clara a tendência das legislações – posto que com excepções notáveis, como era e continuou a ser até muito recentemente o caso dos Estados Unidos – para proceder a alguma integração entre o imposto pessoal de rendimento e o imposto sobre os lucros societários, eliminando ou atenuando a chamada dupla tributação económica dos lucros distribuídos a pessoas singulares.

O CIRS optou por uma solução moderada de crédito parcial de imposto, permitindo, inicialmente, a dedução à colecta de 20% do IRC que incidiu sobre os lucros distribuídos quando englobados. Foi uma solução prudente, a qual, todavia, era vista pela CRF como destinada a evoluir no sentido de uma maior integração, quiçá mesmo uma integração total, com a consequente eliminação da dupla tributação económica dos lucros distribuídos. E, de facto, o crédito inicial, de 20%, foi sendo aumentado, até atingir 60%, sendo então, já neste século, substituído por um sistema de englobamento obrigatório dos lucros distribuídos, mas por 50% do seu valor.

É certo que a solução inicial nesta matéria sofreu alguma perda de alcance com a já referida introdução da taxa liberatória de 25% a favor dos dividendos das sociedades anónimas. Sendo os dividendos objecto pois de englobamento facultativo – ao que parece pouco frequentemente requerido – o sistema do crédito de imposto acabava por não funcionar para os lucros distribuídos por sociedades anónimas que não fossem pelos seus titulares residentes sujeitos ao englobamento, com o efeito perverso de tratar diversamente os lucros distribuídos por diferentes tipos de sociedades. Esses efeitos, porém, não se podem imputar a escolhas da CRF, são antes o resultado da aplicação de taxas liberatórias aos rendimentos dos títulos, no caso aos rendimentos de acções.

O principal defeito do sistema do crédito de imposto – que haveria de estar na base, ao que supomos, da sua substituição por um sistema de englobamento parcial – é o de proceder ao crédito de imposto baseado na taxa legal de IRC, que, como é sabido, não é a taxa efectiva do imposto. Acresce que a diferença entre a taxa efectiva e a taxa legal não é a mesma para todas as sociedades, sendo impraticável que o crédito de imposto seja determinado à taxa efectiva individualizada de cada uma delas.

De qualquer modo, a Reforma de 88/89 seguiu, neste domínio, uma solução prudente que já era adoptada por várias legislações, com excepções importantes como vimos, e de que existiam, ao tempo indícios – materializados numa proposta de directiva da CEE – de que poderia vir a constituir o sistema comum europeu, em matéria de relações entre os dois impostos de rendimento. Isso aliás, como é bem conhecido, não veio efectivamente a acontecer...

(iii) O IRS saído da Reforma de 88/89 não previu regimes simplificados de tributação para rendimentos de tipo empresarial e profissional. Nem na categoria B, dos rendimentos do trabalho independente, nem nas categorias C e D, dos rendimentos comerciais e industriais e dos rendimentos agrícolas, respectivamente, se previam regimes simplificados de tributação, trabalhando com rendimentos presumidos, para determinar o rendimento colectável de contribuintes de pequena dimensão.

Dir-se-ia que o legislador de 88 quis excluir, na determinação da matéria colectável, todos os processos que envolvessem presunção de rendimentos, para procurar antes determinar o rendimento real efectivo, através da declaração e dos registos dos contribuintes, devidamente controlados.

A circunstância de o princípio da tributação do rendimento real ter assento constitucional, a confiança, que se veio a revelar demasiado optimista, na capacidade da inspecção tributária em controlar adequadamente as declarações e os registos dos sujeitos passivos e, finalmente, uma reacção naturalíssima e saudável contra os processos de determinação da matéria colectável até então vigentes, herdados do regime político anterior e relevando de uma concepção autoritária da administração fiscal, com o seu cortejo de "discricionaridades técnicas" e de impedimentos aos recursos contenciosos da fixação da matéria colectável, salvo em caso de preterição de formalidades legais – tudo isto terá explicado a solução radical da Reforma de 88/89 de não prever, nem sequer para os contribuintes de pequena dimensão, regimes de determinação simplificada da matéria colectável, ou do imposto, através de presunções.

Tais regimes, que não vão confundidos com tributação de rendimentos normais, eram constitucionalmente possíveis, embora a Constituição da República não os erija em modelo da tributação das empresas. A CRF, contudo, confiava em que uma boa fiscalização tributária que detectasse os desvios à verdade fiscal e que só então, atestados esses desvios, conduzisse à aplicação de métodos indiciários ou presuntivos de determinação da matéria colectável, permitiria dispensar métodos simplificados de tributação para os contribuintes de menor dimensão, nas categorias de rendimentos profissionais e empresariais.

É fácil, à distância de quinze ou dezasseis anos, apercebermo-nos do excessivo radicalismo da solução e dos perigos de evasão que ela continha, se não se verificassem progressos muito significativos na actuação da inspecção tributária. O que é certo é que foram muito poucos os que, à época, disso se aperceberam, sendo, ao invés, a determinação da matéria colectável real e não presumida saudada pela generalidade dos observadores como um passo importante no sentido de uma fiscalidade mais justa e mais consentânea com a ordem democrática e o Estado de Direito. A evolução posterior, como direi a seguir, posto que eliminando algum compreensível "radicalismo" do modelo original, não o veio afinal a pôr fundamentalmente em causa.

(iv) O meu último ponto, pelo que toca à determinação da matéria colectável, refere-se ao sistema de abatimentos previsto no modelo original saído da Reforma Pitta e Cunha, hoje praticamente substituído por um sistema de deduções à colecta.

Obtido o rendimento global líquido a partir da soma dos rendimentos líquidos das várias categorias, o sistema original do IRS mandava proceder a uma série de *abatimentos*, assim designados, ou seja, permitia a subtracção ao rendimento global líquido de uma série de despesas que pretendia privilegiar, para obter o rendimento colectável.

Despesas relativas à educação, à saúde, à assistência a idosos dependentes, a encargos financeiros com aquisição de habitação própria eram, assim, com ou sem limites máximos, abatidas ao rendimento líquido total para efeitos de determinação do rendimento colectável. A isto acresciam ainda vários benefícios fiscais, que não constavam da tributação-regra, mas se concentravam no EBF. A engenharia social, a que nenhum sistema de tributação pessoal do rendimento escapa, fazia-se pois fundamentalmente através dos abatimentos, ou seja, através de deduções ao rendimento e não de deduções à colecta. Estas também existiam, mas dirigiam-se predominantemente a objectivos diferentes, como seja, por exemplo, de proceder à integração do IRS com o IRC e com a Contribuição Autárquica.

É claro que os abatimentos efectuados ao rendimento, contrariamente às deduções à colecta, diminuem a progressividade do sistema, já que premeiam mais quem, situando-se em escalões mais elevados de rendimento, defronta taxas de tributação mais altas. Merecem pois reservas, e sérias, no plano da equidade. À época em que o IRS foi desenhado, não havia a certeza de que os contribuintes fossem saber utilizar o sistema dos abatimentos, já que a experiência do anterior imposto complementar mostrara não ser muito importante o volume de despesas reclamado como abatimento, em matéria de saúde, para cujas despesas nem sequer se previu um limite máximo de abatimento. Não ficou claro, e não continuou claro durante algum tempo de vigência do IRS, o efeito dos abatimentos ao rendimento global líquido sobre a equidade geral do sistema.

Como quer que fosse, não me parece haver hoje dúvida de que a existência daquela lista de despesas privilegiadas produzia um enfraquecimento da progressividade do sistema e, em definitivo, uma hipoteca sobre a equidade do IRS, na sua vertente vertical.

A mudança do sistema operou-se na Lei do Orçamento para 1999 e recebeu a adesão da generalidade dos fiscalistas.

Não ignoro que, contra isto, se pode argumentar, como entre nós tem defendido o Doutor Casalta Nabais[2], que nem todos os abatimentos se devem pôr no mesmo plano e que há que separar "as despesas com a satisfação dos direitos sociais até àquele nível que o Estado social, na sua concreta configuração e nas suas reais possibilidades económicas e finan-

---

[2] Cfr. Casalta Nabais, *Direito Fiscal*, Almedina, 2ª edição, Coimbra, 2003, p. 490 e seguintes.

ceiras, pode assegurar a todos e cada um dos cidadãos, das despesas que vão além daquele nível e das despesas com actividades objecto de verdadeiros benefícios fiscais".

Para Casalta Nabais, "as primeiras despesas, porque indispensáveis à satisfação das necessidades essenciais à salvaguarda da dignidade da pessoas humana, devem continuar a ser objecto de deduções ao rendimento colectável". Segundo o Autor, que qualifica o rendimento que suportou essas despesas como "rendimento indisponível", só assim "se respeita a exigência constitucional decorrente do princípio da capacidade contributiva de não tributar o rendimento socialmente indisponível".

Temos dúvida que a referida distinção – que faz obviamente sentido... – deva impor um tão importante desvio à progressividade e se não estaremos, perdoe-se a expressão, perante um "excesso de juridismo". O que é certo é que a Constituição, sem conter nenhuma proclamação explícita sobre o princípio da capacidade contributiva e da protecção fiscal ao rendimento socialmente indisponível, proclama a progressividade do imposto pessoal de rendimento.

Para além da dificuldade de traçar uma fronteira suficientemente nítida entre os dois grupos de despesas, por forma a permitir tratar as primeiras como abatimentos ao rendimento a título de custos do rendimento socialmente indisponível, permanece o facto de abatimentos desse tipo serem regressivos. Que diríamos de um sistema de subsídios para despesas com direitos sociais, em que o Estado comparticipasse com 40% os beneficiários mais ricos, com 25% os remediados, só com 15% os mais pobres e com nada os que nada tivessem? Seria por certo inaceitável, mas é isso mesmo o que se faz, quando se opera com o imposto de rendimento e se concedem abatimentos ao rendimento[3]. Reputamos pois a mudança operada em 99 como correcta, no plano da equidade tributária.

4. Muito pouco vou dizer em matéria de taxas, já que o IRS de 88/89 seguiu a linha, nessa matéria, das reformas fiscais contemporâneas. Ao alargamento da base tributável contrapunha-se a moderação das taxas – e essa foi a linha de orientação prosseguida pela Reforma Pitta e Cunha. A moderação em matéria de taxas abrangeu, não só a altura da

---

[3] Cfr. Joel Slemrod; Jon Bakija, *Taxing Ourselves. A Citizen's Guide to the Debate over Taxes*, Third Edition, The MIT Press, 2004, especialmente p. 225.

taxa marginal máxima (40%), como ainda o número de escalões, inicialmente apenas cinco, o que representou uma redução em relação aos 11 escalões do antigo imposto complementar e aos também 11 escalões do imposto profissional.

A Reforma de 88/89 seguiu pois o movimento BB-RR (*broadening the base, reducing the rates*) que vinha a ser seguido nas reformas iniciadas nos anos 80 e que mantém aliás toda a actualidade.

Sabe-se que as exigências de receita e a estrutura da repartição vertical do rendimento (a par, talvez, de uma evasão fiscal significativa, que ainda não se conseguiu controlar de modo eficaz...) têm conduzido a que as taxas marginais mais elevadas se apliquem afinal a rendimentos não muito altos. A escada é pequena, não chega muito alto, mas ao seu topo sobem afinal agregados familiares apenas de rendimentos médios, que aí encontram a companhia dos mais ricos. É difícil, porém, atentas as exigências de receita, que possa vir a ser muito diferente.

Afinal, o imposto de rendimento, que começou por ser historicamente uma tributação de classe, incidente sobre os mais ricos, massificou-se e hoje é um tributo sobre a classe média, onde se forma afinal o grosso da sua receita. Poderão eventualmente fazer-se melhorias e afinações, mas, a meu ver, não se poderá em definitivo evitar que seja a classe média a pagar o Estado social moderno. Os seus defensores, entre os quais me conto, não poderão pois coerentemente pretender alívios irrealistas sobre os titulares de rendimentos médios.

5. O que se esteve a expor já contém muito da evolução do IRS que se seguiu à sua introdução no sistema fiscal português, em 1 de Janeiro de 1989.

Sintetizemos as que reputamos principais linhas da evolução, operada sobretudo a partir de 1999:
- fusão de categorias;
- previsão de sistemas simplificados de tributação para os rendimentos empresariais e profissionais;
- transformação dos abatimentos em deduções à colecta;
- passagem de um sistema de crédito de imposto para um sistema de englobamento parcial dos lucros distribuídos, pelo que toca à integração do IRS e do IRC;
- solução do problema das uniões de facto.

Faremos um comentário breve sobre algumas destas importantes alterações do sistema inicial do IRS.

Pelo que toca à fusão das categorias, constituiu alguma simplificação do sistema, mas não tanta quanto poderia julgar-se, já que as distinções entre os rendimentos de diferentes naturezas ou fontes continuam a impor-se agora dentro das novas categorias. Persistem diferenças de regimes fiscais entre os rendimentos profissionais e os rendimentos empresariais e, dentro destes, diferenças de regimes fiscais entre rendimentos comerciais e industriais e rendimentos agrícolas. As complexas fronteiras entre uns e outros não puderam assim ser desmanteladas.

Os regimes simplificados de tributação para os rendimentos da categoria B têm sido objecto de frequente crítica, sobretudo visando a chamar a atenção para as distorções de tributação que podem originar, com reflexos sobre a equidade. Não tenho aqui tempo para analisar detidamente o problema, pelo que me limito a acentuar que os regimes simplificados têm sempre de constituir um compromisso entre a desejada simplificação e a aproximação possível à verdade fiscal. Perante a prolongado atraso na construção e aplicação dos famosos "indicadores objectivos de base técnico-científica", definidos anualmente após audição das associações empresariais e profissionais, atraso que, a meu ver, pode ter origem na própria inviabilidade prática do sistema engendrado pela LGT, a este propósito, o IRS actual pratica um sistema simplificado de determinação da matéria colectável que tem a clara vantagem de ser de muito simples aplicação e de grande comodidade para os contribuintes a ele sujeitos. Cometerá, por certo, injustiças e implicará algumas desigualdades de tratamento. A simplicidade, todavia, é hoje um objectivo autónomo dos sistemas fiscais, a que se vem dando um ênfase crescente. E há que ter consciência que conseguir um sistema fiscal simples implica sempre necessariamente alguma perda de afinação em matéria de personalização do imposto e, em definitivo, algum dano de equidade. São os conhecidos *trade-offs* da política tributária, a que não há por onde fugir.

A regulamentação das mais importantes "remunerações acessórias" do trabalho dependente constituiu, sem dúvida, um importante progresso, já que, como é bem sabido, só previsões legislativas muito claras, em matéria de incidência e de determinação do valor tributável, permitem, na prática, sujeitar a imposto esses rendimentos, com ganhos significativos de equidade horizontal e vertical. O princípio da equiparação do rendimento em espécie ao rendimento monetário, bem como as regras gerais de determinação do valor dos rendimentos em espécie – que constavam já do articulado primitivo – não tinham densidade normativa suficiente para conduzir à tributação efectiva da maior parte das vantagens acessórias.

Só quando foram sendo introduzidas no texto legislativos regras específicas de incidência e de determinação do valor ganhou eficácia a tributação de tais rendimentos, podendo dizer-se que a maior parte dos *fringe benefits*, incluindo os incentivos baseados em valores mobiliários (como os planos de aquisição, de subscrição e de opção de acções) se encontram hoje cobertos por expressas determinações legais, que conduzem à sua tributação. A não previsão de obrigações de retenção na fonte enfraquece, porém, de modo que pode ser significativo, a eficácia do sistema.

Finalmente, quanto à mudança da técnica da integração entre o IRS e o IRC, já atrás deixei dito que os defeitos da técnica do crédito de imposto justificaram a alteração, que vai aliás na linha da evolução das legislações um pouco por toda a parte: os sistemas de crédito de imposto têm vindo de facto a ser substituídos por sistemas de englobamento parcial, ou de tributação por taxa liberatória. Relembro que a primeira incursão dos Estados Unidos nesta matéria da integração, operada em 2003, fez-se através da tributação dos dividendos a uma taxa liberatória de 15% e não por uma técnica de crédito de imposto.

6. A minha conclusão final, pois vai sendo tempo de terminar, é no sentido de que a concepção de base da Reforma Pitta e Cunha suportou bem a prova do tempo. O imposto representou um assinalável progresso do sistema tributário nacional, a ponto de se poder dizer que são seguramente mais as falências administrativas do que as inevitáveis deficiências técnicas ou de concepção normativa que continuam a alimentar a insatisfação difusa que se sente na comunidade sobre a tributação do rendimento pessoal.

A meu ver – é sempre a meu ver, como dizia Fernando Pessoa – o sistema poderá carecer e carece mesmo de simplificação, talvez mesmo, dir-se-ia, de substancial simplificação, porque ao longo do tempo, foi-se sempre complicando, mas os grandes princípios sobre que assenta permanecem, em larga medida, actualizados. Nos 15 anos da Reforma Fiscal de 88/89, o IRS, aberto aos inevitáveis ajustamentos, está longe de precisar de radical substituição. Julgo ser essa afinal a principal homenagem que se pode prestar ao legislador de há quinze anos atrás.

O CÓDIGO DO IRS FACE AO DIREITO INTERNACIONAL FISCAL

Professor Doutor Manuel Pires[*]

1. **1989**

1.1. Aquando da elaboração do Código do Imposto sobre o Rendimento das Pessoas Singulares (CIRS), os problemas objecto do Direito Internacional Fiscal eram quatro:
– Dupla tributação;
– Fraude e evasão fiscais;
– Harmonização fiscal;
– Medidas fiscais dos países desenvolvidos para auxiliar o investimento privado no países menos desenvolvidos.

A posição do Código do Imposto sobre o Rendimento das Pessoas Singulares (CIRS) não foi de abertura face a estes problemas.

1.2. Relativamente às medidas fiscais acima assinaladas dos países desenvolvidos, tendo sido estabelecido um Estatuto dos Benefícios Fiscais, seria ele um dos lugares apropriados, evitando-se disposições em Códigos ou leis avulsas. Por outro lado, desse auxílio gozam normalmente as entidades colectivas. Acresce que, no CIRS, não foram estabelecidos benefícios fiscais, salvo no caso de se entender como tal a minimização da dupla tributação económica acolhida no artigo 80.º n.os 3 e 7 – numeração originária –, com acentuadas limitações objectivas e subjectivas. Aliás, o problema do auxílio, suscitado nomeadamente pela OCDE, só

---

[*] Professor na Universidade Lusíada – Lisboa.

muito raramente era olhado e/ou tratado de modo institucionalizado, isto é, como integrante da problemática do Direito Internacional Fiscal. Por outro lado, poderia parecer estranho que no Código se concedesse, v.g., a isenção ou o *tax sparing credit* – meios, de entre outros, de atingir o auxílio sob referência – quando nele não era eliminada unilateralmente a dupla tributação.

1.3. Quanto à harmonização fiscal, é sabido que, no domínio da harmonização institucional e não espontânea, pouco se tinha alcançado no quadro das pessoas singulares, salvo relativamente à troca de informações, matéria não muito apropriada para inserção no CIRS.

1.4. A fraude e evasão fiscais internacionais não foram igualmente objecto de atenção, porventura pelo não acentuado desenvolvimento da matéria no âmbito internacional comparado com o interesse posterior, conjugado, também porventura, pela não muita experiência nacional sobre esses fenómenos implicando plurilocalização.

1.5. Por último, no tocante à dupla tributação, a posição omissiva assumida traduz a perspectiva de um país importador líquido de capitais, não muito interessado, portanto, na respectiva eliminação, dissuadindo--se, pois, a exportação de capitais (cfr. artigo 80.º *a contrario*, na numeração originária).

No entanto, a potencialidade das duplas tributações era patente, visto ter-se consagrado a territorialidade
- pessoal – resultante da residência e geradora da obrigação ilimitada de imposto (*mit unbeschränker Haftung*) – artigos 14.º n.º 1, 15.º n.º 1 e 16.º (na numeração originária);
- real – derivada da fonte de rendimento e geradora da obrigação limitada do imposto (*mit beschränker Haftung*) – artigos 14.º n.º 1, 15.º n.º 2 e 17.º (na numeração originária).

Esta potencialidade era ainda agravada pelas definições amplas de residência e de fonte, consagrando-se, relativamente a esta, quer o critério financeiro quer o critério económico e, no caso de *royalties* e de rendimentos de capitais, os dois critérios concomitantemente – artigo 17.º n.º 1, alíneas c) e e) do sempre citado CIRS (na numeração originária).

E a situação, quanto à residência, era mais agravada – como, aliás, por enquanto continua (constam modificações na proposta de Lei do

Orçamento para 2005[1]) – quando, do artigo 16.º n.º 2, resulta a residência no território português de não residentes efectivos, no caso de manutenção, no território nacional, de um dos dirigentes da família, o que, aliás, suscita dificuldades face às convenções destinadas a evitar as duplas tributações que podem impedir ou impedem a aplicação daquele preceito do CIRS, designadamente, quanto aos emigrantes não sazonais.

Mas outra definição foi aceite com a perspectiva dos países importadores líquidos de capitais face aos países exportadores líquidos dos mesmos: a do estabelecimento estável.

Como se sabe, existem duas orientações quanto a essa definição
– a orientação da realização ou dos organismos não produtivos;
– a orientação da pertença económica.

«Segundo a primeira, são estabelecimentos estáveis as instalações que obtenham ou realizem directamente um lucro», isto é, que tenham um carácter produtivo. Daí não se considerarem como tais os escritórios de compras, os laboratórios de pesquisas, os gabinetes de estudo e as salas de exposição. Não existindo fonte directa de ganhos, não se produzindo ou vendendo mercadorias, não se aumentando o valor do produto ou ainda não se prestando serviços mediante remuneração, não se estaria face a um estabelecimento estável. Exige-se, assim, para se estar perante um tal estabelecimento, que a actividade se revista de certa intensidade e que não esteja excessivamente afastada da criação do lucro.

Esta orientação foi consagrada no modelo de Londres [da Sociedade das Nações (S.D.N.)], que referiu, nos seus comentários, como características do estabelecimento estável:
1) «Lugar fixo» de negócios;
2) Carácter produtivo de lugar, isto é, o estabelecimento deve contribuir para os ganhos da empresa.

O último requisito é seguidamente concretizado: não seriam estabelecimentos estáveis os estabelecimentos que não contribuem directamente para os ganhos da empresa (v.g., laboratórios de pesquisa). Aplicar "o imposto sobre o rendimento a um lucro presumido, no caso de tais estabelecimentos, conduziria facilmente a uma tributação de carácter arbitrário extraterritorial".

---

[1] Em virtude da lei de orçamento para 2006, foi essa situação objecto de regulação visando solucioná-la.

No Protocolo dos Modelos do México e de Londres (artigo V) [ambos da S.D.N.], enunciam-se as realidades compreendidas na expressão «estabelecimento estável», concluindo por referência genérica: "outros lugares fixos de negócios, tendo um carácter produtivo".

A outra orientação – a de "pertença económica" – é sustentada com base na possibilidade de tributação das realidades que a posição anterior afirmou não serem tributáveis, não se podendo esquecer que os estabelecimentos por ela excluídos integram as empresas, sendo elementos que contribuem para a sua actividade. Daí afirmar-se – e bem – que a orientação da realização contraria a realidade económica e que se está face a um estabelecimento estável quando a instalação se integra na economia do país em causa e isso sucede desde que se trate de "qualquer instalação permanente na qual a empresa exerça toda ou parte da sua actividade". O elemento através do qual a sociedade exerce a sua actividade num país será estabelecimento estável se está integrado na economia deste Estado.

Importa, por último, notar que a ausência, na definição de estabelecimento estável, da referência à necessidade de carácter produtivo pode não ter significado, porque é possível a exclusão das instalações que não contribuem directamente para o ganho da empresa. É o que sucede com os textos da OCDE (...)»[2].

O legislador do CIRS, remetendo para o CIRC, acolheu a última orientação – pertença económica –, visto ter adoptado a definição objectiva sem qualquer limitação: qualquer instalação fixa de negócios.

Aliás, esta definição menos limitada já não poderia ser aplicada nas relações com os Estados exportadores líquidos de capitais com os quais mantemos relações mais intensas, visto já terem sido celebradas com eles convenções para evitar a dupla tributação acolhendo a definição mais limitada – a dos organismos não produtivos –, embora, algumas vezes, com certa ampliação.

2. Evolução

2.1. Posteriormente, mantiveram-se os problemas do Direito Internacional Fiscal antes indicados, posto que o auxílio dos países desenvolvidos continuasse em letargia. Mas surgiram novos problemas

---

[2] Manuel Pires, Da Dupla Tributação Jurídica Internacional sobre o Rendimento, Lisboa, s/ d, págs. 732 a 734.

– práticas fiscais prejudiciais (inicialmente denominada degradação fiscal e depois concorrência fiscal prejudicial);
– tributação do comércio electrónico.

2.2. Simultaneamente o CIRS evoluiu. Continuaram a ser adoptadas quer a territorialidade pessoal quer a territorialidade real (artigos 13.º n.º 1, 15.º, 16.º e 18.º, na numeração actual). No entanto, ocorreram modificações dos elementos de conexão. Assim, foi suprimida a cumulatividade dos critérios económico e financeiro, dando-se prevalência a este último critério nos casos antes referidos [artigo 18.º n.º 1, alíneas d) e g)], mas surgiu essa cumulação quanto aos rendimentos do trabalho dependente [artigo 18.º n.º 1, alínea a)], o que parece demonstrar uma certa atitude errática na definição dos elementos de conexão. Também a noção de estabelecimento estável sofreu modificação: foi adoptada a orientação dos organismos não produtivos. Lendo a definição inicial (artigo 18.º n.º 2), tudo parece manter-se, mas, considerando as excepções introduzidas posteriormente, torna-se patente a "revolução" (artigo 5.º n.ºs 2 a 9 do Código do IRC, por remissão do artigo 18.º n.º 3 do Código do IRS). Além disso, o legislador foi mais "ocediano" do que a OCDE, visto ter incluído no dispositivo legal aspectos tratados apenas nos comentários do Modelo de convenção destinada a evitar as duplas tributações sobre o rendimento e o património elaborado por aquela Organização (artigo 5.º).

Por outro lado, a dupla tributação jurídica internacional foi eliminada crescentemente. Assim, foi iniciada pelos rendimentos das categorias B, C e D e posteriormente ampliada aos rendimentos de todas as categorias. Mais, admitiu-se ainda o reporte para a frente (progressivo) do crédito[3]. Dispõem, nesse sentido, os artigos 78.º n.º 1, alínea g) e 81.º (na numeração actual)[4]: «À colecta são efectuadas, nos termos dos artigos subsequentes, as seguintes deduções relativas:

....

g) À dupla tributação internacional;

.......................» [artigo 78.º n.º 1, alínea c)] e «Os titulares de rendimentos das diferentes categorias obtidos no estrangeiro têm direito a um crédito de imposto por dupla tributação inter-

---
[3] Eliminado em 2005.
[4] Com alteração em 2005.

nacional, dedutível até à concorrência da parte da colecta proporcional a esses rendimentos líquidos, considerados nos termos da alínea b) do n.º 6 do artigo 22.º [o n.º 6 estabelece o *gross up*, não existindo a alínea b)], que corresponderá à menor das seguintes importâncias:

    a) Imposto sobre o rendimento pago no estrangeiro;
    b) Fracção da colecta do IRS, calculada antes da dedução, correspondente aos rendimentos que no país em causa possam ser tributados[5].

2 – Quando existir convenção para eliminar a dupla tributação celebrada por Portugal, a dedução a efectuar nos termos do número anterior não pode ultrapassar o imposto pago no estrangeiro nos termos previstos pela convenção.

3 – Sempre que não seja possível efectuar as deduções a que se referem os números anteriores, por insuficiência de colecta no ano a que os rendimentos obtidos no estrangeiro foram englobados na matéria colectável, o remanescente pode ser deduzido até ao fim dos cinco anos seguintes à parte da colecta proporcional ao rendimento líquido da respectiva categoria» (artigo 81.º)[6].

Ocorreu, assim, uma viragem significativa das soluções relativas às situações pluralocalizadas. Agora a legislação configura-se como de país exportador líquido de capitais.

Mas a mudança também ocorreu quanto ao regime fiscal dos não residentes: esse regime transformou-se em translúcido, o que não é de aplaudir. Não se tendo estabelecido um regime completo e sistemático, como sucede, v.g., em Espanha, não se deveria contudo, estabelecê-lo do modo como foi feito, visto a acessibilidade ao regime legal ser condição indispensável para a previsibilidade das consequências legais da actuação, o que é exigido pelo subprincípio da segurança integrante do princípio do Estado de Direito.

2.3. Mas não foi apenas no domínio das duplas tributações ou nos elementos de conexão que ocorreram modificações. Na luta contra a

---

[5] Em 2005, foi aditada na parte final, "líquidos das deduções específicas previstas neste artigo".

[6] O n.º 3 foi revogado em 2005.

fraude e evasão fiscais bem como quanto às práticas fiscais prejudiciais consagraram-se modificações bem relevantes, nomeadamente
- a extensão da noção de residência, desde que exista mudança para território com regime fiscal mais favorável (artigo 16.º n.º 3; no artigo 17.º procurou-se também evitar situações do mesmo tipo, mas no âmbito Continente – Regiões Autónomas);
- imputação de dividendos fictícios no caso das *Controlled Foreign Companies (CFCs* – artigo 20.º n.ºs 3 e 4);
- impedimento da aplicação de certas regras, quando existam conexões com o tipo de território acima mencionado, mediante dois métodos
  - da lista dos espaços fiscais com esse regime (v.g., artigos 43.º n.º 3 e 73.º n.º 6, por remissão para o artigo 59.º n.º 2 CIRC);
  - da comparação dos encargos fiscais entre o sistema português – do *home country* – e o sistema do destino – do *host country* (citado artigo 73.º n.º 6).

Estas modificações não surpreendem, atenta a intensificação, nos últimos anos, da luta contra a fraude e evasão fiscais, a que não esteve imune o CIRS (artigo 20.º), e que se reflectiu até mais intensamente noutros diplomas, v.g., CIRC – nomeadamente artigos 58.º a 64.º.

Mais, a luta contra as práticas fiscais prejudiciais, conduziu a modificações no regime fiscal das Zona Franca da Madeira e da Zona Franca da Ilha de Santa Maria constante do Estatuto dos Benefícios Fiscais (artigos 33.º a 34.º).

2.4. Ainda outro aspecto há a relevar, embora não implicando com o CIRS: a transposição, que entretanto foi feita, das directivas sobre a troca de informações e assistência à cobrança, matéria que tem vindo a ser crescentemente complexizada.

2.5. Continuaram, porém, omissas regras unilaterais destinadas a promover os investimentos nos Estados menos desenvolvidos (entretanto, na convenção com Moçambique – artigo 23.º n.º 2 – foi adoptado unilateralmente, a favor daquele país, o *tax sparing credit* que bilateralmente também foi admitido, v.g., na convenção com a Coreia do Sul – artigo 23.º n.º 3).

2.6. Inexistem regras específicas relativas à tributação do rendimento derivado do comércio electrónico, o que se compreende dadas as dificuldades que a respectiva moldagem ainda está a suscitar.

2.7. Por último, não foi adoptada a recomendação da Comissão da UE, de 21 de Dezembro de 1993, relativa à tributação de certos rendimentos auferidos por residente de um Estado membro noutro Estado membro e segundo a qual se esses rendimentos constituem, pelo menos, 75% do seu rendimento tributável no ano fiscal, os beneficiários devem ser tributados no Estado da fonte como se fossem nele residentes.

3. Conclusão

Uma conclusão deve retirar-se: aquando da publicação do CIRS, à menor intensidade, nomeadamente quanto a Portugal, da problemática internacional fiscal ou à sua não inserção adequada no Código, corresponderam, no foro doméstico e como é natural, não muitas disposições sobre a matéria naquele incluídas, embora fosse nítida nalgumas das suas disposições a perspectiva dos países importadores líquidos de capitais. Entretanto, a relevância da problemática foi-se impondo mesmo domesticamente e daí as modificações ocorridas nomeadamente no quadro da dupla tributação, da evasão e das práticas fiscais prejudiciais, acompanhadas por uma modificação de perspectiva (justificável, ao menos totalmente?), passando-se para disposições próprias de países exportadores líquidos de capitais. Todavia, importa assinalar ainda uma inconsistência: fundiram-se as categorias B, C e D do IRS, embora de modo artificial – daí terem-se imposto as peculiaridades e, consequentemente, não serem unitárias as regras aplicáveis a tais rendimentos – mas, no quadro dos trabalhos da OCDE – em cujo Modelo ocorreu também a fusão por absorção do artigo 14.º (rendimentos da actividade profissional) pelo artigo 7.º (lucros da actividade empresarial) –, Portugal reservou a posição no sentido de continuar a tributar tais rendimentos separadamente, conforme os artigos referidos, isto é, sem fusão. Quem terá adoptado a melhor solução? Opino pela acolhida no quadro internacional, dado a realidade impor-se aos pontos de vista que não lhe correspondem.

A REFORMA FISCAL DE 1989
(UMA VISÃO POR DENTRO)

Dr. Vasco Branco Guimarães

> Sumário: 1. Introdução. 2. O sistema fiscal existente em 1984. 3. As linhas de orientação da Reforma de 1989. 4. A metodologia de trabalho. 5. O que ficou por fazer. 6. Conclusões finais.

1. Introdução

Integrei a Comissão de Reforma Fiscal como colaborador a convite do Professor Doutor Paulo de Pitta e Cunha, em 1984 numa fase primeira da Reforma. A este convite – a que acedi com agrado – não serão estranhas as relações profissionais estreitas que tinha com o Presidente da Comissão de Reforma Fiscal enquanto seu Assistente na Faculdade de Direito da Universidade de Lisboa e na minha qualidade de membro do Centro de Estudos Fiscais, instituição a que o Professor Pitta e Cunha tinha pertencido e que desenvolvia estudos e trabalhos vários no âmbito do sistema Fiscal[1].

Lembro-me de ter sido chamado ao gabinete da Dra. Maria de Lourdes Correia Valle – num acto de cortesia e correcção funcional que sempre caracterizou esta Directora do Centro de Estudos Fiscais – e me

---

[1] O papel do CEF nesta área pode ser aferido pela participação dos seus membros nas várias comissões de Reforma que foram sendo nomeadas desde a Constituição de 1976. É assim que na Comissão nomeada em 1976 por Medina Carreira – DR II Série n.º 223 – estavam presentes quase todos os membros do CEF. Destes uma parte substancial integrou a Comissão de Reforma Fiscal presidida pelo Professor Pitta e Cunha.

ter sido perguntado se aceitava esse destacamento, para essas funções ao que respondi que considerava o convite irrecusável, porque o maior desejo de qualquer fiscalista era poder participar numa Reforma Tributária.

Foi neste contexto e com este espírito que comecei o meu trabalho na Comissão de Reforma Fiscal, que então ainda não tinha instalações próprias e funcionava em salas ad hoc no Ministério ou no escritório do Professor Pitta e Cunha.

Fui integrado numa primeira fase, no Grupo de Trabalho do Modelo que deveria estudar, propor e testar um Modelo de Imposto Único para as Pessoas Singulares e, posteriormente, depois de definido o modelo do IRS, trabalhei no grupo da simplificação.

No âmbito das minhas funções estava também a de participar nas reuniões plenárias com o Grupo de trabalho das Pessoas Colectivas, por forma a garantir uma coordenação e compatibilização entre as soluções que fossem propostas para o IRS e as definidas e propostas para o IRC, nas áreas dos grupos que integrava.

No âmbito das funções designadas pelo Presidente da Comissão de Reforma recordo-me de ter solicitado uma conversa com todos os Directores dos Impostos cedulares, para tentar aferir qual o sentimento daqueles que geriam o sistema em relação ao imposto único e se havia alguma reflexão da Administração executiva sobre a matéria.

À semelhança dos trabalhos preparatórios das Comissões de Reforma Tributária anteriores à presidida pelo Professor Pitta e Cunha[2], a AF ainda considerava o sistema em vigor como bom e capaz de atender às necessidades de financiamento do Estado. Quaisquer outros valores que possam integrar as funções do sistema fiscal não faziam (e, em regra, não fazem) parte das preocupações da AF.

A obrigação constitucional de ter um imposto sobre o rendimento único e progressivo, que constava na versão original da Constituição de 1976 no artigo 106.º, era olhado pela AF como uma peculiaridade do legislador constitucional a que era totalmente alheia.

Esta posição, de defesa relativa do sistema em vigor estava também presente nos trabalhos preparatórios produzidos pela «comissão destinada a apresentar os estudos relativos ao imposto único sobre as pessoas físicas e do imposto sobre as pessoas colectivas» nomeada por despacho de

---

[2] Alguns de destes trabalhos constam do acervo existente na Biblioteca da Divisão de Documentação do CEF e nunca foram, enquanto tal, publicados.

15 de Setembro de 1976 do então Ministro das Finanças Henrique Medina Carreira[3].

Foi neste quadro de fundo e operativo que iniciei as minhas funções de colaboração na Comissão de Reforma Fiscal instituída pelo Decreto--lei n.º 232/84 de 12 de Julho[4-5].

A presente nota visa dar notícia do sistema existente à data do início das actividades a que fui chamado a participar e daquelas que presenciei, no âmbito das funções para que fui designado e, por essa via, enquadrar a génese de algumas das soluções encontradas e de outras que, propostas ou estudadas, ainda não viram a luz do dia.

Nesse contexto, considero que esta é uma visão *parcial* e *por dentro* da Comissão de Reforma Fiscal e vale pelo testemunho histórico que representa.

---

[3] DR II Série n.º 223 de 22 de Setembro de 1976.

[4] DR I Série n.º 160 de 12 de Julho de 1984.

[5] Esta Comissão de Reforma Fiscal é a terceira nomeada para a tributação do rendimento e a quarta no total desde 1976 se considerarmos a criada para a Reforma do IVA. A primeira foi criada por Despacho ministerial de 15 de Setembro de 1976 era constituída por António Joaquim de Carvalho, Carlos Adelino Campelo de Andrade Pamplona Corte-Real, Domingos Martins Eusébio, Francisco Rodrigues Pardal (presidente), José Campeão Freitas Mota, Herculano Madeira Curvelo, Manuel Pereira, Manuel Pires, Maria de Lurdes Órfão de Matos Correia Vale, Maria Teresa Graça de Lemos e Nuno José da Cunha Sá Gomes. Esta Comissão tinha até 31 de Agosto de 1977 para apresentar anteprojectos dos diplomas relativos aos impostos em estudo – imposto único sobre as pessoas físicas e imposto sobre as pessoas colectivas. Eram coordenadores Manuel Pires e Maria de Lurdes Correia Vale respectivamente. Existem estudos no Arquivo do CEF que terão resultado do trabalho desta Comissão mas o objectivo não foi alcançado notando--se nos estudos uma tendência para a revitalização e regeneração do sistema cedular mais do que uma passagem para imposto único. Pela Portaria n.º 691/79 de 18 de Dezembro (DR I Série n.º 290 de 18/12/1979) é criada uma Segunda Comissão de Reforma Fiscal na dependência directa do Ministro das Finanças com o mandato de coordenar os estudos relativos à Reforma Tributária. O diploma referido integra os grupos de trabalho já instituídos (cfr. 12.1.) e prevê a criação de outros (12.2.). Esta Comissão tinha como particularidade a existência de um Núcleo Coordenador da Reforma Fiscal que era presidido pelo Ministro das Finanças (cfr. 6.). Em todo o diploma não consta uma só referência ao CEF embora constem outras a outros organismos do Ministério nomeadamente o GEP e o Inspector Geral de Finanças. Esta portaria é assinada em 4 de Dezembro de 1979 por António Luciano Pacheco de Sousa Franco. A terceira comissão de imposto sobre o Rendimento que nos ocupa é criada pelo DL 232/84 de 12 de Julho, (DR I Série n.º 160) alterada pelo DL n.º 345/87 de 29 de Outubro (DR I Série n.º 249) e extinta pelo DL 21/89 de 19 de Janeiro de 1989 (DR I Série n.º 16).

Solicita-se a indulgência dos leitores para o carácter necessariamente limitado da visão e convidam-se os mesmos a partilhar essa experiência que foi, a todos os títulos, notável.

Ao Professor Doutor Paulo Pitta e Cunha o meu agradecimento sincero, pela confiança demonstrada e pela forma como sempre me tratou, dentro e fora da Faculdade de Direito da Universidade Clássica de Lisboa.

2. O sistema fiscal existente em 1984

Quando em 1984, se iniciaram os trabalhos da Reforma Fiscal pela Comissão nomeada pelo Decreto-lei n.º 232/84 de 12 de Julho[6] o sistema fiscal em vigor, que tinha tido origem na Reforma Fiscal de 1958/1965[7] estava em situação de crise aparente e real.

A crise mais evidente resultava do não funcionamento do imposto complementar como imposto integrador do sistema, por distorções que foram sendo introduzidas pelo legislador[8], por falta de informação por parte da AF e a não existência de qualquer meio informático de centralização e tratamento dos dados fiscais existentes nos impostos parcelares.

A situação de não declaração e não pagamento de imposto complementar, por parte da grande maioria dos contribuintes que a isso seriam

---

[6] A forma de redigir Decreto-lei alterou-se ao longo dos tempos. Aquando da instituição da Comissão de Reforma Fiscal escrevia-se Decreto-Lei com a palavra lei em letra maiúscula. A actual redacção é a de Decreto-lei, ou seja a palavra lei é com letra minúscula.

[7] Para uma compreensão e análise do sistema fiscal em vigor desde a sua criação até à data vide: Sistema Fiscal Português, CEF, Ministério das Finanças, Lisboa, 1965; AIP informação, Lisboa, ano 10, n.º 8/9, Ag./SET. 1984; idem, Ano 14, n.º 5/6, Maio/ /Junho 1988; para uma análise integrada com dados históricos e legislativos, vide: José Joaquim Teixeira Ribeiro, A Reforma Fiscal, Coimbra Editora Limitada, 1989; Luís Manuel Teles de Menezes Leitão, Evolução e Situação da Reforma Fiscal, Lisboa, 1997, pág. 16 e segs. e bibliografia aí citada (artigo publicado na CTF, n.º 387 (Julho-Setembro de 1997); para uma análise critica e prospectiva da Reforma Paulo de Pitta e Cunha, A Reforma Fiscal, Témis, Publicações D. Quixote, Lisboa, 1989; Manuel Lopes Faustino, IRS – Uma década de vigência, in JTCE, Revista de Economia e Contabilidade, 10 Anos de imposto sobre o Rendimento, Publistudos, Lisboa, Fevereiro de 2001.

[8] Cfr. Paulo de Pitta e Cunha, A Reforma Fiscal, Témis, Publicações D. Quixote, Lisboa, 1989, pág. 18.

obrigados[9], somado a uma quase indústria de fraude no imposto de transações com a emissão de certificados de isenção para circulação de mercadorias, sem que houvesse lugar ao pagamento de imposto, criavam no tecido social português e na máquina fiscal uma sensação de dificuldade de gestão muito acentuada.

A Reforma IVA[10] veio a criar uma dinâmica positiva na inflexão deste estado de coisas, porquanto trouxe para o sistema formal toda uma série de agentes económicos que não estavam integrados e trouxe igualmente uma filosofia informática de gestão dos impostos que cedo começou a ser considerada como determinante – no seio da Comissão de Reforma – para a resolução de alguns dos problemas que a unicidade do imposto sobre o rendimento necessariamente implicava[11].

---

[9] A situação determinou que a receita do Imposto Complementar em 1983 fosse de 3% (três por cento) das receitas fiscais totais de 1983. Cfr. Paulo de Pitta e Cunha, A Reforma Fiscal, Témis, Publicações D. Quixote, Lisboa, 1989, pág. 72.

[10] A Comissão de Reforma IVA designada como Comissão do Imposto sobre o Valor Acrescentado foi criada pelo Despacho ministerial de 5 de Maio de 1980 (DR II Série n.º 113 de 16-05-1980) pelo então Ministro das Finanças Aníbal Cavaco Silva. Na sua composição inicial era Presidente o Dr. José Guilherme Xavier de Basto, tinha como membros António da Silva Campos Laires, Arlindo Nogueira Marques Correia, Jaime Ramiro Moreira Garcia da Silveira Botelho, Maria Teresa Graça de Lemos, Raul Jorge Correia Esteves. Em 1982 foi extinta pelo DL n.º 15-A/82 de 20 de Janeiro de 1982 (DR I Série, n.º 16 de 20 de Janeiro de 1982. Neste diploma referia-se no Preâmbulo que «...não obstante as medidas anteriormente tomadas, continua a ser prática administrativa corrente o prolongamento indefinido, depois de esgotados os objectivos em vista, de comissões e grupos de trabalho que, na generalidade, apresentam diminuta actividade de interesse real...». Não era certamente o caso da Comissão referida porquanto em Junho de 1982 pelo Despacho conjunto n.º 18-A/82 de 5-6-1982 (DR II Série, n.º 128 de 5-6--1982) porquanto se pretendeu «...não só prosseguir a actividade desenvolvida pela Comissão, como ainda reforçá-la em meios materiais e humanos, de modo a obter resultados em mais curto prazo». Neste contexto, a Comissão foi reforçada passando a integrá-la além dos anteriormente citados, Carlos Adelino Campelo de Andrade Pamplona Corte-Real, Joaquim Silvério Dias Mateus, Mário Alberto Baptista Alves Alexandre. O conjunto dos representantes na comissão passou a estar completo com a integração de um representante por Região Autónoma pelo despacho conjunto dos Ministérios das Finanças e do Plano e da Reforma Administrativa de 1 de Outubro de 1982 publicado no DR II Série de 12-10-1982.

[11] Recordo que numa fase já adiantada dos trabalhos da Reforma o Subdirector Geral Martins Barreiros (que na altura tinha instalações junto ao CEF) criou, por sua iniciativa e curiosidade, um sistema informático de liquidação do Imposto complementar que funcionava.

O sistema cedular tinha evoluído e veio a evoluir mais acentuadamente entre 1984 e 1988 para impostos cedulares progressivos, em que o papel do imposto complementar foi sendo apagado e diminuído, pela conjugação dos factores de falta de coerência do sistema, pressão da receita fiscal face ao défice orçamental e incapacidade organizativa de lidar com a falta de dados que permitiriam uma correcta gestão e aplicação do Imposto Complementar.

A tendência existente era de cedularização do sistema fiscal e não da sua integração harmoniosa.

As propostas e reflexões do Presidente da Comissão de Reforma Fiscal no sentido de efectuar a Reforma pela reabilitação do Imposto Complementar[12] estavam na prática e na legislação em vigor prejudicadas. Este facto adensava as dificuldades de concepção do sistema e colocava a reforma à mercê daqueles que defendiam a manutenção do sistema existente.

3. As linhas de orientação da Reforma de 1989

As linhas de orientação da Reforma de 1989 foram definidas pelo seu Presidente, de acordo com o definido na Constituição de 1976 e daquilo que se entendia como correcto, do ponto de vista teórico.

Nos termos constitucionais dispunha o artigo 107.º da C.R.P. que "o imposto sobre o rendimento pessoal visará a diminuição das desigualdades e será único e progressivo tendo em conta as necessidades e os rendimentos do agregado familiar".

Quanto ao rendimento das empresas dispunha o n.º 2 do mesmo artigo que "a tributação das empresas incidirá fundamentalmente sobre o seu rendimento real".

Não é assim de estranhar que o imposto sobre o rendimento se cindisse em dois – IRS e IRC – ficando a tributação do património a cargo da Contribuição Autárquica.

Para além do disposto na CRP de 1976 que preconizava um imposto único e progressivo para as pessoas singulares e a tributação sobre o rendimento real para as pessoas colectivas nada mais existia sobre como fazer a reforma e quais as linhas de orientação a seguir.

---

[12] Paulo de Pitta e Cunha, A Reforma Fiscal, Témis, Publicações D. Quixote, Lisboa, 1989, pág. 41 e segs.

Essas directrizes foram sendo definidas pelo Presidente da Comissão de Reforma Fiscal, nem sempre inteiramente sufragado pela Comissão onde se continuaram a ouvir, até ao fim, vozes discordantes, alternativas ou simplesmente contra as soluções defendidas[13].

Foi nesse contexto que foi decidido que a noção de rendimento que presidiria à Reforma seria a de rendimento acréscimo[14], que a unidade familiar seria o sujeito passivo e que o rendimento seria tributado de acordo com o método splitting.

Em todos os passos dados em seguida, para encontrar um modelo teve-se o cuidado de respeitar o modelo cedular existente criando formas de compreensão e reforma que pudessem ser seguidos com relativa facilidade, por aqueles que conheciam o sistema em vigor. Sempre e em cada situação foram avaliadas as situações de distorção existentes, exaustivamente discutidas e propostas soluções que tinham como objectivo contrariar uma tendência de fraude ou um desvio injusto no sistema.

Sempre que assim não aconteceu isso deveu-se à pressão da receita, que impunha soluções distintas das preconizadas ou, a determinadas características do sistema, como os segredos bancário e profissional ou o anonimato das acções, que impuseram desvios à regra-padrão.

Estão neste caso a tributação da poupança, cujas taxas liberatórias visavam preservar o anonimato bancário ou a tributação das mais valias atenuada que, na conjuntura, visava permitir capitalização das empresas fora do sistema bancário que se encontrava muito saturado e quase todo nas mãos do Estado.

O objectivo de criar um imposto único com regra de rendimento acréscimo a partir de um sistema cedular foi atingido considerando as fontes de rendimento como *in puts* para a definição do rendimento global. A estrutura do sistema, as definições das deduções e abatimentos, conjugados harmoniosamente dentro das categorias de rendimento e reportados ao rendimento global permitiram uma transição harmoniosa, sem grandes riscos ou sobressaltos para a máquina administrativa e para o contribuinte comum.

---

[13] Este fenómeno gerou algumas situações interessantes como o aparecimento de projectos alternativos na fase final da Reforma protagonizados por membros da Comissão. Não se conhecem no entanto quaisquer relatórios ou estudos discordantes no âmbito dos trabalhos preparatórios que tenham sido objecto de discussão.

[14] Cfr. O estudo feito sobre a matéria por Maria Teresa Barbot Veiga de Faria, «O conceito de rendimento no imposto sobre as pessoas colectivas, Fisco, n.º 1 (Outubro de

4. A metodologia de trabalho

Umas das questões mais interessantes da vivência da Reforma foi a forma como decorreram os trabalhos. Sendo um Verdadeiro Universitário, o Presidente da Comissão de Reforma solicitava aos seus colaboradores contributos para a discussão de acordo com temas por si definidos.

Os colaboradores preparavam um documento escrito e/ou uma exposição oral que era levada à discussão no âmbito do Grupo de trabalho. O professor Pitta e Cunha comentava, discutia dava sugestões e levava à Plenária as eventuais conclusões. Desta discussão saía um texto legal que foi sendo assegurado pelo vogal Braz Teixeira. Assim se foi construindo o texto dos diplomas que eram o resultado do trabalho da Comissão de Reforma Fiscal[15].

Existem na Biblioteca do Centro todo um conjunto de estudos parcelares que verão agora a luz do dia. Têm, na sua maior parte, um interesse histórico mas que interessa revelar num país onde a doutrina e os estudos de direito comparado não abundam e são necessários.

5. O que ficou por fazer

Esta fase final da Reforma e a sua fase subsequente de implementação não permitiu uma correcta passagem de pasta aos que, a partir de aí, assumiram a tarefa de conceber e aplicar a nova legislação.

Dos vários aspectos que se perderam no caminho avulta, sem dúvida, o aspecto nuclear de que toda a estrutura modelar e de simplificação do sistema passava pela noção de conta-corrente entre o contribuinte e o Fisco, mediante a utilização de meios informáticos, em que o contribu-

---

1988, págs. 3 e segs. Vide também sobre a matéria Manuel Henrique de Freitas Pereira, A periodização do lucro tributável, Lisboa, CEF, 1988, pág. 15 e segs. Idem, «A base tributável do IRC», CTF, n.º 360, Outubro-Dezembro de 1990. Para um enquadramento e compreensão de noção do rendimento acréscimo, vide Sérgio Vasques, «Os impostos especiais de consumo», Almedina, Coimbra 2001, pág. 100 e segs.

[15] Como dá notícia Manuel Lopes Faustino, ob. Cit., o projecto final é um projecto alternativo solicitado pelo então Secretário de Estado Dr. Oliveira e Costa que acomoda algumas distorções à proposta original da Comissão por razões de receita e operacionalização do sistema.

inte poderia consultar, em cada momento a sua situação tributária, mediante o acesso a um terminal informático. Nessa conta corrente haveria sub contas em que estariam reflectidas as situações dos diversos impostos (IRS, IVA, SS, IRC, CA) permitindo a gestão integrada de cada contribuinte como faz um Banco com o seu Cliente. Essa conta corrente seria alimentada pelos pagamentos feitos pelas entidades patronais, retenções na fonte, pagamentos por conta, etc. A dívida final seria a que resultasse da matéria colectável sendo possível, em cada caso, saber qual a exacta e correcta situação tributária de cada contribuinte.

Este objectivo primário perdeu-se, nunca se tendo desenvolvido qualquer mecanismo informático integrado (sequer semelhante). Isto põe em causa toda a concepção do sistema e a sua simplicidade e eficácia.

Uma solução deste tipo permitiria uma eficácia de gestão, uma transparência do sistema e uma possibilidade de combate em tempo à fraude e evasão fiscais.

6. Conclusões finais

O processo de Reforma Fiscal de 1989 marca uma necessária ruptura e crescimento na fiscalidade portuguesa que os trabalhos posteriores só vieram dar expressão e desenvolvimento. São hoje outras as circunstâncias e as bases em que se formulam os raciocínios para a Reforma, mas a génese do que possa ser pensado e dito está numa base que resulta dos trabalhos da Comissão presidida pelo Professor Pitta e Cunha.

Se aquilo que então foi pensado, puder incorporar o que de actual necessitou de ser modificado, criando um sistema dos cidadãos para os cidadãos, então terá sido atingido o objectivo pretendido.

Não percamos de vista os objectivos então traçados e tenhamos a coragem de poder continuar a pretender ter um sistema fiscal original, próprio e mais justo, capaz, eficiente, simples e transparente.

A EVOLUÇÃO DOS REEMBOLSOS NO IRS: UMA PERSPECTIVA JURÍDICO-FINANCEIRA

Dr. Manuel Faustino

1. Reconhecidamente, um dos factores de sucesso do IRS residiu no facto de ter instituído, com grande abrangência, um sistema de pagamento antecipado do imposto baseado em dois mecanismos que, excepção feita à categoria G na sua primitiva fórmula, abrangia todas as restantes categorias de rendimentos. Refiro-me, naturalmente, à retenção na fonte e aos pagamentos por conta. Os pagamentos por conta, em IRS, ao contrário do que sucede em IRC, têm uma reduzida importância financeira, o que pode ser explicado por diversas razões. De onde decorre que a grande fonte de receita do IRS é constituída pelas retenções na fonte, não importa a sua natureza de pagamento por conta do IRS devido a final ou de pagamento definitivo (retenção liberatória).

Infelizmente, como já uma vez escrevi[1], a justificação da previsão orçamental das receitas, em IRS, continua a ser feita através de um método que não parece ajustado e, pessoalmente, talvez o defeito seja meu, nunca compreendi:

---

[1] Realidades, Tendências e Desejos de uma Fiscalidade Justa e Eficaz, in *IRS, de Reforma em Reforma*, Lisboa, 2003, pp. 408, nota 2.

	(Milhões de euros)
(+) Liquidações das declarações mod 3 (cat. A e H)	3 453,0
(+) Liquidações das declarações mod. 3 (restantes categorias)	3 707,0
= Liquidações de 2003(?) (a)	7 160,0
(+) Taxas liberatórias	780,0
(+) Pagamentos por conta	230,0
(-) Transferências para as Regiões Autónomas	265,0
Receita total	7 905,0

(a) Líquidas de reembolsos e notas de cobrança. E, embora se trate de lapso notório, note-se a incongruência de se prever a receita para 2005 com base nas liquidações de 2003, que, como se sabe, são (foram) feitas em 2004.
Fonte: Relatório da Proposta de OE 2005

Mais fácil e mais adequado é, sem dúvida, o modelo utilizado no IRC, como se colhe da mesma fonte:

	(Milhões de euros)
(+) Retenções na fonte	511,4
(+) Autoliquidação	1 210,0
(+) Pagamentos por conta	1 808,0
(+) Pagamento especial por conta	298,0
(+) Notas de cobrança	120,0
(+) Pagamentos em execuções e prestações	83,5
(=) Receita bruta	4 031,0
(-) Derramas	238,0
(-) Reembolsos	600,0
(-) Transferências para as Regiões Autónomas	70,0
Receita Líquida	3 123,0

Em todo o caso, e ainda que de modo empírico, as retenções na fonte em IRS constituirão, por certo, mais de 85% da receita anual do imposto e constituem receita orçamental do ano em que são recebidas[2].

---

[2] Desconhece-se se, por exemplo, as retenções relativas a Dezembro, que apenas são entregues até 20 de Janeiro do ano seguinte, já são ou não contabilizadas como receitas do novo ano orçamental ou se, pelo contrário, ainda são imputadas ao ano orçamental anterior. Face aos critérios que presidem à contabilidade do Estado, sem dúvida que tais retenções apenas deveriam constituir receita do ano em que são efectiva-

Elas desempenham, assim, um papel incontornável e preponderante na eficiência financeira do imposto e, por decorrência, na receita orçamental de cada ano.

2. As retenções na fonte têm uma disciplina jurídica. Menos complexa no que diz respeito aos rendimentos das categorias diferentes de A e H, onde, como se sabe, se aplicam taxas proporcionais em função da natureza do rendimento, variáveis entre 10% e 35%. Mais complexas no caso dos rendimentos de trabalho dependente e das pensões, uma vez que são efectuadas mediante a aplicação de tabelas de retenção que procuram adequá-las à situação pessoal e familiar do titular dos rendimentos. Como todos sabem, temos actualmente três conjuntos de tabelas de retenção na fonte (em função da residência dos titulares dos rendimentos[3]), contendo cada conjunto 9 tabelas, que abrangem as situações de não deficiência e as situações de deficiência, e se repartem pelas situações de "não casado", "casado único titular" e "casado 2 titulares". Em rigor, talvez os conjuntos devessem ser aumentados, uma vez que, no artigo 16.º do Estatuto dos Benefícios Fiscais, foi recentemente consagrada uma majoração de 15% à isenção concedida aos titulares portadores de deficiência com grau de invalidez igual ou superior a 80%, o que deveria reflectir-se em tabelas específicas de retenção na fonte para estes casos, uma vez que a retenção na fonte não incide, nos termos legais, sobre rendimentos isentos.

A disciplina jurídica da construção das tabelas de retenção consta do Decreto-Lei n.º 42/91, de 22 de Janeiro, com as (poucas) alterações subsequentes que lhe foram introduzidas.

Antes do Decreto-Lei n.º 42/91, a retenção sobre rendimentos de trabalho dependente e pensões deveria ser feita *"mediante aplicação das fórmulas de retenção mensais aprovadas por decreto regulamentar, ou,*

---

mente recebidas pelo Estado, não obstante, para o contribuinte, devam ser consideradas como crédito de imposto do ano em que são efectuadas (cfr. artigo 97.º n.º 3 do Código do IRS).

[3] Decorrência natural do facto de tanto a Região Autónoma dos Açores, como a Região Autónoma da Madeira, terem, ainda que de modo diverso, "adaptado" o IRS aos residentes nos respectivos territórios e tendo essa adaptação consistido, exclusivamente, na diminuição das taxas gerais aplicáveis (cfr. quanto aos Açores, o Decreto-Legislativo Regional n.º 2/99/A, in DR I Série-A n.º 16, de 20 de Janeiro e, quanto à Madeira, o Decreto-Legislativo Regional n.º 3/2001/M, in DR I Série-A de 22 de Fevereiro de 2001, actualizado pelo Decreto-Legislativo Regional n.º 30-A/2003/M, de 31 de Dezembro).

em sua substituição, nos casos permitidos, por aplicação das tabelas mensais constantes do diploma", como se dispunha no n.º 1 do artigo 92.º do Código do IRS, na redacção que lhe tinha sido dada pelo Decreto-Lei n.º 206/90, de 26 de Junho.

Assim, durante os anos de 1989 e 1990, a retenção sobre rendimentos das referidas categorias foi regulada, respectivamente, pelo Decreto-Lei n.º 43-A/88, de 9 de Dezembro e pelo Decreto-Regulamentar n.º 5/90, de 22 de Fevereiro, havendo a assinalar, como curiosidade, que pelo Decreto-Regulamentar nº 18/90, de 13 de Julho, foram aprovadas umas tabelas optativas de retenção, a ser utilizadas na retenção sobre pensões, porque, como é sabido, a retenção sobre pensões só passou a ser obrigatória a partir de 1991. As "tabelas optativas" resultaram das pressões efectuadas pelos pensionistas no sentido de também a eles lhes ser feita retenção na fonte, pois quando recebiam as notas de cobrança para pagamento do imposto devido ficavam em condições financeiras precárias e muitos não tinha possibilidade de solver, de uma só vez, o correspondente encargo[4].

2.1. Apenas para elucidar os presentes, apresenta-se uma das fórmulas que foram aprovadas pelo Decreto-Regulamentar n.º 5/90, para aplicar a sujeitos passivos "não casados":

$$\frac{(Rm \times 14 - DR - 52\,500\$00) \times Tx - Pa - DC)}{14}$$

Em que:
– Rm = Remuneração mensal
– DR = Dedução específica ao rendimento do trabalho dependente
– Tx = Taxa a aplicar determinada nos termos da tabela prática
– Pa = Parcela a abater
– DC = Deduções pessoais à colecta[5]
– 52 500$00 = abatimento mínimo garantido

---

[4] O que pode interpretar-se como um sentimento generalizado de que as pessoas, independentemente das teorias financeiras que sobre o tema possam ser desenvolvidas, preferem pagar o imposto fraccionadamente, mediante a retenção na fonte, do que de uma só vez, em resultado da liquidação. Nem a presente intervenção deve ser considerada como representando uma posição contra a retenção na fonte. Pelo contrário, defendemo-la, como a maioria da doutrina, pelas razões que já são conhecidas e não vamos aqui repetir. Do que discordamos, como adiante se verá, é da "dimensão quantitativa" absolutamente exagerada que a retenção na fonte assumiu.

[5] Que incluíam, naturalmente, as que fossem aplicáveis por dependentes a cargo.

Trata-se, como é bom de ver, de um algoritmo que não permitia, dada a sua "rigidez" qualquer margem de manipulação relativamente aos valores que deveriam ser tidos em conta quando se estimava qual a retenção que deveria ser efectuada a uma determinada remuneração mensal.

2.2. O que levou, então, à passagem de um modelo que, basicamente, assentava em fórmulas de retenção transparentes, inalteráveis e insusceptíveis de manipulação para um modelo que passou a basear-se em tabelas de retenção em cuja construção deixava de ser explícita a fórmula subjacente?

A primeira razão foi de ordem político-legislativa. Como vimos, a lei obrigava a que as fórmulas de retenção fossem aprovadas por Decreto Regulamentar. Esta modalidade legislativa implicava um processo legislativo complexo, incluindo a promulgação pelo Presidente da República, que não se compadecia com as exigências naturais dos agentes económicos: uma vez aprovado o Orçamento de Estado, impunha-se que as fórmulas de retenção, actualizadas em conformidade, estivessem disponíveis o mais depressa possível, pois, teoricamente, com as alterações orçamentais, haveria um desagravamento na retenção. Nesse sentido, no início de Janeiro de 1990, a Administração Fiscal divulgou informalmente as tabelas de retenção na fonte, facto que terá provocado uma pequena tempestade entre o Senhor Primeiro-Ministro e o Senhor Presidente da República, por este ter questionado a divulgação das tabelas antes de ele ter promulgado o Decreto Regulamentar que as aprovaria.

A segunda razão foi de ordem prática. As fórmulas de retenção eram de difícil compreensão para a maior parte dos titulares de rendimentos de trabalho dependente, habituados, de resto, como estavam, a retenções com taxas fixas no imposto profissional. Por outro lado, coexisitiam as fórmulas com tabelas práticas de retenção, dando estas o montante a reter por mês em função da remuneração auferida, mas apresentado, naturalmente, pequenas diferenças entre a retenção que seria feita por aplicação da fórmula e a que seria feita por aplicação das tabelas, uma vez que nas fórmulas se contemplava a remuneração exacta e, com as tabelas, valia a retenção que estivesse estipulada para o intervalo remuneratório em que a remuneração efectiva se incluísse. Tudo isto motivava uma inundação de perguntas aos Serviços da Administração Fiscal sobre se as retenções estavam a ser bem feitas. E começou a ganhar corpo a ideia de:

a) Por um lado, simplificar o processo legal de aprovação das tabelas de retenção, por forma a que elas pudessem ser divulgadas o mais rapidamente possível;

b) Por outro lado, alterar o modelo das fórmulas para o modelo da retenção por taxas fixas, sem comprometer o objectivo de aproximar o montante da retenção do imposto devido a final.

3. A modificação operou-se com o Decreto-Lei n.º 42/91, de 22 de Janeiro, cujo terreno foi preparado pela redacção dada ao artigo 92.º do Código do IRS pela Lei n.º 65/90, de 28 de Dezembro, que deixou "cair" a exigência de a retenção dever ser efectuada mediante fórmulas aprovadas por decreto regulamentar.

Houve, na redacção do Decreto-Lei n.º 42/91, uma evidente preocupação de assegurar o objectivo já enunciado para a retenção na fonte: aproximar[6] o montante da retenção do imposto devido a final. Nesse sentido, o artigo 1.º do referido diploma consagrava, com carácter de imperatividade, os elementos que deveriam ser tidos em conta nas tabelas de retenção. Actualmente, essa norma impõe a consideração:

a) Da situação pessoal e familiar dos sujeitos passivos;

b) Da dedução específica aos rendimentos do trabalho ou às pensões;

c) Das deduções pessoais à colecta (previstas no artigo 79.º do Código do IRS);

d) Uma dedução por conta das deduções à colecta previstas nos artigos 82.º a 87.º do Código do IRS, variável em função, designadamente, dos valores do rendimento bruto e da taxa de inflação prevista[7].

Além, disso, o artigo 4.º do mesmo diploma, impõe, no caso das pessoas portadoras de deficiência, a consideração do benefício fiscal consagrado no artigo 16.º do Estatuto dos Benefícios Fiscais.

---

[6] Deve-se ter presente que "aproximar" significa, apenas, chegar o mais próximo possível de um determinado objectivo. Não pode interpretar-se, tanto negativa como positivamente, como "afastar-se".

[7] Fórmula demasiado vaga e imprecisa e que deixa, ao "construtor" das tabelas de retenção uma margem de livre discricionariedade que se tem objectivamente revelado incompatível como o desejado objectivo da "aproximação" da retenção ao imposto devido a final pelo contribuinte.

Afigura-se, pois, existir suficiente garantia legislativa para preservar o princípio já enunciado e que nunca deve ser perdido de vista: as retenções devem aproximar-se, o mais possível, do imposto devido a final. Admite-se, naturalmente, que a proliferação dos elementos de imponderabilidade (alargamento das deduções à colecta e dos benefícios fiscais) dificultem[8] a prossecução de tal objectivo.

Mas os resultados concretos em que se traduziu a aplicação das tabelas de retenção levam-nos a concluir que na sua construção não têm sido respeitados, de forma adequada, os imperativos legais (aliás, existe, como se sabe, da parte da administração fiscal, uma completa opacidade sobre a forma como as tabelas são construídas), que, por serem elas as que produzem a receita do ano, são objecto de particular apetência e presumida interferência por parte do poder instituído, seja ele qual for, e que, em resultado de tudo isto, o IRS se apresenta hoje, claramente, com uma dupla faceta:
– A sua faceta financeira constitucional, que é a de contribuir para o financiamento das despesas do Estado;
– E a sua faceta financeira substitutiva de outras formas de financiamento da actividade do Estado (que não vemos como possa ser incluída nas finalidades extrafiscais dos impostos) – quando, em 2004, o montante previsto para os reembolsos de IRS atinge um valor superior a 2.000 milhões de euros (400 milhões de contos), estamos claramente a falar de um "imposto novo", que é o quinto em importância financeira das receitas tributárias, que se traduz num substitutivo de dívida que não é contraída e que tem um custo de praticamente zero[9].

---

[8] Admitir a dificuldade não significa admitir a impossibilidade. Existem, por certo, elementos estatísticos que permitam calcular, com elevado grau de probabilidade, um "valor médio", mesmo que segmentado por níveis de rendimento previstos, que deveria ser levado em conta a título de deduções de natureza subjectivizante e por benefícios fiscais. Mais, do nosso ponto de vista, o princípio da colaboração da administração fiscal com os contribuintes imporia, num caso como este, a divulgação pública dos valores tidos em conta a este título.

[9] Os juros pagos no âmbito da denominada retenção poupança parece terem alguma expressão quantitativa, segundo informação que nos foi fornecida pelo Senhor Subdiretcor-Geral da área da Cobrança da DGCI, embora oficialmente essa expressão não tenha rosto, por não constarem da Conta Geral do Estado os juros de retenção poupança pagos pelo Estado aos contribuintes de IRS. Mas, se tais juros têm alguma expressão quantitativa, isso é um argumento em favor da nossa tese, porque, tal como legalmente

4. Vejamos, brevemente, como foi a evolução dos reembolsos do IRS em termos financeiros ao longo destes 15 anos, tendo, inicialmente, uma visão quantitativa compreensiva da receita líquida, receita bruta, montante dos reembolsos, número e valor médio dos reembolsos:

ANÁLISE DOS REEMBOLSOS DE IRS

1 Ano N	2 Cobrança Líquida	3 Reembolsos Ano N	4 Cobrança bruta (1+2)	5 Reembolsos Ano N+1	6 % (5/4)	7 N.º de Reembolsos	8 Valor médio (5/7*1000)
1989	1.682644,83	0,00	1.682.644,83	152.940,48	9,09	842.420	181,55
1990	2.271.575,50	152.940,48	2.424.515,98	196.922,06	8,12	1.072.852	183,55
1991	3.027.553,60	196.922,06	3.224.475,66	355.348,24	11,02	1.493.388	237,95
1992	4.048.136,49	355.348,24	4.403.484,73	550.907,91	12,51	1.763.225	312,44
1993	4.121.417,38	550.907,91	4.672.325,29	597.923,71	12,80	1.742.410	343,16
1994	4.313.853,61	597.923,71	4.911.777,32	534.890,35	10,89	1.336.888	400,10
1995	4.587.643,77	534.890,35	5.122.534,12	586.590,76	11,45	1.388.828	422,36
1996	5.100.806,81	586.590,76	5.687.397,57	733.188,87	12,89	1.567.198	467,83
1997	5.247.852,67	733.188,97	5.981.041,64	938.824,78	15,70	1.731.377	542,24
1998	5.566.933,69	938.824,78	6.505.758,47	1.086.308,94	16,70	1.879.427	578,00
1999	9.993.854,81	1.086.308,94	7.080.163,75	1.341.665,43	18,95	2.136.768	627,89
2000	6.739.507,78	1.341.665,43	8.081.173,21	1.512.794,76	18,7	2.226.238	679,53
2001	7.163.436,11	1.512.794,76	8.676.230,87	1.957.753,66	22,56	2.408.407	812,88
2002	7.258.378,70	1.957.753,66	9.216.132,36	1.871.587,56	20,31	2.367.823	790,43
2003	7.379.419,90	1.871.587,56	9.251.007,46	2.118.000,00	22,89		

Fontes: Conta Geral do Estado – Cobrança líquida
DGITA: N.º de reembolsos e montante

Nota: O valor dos reembolsos para 2003 é uma estimativa da DSIRS

Traduzindo este números num gráfico, temos a seguinte visão global:

---

estão previstos (cfr. artigos 14.º e 15.º do Decreto-Lei n.º 42/91, de 22 de Janeiro), o seu pagamento só é devido quando a retenção excede o montante do imposto calculado levando apenas em linha de conta as deduções pessoais previstas no artigo 79.º do Código do IRS. Por outras palavras, mais simples: só são devidos juros de retenção poupança quando a retenção sofrida, acrescida de eventuais pagamentos por conta, é superior ao valor do imposto máximo que, para um determinado rendimento, é devido. Ora, não nos consta que haja muitos contribuintes a pedir que a sua entidade patronal lhes faça uma retenção superior à que resulta das tabelas de retenção. O que, na verdade, está a suceder é que as tabelas de retenção induzem, em muitas situações, a uma retenção superior ao imposto máximo devido. O que, temos de ser coerentes, é para nós de todo inaceitável.

EVOLUÇÃO DA COBRANÇA DE IRS

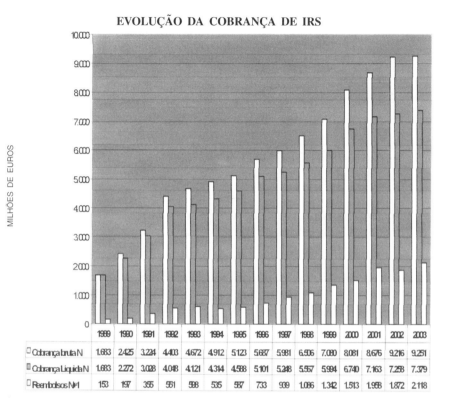

O gráfico que acima se apresenta dá-nos uma visão conjunta da evolução da receita do IRS nos últimos 15 anos, que denominámos "evolução da cobrança de IRS", repartida pelas suas três componentes: cobrança líquida, cobrança bruta e reembolsos.

Relações verificadas neste período:
– A cobrança líquida aumentou 438,57 %
– A cobrança bruta aumentou 549,80%
– Os reembolsos aumentaram 1 385,21%!

O valor absoluto dos reembolsos que, em 1989 (reembolsos efectuados em 1990), foi de 152,9 milhões de euros, subiu, em 2004, para um valor superior a 2.000 milhões de euros. Verifica-se que o "salto" mais agressivo se dá a partir de 1997, com uma ligeira quebra em 2003, eventualmente explicada pelo fenómeno do desemprego (anualização, para efeitos fiscais, de remunerações auferidas em período inferior ao ano).

Podemos ver agora a evolução das taxas anuais de crescimento da cobrança e dos reembolsos. Com excepção de dois anos, a taxa de crescimento dos reembolsos foi sempre superior ao crescimento das receitas. Nos anos 91 e 92, a taxa de crescimento dos reembolsos é de 80% e de 55%, o que levou os responsáveis políticos na altura a falarem num "aumento exponencial" dos reembolsos. Mas esta era uma visão de certo modo enganadora, porque o peso dos reembolsos na receita bruta, como veremos a seguir, mantinha-se estável. Nos anos de 1993 e 1994 mantém-se uma certa estabilidade, culminando, em 1994, com um crescimento negativo dos reembolsos. A partir de 1995/1996 inicia-se a escalada, praticamente imparável dos reembolsos, aumentando, simultaneamente, o seu peso na receita bruta.

TAXAS DE CRSCIMENTO ANUAIS DA COBRANÇA E DOS REEMBOLSOS

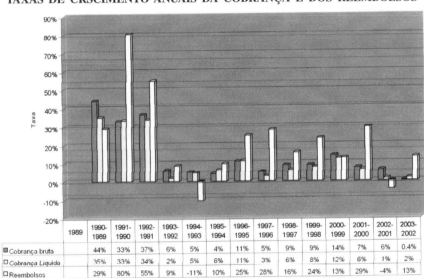

Vejamos agora o gráfico que nos indica a evolução do peso dos reembolsos na cobrança bruta.

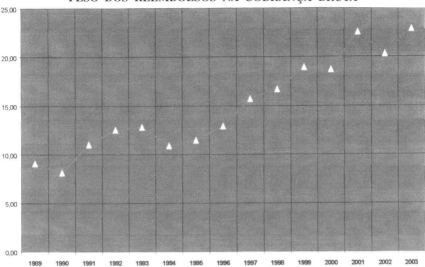

O peso relativo dos reembolsos, em relação à receita bruta, sobe de 9,09% em 1989 para 22,89% em 2003. Admite-se que este critério de quantificação não seja o mais adequado. Com efeito, se existissem dados disponíveis, gostaríamos de apresentar o peso dos reembolsos comparado com as retenções com natureza de pagamento por conta (pois essas é que, verdadeiramente dão origem a reembolsos). Temos para nós que, até 1994/95, o peso dos reembolsos, nesta última perspectiva, não se deve ter alterado muito, porque não pode ignorar-se, nem escamotear-se, a importância quantitativa que as taxas liberatórias então tinham, sendo que, reconhecidamente, essa importância foi entretanto diminuindo por três razões fundamentais:

– Extinção gradual das isenções, nomeadamente na dívida pública;
– Diminuição das taxas de juros activas, com a consequente diminuição da base tributável;
– Alterações legislativas, como, por exemplo, as relativas à diminuição da taxa de retenção sobre juros de obrigações de 25% para 20%, e à isenção de juros de dívida pública detida por não residentes (Decreto-Lei n.º 88/94, de 2 de Abril) e, num outro ângulo, o significativo aumento do número de convenções de dupla tributação jurídica internacional.

Isto também significa, do nosso ponto de vista, que, directamente, não pode ser imputada à alteração do modelo de retenção (das fórmulas para tabelas) o aumento claramente desproporcionado dos reembolsos que se tem vindo a verificar. Mas temos de admitir que o novo modelo se presta a uma manipulação dos elementos com interferência na determinação das taxas de retenção menos visível do que aquela que poderia ser feita se se mantivesse o modelo das fórmulas de retenção, porque aí teriam de ser publicamente divulgados esses elementos.

Uma outra forma de demonstração do peso dos reembolsos na receita do IRS é-nos dado pelo gráfico seguinte, onde o montante dos reembolsos é "adicionado" ao montante da receita líquida do IRS:

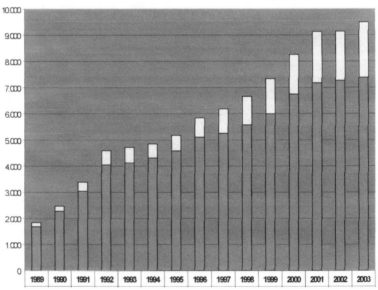

Por último, três outros gráficos permitem-se uma visão impressiva:
– Do aumento absoluto, neste 15 anos, do valor dos reembolsos que, como alias já se referiu, só em 1995 e em 2003 teve evolução negativa:

A evolução dos reembolsos no IRS: uma perspectiva jurídico-financeira 119

VALOR TOTAL DOS REEMBOLSOS

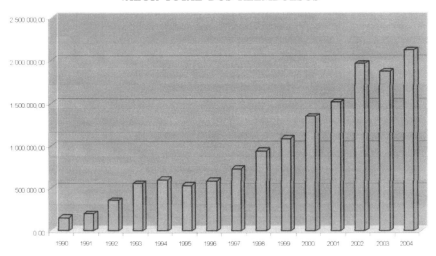

- Do aumento anual do número de reembolsos que de 842.420, em 1990, passaram a 2.367.823 em 2004, quase triplicando em valor absoluto. Percentualmente, os reembolsos representariam, em 1989, 28% das declarações apresentadas; em 2004, representam cerca de 60% das declarações apresentadas;

NÚMERO DE REEMBOLSOS

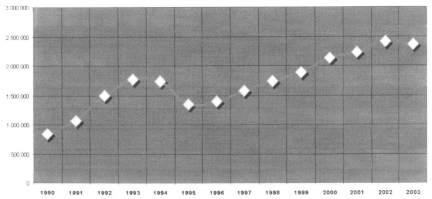

- Outro aspecto que não pode deixar de ser evidenciado é o do aumento do valor médio dos reembolsos: de 181,55 euros em

1990, passa para 790,43 euros em 2003, tendo atingido o seu máximo, com 812,88 euros em 2002. Temos aqui evidenciado, também, um aumento superior a 400%!

VALOR MÉDIO DOS REEMBOLSOS

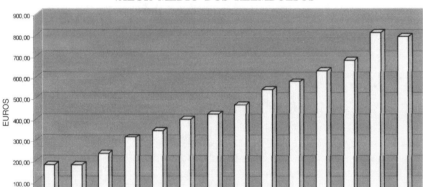

5. Termino, concluindo que me parece inaceitável a situação a que se chegou em matéria de reembolsos em IRS. E, infelizmente, não se prevêem quaisquer melhorias nos próximos anos, porque se é verdade que, com a anunciada eliminação de dois benefícios fiscais que, em conjunto, representavam uma despesa de 300 milhões de euros, isto podia induzir, automaticamente, um reajustamento dos reembolsos em igual montante, para menos, também o é que um ajustamento aceitável das tabelas de retenção – considerando um ajustamento aceitável aquele que conduzisse a uma relação dos reembolsos de +/- 10% sobre a receita bruta – conduziria inevitavelmente a uma "perda" de receitas que os diversos constrangimentos orçamentais de todo reconhecidamente não permitem.

Mas não posso, coerentemente, deixar de discordar da situação a que se chegou, porque, uma vez mais, é sobre os que cumprem as suas obrigações fiscais, com particular enfoque nos trabalhadores por conta de outrem e nos pensionistas e reformados, que recai este ónus, implícito nos reembolsos, de financiarem, face à sua magnitude, o Estado, a custo zero, para além daquilo que, constitucionalmente, lhes seria exigível. Não parece desajustado falar-se, a este propósito, num verdadeiro "empréstimo público forçado".

COMUNICAÇÃO

Dr. Joaquim Águeda Petisca[*]

Em muitos aspectos, os tempos de hoje já são muito diferentes dos tempos de há 15 anos.

Há 15 anos, a entrada em vigor da Reforma Fiscal mereceu menos atenção mediática do que aquela que, hoje, é dada às alterações do IRS para o OE do próximo ano.

Os tempos de hoje são outros. Vivemos um tempo em que todas as questões fiscais (desde as situações de evasão e fraude fiscal, até à discussão sobre o peso ideal dos impostos no PIB, passando pelo sigilo bancário e pelo sigilo fiscal) são temas de debate e de interesse público.

O fenómeno fiscal que, anteriormente, era uma vaga preocupação orçamental, deslocou-se agora (e bem) para o plano da cidadania e da ética.

E de entre todos os impostos, não há dúvida que é o IRS que atrai sobre si as maiores atenções mediáticas e é sobre ele que recaem as referências mais negativas das situações de evasão e do incumprimento fiscal.

É em torno deste imposto que se concentram as maiores preocupações com a realização da justiça fiscal e da igualdade entre os cidadãos (sinal dos tempos), o que é amplamente ilustrado pela crescente politização (e partidarização) das medidas e contra-medidas propostas para este imposto.

---

[*] *Director de serviços do IRS entre 1994 e 1999. Assistente Universitário. Advogado*

O Código do IRS vigora entre nós há 15 anos. Tempo bastante para concluir que ainda estão longe de ser alcançados aqueles que foram os seus objectivos originários de equidade, eficiência e simplificação. E que constam, nomeadamente, do preâmbulo do Código.

O Código do IRS parece transportar consigo, desde o seu nascimento, como que um "defeito de fabrico" que, aqui e ali, foi sendo objecto de sucessivas intervenções legislativas que, ora disfarçam, ora acentuam, a visibilidade das suas imperfeições originárias.

Uma das maiores evidências disso mesmo é que, de 1989 para cá, o legislador tem ziguezagueado constantemente em matérias que são estruturais no Código do IRS, parecendo hesitar, constantemente, entre duas direcções opostas:

– Entre o aumento e a redução da estrutura de taxas e escalões
– Entre a tributação liberatória e o englobamento
– Entre a dispensa de entrega de declarações e a obrigatoriedade declarativa universal
– Entre a permissividade dos abatimentos e benefícios fiscais e a sua extinção pura e simples

Vejamos, então, muito sumariamente, alguns destes pontos:

1. **Taxas e escalões**

A tabela de taxas do IRS e a composição dos respectivos escalões de rendimento começou por uma estrutura inicial de **cinco** escalões e com uma taxa marginal mínima de 16%.

Depois, houve uma redução da taxa inicial para 15% e a eliminação de um escalão intermédio, passando, assim, a haver **quatro** escalões de rendimentos tributados às taxas normais de 15, 25, 35 e 40%.

Mais tarde, já com outro partido no Governo, foi introduzido (em 1999) mais um escalão voltando-se aos **cinco** escalões da tabela e com a taxa inicial em 14%.

No ano seguinte (em 2000), voltou-se a introduzir, ainda, mais um escalão e ficámos nos **seis** actuais.

Ora, o aumento do número de escalões para compensar a redução de um ponto e meio percentual nas taxas mais baixas, só tem justificações de ordem política mas tem, pelo menos, três efeitos indesejáveis.

Em primeiro lugar, aumentar mais um escalão na tabela geral de taxas, significa introduzir mais um factor de complexidade do sistema, perfeitamente desnecessário.

Em segundo lugar, pretendendo-se com a redução da taxa mínima, privilegiar a tributação dos rendimentos dos mais desfavorecidos, está-se a diminuir a tributação de todos os rendimentos, incluindo os rendimentos dos empresários e dos profissionais livres, cujos rendimentos, tal como continuam a ser declarados, se encontram, em grande medida, compreendidos neste primeiro escalão.

Em terceiro lugar, a redução de 1,5 pontos percentuais, só na taxa do primeiro escalão (até cerca de 4300 euros) significa, no máximo, uma redução anual de 43 euros no total do imposto liquidado a cada agregado mas corresponde a uma **despesa fiscal** total de cerca de 125 milhões de euros, só neste escalão.

Em matéria de taxas, também só por razões políticas se pode explicar a não redução da taxa marginal máxima que está no mesmo valor nominal de há 15 anos (40% acima de cerca de 54 000 Euros).

Por estas razões (e também por outras que não cabem no tempo desta comunicação[1]), é que, em Portugal, se chegou à seguinte situação actual:
- mais de 50% do rendimento nacional não é tributado em IRS,
- mais de 70%[2] dos contribuintes são tributados proporcionalmente[3,4],
- cerca de 80 % dos agregados apenas contribuem com 20 % da receita total enquanto que cerca de 20 % dos agregados contribuem para 80 % da arrecadação total.

---

[1] As outras são, seguramente, o número excessivo de certos abatimentos, deduções e dos benefícios fiscais em geral, para além, claro, da evasão.

[2] Não incluindo os sujeitos a taxas liberatórias de natureza definitiva.

[3] No sentido da sua sujeição apenas à taxa mínima da tabela. O que não significa, também, que estes contribuintes não estejam abrangidos pela progressividade geral do imposto, nomeadamente por força das deduções.

[4] Este nem é, sequer, um problema exclusivo do sistema português. Segundo VINCENT RENOUX, *Urgent Measures on Fiscal and Financial Matters in France,* in INTERTAX, 4, 1998, as novas regras da reforma fiscal francesa, em vez de simplificar e modernizar o sistema fiscal francês, conduziram a que mais de 50% dos contribuintes não sejam sujeitos a uma tributação pessoal.

Conclusão:
Em matéria de taxas e escalões, o actual regime do Código não é eficiente nem é equitativo.

2. Abatimentos, deduções à colecta e benefícios fiscais

Os abatimentos e as deduções à colecta representam elementos estruturais do IRS e através dos quais se concretiza a natureza pessoal do imposto.

E a história destes 15 anos de vigência do Código, também nesta matéria, é feita em constante ziguezague legislativo.

Vejamos a sequência:
- Começou-se por introduzir abatimentos mínimos garantidos. Eliminaram-se pouco tempo depois.
- Os abatimentos globais começaram por ter dois limites máximos diferentes para casados e não casados.
- Depois, os abatimentos passaram a ter dois acréscimos legais, para propinas e encargos com energias renováveis, respectivamente.
- No ano seguinte, estes acréscimos são eliminados e substituídos por outras duas elevações: para despesas de educação (agora independentemente do estado civil) e para agregados com três ou mais dependentes a cargo.
- Além destes, existiam outros abatimentos sem limite e outros com limite.
- E, dentro destes últimos, uns com limite por titulares, outros por agregado.
- Mais tarde, os abatimentos deixaram de estar incluídos no limite global e passaram a um limite autónomo. Com distinção entre casados e não casados.
- Depois, alterou-se para abatimentos com limites majorados.
- Por fim, transformaram-se os abatimentos e os benefícios fiscais em deduções à colecta (umas com limite, outras sem limite, etc. etc...).
- E agora, são extintos ou alterados uns quantos benefícios fiscais.

Tudo isto representa um acréscimo de factores de complexidade, ano após ano, na gestão e administração deste imposto.

Com prejuízo evidente de um dos objectivos iniciais da Reforma – a simplificação do imposto.

Nestes 15 anos, não houve um ano em que as declarações de IRS não tivessem de ser alteradas. E com elas, as correspondentes alterações das regras de liquidação e dos programas informáticos.

A verdade é que, em matéria de abatimentos e benefícios fiscais, se assistiu, nestes 15 anos, a um crescimento exponencial dos valores declarados destes benefícios e, consequentemente, a uma crescente erosão da base tributável.

Para além da evasão fiscal, este «desgaste» do rendimento tributável estrangulou o próprio crescimento real da receita do imposto e introduziu uma apertada rigidez do modelo, o que inviabiliza, praticamente, qualquer outra intervenção na sua estrutura, nomeadamente a actualização dos escalões de rendimentos ou a redução das taxas da tabela.

É uma verdadeira despesa fiscal, que não é contabilizada como tal, a pretexto de se tratar de uma "despesa estrutural" da própria tributação pessoal.

Acontece que esta despesa é realizada, tipicamente, pelos escalões médios e superiores de rendimentos.

O mesmo se passa com a utilização dos benefícios fiscais *stricto sensu*.

Independentemente das decisões políticas actuais, não existe qualquer justificação para tanta proliferação destes benefícios, dos quais não resulta qualquer evidência do seu superior interesse público ou racionalidade económica.[5]

Enquanto existirem tantos benefícios fiscais (para tudo e para nada, no sentido literal da expressão), não é possível redistribuir a tributação, por forma a que haja mais gente a pagar imposto. Para que cada um dos que já pagam (muito) passe a pagar um pouco menos!

Acresce que grande parte destes benefícios fiscais é destinada ao sector financeiro ou ao mercado de capitais, constituindo um «precioso auxílio» ao exercício das actividades do sector, nomeadamente a actividade bancária e seguradora.

De tal forma que, para muitos dos produtos financeiros comercializados no mercado, o único mérito que lhes é reconhecido é a sua rentabilidade fiscal.

---

[5] Para já não falarmos nos benefícios, entretanto abolidos, para a compra de colchões ortopédicos, banheiras de hidromassagem, computadores, etc.

Uma outra situação que carece verdadeiramente de ser alterada é o actual regime, altamente permissivo, de concessão de benefícios a «deficientes fiscais».

Não existe qualquer justificação válida para se conceder benefícios a quem não revela qualquer especial penosidade na obtenção dos seus rendimentos.

No mesmo sentido, deve restringir-se o benefício fiscal atribuído à denominada propriedade intelectual. Devendo, mesmo, extinguir-se qualquer tratamento fiscal privilegiado para aqueles que são titulares de elevados montantes de rendimentos deste tipo e que não merecem, nem precisam, da ajuda dos restantes contribuintes.

Conclusão:
A actual estrutura de deduções e benefícios fiscais está sobredimensionada, conduz a situações de privilégio fiscal injustificado e causa uma erosão exponencial da base tributável.

Logo, **o modelo actual não é eficiente, não é equitativo e não é simples.**

3. **Sobre a retenção na fonte e a obrigatoriedade de entrega de declarações que não dão lugar a imposto**

Para se aumentar a eficiência do IRS, seria aconselhável que a administração do imposto não fosse sobrecarregada com o tratamento de milhões de declarações, por ano, de cuja liquidação não resulta qualquer imposto, mas que aumentam, e muito, o caudal imenso dos actos de liquidação e dos valores declarados a controlar.

A única forma de reduzir este volume anual das obrigações declarativas, consiste em apostar no aperfeiçoamento do sistema de retenção na fonte, em especial, para os titulares de rendimentos do trabalho dependente e pensões.

Estes representam cerca de 2,5 milhões de agregados (declarações).

A grande maioria das suas liquidações origina um reembolso.

Aliás, o IRS é, hoje, o único imposto que, para a maioria das pessoas, não significa «pagar». Significa «receber». Sendo tal reembolso frequentemente caracterizado como uma «ajudinha para as férias».

Ora, as situações de reembolso são consequência, por um lado, de as tabelas de retenção estarem sobreavaliadas em relação ao imposto devido a final e, por outro, são resultado da utilização dos abatimentos, deduções ou benefícios fiscais.

Esta circunstância só pode ser alterada com a reformulação do próprio modelo do imposto.

A substituição da parafernália de benefícios e deduções por uma dedução global, a título de mínimo de isenção, aplicável a todos os sujeitos passivos, permitiria a sua integração na fórmula de cálculo da retenção na fonte, para aqueles 2,5 milhões de agregados que apenas auferem rendimentos do trabalho dependente e pensões.

Desta forma, para 2/3 dos agregados sujeitos a IRS, o valor anual das retenções seria o valor correspondente ao imposto final, tornando, desnecessária, neste caso, a entrega da respectiva declaração de rendimentos.

E assim sendo, teríamos apenas 1/3 das actuais declarações anuais de rendimentos, diminuindo, consideravelmente, os custos de gestão do imposto, e, mais importante do que isso, poderiam concentrar-se recursos na verificação do cumprimento dos restantes agregados, designadamente, na inspecção dos rendimentos das actividades profissionais e empresariais.

Esta medida poderia, pois, aumentar, substancialmente, a eficiência e a simplificação do imposto, racionalizar a actividade da Administração e optimizar o combate à fraude e à evasão.

Existe, porém, uma corrente de opinião noutro sentido, e que passa pela regra da obrigatoriedade de declaração da totalidade dos rendimentos auferidos, incluindo os isentos e os sujeitos a tributação liberatória.

Foi, aliás, em nome dessa teoria que se procedeu à revogação[6] do Art.º 58.º do CIRS, no sentido da eliminação das anteriores situações de dispensa da obrigação declarativa.

A aplicação desta medida legislativa, sem excepções, implica a obrigatoriedade de declarar quaisquer rendimentos, independentemente do seu montante.

Ora, o que parece evidente é que obrigar os contribuintes que não irão atingir o limite mínimo para o pagamento de imposto, a entregar uma declaração de IRS, constitui um retrocesso no processo de simplificação do imposto. No plano declarativo, informático e administrativo.

---

[6] Revogação (curiosamente) a prazo. Cf. Art.º 29.º n.º 11 da Lei n.º 87-B/98, de 31 de Dezembro (Lei do OE/99 que revogou o Art.º 58.º do CIRS... " a partir de 31 de Dezembro de 1999").

Tomemos o exemplo dos pensionistas – a esmagadora maioria aufere pensões de valor inferior à dedução específica da categoria e encontrava-se (e bem) dispensada de apresentar declaração anual de rendimentos; por força desta alteração legislativa, todos os titulares daqueles rendimentos serão obrigados a apresentar declaração, sob pena de cometerem uma infracção fiscal.

Sendo certo que da liquidação não resultará o apuramento de qualquer imposto.

Exigir o cumprimento declarativo nestes casos (que são muitos) e em todos os outros de resultado idêntico, como o dos trabalhadores por conta de outrem que aufiram rendimentos inferiores ao do salário mínimo nacional, constitui uma exigência inútil, dispendiosa e ineficiente.

É que, ao contrário do que por vezes se pretende, as declarações de IRS não foram concebidas para a obtenção de crédito bancário, a isenção de propinas, o apoio judiciário, etc.

As declarações de IRS não devem servir para outros fins que não sejam a determinação da respectiva prestação de imposto.

Atribuir-lhes outras finalidades extra-fiscais, nomeadamente a possibilidade de permitirem o acesso diferenciado a cuidados hospitalares, pode conduzir a um resultado de dupla ineficiência: a omissão deliberada de rendimentos com intenção, não só, de evitar o pagamento do imposto, como, também, de aceder a um benefício social de forma ilegítima.

Conclusão:

Este regime de retenção na fonte e as actuais regras das obrigações declarativas geram situações de manifesta ineficiência e complexidade do sistema.

Logo, também quanto a esta matéria, o modelo actual não é eficiente e está longe da simplificação.

Nota final

Os jornais dos últimos dias têm feito eco dos protestos em torno das polémicas alterações dos benefícios fiscais dos PPR e CPH e dos benefícios fiscais para os autores.

É certo que os nossos níveis de arrecadação em IRS ainda estão muito longe das médias da OCDE e da EU, quer em percentagem do PIB (6,6 contra 10,4 e 11,3 respectivamente), quer em percentagem do total das receitas fiscais (19 contra 26,8 e 26, respectivamente).

Mas a verdade é que os *media* e os seus comentadores interessam-se muito pouco com estas questões técnicas e muito mais com o jogo político-partidário.

Por outro lado, os contribuintes portugueses ainda não adquiriram a verdadeira percepção de que todo o dinheiro que o Estado gasta é seu.

Por isso, quando se lê, nos jornais, protestos dos políticos, dos artistas, dos autarcas, dos taxistas e tantos outros, a exigirem benefícios fiscais para isto e para aquilo, alguém deveria explicar aos contribuintes que essas pessoas (por muito legítimos que sejam os seus protestos) representam grupos de pressão, que mais não pretendem do que, através do Orçamento, desviar alguma parte dos impostos da comunidade, em benefício corporativo desses grupos de pressão.

Num Estado de direito e democrático, quem não paga os impostos que devia pagar, não tem consciência de cidadania nem de ética social.

Começámos esta comunicação por afirmar que *em muitos aspectos, os tempos de hoje já são muito diferentes dos tempos de há 15 anos*.

Aqui está um aspecto em que, infelizmente, a situação actual não é muito diferente da que existia. E, provavelmente, não se irá alterar nos próximos anos, até porque aqueles que pagam impostos ainda não têm verdadeira consciência de exigir, dos outros, o cumprimento do mesmo dever de cidadania.

Acontece, também, que os simples pagadores de impostos ainda não são vistos, eles próprios, como um grupo de pressão, a ter em conta pelos sucessivos poderes políticos.

E é, talvez mais por essa razão, do que pelo Código de IRS que temos (apesar de todas as suas imperfeições), é que este imposto, decorridos 15 anos, ainda não atingiu, efectivamente, os objectivos originários da Reforma Fiscal: mais equidade, mais eficiência e mais simplificação.

Lisboa, 16 de Novembro de 2004.

2.2. A Tributação do Rendimento das Pessoas Colectivas

O ENQUADRAMENTO DO IRC NA REFORMA FISCAL DE 1988/89

Professor Doutor Rogério Fernandes Ferreira

1. Agradeço o gentil convite que me endereçaram para proferir uma alocução nesta efeméride alusiva aos quinze anos da Reforma Fiscal de 1989. Assinalo uma particularidade pessoal que é a de fazer também anos – cinquenta – de actividades profissionais, aliás das actividades exercidas após a minha licenciatura em Finanças no ISCEF (ex-Instituto Superior de Ciências Económicas e Financeiras, actual ISEG). Passei-me a ocupar em especial de gestão, contabilidade e fiscalidade.

Com o aparecimento da reforma da contribuição industrial da década de sessenta, a colaboração dos especialistas de gestão e contabilidade em matérias fiscais tornou-se particularmente necessária. Nessa altura recebi e aceitei convite para ministrar cursos na DGCI. Depois, ingressei no Centro de Estudos Fiscais, passando a especializar-me nas matérias de fiscalidade.

Com a Sra. Dra. Maria de Lourdes Vale, que saúdo e lembro aqui, formámos equipa nos tempos pioneiros de dilucidação do novo Código da Contribuição Industrial, e de demais diplomas da Reforma Fiscal de então. Colaborámos, inclusive, em Jornadas de Direito Fiscal realizadas já lá vão cerca de quarenta anos pela Associação Fiscal Portuguesa, sob lideranças entusiásticas, nomeadamente do Sr. Conde de Caria, que conseguiu colaborações empenhadas, inclusive do Professor Marcelo Caetano e de fiscalistas de nomeada, interessados em estudar a Reforma Fiscal nascente, fundando na altura a Associação Fiscal Portuguesa (a escritura de constituição data de 1965).

Festejava-se a nova reforma fiscal da década de sessenta, criticando a reforma anterior da década de trinta. Entendeu-se já então que seria possível e útil tributar a partir dos ganhos declarados. Porém, a reforma dos anos sessenta continuou a admitir a tributação por presunções de rendimento e, até, a tributação por rendimentos ditos normais.

2. Na Reforma de 1989, a que presidiu o Professor Paulo Pitta e Cunha, procurou-se radicar mais a tributação com base nas declarações dos contribuintes.

Nas matérias que vou focar (IRC), o Professor contou com colaborações de vulto: cito as do Dr. Freitas Pereira e da Dra. Maria de Lourdes Vale; cito ainda, as dos falecidos membros da Comissão, Director Alfredo Barreiros e Conselheiro António Joaquim Carvalho.

Após a Reforma, como aliás sabem os cultores da Fiscalidade, continuaram a operar-se alterações. Apareceram desenvolvimentos e aperfeiçoamentos, mas também se complicou algo desnecessariamente. Por vezes, distorceu-se mesmo o pensamento dos reformadores. Nos últimos anos, as mudanças apresentaram-se ainda mais agitadas, não só relativamente à tributação dos rendimentos, mas, também, da despesa e do património. Houve acesos debates, infelizmente acentuando aspectos políticos em detrimento dos técnicos.

O saudoso Ministro Sousa Franco introduziu alterações significativas, falando da Reforma Fiscal para o século XXI. O sucessor, Pina Moura, proclamou mais mudanças, falando-se, então, de Reforma Fiscal de 2000; Oliveira Martins substituiu Pina Moura e apresenta alterações legislativas, agora tendentes a alguma simplificação e uniformização e a certo apaziguamento de divergências. Com a vitória eleitoral do PSD (em 2002), retomaram-se soluções de que tinha havido afastamento, exactamente porque eram diferentes as facções partidárias que formavam o Governo.

Os sucessivos governos dos últimos anos e os partidos políticos apoiantes entenderam fazer da Fiscalidade uma "bandeira". Acolheram-se queixumes de alguns sectores de contribuintes. Elaboraram-se diplomas legais e regulamentações em matérias de Fiscalidade e outras conexas (contabilidade), com profusões de directrizes, circulares e instruções.

Os problemas nacionais resolver-se-iam melhor com legislação estável, simples, bem elaborada e regulamentada, e nem sempre isso terá acontecido.

Por isso, ousámos já salientar que "as preocupações dos governos não podem ser as de desfazer e fazer leis. Governar é, especialmente, realizar o que se impõe e não, propriamente, fazer leis a impor coisas".

3. Nos últimos tempos, por força do Pacto de Estabilidade e Crescimento, os problemas dos défices orçamentais suscitaram agudas polémicas e acabaram em restrições no investimento público, dada a maior dificuldade em conter a demais despesa pública, de essência estrutural.

A má situação de muitas empresas e as deslocalizações de actividades de outras (nacionais e multinacionais) têm trazido desemprego e crise.

Debate-se, agora, a retoma e sugerem-se novas alterações na fiscalidade.

Optou-se, desde 2002, por aumentos em impostos sobre a despesa. Porém, a retracção dos consumos e a crise gerada não trouxeram aumentos desejáveis de receitas. Menos consumo gerou menos produção, crise, falências e desemprego – logo menos cobrança de imposto.

O acréscimo das relações internacionais intensificou os problemas da Fiscalidade internacional. A produção e a venda faz-se em mercados mais alargados, e daí resultar maior competição. Se os impostos pesam, a competitividade ressente-se. Com impostos mais elevados, maior repercussão poderá ocorrer nos preços, quer de modo directo (caso de impostos sobre a despesa), quer indirecto (caso de impostos sobre produtores e trabalhadores).

Em cada país, os desejos de estimular a economia foram conduzindo à baixa de impostos, pensando-se, entre o mais, que assim se tornarão as empresas suficientemente competitivas. Esses esforços, sendo de todos, acabam por não permitir o propósito desejado.

As necessidades de obter receitas fiscais para o exercício dos legítimos fins públicos do Estado (saúde, educação, segurança, social e individual, justiça) cresce, mas poderá não afectar os contribuintes de maiores rendimentos, dados os seus maiores meios de persuasão e intervenção de modo a evitarem que a tributação para eles seja agravada.

Há também grande número de contribuintes faltosos. Estes e os seus conselheiros devem encarar as leis como realidade não *contornável*, deixando de usufruir ganhos em resultado de evasões ou favores fiscais. Os peritos têm de deixar de propor planeamento fiscal baseado em cálculos probabilísticos relativos a economias fiscais, por vezes mesmo ilícitas, ou eticamente reprováveis. E importará ter leis severas, que acabem com excessos de garantismo e tolerâncias (sigilos bancários e *offshores* estão a derrotar a justiça fiscal).

O problema é que qualquer país, isoladamente, não pode contrariar as actuações referidas. Requerem-se harmonizações a nível internacional, concluindo-se que só um real empenho de todos os Estados permitirá contrariar os ínvios caminhos da fiscalidade actual. Há mesmo quem venha concluindo que a luta contra o terrorismo, no rigor, só se conseguirá eliminando tais sigilos bancários e regimes *offshores* .

Há quem tente também minimizar estas críticas. Já se viu observar que a evasão fiscal em Portugal não está percentualmente longe da de outros países, pelo que o problema não deve preocupar-nos. Não apoiamos esta visão macro-económica, porque a inacção de quem se confinar a esta ideia irá manter benesses e contrariar propósitos de melhorar a justiça fiscal, evitando que muitos paguem demasiado, exactamente porque há intensas evasões de outros.

Junto de alunos e também em livros e artigos publicados em jornais ou revistas sempre nos insurgimos contra a existência de benefícios fiscais excessivos, muitas vezes de todo injustificáveis e a provocar iniquidade na tributação.

4. Em suma: evasões fiscais, desigualdades de tratamento fiscal, procedimentos irregulares, omissões de ganhos e deduções (às colectas) abusivas ou indevidas, de despesas, aos proveitos ou aos rendimentos tributáveis, tudo tem gerado insatisfação dos contribuintes cumpridores.

A execução da Reforma Fiscal não caminha bem. Há desvios significativos entre as taxas efectivas que cada contribuinte paga em IRC e a taxa normal fixada[1]. Contribuintes honestos, ou menos habilidosos, ficam a pagar mais, exactamente porque outros, indevidamente, pouco ou quase nada pagam.

Por isso, as insuficiências e os insucessos da tributação directa têm conduzido a posições favoráveis à tributação indirecta. Só que importa ter em atenção que aí os "contribuintes de direito" não são os "contribuintes de facto". E quem está no terreno vem verificando que os impostos indirectos também geram fraudes significativas e, até, efeitos e consequências mais gravosas. À injustiça dessa maior evasão – que não é sobre ganhos, mas, sim directamente, sobre volumes de negócios – juntam-se

---

[1] Cita-se muito o exemplo dos bancos. De um lado, invoca-se que são os maiores contribuintes (são quem ganha mais milhões), mas de outro lado sublinha-se a *taxa efectiva* que pagam, sensivelmente, longe da *nominal*. A fiscalidade vem apresentando sempre leituras dissonantes.

os perniciosos efeitos da concorrência desleal e demais reflexos no crescimento das actividades económicas ilícitas, com suas cumplicidades. A corrupção institucionaliza-se e as estruturas degradam-se.

5. A deterioração na fiscalidade reflecte-se no social. E as cifras das nossas estatísticas deixam de ser fiáveis. Tem-se reconhecido, por exemplo, o alto valor do nosso rácio estatístico de despesas públicas totais *versus* PIB. Se bem que seja preocupante e continue em crescendo, também é verdade que nas estatísticas sobre o PIB não contam ou contam pouco valores de economia clandestina (que não gera ou gera poucos impostos), pelo que o valor real do numerador do rácio fica mal relacionado com a irrealidade do denominador, além de que a clandestinidade acarreta mais despesa pública (gastos de polícias, tribunais, prisões, doenças, burocracias ...). Atente-se também que, no excesso da despesa pública, contam não só gastos directos e indirectos com o funcionalismo público, mas também gastos com agentes políticos (governantes, autarcas, deputados).

Não pode, pois, ter-se "boa" fiscalidade se não se combaterem, com êxito, ilicitudes e comportamentos impróprios, que prejudicam a produtividade, acrescendo custos e provocando concorrência desleal. Melhores indicadores são necessários, mas curar os males existentes é o essencial.

6. Prosseguindo este diagnóstico, retornamos a considerações mais específicas acerca do IRC, em particular sobre a tributação dos lucros nas empresas.

Dedicando-me a este assunto nos meus citados cinquenta anos de actividade profissional, direi manter os apelos que sempre apresentei sobre a necessidade de se continuar a actuar no sentido de acabar com declarações sistemáticas de falsos prejuízos ou de menores lucros do que os realmente obtidos, prática que é a de muitos milhares de contribuintes, digamos cerca de metade das empresas.

Atente-se que essas ocultações (em IRS e IRC) têm, depois, reflexos no IVA que deixa de ser entregue ao Estado pelos respectivos sujeitos passivos, IVA que, não poucas vezes, são cobrados aos adquirentes dos bens vendidos ou dos serviços prestados.

Contribuintes, colaboradores, associações reagem e pressionam demais agentes do processo. Na comunicação social aparecem contestações por vezes enganadoras e que conseguem aderências.

Quem "justamente", eficazmente, procurar encontrar a melhor política fiscal terá tarefa nada fácil.

7. Pessoalmente sentimos que se insiste e se revela quase um lugar-comum dizer que tributar as empresas por lucros inexistentes é inconstitucional. Na verdade, a Constituição da República consigna que "a tributação das empresas incide fundamentalmente sobre o seu rendimento real". Porém, se a letra da Constituição (n.º 3 do seu art. 104.º) assim o indica, também é um facto que da dita letra da Constituição faz parte a expressão "fundamentalmente", da qual bem pode retirar-se que a tributação não terá, necessariamente, de ser, sempre ou apenas, sobre o lucro, mas também por vezes não só em relação ao lucro.

Esta posição não tem sido invocada na tributação das empresas na base de certas despesas, como é de há muito o caso da tributação para a segurança social que lhes é exigida em relação às remunerações que atribuem aos seus trabalhadores. Acresce que desde há algum tempo as empresas também estão a ser tributadas em relação a muitas outras despesas que nelas se processam, como se fossem lucros, que não são.

Temos a estes respeitos lembrado que "lucro contabilístico" não coincide com "lucro fiscal" e advertido que quando na Constituição se fala de "rendimento real", quererá dizer-se "rendimento apurado nos termos da lei fiscal", não "rendimento coincidível com rendimento contabilístico" e também não "rendimento declarado".

Há interesse em sublinhar que actualmente as empresas estão sujeitas a "tributação autónoma", com base em variadas despesas, as ditas "confidenciais ou não documentadas" e "despesas de representação e outras relacionadas com viaturas ligeiras de passageiros ou mistos, motos e motociclos, ...," etc. Curiosamente, os juristas, via de regra, têm questionado menos estas tributações e não se vê muito invocado que são inconstitucionais. Está expresso "tributar despesas", mas sob o pressuposto de que são excessivas pelo que presumidamente ocultam rendimentos que assim fogem à tributação como lucros propriamente ditos.

8. Procurando conciliações vimos de há muito defendendo que é de manter a tributação com base no lucro declarado, asseverado pelos técnicos que elaboram as contas e revisores que as verificam e atestam, mas instituindo, a par, uma tributação supletiva, na base de um imposto mínimo que possibilite alcançar receita daqueles contribuintes que não têm lucros ou que declaram não os ter.

Defendemos, na verdade, se estabeleça um esquema de tributação por colecta mínima em vez do actual "pagamento especial por conta", ainda que se reconheça que o esquema actual seja já forma de minorar a deterioração existente.

Reputa-se curial sublinhar o seguinte:
i) O actual pagamento especial por conta é opção que estará a deixar de fora grandes defraudadores.
ii) A opção por um imposto mínimo que se propõe é na base de dada percentagem sobre indicador(es) compósito(s) da actividade exercida e sem limitação máxima em valor absoluto.

Deve acentuar-se que entre nós o Dr. Medina Carreira tem igualmente levantado a sua voz no sentido da generalização da tributação por métodos não assentes nas declarações dos contribuintes, por elas, em muitos casos, não se revelarem satisfatórias ou adequadas quando cotejadas com factos notórios e outras informações recolhidas.

Põe-se assim em causa a tributação apenas na base do lucro declarado. E perfilha-se proposta de tributação na base de um mínimo percentual a apurar em relação a um indicador da actividade (volume de negócios, VAB, activo total ou bruto, etc.). Desse modo, o mínimo de imposto a apurar para cada contribuinte seria depois adicionado da diferença positiva entre o imposto liquidável com base no lucro declarado e o dito imposto mínimo (pequenos contribuintes, como aconteceu noutros tempos, podiam ser tributados só na base deste esquema, mais fácil, de imposto mínimo, pois é vão e dispendioso estabelecer regras de controlo e de contabilidade regulamentária para contribuintes mais modestos)[2].

Em outro trabalho explicámos a opção por colecta mínima com base em exemplo, propositadamente simplificado. Assim:

Pressupondo um resultado considerado mínimo, um lucro que qualquer empresa deverá ultrapassar, visto o mais normal e o muito normal será as empresas operarem com lucro muitíssimo maior, elaborou-se a seguinte hipótese de trabalho:

Para um volume de negócios de 100 admitiu-se um lucro líquido (médio) mínimo de 3 (%), o que impõe a consideração de os custos

---

[2] No fim de contas, houve, em relação ao iva, opção especial para modestos contribuintes, de menor volume de negócios.

directa e indirectamente conexos com o dito volume de negócios corresponderem a 97 (%).

	Resultados de Exercício	
	Volume de negócios	100
	.	
	.	
Saldo – Lucro líquido 3	.	

Desejando que o imposto mínimo a considerar seja na base de 1% do volume de negócios, ou de outro indicador mais perfeito, a utilizar em elaboração posterior, fixava-se então um imposto mínimo de 1 (uma unidade), ou seja taxa de imposto de 33% do lucro (de um lucro mínimo correspondente a 3%).

Com este imposto mínimo ter-se-ia então sempre alguma receita fiscal. Se é fácil esconder um lucro de 3% – omitindo 3% no volume de negócios, ou agravando 3% nos custos conexos (ou variando 1,5% em cada lado), já não será viável, ponderando o excesso de visibilidade, esconder totalidade ou parte substancial do volume de negócios.

Haverá assim que concluir que uma tributação assente nos dados contabilísticos relativos ao volume de negócios se revela de todo com maior eficácia do que uma pura tributação com base num apuramento de lucro, flexível e manipulável. Exemplificando com as cifras atrás propostas:

Imposto (33%)em relação ao lucro de 1% (do volume de negócios) ≈	1
Imposto equivalente em relação ao volume de negócios 1% x 100	1
Se se subtrair 3 às vendas na conta de Resultados, o lucro fica em zero, donde o imposto sobre o lucro ser zero	zero
Porém, se se tributar em função do volume de negócios ter-se-ia:	
• Volume de negócios (antes da subtracção)	100
• Volume de negócios (após subtracção)	97
• Sendo o imposto em relação ao volume de negócios tinha-se então (100) a tributação fica pouquíssimo afectada mesmo escondendo a totalidade do lucro =	0,97

Do exposto se conclui que uma falsa redução no volume de negócios (no caso do exemplo, 3 unidades) redundaria no desaparecimento do imposto sobre lucros, pois os lucros passavam assim a zero; porém, se a tributação se relacionar com o volume de negócios, o imposto manter-se--ia e quase no mesmo valor (em vez de 1, seria 0,97).

Por tudo quanto se indica, *advoga-se que num sistema de tributação na base de lucro real declarado se insira plataforma de tributação mínima de modo a que, quando a declaração for falsa ou se apresentem prejuízos, a tributação se faça então pelo imposto mínimo* – por exemplo, 1% do volume de negócios (ou de outro indicador a seleccionar).

Se esta opção se revela simples, porque não se recorre a tal forma híbrida de tributação das empresas? Respostas possíveis: preconceito, inércia, interesses criados...[3].

9. Exposta esta solução de alcançar um imposto mínimo sobre as empresas, diremos que continuamos a reputar do maior interesse se procure que todas as empresas, não só as pequenas e as médias, mas também as de grande porte e volume de negócios (dispondo de *holdings, subholdings, offshores*, etc.), paguem – todas elas – imposto e em relação à sua actividade.

O país não deve, não pode, afastar-se do principio tradicional do Direito que é a formulação de leis *iguais* para todos. Há, pois, que eliminar alguns regimes excepcionais e iníquos que na nossa Fiscalidade têm grassado em resultado de particularismos criados. Se isso se mantiver, os prejudicados cada vez mais clamarão e insubordinar-se-ão. A opção tem de ser buscar que todos paguem justamente, para que a justiça seja para todos.

10. Em articulação com o exposto no ponto anterior, entende-se de controverter a invocação comum de não se dever desprezar o princípio fundamental da capacidade contributiva em relação às empresas. Entende-se que este princípio é de equacionar particularmente para pessoas singulares que auferem rendimentos. Quanto às empresas acentua-se que se trata de entes produtores, que suportam custos, inclusive fiscais, para obter proveitos, não sendo propriamente entes fruidores de rendimentos.

---

[3] Não invoquemos que a Constituição não permite o esquema que se delineia. Se assim se concluisse, então legítimo seria, porventura, formular as alterações necessárias. Alcançar a justiça e consagrá-la na Lei é dever de todo o cidadão responsável.

Aceite que as empresas se devam tributar como entes produtores que são, as objecções formuladas à actual tributação das empresas mudaria de orientação, apreendendo-se mais fundadamente as realidades e os circunstancialismos, nomeadamente o inadequado convencimento de que o real é o declarado. Na verdade, necessário se torna estabelecer, ao menos supletivamente, que um mínimo de tributação das empresas se faça na base dos seus proveitos (ou do seu VAB). Sugere-se esta opção como forma de arrecadar – mais equitativamente – imposto à generalidade das muitas dezenas de milhares de empresas que vêm defraudando o Estado, forçando-o a colher as receitas de que carece de demais contribuintes, assim injustamente agravados pelas actuações (ilícitas) dos não cumpridores.

Tudo isto temos dito e redito. E temo-lo escrito nos nossos livros de há cinquenta anos até hoje. Refere o distinto fiscalista e ilustre homem público, Dr. Medina Carreira, que, na verdade, eu tenho discorrido sobre temas problemáticos da Fiscalidade, exprimindo sempre o que penso, mas consciente de que "certezas são 'coisa' que não tenho"; que questiono a adequação da carga fiscal e duvido da possibilidade de erradicação da injustiça fiscal; que pondero o grau de equidade fiscal de um sistema que privilegia a tributação do consumo em vez do rendimento; que delimito a noção de "lucro", enunciando as condicionantes do apuramento do "lucro real" e defendo a necessidade da utilização fiscal de outros indicadores. Que expresso surpresa pela incapacidade para tributar as mais-valias e discordo dos excessivos favorecimentos e discriminações que em relação a elas têm vigorado; que analiso, com objectividade e competência técnica, os complexos problemas da tributação do património; que historio a evolução da contabilidade entre nós e os principais problemas que hoje suscita; que caracterizo a "moda da inconstitucionalidade" no tratamento do lucro real, tantas vezes distante do "lucro real apurado pelo contribuinte", de acordo com os termos técnicos e legais a que a contabilidade se subordina; que aponto os vícios da "contabilidade criativa", "enganosa ou ardilosa" e desinformativa; que creio nas vantagens da globalização para Portugal, mas não esqueço os desempregos sectoriais, nem as inquietações que ela suscita, nem o facto de o Mundo já se ter enganado mais que uma vez nos seus hipotéticos avanços; que reconheço a impossibilidade real da recusa do euro, que admito ser um mal menor, em todo o caso inquietante; e que defendo a limitação do sigilo bancário, produto de um excesso de garantismo das leis actuais, que desprotege quem as respeita e actua eticamente.

Esta excelente síntese sobre trabalhos meus que, pessoalmente, eu não conseguiria enunciar tão bem, é reveladora das minhas preocupações.

11. Feitas estas considerações genéricas, mas mais em especial sobre a Reforma Fiscal de 1989 e em particular sobre o IRC, como me foi especialmente sugerido, justo será mencionar que Portugal possui legislação fiscal compatível com a existente na União Europeia.

Porém, dada a importância actual dos fenómenos da globalização e as tensões várias que daí decorrem na fiscalidade actual, em geral e na de cada país, em especial, quaisquer reflexões ficarão incompletas se não se fizer a devida relacionação entre a tributação actual e propostas e directivas da U.E. que se dizem "em rumo a mercado interno sem obstáculos fiscais".

Nesse *rumo* figuram aperfeiçoamentos no tocante à matéria de preços de transferência, de uniformizações nos cômputos do lucro tributável (através de normalização contabilística supranacional) e do alargamento da aplicação da directiva *"Sociedades Mães e Filhas"* a novas formas societárias (sociedades transparentes, sociedade europeia, sociedade cooperativa europeia) e a estabelecimentos permanentes da sociedade-mãe. Estas alterações caminham, igualmente e cada vez mais, no sentido de a tributação por retenção na fonte no país gerador de rendimento se ir reduzindo, até à anulação prevista, quer em dividendos, quer no tocante a juros e royalties.

Um país, como Portugal, utilizador de capitais, investimento e tecnologias do exterior, pode, com a dita evolução, acabar por perder a receita fiscal de que carece. E o problema é também preocupante porque todos os países se revelam cada vez mais apostados em reduzir suas taxas de tributação das empresas, procurando aliciá-las.

Importará acentuar nos areópagos internacionais que os propósitos de todos países em baixar os impostos com vista a tornar as empresas mais competitivas acaba por conduzir a situações generalizadas de penúria fiscal, perdendo, assim, todos os países, receitas fiscais e, igualmente, a desejada atractividade que pretendiam alcançar junto de investidores. Estes, muito atentos, procuram aproveitar, as fraquezas dos Estados, negociando com os governos as localizações de suas fábricas e as criações de postos de trabalho, invocando que as fixarão, ou manterão, nos países que mais incentivos e isenções fiscais lhes concedam.

12. Fazem-se com frequência sugestões de mudanças em sentido de mais reduções de taxa ou até de supressão do IRC. Ora, esta receita fiscal não deve perder-se e seriam algo graves os efeitos desestruturantes de tais medidas[4].

Temos particularmente acentuado, no tocante a mais-valias, que as actuais opções de tributação não são adequadas. Haveria, que procurar melhorar e ampliar essa tributação, nomeadamente eliminando abissais diferenças existentes que vão, de não sujeições a imposto, até à existência, quer no IRS, quer no IRC, de diversidades excessivas de taxas – vai-se de 0% até 40%. Significativas variações de tributação, para ganhos de igual categoria, conduz a injustiças notórias e significativas, nomeadamente considerando a impressionante grandeza que assumem muitos destes ganhos, por vezes com origens questionáveis.

Talvez outros aspectos devesse igualmente referir. Mas o tempo concedido restringiu-me considerações e conduziu-me a seleccionação.

*
* *

A terminar, acentuo que não pretendi propor desestruturações do existente, mas desejo sublinhar que preocupações de alterações parceladas podem acabar por revelar-se perturbadoras, causadoras de danosos retrocessos e distorsoras da continuidade que vi existir nas verdadeiras reformas da década de trinta, de sessenta e aquela que estamos agora a rememorar, homenageando o seu Presidente Professor Paulo Pitta e Cunha, com quem tive a honra de trabalhar e de quem sou admirador confesso, não só pela sua sabedoria e capacidades intelectuais, mas também e muito em especial pela sua integridade e qualidades humanas. E digo isto por ter verificado na minha já longa vida que a actuação de cidadãos que ocupam altas posições sociais ou comandam actuações de responsabilidade tem de ser lúcida, competente, reformadora e sobretudo conduta digna, exemplar.

---

[4] Baixas no IRS e/ou IRC são pouco compatíveis com as insuficiências actuais de receitas. Por isso teriam de conjugar-se com reduções da evasão e distorção fiscal.

A TRIBUTAÇÃO DAS SOCIEDADES NA CONSTITUIÇÃO E NA REFORMA DE 1988/89

Dr. Henrique Medina Carreira

Em Portugal e durante sete décadas (de 1922 a 1990) a tributação dos rendimentos da actividade societária teve em consideração, conjunta ou isoladamente, a natureza do objecto, o tipo de estrutura jurídica adoptada e o volume dos meios envolvidos.

Com as reformas de 1922, de 1929 e de 1963, as sociedades anónimas e comanditas por acções eram tributadas em contribuição industrial num grupo separado dos de mais. Presumindo-se melhor organizadas e com activos valiosos, poderia exigir-se-lhes registos contabilísticos mais rigorosos e fidedignos, compatíveis com a verdadeira tributação dos lucros efectivos.

Em 1922 – Lei n.º 1 368 – a contribuição industrial daquelas sociedades correspondia a 10% dos "lucros líquidos verificados", mas nunca inferior à "taxa anual" correspondente a 0,25% do respectivo capital, mais uma quantia fixa por cada administrador, director, gerente, empregado ou qualquer outra pessoa que prestasse serviços à empresa.

Na Reforma de 1929 – Decreto n.º 16 731 – as sociedades anónimas e comanditas por acções integravam o grupo "B" da contribuição industrial, que incidia sobre o valor da cotação na Bolsa, corrigido de acordo com as regras legais.

Em 1963, o Decreto-Lei n.º 45 103 estatuía a tributação das sociedades anónimas e comanditas por acções, bem como a das que tivessem capital social superior a 3 000 contos, a das instituições de crédito, casas de câmbio e sociedades de seguros, pelo grupo "A" da contribuição industrial, que incidia sobre os "lucros efectivamente obtidos".

Formalmente ou não, seguiu-se sempre o sistema dos "agrupamentos".

*

Naquele longo período, as sociedades não abrangidas nas categorias que foram referidas eram, geralmente, tributadas em contribuição industrial de acordo com os "lucros presumíveis": em 1922, sem a delimitação formal de um grupo; em 1929, pelo grupo "C"; e em 1963 pelo grupo "B", sendo os seus lucros "normais" sempre fixados por comissões.

Porém, mesmo no regime de 1922, houve a precaução de criar, para as sociedades a tributar pelos lucros "verificados", um imposto mínimo, correspondente à "taxa anual", paga adiantadamente e calculada de acordo com o número de administradores, de empregados e de outros colaboradores. A "taxa anual" só seria deduzida aos lucros líquidos "verificados" e sujeitos à "taxa complementar", se eles existissem e se o contribuinte permitisse a "verificação directa" dos mesmos.

Precisamente quando a tributação do lucro "real" se afirmou como princípio básico, o Estado português não prescindiu de um pagamento assegurado e definitivo ao qual nenhuma sociedade poderia escapar. Houve também com a Reforma de 1922 um "imposto mínimo".

*

Mas a criação de um segundo grupo de contribuintes, tributados pelos "lucros presumíveis" e sem condições para a elaboração de registos contabilísticos verdadeiramente fiáveis, foi considerada ainda insuficiente. Por isso, em 1929 e em 1963, surgiu um terceiro grupo, para integrar os contribuintes de muito reduzidas dimensões.

Em 1929, esses contribuintes, do grupo "A", integravam uma tabela e pagavam uma "taxa fixa", em função da natureza da actividade, da dimensão económica e do lugar do seu exercício.

Já na Reforma de 1963 se entendeu que o sistema das "taxas fixas" de 1929 não se adaptava à "nova técnica do imposto". Por isso, as pequenas e pequeníssimas empresas ficavam sujeitas à contribuição industrial do grupo "C", baseada nos lucros que "normalmente podiam ter obtido", fixados por uma comissão. Prudentemente, porque a deliberação que fixasse o lucro "normal" só seria susceptível de recurso com fundamento na "preterição de formalidades legais". Respeitada a forma, o poder discricionário das comissões era total. Estes pequenos e pequeníssimos contribuintes do grupo "C" caracterizavam-se: pelo reduzido valor locativo do estabelecimento, ou pela sua inexistência; pelo trabalho isolado ou em conjunto com o dono do estabelecimento; pelo número máximo de trabalhadores em actividade; pela falta de escrita ou porque ela fosse tão rudimentar que não permitisse verificar o movimento comercial ou industrial; e ainda pela não utilização de mais de um veículo automóvel ou de dois de outra espécie.

*

A Reforma de 1988/89 abandonou completamente o formal e tradicional sistema dos "agrupamentos" de tributação dos ganhos das sociedades. A matéria colectável destas passou a ser, em regra, determinada com base no lucro declarado, controlado pela administração fiscal.

Só nos casos de inexistência, insuficiência, atraso, dissimulação ou inexactidão da contabilidade, teria lugar a aplicação dos "métodos indiciários". Para a opção individual por esta aplicação é competente o director distrital de finanças, que se baseará em critérios legais, exemplificativamente definidos.

Formalmente, tudo mudou com a extinção dos "grupos". Mas, em substância, e como seria inevitável, nada mudou em relação à experiência histórica de mais de meio século: está sempre implícito o reconhecimento de que a determinação do lucro "real" só é possível se se basear em registos actualizados, completos e rigorosos, das operações patrimoniais do contribuinte. Não sendo assim, terá de procurar-se um lucro que se sabe e aceita não ser o "real", mas que é o "possível". O "imperativo" da realidade sobrepõe-se ao hipotético "imperativo" constitucional. Como não pode deixar de ser.

O critério introduzido em 1988/89 torna assim casuística a aplicação dos "métodos indiciários", depois da verificação pelo director distrital das circunstâncias concretas e individuais impeditivas do conhecimento lucro "real".

À partida, assim, "todas" as sociedades estão, potencialmente, sujeitas à determinação do lucro "real". Depois e de facto, isso só acontece quando seja "possível". A experiência viria a mostrar que, na maioria dos casos, a administração fiscal se contentaria com o resultado, positivo ou negativo, constante da declaração. Na prática, em vez do "real" imperou o "declarado".

A solução legal adoptada em 1988/89 resultou do chamado "imperativo constitucional", que tornaria "necessário desenvolver os mecanismos que [possibilitassem] a tributação das empresas pelo seu lucro real" (cf. *Exposição de Motivos*, Outubro de 1987).

*

Pode porém dizer-se que as reformas tributárias portuguesas que, no século XX, mais porfiaram na tributação do lucro "real" – as de 1922 e de 1988/89 – exprimiriam apenas um "objectivo", a concretizar só quando possível. Com efeito, o regime constitucional português não impõe, nem poderia fazê-lo, a tributação universal dos lucros "reais" das sociedades, uma vez que apenas exige que incida "fundamentalmente" sobre eles. Isto significa "sobretudo", "de uma maneira geral", "basicamente". Uma interpretação mais ampla do preceito constitucional estaria por isso em contradição com a sua letra mas, decisivamente, com as realidades inexoráveis da sociedade e da economia.

E, se não é defensável uma interpretação que afaste a letra do texto constitucional, também não tem sentido uma outra que desconheça as circunstâncias e os resultados de uma dilatada experiência histórica. A experiência posterior a 1990 não deixa quaisquer dúvidas.

*

Os resultados da aplicação do regime de 1922 são sumariamente descritos no *Preâmbulo* do Decreto n.º 16 731: " Das sociedades anónimas existentes cerca de 50 por cento não pagam contribuição industrial porque não apresentam lucros, ficando quites com a Fazenda com [...] a taxa anual". E entre as que têm lucros, há casos em que "metade dos lucros é absorvida pelo Estado".

Elementos estatísticos disponíveis permitem também avaliar alguns dos efeitos negativos da Reforma de 1988/89. Assim:

a) Em 1990, 46 por cento das sociedades existentes e com declaração normal tiveram liquidação de IRC, valor que em 2002 foi de 53 por cento;

b) Em 2002, 160 000 sociedades (51%) tiveram colecta "zero", 141 000 (45%) produziram 12 por cento da colecta global de IRC e 14 600 (4%) geraram 88 por cento;

c) Ainda em 2002, 1,7 por cento das sociedades (5 462) suportaram 79 por cento da colecta global do IRC;

d) Entre 1990 e 2002 o número de sociedades existentes aumentou de 145 000, mas só + 83 000 contribuiram para o IRC;

e) Em 1996, o valor do prejuízo declarado representou 46 por cento do lucro tributável declarado;

f) Em 1996, 81 por cento das sociedades com volume de negócios até 30 000 contos apresentava prejuízos fiscais correspondentes a 32 por cento do volume dos prejuízos globais declarados (M. MEIRELES, *IRC – Comportamento e Perspectivas*, 1998).

*

Apesar das boas intenções, as reformas de 1922 e de 1988/89 não venceram, nem poderiam vencer, a força da realidade: a primeira, foi concebida em nome da modernidade fiscal, em voga na época (*Preâmbulo* do Decreto n.º 16 731), mas irrealisticamente; a segunda, em obediência a um inexistente, mas pressuposto, "imperativo constitucional", que estaria sempre desligado da vida. Aquele *Preâmbulo* salienta que "o princípio do rendimento real funciona [...] exclusivamente contra o Estado, desarmado em face da prova, que a prática demonstrou facílima, de que num certo exercício não houve lucros para tributar". E acaba por não evitar uma "discussão estéril e falcatruenta sobre elementos inverificáveis a maior parte das vezes".

*

Decorridos vários anos de insucessos, o legislador português, sem o expressar, recuou para a solução de 1922: todas as sociedades ficavam então sujeitas à "taxa anual", paga adiantadamente, só dedutível à "taxa complementar" se houvesse lucros e o contribuinte "permitisse a verificação directa" dos mesmos, como já se salientou.

Muito tarde se reconheceu que a concretização deste sistema (da Reforma de 1988/89) "evidenciou [...] insuficiências [...]. As práticas evasivas [...] são manifestamente geradoras de graves distorções dos princípios da equidade e da justiça tributárias e da própria eficiência económica e lesivas da estabilidade das receitas fiscais. [...] Delas resulta [que] muitos sujeitos passivos de IRC, durante anos sucessivos, em nada ou quase nada contribuíram para o Orçamento do Estado, continuando, contudo, a usufruir [...] dos direitos económicos e sociais previstos na Constituição" (*Preâmbulo* do Decreto-Lei n.º 44/98).

A avaliação feita em 1929 é semelhante à de 1998. Assim, quase dez anos após a Reforma de 1988/89, o "pagamento especial por conta" ocupa um lugar equivalente ao da "taxa anual" de 1922: os contribuintes ficam obrigados à realização de uma prestação tributária antecipada, dedutível da colecta liquidada sobre o valor dos lucros obtidos posteriormente.

Na realidade, o moderno "pagamento especial por conta", como a antiga "taxa anual", visa assegurar a obtenção de receitas que o sistema geral se revela incapaz de arrecadar.

*

Tentou-se, no início de 1997, o lançamento de uma "colecta mínima", que não foi aprovada. Surgiu, por isso, o pagamento especial por conta (PEC), na Lei Orçamental para 1998. Dedutível inicialmente em dois anos, passou a sê-lo em quatro (em 2001), sem reembolso eventual do crédito residual do contribuinte. Em 2003 consagra-se a dedução em quatro exercícios, mas com o reembolso condicionado ao pagamento de uma elevada taxa de inspecção, a incidir sobre as contas dos cinco exercícios anteriores. Trata-se, aparentemente, de um mecanismo bem concebido, mas que na realidade e em geral não é aplicável senão a um número muito reduzido de casos, porque os contribuintes não solicitam o reembolso para evitar uma fiscalização tão longa, ou para não suportar uma taxa tão elevada de inspecção. Porém e se os contribuintes afluíssem em grande número para pedir os reembolsos, a Administração Fiscal não teria condições para efectuá-los, se se considerar que em 2003 quase 180 000 sujeitos passivos ficaram abrangidos pelo regime do PEC. Isto é, 55 por cento das sociedades existentes (cf. *Informação* de 27.10.2004 da DGI). Decorrido o prazo legal, haveria 900 anos de actividade societária para controlar!

Acontece que, de facto, estamos em face de um "imposto mínimo", que se limita a dissimular um "imposto" sob a aparência de um "empréstimo forçado".

O PEC envolve um processo complexo e inútil, porque inexequível, para evitar uma "inconstitucionalidade" que afinal não existe.

*

As mesmas dificuldades de carácter geral que justificam o PEC originaram, em 2000, a criação do "regime simplificado". Na ausência de "indicadores de base técnico-científica", o lucro tributável neste regime depende do valor dos proveitos obtidos, mas num montante mínimo e presumido igual ao valor anual do salário mínimo mais elevado.

Sem evitar os encargos com a organização e elaboração de registos contabilísticos, por vezes tanto ou mais onerosos que as colectas do IRC, o "regime simplificado", opcional como é, não atrai os contribuintes. Em 2001 e 2002 eram cerca de 21 000 (7% do total), mas as estimativas mais recentes apontam para 15 000 sujeitos apenas (cerca de 4% do total).

Se o regime criado pela Reforma de 1988/89 foi incapaz de enfrentar a realidade económica e social, o PEC e o "regime simplificado" são também inadequados, dispendiosos, insuficientes e rejeitáveis. Apenas porque se pretende lançar um "imposto mínimo", chamando-lhe coisa diferente para contornar o que a Constituição nem impõe.

*

A base da tributação dos ganhos das sociedades suscita problemas delicados e que exigem séria ponderação. O primeiro é o do rápido crescimento do seu número.

Ele aumentou, entre 1990 e 2003, de 160 000 para cerca de 348 000 sociedades. Trata-se de uma progressão à taxa anual média de 6 por cento, equivalente em média à constituição mensal de 1 200 novas sociedades. A este ritmo, chegar-se-ia a 2015 com 700 000 sociedades.

Mas, só em 2003, ter-se-iam constituído 32 000 sociedades (2 650 por mês).

Sabe-se bem que uma tão desmedida "procura" da forma societária se deve, em grande parte, às "vantagens" da interposição entre os sócios, por um lado, e os outros agentes económicos e o Estado, por outro, do "véu" que é uma acrescida personalidade jurídica, a da sociedade, com objectivos óbvios: o da limitação da responsabilidade ao património da sociedade e o dos ganhos de tempo – e eventualmente de dinheiro – no processo persecutório por dívidas, quando se executa a sociedade primeiro e o sócio depois, sendo caso disso.

A "sociedade" surge, com muita frequência, com fins ilegítimos, porque fraudulentos, sendo o Estado particularmente mais prejudicado, neste contexto, que qualquer credor privado.

É desde logo difícil entender por que é mantida a exigência legal de capitais mínimos risíveis e desactualizados e, em geral, insuficientes para o exercício sério de uma actividade empresarial: 5 000 euros para as sociedades por quotas e 50 000 euros para as anónimas. A preços de 1960 e em função do então exigido, as sociedades por quotas deveriam ter, pelo menos, capitais mínimos três vezes mais elevados.

A inércia legal, neste domínio, é incompreensível: facilita e estimula a existência de um número desproporcionado de sociedades, sem qualquer correspondência com o ritmo do crescimento económico. Com a economia estagnada, em 2003, aparecem mais 32 000 sociedades. O volume do trabalho administrativo-fiscal exigido é, por isso, inutilmente excessivo e as condições do seu controlo, pela Administração Fiscal, cada vez mais precários. Com mais do dobro das sociedades, em 2003 do que em 1990, é pouco crível que a capacidade de controlo da administração fiscal tenha evoluído na mesma medida.

*

Um segundo problema suscitado pela tributação dos ganhos das sociedades é o que resulta da sua pequena dimensão, na grande maioria dos casos. E, assim, sem condições para a elaboração de registos patrimoniais fiáveis, compatíveis com a expectativa da tributação de um lucro sequer próximo do "real". Aferindo a dimensão tendencial pelo critério do número de empregados, deve analisar-se a seguinte estrutura, existente em 2003 (*INE*/2003) (números arredondados):

Com 0 empregados	73 000	sociedades	(21%)
Com 1 a 4 "	171 000	"	(49%)
Com 5 a 9 "	55 000	"	(16%)
Com 10 a 19 "	27 000	"	(8%)
Com 20 ou mais "	22 000	"	(6%)
Total	348 000	sociedades	

Isto é, as sociedades com menos de 20 empregados correspondiam a quase 94 por cento das existentes. E 86 por cento destas utilizavam menos de 10 empregados.

*

Com tantas e tão pequenas sociedades, não parece aconselhável que se mantenha o actual quadro da tributação pelo rendimento "real" de poucas, pelo "regime simplificado" de algumas e pelo PEC de muitas outras: tudo isto se traduz numa burocracia muito onerosa para o Estado e para as sociedades; inútil porque não atinge os objectivos fundamentais de equidade e de eficiência; e geradora de tensões e de incertezas em que, muitas vezes, os contribuintes têm sérias razões.

*

Este panorama indicia a vigência de um sistema caótico. Há contribuintes sujeitos ao PEC, isto é, a uma "colecta" geralmente não restituída, nem assim chamada, correspondente a um valor situado entre um mínimo e um máximo em frequente mutação. Outros, que o queiram, entram no "simplificado", pagando um mínimo legal presumido. Outros ainda, poucos, responsáveis pela colecta correspondente a um lucro dito "real".

Para o Estado e para a generalidade dos contribuintes seria vantajoso, a todos os títulos, o sistema dos "agrupamentos".

Sendo inevitável e intransponível a realidade que decorre da diferente capacidade para organizar e manter registos contabilísticos com o mesmo grau de fiabilidade, as que os tivessem deveriam ser tributadas de acordo com um lucro da mesma natureza: o "real", o "presumível" ou o "normal".

*

A conjugação de diferentes critérios permite a organização desses "grupos": a natureza da actividade, o tipo de sociedade, o valor do capital social ou do activo líquido, o número de empregados, nomeadamente, são idóneos para o efeito.

Numa economia de "serviços", com a utilização de tecnologias avançadas e a produção de altos valores acrescentados, o número de empregados teria uma importância secundária em muitos casos.

É seguro que o regresso a um criterioso sistema de "agrupamentos" seria muito mais adequado que o regime em vigor.

*

Adicionalmente, seria possível reorganizar a Administração Fiscal em termos muito mais eficazes e racionais. A estruturação dos serviços, o número de funcionários efectivos e a sua qualificação seriam compatibilizadas com as exigências de cada "grupo".

TRIBUTAÇÃO DOS LUCROS DAS SOCIEDADES NA U.E.: PERSPECTIVA ACTUAL E EVOLUÇÃO HISTÓRICA

Dr. Raul Esteves

1. Introdução

Um dos objectivos da União Europeia e da então Comunidade Económica Europeia consagrado no Tratado de Roma, é o de aumentar os níveis de bem-estar dos cidadãos dos Estados-Membros através da eliminação dos obstáculos a uma afectação de recursos e do estabelecimento de um verdadeiro Mercado Interno ("... uma zona sem fronteiras internas na qual estão assegurados os movimentos livres de bens, pessoas, serviços e capitais...."). Nesse sentido, o Tratado enuncia como factores susceptíveis de criarem distorções de concorrência e obstáculos a essa afectação eficiente de recursos:
- as políticas comerciais proteccionistas,
- os subsídios governamentais,
- as políticas de compras públicas,
- as imperfeições dos mercados e
- os impostos discriminatórios sobre os produtos.

O Tratado não refere explicitamente os impostos directos como factores susceptíveis de causarem distorções de concorrência. No entanto, é sabido que estes impostos e, em particular, os que incidem sobre os lucros das sociedades influenciam de forma directa a taxa de rentabilidade líquida dos investimentos realizados e, por essa razão, podem também dar origem a distorções da concorrência interferindo nas decisões relativas à localização, à natureza e à forma de financiamento dos investimentos.

2. Evolução do Centro de Gravidade das Preocupações com a Tributação das Empresas

2.1 *A Evolução da Prioridades*

A preocupação com a eliminação das disparidades fiscais susceptíveis de induzirem distorções na concorrência vem dos primeiros anos da CEE mas não foi sempre encarada da mesma maneira. Em resultado do Tratado de Roma, a primeira preocupação da Comissão centrou-se nos impostos que incidem sobre os produtos e foi nesta área que se desenvolveram os maiores esforços e se obtiveram os primeiros resultados, quer no domínio dos impostos gerais sobre o consumo, quer no dos impostos especiais. A preocupação com a tributação dos lucros das sociedades só mais tarde se traduziu em propostas concretas e só muito mais tarde em resultados. Relativamente aos impostos directos a principal preocupação da Comissão, num primeiro momento, foi a de garantir que os Estados Membros não levantavam demasiadas dificuldades ao investimento e às actividades das empresas de outros E.M.'s no seu território e, nesse sentido, as suas propostas visavam eliminar os dispositivos que originassem dupla tributação de lucros distribuídos e os obstáculos fiscais à criação de filiais de empresas estrangeiras (de outros E.M.'s) e à reorganização das empresas através de operações de fusão ou de cisão de empresas de E.M.'s diferentes. No mesmo sentido embora numa perspectiva diferente, a Comissão preocupava-se em criar um ambiente fiscal que permitisse às empresas europeias encararem como um todo o mercado europeu (preocupação patente na proposta relativa à compensação das perdas entre empresas pertencentes ao mesmo grupo) ao mesmo tempo que mantinha viva a preocupação em garantir que o tratamento dado por cada E.M. às suas empresas não lhes proporcionava qualquer vantagem competitiva no mercado europeu face às empresas de outros E.M.'s e, portanto, ao fim e ao cabo, criar através de pequenos passos condições de concorrência idênticas para todas as empresas (essa é uma das preocupações subjacentes às propostas relativas à harmonização da base tributária). Posteriormente e embora mantendo o mesmo objectivo geral, a Comissão passou a colocar no centro de gravidade das suas preocupações o de evitar que alguns E.M.'s levassem longe de mais os esforços para atraírem, para o seu território, empresas ou actividades situadas noutros E.M.'s. Mais recentemente, com a adopção do objectivo de se tornar "...no espaço económico mais dinâmico e competitivo do mundo baseado no conhecimento" (Estratégia de Lisboa) verificou-se, de novo, uma alteração no centro de gravidade das preocupações relativas à política fiscal da U.E. que passou a exigir o fortalecimento da capacidade competitiva das empresas europeias e a instalação de um quadro global de apoio à actividade económica na União. Perante este objectivo a tributação das empresas europeias assume ainda maior importância pois, como é reconhecido por governos e operadores económicos, a actual situação impede-as de tirarem partido de todas as potencialidades do Mercado Único, é fonte de ineficiência, de perda de bem-estar e degrada o seu potencial competitivo.

2.2 *A evolução das respostas*

As soluções propostas para resolver os problemas causados pela disparidade dos regimes fiscais evoluíram ao longo dos anos de acordo com as preocupações que ocupavam o primeiro lugar na lista de prioridades. As primeiras soluções, apresentadas nos relatórios Neumark (1962) e Tempel (1970), eram também as que, de um ponto de vista teórico, asseguravam de forma mais sólida o maior grau de neutralidade fiscal, preconizando a harmonização, ao nível comunitário, dos regimes nacionais de tributação dos lucros das empresas mas, em contrapartida, eram também aquelas que maiores sacrifícios exigiam aos E.M.'s obrigando-os a abdicarem duma fatia muito importante da sua autonomia de decisão em matéria de receitas fiscais e da utilização de um instrumento de política económica que lhes era muito útil. Nos finais dos anos 60 do século passado a Comissão apresentou três propostas (Mães- Filiais; Fusões/ Cisões e Procedimento Arbitral) visando eliminar ou superar alguns dos obstáculos existentes em alguns E.M.'s à expansão, no seu território, das empresas doutros E.M.'s. Em 1975 apresentou uma proposta de harmonização do sistema de tributação e da base tributável que nunca chegou a ser discutida no Conselho e, dez anos mais tarde, duas outras propostas centradas sobre o problema da compensação das perdas, que foram retiradas mais tarde e substituídas por uma nova proposta apresentada em 1990. Entretanto, em 1988 a Comissão tinha manifestado a intenção de apresentar uma nova proposta relativa à harmonização da base tributável do Imposto sobre o lucro das sociedades que, no entanto, não chegou a ser apresentada dadas as reticências que suscitou. Em 1990, além da proposta já referida, a Comissão apresentou uma proposta relativa à eliminação das retenções sobre pagamentos de juros e royalties a empresas de outros E.M.'s.

Ainda em 1990 foram aprovadas as propostas relativas à tributação das Sociedades Mãe- Filiais, às Fusões Transfronteiriças e ao Procedimento Arbitral. A proposta relativa à compensação das perdas não teve a mesma sorte, apesar de vir na mesma linha de preocupações, talvez porque, nessa altura, os problemas orçamentais assumiam particular importância em muitos E.M.'s.

3. O Acto Único. O princípio da Subsidiariedade. A nova Abordagem: O comité Rudding

Com a aprovação do Acto Único a CEE deu um passo muito importante no sentido da criação do Mercado Interno e essa evolução veio reforçar as preocupações com os obstáculos à sua implementação e desenvolvimento e, portanto, com a persistência de factores susceptíveis de provocarem distorções de concorrência. Por outro lado, a consagração do princípio da subsidiariedade veio dar maior respaldo às reservas que os E.M.'s sempre tinham manifestado relativamente à harmonização da tributação das sociedades, apontando para a necessidade de se identificarem, através de estudos específicos, os efeitos das diferenças de tributação dos lucros das sociedades na localização dos investimentos e nas alegadas distorções de concorrência antes de tomar iniciativas neste domínio. Para responder a estas preocupações a Comissão criou um Comité presidido pelo Sr. Onno Rudding, que deveria avaliar a importância do factor fiscal nas decisões relativas aos investimentos, posicioná-lo face aos outros factores e, nomeadamente, avaliar se as disparidades patentes nos sistemas de tributação das sociedades e, em particular, a carga fiscal suportada pelas empresas, conduzem a distorções susceptíveis de comprometerem o funcionamento do Mercado Interno. O Comité Rudding deveria identificar os factores de distorção (sistema de tributação, base tributável ou taxa de tributação), propor as medidas mais efectivas para a sua eliminação e, em particular, avaliar a eventual necessidade de harmonização ao nível comunitário tendo em conta, por outro lado, a necessidade de estabilização das receitas dos E.M.'s e a promoção do emprego na U.E.. Com base nos estudos empíricos levados a cabo, o Comité Rudding concluiu que as diferenças de tributação entre E.M.'s são fonte de distorções das decisões relativas à localização dos investimentos e de distorções de concorrência, particularmente no sector financeiro e, além disso, que as retenções na fonte que recaem sobre os dividendos pagos pelas filiais às empresas-mãe são a principal causa de distorção nas decisões entre investimento interno e externo.

Deste modo, o Comité apontava a conveniência e oportunidade de a Comunidade agir em domínios específicos mas descartava a necessidade de se adoptarem medidas drásticas ou avançadas em matéria de harmonização, dando prioridade ao princípio da subsidiariedade e à necessidade de conservar a margem de manobra dos E.M.'s na obtenção de receitas através dos impostos sobre os lucros das empresas. Em consequência, considerava que, em matéria de tributação das sociedades, a U.E. deveria guiar-se pelos seguintes objectivos:
- eliminação das características discricionárias existentes nos sistemas nacionais de tributação que interferem com os investimentos transnacionais e que são geradoras de distorções;
- estabelecimento de uma taxa de tributação mínima;
- estabelecimento de um conjunto mínimo de regras relativas a uma base tributável comum;
- a exigência de máxima transparência na atribuição de incentivos fiscais dirigidos à atracção dos investimentos pelos E.M.'s.

Apesar disso as propostas concretas apresentadas pelo Comité Rudding, ficavam muito aquém desta ambição moderada, limitando-se a pouco mais do que recomendar:
- A extensão do âmbito de aplicação da directiva mães-filiais (com vista a eliminar a dupla tributação dos fluxos de rendimentos transnacionais);
- A adopção da proposta de directiva Juros e Royalties;
- A ratificação da Convenção de Arbitragem por todos os E.M.'s;
- A adopção de regras e procedimentos relativos aos ajustamentos efectuados pelos E.M.'s sobre os preços de transferência; e
- A adopção da proposta de directiva relativa à compensação das perdas.

Recomendava ainda a adopção de uma taxa mínima (30%) e uma taxa máxima (40%) para o Imposto de Sociedades e o estabelecimento de um conjunto de padrões mínimos cobrindo amortizações, tratamento do leasing, avaliação de stocks, constituição de provisões, etc., mas estas recomendações tinham, sobretudo, em vista, preservar as receitas fiscais dos E.M.'s, apareciam com menor grau de urgência e a serem adoptadas num horizonte temporal mais alargado (o médio/ longo prazo).

Como vários autores fizeram notar, a adopção das propostas do Comité Rudding ainda que acompanhada pela adopção da taxa mínima seria sempre insuficiente para anular os desvios à neutralidade fiscal que se pretendia alcançar e, em particular, para dar resposta aos novos problemas criados pela enorme mobilidade do capital e de certas actividades (sobretudo no sector dos serviços) que beneficiam especialmente da inovação tecnológica e do desenvolvimento do comércio electrónico. Com efeito, estes desenvolvimentos vieram ampliar o impacto que as diferenças de tributação já tinham sobre as decisões das empresas afectando fortemente os sistemas de receitas e o nível de emprego nos países desenvolvidos. Nestas circunstâncias a preocupação com a concorrência fiscal extravasava em muito a U.E. e foi assumida pela OCDE e pelo G7 que se debruçaram sobre o modo de limitar o seu impacto, estudando formas de coordenação adequadas.

Na Comunidade Europeia este problema assumia uma dimensão especial pois existia a consciência de que, à medida que se progredia no aprofundamento do Mercado Único a fiscalidade ia assumindo um papel cada vez mais importante na tomada de decisões económicas e que esse papel seria reforçado quando a introdução da moeda única eliminasse os riscos de taxa de câmbio e reduzisse os custos de transacção. Essa preocupação resultava:

- Do receio de que, na ausência de um nível mínimo de coordenação, a evolução da concorrência fiscal entre E.M.'s viesse a tornar-se fonte de conflitos;
· Da consciência de que a liberalização dos movimentos de capitais tinha aumentado os riscos de evasão fiscal, sobretudo quando existia num contexto de ausência das retenções na fonte;
- Do reconhecimento de que a integração dos mercados sem uma coordenação fiscal paralela estava a levar a um aumento da carga fiscal incidente sobre os factores de produção com menor mobilidade, penalizando o trabalho por contrapartida do aligeiramento do capital e afectando essencialmente os trabalhadores menos qualificados e com menor mobilidade (na altura a Comissão calculava que se tinha registado um acréscimo de 7 pontos percentuais na taxa implícita de tributação do trabalho e uma redução de 10 pontos percentuais na taxa implícita de tributação do capital e

nos rendimentos dos profissionais independentes) e, de igual forma, penalizando mais as pequenas empresas e as industrias artesanais do que as empresas de maiores dimensões.

4. O Pacote Fiscal de 1997

Essas preocupações estão na base da apresentação, em 1997, pela Comissão Europeia da Comunicação intitulada " Pacote para Eliminar a Concorrência Fiscal prejudicial na Europa" – COM (97) 564 final. Essa comunicação apareceu na sequência de um processo que tinha começado um ano e meio antes, no Conselho Informal de Verona (Abril de 1996) e que tinha no centro das suas preocupações a concorrência fiscal prejudicial e o aumento da carga fiscal sobre o factor trabalho comparativamente a matérias colectáveis com maior mobilidade. A Comissão propunha-se resolver essas dificuldades com uma abordagem global para a política fiscal, pondo o assento tónico na necessidade de uma acção concertada ao nível europeu para eliminar a concorrência prejudicial em matéria fiscal de forma a ajudar a conseguir atingir os seguintes objectivos:
• Reduzir as distorções no Mercado Único;
• Impedir perdas excessivas de receitas fiscais;
• Incentivar o desenvolvimento de dispositivos favoráveis ao emprego dentro dos sistemas fiscais.

Quanto aos meios, a Comissão propunha um pacote de medidas que não se limitavam aos impostos directos, embora a parte mais substancial da medidas propostas se situassem nesta área, nomeadamente:
1. Adopção de um Código de Conduta para a tributação das empresas destinado a evitar distorções económicas e a erosão das matérias colectáveis;
2. Medidas para eliminar as distorções na tributação dos rendimentos do capital;
3. Eliminação dos impostos (retenções na fonte) sobre os pagamentos de juros e royalties;
4. Eliminação das distorções em matéria de impostos indirectos.

A medida com maior alcance foi a apresentação do Código de Conduta que se destinava a pôr alguma ordem na concorrência entre

E.M.'s e a evitar que ela se pudesse vir a traduzir em perda de receitas para todos. Como, só por si, o Código de Conduta era insuficiente para resolver as distorções de concorrência, tanto pelo seu conteúdo como pela sua natureza não vinculativa, a Comissão prometia acompanhar a sua adopção com a adopção de uma atitude mais rigorosa em matéria de auxílios de Estado de natureza fiscal.

O Código de Conduta no domínio da Fiscalidade foi aprovado identificando 66 medidas susceptíveis de serem qualificadas como prejudiciais mas. Em todo o caso e como a própria Comissão recentemente reconheceu, mantêm-se hoje em dia, em grande medida, os obstáculos de caracter fiscal já anteriormente identificados e cuja eliminação é crucial para o desenvolvimento do Mercado Interno, para o crescimento económico e para a criação de emprego, preocupações que continuam a ser da maior actualidade no seio da U.E.

Embora não directamente relacionada com a tributação dos lucros das sociedades parece-me oportuno abrir aqui um parêntesis para referir de passagem o problema da tributação da poupança que, ainda que indirectamente, se relaciona com ela. De facto, sempre se entendeu que a tributação dos rendimentos do capital era uma das questões mais importantes que a Comunidade teria de resolver se quisesse a neutralizar as distorções existentes e potenciais do mercado interno e evitar perdas significativas de receitas para os E.M.'s como já em 1988 o Conselho tinha reconhecido quando estava em negociação a directiva relativa à liberdade do movimento de capitais na Comunidade. Nessa altura (1989), a Comissão apresentou uma proposta de directiva que, no entanto, não teve sucesso. Em 1997, na apresentação do Pacote Fiscal, a Comissão avisava que as distorções existentes tenderiam a agravar-se com a adopção do Euro e, consequentemente, tenderiam agravar-se os problemas então equacionados, porque o capital não apenas continuava a ser uma das bases tributáveis com maior mobilidade mas também porque os desenvolvimentos tecnológicos entretanto ocorridos a tinham aumentado e ainda porque a actuação isolada dos E.M.'s era susceptível de levar a perdas significativas de receitas. A necessidade de uma acção a nível comunitário aparecia então como uma evidência. O falhanço da primeira tentativa levava a Comissão a propor uma abordagem evolutiva muito cautelosa, assente no chamado "modelo de coexistência", que permitia aos E.M.'s escolherem entre a aplicação de uma retenção na fonte a uma taxa mínima ou a troca de informações. Só em 2003 foi aprovada uma directiva relativa à tributação da poupança que, no entanto, só deveria entrar em vigor em 2005 e, mesmo assim, na condição de se concretizarem os acordos para a aplicação de "medidas equivalentes" por parte de diversos estados com sistemas de tributação mais favoráveis.

Retomemos então a questão que directamente nos ocupa, a saber a tributação dos lucros das sociedades. Na altura da apresentação do Pacote fiscal, uma das primeiras prioridades da Comissão no domínio dos impostos directos era a supressão das retenções na fonte sobre os pagamentos de juros e royalties entre empresas de E.M.'s diferentes, apesar de reconhecer os riscos de aumento da evasão fiscal que essa supressão traria. Essa prioridade resultava do reconhecimento, pela Comissão, das queixas de muitos operadores com actividade em mais do que um E.M., que alegavam que aquelas retenções criavam dificuldades particulares para a sua actividade pois exigiam formalidades morosas e custosas, perdas de tesouraria e, nalguns casos, resultavam mesmo numa dupla tributação. Essas queixas vinham de trás e a Comissão até já tinha apresentado, em finais de 1990, uma proposta de Directiva visando a eliminação das retenções na fonte sobre os pagamentos transfronteiriços de juros e royalties que acabou por retirar em 1994 após a constatação de que ela não reunia a unanimidade dos E.M.'s. Em 1997 a Comissão continuava convencida da importância da Directiva e parecia haver então uma vontade unanime dos E.M.'s para avançarem na solução destes problemas. A proposta acabou por ser aprovada em 2003 e, apesar de ter entrado em vigor há pouco tempo, está já em processo de revisão no sentido de negar o benefício da directiva a empresas que beneficiem de isenção do imposto sobre os lucros.

A abordagem adoptada na Comunicação de 1997 e no Pacote Fiscal representou um ponto de viragem significativo na atitude da Comissão face ao problema da diversidade de tributação dos lucros das empresas no seio da U.E. Por um lado, a Comissão, refugiando-se no princípio da subsidiariedade, reconhece a sua incapacidade de ir mais além, deixa a questão das distorções de concorrência para segundo plano e centra a sua atenção na questão da concorrência fiscal prejudicial confiando a sua solução num instrumento juridicamente não vinculativo e voltado, sobretudo, para a preservação das receitas dos E.M.'s. Por outro lado, a Comissão assume, pela primeira vez, uma distinção que até aí não tinha tido consagração, entre o que se pode designar por concorrência fiscal "virtuosa" e o que se pode classificar de concorrência fiscal "prejudicial", reconhecendo um papel positivo à primeira, admitindo que ela constitui factor de contenção do crescimento das despesas públicas. Embora reconhecendo que a concorrência fiscal, se for exercida de forma ilimitada sobre os factores produtivos com maior mobilidade, poderá ter consequências negativas (dificultar a redução ordenada e estruturada da carga fiscal global, limitar a capacidade de os E.M.'s escolherem a estrutura fiscal adequada, nomeadamente através do alargamento da base tributável e redução das taxas, reduzir a margem de manobra para os E.M.'s prosseguirem outros objectivos de Política nomeadamente no domínio da protecção do ambiente, frustar os esforços para reduzir os déficits orçamentais, etc.), apenas classifica como prejudiciais as medidas fiscais que prevêem um nível de tributação significativamente inferior ao normalmente aplicado no país em questão.

De certo modo, a Comunicação de 1997 e o Pacote Fiscal ilustram bem que a prioridade dada aos problemas comunitários e as propostas para os resolver são o resultado de perspectivas e forças diversas e são instrumentos indispensáveis para se compreender a situação e os problemas que hoje existem no domínio da políticas fiscal comunitária.

5. Fase Actual

5.1 *As Tendências da Fiscalidade sobre os Lucros na U. E.*

De 1997 até ao presente os desenvolvimentos verificados na economia e na sociedade (crescimento do comércio electrónico, internacionalização crescente das empresas, alargamento da E.U. para 25 EM's, o próprio aprofundamento da U.E., etc.) vieram trazer novas preocupações e dificultar a solução dos problemas cuja solução já era urgente há 20 anos atrás, de tal modo que a Comissão reconhece que os regimes fiscais nacionais continuam a aparecer como um obstáculo a que as empresas tirem partido pleno das vantagens do Mercado Único. De entre os desenvolvimentos recentes que têm contribuído para o agravamento dos problemas merece referência especial a aceleração da transferencia de soberania fiscal dos E.M.'s para a U.E. que se acentuou nos últimos anos. Essa transferência tem-se processado sobretudo através dos seguintes mecanismos:
  • Desenvolvimentos institucionais resultantes da adopção de legislação em diversos domínios e, em particular, os que derivam das diversas alterações ao Tratado de Roma;

- O impacto crescente que as decisões do TJCE têm tido sobre a legislação dos EM's;
- A atitude cada vez mais exigente que a Comissão tem assumido na aplicação das regras relativas aos auxílios de Estado.

No domínio dos impostos directos os desenvolvimentos legislativos estiveram durante muitos anos limitados às directivas Mães – Filiais; Fusões/ Cisões e à Convenção Arbitral, aprovadas em 1990. Nos últimos anos, a aprovação da Directiva "Juros e Royalties" e "Tributação da Poupança" vieram dar um novo impulso à política fiscal comunitária neste domínio. Entretanto, entre 1990 e 2003, perante a falta de progresso na adopção das medidas preconizadas pelo Comité Rudding e, nomeadamente, perante o falhanço das primeiras propostas relativas às directivas compensação das perdas, juros e royalties e tributação da poupança e na falta de perspectivas de progresso na adopção de uma base tributável comum, a Comissão centrou a sua estratégia na eliminação dos dispositivos de concorrência fiscal prejudicial entre E.M.'s, no cumprimento das directivas Mães-Filiais e Fusões/ Cisões e na aplicação das regras relativas a ajudas de Estado o que, só por si, conduziu a uma limitação à margem de manobra dos E.M.'s.

O segundo dos mecanismos referidos (importância crescente das decisões do TJCE) deriva da intervenção que lhe cabe nos casos em que esteja em causa a interpretação das disposições relativas às 4 liberdades fundamentais ou à clausula de não discriminação e onde lhe compete proferir uma decisão preliminar (art.º 234.º).

Entre as disposições dos Tratados relativos à União Europeia com maior alcance no sentido da construção do Mercado Único estão os que se referem às 4 liberdades fundamentais, nomeadamente, a liberdade de circulação dos trabalhadores (art.º 39.º), liberdade de estabelecimento (art.º 43.º), a liberdade de prestação de serviços(art.º 49.º) e a liberdade de circulação de capitais (ou proibição de introduzir quaisquer restrições à livre circulação de capitais – art.º 56.º) a que se pode juntar a proibição de quaisquer discriminações com base na nacionalidade (art.º 12.º).

Desde 1986 até à data o TJCE apreciou cerca de 30 casos deste tipo e proferiu decisões preliminares que genericamente vão no sentido de considerar como incompatível com a lei comunitária qualquer disposição que estabeleça uma distinção de tratamento entre uma situação interna e uma situação envolvendo dois E.M.'s. Entre as situações apreciadas pelo

TJCE estão casos envolvendo tratamento diferenciado dos estabelecimentos estáveis, entre residentes e não residentes, concessão de isenções e incentivos fiscais, retenções na fonte, subcapitalização, etc.

As decisões do Tribunal de Justiça das Comunidades Europeias, tomadas no exercício da competências referidas, estão a assumir uma tal importância no desenvolvimento dos sistemas fiscais nacionais, em particular no domínio da tributação directa, que constituem já uma das principais preocupações dos responsáveis nacionais e comunitários pela política fiscal. O problema é agravado pela insistência de alguns E.M.'s na manutenção de aspectos dos respectivos sistemas fiscais que são contrários a aspectos fundamentais dos Tratados esperando pelas decisões do TJCE para introduzir as modificações necessárias, o que tem levado a desenvolvimentos dos sistemas fiscais nacionais pouco consistentes com os objectivos políticos enunciados. Por outro lado, as decisões do TJCE sobre a legislação de um E.M. têm, por vezes, efeitos assimétricos na medida em que, frequentemente, levam outros E.M.'s, que se sentem atingidos, a modificarem a sua legislação de acordo com a sua própria visão e não de acordo com o objectivo de construção do Mercado Interno. Com vista a ultrapassar este problema a Comissão tem procurado promover a coordenação voluntária dos E.M.'s relativamente a aspectos dos sistemas fiscais contrários à regulamentação comunitária ou susceptíveis de a contrariarem e, em resultado dessa preocupação, a Comissão apresentou uma Comunicação relativa ao tratamento fiscal dos "planos de pensões profissionais" (COM (2001)214 final) e outra relativa à "tributação dos dividendos das pessoas singulares" no Mercado Interno (COM(2003) 810 final de 19.12.2003), ambas inspiradas em acórdãos do TJCE, e anunciou a intenção de fazer o mesmo relativamente à de decisão do Tribunal no caso " Lankhorst-Hohorst" sobre as regras aplicáveis à subcapitalização.

5.2. *Desenvolvimentos em Curso*

Actualmente, para além da proposta de revisão da Directiva Fusões/ /Cisões que tem como objectivo alargar o âmbito da Directiva 90/434/ /CEE e que está em discussão no Conselho, a Comissão apresentou um Código de Conduta para aplicação das Convenções de Arbitragem proposto pelo Fórum da U.E. em matéria de preços de transferência mas, sobretudo, continua a procurar dar resposta às preocupações expressas por sectores empresariais, organizações profissionais e institutos de investigação que há muito reclamam a necessidade de uma reforma de fundo na fiscalidade das empresas a nível da União Europeia por forma a eliminarem-se os principais obstáculos de natureza fiscal ao desenvolvimento transfronteiriço da actividade das empresas: custos adicionais inerentes ao cumprimento de formalidades diferentes de E.M. para E.M., critérios contabilísticos, regras fiscais, etc. que diferem entre eles, custos resultantes da impossibilidade de compensação das perdas entre sociedades mãe e respectivas filiais situadas em E.M.'s diferentes, etc.. Nesse sentido, a Comissão afirma-se empenhada em obter o consenso dos E.M.'s sobre a adopção de um projecto piloto que tem em vista testar a possibilidade de aplicar às PME's a tributação segundo o Estado de residência (Home State Taxation) e a adopção de uma base tributável consolidada ao nível comunitário para a tributação dos lucros das empresas.

Esta questão ganhou maior actualidade com a perspectiva da entrada em vigor das IFRS (International Finantial Reporting Standards) cuja aplicação se torna obrigatória em Janeiro de 2005 – (Regulamento (CE) 1606/2002 JO L243 de 11 de Setembro).

Procurando aproveitar a oportunidade aberta pela obrigatoriedade de muitas empresas (basicamente as grandes empresas cotadas em Bolsa que são à volta de 7000) declararem os lucros com base numa norma comum, a Comissão entende que seria útil e oportuno propôr às empresas a utilização do mesmo padrão como ponto de partida para a elaboração das suas declarações fiscais. A Base Tributável Comum Consolidada daria às empresas com estabelecimentos em dois ou mais E.M.'s, a possibilidade de determinarem o lucro tributável do grupo de acordo com um único conjunto de regras. É claro que isso reduziria substancialmente os custos de cumprimento e resolveria de forma eficaz problemas que hoje subsistem como a não compensação de perdas ou relacionados com a não aceitação, por parte das administrações fiscais, dos preços de transferência.

Este mecanismo funcionaria da seguinte forma:
- As empresas que desenvolvem actividades transfronteiriças e internacionais no âmbito da U.E. seriam autorizadas a calcular os rendimentos do grupo de acordo com um único conjunto de regras;
- Estabelecimento de uma contabilidade consolidada para efeitos fiscais, eliminando assim os eventuais efeitos fiscais de transacções puramente internas dentro do grupo;
- A base tributável seria opcional para as empresas que têm actividade em mais de um E.M.. Em alternativa, as empresas poderiam

escolher continuar sujeitas aos impostos sobre as sociedades existentes em cada um dos E.M.'s em que actuam;
- Os E.M.'s aplicariam a sua própria taxa à parcela que lhes cabe na base de tributação consolidada, calculada de acordo com um mecanismo de afectação aceite por todos os E.M.'s.

Este sistema teria grandes vantagens, nomeadamente:
- Acabar com os litígios causados por divergências relativas a preços de transferência;
- Permitir a compensação automática de perdas constatadas num E.M. nos lucros verificados em outro;
- Simplificar muitas das operações internacionais de reestruturação;
- Evitar muitas das situações de dupla tributação;
- Eliminar muitas das situações discriminatórias;
- Reduzir substancialmente os custos administrativos.

Esta posição adoptada pela Comissão afasta-se substancialmente das posições anteriores que sublinhavam a necessidade de uma aproximação da base de tributação e das taxas em todos os países europeus, passando a defender as vantagens, para as multinacionais europeias, de uma base de tributação consolidada ao nível europeu. É importante notar que esta posição reflecte, em larga medida a evolução do pensamento da U.E. face á questão da concorrência fiscal uma vez que ela resulta do mandato conferido à comissão pelo Conselho Europeu de Viena que sublinhava a "...necessidade de combater a concorrência fiscal prejudicial tendo presente que a cooperação no domínio da fiscalidade não visa necessariamente chegar a taxas de tributação uniformes nem é incompatível com algum grau de concorrência".

6. Conclusões

O objectivo desta apresentação era o de fazer uma breve viagem histórica pela problemática da tributação dos lucros das sociedades na U.E. passando em revista as preocupações, prioridades e soluções para os problemas identificados. O panorama não é particularmente animador embora nos últimos 15 anos se tenham registrado progressos substanciais. Inevitavelmente a realidade tem evoluído com maior rapidez, traduzindo-se tal evolução no aparecimento de novos problemas e no aprofundamento e alargamento dos existentes e a Comissão não dispõe dos meios para propor soluções com alguma probabilidade de virem a ser aceites. No entanto, penso que não podemos deixar de louvar os esforços da Comissão para, no quadro limitado em que se pode mover, apresentar soluções para alguns dos problemas mais prementes como sucede com as propostas mais recentes.

Na reunião informal do Conselho ECOFIN de 11 de Setembro de 2004 a maioria dos Ministros das Finanças apoiou a criação de um grupo presidido pela Comissão para estudar os problemas levantados pela aplicação de um conjunto comum consolidado de regras para a determinação do lucro tributável e o projecto piloto destinado a permitir às PME's a utilização das regras do Estado de residência (Home State Taxation) para a determinação dos lucros tributáveis na U.E. Veremos nos próximos tempos se estão finalmente encontrados os caminhos do progresso em matéria do Imposto sobre as Sociedades na U.E.

Lisboa, 18 de Novembro de 2004

O CONCEITO DE ESTABELECIMENTO ESTÁVEL NA TRIBUTAÇÃO DO RENDIMENTO

Professor Doutor Luís Menezes Leitão[*]

1. Introdução

Agradeço à Associação Fiscal Portuguesa o honroso convite que me fez para participar nas Jornadas relativas aos quinze anos da reforma fiscal de 1989, dedicadas a homenagear o Prof. Doutor Pitta e Cunha, na qualidade de Presidente da Comissão da Reforma Fiscal, e a quem se deve esta importantíssima reforma na nossa tributação. Estando em causa neste painel a questão do investimento estrangeiro, decidi apresentar umas reflexões sobre o conceito de estabelecimento estável na tributação do rendimento.

O conceito de estabelecimento estável consiste, como se sabe, num importantíssimo elemento de conexão nas normas de conflitos relativos à tributação do rendimento, e aparece como uma consequência da mobilidade das empresas e dos cidadãos que livremente se vêm instalar em Estados diferentes do seu Estado nacional, ao abrigo do direito de estabelecimento. Neste âmbito, a tradicional noção de soberania tributária, que inicialmente limitava o poder tributário do Estado aos seus próprios cidadãos, e que posteriormente estendeu a todos os residentes, vem a revelar-se incompleta, já que, se o Estado vem a reconhecer o direito de estabelecimento a empresas ou cidadãos estrangeiros, não parece correcto que não os sujeite, em igualdade de circunstâncias, com os seus nacionais ou residentes à respectiva tributação[1]. Torna-se, porém, necessário que

---

[*] Professor da Faculdade de Direito de Lisboa

[1] Cfr. Maria Celeste Cardona, "O conceito de estabelecimento estável – Algumas reflexões em torno deste conceito", em AAVV, *Estudos em Homenagem à Dra. Maria de Lourdes Órfão de Matos Correia e Vale*, Lisboa, CEF, 1995, pp. 245-277 (247).

essa tributação seja efectuada nos limites do próprio estabelecimento, e que este fique no respectivo Estado com alguma estabilidade, sem o que os Estados multiplicariam pretensões de tributação relativamente a residentes noutros Estados, quando eles normalmente já são tributados nestes pelo seu rendimento mundial. O conceito de estabelecimento estável representa, por isso, como já se tem salientado um acordo entre o estado da fonte e o estado da residência em ordem a estabelecer os limites da tributação de cada um[2]. A grande dificuldade do conceito de estabelecimento estável passa precisamente por traçar os limites que justificam que a tributação se efectue em relação ao estabelecimento.

2. A evolução histórica do conceito de estabelecimento estável.

Historicamente, a origem do conceito de estabelecimento estável parece ter-se situado na segunda metade do séc. XIX na Prússia, cujo Código da Contribuição Industrial o definia como o espaço usado para o exercício de certa actividade ou negócio, e o utilizava como critério para definir o poder tributário dos municípios prussianos, já que um município tinha a faculdade de tributar os estabelecimentos estáveis instalados na sua circunscrição, ainda que o seu titular estivesse sedeado noutro município[3].

Esta previsão esteve na base da inclusão do conceito de estabelecimento estável no Tratado para evitar a Dupla Tributação celebrado entre a Prússia e a Saxónia em 1869, nos termos do qual se considerava que um cidadão de um Estado poderia ser tributado noutro Estado se nele tivesse um local de negócios, já que a existência desse local seria um índice demonstrativo da intenção de realizar a actividade empresarial no outro Estado. A partir daqui estava aberto o caminho para que, quer o Tratado celebrado entre o Império Austro-Húngaro e a Prússia, de 1899, quer o Tratado para evitar a Dupla Tributação entre os Estados Alemães tivesse vindo a consagrar igualmente a solução da tributação a partir do estabelecimento estável. Nestes instrumentos, para considerar existente o

---

[2] Cfr. GLORIA J. GEDDES, "Rethinking the concept of permanent establishment in the light of an e-commerce driven international corporation" (2001), em http://www.gowlings.com/resources/publications.asp?pubid=733

[3] Cfr. CELESTE CARDONA, op. cit., p. 250.

estabelecimento estável bastava que houvesse um local de negócios, pertencente fisicamente a um espaço geográfico determinado e o exercício em permanência de uma actividade empresarial a partir desse local. Consequentemente, o comércio itinerante e a actividade artesanal não eram abrangidos no conceito de estabelecimento estável[4].

O séc. XX assistiu à multiplicação de Convenções para evitar a dupla tributação. A tentativa de estabelecer alguma harmonização nesse domínio levou inicialmente a Liga das Nações entre 1927 e 1946 a tentar estabelecer uma base comum para a repartição do poder tributário entre os diversos Estados. É, no entanto, ao Comité de Assuntos Fiscais da OCDE que se deve o trabalho fundamental na definição do conceito de estabelecimento estável. Efectivamente, incumbido pelo Conselho em 1958 de elaborar um modelo internacional de Convenção para evitar a Dupla Tributação, veio esse Modelo de Convenção a ser publicado em 1963, tendo sido objecto de sucessivas revisões, as quais, porém, não incidiram sobre esse conceito, sendo este modelo que serve de base às Convenções sobre Dupla Tributação celebradas por Portugal[5].

Vejamos, assim, qual o conceito de estabelecimento estável no âmbito do Modelo de Convenção da OCDE.

3. O conceito de estabelecimento estável no Modelo de Convenção da OCDE.

Vale a pena começar por transcrever o art. 5.º do Modelo de Convenção da OCDE:

"Artigo 5.º
Estabelecimento estável
1. Para efeitos desta Convenção, a expressão «estabelecimento estável» significa uma instalação fixa, através da qual a empresa exerça toda ou parte da sua actividade.
2. A expressão «estabelecimento estável» compreende, nomeadamente:
    a) Um local de direcção;

---

[4] Cfr. CELESTE CARDONA, *op. cit.*, pp. 250-252.
[5] Cfr. MARIA MARGARIDA CORDEIRO MESQUITA, *As convenções sobre dupla tributação*, Lisboa, CEF, 1998.

b) Uma sucursal;
c) Um escritório;
d) Uma fábrica;
e) Uma oficina;
f) Uma mina, um poço de petróleo ou gás, uma pedreira ou qualquer local de extracção de recursos naturais.

3. Um local ou um estaleiro de construção ou de montagem só constitui um estabelecimento estável se a sua duração exceder doze meses.

4. Não obstante as disposições anteriores deste Artigo, o conceito de «estabelecimento estável» não compreende:

a) As instalações utilizadas unicamente para armazenar, expor ou entregar mercadorias pertencentes à empresa;
b) Um depósito de mercadorias pertecentes à empresa, mantido unicamente para as armazenar, expor ou entregar;
c) Um depósito de mercadorias pertencentes à empresa, mantido unicamente para serem transformadas por outra empresa;
d) Uma instalação fixa, mantida unicamente para comprar mercadorias ou reunir informações para a empresa;
e) Uma instalação fixa, mantida unicamente para exercer, para a empresa, qualquer outra actividade de carácter preparatório ou auxiliar;
f) Uma instalação fixa, mantida unicamente para o exercício de qualquer combinação das actividades referidas nas alíneas *a*) a *e*), desde que a actividade de conjunto da instalação fixa resultante dessa combinação seja de carácter preparatório ou auxiliar.

5. Não obstante o disposto nos n.ºs 1 e 2, quando uma pessoa – que não seja um agente independente, a que é aplicável o n.º 6 – actue por conta de uma empresa e tenha e habitualmente exerça num Estado contratante poderes para concluir contratos em nome da empresa, será considerado que esta empresa tem um estabelecimento estável nesse Estado relativamente a qualquer actividade que essa pessoa exerça para a empresa, a não ser que as actividades de tal pessoa se limitem às indicadas no n.º 4, as quais, se fossem exercidas através de uma instalação fixa, não permitiriam considerar esta instalação fixa como um estabelecimento estável, de acordo com as disposições desse número.

6. Não se considera que uma empresa tem um estabelecimento estável num Estado contratante pelo simples facto de exercer a sua actividade nesse Estado por intermédio de um corretor, de um comissário-geral ou de qualquer outro agente independente, desde que essas pessoas actuem no âmbito normal da sua actividade.

7. O facto de uma sociedade residente de um Estado contratante controlar ou ser controlada por uma sociedade residente do outro Estado

contratante ou que exerce a sua actividade nesse outro Estado (quer seja através de um estabelecimento estável, quer de outro modo) não é, por si, bastante para fazer de qualquer dessas sociedades estabelecimento estável da outra".

O art. 7.º completa esta disposição ao estabelecer a tributação do estabelecimento estável apenas com base nos lucros imputáveis a esse estabelecimento, os quais são considerados por comparação aos que seriam obtidos entre empresas independentes (*arm's length principle*).

A técnica usada pelo art. 5.º passa pela indicação de uma cláusula geral a definir o estabelecimento estável, a qual é concretizada através de uma série de exemplos-padrão correspondentes ao conceito, ao mesmo tempo que nos surgem delimitações negativas do referido conceito.

A doutrina tem apontado genericamente os seguintes elementos positivos do conceito de estabelecimento estável[6]:

a) um local de instalação de negócios, compreendendo nalguns casos maquinarias e equipamentos;
b) carácter fixo do referido local, o que implica estar integrado fisicamente e com carácter de permanência num espaço geográfico delimitado;
c) exercício pela empresa de uma actividade negocial, ainda que por meio de pessoal contratado através daquela instalação fixa.
d) as actividades têm que revestir carácter principal e não apenas preparatório ou auxiliar.

Deste critério resulta que o estabelecimento estável exige a instalação da empresa num local determinado do Estado (componente estática) e o exercício da sua actividade através dessa instalação (componente dinâmica)[7].

O comentário n.º 10 a este artigo aceita que a empresa possua um estabelecimento estável num estado ainda que nele exerça uma actividade puramente automática, sem intervenção humana, como as máquinas de venda automáticas ou as máquinas de jogos. Esse entendimento foi aliás expresso pelo Tribunal Fiscal alemão em 30 de Outubro de 1996, no caso

---

[6] Cfr. CELESTE CARDONA, *op. cit.*, pp. 259 e ss.
[7] Cfr. ALBERTO XAVIER, *Direito Tributário Internacional. Tributação das operações internacionais*, Coimbra, Almedina, 1993, p. 265.

do oleoduto alemão, onde se considerou que uma empresa petrolífera holandesa que transportava crude através da Alemanha, por um oleoduto subterrâneo possuía um estabelecimento estável em território alemão por ter duas estações de distribuição que funcionavam sem empregados e por forma totalmente automática nesse território[8].

Para além disso, deve-se referir que, conforme resulta do comentário nº4 à Convenção-Modelo não se tem considerado necessária a existência de qualquer direito ao uso do espaço (real ou locativo), podendo-se assim considerar existente um estabelecimento estável, mesmo que a actividade seja exercida nas instalações de um cliente, por permissão deste. Foi esta a posição da Noruega, no caso *Creole Production Services, Inc. vs Stavanger Municipality*, de 14 de Abril de 1981, tendo-se considerado que uma empresa americana que procedia à recolha de dados numa plataforma petrolífera a pedido da *Philipps Petroleum of Norway*, com empregados próprios instalados nessa plataforma, os quais enviavam os dados para análise em Houston tinha um estabelecimento estável na referida plataforma. Esta posição foi também adoptada pela Administração Fiscal Canadiana, que considerou existir estabelecimento estável no Canadá quando uma empresa americana deslocava empregados ao Canadá para exercer consultoria de gestão em empresas canadianas por períodos de onze meses, com gabinete nas próprias empresas, o que suscitou alguma controvérsia nos Estados Unidos[9]. O Canadá foi, porém, obrigado a rever a sua posição em virtude do caso *Dudney vs. The Crown*. Neste caso, Mr. Dudney, um cidadão residente nos Estados Unidos deslocava-se ao Canadá em ordem a formar empregados da *Pancandian Petroleum* em novas tecnologias, sendo que a formação tinha lugar nas instalações da PanCan, onde este ocupava uma pequena sala junto com outros formadores, à qual só poderiam ter acesso durante as horas de serviço e para fins da formação. Apesar de o Fisco canadiano ter considerado existir um estabelecimento estável, essa posição não foi aceite pelo Tribunal, que considerou que as actividades de Mr. Dudney não tornavam essencial a existência de instalações para o efeito, sobre as quais ele aliás não exerce qualquer contrôle[10].

---

[8] Cfr. GLORIA GEDDES, *loc. cit.*

[9] Cfr. PETER LEE, "Canada's permanent establishment's rules threaten U.S. businesses – tax policy", em *Tax Executive*, Março, 1999, disponível em rede em http://www.findarticles.com/p/articles/mi_m6552/is_2_51/ai_54589292

[10] Dudney v. The Crown, [2000] 3 F.C. D23, disponível em rede em http://reports.fja.gc.ca/fc/2000/fic/v3/2000fc26103.html

Em documento recente, datado de 12 de Abril de 2004[11], a OCDE propôs-se clarificar o artigo 5.º da convenção-modelo através de comentários adicionais referindo a questão da qualificação como estabelecimento estável do trabalho exercido por uma sociedade-mãe nas instalações das sociedades filhas. Assim, a OCDE propõe que, em certos casos a actividade exercida por uma sociedade-mãe através de instalações postas à sua disposição pela sociedade-filha podem constituir um estabelecimento estável daquela, situação que também ocorrerá no caso de a sociedade filha tiver poderes para celebrar contratos em nome da sociedade-mãe. Não haverá, porém, estabelecimento estável se nessas instalações apenas forem exercidas serviços de gestão do grupo multinacional.

Conforme refere o n.º 6 do art. 5.º, não é suficiente para caracterizar o estabelecimento estável o recurso a agentes independentes, uma vez que estes limitam-se a prestar serviços ao principal, não correspondendo ao exercício da actividade por seu intermédio.

4. Os novos desafios lançados pelo comércio electrónico.

Conforme se referiu, é essencial ao conceito de estabelecimento estável a existência de uma instalação fixa, a partir da qual se exerce a actividade em determinado território. Esse conceito, no entanto, só funciona no espaço geográfico tradicional, não tendo possibilidade de aplicação à internet, que consiste por definição num espaço sem fronteiras, onde o local de exercício da actividade é difícil de enquadrar (ou pelo menos de questionável relevância, cfr. o exemplo do jogo).

A OCDE tomou em 2000 as seguintes decisões no que concerne à existência de estabelecimento estável no comércio electrónico:
1) Um sítio internet não pode, só por si, constituir um estabelecimento estável;
2) O fornecimento de espaço para a instalação de um sítio internet não resulta normalmente na constituição de um estabelecimento estável para a empresa que exerce uma actividade através desse sítio internet;

---

[11] Cfr. OECD, *Proposed clarification of the permanent establishment definition. Public discussion draft*, disponível em rede em http://www.oecd.org/dataoecd/34/9/31483903.pdf

3) Um prestador de serviços internet não pode, a não ser em circunstâncias excepcionais, constituir um agente dependente de uma empresa, em ordem a considerar existente um estabelecimento estável da mesma.
4) Um local onde o equipamento de um computador, como um servidor, está instalado pode em certas circunstâncias constituir um estabelecimento estável, desde que as funções realizadas através desse servidor sejam significativas em ordem a constituir uma importante parte da actividade comercial da empresa.

Sobre estes pontos tem havido um consenso generalizado, apenas quebrado pela divergência sobre se se deveria exigir uma presença física para caracterizar o estabelecimento estável (posição rejeitada por Espanha e Portugal) ou sobre se o servidor automático pode nalguns casos constituir um estabelecimento estável (posição rejeitada pelo Reino Unido)[12].

No que concerne à primeira questão, Espanha e Portugal têm considerado que não há qualquer necessidade de presença física no território, podendo um site internet em certas circunstâncias constituir um estabelecimento estável, mas esta posição não fez vencimento por se considerar que a referência a um local na convenção-modelo pressupõe, pelo menos, uma presença física no território. É, aliás, este critério que leva a considerar que nem sequer no caso de uma empresa se instalar num servidor nacional pagando o respectivo espaço informático leva a que possa ser considerada como possuindo um estabelecimento estável. A solução pode ser também questionável, face ao entendimento acima referido, mas é consistente com o caso Dudney.

No que concerne à segunda questão, o *Inland Revenue* inglês continua a sustentar que, em caso algum um servidor, ainda que associado a um sítio internet, pode constituir um estabelecimento estável[13]. Esta posição pode parecer estranha, dado o facto de ser pacífico que máquinas automáticas de venda integram o conceito de estabelecimento estável, mas baseia-se no facto de que a máquina automática tem uma clientela fixa localizada em determinado espaço, que se perde quando é deslocada

---

[12] Cfr. GLORIA GEDDES, *loc. cit.*
[13] Esta posição pode ser encontrada em http://www.inlandrevenue.gov.uk/e-commerce/ecom15.htm

para outro espaço, enquanto que tal não acontece com os servidores internet que não têm qualquer ligação ao espaço físico em que se encontram instalados.

Entre nós, Vasco Guimarães entende resultar do consenso estabelecido na OCDE que a existência de um equipamento de computador não poderia ser considerado como estabelecimento estável se a distribuição de produtos ou serviços não tivessem lugar *on-line*, mas que já se estaria perante um estabelecimento estável no caso de um computador que fornecesse produtos ou serviços digitais *on-line*. A instalação de um servidor que se limite a efectuar a comunicação entre um fornecedor e o cliente, armazene *software* em ordem a permitir a relização dessa comunicação, e anuncie a prestação de bens ou serviços, também não corresponderia a uma estabelecimento estável, pois as suas actividades seriam meramente preparatórias ou auxiliares, o mesmo ocorrendo no caso em que o pessoal que dá apoio ao servidor exerça funções de mera manutenção do mesmo[14]. Daqui resulta que um *website* não poderia ser considerado como estabelecimento estável, salvo quanto a serviços digitais, mesmo que através dele seja possível realizar toda a actividade, como a encomenda do serviço e o respectivo pagamento através do cartão de crédito. Trata-se de solução que parece vir a destruir a tão recomendada neutralidade fiscal entre o comércio electrónico e o comércio tradicional, uma vez que quem instalar uma loja em determinado país será naturalmente tributado como tendo aí um estabelecimento estável, mas tal já não ocorrerá se instalar um *website* acessível nesse país[15]. Estamos, por isso, de acordo com as reservas espanholas e portuguesas a esta exclusão, ainda que se reconheça a dificuldade de concretizar uma configuração do estabelecimento estável apenas com base num sítio internet, por definição não localizado. Tal demonstra as dificuldades de funcionamento do estabelecimento estável no espaço digital. Uma proposta interessante seria uma reformulação deste conceito, como a proposta por Arthur J. Cockfield, que se propõe aditar ao critério qualitativo um critério quantitativo, passando a consi-

---

[14] Cfr. Vasco Branco Guimarães, "O conceito de estabelecimento estável e o comércio electrónico" em ADMINISTRAÇÃO GERAL TRIBUTÁRIA, *Colóquio: os efeitos da globalização na tributação do rendimento e da despesa*, Lisboa, CEF, 2000, pp. 153-184 (181 e ss.).

[15] Neste sentido, veja-se igualmente Vasco Branco Guimarães, *op. cit.*, p. 183.

derar existente um estabelecimento estável sempre que no estado da fonte sejam geradas receitas brutas superiores a um milhão de dólares[16].

3. O conceito de estabelecimento estável na ordem jurídica interna.

Na ordem interna, temos referência ao conceito de estabelecimento estável, quer no art 18.º, n.º 1 *e*) e *f*) do C.I.R.S., quer no art. 3.º, n.º 1 *c*) do C.I.R.C. O estabelecimento estável aparece como o elemento fundamental de conexão para a tributação dos não residentes em impostos sobre o rendimento. Efectivamente, enquanto que os residentes são tributados em território nacional pela totalidade dos rendimentos que auferiram, independentemente do lugar do mundo em que se situa a fonte que os gerou, já os residentes apenas são tributados, quer em IRS, quer em IRC, pelos rendimentos que possam ser imputáveis ao estabelecimento estável situado em território nacional.

A definição do estabelecimento estável consta do art. 18.º, n.º 2 C.I.R.S. e do art. 5.º do C.I.R.C., em termos que se podem considerar muito próximos do art. 5.º da Convenção-Modelo da OCDE, ainda que não integralmente coincidentes. Efectivamente, o art. 5.º do C.I.R.C. dispõe o seguinte:

> "Artigo 5.º
> Estabelecimento estável
> 1. Considera-se estabelecimento estável qualquer instalação fixa, através da qual seja exercida uma actividade de natureza comercial, industrial ou agrícola.
> 2. Incluem-se na noção de estabelecimento estável, desde que satisfeitas as condições estipuladas no número anterior:
> *a*) Um local de direcção;
> *b*) Uma sucursal;
> *c*) Um escritório;
> *d*) Uma fábrica;
> *e*) Uma oficina;

---

[16] Cfr. ARTHUR J. COCKFIELD, "Reforming the permanent establishment principle through a quantitative economic presence test", em http://www.innovationlaw.org/pages/Reforming%20the%20%PE%20Principle%204.0.doc

f) Uma mina, um poço de petróleo ou gás, uma pedreira ou qualquer outro local de extracção de recursos naturais situado em território português.

3. Um local ou um estaleiro de construção, de instalação ou de montagem, as actividades de coordenação, fiscalização e supervisão em conexão com os mesmos ou as instalações, plataformas ou barcos de perfuração utilizados para a prospecção ou exploração de recursos naturais só constituem um estabelecimento estável se a sua duração e a duração da obra ou da actividade exceder seis meses.

4. Para efeitos de contagem do prazo referido no número anterior, no caso dos estaleiros de construção, de instalação ou de montagem, o prazo aplica-se a cada estaleiro, individualmente, a partir da data de início da actividade, incluindo os trabalhos preparatórios, não sendo relevantes as interrupções temporárias, o facto de a empreitada ter sido encomendada por diversas pessoas, ou as subempreitadas.

5. Em caso de subempreitada, considera-se que o subempreiteiro possui um estabelecimento estável no estaleiro se aí exercer a sua actividade por um período superior a seis meses.

6. Considera-se que também existe estabelecimento estável quando uma pessoa, que não seja um agente independente nos termos do n.º 7, actue em território português por conta de uma empresa e tenha, e habitualmente exerça, poderes de intermediação e de conclusão de contratos que vinculem a empresa, no âmbito das actividades desta.

7. Não se considera que uma empresa tem um estabelecimento estável em território português pelo simples facto de aí exercer a sua actividade por intermédio de um comissionista ou de qualquer outro agente independente, desde que essas pessoas actuem no âmbito normal da sua actividade, suportando o risco empresarial da mesma.

8. Com a ressalva do disposto no n.º 3, o conceito de «estabelecimento estável» não compreende as actividades de carácter preparatório ou auxiliar a seguir exemplificadas:

    a) As instalações utilizadas unicamente para armazenar, expor ou entregar mercadorias pertencentes à empresa;

    b) Um depósito de mercadorias pertecentes à empresa, mantido unicamente para as armazenar, expor ou entregar;

    c) Um depósito de mercadorias pertencentes à empresa, mantido unicamente para serem transformadas por outra empresa;

    d) Uma instalação fixa, mantida unicamente para comprar mercadorias ou reunir informações para a empresa;

    e) Uma instalação fixa, mantida unicamente para exercer, para a empresa, qualquer outra actividade de carácter preparatório ou auxiliar;

f) Uma instalação fixa, mantida unicamente para o exercício de qualquer combinação das actividades referidas nas alíneas *a)* a *e)*, desde que a actividade de conjunto da instalação fixa resultante dessa combinação seja de carácter preparatório ou auxiliar.

9. Para efeitos da imputação prevista no artigo seguinte, considera-se que os sócios ou membros das entidades nele referidas que não tenham sede nem direcção efectiva em território português obtêm esses rendimentos através de estabelecimento estável nele situado.

Confrontando esta disposição com a disposição semelhante da Convenção-Modelo da OCDE e que serve de base à generalidade das Convenções para Evitar a dupla Tributação celebradas por Portugal, nota-se a existência de diferenças apreciáveis. Basta ver que, enquanto na Convenção-Modelo da OCDE, um local ou um estaleiro de construção ou montagem só é considerado como estabelecimento estável ao fim de doze meses (art. 5.º, n.º 2 da Convenção-Modelo), no Código do IRC essa qualificação ocorre ao fim de seis meses (art. 5.º, n.º 3, do C.I.R.C.), sendo que o prazo se aplica individualmente em relação a cada estaleiro, não sendo relevantes as interrupções temporárias, o facto de a empreitada ter sido encomendada a várias pessoas, ou as subempreitadas (art. 5.º, n.º 4 C.I.R.C.), para além de se prever especificamente a existência de um estabelecimento estável do subempreiteiro ao fim de seis meses (art. 5.º, n.º 5 C.I.R.C.). Por outro lado, enquanto que na Convenção-Modelo, a actuação através de agentes independentes exclui sempre o conceito de estabelecimento estável, desde que o agente actue no âmbito da respectiva actividade (art. 5.º, n.º 6, da Convenção-Modelo), na nossa legislação interna tal só acontecerá se o agente assumir concomitantemente os riscos do negócio (art. 5.º, n.º 7, do C.I.R.C.). Para além disso, a lei considera que os sócios de sociedades fiscalmente transparentes, que não sejam residentes em Portugal exercem aqui a sua actividade através de estabelecimento estável (art. 5.º, n.º 8, C.I.R.C.).

Salientou já CELESTE CARDONA que a disparidade no conceito de estabelecimento estável entre a nossa legislação interna e a Convenção-Modelo da OCDE, que serve de base às nossas Convenções para evitar a dupla tributação leva a que a tributação de empresas não residentes e residentes em país com quem Portugal não tenha celebrado convenção seja consideravelmente mais agravada, do que as residentes em país com quem tenha sido celebrada convenção. A autora considera, por isso, este conceito como menos actativo para o investimento estrangeiro em Portugal, além de não ser muito compreensível a existência de um tratamento fiscal diferenciado no que respeita à atribuição do poder tributário do Estado entre a nossa legislação interna e as convenções para evitar a dupla tributação[17].

Concordamos com essa posição, pelo que nos parece justificar-se neste âmbito uma harmonização do nosso Direito relativamente a este conceito, com a forma como vem sendo entendido a nível da OCDE. Efectivamente, a emergente globalização económica deve ser acompanhada de uma uniformização dos conceitos jurídicos, em ordem a evitar distorções indesejáveis.

---

[17] Cfr. CELESTE CARDONA, *op. cit.*, p. 269.

O IRC NO CONTEXTO INTERNACIONAL

Dr. Luís Magalhães[*]

SUMÁRIO: Nota Prévia. I – Introdução. 1. Contexto político-económico antes da entrada em vigor do Código do IRC. 2. Alterações ao nível da tributação decorrentes da adesão à CEE. 3. Caracterização do sistema fiscal em vigor antes da Reforma Fiscal de 1988/89. II – A Reforma Fiscal de 1988/89. 4. Breve caracterização. 5. Principais alterações decorrentes da entrada em vigor do IRC. III – Condicionantes à evolução do IRC desde 1989. 7. Pacto de Estabilidade e Crescimento. 8. Legislação comunitária sobre a tributação do rendimento. 8.1 A harmonização das taxas. 8.2 A harmonização da base tributável. 8.3 A harmonização da fiscalização do cumprimento da lei fiscal. 8.4 As medidas adoptadas pela UE no sentido da harmonização fiscal. 9. Jurisprudência comunitária. 9.1 Caso Epson. 9.2 Caso Danner. 9.3 Caso Avoir fiscal. 9.4 Caso Saint Gobain. 9.5 Caso Lankhorst-Hohorst. 9.6 Caso Cadbury Schweppes. 9.7 Caso Marks & Spencer. 10. Concorrência fiscal internacional. 10.1 Código de Conduta. 10.2 Avaliação da competitividade do sistema fiscal português. 10.3 Regimes especiais de tributação. 10.4 Concorrência fiscal como fenómeno global. 11. Fraude e evasão fiscais. IV – Perspectivas de evolução futura. Bibliografia.

ABREVIATURAS MAIS UTILIZADAS

IRC – Imposto sobre o Rendimento das Pessoas Colectivas
IRS – Imposto sobre o Rendimento das Pessoas Singulares
EBF – Estatuto dos Benefícios Fiscais
IVA – Imposto sobre o Valor Acrescentado

---

[*] Tax Partner da KPMG – Financial Services.

IMI – Imposto Municipal sobre Imóveis
CA – Contribuição Autárquica
ISDA – Imposto sobre as Sucessões e Doações por Avença
FMI – Fundo Monetário Internacional
CEE – Comunidade Económica Europeia
UE – União Europeia
CRP – Constituição da República Portuguesa
CIMSISD – Código do Imposto Municipal de Sisa e do Imposto sobre as Sucessões e Doações
ADT – Acordo para Evitar a Dupla Tributação
OCDE – Organização de Cooperação e de Desenvolvimento Económico
Convenção Modelo da OCDE – Modelo de Convenção Fiscal sobre o Rendimento e o Património da OCDE
Directiva Juros e Royalties – Directiva 2003/49/CE do Conselho, de 3 de Junho de 2003, relativa a um regime fiscal comum aplicável aos pagamentos de juros e royalties efectuados entre sociedades associadas de Estados-Membros diferentes
Lei n.º 109-B/2001, de 27 de Dezembro – Orçamento do Estado para 2002
Lei n.º 32-B/2002, de 30 de Dezembro – Orçamento do Estado para 2003
Conselho "Economia e Finanças" – Conselho ECOFIN
PIB – Produto Interno Bruto
POC – Plano Oficial de Contabilidade
IFRS – International Financial Reporting Standards
TJCE – Tribunal de Justiça das Comunidades Europeias

Nota Prévia

A celebração do 15.º aniversário da Reforma Fiscal de 1988/89 motivou a Associação Fiscal Portuguesa a organizar as Jornadas comemorativas dos 15 anos da Reforma Fiscal e de Homenagem ao Presidente da Comissão, o Senhor Professor Doutor Paulo de Pitta e Cunha.

Tratou-se de uma iniciativa sem paralelo, na qual foi possível reunir a quase totalidade dos autores que maior contributo deram ao Direito Fiscal em Portugal nas últimas décadas, motivo pelo qual a KPMG decidiu apoiar a respectiva concretização.

Assim, ao longo de vários dias estes autores partilharam o seu conhecimento sobre as mais diversas matérias, tornando estas Jornadas num evento marcante e enriquecedor para o Direito Fiscal em geral e para a tributação do rendimento em particular.

O presente trabalho reflecte o contributo técnico da KPMG para as Jornadas e pretende dar nota da evolução do IRC em Portugal ao longo destes 15 anos, evidenciando os principais aspectos que condicionaram essa evolução numa perspectiva internacional e a forma como a mesma se processou face a idênticos impostos em vigor noutros ordenamentos jurídicos.

Para este efeito, começaremos por efectuar uma breve caracterização da situação político-económica do período que antecedeu a Reforma Fiscal de 1988/89, bem como do sistema fiscal que vigorava até então. Em seguida, procederemos a uma descrição sucinta das linhas mestras dessa reforma em geral e, ao nível do IRC, em particular.

Após esta incursão de natureza introdutória exporemos os aspectos que, em nossa opinião, condicionaram de forma mais significativa – ainda que de forma indirecta – a evolução do imposto em apreço, sendo evidente, neste contexto a influência da participação de Portugal na União Europeia.

Finalmente, abordaremos as questões relativas às perspectivas de evolução futura deste imposto, não tendo a pretensão de alcançar qualquer resposta definitiva às dúvidas que se colocam mas apenas dar um contributo para a discussão em torno deste tema.

I – Introdução

1. Contexto político-económico antes da entrada em vigor do Código do IRC

A guerra colonial, a contestação interna ao poder político, as condições de vida da população e a conjuntura económica internacional são usualmente apontados como os factores que conduziram ao nascimento do movimento que deu origem aos acontecimentos de 25 de Abril de 1974.

Este movimento inspirado no Socialismo Científico produziu alterações significativas no tecido socio-económico e culminou com a passagem para a posse do Estado de uma parte significativa do aparelho produtivo português, nomeadamente no que se refere aos sectores da banca, seguros, siderurgia, cimentos e petroquímica.

Neste âmbito, não menos importante é o surgimento de um forte movimento sindical que conduziu a um aumento significativo dos salários, o qual, por não ter sido acompanhado por igual aumento da produtividade da nossa economia, conduziu no plano interno, a uma subida generalizada de preços e, no plano internacional, à perda de competitividade da indústria portuguesa[1].

Em simultâneo, concretizou-se a descolonização, a qual veio apartar a dependência económica da "metrópole" face às colónias existentes, simultaneamente fornecedoras de matérias-primas e mercados de escoamento de produtos, contribuindo, igualmente, para a deterioração das condições de troca internacionais da economia portuguesa.

A descolonização despoletou igualmente a necessidade de a economia portuguesa acolher os retornados das ex-colónias, engrossando o número de desempregados e contribuindo para o agravamento das contas públicas.

Ao nível da economia mundial este período foi marcado pelos dois choques petrolíferos de 1973 e 1979.

É neste contexto de graves desequilíbrios económico-financeiros que as autoridades portuguesas celebraram dois programas de estabilização económica com FMI. O sucesso do segundo programa de estabilização culminou com a adesão à CEE e despoletou um novo posicionamento geoestratégico de Portugal.

De facto, assistiu-se à diminuição da importância relativa das relações transatlânticas face às relações continentais e, representando a CEE um projecto de união económica e aduaneira, a adesão de Portugal produziu alterações significativas ao nível da organização da nossa economia.

Os efeitos da adesão de Portugal fizeram-se sentir, inevitavelmente, no plano fiscal conforme iremos descrever de seguida.

---

[1] O principal impulsionador desta subida de salários foi o sector público.

2. Alterações ao nível da tributação decorrentes da adesão à CEE

O Tratado de Roma assinado em 25 de Março de 1957 instituiu a CEE e, apesar de já reflectir um objectivo político de integração dos respectivos países membros, teve como traço inicial mais marcante a criação de uma união aduaneira.

Ora, constituindo a fiscalidade um instrumento de regulação económica susceptível de influenciar o consumo e o investimento, o sucesso da união aduaneira passava por assegurar que os Estados-membros não adoptassem medidas que pudessem ter efeitos noutros Estados-membros, nomeadamente ao nível dos impostos sobre o volume de negócios, dos impostos especiais de consumo e de outros impostos indirectos.

De facto, é compreensível que, ao nível da tributação indirecta, os entraves à prossecução de uma integração económica europeia sejam manifestamente mais visíveis do que os existentes ao nível da tributação directa.

Cientes deste aspecto, os membros fundadores da CEE dotaram-na desde logo de mecanismos que obviassem aqueles efeitos[2].

Deste modo, quando da adesão de Portugal (em 1986) já haviam sido publicadas diversas Directivas sobre tributação indirecta, entre as quais se destaca a Directiva n.º 77/388/CEE, de 17 de Maio, vulgarmente denominada de Sexta Directiva, que regulamentava com grande detalhe e rigor técnico o IVA e que "(...) *procedeu à uniformização da base tributável do imposto a aplicar em todos os Estados-membros da CEE*[3].

Nesta medida, a adesão de Portugal teve um efeito imediato na legislação fiscal portuguesa traduzido na substituição do imposto geral sobre a despesa – o Imposto de Transacções que havia sido concebido como um imposto monofásico – por um imposto sobre o valor acrescentado, de carácter plurifásico, determinado pela Comunidade Europeia.

---

[2] Neste sentido, no artigo 93.º (anterior 99.º) do Tratado que institui a CEE estabelecia-se que o Conselho adoptaria "(...) *as disposições relacionadas com a harmonização das legislações relativas aos impostos sobre o volume de negócios, aos impostos especiais de consumo e a outros impostos indirectos, na medida em que essa harmonização seja necessária para assegurar o estabelecimento e o funcionamento do mercado interno* (...).

[3] Preâmbulo do Código do IVA.

Contudo, a harmonização das legislações dos Estados-membros relativas à tributação directa foi assumida apenas como um compromisso, na medida em que se considerou que os seus efeitos não afectavam, pelo menos de uma forma directa, o funcionamento do Mercado Comum[4].

Todavia, é conhecida a opinião de alguns autores que afirmam que um dos factores que esteve na génese da Reforma Fiscal de 1988/89 foi a adesão de Portugal à CEE[5].

Naturalmente, existem outros factores que, porventura, justificam de uma forma mais directa a concretização da Reforma Fiscal de 1988/89, designadamente as características do sistema anteriormente em vigor a que faremos uma breve referência de seguida; contudo, no plano internacional, norteador do presente trabalho, dificilmente se identifica factor mais pertinente para a emergência deste processo reformador do que o acima apontado.

3. Caracterização do sistema fiscal em vigor antes da Reforma Fiscal de 1988/89

No plano interno, e restringindo esta retrospectiva historico-fiscal às duas reformas fiscais que antecederam a de 1988/89, faremos uma breve referência às principais linhas norteadoras das Comissões das reformas da tributação presididas pelo Professor Doutor António de Oliveira Salazar (Reforma Fiscal de 1929) e pelo Professor Doutor José Joaquim Teixeira Ribeiro (Reforma Fiscal de 1958) ao nível da tributação directa.

Consagrada no Decreto-Lei n.º 16731, de 13 de Abril de 1929, a Comissão da Reforma Fiscal presidida pelo Professor Doutor António de Oliveira Salazar baseava a tributação do rendimento no conceito de "rendimento normal", o qual consistia num rendimento anual médio pre-

---

[4] Este aspecto é reconhecido pela própria Comissão Europeia *em "A política fiscal da União Europeia"* onde se reconhece que *"contrariamente aos impostos indirectos que exigem uma certa harmonização dado que afectam a livre circulação de mercadorias e a livre prestação de serviços, esta necessidade é menos evidente relativamente aos impostos directos, cuja aproximação não é expressamente mencionada no Tratado da CE."*

[5] Neste sentido, vide MENEZES LEITÃO, Luís Manuel Teles de in *"Evolução e situação da reforma fiscal"*, Ciência e Técnica Fiscal n.º 387 (pág 24): *"Pode-se considerar que a Reforma Fiscal teve o seu início na reforma da tributação da despesa, a qual, no entanto, teve como causa próxima o pedido de adesão de Portugal à Comunidade Económica Europeia."*

sumido dos contribuintes e inculcava um sistema misto de impostos reais ou objectivos, cedulares[6] e de taxas proporcionais. A estes impostos acrescia um imposto global de sobreposição que correspondia ao imposto complementar.

O principal ponto de ruptura da reforma fiscal dirigida pelo Professor Doutor José Joaquim Teixeira Ribeiro face à Reforma Fiscal de 1929 encontra-se espelhado na tentativa de abandono do princípio de tributação do rendimento normal e na adopção tentativa de adopção do princípio da tributação pelo rendimento real[7] e na criação de um imposto sobre mais-valias[8].

No que respeita à estrutura da tributação directa, a mesma manteve-se já que esta Reforma Fiscal assentava igualmente num conjunto de impostos parcelares sobre o rendimento com taxas proporcionais, aos quais acrescia um imposto complementar de sobreposição com taxas progressivas[9].

O sistema instituído pela Reforma Fiscal de 1958 foi sendo desvirtuado de tal forma que o próprio Professor Doutor Teixeira Ribeiro chega a afirmar que "(...) *a reforma inicial estava a ser vítima de uma contra-reforma administrativa (...) e legislativa (...)*"[10], reconhecendo a necessidade de uma nova Reforma Fiscal[11].

---

[6] Conforme ensina PITTA E CUNHA, Paulo de *in* "*A tributação do rendimento – Na perspectiva de uma Reforma Fiscal*", Ministério das Finanças e do Plano – Direcção-Geral das Contribuições e Impostos, Lisboa-1979 (pág. 7): "*Na tributação cedular, cada categoria de rendimento (designada em técnica fiscal por «cédula») é atingida separadamente por um imposto particularizado; na tributação unitária, o conjunto de rendimentos do contribuinte é atingido por um imposto geral*".

[7] Neste sentido PITTA E CUNHA, Paulo de, op. cit. (pág. 10): "*A introdução, ainda que tímida, do sistema de tributação do rendimento efectivo, constituía, sem dúvida, a grande inovação do novo esquema.*"

[8] Este imposto incidia sobre os ganhos decorrentes da transmissão onerosa de terrenos para construção ou de elementos do activo imobilizado de empresas, do trespasse de locais afectos ao exercício de profissões liberais e do aumento de capital de sociedades, mediante incorporação de reservas ou através da emissão de novas acções.

[9] Cfr. PITTA E CUNHA, Paulo de, op. cit. (pág. 14): "*Com o simples adicionamento do imposto sobre a indústria agrícola, a reforma não alterava o modelo tradicional dos impostos sobre o rendimento (...).*"

[10] Cfr. TEIXEIRA RIBEIRO, José Joaquim *In* "*A Contra-Reforma Fiscal*", Coimbra Editora, 1989, (págs. 59 a 80).

[11] Em sentido igualmente crítico *vide* PITTA E CUNHA, Paulo de, op. cit. (pág. 15): "*A partir das recentes modificações, o regime fiscal português passou a apresentar-se*

As referidas *"contra-reformas"* trouxeram, assim, o aumento das taxas marginais, a distribuição desigual da carga fiscal e a amputação da base de tributação, decorrente quer da suspensão do Imposto sobre a Indústria Agrícola quer dos sucessivos estreitamentos fundados na proliferação de benefícios fiscais.

Aos problemas enunciados acresciam, no respeitante à relação entre os contribuintes e a Administração Fiscal, as insuficientes garantias dos contribuintes, o que determinava uma grande liberdade/discricionariedade da Administração Fiscal em detrimento da defesa dos direitos e interesses dos contribuintes.

Não menos relevante é o teor do artigo 107.º (actual artigo 104.º) da CRP, de 2 de Abril de 1976, claramente contrário ao sistema fiscal em vigor[12].

Por outro lado, no plano internacional proliferavam em diversos países europeus reformas fiscais assentes na criação de um imposto único sobre o rendimento, num aumento das garantias dos contribuintes, na cooperação entre estes e a Administração Fiscal e na simplificação de todo o processo tributário.

É neste contexto que emerge a urgência de uma Reforma Fiscal em Portugal.

---

como um estranho híbrido de impostos cedulares desarmonizados entre si e absurdamente providos, em grau variável, de progressividade interna de um imposto pessoal sobre o rendimento que, totalmente desarticulado daqueles, ultrapassa, nos escalões mais altos da respectiva tabela de taxas, os níveis praticados em países economicamente evoluídos, dotados de sólidas administrações fiscais, e que não se defrontam, como o nosso, com problemas gravíssimos de ineficiência de um sector público hipertrofiado e de desorganização e retraimento do sector privado."

[12] De facto, o n.º 1 do artigo 107.º da CRP de 1976 estabelecia que *"o imposto sobre o rendimento pessoal visará a diminuição das desigualdades e será único e progressivo (...)"*. Por outro lado, no n.º 2 do mesmo artigo prescrevia-se que *"a tributação das empresas incidirá fundamentalmente sobre o seu rendimento real"*. Ora, estes princípios não tinham qualquer correspondência com o sistema cedular em vigor naquela altura, especialmente porque o mesmo ainda continha inúmeras reminiscências da Reforma Fiscal de 1929 que assentava na tributação do rendimento normal.

[13] No que a este aspecto respeita, nem tudo o que a comissão da Reforma Fiscal preconizava foi alcançado. De facto, relativamente ao IRS recordamos que na sua redacção aprovada figuravam alguns rendimentos sujeitos a taxa liberatória, o que contrariava a posição defendida pela Comissão da Reforma Fiscal.

II – A Reforma Fiscal de 1988/89

4. Breve caracterização

A Reforma Fiscal de 1988/89, cuja comissão foi presidida pelo Professor Doutor Paulo de Pitta e Cunha, representa inequivocamente um marco na história do Direito Fiscal em Portugal.

De facto, para além de enfrentar os entraves que naturalmente surgem quando se pretende estabelecer uma qualquer ruptura com o passado[13], esta Reforma teve que ponderar os condicionalismos económico-financeiros da economia portuguesa e, bem assim, assegurar que o sistema de tributação implementado permitia ir ao encontro dos desafios que naquela altura se colocavam em virtude da adesão de Portugal à CEE[14].

Como é sabido, a Reforma Fiscal de 1988/89 veio abolir o Imposto Profissional, o Imposto de Capitais, a Contribuição Predial, o Imposto sobre a Indústria Agrícola, o Imposto Complementar, o Imposto de Mais-valias e o Imposto de Selo da verba 134 da Tabela Geral[15], sendo estes substituídos pelos IRS, IRC e CA.

Como aspecto mais marcante no que concerne à tributação em sede de IRS em resultado da Reforma Fiscal de 1988/89, importa assinalar o facto de o respectivo Código vir dar cumprimento ao estabelecido no artigo 107.º da CRP, instituindo um imposto tendencialmente pessoal, único e progressivo. Assim, a tributação das pessoas singulares que, até aquele momento, se processava através dos diferentes impostos acima referidos passa a ocorrer através de um único imposto composto por 9 categorias de rendimentos, as quais substituíram a tributação prevista pelos impostos abolidos[16].

---

[14] Conforme refere CIMOURDAIN DE OLIVEIRA, Camilo *In "Lições de Direito Fiscal"*, Manuais da Universidade Portucalense – Infante D. Henrique, 6.ª edição (pág. 263 e seg.): "*A Reforma Fiscal «impunha-se» (…) pela necessidade de harmonizar, tanto quanto possível, o nosso sistema fiscal com os de outros países da então Comunidade Económica Europeia (…)*".

[15] Ao abrigo desta verba eram tributados, designadamente, os prémios de lotaria, apostas mútuas, rifas e os jogos do bingo. Ora, estas realidades passaram a ser tributadas em sede de IRS à luz da Categoria I.

[16] Conforme ensina CIMOURDAIN DE OLIVEIRA, Camilo, op. cit. (pág. 266 e seg.): "*Desta forma, o legislador procura harmonizar a concepção da tributação pessoal, própria do sistema unitário, com a atenção que não pode deixar de prestar-se às particularidades relevantes das diferentes categorias de rendimentos.*"

Tendo como preocupação a sua articulação com o IRS, o IRC veio igualmente ao encontro do artigo 107.º da CRP, orientando a tributação das empresas para o seu rendimento real. Por outro lado, este imposto procedeu ao alargamento da base tributável e à moderação dos níveis de tributação, aspectos que serão desenvolvidos adiante.

Por sua vez, a Contribuição Autárquica – sucedânea da Contribuição Predial – veio instituir um imposto que tributa a riqueza sob a forma de detenção de património imobiliário, passando a propriedade imobiliária a ser tributada ainda que não gere qualquer rendimento. Por isso, pode afirmar-se que a CA vem preencher o vazio existente quanto à tributação de prédios não arrendados, uma vez que a matéria colectável do IRS e do IRC se confinava aos rendimentos que os mesmos pudessem gerar[17].

Deste modo, e perante a importância das actividades desenvolvidas pelos municípios para a valorização dos prédios, este imposto passou a representar uma receita das autarquias.

Em matéria de benefícios fiscais, a reforma fiscal de 1988/89 assumiu um papel preponderante, uma vez que os benefícios pulverizados por diversos diplomas foram compilados e estruturados no EBF, diploma que veio proporcionar sistematização, coerência e, bem assim, um conjunto de princípios gerais a que deve obedecer a criação de benefícios fiscais.

5. Principais alterações decorrentes da entrada em vigor do IRC

No final da vigência da Contribuição Industrial, o facto de a generalidade das empresas se encontrarem incluídas no Grupo A implicava que estas fossem tributadas sobre um rendimento apurado a partir das respectivas demonstrações financeiras[18].

Assim, não se podia afirmar que ao nível da tributação das sociedades o regime em vigor antes da Reforma Fiscal de 88/89 se encontrava

---

[17] É curioso constatar que, para obviar ao facto de os prédios arrendados estarem sujeitos a CA e os respectivos rendimentos a IRS e IRC, encontravam-se previstas no Código do IRS e do IRC, respectivamente, deduções à colecta relativas à CA. Ora, esta preocupação do nosso legislador parece ter deixado de se revelar pertinente quando da "substituição" da CA pelo IMI, já que aquela dedução à colecta foi eliminada.

[18] Por esse facto se refere no Preâmbulo do Código do IRC que a Contribuição Industrial "(...) *constituía já um embrião de um verdadeiro imposto de sociedades.*"

em clara contradição com a orientação constitucional[19] prevista no n.º 2 do artigo 107.º (actual artigo 104.º) da CRP.

Ora, como vimos, ao nível da tributação das pessoas singulares a situação era diferente, pelo que no âmbito da Reforma Fiscal foram efectuadas alterações profundas neste âmbito, de tal forma que as mesmas tendem a ofuscar as sentidas ao nível da tributação das sociedades[20].

Todavia, com a introdução do IRC verificaram-se alterações significativas ao nível da tributação das empresas.

Em primeiro lugar, na senda do imperativo constitucional foi circunscrita a aplicação dos métodos indiciários a um número de situações mais reduzido, sendo igualmente assegurados aos contribuintes meios de defesa adequados nas situações em que aqueles métodos viessem a ser aplicados pelas autoridades tributárias.

Neste âmbito, destaca-se o conceito de rendimento adoptado no Código do IRC, o qual, conforme se refere no respectivo preâmbulo, assenta na teoria do rendimento do incremento patrimonial[21] e vem permitir alcançar um dos princípios estruturantes da Reforma Fiscal de 88/89 (alargamento da base tributável dos rendimentos das empresas).

---

[19] Recorda-se que este preceito estabelece que " (…) *a tributação das empresas incidirá fundamentalmente sobre o rendimento real* (…)".

[20] Para este facto contribuíram também as divergências entre a Comissão da Reforma Fiscal e o Ministério das Finanças no que respeita à tributação a taxas liberatórias dos rendimentos de capitais e das mais-valias, defendida por este Ministério e fortemente contestada pela Comissão. Esta discussão veio deixar para um segundo plano o debate em torno das alterações introduzidas ao nível da tributação das sociedades em virtude da entrada em vigor do IRC.

[21] Conforme ensina SÁ GOMES, Nuno de In *"Manual de Direito Fiscal – Volume I"*, Editora Reis dos Livros, 1999 (pág. 170 e seg.) o conceito do rendimento-acréscimo preconizado no Código do IRC assenta na *"teoria do acréscimo patrimonial líquido"*. Segundo a definição apresentada por este autor de acordo com esta teoria o *"(…) o rendimento é o saldo diferencial entre o valor do património no início e no fim do período da tributação, computado o rendimento consumido e incluindo todos os acréscimos, mesmo a título gratuito (v.g. sucessões e doações) ou fortuito (v.g. mais-valias e menos-valias, rendimentos do jogo, apostas mútuas, etc.)"*. Ora, conforme refere este autor a adopção do conceito do rendimento-acréscimo pelo Código do IRC encontra-se condicionada pelas *"(…) limitações decorrentes, por um lado, de a Constituição impor a tributação autónoma das sucessões e doações no n.º 3, do art. 107.º e, por outro por imperativos técnicos e políticos, que dificultam a tributação de certas categorias de rendimento (…)"*. É curioso constatar que, precisamente 15 anos após a aprovação do Código do IRC, na sequência da abolição do CIMSISD pelo Decreto-Lei n.º 287/2003, de 12 de Novembro, o conceito de rendimento-acréscimo é aperfeiçoado com a tributação em sede deste imposto das aquisições a título gratuito.

Através deste conceito de lucro fundiu-se a base de incidência da Contribuição Industrial, do Imposto sobre a Indústria Agrícola e do Imposto de Mais-valias, promovendo-se, assim, a criação de um imposto global sobre as empresas[22].

A introdução do IRC promoveu igualmente, o preenchimento de vazios na lei fiscal que se traduziam na existência de realidades não tributáveis até então, nomeadamente os ganhos obtidos na venda de participações financeiras.

O Código do IRC procedeu, ainda, à redução drástica dos mecanismos de apoio ao investimento ou ao fundo de maneio das sociedades, eliminando ou restringindo deduções por lucros levados a reservas e reinvestidos, provisões genéricas para depreciação de existências e créditos de cobrança duvidosa, aumentando simultaneamente os encargos financeiros das sociedades com a antecipação do pagamento do IRC mediante a introdução de pagamentos por conta.

Ao nível da tributação das entidades não residentes, o legislador preocupou-se em assegurar que Portugal, enquanto território predominantemente fonte de rendimentos, retivesse um nível mínimo de receitas fiscais decorrentes dos rendimentos gerados neste território[23]. Com este propósito foi, igualmente, adoptado um conceito amplo de estabelecimento estável e, bem assim, o princípio da atracção do estabelecimento estável[24].

Concluída esta breve descrição daquelas que, em nossa opinião, constituíram as principais alterações decorrentes da entrada em vigor do Código do IRC, apresentaremos de seguida alguns dados estatísticos que

---

[22] SÁ GOMES, Nuno de op. cit. (pág. 169) refere que "(...) *Portugal era ainda o único País da CEE que não tinha, já então, adoptado a tributação única*".

[23] Esta preocupação encontra-se patente na generalidade dos ADT celebrados por Portugal (que, ao contrário do que se preconiza no Modelo de Convenção da OCDE, prevêem a tributação na fonte dos *royalties*) e, bem assim, na Directiva Juros e Royalties (a qual estabelece um período transitório de 8 anos durante o qual Portugal poderá ainda aplicar uma taxa de retenção na fonte – 10% nos primeiros 4 anos e 5% nos restantes – aos juros e royalties pagos a uma entidade associada de outro Estado-Membro da UE).

[24] Recordamos que o conceito de estabelecimento estável foi objecto de profundas alterações pela Lei n.º 30-G/2000, de 29 de Dezembro a qual veio aditar o artigo 4.º-A (actual 5.º) ao Código do IRC. De facto, com a alteração em apreço procurou-se aproximar a definição de estabelecimento estável prevista no Código do IRC à consagrada no Modelo de Convenção da OCDE.

nos permitirão aferir acerca do posicionamento do IRC face a outros impostos sobre as pessoas colectivas dos 15 países que constituíam a União Europeia antes do recente alargamento.

No primeiro gráfico que apresentamos encontra-se espelhada uma comparação entre as taxas de IRC praticadas naqueles países em 1989.

GRÁFICO 1
– *Taxas de IRC em 1989* –

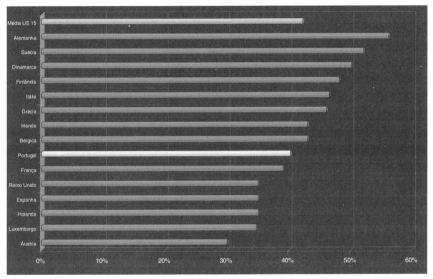

Fonte: Bundesministerium der Finanzen (2003 bzw, 1990), Bonn

Conforme se pode constatar da análise ao GRÁFICO 1, no momento da introdução do Código do IRC em Portugal eram evidentes as disparidades existentes ao nível da tributação das pessoas colectivas entre os diversos países que constituem a amostra. De facto, a taxa de IRC mais elevada (que correspondia a 56% na Alemanha) difere em mais de 20 p.p. da praticada na Áustria (30%).

Portugal apresentava em 1989 uma taxa de IRC abaixo da média dos países que compunham a UE a 15. Com taxas inferiores surgem o Luxemburgo, a Holanda, a Espanha, o Reino Unido, a França e, naturalmente, a Áustria.

De notar que, na data a que se reportam estes dados, a Irlanda apresentava uma taxa de tributação sobre as pessoas colectivas superior a 40% que contrasta claramente com a taxa de 12,5% em vigor em 2004.

Quanto à parte da riqueza produzida pelas empresas e absorvida pelos cofres dos Estados, pode observar-se no gráfico seguinte diferenças significativas entre os diversos países que compunham a UE a 15.

GRÁFICO 2
– IRC em % do PIB em 1990 –

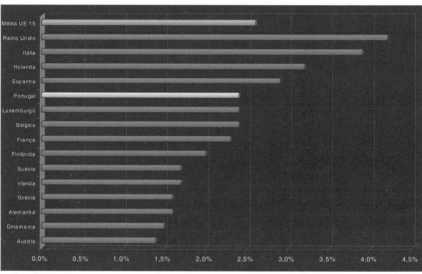

Fonte: OCDE

O peso do IRC em Portugal face ao PIB – situado entre 2 e 2,5% – ocupava um "confortável" quinto lugar, a par do Luxemburgo e da Bélgica, apesar de se encontrar abaixo da média da UE a 15 (2,6%).

Acima de Portugal apenas se encontrava o Reino Unido, a Itália (ambos acima dos 3,5%), a Holanda (ainda acima dos 3%) e a Espanha (ligeiramente acima da média da UE a 15).

No extremo oposto encontravam-se a Áustria (inferior a 1,5%), a Dinamarca e a Alemanha (em ambos os países, próximo de 1,5%).

Por forma a avaliar o peso do IRC face ao total das receitas fiscais no conjunto de países que compunham a UE a 15 em 1990, apresentamos o seguinte gráfico.

GRÁFICO 3
– Peso do IRC no total das receitas fiscais em 1990 –

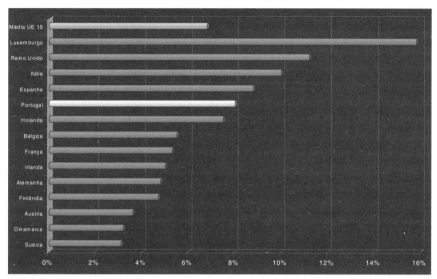

Fonte: OCDE

Uma vez mais, constatamos que existiam grandes diferenças entre os países que compõem a presente amostra. De facto, se, por um lado, o IRC evidenciava um peso significativo face às restantes receitas fiscais no Luxemburgo (15,5%), no Reino Unido (11%) e na Itália (10%), em países como a Áustria, a Dinamarca e a Suécia este peso é diminuto (abaixo dos 4%).

Quanto a Portugal, esse peso assumia alguma relevância (8%), encontrando-se acima da média da UE a 15 em 1990 que correspondia a aproximadamente 6,5%.

Esta análise estatística sumária permite evidenciar a preocupação da Comissão da Reforma Fiscal em assegurar que, em virtude da introdução do IRC, não se verificaria uma quebra da receita fiscal[25].

Conforme foi possível constatar, não houve a preocupação de posicionar o IRC num patamar mais competitivo face aos restantes países da UE.

---

[25] Sobre esta matéria *vide* SÁ GOMES, Nuno de, op. cit., (pág 182): "*Após a Reforma Fiscal de 1989, não ocorreu quebra de receita dos impostos sobre o rendimento, como temia a Comissão da Reforma Fiscal, pois, pelo contrário, a receita fiscal respectiva sofreu um significativo acréscimo (...)*".

De facto, como expressamente se infere do preâmbulo do Código, a preocupação foi no sentido da harmonização da tributação das pessoas colectivas face aos sistemas de tributação vigentes nos restantes países da então CEE.

III – Condicionantes à evolução do IRC desde 1989

Ao longo dos últimos 15 anos decorridos desde a entrada em vigor da Reforma Fiscal de 88/89, têm sido várias as alterações ao Código do IRC relacionadas com os ciclos políticos[26], como reacção a algumas lacunas que se constata existirem na lei, mas, sobretudo, em resultado da influência crescente que a União Europeia tem vindo a assumir na realidade político-económica do nosso país.

Neste sentido, identificamos como principais factores que condicionaram evolução verificada ao nível do IRC os apresentados de seguida:

- pacto de Estabilidade e Crescimento;
- legislação comunitária;
- jurisprudência comunitária;
- concorrência fiscal internacional;
- fraude e evasão fiscal.

O nosso próximo passo consistirá em sustentar esta afirmação e tentar demonstrar como estes factores vieram a condicionar o rumo deste imposto.

7. Pacto de Estabilidade e Crescimento

Como é sabido, o Pacto de Estabilidade e Crescimento, aprovado em 1997 no Conselho Europeu de Amesterdão, teve como objectivo prevenir a ocorrência de défices orçamentais excessivos na zona euro na sequência da entrada na terceira fase da União Económica e Monetária[27].

---

[26] Neste âmbito, o caso mais recente prende-se com a tributação em sede de IRS e IRC das mais-valias decorrentes da transmissão onerosa de partes de capital.

[27] De facto, o Tratado da UE apenas prevê critérios com vista à adopção da moeda única, não estabelecendo linhas orientadoras para a política orçamental a executar após a transposição para o Euro. Nesta medida, o Conselho ECOFIN elaborou uma resolução

Em traços gerais, a execução do Pacto de Estabilidade e Crescimento assenta em dois pilares: o princípio da supervisão multilateral das situações orçamentais[28] e o procedimento relativo a défices excessivos[29].

Do ponto de vista prático, o mesmo vem limitar a actuação dos Estados-membros da zona Euro ao nível do único instrumento de política económica de que dispõem[30]: a política orçamental.

Inegavelmente, a política orçamental (que constitui actualmente o único instrumento de política económica ao alcance dos Estados-membros) encontra-se condicionada pelos limites impostos quanto ao défice orçamental dos Estados, o qual, salvo situações excepcionais, não poderá exceder 3%.

A necessidade de cumprimento do limite em apreço constitui um elemento de pressão sobre os Estados-membros para a obtenção de receitas fiscais, os quais por razões políticas, possuíam (e possuem) uma reduzida margem de manobra a este nível.

De facto, qualquer redução da receita fiscal deve ser acompanhada por uma correspondente diminuição da despesa do Estado, o que, como é sabido, apresenta uma reduzida elasticidade.

Considerando a importância das receitas fiscais no Orçamento, o Pacto de Estabilidade e Crescimento veio condicionar a evolução do Código do IRC, ainda que de uma forma indirecta, uma vez que, apesar de não se traduzir em qualquer alteração à Lei, desempenha um papel dissuasor bastante importante sempre que se equaciona a sua modificação.

---

sobre o pacto de estabilidade e crescimento que foi adoptado pelo Conselho Europeu de Amesterdão em Junho de 1997.

[28] No âmbito da supervisão multilateral os Estados-membros que integram a zona euro encontram se obrigados a apresentar programas de convergência sujeitos à supervisão do Conselho.

[29] Este procedimento surge quando o défice público de um Estado-membro excede o limite de 3% do PIB. As condições, excepções e sanções relativas a esta matéria encontram-se previstas no Regulamento (CE) n.º 3605/93 do Conselho, de 22 de Novembro de 1993. Refira-se ainda que, em 7 de Julho de 1997, foi aprovado o Regulamento (CE) n.º 1467/97 do Conselho que veio clarificar e acelerar o procedimento relativo aos défices excessivos e, bem assim, completar o Regulamento (CE) n.º 3605/93.

[30] De facto, com a adopção da moeda única os Estados-membros da zona Euro abdicaram em definitivo dos seus instrumentos de política monetária e cambial em favor do Banco Central Europeu.

8. Legislação comunitária sobre a tributação do rendimento

Face à diversidade de regimes de imposto sobre as sociedades no seio da União Europeia, surgem múltiplas disparidades, nomeadamente no que respeita ao tratamento das perdas, à tributação das mais-valias, ao regime das amortizações e provisões, ao tratamento dos dividendos, aos métodos de eliminação da dupla tributação económica e à atribuição de benefícios fiscais[31].

Como é evidente, à medida que vão sendo eliminados os entraves "não fiscais" às operações intracomunitárias vêm à superfície os obstáculos fiscais à construção de um mercado comum. De facto, o aprofundamento das quatro liberdades no seio da União Europeia acentua a importância do factor fiscal enquanto variável de decisão na localização de um investimento.

Ora, o pleno exercício dessas quatro liberdades pressupõe que não existam entraves ou distorções de natureza fiscal que afectem a concorrência e a localização dos factores de produção.

Nesta medida, constitui preocupação das instituições da UE assegurar a existência de um nível mínimo de harmonização fiscal entre os países que pertencem à União[32].

Como vimos, ao nível da tributação indirecta o artigo 93.º do Tratado da CE incita à harmonização dos impostos sobre o volume de negócios, dos impostos especiais de consumo e de outros impostos indirectos. Contudo, no que respeita à tributação directa esta questão não é expressamente mencionada no Tratado da CE.

Assim, tem vindo a entender-se que determinados aspectos da tributação directa não necessitam de ser objecto de harmonização, sendo deixados à livre apreciação dos Estados-membros[33].

---

[31] Sobre esta matéria vide PINHEIRO, Gabriela In *"A fiscalidade directa na União Europeia"*, Universidade Católica Portuguesa, Porto, 1998, (pág. 267 e seg.).

[32] Todavia, conforme refere PEREIRA, Paula Rosado In *"A Tributação das Sociedades na União Europeia – Entraves fiscais ao mercado interno e estratégias de actuação na comunitária"*, Almedina, (pág. 65 e seg.): *"A harmonização fiscal não constitui (...) um fim em si mesma, mas apenas um meio (daí o seu carácter instrumental) para alcançar os fins da UE."*

[33] Esta linha de orientação assenta no denominado *"princípio da subsidiariedade"*. Conforme refere PEREIRA, Paula Rosado op. cit., (pág 85): *"Em 1990, a Comissão, ao reconhecer a inexistência de progressos na esfera da harmonização directa, decidiu*

Todavia, quando a tributação directa produza efeitos sobre o exercício das quatro liberdades fundamentais previstas no Tratado da CE e, bem assim, sobre a liberdade de estabelecimento de pessoas e empresas, essa harmonização revela-se indispensável[34].

De um ponto de vista estritamente técnico parece-nos que a eliminação dos obstáculos fiscais apenas será atingida mediante uma harmonização da tributação do rendimento sob três vertentes: taxas, base tributável e fiscalização do cumprimento da lei fiscal.

No limite, esta perspectiva tecnocrática da questão conduziria a que as decisões de investimento fossem orientadas unicamente por critérios de racionalidade económica. Ora, alheando-nos das questões de natureza político-económica que a discussão desta matéria pode suscitar, procedemos de seguida a uma breve análise da situação actual no que respeita à harmonização fiscal nas três vertentes acima referidas.

8.1 *A harmonização das taxas*

Uma análise estatística às taxas nominais de imposto sobre as sociedades apresentadas pelos quinze Estados-membros tendo como referência

---

adoptar uma perspectiva mais pragmática, deixando de ter como objectivo a harmonização das bases e das taxas de impostos de sociedades dos EM, anteriormente encarada como pressuposto de uma neutralidade fiscal ampla."

[34] Neste sentido, na Comunicação da Comissão relativa à votação por maioria qualificada para aspectos do mercado único – COM (2000) 114 – preconiza-se que as medidas comunitárias destinadas à supressão de obstáculos directos ao exercício das liberdades de circulação de bens, pessoas, serviços e capitais não deveriam estar sujeitas à regra da unanimidade prevista no artigo 94.º do Tratado da CE. Este preceito, invocado pelas directivas como base jurídica para a sua aprovação, cria a maior condicionante à harmonização da tributação directa, uma vez que os interesses antagónicos existentes no seio da UE transformam a unanimidade numa realidade dificilmente atingível. Todavia, entende-se que a regra da unanimidade imposta pelo Tratado tem como limites a salvaguarda das quatro liberdades fundamentais e a confirmação do princípio da não discriminação em razão da nacionalidade uma vez que estes são verdadeiros pilares para a construção de um mercado comum. Neste sentido, a alínea h) do n.º 1 do artigo 3.º do Tratado estabelece que um dos objectivos comunitários é "a aproximação das legislações dos Estados Membros na medida do necessário para o funcionamento do mercado comum". Assim, e apesar do carácter genérico desta norma, parece legítimo concluir que, quando as diferenças de regime, em (sede de imposto sobre o rendimento), dificultem o funcionamento do mercado interno, a eliminação das mesmas se encontra aqui prevista.

o ano de 2004, permite-nos constatar a existência de disparidades significativas nesta matéria.

De facto, conforme se pode constatar no GRÁFICO 4 apresentado de seguida, existe um diferencial de aproximadamente 25 p.p. entre a taxa de imposto sobre as sociedades mais elevada (Alemanha – 38,3%) e a taxa mais baixa (Irlanda – 12,5%) dos países que compunham a UE a 15.

Da análise ao mesmo gráfico constata-se, ainda, que a taxa de IRC se encontra abaixo da taxa média de imposto sobre as sociedades dos países que compunham a UE a 15, correspondendo à segunda mais baixa.

GRÁFICO 4
– *Taxas de imposto sobre as sociedades em 2004: Portugal versus UE a 15* –

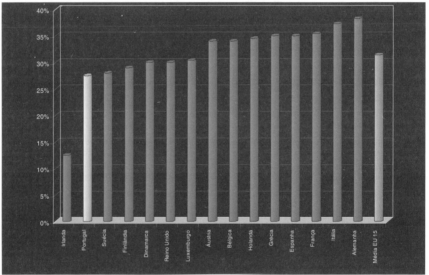

Fonte: Eurostat

Contudo, e ainda com referência ao ano de 2004, verificamos que a posição de Portugal se altera se considerarmos os 10 novos Estados-membros da UE.

Assim, relativamente a estes países, Portugal apenas apresenta uma taxa de imposto inferior à República Checa e a Malta, sendo que quatro dos novos Estados-membros – Chipre, Letónia, Lituânia e Hungria – apresentam uma taxa que difere em mais de 10 p.p. face à portuguesa.

Nesta medida, não será de estranhar o facto de a taxa de IRC se revelar, agora, superior em 5 p.p. face à taxa média de imposto sobre as sociedades destes novos Estados-membros (21,5%).

GRÁFICO 5
– Taxas de imposto sobre as sociedades em 2004:
Portugal versus novos Estados Membros –

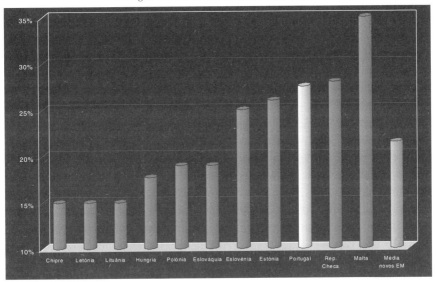

Fonte: Eurostat

8.2 A harmonização da base tributável

No que a esta matéria respeita, a desejada harmonização é apenas uma miragem.

De facto, é possível encontrar para cada Estado-membro um regime próprio ao nível da natureza dos encargos não dedutíveis, da tributação das mais e menos-valias, das amortizações e provisões dedutíveis para efeitos fiscais e da eliminação da dupla tributação económica, entre outros aspectos relevantes para o efeito em causa.

Mais: essas diferenças entre os Estado-membros da UE existem até ao nível da determinação do próprio resultado contabilístico.

Não obstante o POC[35] ter sido objecto de alterações em virtude da transposição para o direito interno da Directiva 78/660/CEE, de 25 de Julho, e da Directiva 83/349/CEE, de 13 de Junho, ainda subsistem inúmeras divergências ao nível das políticas contabilísticas adoptadas no seio da UE.

Ora, ainda que motivado por razões de natureza "não fiscal", o Regulamento n.º 1606/2002/CE do Parlamento Europeu e do Conselho, de 19 de Julho, poderia suprir as divergências existentes a este nível[36].

Como é do conhecimento geral, o Regulamento em apreço estabelece que, em relação aos exercícios com início a partir de 1 de Janeiro de 2005, as sociedades que tenham emitido valores mobiliários admitidos à negociação num mercado regulamentado devem elaborar as suas demonstrações financeiras consolidadas em conformidade com as IFRS[37].

No que respeita às contas individuais e às restantes sociedades cujos títulos não são negociados publicamente, confere-se aos Estados-membros a faculdade de permitir ou requerer que as mesmas adoptem as IRFS.

Ora, se a generalidade dos Estados-membros tivessem optado por impor a adopção das IFRS na preparação das demonstrações financeiras individuais de todas as empresas, ter-se-ia dado um importante passo para atingir o objectivo acima referido, uma vez que a aplicação extensiva das mesmas constituiria um contributo importante para a harmonização das bases tributáveis dos diferentes Estados-membros.

Todavia, como veremos, tal não veio a suceder.

---

[35] O POC foi aprovado pelo Decreto-Lei n.º 47/77, de 7 de Fevereiro.

[36] Conforme se refere nos considerandos constantes deste Regulamento, o mesmo tem como objectivo "(...) *reforçar a comparabilidade das demonstrações financeiras elaboradas pelas sociedades cujos títulos são negociados publicamente*".

[37] Como é sabido, as normas internacionais de relato financeiro (*International Financial Reporting Standards* – "IFRS") são emanadas pelo International Accouting Standards Board (IASB) que corresponde a um órgão da International Accounting Standards Committee Foundation (IASC) cujos objectivos (os quais se encontram espelhado no respectivo acto constitutivo) são: "*(a) to develop, in the public interest, a single set of high quality, understandable and enforceable global accounting standards that require high quality, transparent and comparable information in financial statements and other financial reporting to help participants in the world's capital markets and other users make economic decisions; (b) to promote the use and rigorous application of those standards; and (c) to bring about convergence of national accounting standards and International Accounting Standards and International Financial Reporting Standards to high quality solutions*".

Em Portugal, o Decreto-Lei n.º 35/2005, de 17 de Fevereiro, veio permitir que as entidades objecto de certificação legal de contas possam aplicar as IFRS às respectivas demonstrações financeiras individuais.

Contudo, *"tendo em vista a necessidade de acautelar os eventuais impactes em termos de receita fiscal decorrentes da adopção das NIC, o (...) diploma prevê, relativamente às contas individuais, a obrigatoriedade de manter a contabilidade organizada de acordo com as normas contabilísticas nacionais (...)"*[38].

Ou seja: na prática as empresas que pretendam aplicar as IFRS às respectivas demonstrações financeiras individuais encontram-se obrigadas a manter uma contabilidade "paralela", organizada de acordo com as normas nacionais, para efeitos do apuramento do respectivo lucro tributável.

No que se refere às entidades sujeitas à supervisão do Banco de Portugal tudo aponta para um cenário diferente. De facto, o Banco de Portugal, manifestou através da Carta-Circular n.º 102/2004/DSB, de 23 de Dezembro de 2004, a sua intenção de as entidades sujeitas à sua supervisão virem a adoptar as IFRS na elaboração das respectivas contas individuais[39].

Do ponto de vista prático, constata-se que uma medida que inicialmente apontamos como susceptível de contribuir para a harmonização fiscal ao nível da UE vem resultar numa redução da harmonização fiscal ao nível da tributação dos sujeitos passivos do IRC.

Em face do exposto, constata-se que expressão que inicialmente utilizamos não foi despropositada nem mesmo exagerada, já que nesta matéria existe ainda um longo caminho a percorrer, o qual, como vimos, encontra vicissitudes no interior dos próprios Estados-membros.

8.3 *A harmonização na fiscalização do cumprimento da lei fiscal*

Ainda que por mera hipótese académica admitíssemos que seria possível alcançar uma harmonização na UE ao nível das taxas e, bem

---

[38] Preâmbulo do Decreto-Lei n.º 35/2005.
[39] Na Carta-Circular prevêem-se excepções em algumas matérias, designadamente ao nível da valorimetria e provisionamento do crédito concedido e dos benefícios aos empregados.

assim, da determinação da matéria colectável das pessoas colectivas, a mesma não seria bem sucedida sem que existissem meios equivalentes ao nível da fiscalização do cumprimento da lei fiscal.

Ora, encontrando-se a fiscalização do cumprimento da lei fiscal na alçada Administração Fiscal e dos Tribunais Tributários, importa avaliar o resultado da intervenção destas entidades nos diversos países da UE.

Para este efeito socorremo-nos de alguns dos indicadores habitualmente utilizados nesta matéria.

GRÁFICO 6
– Peso das dívidas fiscais acumuladas no total de receitas fiscais em 2002 –

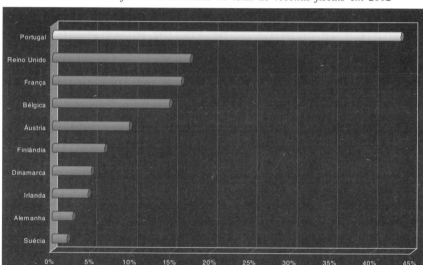

Fonte: OCDE

Conforme se constata, em Portugal o peso das dívidas fiscais acumuladas no total de receitas fiscais é muito superior ao dos restantes países considerados. De facto, em 2002 em Portugal este rácio apresentava um valor acima dos 40%, quando o segundo país desta amostra com o rácio mais elevado – Reino Unido – apresenta um valor abaixo dos 20%, ou seja menos de metade do apresentado pelo nosso país.

Mais: em alguns dos países da amostra – Dinamarca, Irlanda, Alemanha e Suécia – este rácio chega a ser inferior a 5%.

Ainda que este resultado possa ser parcialmente explicado pelo facto de alguns países terem procedimentos contabilísticos distintos ao nível dos créditos considerados incobráveis, o mesmo demonstra a dificuldade que, pelo menos no passado, foi sentida pela Administração Fiscal portuguesa para cobrar as dívidas fiscais.

Analisando, agora, o rácio população activa / funcionários da Administração Fiscal constata-se a existência de grandes disparidades ao nível países que compunham a UE 15, conforme demonstra o gráfico abaixo apresentado.

Em nossa opinião estes indicados apresenta algumas deficiências ao nível dos pressupostos em que assenta uma vez que a leitura deste indicador pressupõe, designadamente, níveis de complexidade do sistema fiscal e de controlo da fuga aos impostos equivalentes, premissas que, geralmente, não se observam.

GRÁFICO 7
– Rácio população activa/funcionários da Administração Fiscal –

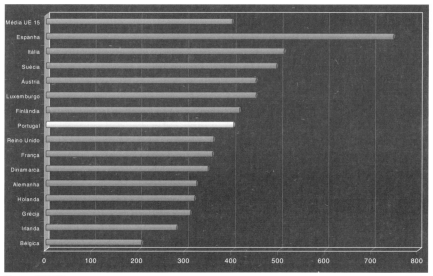

Fonte: OCDE

Neste plano, Portugal apresenta um valor em linha com a média dos países que compunham a UE a 15: por cada 400 activos existe um funcionário da Administração Fiscal. Com valores acima da média apresentam-se a Itália, a Suécia, a Áustria, o Luxemburgo, a Finlândia e Espanha.

Nos primeiros cinco países referidos o número de activos por funcionário da Administração Fiscal varia entre 400 e 500. Em Espanha este indicador apresenta uma performance assinalável na medida em que o número de activos por funcionário da Administração Fiscal encontra-se acima de 700, quase o dobro do valor apresentado por Portugal.

No extremo oposto temos a Bélgica, país em que este indicador apresenta o valor de 200, ou seja, existe um funcionário da Administração Fiscal por cada 200 activos.

Independentemente das reservas que possam ser efectuadas aos indicadores acima apresentados, os mesmos serviram para alcançar o objectivo a que nos propusemos inicialmente, isto é, demonstrar as disparidades ao nível dos meios disponíveis pelos diferentes Estados-membros no que respeita à fiscalização do cumprimento da lei fiscal.

Por tudo o que acima foi dito parece-nos claro que não existe evidência de qualquer harmonização fiscal ao nível das três vertentes – taxas, base tributável e fiscalização do cumprimento da lei fiscal – que elegemos para fazer essa avaliação.

Acresce que esta eventual meta tornou-se ainda mais difícil de alcançar com a recente adesão dos novos 10 Estados-membros. Assim, o objectivo de as decisões de investimento dos agentes económicos no seio da UE serem orientadas unicamente por critérios de racionalidade económica encontra-se longe de ser alcançado.

Naturalmente que, em teoria, poder-se-ia esperar que a harmonização da tributação directa surgisse de uma forma espontânea através do livre jogo das forças de mercado e da concorrência; a ser assim, os Estados que persistissem em manter um regime menos favorável seriam penalizados através de uma deslocação das transacções e dos investimentos para fora do seu território e os Estados que apresentassem regimes demasiado favoráveis seriam obrigados a aumentar a sua carga fiscal por forma a poderem criar e/ou modernizar as infraestruturas necessárias para atrair investimentos (v.g. vias de comunicação).

Do ponto de vista prático, este seria um processo longo e adulterado por questões de natureza político-sociais.

Todavia, retomando o nosso ponto de partida, actualmente este não parece constituir um objectivo da Comissão, entendendo-se que o mesmo está para além daquilo que são os objectivos da União Europeia.

A esta linha de orientação não será alheio o facto de os Estados-membros não querem perder o poder sobre o único instrumento de política económica que se encontra sobre a sua alçada.

Em face do exposto, é facilmente compreensível o número reduzido de Directivas emanadas da UE no que a esta matéria respeita, não que tal signifique que não têm sido dados quaisquer passos nesta matéria.

De facto, conforme acima referido, os Estados-membros adoptaram um conjunto de medidas no sentido da harmonização fiscal, sobretudo quando a tributação directa produz efeitos sobre o exercício das quatro liberdades fundamentais previstas no Tratado da CE e sobre a liberdade de estabelecimento de pessoas e empresas, às quais faremos uma breve referência de seguida.

8.4 *As medidas adoptadas pela UE no sentido da harmonização fiscal*

8.4.1 *Directiva 90/434/CEE*

A Directiva 90/434/CEE, de 23 de Julho, veio consagrar um regime comum aplicável às fusões, cisões, entradas de activos e permutas de acções realizadas entre sociedades de Estados-membros da UE.

Como é sabido, as reorganizações empresariais são, geralmente, operações de elevada dimensão que, por esse facto, em quase todas as legislações fiscais atraem um conjunto diversificado de encargos (v.g. impostos sobre o património, impostos sobre o rendimento, impostos sobre a despesa, encargos notariais e registrais).

Pretendeu-se com a adopção da presente Directiva instaurar para as operações *supra* mencionadas regras que permitissem que empresas de diferentes Estados-membros se reorganizassem sem despoletar tributação ao nível dos impostos sobre o rendimento.

Em Portugal este regime foi transposto para a "Subsecção IV – Regime especial aplicável às fusões, cisões, entradas de activos e permutas de acções" do Código do IRC, em concreto, nos seus artigos 67.º e seguintes.

8.4.2 *Directiva 90/435/CEE*

As disposições fiscais que regem as relações entre sociedades-mães e afiliadas variavam de Estado-membro para Estado-membro, sendo, normalmente, mais penalizadoras para as relações entre sociedades-mães e afiliadas de Estados-membros diferentes.

Assim, sentiu-se a necessidade de instituir um regime comum com vista a facilitar os agrupamentos de sociedades à escala comunitária.

Estas diferenças de tratamento traduziam-se a dois níveis: retenção na fonte e eliminação da dupla tributação.

Deste modo, ao nível das regras de retenção na fonte, a Directiva 90/435/CEE ("Directiva sociedades-mães e afiliadas") veio determinar que os Estados-membros deveriam estabelecer uma dispensa de retenção na fonte para os lucros distribuídos por uma sociedade afiliada à sua sociedade-mãe quando esta detivesse uma participação mínima de 25 %[40] no capital da afiliada por um período ininterrupto de dois anos.

Quanto à eliminação da dupla tributação, a Directiva estabelece que, quando a uma sociedade-mãe são distribuídos lucros de uma sociedade afiliada, o Estado da sociedade-mãe deverá abster-se de tributar esses rendimentos ou, em alternativa, tributá-los mas autorizando simultaneamente esta sociedade a deduzir do montante do seu imposto a fracção do imposto da sociedade afiliada correspondente a esses lucros.

8.4.3 *Convenção 90/436/CEE*

Face à crescente preocupação em matéria de tributação de operações entre entidades relacionadas, a Convenção 90/436/CEE, do Conselho, de 23 de Julho, veio estabelecer procedimentos a adoptar pelos Estados Membros para evitar situações de dupla tributação decorrentes de correcções promovidas às condições praticadas nas operações entre entidades relacionadas com residência em diferentes Estados-membros.

Assim, a Convenção impõe que os lucros tributados num determinado Estado-membro por força das mencionadas correcções não sejam simultaneamente objecto de tributação noutro Estado-membro, estabelecendo, para o efeito, procedimentos de comunicação e de resolução de conflitos.

As disposições referidas encontram-se reflectidas no n.º 11 do artigo 58.º do Código do IRC, o qual estabelece a obrigação de a Administração

---

[40] Por força das alterações introduzidas na Directiva 90/435/CEE pela Directiva 2003/123/CE, a percentagem de participação necessária para aplicar este regime foi reduzida para 20% e o respectivo âmbito de aplicação alargado aos estabelecimentos estáveis de sociedades residentes na UE. Refira-se que estas alterações foram consagradas nos artigos 14.º e 89.º do Código do IRC através do Orçamento do Estado para 2005.

Fiscal proceder a ajustamentos correlativos quando tal resulte de convenções internacionais celebradas por Portugal e nos termos e condições das mesmas.

8.4.4 *Directiva 2003/49/CE*

A Directiva 2003/49/CE, de 3 de Junho, estabelece um regime fiscal comum aplicável aos pagamentos de juros e *royalties* efectuados entre sociedades associadas residentes em Estados Membros diferentes, cujo objectivo final consiste em dispensar de tributação na fonte aqueles pagamentos em ordem a assegurar que sejam sujeitos a tributação num único Estado.

Em Portugal, esta Directiva foi recentemente transposta pelo Decreto-Lei n.º 34/2005, de 17 de Fevereiro.

O nosso país, conjuntamente com os países referidos no diagrama abaixo apresentado, beneficiará de um regime transitório de tributação destes rendimentos.

Assim, até 1 de Julho de 2009 vigorará em Portugal uma taxa de retenção na fonte de 10% sobre os juros e royalties pagos por uma empresa residente neste território a uma sua associada residente na UE. Após essa data e até 1 de Julho de 2013, a taxa em apreço corresponderá a 5%[41].

Em situação idêntica encontram-se a Letónia, a Polónia e a Grécia.

Quanto à Republica Checa e à Espanha, já não está previsto na respectiva ordem jurídica interna qualquer retenção na fonte sobre os juros pagos a entidades residentes na UE; em contrapartida, mantêm o direito de tributar à taxa de 10% os royalties até 1 de Julho de 2011. Este direito é extensível à Lituânia que mantém também o direito de tributar à taxa de 10% os juros até 1 de Julho de 2009.

Finalmente, a Eslováquia mantém o direito de tributar os royalties por retenção na fonte à taxa de 19% até 30 de Abril de 2006.

---

[41] Esta calendarização pressupõe a verificação dos requisitos necessários à entrada em vigor da Directiva 2003/48/CE, de 3 de Junho (Directiva da Poupança).

GRÁFICO 8
– Implementação da Directiva sobre juros e royalties: regimes transitórios –

			Até 30/6/2005	Desde 1/7/2005	Desde 1/7/2009	Desde 1/7/2011	Desde 1/7/2013
República Checa	Juros						
	Royalties	25%					
Letónia	Juros	10%					
	Royalties	5 ou 15%					
Lituânia	Juros	10%					
	Royalties	10%					
Polónia	Juros	20%					
	Royalties	20%					
Eslováquia	Juros						
	Royalties	19%	Até 30/4/2006				
Grécia	Juros	35%					
	Royalties	20%					
Portugal	Juros	20%					
	Royalties	15%					
Espanha	Juros						
	Royalties	25%					

8.4.5 *Directiva 77/799/CEE*

A Directiva 77/799/CEE estabelece as regras que devem reger a indispensável cooperação entre as autoridades tributárias dos diferentes Estados-membros da UE, dotando-as de meios que permitam combater a fraude e a evasão fiscais.

Ainda que esta Directiva não produza efeitos directos ao nível do Código do IRC, pela importância que o mecanismo nela previsto poderá vir ter no futuro não poderíamos deixar de fazer referência à mesma.

A Directiva em apreço foi transposta para a ordem jurídica portuguesa através do Decreto-Lei n.º 127/90, de 17 de Abril.

Refira-se, no entanto, que no artigo 4.º do Diploma em apreço se estabeleciam um conjunto de situações em que a troca de informações poderia ser afastada, o que se traduz numa reduzida aplicação deste mecanismo por parte das Administrações Fiscais dos Estados-membros da UE.

Contudo, têm vindo a ser dados alguns passos no sentido de reforçar a utilização deste mecanismo de troca de informações através de uma eliminação das situações em que o mesmo poderia ser afastado. Exemplos disso são as recentes alterações que sofreu a Directiva 77/799/CEE que foram transpostas para o ordenamento jurídico interno pela Lei do Orçamento do Estado para 2005.

9. Jurisprudência comunitária

Outro dos factores que identificamos como susceptíveis de condicionar de forma significativa a evolução ao nível da tributação em sede de IRC corresponde à jurisprudência comunitária sobre questões de tributação directa.

Este factor poderá actuar de uma forma correctiva – quando uma determinada disposição da legislação interna é considerada pelo TJCE como contrária aos princípios que regem a UE – ou dissuasora, na medida em que poderá conduzir a que o legislador não introduza uma determinada norma no ordenamento jurídico nacional quando a mesma se possa revelar contrária aqueles princípios.

Na prática, constata-se que, atenta a insuficiente harmonização fiscal positiva, a jurisprudência do TJCE tem vindo a assumir um papel fundamental na eliminação dos entraves fiscais que obstam à construção do mercado interno europeu[42].

De facto, ao nível da tributação directa as decisões do TJCE relativamente à aplicação do princípio da não discriminação em razão da nacionalidade (consagrado no artigo 12.º do Tratado da CE) e das liberdades de circulação de bens, pessoas, serviços e capitais (previstas nos artigos 39.º do Tratado da CE), têm constituído um importante mecanismo de remoção de obstáculos fiscais ao funcionamento do mercado único[43].

Nesta medida, apresentaremos em seguida alguns casos submetidos ao TJCE que se afiguram relevantes no domínio da tributação em Por-

---

[42] Sobre o papel de excessivo destaque que o TJCE tem assumido nesta matéria *vide* PEREIRA, Paula Rosado op. cit., (pág 189 e seguintes): *"Consideramos (...) que a jurisprudência do TJCE, embora de importância exclusiva – ou, mesmo, principal – de eliminação dos obstáculos fiscais às actividades e aos investimentos intracomunitários. Impõe-se, portanto, que este objectivo seja prosseguido também de outras formas no âmbito da UE".*

[43] O ponto anterior do presente documento é ilustrativo disto mesmo.

tugal, pelos efeitos que já produziram, pelos que, necessariamente se produzirão (sob pena desconformidade da lei nacional face à jurisprudência deste tribunal) e pelos que poderão ainda vir a revelar-se necessários, atentos alguns dos casos que se encontram ainda em apreciação junto do TJCE.

9.1 *Caso Epson*

Ainda que não tendo influência directa no Código do IRC, não poderíamos abordar o tema da jurisprudência do TJCE sem fazer uma referência, ainda que breve, ao Caso C-375/98 ("Caso *Epson*") relativo à aplicação da Directiva sociedades-mães e afiliadas.

No âmbito deste processo, uma sociedade holandesa – Epson Europe BV – deduziu impugnação contra uma liquidação de ISDA[44] efectuada pelo Estado português relativamente a dividendos recebidos de uma sua participada residente neste território, com fundamento na errada transposição para a ordem jurídica portuguesa da Directiva acima referida.

Ora, através de Acórdão de 8 de Junho de 2000, o TJCE declarou a incompatibilidade do ISDA face às disposições da Directiva sociedades-mães e afiliadas, facto que determinou a alteração da norma[45] na qual este imposto se encontrava previsto por forma a que o mesmo deixasse de ser aplicável quando as acções fossem detidas por uma sociedade residente noutro Estado-membro da UE nas condições previstas na Directiva em apreço.

9.2 *Caso Danner*

O Caso C-136/00 ("Caso *Danner*") revela-se igualmente pertinente na medida em que apenas recentemente – através do Orçamento do Estado para 2005 – a legislação fiscal portuguesa passou a estar em conformidade

---

[44] Como é sabido, na legislação portuguesa encontrava-se previsto o pagamento por avença do imposto pela transmissão a título gratuito das acções de sociedades com sede em território português. Este imposto operava mediante dedução aos dividendos e ascendia a 5% do respectivo montante.

[45] Recordamos que a norma em causa correspondia ao artigo 182.º do Código do Imposto Municipal de Sisa e Imposto sobre Sucessões e Doações e que a alteração a que nos referimos foi concretizada através do Orçamento do Estado para 2002.

com a jurisprudência do TJCE no que respeita a matéria analisada no âmbito deste caso.

Na disputa em apreço, o Senhor Rolf Dieter Danner, residente na Finlândia, submeteu ao TJCE uma questão prejudicial relativa à interpretação dos artigos 12.º e 49.º do Tratado da CE pelo facto de lhe ter sido recusada pelo Estado finlandês a dedutibilidade fiscal de contribuições para um esquema de pensões gerido por uma instituição residente na Alemanha durante o período que trabalhou e residiu naquele país.

A decisão proferida pelo TJCE foi no sentido de obrigar o Estado Finlandês a permitir a dedução fiscal das contribuições, não obstante o facto de as mesmos serem geridas por uma instituição residente num Estado-membro diferente.

Como é sabido, até à entrada em vigor do Orçamento do Estado para 2005, a dedutibilidade dos custos ou perdas com contratos de seguros de doença, seguros de acidentes pessoais, seguros de vida e, bem assim, com contribuições para fundos de pensões, encontrava-se limitada às situações em que os contratos de seguros eram celebrados com empresas de seguros que possuíssem sede, direcção efectiva ou estabelecimento estável em território português e aos fundos de pensões constituídos de acordo com a legislação nacional, respectivamente.

O Orçamento do Estado para 2005 veio estender a dedutibilidade das importâncias em apreço aos montantes despendidos em contratos de seguro e fundos de pensões aos quais seja aplicável a Directiva 2003/41/CE, de 3 de Junho de 2003.

9.3 *Caso Avoir fiscal*

A importância do Caso C-270/83 ("Caso *Avoir fiscal*") advém, desde logo, do facto de ter dado origem à primeira decisão do TJCE em matéria de tributação directa.

Todavia, no que respeita à legislação fiscal portuguesa esta não se esgota aí.

De facto, este caso prende-se com a recusa da concessão de um crédito fiscal pela legislação fiscal francesa a agências e sucursais estabelecidas em França de sociedades sediadas noutros Estados-membros[46].

---

[46] Este acórdão apresenta, também, como ponto de interesse o facto de nele se preconizar não só a primazia do direito comunitário sobre a legislação interna dos Estados-

O TJCE concluiu que a legislação fiscal francesa violava o disposto no artigo 43.º do Tratado da CE, na medida em que previa um tratamento fiscal mais favorável para as sociedades que eram constituídas segundo o direito francês face às constituídas de acordo com a legislação de outros Estado-membro.

Como é sabido, a Administração Fiscal portuguesa vinha negando a aplicação do mecanismo da eliminação da dupla tributação económica previsto no artigo 46.º do Código do IRC aos lucros obtidos por estabelecimentos estáveis de sociedades sediadas noutros Estados-membros da UE, em clara contradição com a jurisprudência do TJCE.

Ora, foi necessária a transposição para o ordenamento jurídico nacional das alterações efectuadas à Directiva 90/435/CEE pela Directiva 2003/123/CE – através da Lei do Orçamento do Estado para 2005 – para que fosse estendida a aplicação do mecanismo de eliminação da dupla tributação aos lucros recebidos por estabelecimentos estáveis em território português de entidades residentes noutro Estado-membro da UE.

9.4 *Caso Saint Gobain*

Na esteira do Caso *Avoir fiscal*, o Caso C-307/97 ("Caso Saint Gobain") assume, também, uma grande importância na adaptação das normas internas às limitações impostas pelo Tratado da UE na medida em que vem alargar aos estabelecimentos estáveis de uma sociedade residente num Estado-membro situados num outro Estado-membro a aplicação dos mecanismos de eliminação da dupla tributação previstos nas convenções celebradas pelo Estado onde esses estabelecimentos estáveis se situem[47].

Este caso foi despoletado pela recusa da Administração Fiscal da Alemanha em aplicar os mecanismos de eliminação da dupla tributação previstos no normativo deste país[48] aos dividendos recebidos por uma

---

-membros mas, igualmente, sobre outras fontes de direito internacional, no caso em concreto, os ADT celebrados por esses Estados [neste sentido *vide* PEREIRA, Paula Rosado op. cit., (pág 178)].

[47] Esse crédito designava-se de "*avoir fiscal*" daí a razão pela qual este caso ficou conhecido como o "Caso *Avoir Fiscal*".

[48] No qual se incluíam, naturalmente, os mecanismos previstos nos ADT celebrados pela Alemanha com os países de onde eram provenientes os dividendos.

sucursal alemã da sociedade Saint Gobain, S.A., residente em França, que haviam sido objecto de tributação no país de origem.

Como já antecipámos, a decisão do TJCE foi no sentido da aplicabilidade daqueles mecanismos à sucursal alemã.

Nesta medida e na linha deste acórdão, Portugal deveria permitir aos estabelecimentos estáveis de sociedades residentes noutros Estados-membros beneficiar dos métodos de eliminação da dupla tributação previstos nos ADT's celebrados por Portugal.

De igual modo, as sucursais de empresas portuguesas estabelecidas noutros Estados-membros deveriam beneficiar dos mecanismos de eliminação da dupla tributação previstos na rede de ADT celebrados pelo país em que se situam[49].

9.5 *Caso Lankhorst-Hohorst*

À semelhança do que sucede actualmente em Portugal, as regras de subcapitalização na Alemanha eram, em traços gerais, aplicáveis apenas a entidades não residentes, incluindo entidades residentes em Estados-membros da UE.

Nesta medida, as autoridades tributárias na Alemanha aplicaram as mencionadas regras de subcapitalização a um financiamento concedido por uma sociedade holandesa a uma sua participada – Lankhorst-Hohorst GmbH – residente naquele país.

Do ponto de vista prático, os juros subjacentes ao financiamento foram requalificados como uma distribuição de dividendos encoberta.

Não se conformando com esta decisão das autoridades tributárias alemãs, a sociedade Lankhorst-Hohorst GmbH recorreu dessa decisão, alegando que a norma em apreço era discriminatória na medida que não era aplicável quando a sociedade-mãe era residente na Alemanha mas já o era quando a mesma fosse residente num outro país da UE.

---

[49] Nesta matéria as empresas portuguesas iram ficar claramente a ganhar já que, regra geral, os restantes Estados-membros apresentam uma rede mais alargada de ADT e, bem assim, com disposições mais favoráveis ao nível da eliminação da dupla tributação (v.g. em ADT celebrados por alguns Estados proliferam as cláusulas de crédito de imposto presumido).

Em 12 de Dezembro de 2002, o TJCE pronunciou-se no sentido do carácter discriminatório do regime de subcapitalização consagrado da legislação fiscal alemã.

Em face da decisão em apreço do TJCE, somos levados a concluir que a legislação portuguesa nesta matéria é, igualmente, discriminatória pelo que a mesma deveria alterada à luz da decisão do TJCE.

Essa alteração poderá subsumir-se no alargamento da sua aplicação às situações de "excesso" de endividamento perante sociedades portuguesas ou na não aplicação deste regime aos financiamentos concedidos por sociedades residentes na UE a suas participadas residentes em território português.

9.6 *Caso Cadbury Schweppes*

O caso em apreço respeita à alegada incompatibilidade entre as regras de imputação de lucros consagradas na legislação fiscal do Reino Unido e as disposições constantes do Tratado.

Em termos gerais, a legislação fiscal inglesa consagra um mecanismo de imputação de lucros obtidos por sociedades não residentes controladas por residentes no Reino Unido e sujeitas a uma taxa de im-posto inferior a 75% da taxa praticada nesse Estado.

O presente caso foi submetido ao TJCE na sequência de uma correcção fiscal promovida pelas autoridades tributárias do Reino Unido pelo facto de terem considerado que os lucros obtidos por subsidiárias da sociedade *Cadbury Schweppes* residentes na Irlanda e aí sujeitos a uma tributação de 10% deveriam ser imputados à empresa mãe e tributados no seu país da residência (Reino Unido).

Esta questão não foi ainda objecto de decisão por parte do TJCE; no entanto, atenta a linha de rumo que vem sendo seguida por este tribunal não será difícil de antecipar qual será a natureza da mesma relativamente a esta questão.

Esta dúvida pode, igualmente, suscitar-se face à actual redacção do artigo 60.º do Código do IRC, no qual se prevê a possibilidade do mecanismo de imputação de lucros vir a ser aplicado quando o imposto efectivamente pago pela sociedade participada não residente se revele igual ou inferior a 60% do IRC que seria devido se a sociedade fosse residente em território português (15%).

Na prática, as autoridades tributárias portuguesas têm adoptado uma postura sensata nesta matéria, não aplicado esta regra a sociedades participadas residentes na UE.

9.7 *Caso Marks & Spencer*

A questão colocada perante este órgão jurisdicional no âmbito do Caso C-446/03 ("Caso Marks & Spencer") assume particular relevância em virtude da matéria a que respeita e das proporções que a mesma pode assumir em termos de impacto nas receitas fiscais de alguns Estados-membros.

No caso vertente, a Marks & Spencer PLC (sociedade residente no Reino Unido) alegou que a impossibilidade de dedução dos prejuízos fiscais apurados por subsidiárias suas noutros Estados-membros em virtude do regime de consolidação fiscal naquele país não ser extensível a sociedades não residentes (ainda que residentes noutros países da UE) constitui uma violação ao princípio da liberdade de estabelecimento.

Como é sabido, em Portugal o Regime Especial de Tributação dos Grupos de Sociedades estabelece como um dos requisitos para a sua aplicação que as sociedades pertencentes ao grupo tenham todas sede e direcção efectiva em território português.

Deste modo, sendo a decisão favorável à Marks & Spencer PLC a mesma poderá ter algumas repercussões ao nível do apuramento do lucro tributável de alguns grupos económicos portugueses que actuam noutros Estados-membros da UE através de sociedades suas participadas que se encontrem a gerar prejuízos.

Conforme foi possível demonstrar, algumas das decisões do TJCE podem vir a produzir efeitos significativos ao nível das regras de tributação prevista no Código do IRC.

Naturalmente, os sujeitos passivos "mais informados" irão ajustar as suas decisões em matérias fiscais em face das decisões que têm vindo a ser proferidas pelo TJCE.

Ora, ao não serem alteradas as normas do Código do IRC que não se revelam em conformidade com o teor das decisões do TJCE está a criar-se uma situação de injustiça para aqueles sujeitos passivos que, na ausência destas informações, aplicam essas normas a situações em que, em boa verdade, as mesmas não seriam de aplicar.

Nesta medida, urge corrigir estas situações sob pena de se manterem situações de insegurança e, bem assim, de injustiça fiscal.

10. Concorrência fiscal internacional

Um outro aspecto que inicialmente identificamos como um dos principais factores que condicionam a evolução das regras de tributação em sede de IRC corresponde à concorrência fiscal internacional.

Na presente secção iremos procurar demonstrar a razão de ser desta nossa afirmação, pois, uma vez mais, encontramo-nos perante uma variável que não exerce uma influência directa neste imposto mas que, como procuraremos evidenciar, disciplina e orienta a sua evolução.

Fruto da globalização, do desenvolvimento das tecnologias de informação, da mobilidade internacional dos factores de produção e da crescente segregação de funções, é, actualmente, possível proceder à decomposição de parcelas da matéria colectável de um determinado negócio por diversos países, designadamente quando estamos perante empresas com expressão multinacional.

De facto, no passado era vulgar encontrar todas as funções de um negócio num mesmo país, o qual constituía, em regra, o mercado de destino dos bens ou serviços.

Contudo, actualmente é possível a um Grupo económico deslocalizar as suas várias funções, sendo que, como é natural, as questões de natureza fiscal são equacionadas quando é tomada qualquer decisão nesta matéria.

Por exemplo, um Grupo económico poderá ter as seus centros de investigação e desenvolvimento na Suécia (em face da elevada qualificação da mão-de-obra), as entidades gestoras das suas marcas e patentes na Hungria (atenta a protecção jurídica que lhes é concedida), as suas unidades produtivas na Estónia (para poder aceder a mão-de-obra a baixo custo), a gestão das disponibilidades financeiras no Luxemburgo (por forma a estar próximo de um importante centro financeiro) e apenas a função de distribuição no país de destino dos bens.

Do ponto de vista fiscal, esta repartição de funções por diversos Estados poderá revelar-se igualmente vantajosa em virtude das especificidades da legislação fiscal destes países que procuram criar regimes de tributação mais favoráveis com vista a atrair investimento externo.

Esta conjugação de vantagens económicas e fiscais muitas vezes não existe. Na verdade, os Estados procuram geralmente colmatar eventuais desvantagens económicas com a criação de um regime fiscal mais favorável, o que pode conduzir a distorções na afectação eficiente de recursos económicos.

Nesta medida, Portugal – como qualquer outro país – encontra-se exposto a esta concorrência sob uma dupla perspectiva: (i) quando introduz qualquer alteração no seu regime fiscal que o podem tornar relativamente mais ou menos favorável; (ii) quando um outro país – com características económicas similares – procede a mudanças que sejam susceptíveis de o tornar comparativamente mais favorável que o nosso.

É neste contexto que inicialmente afirmamos que a concorrência fiscal internacional disciplina e orienta a evolução do Código do IRC.

Naturalmente que um determinado país pode adoptar um conjunto de medidas fiscais que, por si só, possam levar a que um determinado Grupo económico transfira a localização de uma determinada actividade do país em que esta se encontra para o país que introduz essa medida fiscalmente atractiva.

Num contexto de união económica e monetária – tal como a UE – esta questão assume particular relevância na medida em que eventuais entraves à deslocalização dos factores de produção (capital e trabalho) estão claramente mitigados.

Cientes deste aspecto, os Estados-membros da UE adoptaram um Código de Conduta no domínio da fiscalidade das empresas ("Código de Conduta"), sobre o qual importa apresentar algumas breves notas[50].

10.1 *Código de Conduta*

O Código de Conduta adoptado em 1997 constitui um compromisso político assumido pelos Estados-membros com o objectivo de combater as medidas fiscais com efeitos prejudiciais.

No âmbito do Código de Conduta os Estados-membros comprometeram-se a não introduzir medidas fiscais susceptíveis de serem qualificadas como prejudiciais à concorrência[51] e, bem assim, a reanalisar as normas e práticas em vigor e a alterar quaisquer medidas qualificadas como prejudiciais à luz dos princípios subjacentes ao Código em apreço[52].

---

[50] Através da Resolução do Conselho de Representantes dos Governos dos Estados-membros reunido no Conselho ECOFIN de 1 de Dezembro de 1997.

[51] Cláusula de Congelamento.

[52] Cláusula de desmantelamento.

No Código de Conduta previa-se, igualmente, a criação de um grupo de trabalho que avaliaria as medidas susceptíveis de serem abrangidas pelo Código em apreço ("Grupo Código de Conduta"), o qual apresentou, em 29 de Novembro de 1999, o seu relatório ao Conselho ECOFIN.

No âmbito dos trabalhos deste Grupo foram avaliadas várias medidas fiscais implementadas pelos Estados-membros e territórios europeus cujas relações externas são asseguradas por um desses Estados e dos seus territórios dependentes e associados.

Todavia, apenas algumas dessas medidas foram consideradas como contendo aspectos nocivos.

No gráfico apresentado de seguida encontra-se identificado, por Estado-membro, o número de medidas fiscais que no Relatório do Grupo Código de Conduta foram identificadas como contendo aspectos nocivos[53].

GRÁFICO 9
– *Código de Conduta – número de medidas com aspectos nocivos por Estado-membro –*

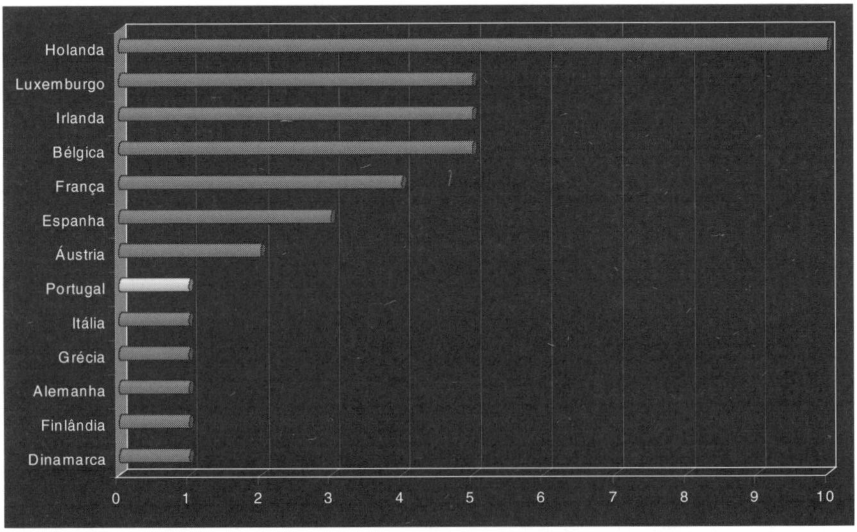

Fonte: União Europeia

---

[53] Para este efeito não se nos afigurou pertinente considerar o número de medidas consideradas nocivas pelos territórios europeus cujas relações externas são asseguradas por um Estado-membro, bem como as relativas a territórios dependentes e associados de um Estado-membro.

Conforme se pode constatar, a Holanda foi o Estado-membro em que foram identificadas maior número de medidas com aspectos nocivos (10 medidas), seguindo-se o Luxemburgo, a Irlanda e a Bélgica (5 medidas).

Quanto a Portugal, apenas foi identificada uma medida com aspectos nocivos, a qual correspondia ao regime fiscal aplicável às actividades financeiras desenvolvidas pelas sociedades licenciadas para operar nas Zonas Francas da Madeira e de Santa Maria.

Desde a data em que foi conhecido o relatório até agora, estas medidas tem vindo a ser objecto de limitação da sua aplicação temporal, revogação ou adaptação.

Relativamente a Portugal, e apesar das divergências entre a posição do nosso país e a da Comissão quanto à qualificação do regime fiscal aplicável às actividades financeiras desenvolvidas pelas sociedades licenciadas para operar nas Zonas Francas da Madeira e de Santa Maria como uma medida fiscal nociva[54], a posição da Comissão prevaleceu e não foram emitidas novas licenças a partir de 1 de Janeiro de 2001[55].

10.2 *Avaliação da competitividade do sistema fiscal português*

Retomando a discussão inicial sobre a concorrência fiscal "legítima" entre Estados, apresentaremos de seguida alguns dados sobre os aspectos fiscais mais pertinentes do sistema fiscal português numa perspectiva internacional face aos restantes Estados-membros da UE, aos EUA e ao Canadá.

Os indicadores que seleccionámos para este efeito assentam na nossa experiência sobre as preocupações geralmente manifestadas por investidores não residentes relativamente ao sistema fiscal português quando equacionam a realização de um investimento no nosso território (v.g. a existência de ADT celebrado com o país de residência e as taxas de retenção na fonte sobre os rendimentos que esperam vir a auferir).

---

[54] Sobre esta matéria *vide* SANTOS, António Carlos dos *In* "Planeamento e Concorrência Fiscal Internacional – A posição portuguesa face à regulação comunitária da concorrência fiscal", Fisco, (pág. 182 e seg,).

[55] Referimo-nos a licenças abrangidas pela medida fiscal qualificada como nociva, já que, como é sabido, para as entidades licenciadas a partir de 1 de Janeiro de 2003, foi criado um regime alternativo, claramente menos favorável.

GRÁFICO 10
– ADT celebrados por país –

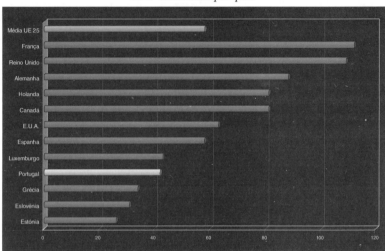

Fonte: European Tax Handbook 2004, KPMG/IBFD

Conforme se encontra espelhado no gráfico acima apresentado, a França, o Reino Unido e a Alemanha apresentam o maior número de ADT celebrados (mais de 80), o que poderá ser explicado pela importância destes países na economia mundial.

Nesta linha de entendimento, e atento o peso dos EUA na economia mundial, seria de esperar que este país apresentasse um número de ADT bastante mais elevado (actualmente o numero de ADT ascende a 63).

Em nossa opinião, este resultado "inesperado" decorre da maior preocupação dos EUA em salvaguardar a sua base tributável, a qual também se manifesta no teor dos próprios ADT que celebrou.

Um dado importante que não resulta directamente do gráfico apresentado respeita à abertura de certos países para a celebração de ADT com países ou territórios tradicionalmente considerados como possuindo regimes de tributação privilegiada.

Este aspecto não se verifica relativamente a Portugal, o que, conjugado com a reduzida expressão de transacções extra-comunitárias apresentada pela nossa economia e, bem assim, pelo longo período de autarcia em que nosso país viveu, contribui para explicar o facto de Portugal apresentar um número de ADT abaixo da média da UE.

De todo o modo, o número de ADT celebrados não constitui, por si só, um factor indicativo da atitude de cada país face à tributação dos rendimentos auferidos por não residentes, devendo esta avaliação ser complementada com uma análise às condições previstas nesses Acordos.

Neste sentido, apresentaremos de seguida uma breve análise comparativa das taxas médias de tributação previstas nos ADT celebrados pelos Estados-membros da UE e EUA para os rendimentos de diferente natureza.

Dividendos

Conforme se infere do gráfico apresentado em seguida, os ADT celebrados por Portugal apresentam uma taxa de tributação média dos dividendos em linha com a apresentada pelos países que compõem a UE (13%).

Refira-se, contudo, que a mesma seria superior à taxa média apresentada pelos 10 novos Estados-membros.

Constata-se, ainda, que as taxas médias de tributação dos dividendos mais baixas são as apresentadas pela Irlanda (10%), Finlândia (9%) e Chipre (8%). Inversamente, os EUA apresentam uma taxa média mais elevada (18%) do que qualquer dos Estados-membros da UE[56].

GRÁFICO 11
– *Taxa média de tributação dos dividendos* –

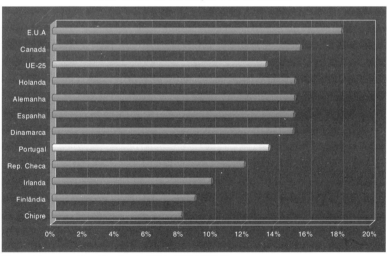

Fonte: European Tax Handbook 2004, KPMG/IBFD

---

[56] Este dado vem corroborar o que acima afirmamos relativamente à preocupação deste país em não abdicar do direito de tributar enquanto estado da fonte dos rendimentos.

A situação altera-se quando consideramos a tributação de dividendos decorrentes de participações qualificadas[57], caso em que Portugal se encontra no lote de países que apresenta taxas médias mais elevadas (11%).

Nesta matéria, as taxas médias apresentadas pelos novos Estados-membros revelam-se significativamente mais baixas do que as apresentadas pelos anteriores membros da UE.

Esta análise revela-se inócua no que respeita aos dividendos de participações qualificadas mantidas em sociedades portuguesas por sociedades residentes da UE na medida em que, nestas circunstâncias, aplicar-se-iam as disposições constantes da Directiva sociedades-mães e afiliadas.

GRÁFICO 12
– *Taxa média de tributação dos dividendos de participações qualificadas* –

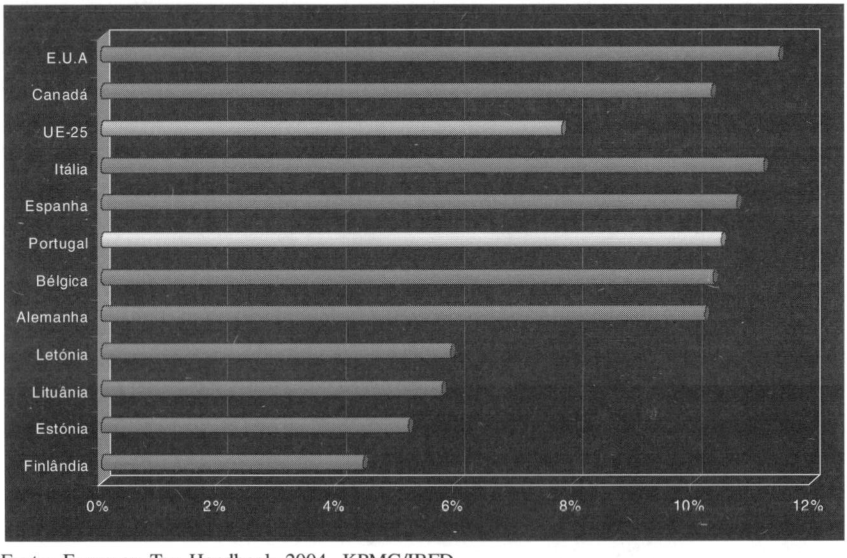

Fonte: European Tax Handbook 2004, KPMG/IBFD

Juros

No que respeita à tributação dos juros, conforme se encontra evidenciado no gráfico apresentado de seguida a média das taxas previstas

---

[57] Neste contexto, referimo-nos a participação qualificada como uma participação de pelo menos 25% no capital social de uma sociedade.

nos ADT celebrados por Portugal (11%) é das mais elevadas, sendo apenas inferior à apresentada pela Bélgica e pelo Canadá (ambos apresentam uma taxa próxima de 12%).

Verifica-se, ainda, que as taxas médias apresentadas por alguns dos novos Estados-membros [v.g. Eslováquia e República Checa (ambas correspondem a 5%)] são significativamente inferiores às apresentadas por Portugal.

GRÁFICO 13
– Taxa média de tributação dos juros –

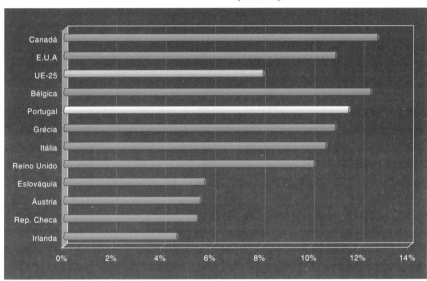

Fonte: European Tax Handbook 2004, KPMG/IBFD

Royalties

À semelhança do que sucede relativamente aos juros, Portugal apresenta uma das mais elevadas taxas de tributação média sobre *royalties* (12%) nos países que constituem a nossa amostra, sendo, novamente, apenas superado pela Bélgica e pelo Canadá (ambas próximas de 12%).

Todavia, no que respeita a este tipo de rendimentos Portugal apresenta uma taxa média muito próxima das existentes nos 10 novos Estados-membros (v.g. Estónia, Letónia, República Checa e Polónia), afastando-se consideravelmente da média da UE 25 (8%).

Neste âmbito, as taxas médias de tributação mais baixas são as apresentadas pelo Chipre (5%) e pela Irlanda (4%).

GRÁFICO 14
– *Taxa média de tributação dos royalties* –

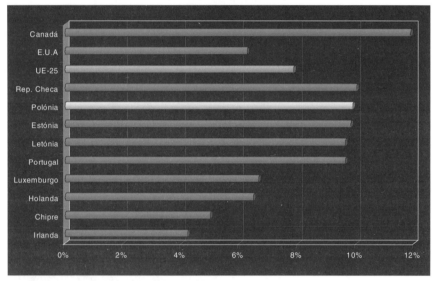

Fonte: European Tax Handbook 2004, KPMG/IBFD

Contudo, em matéria de tributação dos juros e *royalties* pagos a empresas associadas importará ter em conta a implementação da Directiva Juros e Royalties à qual nos referimos anteriormente.

Ora, se considerássemos os efeitos da aplicação da Directiva em apreço Portugal apresentaria uma taxa média de tributação relativamente mais elevada[58].

10.3 *Regimes especiais de tributação*

Na avaliação da competitividade do sistema fiscal de um determinado país revelam-se, igualmente, pertinentes os regimes "especiais"[59] de tributação que aí se encontram previstos.

---

[58] Recordamos que Portugal beneficia de um regime transitório, o qual lhe permitirá manter o direito de tributar estes rendimentos até 1 de Julho de 2013.

[59] A expressão "especiais" não é utilizada no sentido de distintos do regime regra aplicável nesses países, mas como contendo particularidades que os tornam mais atractivos do que os equivalentes previstos na legislação fiscal em Portugal.

Não obstante numa análise sumária às taxas gerais de tributação aplicáveis se podes apontar num determinado sentido quanto ao nível de tributação existente num determinado país, um estudo mais cuidado dos regimes especiais previstos poderá levar-nos a concluir em sentido oposto.

De facto, como foi possível constatar na parte do presente documento dedicada ao Código do Conduta, em alguns países proliferam regimes especiais de tributação que os tornam significativamente mais atractivos.

Aliás, para demonstrar o que afirmamos não é sequer necessário recorrer a medidas fiscais qualificadas como prejudiciais, uma vez que algumas das medidas que iremos de seguida apresentar a título meramente exemplificativo foram analisadas pelo Grupo que elaborou o Código de Conduta.

- **Dedução fiscal do *goodwill***

Em traços gerais, nos termos da legislação fiscal espanhola a depreciação do *goodwill* é permitida no caso de fusão entre a sociedade adquirente e a adquirida desde que a sociedade incorporante detenha uma participação mínima de 5% no capital da incorporada e que essa operação seja realizada ao abrigo da Directiva 90/434/CE.

Cumpridos os requisitos acima descritos, a legislação fiscal espanhola permite que a diferença entre o preço de aquisição das acções detidas na sociedade incorporada e o respectivo valor contabilístico seja alocada aos bens e direitos transferidos para a sociedade incorporante na sequência da fusão (de acordo com as regras contabilísticas aplicáveis a este tipo de operações), podendo a mesma ser depreciada de acordo com o período de vida útil desses bens ou direitos.

- **Mecanismos de eliminação da dupla tributação económica**
Compensação de créditos de imposto

A legislação fiscal irlandesa possibilita a compensação de créditos de imposto relativos a rendimentos de participações financeiras sujeitas a taxas de tributação diferentes.

Este regime permite que o crédito de imposto decorrente da participação numa subsidiária sujeita a uma taxa de tributação superior a 25% seja utilizado para reduzir o imposto que seria devido por rendimentos decorrentes de uma subsidiária sujeita a uma tributação inferior.

Isenção total
A legislação holandesa concede uma isenção aos rendimentos de participações financeiras ainda que situadas fora da UE.

- **Não tributação de lucros retidos**
De acordo com o regime fiscal em vigor na Estónia os lucros obtidos por uma sociedade apenas são objecto de tributação quando da respectiva distribuição aos accionistas.

- **Tributação dos rendimentos de propriedade industrial**
Na Hungria os rendimentos decorrentes de propriedade industrial são tributados em apenas 50% na esfera dos respectivos beneficiários dos rendimentos.

Esta breve referência a alguns regimes "especiais" de tributação previstos noutros países da UE permite não só confirmar a atractividade de alguns países em matérias de natureza fiscal mas também demonstrar que países que, à partida, não se apresentam como dos mais competitivos deste ponto de vista, podem, na verdade, revelar-se bastante atractivos.

Este objectivo poderá ser igualmente alcançado através do papel desenvolvido por organismos dos Estados cujo papel é atrair investimentos[60].

10.4 *Concorrência fiscal como fenómeno global*

Em matéria de concorrência fiscal, a discussão não pode terminar ao nível do espaço europeu. De facto, ainda que a existência de alguns obstáculos possa diluir os efeitos da concorrência fiscal a nível mundial, os mesmos não deverão ser ignorados.

Ao nível da UE denota-se uma maior preocupação com a concorrência fiscal interna do que propriamente a concorrência fiscal face a outros blocos económicos, nomeadamente o asiático e o americano.

Em nossa opinião, esta questão deveria ser objecto de uma reflexão mais cuidada.

Com efeito, apesar da tendência global de descida das taxas de IRC na UE, verifica-se que existe uma disparidade entre a taxa média de tributação do rendimento das pessoas colectivas na UE a 15 e a mesma taxa nos restante blocos económicos, conforme ilustram os gráficos apresentados de seguida

---

[60] Como é sabido, no plano nacional esse papel está confiado à Agência Portuguesa para o Investimento.

Gráfico 15
– Taxas de imposto em 2004 –

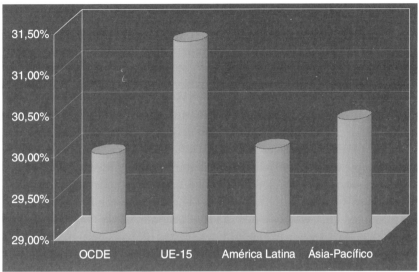

Fonte: OCDE

Gráfico 16
– Evolução das taxas de imposto –

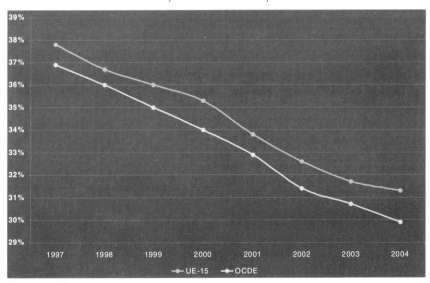

Fonte: OCDE

Verifica-se que, quer numa perspectiva estática, quer dinâmica, a UE apresenta taxas médias de tributação dos lucros de sociedades superiores às médias apresentadas pelos países da OCDE e dos restantes blocos económicos.

Num contexto de crescente competitividade e mobilidade dos factores de produção, este aspecto poderá constituir mais um contributo para a perda de atractividade da economia europeia.

11. Fraude e evasão fiscais

No campo oposto ao da dupla tributação (que ocorre quando as normas tributárias de dois Estados incidem sobre o mesmo rendimento) encontram-se a fraude e a evasão fiscal que se traduzem na não aplicabilidade de qualquer norma tributária a uma determinada realidade, motivada por uma violação dos deveres decorrentes de uma relação jurídico-tributária ou por vazio/conflito negativo de normas[61].

Atentas as diversas formas e dimensão que a fraude e evasão fiscal podem revestir, importa assegurar que a legislação fiscal estabeleça medidas de controlo da base tributável e que a actuação da Administração Fiscal e dos Tribunais Tributários se revele eficiente.

Todavia, as medidas previstas e a actuação da administração fiscal não poderão pôr em causa os princípios básicos de um Estado de Direito.

Neste sentido, nas versões iniciais da LGT e do CPPT encontravam-se previstas um conjunto de medidas com vista a proteger os direitos dos contribuintes (v.g. a aplicação generalizada do direito de audição prévia, a redução dos prazos de caducidade e prescrição).

No entanto, sob o pretexto da luta contra a fraude e à evasão fiscal[62], têm vindo a ser tomadas sucessivas medidas no sentido de diminuir ou eliminar esses direitos, nomeadamente através da introdução de normas

---

[61] Pode afirmar-se que a figura da evasão fiscal se traduz na prática de actos lícitos através dos quais os sujeitos passivos, actuando sobre elementos de conexão da relação jurídica, procuram evitar a aplicação de certo ordenamento jurídico. Ao invés, uma situação de fraude exprime-se através de actos ilícitos mediante os quais os contribuintes violam os deveres subjacentes a uma relação jurídico-tributária (v.g. o dever de apresentar declarações verdadeiras ou de manter a contabilidade organizada).

[62] Na verdade, algumas das alterações introduzidas resultaram da constatação que os serviços da administração tributária não dispunham de meios para actuar nos termos e prazos previstos naqueles diplomas.

que estabelecem presunções de rendimentos, o levantamento dos sigilos bancário e fiscal, a inversão do ónus da prova para o sujeito passivo e a introdução de normas anti-abuso.

No que respeita ao IRC, este tema tem também vindo a produzir alterações significativas no Código desde a respectiva entrada em vigor. De facto, recordamos que a generalidade das normas anti-abuso que aí se encontram previstas foram aditadas posteriormente e as que existiam objecto de alterações significativas.

Referimo-nos, em concreto, às regras de preços de transferência, de subcapitalização, de pagamentos a não residentes sujeitos a um regime fiscal privilegiado e de imputação de lucros e a outras normas avulsas, designadamente em matéria de tributação de produtos financeiros derivados e ao nível do regime da neutralidade fiscal.

Mais recentemente, no âmbito do Orçamento do Estado para 2005 foi introduzida uma norma anti-abuso no que respeita à aplicação do mecanismo de eliminação da dupla tributação económica previsto no artigo 46.º do Código do IRC, o que, pela formulação adoptada está a ser alvo de inúmeras incertezas.

Algumas destas normas são comuns a diversos ordenamentos jurídicos, conforme se poderá constatar da análise ao quadro apresentado de seguida

GRÁFICO 17
– Normas anti-abuso –

País	Preços de Transferência	Subcapitalização	Imputação de Lucros
Alemanha	X	X	X
Áustria	X	X	X
Bélgica	X	X	
Dinamarca	X	X	X
Espanha	X	X	X
Finlândia	X		X
França	X	X	X
Grécia	X		
Holanda		X	
Irlanda			
Itália	X	X	X
Luxemburgo	X		
Portugal	X	X	X
Reino Unido	X	X	X
Suécia	X		X
Canadá	X	X	X
E.U.A	X	X	X

Fonte: European Tax Handbook 2004, KPMG/IBFD[63]

---

[63] Apenas aplicável no caso da entidade detentora da participação assumir a forma de um fundo de investimento estrangeiro ou de um fundo de investimento imobiliário.

Conforme se constata da análise a este quadro, todos os países que compõem a nossa amostra apresentam legislação específica de preços de transferência, com excepção da Irlanda. Aliás, este país não possui qualquer uma das normas anti-abuso em questão nos termos em que estas se encontram previstas nos restantes países.

Quanto a regras de subcapitalização e imputação de lucros, constata-se que as mesmas apenas não se encontram previstas em alguns países.

IV – PERSPECTIVAS DE EVOLUÇÃO FUTURA

A crescente globalização da economia, caracterizada pela mobilidade dos factores de produção, pela livre prestação dos serviços financeiros e pelo desenvolvimento das tecnologias de informação, torna a decisão de investimento cada vez mais sensível ao factor fiscal.

No seio da UE, os constrangimentos impostos pelo Pacto de Estabilidade, o peso crescente das decisões do TJCE e as Directivas em matéria de tributação do rendimento que irão entrar em vigor, constituem pequenos passos no sentido de uma efectiva harmonização fiscal a este nível.

Na verdade, esta questão não parece encontrar-se na agenda política dos Estados-membros, pelo que não serão de antecipar no médio-prazo grandes progressos nesta matéria.

Assim, o factor fiscal permanecerá como uma variável da equação da decisão de investimento que Portugal não deverá descurar, podendo a fiscalidade ser utilizada como uma ferramenta com vista à melhoria da competitividade da economia portuguesa.

Todavia, o formato actual do Pacto de Estabilidade e as dificuldades sentidas por diversos Estados-membros (incluindo Portugal) em cumprir com os constrangimentos por este impostos condicionam uma eventual utilização daquele instrumento.

Com efeito, mesmo agravando a respectiva carga fiscal alguns desses países têm tido dificuldade em cumprir o Pacto, sendo de esperar, inclusive, a flexibilização das regras do "jogo" (muito se tem discutido sobre a possibilidade de serem instituídas novas regras que tenham em consideração os ciclos económicos, criando limites mais restritivos ao défice público em caso de expansão e limiares mais flexíveis em caso de recessão da economia).

Neste contexto, o aumento da eficiência na cobrança de impostos poderá desempenhar um papel importante, traduzido num aumento na captação de receitas fiscais e, bem assim, num efeito sinalizador para todos os contribuintes (especialmente aqueles que equacionam não cumprir as respectivas obrigações tributárias).

Este aspecto permitirá incrementar o volume de receitas fiscais através do alargamento da base de tributação em detrimento do agravamento da tributação da base existente.

De facto, a imposição de colectas mínimas e de tributações autónomas surge como o caminho mais fácil no combate à fraude e evasão fiscal mas, em nossa opinião, não como o mais acertado no plano dos princípios.

O combate à fraude e à evasão fiscal através da adopção destas medidas reflectem, no fundo, a incapacidade das autoridades tributárias em fazer cumprir de forma eficaz as regras inerentes à tributação pelo rendimento.

Como nota final deixamos uma referência à importância de as instâncias comunitárias reverem o sentido estratégico que tem vindo a ser seguido nesta matéria e, nessa medida, embora não negando os problemas que coloca a concorrência fiscal entre os Estados-membros da UE, terem presente que importa assegurar que a UE apresenta um quadro fiscal competitivo fase aos restantes blocos económicos.

Para além de assegurar que o factor fiscal não conduz a uma afectação ineficiente de recursos no seio da UE, trata-se de garantir que o mesmo não sucede relativamente a países terceiros, situação em que a UE como um todo seria lesada.

Lisboa, Novembro de 2004

BIBLIOGRAFIA

PITTA E CUNHA, Paulo de In "A tributação do rendimento – Na perspectiva de uma Reforma Fiscal", Ministério das Finanças e do Plano – Direcção--Geral das Contribuições e Impostos, Lisboa-1979

TEIXEIRA RIBEIRO, José Joaquim In "A Contra-Reforma Fiscal", Coimbra Editora, 1989

BERNARDES, Carlos, In "IRC: Redução ou aumento da carga fiscal", Revista Fisco, n.º 10, 15 de Julho de 1989;

FERNANDES, Nuno Pinto; FERNANDES, F. Pinto, *In "O Código do Imposto sobre o Rendimento das Pessoas Colectivas – Anotado e Comentado"*, Editora Rei dos Livros, 1994;

XAVIER, Alberto, *In "Direito Tributário Internacional"*, Almedina, 1997;

PINHEIRO, Gabriela, *In "A fiscalidade directa na União Europeia"*, Universidade Católica do Porto, 1998;

CIMOURDAIN DE OLIVEIRA, Camilo *In "Lições de Direito Fiscal"*, Manuais da Universidade Portucalense – Infante D. Henrique, 6.ª edição

SÁ GOMES, Nuno de *In "Manual de Direito Fiscal – Volume I"*, Editora Reis dos Livros, 1999;

SANTOS, António Carlos dos, *In "Da questão fiscal à reforma da reforma fiscal"*, Editora Rei dos Livros, 1999;

CAMPOS, Diogo Leite; RODRIGUES, Benjamim Silva; Sousa, Jorge Lopes de, *In "Lei Geral Tributária – Anotada e Comentada"*, Vislis Editores, 1999;

SANTOS, António Carlos dos *In "Planeamento e Concorrência Fiscal Internacional – A posição portuguesa face à regulação comunitária da concorrência fiscal"*, Fisco;

FERREIRA, Rogério Fernandes, *In "Fiscalidade e Contabilidade – estudos críticos, diagnósticos, tendências"*, Notícias Editorial, 2003;

PEREIRA, Paula Rosado, *In "A tributação das sociedades europeias"*, Editora Almedina, 2004;

SILVA, José Manuel Braz da, *In "Os Paraísos Fiscais"*, Almedina, 2000;

LOPES, J.J. Almeida, *In "Tratados Europeus Explicados"*, Vislis Editores, 2002.

MENEZES LEITÃO, Luís Manuel Teles de *In "Evolução e situação da reforma fiscal"*, Ciência e Técnica Fiscal n.º 387

LOBO, Carlos, *In "A jurisprudência do Tribunal de Justiça em matéria de impostos sobre o rendimento"*, Revista TOC, ano V, n.º 57, Dezembro de 2004;

CRAIG, Adam, *In "Corporate Tax harmonization moves up the EU agenda"*, www.internationaltaxreview.com;

"Planeamento e concorrência fiscal internacional", Associação Portuguesa de Consultores Fiscais;

"Normas Internacionais de Relato Financeiro", Ordem dos Revisores de Contas, Junho 2003;

"Política Fiscal na União Europeia", Serviço das Publicações Oficiais das Comunidades Europeias, Luxemburgo;

KPMG; International Bureau of Fiscal Documentation, *In "European Tax Handbook 2004"*, European Tax Center, Juhani Kesti, LL M Editor

"Corporate Tax harmonization In the EU: Status and Perspectives", in www.oecd.org.

A REFORMA FISCAL
E A COMPETITIVIDADE DAS EMPRESAS:
SUCESSO OU OPORTUNIDADE PERDIDA

Dr. Carlos Loureiro
Deloitte

O presente texto resulta da apresentação efectuada por ocasião das Jornadas "15 Anos da Reforma Fiscal de 1988/1989", a que o orador se associou com grande honra e empenho, não só pela importância, oportunidade e relevância da iniciativa, contando com um leque ímpar de intervenientes nas diversas áreas de especialidade, como em particular pela muito justa homenagem, pelo papel decisivo desempenhado na Reforma Fiscal em apreciação, pelo Professor Doutor Paulo de Pitta e Cunha. O modesto contributo do orador, que agora se transcreve, foi naturalmente balizado pelas restantes intervenções do painel em que participou, bem como pelo limitado tempo atribuído à intervenção, circunstâncias não despiciendas, à luz das quais deve o presente texto ser perspectivado.

A relevância do assunto escolhido

Ao escolhermos, no âmbito do painel subordinado à "Tributação das Pessoas Colectivas", abordar a temática da competitividade das empresas, matéria que nos é particularmente grata, não o fizemos de forma inocente. De facto, entre os muitos objectivos que devem presidir a uma reforma fiscal em sede de impostos sobre o rendimento das pessoas colectivas, a questão do impacte do sistema fiscal na competitividade do tecido empresarial deve ser objecto de particular atenção e ponderação. Daqui resulta a relevância na questão discutida, qual seja: "A reforma fiscal e a competitividade das empresas: sucesso ou oportunidade perdida?"

É esta discussão que passamos a desenvolver.

O enquadramento da reforma fiscal

O contexto vigente à data da reforma fiscal de 1988/1989 reunia, em nossa opinião, um conjunto de condições ímpares para favorecer o enquadramento fiscal das empresas, na óptica da respectiva competitividade. Tal desiderato resulta de um conjunto de factores, de que destacamos os a seguir apresentados, e que proporcionaram:
- A oportunidade de criação de raiz de um sistema moderno, coerente e integrado;
- A possibilidade de concretizar a abolição de inúmeros impostos parcelares, complexos, desajustados da realidade económica e gravosos para as empresas;
- O alargamento da base tributável, introduzindo o conceito de incremento patrimonial, o que permitiria a redução de taxas, em linha com as tendências internacionais, à época, de um conjunto de economias relevantes;
- Reforçar o princípio da tributação do lucro real, aliás um imperativo constitucional, numa altura em que a contabilidade das empresas oferecia crescentes graus de fiabilidade, não só por razões de índole cultural, bem como pelo papel e responsabilidade dos revisores oficiais de contas e dos técnicos oficiais de contas;
- Uma reapreciação e redefinição global dos incentivos fiscais existentes, bem como da respectiva integração e enquadramento, com a criação do Estatuto dos Benefícios Fiscais;
- Finalmente, permitir, a par da redução do número e complexidade das obrigações fiscais a cumprir pelas empresas, uma total revisão e uniformização das mesmas, no sentido da sua simplificação.

Como se constata do supra-exposto, ajudado por uma envolvente macroeconómica de crescimento acentuado e de abertura à mudança, no âmbito do processo de integração europeia, facilmente se conclui estarem reunidas condições ímpares para a criação de um sistema fiscal moderno, eficiente e eficaz, que contribuísse para a melhoria da competitividade das empresas portuguesas.

Factores críticos de sucesso

De entre uma panóplia de factores que contribuem para a competitividade das empresas, como resultado do sistema fiscal, para efeitos da nossa análise seleccionámos quatro factores críticos de sucesso do sistema fiscal, a saber:
1. Estabilidade, certeza e segurança;
2. Simplicidade;
3. Custos de cumprimento;
4. Carga fiscal.

São esses quatro factores que passamos a analisar.

Estabilidade, certeza e segurança do sistema fiscal

"Ao longo de mais de uma década, cada um destes diplomas, estruturantes da tributação do rendimento, foi objecto de dezenas de alterações e aditamentos, o que dificulta o conhecimento e interpretação do quadro legal... num ramo de direito em que a certeza e a segurança jurídicas se revelam essenciais ao correcto cumprimento das obrigações..."

Não somos nós que fazemos esta avaliação catastrófica das alterações introduzidas nos documentos legislativos que consubstanciam a reforma fiscal de 1988/1989, nomeadamente no Código do Imposto sobre o Rendimento das Pessoas Colectivas (IRC), embora não nos custe subscrever a mesma. De facto, é o próprio legislador, no Preâmbulo do Decreto-Lei n.º 198/2001, de 3 de Julho, que faz esta apreciação (depois de ter aproveitado para introduzir, nessa época, mais um conjunto alargado de alterações ao normativo fiscal, algumas com impacte nos princípios estruturantes da reforma).

Mas o que levou a esta situação, num período inicial de vigência dos novos códigos fiscais, criados com lógica e coerência sistémica (embora essa coerência se tenha perdido um pouco, logo por ocasião da publicação da legislação, em 1988, por compromissos políticos e opções do Governo, que enviesaram algumas das propostas da Comissão presidida pelo Professor Pitta e Cunha)?

Acreditamos que um conjunto de situações justifica este resultado, sendo de destacar:
- Frequentes alterações legislativas, com falta de coerência interna, qualidade técnica e ponderação;
- Subversão da filosofia-base da reforma e inconsistência conceptual;
- Redução sistemática das garantias dos contribuintes, como forma de compensar as dificuldades de controlo da máquina fiscal;
- Incerteza quanto à aplicação futura da lei, em face das sucessivas alterações do normativo fiscal e da respectiva aplicação prática;
- Manutenção da relevância das normas administrativas, associado a uma insuficiente divulgação das posições oficiais;
- Deficiente funcionamento da administração fiscal e dos tribunais.

Como exemplos paradigmáticos desta situação, com óbvio impacte negativo ao nível da estabilidade, certeza e segurança para as empresas, podemos citar a denominada "reforma" de 2000, que subverteu alguns aspectos básicos subjacentes aos princípios da reforma fiscal de 1988//1989, bem como as sucessivas e incongruentes (e inconsequentes) alterações do regime de tributação das mais-valias.

A par destas alterações, geradoras de incerteza, insegurança e crescentes níveis de conflitualidade, constata-se a dificuldade dos tribunais em lidar com os processos fiscais. Para se avaliar tal situação, podemos analisar a evolução dos processos pendentes nos tribunais administrativos e fiscais:

Processos nos Tribunais Administrativos e Fiscais – 2002

Tribunais		Processos nos Tribunais		
		Pendentes em 1 de Janeiro	Entrados	Findos
	2001	139.585	78.292	179.346
TOTAL GERAL				
	2002	38828	22796	20694
Tribunais de 1ª Instância		32336	17375	15203
Tribunais Administrativos de Círculo		7452	4879	4514
Tribunais tributários de 1ª Instância		24882	12496	10689
Tribunais Superiores		6492	5421	5491
Supremo Tribunal Administrativo		2640	2409	2637
Tribunal Central Administrativo		3852	3012	2854

Fonte: Ministério da Justiça

Apesar da dificuldade de obtenção e análise destes dados (acrescida por uma descontinuidade em 2001), a análise permite confirmar a observação empírica da morosidade dos tribunais, cujo número de processos pendentes tem vindo a crescer, especialmente ao nível dos tribunais tributários de 1ª instância. Esta situação é particularmente gravosa no actual contexto empresarial, pois não só é difícil constituir-se um corpo substancial e estável de jurisprudência, que facilite o cumprimento das obrigações fiscais por parte das empresas e permita reduzir o impacte negativo dos conflitos entre os contribuintes e a administração fiscal, como é sabido que uma justiça tardia nunca pode ser verdadeiramente justa.

Esta constatação pode ser reforçada pela análise dos elementos disponíveis, ainda que limitados, sobre a duração média de resolução dos recursos:

Número e duração média de resolução de recursos – 2002

Processos	Total	Até 3 meses	3-6 meses	6-12 meses	De 1 a 2 anos	De 2 a 5 anos	Mais de 5 anos	Duração média (em meses)
Recurso de actos administrativos	2191	261	217	527	511	498	177	23

Fonte: Ministério da Justiça

Simplicidade do sistema fiscal

No universo dos contribuintes cumpridores, num contexto de necessidade de definir políticas e procedimentos para o correcto e atempado cumprimento da legislação fiscal, a simplicidade do sistema é um factor com um impacte crítico na competitividade das empresas.

Infelizmente, também aqui a evolução não tem sido positiva, o que se pode depreender facilmente do acima exposto. Esta evolução negativa decorre, em nossa opinião, fundamentalmente de três níveis de factores:
- Dificuldade crescente de interpretação da lei, em face das frequentes alterações da mesma, má qualidade legislativa e perda da lógica e coerência sistémica;
- Aumento dos ónus para os contribuintes, com obrigações mais complexas e onerosas, não só decorrentes da lei, como de obrigações administrativas, até porque a própria administração fiscal tem dificuldades acrescidas em assegurar e controlar o cumprimento da legislação;
- Criação de delicadas normas antiabuso, muitas vezes criando ónus e incertezas significativas para os contribuintes, particularmente em situações de inversão do ónus da prova, crescentemente adoptadas.

Custos de cumprimento das obrigações fiscais

Os últimos quinze anos foram particularmente gravosos em termos de assegurar a competitividade das empresas, por motivos variados que não cabe agora aprofundar. Para assegurar a própria sobrevivência das suas empresas, os gestores têm-se visto na contingência de reduzir custos, a todos os níveis, não raras vezes com pesadas consequências, inclusivamente a nível social. Os custos de cumprimento das obrigações fiscais, enquanto custo relevante na estrutura das empresas, têm que acompanhar esta racionalização, sob pena de acarretarem um impacte negativo para a respectiva competitividade.

No contexto descrito, é absurdo que o sistema fiscal português tenha vindo a implicar custos crescentes de cumprimento, realidade particularmente gravosa no actual enquadramento de enorme abertura internacional, globalização das economias e alargamento da concorrência.

Consideramos que as principais razões subjacentes a esta inaceitável evolução podem ser resumidas nos seguintes aspectos:
- Crescente burocratização do sistema fiscal, conforme foi já atrás explanado;
- Volume crescente de obrigações, sem racionalidade e economicidade, como resultado dessa burocratização e da dificuldade de controlo, com grande pressão da manutenção dos níveis de receita fiscal;
- Criação de obrigações por via administrativa, como resultado deste estado de coisas;
- Impacte nos sistemas de processamento de dados decorrentes da instabilidade legislativa, com frequentes alterações, pouco ponderadas e muitas vezes sem um tempo de preparação adequado;
- Relação entre contribuinte e administração fiscal, sem interlocutor único.

Um exemplo paradigmático desta situação reside no caso das obrigações impostas, nomeadamente por via administrativa (em alguns casos validadas por subsequentes alterações legislativas), relativamente aos pagamentos efectuados a entidades não residentes em Portugal. Não só as formalidades associadas ao cumprimento das obrigações de retenção na fonte, em situações de aplicação de convénios de dupla tributação ou normas comunitárias, são extraordinariamente pesadas e complexas, como a obrigatoriedade temporal de detenção das declarações de residência tem resultado em inúmeras liquidações adicionais e elevada litigiosidade, na generalidade dos casos não aumentando a receita fiscal (apenas provocando o seu diferimento, por via do mecanismo de reembolso). Este é um factor não só de perda de competitividade das nossas empresas, como da própria economia nacional, em termos de atracção de investimento estrangeiro e de transferência de "know-how", pois este processo "kafkiano" tem afastado muitos investidores estrangeiros.

Carga fiscal

Tem sido muito discutido o verdadeiro impacte do nível da carga fiscal na competitividade das economias e dos agentes económicos. Não sendo um factor único de sucesso (ou, em alguns casos, o mais determinante), o nível da carga fiscal, nomeadamente em termos comparativos, não deixa de ser um factor de relevo na análise da competitividade das empresas e dos países.

Vários parâmetros de análise podem ser encarados, mas o tempo disponível não nos permite entrar em análises aprofundadas na presente intervenção.

Gostaríamos contudo de deixar um contributo, ainda que modesto, para a discussão desta temática, sendo relevante ponderar, designadamente, os seguintes aspectos:
- Concentração da receita, que se encontra dependente de um número limitado de empresas, muito sobrecarregadas, o que enviesa as comparações internacionais da carga fiscal e comporta riscos acrescidos;
- Crescente diferença entre taxa nominal e efectiva de tributação do rendimento das empresas, sendo que Portugal revela historicamente dos maiores diferenciais entre ambas;
- Redução da taxa de imposto, tendência verificada no passado recente, tanto a nível internacional como em Portugal, cujo impacte efectivo na competitividade é fortemente condicionado pelos dois factores anteriores;
- Comparação internacional, necessária em face da globalização e que condiciona a competitividade (por definição relativa) das nossas empresas. De facto, as comparações efectuadas nesta sede, nos diversos parâmetros, não evidenciam resultados chocantes, em termos genéricos, mas revelam insuficiências competitivas, quando utilizados como termo de comparação os nossos concorrentes directos, em termos produtivos, de comércio internacional e/ou de atracção de investimento estrangeiro;
- Benefícios e incentivos fiscais a carecerem de urgente revisão e racionalização, numa óptica de custo/benefício, sendo manifesta a limitada relevância dos instrumentos existentes nesta sede, em termos de contributo para elevar o nível de competitividade do nosso sistema fiscal.

Várias razões contribuem para as actuais dificuldades, sendo de realçar alguns aspectos, como o facto de o número de declarações anuais de IRC ter mais que duplicado desde 1989, como se pode confirmar pelo mapa anexo.

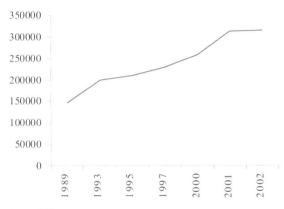

Número de declarações entregues

Fonte: INE

No entanto, este aumento teórico do número de declarações não se tem traduzido num significativo alargamento do universo de contribuintes que pagam IRC, permitindo uma distribuição mais equitativa da carga fiscal e a possibilidade de redução das taxas de imposto para a generalidade das empresas. Efectivamente, o grau de concentração da receita fiscal é extraordinariamente elevado, o que comporta os inconvenientes e risco óbvios e já assinalados. A análise do Quadro seguinte, com base na informação do Ministério das Finanças, é elucidativo da situação actual, que urge corrigir.

Grau de concentração do IRC Liquidado

Contribuintes	1999			2000			2001		
	N.º de empresas	% n.º empresas	% IRC Liquidado	N.º de empresas	% n.º empresas	% IRC Liquidado	N.º de empresas	% n.º empresas	% IRC Liquidado
50 maiores	50	0,0%	37,1%	50	0,0%	36,4%	50	0,0%	37,8%
100 maiores	100	0,0%	44,2%	100	0,0%	43,7%	100	0,0%	44,0%
500 maiores	500	0,2%	61,8%	500	0,2%	61,0%	500	0,2%	59,3%
1000 maiores	1000	0,4%	68,6%	1000	0,3%	67,9%	1000	0,3%	66,2%
Empresas com IRCL > 0	102325	36,7%	100,0%	104242	36,2%	100,0%	127400	42,2%	100,0%
Universo	278604	100,0%	100,0%	288170	100,0%	100,0%	301558	100,0%	100,0%

Fonte: Ministério das Finanças

Como se constata destes elementos[1], mais de metade das empresas apresentam resultados negativos, sendo que cerca de 60% (em média) não pagaram IRC neste período. No entanto, mais gravoso ainda é o facto de um pequeno número de empresas assegurar a maior parte da receita: assim, os 1.000 maiores contribuintes asseguram cerca de dois terços da receita, mas representam 0,3% do número de contribuintes; adicionalmente, os 50 maiores contribuintes asseguram 38% da receita de IRC, mais do que os 950 maiores contribuintes a seguir[2].

Não obstante este contexto, têm-se verificado reduções significativas da taxa nominal de IRC, como segue:

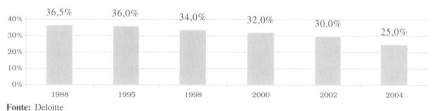

Evolução das taxas de IRC (excluindo Derrama)

Fonte: Deloitte

---

[1] Subsequentemente confirmados e aprofundados, por um estudo da DGCI, que alarga a análise até 2003.

[2] Em relação a 2003 confirma-se esta tendência, com 6% dos contribuintes a assegurarem 91% da receita de IRC.

Estas reduções, numa análise simplista, tornam a taxa de IRC de Portugal crescentemente competitiva, em termos internacionais, como se pode concluir do Quadro que se segue:

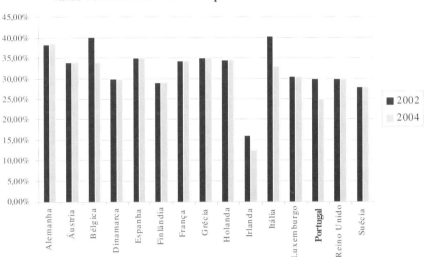

Fonte: OCDE: "Revenue Statistics" (2002) e Deloitte – International Tax Service Line (2004)

Esta competitividade relativa é ainda potenciada pela evolução da taxa efectiva de imposto, que em Portugal revela elevada variação em relação à taxa nominal, conforme se constata no Quadro seguinte:

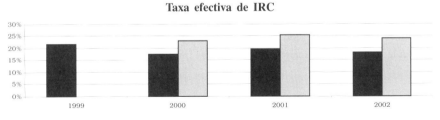

Fonte: Ministério da Economia

Conjugando o supra-exposto, podemos concluir que a carga fiscal em Portugal, não representando o maior problema em termos de competitividade das empresas – quando comparada com factores como a simplicidade, estabilidade e custos de cumprimento do sistema fiscal – exerce uma pressão desajustada sobre uma pequena percentagem das empresas que constituem o nosso tecido empresarial, tendencialmente aquelas que mais contribuem para o desenvolvimento da economia e do país, o que não só é paradoxal e injusto, como terá certamente efeitos nefastos a prazo, precisamente sobre o conjunto de empresas que o sistema fiscal mais devia proteger, por geradoras de riqueza e emprego.

Conclusões e notas finais

Volvidos que são os primeiros quinze anos da reforma fiscal de 1988/1989, período em que a economia e o próprio país mudaram radicalmente, o balanço global desta importante reforma na óptica da tributação das pessoas colectivas é positivo. Seria aliás impensável termos hoje o sistema fiscal pré-reforma, pois o desenvolvimento económico e empresarial verificados seriam impossíveis nesse contexto.

No entanto, não deixamos de sentir uma certa frustração pelo que se podia ter atingido neste período, em termos de incremento da competitividade das empresas, considerando o potencial da reforma. E tal é tanto mais frustrante quanto o resultado nesta sede seria potencialmente mais favorável, se o poder político e o legislador se tivessem abstido de introduzir alterações avulsas, frequentes vezes precipitadas, de qualidade medíocre e sem visão integrada e respeitadora dos princípios fundamentais que nortearam a reforma fiscal de 1988/1989.

A finalizar, uma nota de optimismo, pois acreditamos que subsistem grandes oportunidades de melhoria para o futuro, na aplicação prática da tributação das empresas, bastando para tal aprender com os erros do passado.

ALGUNS DESAFIOS AO CÓDIGO DO IRC – PREÇOS DE TRANSFERÊNCIA E O DESAFIO EUROPEU[*]

Dra. Paula Rosado Pereira

I. Introdução

É inegável o papel fundamental desempenhado pela reforma fiscal de 1988/89, com a criação do Código do Imposto sobre o Rendimento das Pessoas Colectivas (adiante "Código do IRC"), no estabelecimento de um quadro normativo mais adequado e eficiente da tributação das pessoas colectivas em Portugal.

Contudo, não se pode entender um código fiscal como uma obra acabada. A realidade das empresas e das transacções foi influenciada, ao longo dos quinze anos de vigência do Código do IRC, por múltiplos factores económicos, financeiros e tecnológicos, entre outros, que se encontram em constante transformação. Registou-se, também, uma modificação do panorama fiscal internacional, tendo-se adensado a concorrência fiscal entre os Estados e tendo aumentado a utilização de estruturas em zonas de baixa tributação. Há, ainda, que ter em conta as vinculações

---

[*] O presente texto reporta-se à participação na mesa redonda sobre "A Tributação das Pessoas Colectivas", realizada em 17 de Novembro de 2004, na Faculdade de Direito da Universidade de Lisboa, no âmbito das Jornadas "15 Anos da Reforma Fiscal de 88/89".

À data das Jornadas, apenas se encontrava disponível a Proposta de Orçamento do Estado para 2005, à qual nos referimos em diversos pontos do presente texto. Para efeitos de publicação, foram incluídas, em Nota de Rodapé, referências à legislação fiscal posteriormente publicada que se reveste de importância relativamente aos assuntos abordados e, designadamente, à Lei n.º 55-B/2004, de 30 de Dezembro – Lei do Orçamento do Estado para 2005.

externas do Estado português, designadamente as relacionadas com a integração europeia, bem patentes nas Directivas comunitárias relativas à tributação das sociedades.

Assim, é natural que o Código do IRC resultante da reforma fiscal de 1988/89 tenha já enfrentado, nestes quinze anos, desafios que o obrigaram a aperfeiçoar-se e a introduzir alterações, mais ou menos profundas, aos regimes fiscais inicialmente previstos.

A evolução tecnológica, nomeadamente ao nível do comércio electrónico, a desmaterialização dos serviços, a grande mobilidade do capital, a crescente complexidade dos produtos financeiros, o desenvolvimento da harmonização fiscal comunitária e a actuação do TJCE, para citar apenas alguns aspectos, deixam antever muitos outros desafios para o futuro.

II. Quinze Anos de Desafios

O Código do IRC enfrentou, ao longo de quinze anos de vigência, importantes desafios, que impuseram a adaptação dos regimes fiscais nele consagrados e mesmo a introdução de novos regimes.

Podemos referir, a título meramente ilustrativo: o processo de descida da taxa do IRC, de 36,5% até 25%; a transposição da Directiva 90/435/CEE, de 23 de Julho, relativa ao regime fiscal comum aplicável às sociedades-mãe e sociedades afiliadas de Estados-membros diferentes, e da Directiva 90/434/CEE, de 23 de Julho, relativa ao regime comum aplicável às fusões, cisões, entradas de activos e permutas de acções entre sociedades de Estados-membros diferentes; a introdução de medidas "anti-abuso" específicas no que diz respeito a pagamentos a entidades não residentes sujeitas a um regime fiscal privilegiado, à imputação de lucros de sociedades não residentes sujeitas a um regime fiscal privilegiado e à introdução de um regime de subcapitalização; a harmonização da noção de estabelecimento estável prevista no Código com a noção consagrada no Modelo de Convenção Fiscal sobre o Rendimento e o Património, da OCDE[1].

---

[1] Posteriormente às Jornadas, foi objecto de transposição a Directiva 2003/49/CE, de 3 de Junho, relativa a um regime fiscal comum aplicável aos pagamentos de juros e royalties efectuados entre sociedades associadas de Estados-membros diferentes. A aludida transposição foi efectuada pelo Decreto-Lei n.º 34/2005, de 17 de Fevereiro, o qual

Dada a multiplicidade de alterações e de inovações, optámos por centrar a presente intervenção apenas sobre um aspecto – o importante aperfeiçoamento levado a cabo em relação ao regime dos preços de transferência, previsto na redacção inicial do Código do IRC em termos muito lacónicos.

III. Regime dos Preços de Transferência

1. Regime inicialmente previsto no Código do IRC

Com o decurso dos anos, foi-se tornando patente a insuficiência do disposto no Código do IRC em matéria de preços de transferência.

A questão era abordada no artigo 57.º do Código do IRC (actualmente artigo 58.º, em virtude da renumeração dos artigos deste código levada a cabo pelo Decreto-Lei n.º 198/2001, de 3 de Julho).

O artigo 57.º, na sua redacção inicial, acolhia já a aplicação do *princípio do preço de plena concorrência*, estabelecendo a possibilidade de serem efectuadas correcções aos preços e condições utilizados nas operações entre sociedades relacionadas, caso não seguissem o referido princípio.

Nos termos da referida redacção inicial, a Direcção-Geral dos Impostos podia efectuar as correcções que fossem necessárias para a determinação do lucro tributável sempre que, em virtude das relações especiais entre o contribuinte e outra pessoa, sujeita ou não a IRC, tivessem sido estabelecidas condições diferentes das que seriam normalmente acordadas entre pessoas independentes, conduzindo a que o lucro apurado com base na contabilidade fosse diverso do que se apuraria na ausência dessas relações.

O n.º 2 do artigo 57.º explicitava que o regime aí descrito era, igualmente, aplicável quanto a operações com entidades não residentes para efeitos fiscais em território português[2].

---

alterou a redacção dos artigos 80.º e 90.º do Código do IRC e aditou ao referido Código o artigo 89.º-A.

[2] Em contrapartida, o processo de ajustamentos correlativos instituído na anterior redacção do n.º 4 do artigo 57.º era aplicável apenas às situações em que ambas as partes fossem residentes para efeitos fiscais em Portugal.

Contudo, a forma genérica como o preceito em análise, na sua anterior redacção, estabelecia os respectivos pressupostos de aplicação não se coadunava com os princípios da certeza e segurança jurídicas, suscitando divergências de interpretação e dúvidas (e, por vezes, mesmo alguma arbitrariedade) quanto ao preenchimento de tais pressupostos, face às situações concretas[3].

Outro elemento de incerteza e insegurança era introduzido pelo facto de o regime de preços de transferência inicialmente previsto no Código do IRC não ir além de uma consagração genérica da aplicação do princípio do preço de plena concorrência, não concretizando quais os métodos que deveriam ser seguidos pela Direcção-Geral dos Impostos no âmbito das correcções que se encontrava autorizada a efectuar.

Na ausência de regulamentação legal mais detalhada ou de doutrina administrativa sobre a questão, sempre poderiam ser utilizados para integrar o regime, guiando os sujeitos passivos e as autoridades fiscais na determinação dos preços de transferência, os métodos estabelecidos pela OCDE, nos seus relatórios sobre esta matéria[4] – os quais vieram, posteriormente, a merecer acolhimento expresso na disposição do Código do IRC dedicada aos preços de transferência. Contudo, a falta de previsão expressa a este respeito fomentava a incerteza e insegurança jurídicas no âmbito da questão dos preços de transferência, implicando, em muitos casos, uma análise excessivamente casuística das situações, arbitrária mesmo, em virtude da falta de linhas directoras precisas e rigorosas.

---

[3] Neste sentido, cfr. J. J. AMARAL TOMÁS, *Os preços de transferência*, Fisco, n.º 29, Março 1991, p. 23 e MARIA TERESA VEIGA DE FARIA, *Preços de transferência. Problemática geral*, in *A Internacionalização da Economia e a Fiscalidade*, Centro de Estudos Fiscais, Lisboa 1993, p. 437.

[4] A OCDE publicou, em 1979, um relatório denominado *Preços de Transferência e Entidades Multinacionais*, o qual veio a complementar em 1984 com a publicação do relatório denominado *Preços de Transferência e Entidades Multinacionais: Três Estudos Fiscais*. A análise da OCDE sobre a questão dos preços de transferência prosseguiu nos anos subsequentes, levando à reformulação do seu relatório de 1979. Assim, em 1995 foi publicado um novo relatório da OCDE sobre o tema, denominado *Transfer Pricing Guidelines for Multinational Enterprises and Tax Administrations*. Este último relatório tem sido objecto de actualizações e desenvolvimentos periódicos. Os referidos relatórios da OCDE constituem um dos principais pontos de referência no que diz respeito ao estudo e análise da problemática dos preços de transferência, bem como à sistematização de princípios e métodos destinados a regular as situações concretas.

2. Recomendações das comissões de reforma fiscal

As insuficiências do anterior regime legal dos preços de transferência foram, nos seus aspectos essenciais, apontadas pelas *Comissões para o Desenvolvimento da Reforma Fiscal*[5] e *de Reforma da Fiscalidade Internacional Portuguesa*[6].

O *Relatório da Comissão para o Desenvolvimento da Reforma Fiscal*, de 30 de Abril de 1996, num ponto dedicado aos preços de transferência, continha diversas recomendações concretas quanto à evolução desejável da legislação e da prática administrativa portuguesa relativamente à questão dos preços de transferência[7]. A Comissão para o Desenvolvimento da Reforma Fiscal salientou o carácter genérico da referência da anterior redacção do artigo 57.º aos seus pressupostos de aplicação. Com efeito, não se concretizava o que devia entender-se por "relações especiais entre o contribuinte e outra pessoa" ou por "estabelecimento de condições diferentes das que seriam normalmente acordadas", pressupostos de cujo preenchimento dependia a aplicação, às situações concretas, do regime previsto na citada disposição legal.

Tendo em conta a insuficiência da formulação genérica dos pressupostos de aplicação do artigo 57.º, na sua anterior redacção, a Comissão recomendou que "por razões de certeza e segurança jurídicas, bem como de operacionalidade da inspecção tributária, se deve evoluir no sentido do desenvolvimento daqueles elementos, na linha dos princípios e critérios recomendados pela OCDE e do que tem sido a tendência em muitos países". Assim, foi recomendado o desenvolvimento da redacção então em vigor do artigo 57.º, de forma a definir o conceito de "relações especiais" e a aludir expressamente aos métodos mais adequados "para a

---

[5] A Comissão para o Desenvolvimento da Reforma Fiscal foi criada pela Resolução do Conselho de Ministros n.º 6/94, de 7 de Abril de 1994, com o objectivo fundamental de propor medidas para o aperfeiçoamento e desenvolvimento do sistema fiscal e para a melhoria do funcionamento da administração fiscal, tendo concluído o seu Relatório em 1996.

[6] A Comissão de Reforma da Fiscalidade Internacional Portuguesa foi constituída pelo Despacho n.º 7135/98, publicado na II Série do Diário da República, n.º 100, de 30 de Abril de 1998, com a tarefa de elaborar um relatório fundamentado sobre o estado da fiscalidade internacional em Portugal.

[7] Cfr. COMISSÃO PARA O DESENVOLVIMENTO DA REFORMA FISCAL, *Relatório da Comissão para o Desenvolvimento da Reforma Fiscal*, Ministério das Finanças, Lisboa 1996, pp. 659-662.

determinação do preço de plena concorrência, em razão dos bens, dos serviços ou das transferências de tecnologia em causa, dos respectivos mercados, das condições de venda e pagamento, e de outros aspectos relevantes, na linha do recomendado nos relatórios do Comité dos Assuntos Fiscais da OCDE de 1979 e 1984".

A propósito do conceito de "relações especiais", a Comissão notou que este tinha já sido concretizado no artigo 57.º-C do Código do IRC, a propósito da subcapitalização, não ficando claro, contudo, se a concretização do conceito em apreço a introduzir no artigo 57.º do Código do IRC deveria ser semelhante à prevista naquele preceito legal[8].

Do ponto de vista do aperfeiçoamento da administração fiscal para lidar com a questão dos preços de transferência, a Comissão reconheceu que "a importância crescente da problemática dos preços de transferência, e a sua grande tecnicidade, exige por parte da Inspecção Tributária uma atenção especial, recomendando-se, por isso, a manutenção de um grupo de funcionários da fiscalização especializados nesta matéria e o estabelecimento de metodologias de determinação dos preços de plena concorrência".

A terceira recomendação da Comissão, no que diz respeito à questão dos preços de transferência, foi no sentido da introdução em Portugal, no futuro, do mecanismo dos acordos prévios entre o contribuinte e as autoridades fiscais relativamente aos preços de transferência, no que diz respeito aos elementos essenciais do preço de transferência que o contribuinte se proponha utilizar numa determinada operação futura. A Comissão reconhecia, contudo, que esta possibilidade deveria ser considerada apenas depois de estarem criadas na DGCI as condições necessárias ao desenvolvimento desta matéria, nomeadamente no que diz respeito à implantação dos adequados mecanismos de controlo.

A matéria dos preços de transferência voltou, alguns anos mais tarde, a ser objecto de análise por parte de outra comissão de reforma da

---

[8] Quanto a este aspecto, a Comissão limita-se a referir, de forma algo ambígua, o seguinte: "[...] o artigo 57.º-C [...] veio concretizar, com assinalável pormenor, o conceito de "relações especiais" a propósito do caso particular de "preços de transferência" traduzido em endividamento excessivo de sujeito passivo residente, para com entidade não residente, pelo que a via da concretização legislativa do referido conceito é já conhecida do Código do IRC". Cfr. COMISSÃO PARA O DESENVOLVIMENTO DA REFORMA FISCAL, *Relatório da Comissão...*, p. 660.

fiscalidade portuguesa[9]. O *Relatório da Comissão de Reforma da Fiscalidade Internacional Portuguesa*, datado de 5 de Março de 1999, ao fazer um ponto de situação quanto à regulamentação da matéria dos preços de transferência em Portugal, salientou a inexistência de instruções administrativas e de decisões jurisprudenciais sobre o assunto. Para esta Comissão, a referida inexistência, conjugada com o carácter vago da legislação então em vigor, redundava na falta de directrizes que guiassem os técnicos da inspecção tributária, quando avaliavam se existiam ou não relações especiais entre contribuintes ou se, em determinada operação, se obedecia ao princípio da livre concorrência.

A Comissão apontou, ainda, diversas outras insuficiências do quadro legal então em vigor em matéria de preços de transferência, designadamente o facto de existirem situações relativamente às quais o mecanismo do ajustamento correlativo ou simétrico não funcionava de forma adequada, podendo verificar-se a existência de dupla tributação económica em caso de correcção aos preços de transferência praticados, e a falta de mecanismos de diálogo entre o contribuinte e a administração fiscal, que permitissem uma resolução prévia das questões suscitadas quanto a preços de transferência.

Os argumentos da Comissão, em prol da reforma da regulamentação portuguesa da questão dos preços de transferência, assentavam não apenas em motivos internos mas, também, na evolução da economia mundial, nas obrigações assumidas por Portugal ao nível das relações internacionais, quer no âmbito da União Europeia quer no da OCDE[10], e no exemplo de diversos países membros da OCDE que tinham vindo a criar ou a aperfeiçoar a respectiva legislação sobre preços de transferência.

A Comissão formulou três grupos de recomendações: i) sobre o conceito de "relações especiais"; ii) sobre as directrizes da OCDE; e iii) sobre acordos de partilha de custos *"Cost Contribution Arrangements"*.

No que diz respeito ao primeiro grupo de recomendações, salientou-se que a legislação portuguesa referente a preços de transferência deveria

---

[9] Cfr. COMISSÃO DE REFORMA DA FISCALIDADE INTERNACIONAL PORTUGUESA, *Relatório Final*, Ciência e Técnica Fiscal, n.º 395, Julho-Setembro 1999, pp. 103-182.

[10] A OCDE recomenda aos Estados membros que sigam os princípios estabelecidos no seu relatório de 1995 sobre preços de transferência, *Transfer Pricing Guidelines for Multinational Enterprises and Tax Administrations*.

especificar as situações em que existiam "relações especiais" e nas quais, portanto, poderiam ser efectuadas correcções à matéria colectável em virtude do ajustamento de preços de transferência. A Comissão recomendou que o conceito de relações especiais se baseasse nas relações de controle que uma entidade exerce noutra entidade pelo facto de sobre ela deter direitos de voto ou a gestão efectiva e, por outro lado, nas relações decorrentes de laços familiares.

Quanto ao segundo grupo de recomendações, relativo às directrizes da OCDE, a Comissão pretendia que fossem adoptadas as recomendações da OCDE a respeito de preços de transferência, dentro dos seguintes parâmetros: i) o ónus de prova deveria correr pela administração fiscal, podendo ser invertido apenas nos casos em que o contribuinte, tendo-lhe sido solicitada a apresentação de documentos necessários à correcta aferição dos preços de transferência por parte da administração fiscal, não os tenha facultado; e ii) deveria ser regulamentada a forma de eliminar a dupla tributação nos casos em que, tendo sido efectuadas correcções à matéria colectável noutro país, o contribuinte pretenda que seja realizado em Portugal o ajustamento reflexo.

Foi, igualmente, recomendada a adopção do mecanismo dos "Acordos Prévios de Preços", quer unilaterais quer bilaterais ou multilaterais, mediante a iniciativa do contribuinte, bem como a criação de margens de segurança, em sede de juros e *royalties*, a exemplo do que tinha já sido aplicado no passado, em Portugal, dentro de cujos limites o contribuinte ficava salvaguardado de correcções aos preços de transferência praticados.

A Comissão recomendou, ainda, a criação, no âmbito da administração fiscal, de um departamento especializado em questões de preços de transferência, pois apenas um departamento com um nível elevado de especialização e preparação poderia desenvolver correctamente a tarefa, complexa, de aplicar as recomendações da OCDE e as normas do direito português que as viessem a adoptar, bem como de desenvolver a colaboração entre a administração fiscal e os contribuintes no sentido de prevenir conflitos em matéria de preços de transferência.

3. Aperfeiçoamento do regime dos preços de transferência

É no contexto acima referido, de reconhecida insuficiência da regulamentação em vigor em matéria de preços de transferência, tanto para fazer face à complexidade das situações concretas como para assegurar o necessário respeito pelos princípios da certeza e segurança jurídicas, que surge a alteração do então artigo 57.º do Código do IRC.

A redacção do artigo 57.º foi objecto de extensas e significativas alterações, introduzidas pela Lei n.º 30-G/2000, de 29 de Dezembro – Lei que "reforma a tributação do rendimento e adopta medidas destinadas a combater a evasão e fraude fiscais".

A nova redacção do artigo 57.º, aplicável aos períodos de tributação iniciados em ou a partir de 1 de Janeiro de 2002, corresponde, nos seus aspectos mais relevantes, à consagração expressa, em termos legislativos, das recomendações contidas nos relatórios da OCDE sobre preços de transferência[11].

Por outro lado, a alteração da legislação portuguesa em matéria de preços de transferência não constituiu um fenómeno isolado em termos internacionais. Com efeito, verificou-se em diversos Estados, pela mesma altura ou alguns anos antes, uma preocupação de aperfeiçoamento e de revisão do regime fiscal aplicável aos preços de transferência. Podem citar-se, a título ilustrativo, os casos da Austrália, Canadá, Coreia do Sul, Dinamarca, Espanha, França, Hungria, Japão, México, Polónia, Reino Unido e República Checa, todos eles países que passaram, nos últimos anos, por alterações mais ou menos profundas do regime fiscal aplicável às situações de preços de transferência.

Nos termos da nova regulamentação dos preços de transferência, incluída no Código do IRC, as operações ou séries de operações, tanto comerciais como financeiras, efectuadas entre entidades que se encontrem numa situação de relações especiais, devem ser sujeitas a termos ou condições substancialmente idênticos aos que normalmente seriam contratados, aceites e praticados entre entidades independentes, em operações comparáveis.

Consagrou-se, portanto, o princípio do preço de plena concorrência, a exemplo do que já sucedia na anterior redacção do artigo 57.º, de acordo com a qual um dos pressupostos da realização de correcções por parte da administração fiscal consistia no estabelecimento de "condições diferentes das que seriam normalmente acordadas entre pessoas independentes".

---

[11] *Preços de Transferência e Entidades Multinacionais,* de 1979; *Preços de Transferência e Entidades Multinacionais: Três Estudos Fiscais,* de 1984; e *Transfer Pricing Guidelines for Multinational Enterprises and Tax Administrations,* de 1995.

A consagração do princípio do preço de plena concorrência ficou, todavia, reforçada pela referência expressa, na nova redacção do artigo 57.º, aos métodos recomendados pela OCDE para a determinação do preço conforme ao princípio do preço de plena concorrência.

O Código do IRC passou a prever, para efeitos de preços de transferência, a aplicação preferencial dos métodos do preço comparável de mercado, do preço de revenda minorado, ou do custo majorado[12].

Estabeleceu, ainda, que, quando os métodos acima referidos não possam ser aplicados ou, podendo sê-lo, não permitam obter a medida mais fiável dos termos e condições que entidades independentes normalmente acordariam, aceitariam ou praticariam, deve aplicar-se o método do fraccionamento do lucro, o método da margem líquida da operação ou, ainda, outro método que seja adequado à situação.

A indefinição quanto ao conceito de relações especiais, cuja existência constitui um dos pressupostos de aplicação do regime dos preços de transferência, foi colmatada pela nova redacção do artigo 57.º do Código do IRC, nos termos da qual se considera que existem relações especiais entre duas entidades quando uma tenha o poder de exercer, directa ou indirectamente, uma influência significativa nas decisões de

---

[12] O *método do preço comparável de mercado* permite determinar o preço de plena concorrência relativamente a uma operação entre entidades relacionadas, mediante a comparação do preço praticado na referida operação com o preço praticado em operações comparáveis entre entidades independentes. Se, em resultado da referida comparação, se verificar a existência de uma diferença, conclui-se que as condições praticadas na operação não são as de plena concorrência. Neste caso, o preço praticado na operação entre entidades relacionadas deve ser substituído pelo preço que seria praticado entre entidades independentes.

O *método do preço de revenda minorado* permite determinar o preço de plena concorrência, relativo aos bens previamente adquiridos pela entidade a uma entidade relacionada, por referência ao preço de revenda desses bens a uma entidade independente, após a dedução a esse preço de revenda da margem de lucro apropriada. Com efeito, o preço de revenda, deduzido da margem de lucro da entidade revendedora e de custos incorridos aquando da aquisição do bem, corresponde ao preço de plena concorrência que deveria ter sido aplicado à transferência do bem entre as entidades relacionadas.

No *método do custo majorado*, a determinação do preço de plena concorrência é efectuada utilizando como referência o preço de custo (preço suportado na aquisição ou produção do bem/serviço), acrescido de um montante correspondente a uma margem de lucro apropriada. Assim, o preço de custo do bem suportado pela entidade vendedora, acrescido da margem de lucro desta, corresponde ao preço de plena concorrência que deveria ser praticado na operação entre esta e uma entidade relacionada.

gestão da outra. O Código procede, subsequentemente, a uma enumeração das situações em que se considera verificada a existência de tal poder de exercer uma influência significativa nas decisões de gestão de outra entidade. A referida enumeração, embora exemplificativa, é extremamente detalhada.

Verificou-se, na sequência das alterações introduzidas pela Lei n.º 30-G/2000 ao regime dos preços de transferência incluído no Código do IRC, um considerável alargamento dos aspectos previstos, passando a regular-se aspectos como a comparabilidade entre as operações[13], a documentação respeitante à política adoptada em matéria de preços de transferência que o sujeito passivo se encontra obrigado a incluir no dossier fiscal[14], as informações a incluir pelo sujeito passivo na declaração anual de informação contabilística e fiscal[15], ou as correcções a introduzir na declaração periódica de rendimentos[16], para efeitos da determinação do lucro tributável, quando não seja seguido o princípio do preço de plena concorrência nas operações com entidades não residentes.

IV. O Desafio Europeu

A integração de Portugal na UE levanta variados desafios ao IRC e ao respectivo Código – uns já bastantes reais, outros ainda potenciais, dependentes da evolução que venha a registar-se e das tendências que venham a prevalecer, ao nível da tributação directa, no âmbito da UE.

Referiremos, muito sumariamente, os desafios decorrentes da jurisprudência do Tribunal de Justiça das Comunidades Europeias (TJCE),

---

[13] O princípio do preço de plena concorrência, enquanto directriz recomendada pela OCDE e acolhida pelo Código do IRC para a determinação dos preços de transferência adequados, centra-se na comparação entre as condições de uma operação entre entidades relacionadas e as de uma operação entre entidades independentes, sendo estas últimas utilizadas como padrão de referência. Nestes termos, o ponto de partida para a determinação do preço e condições de plena concorrência, numa operação efectuada entre entidades que estejam em situação de relações especiais, consiste na comparação entre tal operação e outras substancialmente idênticas, desenvolvidas em situações normais de mercado ou de ausência de relações especiais.

[14] Legalmente designado por "processo de documentação fiscal", previsto no artigo 121.º do Código do IRC.

[15] Prevista no artigo 113.º do Código do IRC.

[16] Prevista no artigo 112.º do Código do IRC.

bem como dos potenciais desenvolvimentos ao nível da evolução da harmonização fiscal comunitária, em matéria de tributação das sociedades.

1. Jurisprudência do TJCE

1.1. *Aspectos gerais*

Um dos grandes desafios enfrentados pelo Código do IRC diz respeito às decisões do TJCE. Este Tribunal procura, através das suas decisões, contribuir para a remoção de entraves ao pleno funcionamento do mercado interno, analisando a (in)compatibilidade de normas fiscais nacionais com o Tratado da Comunidade Europeia (Tratado CE).

No que respeita à tributação das sociedades, as principais questões centram-se nos campos do direito de estabelecimento, da liberdade de prestação de serviços e da liberdade de circulação de capitais.

Um longo caminho foi percorrido desde que, em 1986, o TJCE emitiu a sua primeira sentença em matéria de tributação directa – o Caso *Avoir fiscal*[17], relativo ao direito de estabelecimento, mais concretamente às restrições ao direito de estabelecimento no Estado-membro onde se pretendia exercer tal direito.

Importa reconhecer que o TJCE tem desenvolvido um papel fundamental na ultrapassagem de obstáculos fiscais ao pleno funcionamento do mercado interno, contribuindo, assim, para suprir a insuficiência dos progressos alcançados neste campo, ao nível da actuação das demais instituições comunitárias e da concertação entre os Estados-membros.

Em resultado das decisões do TJCE – e não obstante a tenaz defesa, levada a cabo pelos Estados-membros, da sua soberania fiscal em matéria de impostos directos – diversas disposições fiscais nacionais foram condenadas com base na aplicação das disposições do Tratado CE relativas ao princípio da não discriminação e às liberdades económicas fundamentais. O motivo dessa condenação foi o facto de as referidas disposições fiscais nacionais constituírem um obstáculo à livre circulação de pessoas, serviços e capitais no espaço comunitário ou ao exercício do direito de estabelecimento noutros Estados-membros.

Todavia, e sem prejuízo da aludida importância da actuação do TJCE, não podemos deixar de considerar que não é este o ponto de partida mais adequado para a reformulação da legislação fiscal dos Estados.

---

[17] Caso C-270/83, decidido pelo TJCE em 28 de Janeiro de 1986.

Efectivamente, a actuação do TJCE é pautada por sérios condicionalismos. Refira-se, em primeiro lugar, que as decisões do TJCE se limitam aos casos concretos que são colocados à sua apreciação. O papel da jurisprudência na resolução das questões fiscais tem, desta forma, uma natureza fragmentária, uma vez que a análise apenas dos casos colocados ao TJCE não permite uma consideração sistemática de todas as potenciais incompatibilidades da legislação fiscal dos Estados-membros com o direito comunitário. A análise de uns problemas e não de outros deve-se à circunstância fortuita de serem ou não apresentados ao Tribunal. Por outro lado, as decisões do TJCE limitam-se, na generalidade dos casos, à resolução de questões fiscais muito específicas.

Assim, sem negar a importância do papel até ao momento desempenhado pelo TJCE na defesa das liberdades económicas fundamentais, afigura-se-nos que a respectiva actuação não substitui uma harmonização das legislações fiscais dos Estados-membros realizada de forma sistemática e progressiva, nem a análise, em termos globais, dos grandes problemas tributários da UE – análise que deve ser realizada pelas instituições comunitárias em coordenação com os Estados-membros, e tomando em consideração os diversos aspectos e interesses em jogo.

Todavia, impõe-se a questão de saber se a legislação fiscal portuguesa poderá / deverá ignorar as decisões do TJCE, não se adaptando ao seu teor. Não parece que tal caminho seja viável, no contexto da UE.

Importa, assim, ter em conta os principais desafios colocados ao Código do IRC pelas decisões que têm vindo a ser emitidas pelo TJCE.

Salientamos que não há, nas referências que serão feitas à jurisprudência do TJCE, quaisquer pretensões de exaustividade, e que algumas das sentenças do TJCE se caracterizam por uma grande complexidade, que não é possível espelhar nesta sede.

1.2. *Eliminação da dupla tributação económica em lucros recebidos por sucursais*

De acordo com diversas decisões do TJCE[18], é desconforme com o direito comunitário a não concessão, a sucursais de sociedades de outros

---

[18] Refiram-se, entre outras, as decisões do Caso *Avoir fiscal* (Caso C-270/83, decidido pelo TJCE em 28 de Janeiro de 1986) e Caso *Saint-Gobain* (Caso C-307/97, decidido pelo TJCE em 21 de Setembro de 1999).

Estados-membros, no Estado-membro onde tais sucursais se encontram estabelecidas, de mecanismos de eliminação da dupla tributação económica dos lucros por estas recebidos, relativamente a participações sociais que fazem parte dos activos da sucursal.

Face à referida jurisprudência do TJCE, não podem, portanto – por tal restringir o direito de estabelecimento – prever-se mecanismos de eliminação da dupla tributação económica relativa a lucros recebidos que sejam aplicáveis apenas às entidades residentes para efeitos fiscais num determinado Estado-membro, negando-se a respectiva aplicação às sucursais de sociedades de outros Estados-membros.

De acordo com o TJCE, tais regimes discriminam as sucursais de sociedades não residentes, violando, assim, o direito de estabelecimento e contrariando os artigos 43.º e 48.º do Tratado CE[19].

As decisões do TJCE têm o grande relevo de determinar o alargamento, aos estabelecimentos estáveis de sociedades comunitárias de outros Estados-membros, da aplicação dos métodos de eliminação da dupla tributação previstos na legislação interna do Estado-membro de localização do estabelecimento ou nas convenções para evitar a dupla tributação por este celebradas, inclusivamente com países não comunitários.

O TJCE invoca, a este propósito, a primazia do direito comunitário sobre a legislação fiscal interna dos Estados-membros e também sobre as convenções para evitar a tributação por estes celebradas, mesmo com países não comunitários.

Um passo importante neste sentido é dado pela Proposta de Orçamento do Estado para 2005, que prevê a alteração do artigo 46.º do Código do IRC[20], de forma a que um estabelecimento estável, em território português, de uma entidade de outro Estado-membro da UE tenha direito à eliminação da dupla tributação económica relativamente aos lucros recebidos de participações detidas em sociedades portuguesas ou em sociedades residentes noutro Estado-membro da UE, em termos idênticos ao que sucede com os lucros recebidos por uma sociedade de direito português – ou seja, dedução integral do montante dos lucros recebidos

---

[19] Artigos 52.º e 58.º, respectivamente, na numeração anterior ao Tratado de Amsterdão.

[20] Posteriormente às Jornadas, a Lei do Orçamento do Estado para 2005 alterou o artigo 46.º do Código do IRC no sentido previsto na Proposta de Orçamento do Estado para esse ano.

– mas apenas relativamente a participações não inferiores a 10% do capital da sociedade que distribui os lucros (ou com um valor de aquisição não inferior a 20 milhões de Euros) e cuja titularidade tenha sido mantida, de modo ininterrupto, durante o ano anterior à data da colocação dos lucros (ou, se detida há menos tempo, desde que a participação seja mantida durante o tempo necessário para completar aquele período de um ano).

Sem prejuízo do relevo da alteração, note-se que a Proposta de Orçamento do Estado para 2005[21] se limita a espelhar as alterações introduzidas na Directiva 90/435/CEE, de 23 de Julho (Directiva sociedades-mãe e sociedades afiliadas) pela Directiva 2003/123/CE, de 22 de Dezembro, na sequência das quais ficou expressamente previsto que o regime fiscal estabelecido pela Directiva sociedades-mãe e sociedades afiliadas se aplica também relativamente aos estabelecimentos estáveis. O artigo 4.º da Directiva 90/435/CEE, com a sua nova redacção, prevê a eliminação da dupla tributação económica dos lucros recebidos ao nível da sociedade-mãe ou do seu estabelecimento estável. Os Estados-membros estavam obrigados a transpor a Directiva 2003/123/CE para a sua legislação interna até 1 de Janeiro de 2005.

Anteriormente à alteração proposta ao artigo 46.º do Código do IRC[22], a eliminação da dupla tributação económica prevista relativamente a lucros recebidos de sociedades participadas (quer portuguesas quer de outros Estados-membros) era concedida apenas a sociedades com sede ou direcção efectiva em território português, e não a sucursais em Portugal de sociedades residentes noutro Estado-membro[23].

---

[21] E, posteriormente às Jornadas, a Lei do Orçamento do Estado para 2005.

[22] Alteração entretanto concretizada pela Lei do Orçamento do Estado para 2005, conforme referido nas duas notas de rodapé anteriores.

[23] Refira-se, ainda, que a dedução dos lucros recebidos, que é actualmente integral, foi de 95% até ao exercício de 2000 inclusive. Havia, portanto, uma sujeição a tributação de 5% dos lucros recebidos das participadas. Houve, igualmente, uma evolução dos requisitos necessários à aplicação do regime de eliminação da dupla tributação económica relativamente a lucros recebidos de sociedades participadas. Até 2001 inclusive, este dependia da existência de uma participação de pelo menos 25% do capital social da participada, a qual deveria ser mantida durante dois anos. A Lei do Orçamento do Estado para 2002 – Lei n.º 109-B/2001, de 27 de Dezembro – reduziu a percentagem relevante de participação para 10% (ou mesmo para percentagem inferior, desde que se trate de uma participação com um valor de aquisição não inferior a 20 milhões de Euros) e o período mínimo de detenção para um ano.

1.3. *Âmbito de aplicação do regime de subcapitalização*

Outro campo onde se sente a pressão das decisões do TJCE sobre a legislação fiscal dos Estados-membros, em matéria de tributação das pessoas colectivas, diz respeito ao âmbito de aplicação do regime de subcapitalização.

O Caso *Lankhorst-Hohorst GmbH*[24] assume uma considerável importância, na medida em que o TJCE, na decisão tomada, considera que o regime alemão de subcapitalização é contrário ao direito de estabelecimento consagrado no âmbito da UE.

Nos termos das regras alemãs atinentes ao rácio de subcapitalização, quando o financiamento concedido pela sociedade-mãe excedesse o rácio estabelecido, os juros respeitantes a tal financiamento seriam assimilados a uma distribuição de dividendos encoberta, desde que a sociedade-mãe beneficiária do aludido pagamento de juros "não tivesse direito a um crédito de imposto" (o que é equivalente a referir que tal sociedade "não estivesse sujeita a imposto na Alemanha"). Como tal, o mencionado regime de subcapitalização era aplicável, essencialmente, nos casos em que a sociedade-mãe não fosse residente na Alemanha ou, ainda, relativamente a uma sociedade alemã isenta de imposto.

O governo alemão procurou defender a legitimidade do regime, argumentando que este não visava expressamente sociedades-mãe não residentes na Alemanha e, como tal, não era discriminatório. O TJCE não aceitou tal argumento, considerando que se estava perante uma forma de discriminação indirecta que afectava a liberdade das empresas de outros Estados-membros de criarem subsidiárias na Alemanha.

Um segundo argumento invocado pelo governo alemão em defesa do seu regime de subcapitalização – o combate à evasão fiscal – também não foi acolhido pelo TJCE. Este tribunal, na sua decisão, considera que a protecção da base tributária nacional contra situações que provocam a sua redução não é passível de justificar medidas discriminatórias.

São grandes as potenciais repercussões da presente decisão do TJCE, uma vez que diversos outros Estados-membros da UE (incluindo Portugal) têm regimes de subcapitalização muito semelhantes ao alemão, caracterizados pelo facto de serem aplicáveis apenas ou fundamental-

---

[24] Caso C-324/00, decidido pelo TJCE em 12 de Dezembro de 2002.

mente em relação a sociedades-mãe não residentes[25]. Abre-se, deste modo, a porta à contestação, por parte das empresas, relativamente aos regimes de subcapitalização vigentes em diversos Estados-membros, com o argumento de constituírem uma violação do direito de estabelecimento no âmbito da UE.

O Reino Unido, por exemplo, já alterou o seu regime de subcapitalização, no sentido de o aplicar também relativamente a sociedades-mãe residentes.

Quanto a Portugal, o artigo 61.º do Código do IRC, que estabelece o regime de subcapitalização, aplica-se a situações de "endividamento [considerado excessivo] de um sujeito passivo para com entidade não residente em território português com a qual existam relações especiais" e, também, a situações de "endividamento do sujeito passivo para com um terceiro não residente em território português, em que tenha havido prestação de aval ou garantia por parte de" uma entidade com a qual existam relações especiais.

O regime de subcapitalização português aplica-se, portanto, expressamente, apenas a situações de endividamento para com entidade não residente, em termos que o TJCE considerou, no Caso *Lankhorst-Hohorst*, contrários ao direito de estabelecimento consagrado na UE.

Poderá defender-se a manutenção do regime actualmente previsto no artigo 61.º do Código do IRC, argumentando que não faz grande sentido a consagração do regime de subcapitalização relativamente ao endividamento para com entidade residente, uma vez que a dedução fiscal do montante dos juros pagos na esfera da entidade que é financiada tem como contrapartida o seu reconhecimento como um proveito tributável na esfera da entidade, também residente em Portugal, que os recebe. Tal argumento é pertinente, mas não o é menos quanto ao regime de preços de transferência, relativamente ao qual nunca existiram hesitações do legislador fiscal português acerca da sua aplicação também a transacções com outras entidades residentes.

De resto, e este parece-nos um aspecto determinante, tanto no que diz respeito aos preços de transferência, como à subcapitalização, o facto de estarmos perante duas entidades residentes não significa que não possa

---

[25] Com efeito, as regras de subcapitalização não são, em geral, aplicadas quando a sociedade-mãe é residente no mesmo país que a subsidiária, uma vez que, nesse caso, são limitadas as circunstâncias em que pode ocorrer perda de receita fiscal.

existir perda de imposto para o Estado. Se é, em termos gerais, verdade que o que uma entidade regista como custo fiscalmente dedutível terá, em termos gerais, correspondência no que outra entidade residente regista como proveito tributável, não é menos verdade que esta última poderá ter prejuízos fiscais reportáveis ou encontrar-se sujeita a uma taxa de tributação mais baixa.

1.4. *Liberdade de prestação de serviços a nível comunitário*

Um outro campo da tributação directa no qual se faz sentir a pressão das decisões do TJCE é o da liberdade de prestação de serviços. Referiremos apenas alguns dos casos mais relevantes a este nível.

Nos termos da decisão do Caso *Bachmann*[26], a legislação que condicionava a dedutibilidade fiscal na Bélgica de contribuições pagas para esquemas de pensões e para seguros de doença e de invalidez à circunstância de tais contribuições serem pagas a uma entidade belga violava a liberdade de prestação de serviços no âmbito da UE.

Embora o TJCE tenha admitido que determinadas restrições poderiam ser admissíveis com base na necessidade de preservar a coerência do sistema fiscal, o TJCE veio, em decisões posteriores, a limitar as situações em que considera admissível que os Estados-membros invoquem a referida necessidade de preservar a coerência do sistema fiscal como forma de justificar determinadas medidas internas susceptíveis de afectar as liberdades económicas comunitárias.

No Caso *Safir*[27], o TJCE considerou que as obrigações fiscais, tanto materiais como formais, a que ficavam sujeitos os segurados suecos que tivessem contratado com seguradoras estabelecidas noutros Estados-membros, eram de tal forma gravosas que poderiam dissuadir a subscrição de seguros junto de seguradoras não estabelecidas na Suécia – violando, assim, a liberdade de prestação de serviços consagrada no Tratado CE.

O Caso *Danner v Finland*[28] prende-se com a (in)compatibilidade com a liberdade de prestação de serviços na UE das disposições res-

---

[26] Caso C-204/90, decidido pelo TJCE em 28 de Janeiro de 1992.
[27] Caso C-118/96, decidido pelo TJCE em 28 de Abril de 1998.
[28] Caso C-136/00, decidido pelo TJCE em 3 de Outubro de 2002.

tritivas consagradas na legislação finlandesa quanto à dedutibilidade fiscal de contribuições para um esquema de pensões pagas a entidade não finlandesa.

Na decisão do Caso *Skandia*[29], o TJCE considerou como contrárias à liberdade de prestação de serviços as regras fiscais suecas que diferiam o direito da entidade empregadora de deduzir, para efeitos fiscais, os montantes pagos a título de contribuições para esquemas de pensões geridos por uma entidade não sueca, mas que permitiam a dedução imediata de idênticas contribuições efectuadas a uma entidade sueca.

Face ao exposto, parece-nos ser de aplaudir a alteração, prevista na Proposta de Orçamento do Estado para 2005, no sentido do alargamento do artigo 40.º n.º 4, alínea *f*) do Código do IRC a seguros e fundos de pensões geridos por empresas não residentes, e sem estabelecimento estável em Portugal, desde que reunidas determinadas condições[30].

Em virtude do referido alargamento, passam a poder beneficiar do regime previsto no artigo 40º do Código do IRC – Realizações de utilidade social – as importâncias entregues para serem geridas e relativas a contratos de seguros celebrados com empresas de seguros que estejam autorizadas a operar em território português em livre prestação de serviços (e não apenas empresas de seguros que possuam sede, direcção efectiva ou estabelecimento estável em território português) e também fundos de pensões ou equiparáveis geridos por instituições de realização de planos de pensões profissionais às quais seja aplicável a Directiva 2003//41/CE que estejam autorizadas a aceitar contribuições para planos de pensões de empresas portuguesas (e não apenas fundos de pensões ou equiparáveis constituídos de acordo com a legislação nacional)[31].

2. Outros desafios comunitários

A integração na UE envolve, ainda, para o IRC, potenciais desafios de carácter mais amplo do que os anteriormente referidos. Tais desafios

---

[29] Caso C-422/01, decidido pelo TJCE em 26 de Junho de 2003.

[30] Posteriormente às Jornadas, a Lei do Orçamento do Estado para 2005 introduziu a aludida alteração no Código do IRC.

[31] É este o regime actualmente em vigor, nos termos do artigo 40.º n.º 4, alínea *f*) do Código do IRC, na sequência da nova redacção do artigo introduzida pela Lei do Orçamento do Estado para 2005.

dizem respeito à potencial evolução, no campo da tributação das empresas na UE, para níveis superiores de harmonização fiscal ou mesmo, em certos casos, para uma uniformização da tributação.

Os regimes de tributação das empresas em vigor nos diversos Estados-membros – e principalmente a respectiva conjugação, em estruturas empresariais ou transacções que envolvam mais do que um Estado-membro – podem ser responsáveis por constrangimentos fiscais ao pleno funcionamento do mercado interno, dos quais se destacam o problema da dupla tributação internacional, as dificuldades relativas a preços de transferência, a inexistência de compensação de lucros e prejuízos a nível comunitário e as dificuldades das reorganizações empresariais europeias.

A Comissão tem estado atenta a esta situação, tomando iniciativas destinadas a fomentar o debate acerca de diversos tipos de soluções, susceptíveis de eliminarem ou, pelo menos, atenuarem os aludidos obstáculos fiscais ao mercado interno. Merecem destaque, neste âmbito, o *Estudo da Comissão sobre a Fiscalidade das Empresas no Mercado Interno*, apresentado em 23 de Outubro de 2001[32], e as conferências realizadas sobre o tema nos anos seguintes, pelo papel desempenhado no alargamento do debate relativamente a um conjunto de soluções de natureza mais global para os problemas da tributação das empresas na UE. Trata-se de soluções bastante distintas das actualmente prosseguidas na UE.

O objectivo das referidas soluções globais consiste em proporcionar aos investimentos e às transacções desenvolvidos no espaço comunitário uma maior neutralidade fiscal. Visam, portanto, minimizar ou eliminar os principais obstáculos fiscais que impedem um adequado funcionamento do mercado interno, actuando ao nível das respectivas causas.

As aludidas soluções globais correspondem a modelos de tributação das empresas que se caracterizam pelo apuramento de uma base tributável única, resultante da aplicação de um só conjunto de regras fiscais, em relação às várias empresas que integram um grupo europeu. As em-

---

[32] SEC (01) 1681. Trata-se do resultado de um estudo analítico da tributação das sociedades preparado pelos serviços da Comissão, auxiliados por dois grupos de especialistas Foi, igualmente, apresentada na mesma data uma Comunicação da Comissão, intitulada *"Para um mercado interno sem obstáculos fiscais – Estratégia destinada a proporcionar às empresas uma matéria colectável consolidada do imposto sobre as sociedades para as suas actividades a nível da UE"*, baseada no aludido Estudo.

presas comunitárias pertencentes a um mesmo grupo empresarial ficariam, assim, sujeitas à aplicação de um mesmo conjunto de regras fiscais, não obstante o facto de estarem localizadas em vários Estados-membros.

Os modelos de tributação em apreço, cuja formulação se encontrava já, anteriormente ao Estudo da Comissão, razoavelmente sedimentada pelo debate desenvolvido por diversos fiscalistas internacionais[33] e pela comunidade empresarial europeia, são os seguintes:

- *Reconhecimento mútuo da tributação do Estado de origem* (na sua designação original, *"Home State Taxation"*), nos termos do qual a base tributável única a nível comunitário seria calculada em conformidade com a legislação fiscal do Estado de origem da empresa-mãe, ou seja, o da sede do grupo. Esta abordagem recorre, assim, aos regimes fiscais já existentes nos diversos Estados-membros, concebendo-se a sua aplicação pelas empresas dos Estados-membros como facultativa.
- *Tributação da base comum consolidada* (na sua designação original, *"Common Consolidated Base Taxation"*), nos termos da qual a base tributável única a nível europeu seria calculada em conformidade com um conjunto de regras fiscais comunitárias, a criar para o efeito. A aplicação deste regime fiscal seria facultativa, coexistindo com os regimes fiscais nacionais.
- *Imposto europeu sobre o rendimento das empresas* (na sua designação original, *"European Corporate Income Tax"*), que poderia ser cobrado a nível europeu, revertendo uma parte ou a totalidade da receita directamente para a UE. O regime fiscal em apreço poderia ser facultativo, coexistindo com os regimes fiscais nacionais. Poderia, alternativamente, ser obrigatório para grandes empresas multinacionais.
- *Regime fiscal único para as empresas da UE*, a criar em substituição dos regimes fiscais nacionais de tributação das empresas actualmente em vigor.

Quaisquer avanços da UE para este tipo de soluções globais relativamente à tributação das empresas, a ocorrerem, constituiriam um enor-

---

[33] Refiram-se, a mero título de exemplo, LORENCE BRAVENEC, MALCOLM GAMMIE, LUC HINNEKENS, SVEN-OLOF LODIN e M. TABAKSBLAT, bem como diversos investigadores do *Institute for Fiscal Studies*.

me desafio em termos de adaptação dos regimes fiscais actualmente em vigor em Portugal, principalmente do Código do IRC.

Contudo, importa salientar que as aludidas soluções globais de tributação das empresas têm, nas suas actuais formulações, importantes insuficiências. Para além dos aspectos que carecem ainda de concretização, nos diversos sistemas de tributação em referência, estes, de uma forma geral, deixam antever múltiplas dificuldades de aplicação prática e suscitam questões de grande complexidade. Pense-se, desde logo, na conjugação dos sistemas em apreço com o restante ordenamento tributário dos Estados-membros e com o regime fiscal aplicável às relações com entidades de países terceiros.

Importa, ainda, salientar que algumas das propostas dos defensores dos modelos de tributação em apreço, no sentido da resolução das dificuldades acima apontadas, ameaçam introduzir em tais modelos uma grande complexidade, com o consequente aumento dos custos associados ao cumprimento das obrigações fiscais por parte das empresas e ao respectivo controlo pelas autoridades fiscais. É o caso das propostas que sugerem, relativamente às empresas comunitárias, a aplicação de regimes fiscais distintos às respectivas transacções intracomunitárias e às transacções com países terceiros.

Haverá, portanto, ainda um longo caminho a percorrer, em termos de análise, ponderação e debate sobre as soluções globais de tributação das empresas na UE, até que seja possível considerar seriamente a adopção pelos Estados-membros de algum dos sistemas de tributação em causa.

Não parece, de resto, existir o consenso necessário entre os Estados--membros para que este tipo de medidas possa avançar – sobretudo tendo em conta o princípio da unanimidade, que continua a vigorar na aprovação das medidas fiscais no âmbito da UE, e o contexto do recente alargamento comunitário, que tornará o avanço da harmonização fiscal ainda mais difícil.

De facto, os Estados-membros têm defendido tenazmente a sua soberania fiscal e o princípio da unanimidade. A grande importância dos aspectos fiscais para os Estados revela-se tanto ao nível da obtenção de receitas como pelo facto de a tributação ser comummente utilizada pelos Estados como instrumento de política económica e social. Saliente-se, ainda, que a importância para os Estados-membros de poderem continuar a dispor de instrumentos de actuação económica proporcionados pela condução da sua política de fiscalidade directa se tornou tanto maior quanto mais reduzida, ou mesmo inexistente, se tornou a autonomia dos Estados que integram a União Monetária a outros níveis, como o orçamental, o monetário e o cambial. É também invocado, neste contexto, o "défice democrático" na tomada de decisões fiscais a nível comunitário – uma vez que o poder decisório em matéria fiscal radica no Conselho e não no Parlamento Europeu.

Face ao exposto, não parece muito provável que, nos próximos anos, se registem avanços notórios no que diz respeito à implementação de soluções globais para a tributação das empresas que integram um grupo europeu, mediante a aplicação às mesmas de um único conjunto de regras fiscais em todo o espaço comunitário.

Importa, todavia, salientar que, a confirmar-se esta previsão, os desafios colocados pela fiscalidade comunitária ao Código do IRC não desaparecem. Apenas assumem outras formas, num contexto em que a garantia das liberdades económicas fundamentais a nível comunitário coexiste com aspectos como a persistente concorrência fiscal entre os Estados-membros e de países terceiros face a estes, a grande mobilidade dos capitais, incentivada pela existência de uma moeda única – o Euro – em muitos dos Estados-membros, e a facilidade de deslocalização dos rendimentos, nomeadamente graças às possibilidades abertas pelo desenvolvimento tecnológico.

2.3. A Tributação Local e os Benefícios Fiscais

A TRIBUTAÇÃO LOCAL
NA REFORMA FISCAL DE 1988/89.
UMA AVALIAÇÃO 15 ANOS DEPOIS[*]

Professor Doutor Manuel Porto[**]

1. Introdução

A Reforma Fiscal de 1988/89, visando em primeira linha a introdução de impostos únicos sobre as pessoas singulares, o IRS, e sobre as pessoas colectivas, o IRC (em boa medida dando cumprimento ao artigo 107.º da Constituição), não poderia deixar de ter implicações na tributação local.

O mandato atribuído à Comissão da Reforma Fiscal pelo decreto-lei n.º 232/84, de 12 Junho, era aliás para proceder aos "trabalhos relativos à esfera da tributação directa" "inseridos numa concepção global da reforma fiscal em que o elenco das espécies tributárias é encarado como um todo, cujos elementos integrantes deverão entre si harmonizar-se". E acrescentava-se que a Comissão deveria proceder à "articulação do esquema de impostos percebidos pela administração central com as formas tributárias situadas a níveis de descentralização".

Para a concretização deste objectivo o autor do presente artigo foi encarregado de coordenar um grupo de trabalho[1] que apresentou as pro-

---

[*] Tive o maior gosto em apresentar este texto nas Jornadas dos "15 Anos da Reforma Fiscal de 1988/89", constituindo – tal como o livro que agora se publica – uma oportunidade para prestar uma justíssima homenagem ao Presidente da Comissão da Reforma, o Prof. Doutor Paulo de Pitta e Cunha.

[**] Professor Catedrático da Faculdade de Direito da Universidade de Coimbra

[1] São de lembrar os nomes das pessoas que fizeram parte do grupo: A. Rodolfo Ferreira, A. Seabra Baptista, A. Serras Mendes, A. Teixeira Borges, F. Salvado Pereira,

postas relativas à tributação local que em grande medida vieram a ser aceites pela Comissão[2] e pelo Governo[3].

2. As implicações imediatas da Reforma Fiscal de 1988/89

Uma primeira determinante a ter em conta não podia deixar de ser o que fosse proposto e aprovado para os futuros IRS e IRC: caso tivesse implicações em relação à tributação local.

Era o seguinte, o quadro dos impostos locais que estava em aplicação (quadro I, com os valores de 1986):

Quadro I

Receitas fiscais locais

	10^6 escudos	%
Contribuição predial	10 500	48,6
Imposto s/ veículos	1 900	8,8
Imposto de turismo	2 100	9,7
Imposto s/ incêndios	320	1,5
Derramas	4 600	21,3
Imposto mais-valias	2 200	10,2
Total	21 620	100

Fonte: V. Vadez Matias, *Sistemas Fiscais das Autarquias Locais*, Rei dos Livros, Lisboa, 1987

Com a introdução de impostos únicos sobre as pessoas singulares e colectivas estavam necessariamente em causa: a contribuição predial, nos termos que veremos adiante; as derramas, que recaiam sobre a colecta de dois impostos parcelares em extinção (a contribuição predial e a contribuição industrial); e o imposto de mais-valias, face à concepção alargada

---

Isabel Cabaço Antunes, J. Carneiro do Amaral, J. Lavadinho Leitão, J. Maia Amaral, J. Santos Mota, José Santos, Manuela Brandão, R.Galiano Barata Pinto, Rui Morais, V. Valdez Matias e, numa primeira fase, Fernando Bonito, N. Sá Gomes e Raul Esteves.

[2] Não por unanimidade, importará lembrá-lo também.

[3] Com algumas alterações, como se ilustrará.

de rendimento adoptada pela Comissão e aceite pelo Governo, recaindo o IRS e o IRC sobre todo o rendimento-acréscimo, não apenas sobre o rendimento-produto.

3. A desejabilidade de as autarquias disporem de receitas próprias

Como alternativa em relação aos impostos de que as autarquias portuguesas deixavam de poder dispor (ou mesmo em relação a todos os demais), poderia pensar-se na hipótese de as suas necessidades serem financiadas integralmente através do Orçamento Geral do Estado.

Como vantagem mais atraente desta solução poderia apontar-se a sua simplicidade, evitando-se todas as complicações e despesas que resultam da aplicação de mais impostos; podendo acrescentar-se, ainda, a circunstância de mesmo com impostos próprios das autarquias não poder prescindir-se em Portugal de alguma forma de perequação financeira, na medida em que não é possível encontrar espécies tributárias que correspondam, em relação a todas as autarquias, a todas e apenas às suas necessidades financeiras. No quadro geral dos municípios portugueses[4], com uma enorme diversidade de capacidades tributárias e de exigências, será sempre necessário proceder a ajustamentos a nível central[5].

Não podia desconhecer-se todavia o reverso da medalha, apontando no sentido de as receitas das autarquias não ficarem na dependência total ou muito grande de transferências do Estado. Poderia não estar em causa, nesta linha, qualquer preocupação em relação à segurança das receitas, decerto assegurada em cada ano pelos representantes do país no Governo e na Assembleia da República, e podendo aliás dispôr-se de um índice legal que salvaguardasse o montante mínimo das transferências a fazer. Mas com um relevo que deveria prevalecer era de apontar a vantagem de que não aumentasse ainda mais a dependência das autarquias em relação

---

[4] A preocupação básica foi sempre com os municípios, não havendo ainda no continente regiões administrativas e sendo muito pequeno o relevo das freguesias.

[5] Tendo de promover-se, pois, o equilíbrio financeiro horizontal (a 'igualdade activa') que, nos termos do n.º 2 do art.º 240.º da nossa Constituição, deve acrescer ao equilíbrio financeiro vertical (a 'solidariedade') entre o Estado e o conjunto das autarquias (ver A. Sousa Franco, *Finanças Públicas e Direito Financeiro*, Almedina, Coimbra, 1.º vol., 1993 (reimpressão de 2003), p. 213 e J. Gomes Canotilho e Vital Moreira, *Constituição da República Portuguesa. Anotada*, 3ª ed., Coimbra Editora, 1993, p. 890).

ao orçamento do Estado, já muito onerado, em muitos casos com exigências que, num país como o nosso, não poderá deixar de ser o Estado a satisfazer; bem como a vantagem de que, na lógica de empenhamento e de responsabilização que constituem uma razão básica justificativa da sua intervenção, tanto quanto possível os autarcas sintam a responsabilidade pela boa gestão das receitas que os cidadãos lhes confiam, reforçada de facto com a individualização e a 'perceptibilidade' (*perceptibility*) de receitas próprias[6].

Não poderia pensar-se, por outro lado, em que a solução do problema estivesse numa redução drástica da intervenção das autarquias portuguesas, com o reconhecimento das vantagens da descentralização e tendo-se presente a comparação da situação portuguesa com a dos outros países da União Europeia, com que temos de concorrer, melhor organizados e com indicadores sociais e económicos muito mais favoráveis.

Trata-se de comparação que em relação a um mesmo ano[7] pode ser vista no quadro II:

---

[6] Contribuindo-se assim não só para uma maior eficiência na gestão da 'coisa pública' como também para o reforço das estruturas democráticas.

Deve sublinhar-se, com implicações que procuraremos ter em conta adiante, que a *accountability* deste modo promovida será tanto maior quanto mais largo for o leque dos contribuintes atingidos com os impostos a pagar e quanto maior for a capacidade de intervenção das autarquias, fixando a taxa a aplicar ou decidindo mesmo sobre a oportunidade do seu lançamento.

Em alguns casos a exigência feita poderá ser, com o não reconhecimento da necessidade de despesas propostas, uma via de redução das despesas públicas totais, através da redução das despesas públicas locais: o que tem a maior importância no tempo actual, com as exigências e as dificuldades de contenção orçamental.

[7] O ano de 1978. Mas nos anos seguintes a participação local em Portugal desceu ainda acentuadamente, com a despesa pública local a representar em 1986 apenas 7% da despesa pública total (ver Manuel Porto, *A Reforma Fiscal Portuguesa e a Tributação Local*, separata do número especial do *Boletim da Faculdade de Direito de Coimbra, Estudos em Homenagem ao Prof. Doutor Eduardo Correia*, Coimbra,1988, p. 8).

Quadro II
As despesas locais em 9 países comunitários (1978)[*]

	Superfície (milhares km²)	População (milhões habit.)	Despesas locais / Desp. públicas	Despesas locais / PIB (%)
Alemanha	248,7	61,3	17,5	8,3
Bélgica	30,5	9,8	10,8	5,0
Dinamarca	43,1	5,1	60,9	27,6
França	544,0	53,3	19,0	8,1
Irlanda	70,3	3,3	29,0	16,2
Itália	301,3	56,1	17,0	6,5
Luxemburgo	2,6	0,4	18,0	8,7
Portugal	92,1	9,6	9,6	2,7
Reino Unido	244,1	55,9	55,9	11,8

[*] Das despesas públicas está excluída a segurança social

Não se tratava pois de uma participação diminuta ligada necessariamente à dimensão do país, verificando-se que ela era bem maior em países com menor dimensão espacial ou/e demográfica, como são os casos da Bélgica, da Dinamarca, da Holanda e do Luxemburgo.

As comparações internacionais – sem dúvida com as cautelas que devem sempre merecer-nos – eram ainda inequívocas, confirmando o que a teoria explica, ao evidenciarem a existência de níveis mais elevados de prosperidade e bem-estar nos países mais descentralizados[8].

---

[8] Sobre o reconhecimento teórico das virtualidades da descentralização na função de afectação dos recursos podiam ter-se presentes por exemplo George Stigler, *Tenable Range of Functions of Local Government*, em Joint Economic Committee, Sub-Committee on Fiscal Policy, *Federal Expenditure Policy for Economic Growth and Stability*, Washington, 1957, Wallace Oates, *Fiscal Federalism*, Harcourt Brace Javanovich, Nova Iorque, 1972, Ricard Tresch, *Public Finance. A Normative Theory,* Business Publications, Plano, Texas, 1981, cap. 29, Richard Musgrave e Peggy Musgrave, *Public Finance in Theory and Practice*, 4ª ed., McGraw-Hill, Nova Iorque, 1989, cap. 24 ou Vitor Gaspar e António Antunes, *A Descentralização das Funções Económicas do Estado. A Função de Afectação*, em *Desenvolvimento Regional*, Boletim da Comissão de Coordenação da Região Centro, n.º 23, 2.º Sem., 1986, pp. 9-37. Em cálculos a que nós próprios procedemos apurámos uma correlação positiva significativa (de 0,87) entre o grau de prosperidade e bem-estar geral, medido pelos PIB's *per capita*, e o grau de descentralização em 14 países membros do Conselho da Europa, medido pela participação das autarquias locais nas despesas públicas totais (Manuel Porto, num relatório elaborado para o Conselho da Europa e com os resultados publicados também num artigo com o título *Situação e Perspectivas da Região Centro*, em *Boletim da Comissão de Planeamento da Região Centro*, n.º 6, 1.º Sem., 1978, pp. 4-40).

4. A alternativa à contribuição predial: a contribuição autárquica

4.1. *A lógica da Reforma Fiscal de 1988/89*

Desde o início dos seus trabalhos a Comissão que preparou a Reforma Fiscal do final dos anos 80 orientou-se no sentido de, de um modo geral, se integrarem nos novos impostos sobre o rendimento a criar, o IRS e o IRC, apenas rendimentos realmente auferidos: o que apontava, em relação à tributação predial, para a integração apenas das rendas recebidas por prédios arrendados (ou situações equivalentes)[9].

Não se desconheciam as razões teóricas que poderiam apontar no sentido de serem tributadas (também) as utilidades conferidas pela propriedade dos bens, os 'rendimentos imputados' (tal como acontecia anteriormente). Mas foi-se sensível à dificuldade (mesmo à impossibilidade) de alargar a tributação às utilidades proporcionadas por muitos outros bens, designadamente bens que, em alguns casos mesmo por maioria de razão, por exigência de um mínimo de justiça teriam de ser considerados também (as utilidades proporcionadas por exemplo por jóias, objectos de arte, equipamentos domésticos e tantos outros bens).

Reconhecendo-se a inconveniência ou a impossibilidade de tributar todas as utilidades – e, de facto, não se pôs a hipótese de tributar quaisquer outros tipos de utilidades[10] – restringiu-se a aplicação do IRS e do IRC, em relação aos prédios, a um campo bem identificado e onde não se verificariam desigualdades, injustificáveis em relação a outros valores (v.g. se estivesse em causa a tributação da fortuna, tratando-se em muitos casos de valores de maior relevo precisamente para as famílias mais ricas): os rendimentos "decorrentes da locação, total ou parcial, de

---

[9] Ver o n. 9.5 da *Exposição de Motivos da Proposta de Lei de Bases da Reforma Fiscal*, Ministério das Finanças, Lisboa, 1987, o n. 11 do Preâmbulo do Código do IRS, o n. 9 do Preâmbulo do Código do IRC e o n. 1 do Preâmbulo do Código da Contribuição Autárquica. A Comissão propunha que o 'novo' imposto se designasse Contribuição *Predial* Autárquica, dado que haveria outros impostos das autarquias. Mas a designação dada pelo Decreto-Lei n.º 442-C/88, de 30 de Novembro, veio a ser apenas de Contribuição Autárquica.

[10] Não se quis designadamente ir para a criação de um imposto sobre a fortuna, existente em outros países da União Europeia (cfr. Pierre Beltrame e Lucien Mehl, *Techniques, Politiques et Institutions Fiscales Comparées*, 2ª ed., Presses Universitaires de France, Paris, 1997, pp. 273-9).

prédios rústicos ou urbanos e da cessão de exploração de estabelecimentos comerciais ou industriais, incluindo a dos bens móveis naqueles existentes"[11]. Ficou-se assim no mesmo plano que em relação às outras fontes de rendimentos, tributando-se em IRS e em IRC os rendimentos reais por elas proporcionados e não a mera utilidade ligada à sua propriedade.

Estava deste modo em alguma medida aberto o caminho para que sobre os prédios – com maior relevo, sobre os prédios não arrendados – passasse a recair um imposto patrimonial[12]. Naturalmente, também em relação a um imposto desta natureza pode ser dito que ficam de fora, por dificuldades de conhecimento ou por outras razões, muitas situações de propriedade em relação às quais não há nenhuma tributação. É contudo uma desigualdade justificada ou que choca menos aqui do que num imposto com as preocupações de pessoalização do IRS, podendo a tributação do património predial ter uma fundamentação que lhe é própria (que nos levou a excluir a possibilidade de pura e simplesmente não ser tributado).

4.2. *As razões específicas que podem justificar a tributação do património predial*

Trata-se de razões que podem encontrar-se tanto no plano dos princípios distributivos como no plano da conveniência económica.

---

[11] Constituindo novidade em relação à situação anterior que, na lógica seguida, não carece de justificação, procedeu-se à inclusão também dos rendimentos resultantes do arrendamento de prédios rústicos (cfr. *Exposição de Motivos*, cit.).

[12] Neste sentido se orientaram igualmente os peritos do FMI e da OCDE que foram solicitados a elaborar relatórios para Portugal (M. Casanegra de Jantscher, Mário Teijeiro e Alfred Dalton, *Reform of Income Taxation in Portugal*, Fiscal Affairs Department, FMI, Washington, 1985 e David King, *Tax Reform and Local Government Finance in Portugal*, Stirling, para a OCDE, 1986).

Discordando ou pelo menos exprimindo dúvidas acerca da solução adoptada ver Nuno Sá Gomes, *Considerações em Torno da Contribuição Predial Autárquica*, em *Ciência Técnica Fiscal*, n.º 365 (Jan.-Março, 1992), pp. 11-51, *Manual de Direito Fiscal*, I, Centro de Estudos Fiscais, Lisboa, 1993, p. 150 e *Tributação do Património*, Almedina, Coimbra, 2005, pp. 39-41, Paulo de Pitta e Cunha, *O Novo Sistema de Tributação do Rendimento*, em ID, *A Fiscalidade dos Anos 90 (Estudos e Pareceres)*, Almedina, Coimbra, 1996, pp. 11-37 e Luís Menezes Leitão, *A Contribuição Autárquica no Quadro da Reforma da Tributação do Património*, em *Fisco*, n.º 97/98, Setembro de 2001, pp. 15-20.

4.2.1. Uma lógica de benefício

Mais do que numa lógica de capacidade de pagar, em que não seria fácil ou mesmo possível justificar a referida desigualdade em relação à não tributação de outras formas patrimoniais, a tributação do património predial pode encontrar justificação na lógica do princípio do benefício, na medida em que os proprietários dos prédios são especiais beneficiários de infraestruturas e serviços, muito onerosos, que a colectividade lhes proporciona[13].

Tem-se dito que não se está de facto face a esta lógica, não se tendo correspondência entre o que os proprietários pagam e o que a colectividade, no caso as autarquias, lhes proporciona. Numa análise caso a caso vê-se bem que tal não acontece

Há que esclarecer todavia que o que está em causa é o princípio do benefício a justificar *impostos*, não estamos perante taxas. Com estas é que tem de haver sinalagmaticidade, uma correspondência total ou aproximada (mesmo aqui não *igualdade* de valores) de parte a parte. Não é assim no caso de um imposto.

---

[13] Sobre este princípio ver Musgrave e Musgrave, *Public Finance in Theory and Practice*, cit., pp. 228-32 e 460-1, ou entre nós, em relação ao caso em análise, Ministério das Finanças, *Relatório da Comissão para o Desenvolvimento da Reforma Fiscal*, 30 de Abril de 1996, chamando todavia a atenção para as limitações que se levantam (bem como em relação aos outros princípios). Não se tratará aliás tanto de serviços de segurança das pessoas e do património (por ex. serviços de polícia), preocupados igualmente (numa missão mais difícil) com a protecção de objectos móveis (por ex. de jóias) com que circulamos ou que temos em nossas casas, como de serviços ligados à fruição dos prédios (mais recentemente ver William A. Fischel, *Homevoters, Municipal Corporate Governance, and the Benetit View of the Property Tax*, em *National Tax Journal*, vol. 54, 2001, pp. 157-73)

Um imposto sobre o valor dos prédios tanto pode incidir sobre os proprietários (ainda, eventualmente, sobre titulares de direitos limitados de propriedade ou sobre possuidores), mesmo que seja outrem a utilizá-los, como sobre os utilizadores, que tanto podem ser os proprietários como outras pessoas, nos casos de arrendamento (ou outra forma de cedência). Nos países da OCDE há experiências nos dois sentidos (cfr. OCDE, *Taxes ou Immovable Property*, Paris, 1983, quadro 3.0, p. 670), embora com prevalência clara – na linha seguida em Portugal – da incidência sobre os proprietários (sendo excepções a *taxe d' habitation* francesa e as *rates* do Reino Unido). Com uma justificação desta prevalência, tendo em conta a repercussão do imposto, ver Denise DiPasquale e William C. Wheaton, *Urban Economics and Real Estate Markets*, Prentice-Hall, Englewood Cliffs, New Jersey, 1996, pp. 342-3.

Será interessante recordar aliás a este propósito que num caso de 'escola' do princípio do benefício, o caso da tributação automóvel, (poderá ser sobre os combustíveis, também como receita municipal), não deixa de se atender a factores que pouco têm a ver com o benefício proporcionado. O que as autoridades proporcionam a um veículo novo de luxo e a um velho carro utilitário é exactamente o mesmo, em termos de infraestruturas de circulação ou de indicadores de trânsito, todavia paga-se muito mais pelo primeiro do que pelo segundo.

Também na tributação do património imobiliário uma tributação na lógica do princípio do benefício pode (ou deverá mesmo) ter em conta circunstâncias na lógica da capacidade tributária.

A lógica do benefício, a par de dificuldades administrativas e graves riscos de evasão que resultariam de haver ou não tributação consoante os prédios não estivessem ou estivessem arrendados, apontava ainda no sentido de a tributação predial recair sobre todos os prédios, incluindo os prédios arrendados. Naturalmente, com esta solução ficou em aberto uma outra preocupação, a de não sobrecarregar tributariamente quem recebe rendimentos de prédios arrendados[14], para a qual se encontrou solução com a dedução da contribuição autárquica da colecta do IRS e do IRC[15].

4.2.2. Um incentivo à utilização da propriedade

Numa linha diferente pode acrescentar-se que, sendo as propriedades bens escassos e com uma função social e económica a desempenhar, se compreende que a sua tributação deva constituir uma motivação, por pequena que seja, no sentido da sua utilização (pelos próprios proprietários ou cedendo-as a outrém), deixando de ser indiferente manter por exemplo um prédio desabitado ou um terreno por cultivar; ainda que,

---

[14] Sendo por isso tratado diferentemente de quem tem outros tipos de rendimentos, não sendo tributadas as bases que os proporcionam. A título de exemplo, haveria uma distorção no mercado em relação à generalidade das demais formas de aplicação do aforro, como são os casos de o aplicar em depósitos ou títulos, não estando estes valores patrimoniais sujeitos a tributação: apenas os rendimentos monetários, v.g. juros e dividendos, por eles proporcionados (devendo, como é óbvio, ser igualmente evitadas outras formas de 'dupla tributação' que poderão surgir nestes casos).

Trata-se de dificuldade que não se levantaria com um imposto incidente sobre os utilizadores dos prédios.

[15] Com os passos dados até se chegar a esta solução ver Manuel Porto (*A Reforma Fiscal Portuguesa e a Tributação Local*, cit., pp. 40-1; onde refere casos de legislações de outros países onde se verificava a distorção tida em conta).

tendo de ter-se em conta outros interesses a atender, a tributação deva representar um encargo relativamente leve, não podendo por isso ser muito forte o efeito de incentivo acabado de apontar[16].

4.2.3. *Um incentivo à manutenção actualizada dos registos e das avaliações*

Embora com as dificuldades e os custos administrativos que sublinharemos, a tributação predial constitui também um incentivo importante à manutenção actualizada dos registos e das avaliações, com utilidade igualmente para outras bases tributárias e a outros propósitos, v.g. nos domínios da segurança jurídica e do incentivo à realização de benfeitorias nos prédios.

Esta utilidade soma-se à perspectiva reditícia para que sejam eventualmente justificados os custos de avaliação suportados, sendo de prever aliás por seu turno que se trate de custos que com o progresso técnico possam ser progressivamente atenuados.

4.2.4. *A manutenção de uma tributação tradicional*

Por fim, é de apontar que se tratava de uma forma tributária que, embora com um figurino novo, estava na sequência de uma tradição muito antiga de haver tributação ligada à propriedade, ainda que durante muito tempo através do seu rendimento normal.

Estando-se 'habituado' a este tipo de tributação é mais fácil (ou só assim possível) a sua aceitação, na linha de que *an old tax is a good tax...*: com um relevo muito especial a este propósito na medida em que se trata de uma forma de tributação que, apesar de ter um significado reditício percentualmente baixo[17], se distingue precisamente por ter um grau muito baixo de popularidade[18].

---

[16] Cfr. Nathaniel Lichfield e Haim Darin-Drabkin, *Land Policy and Planning*, George Allen & Unwin, Londres, 1980, pp. 210-4 e os testemunhos incluídos em ADEF, *Les Enjeux de la Fiscalité Foncière*, Economica, Paris, 1983.

[17] A contribuição autárquica tem vindo a representar menos de metade da tributação do património, a qual por seu turno tem representado em Portugal menos de 2,5% das receitas fiscais. Portugal é aliás um dos países da OCDE onde estas formas de tributação têm um relevo mais baixo, sendo por seu turno de um modo geral mais fraco na União Europeia do que por exemplo nos Estados Unidos da América (em meados dos anos 90 era em Portugal de 1,3%, quando era de 5,7% no conjunto da OCDE e de 4,7% na União

Sendo assim, se face às dúvidas e reticências levantadas com a Reforma Fiscal dos anos 80 tivesse sido abandonada – não se valorizando devidamente os seus méritos – teríamos caído numa situação de retorno difícil ou mesmo impossível, tanto do ponto de vista político (face à reacção dos cidadãos) como do ponto de vista administrativo (tendo de voltar a funcionar uma 'máquina' entretanto extinta ou 'adormecida').

4.3. *A tributação predial como fonte de financiamento autárquico*

Com as suas características a contribuição predial constitui por seu turno uma forma especialmente adequada de financiamento autárquico.

Vimos já atrás as vantagens – políticas e económicas – de as autarquias terem impostos próprios: v.g. aumentando o seu sentido de responsabilidade (*accountability*) face aos contribuintes e verificando-se uma racionalidade maior na sua intervenção.

Tratava-se de vantagens especialmente sentidas em Portugal onde, sendo, como vimos também, comparativamente muito baixos (v.g. a nível europeu) os seus recursos financeiros (continuam a sê-lo), era por seu turno muito baixa a percentagem representada por recursos fiscais próprios (situação que também se mantém).

Neste quadro é de recordar que a tributação predial tem características particularmente adequadas ao financiamento autárquico.

Desde logo, retomando o argumento da prática já existente (embora a este propósito comparativamente curta), é de assinalar que a anterior contribuição predial era receita municipal (desde a primeira Lei das Finanças Locais, de 1979).

Com o peso que o exemplo alheio deverá ter, é de apontar também que a contribuição predial constitui uma fonte de receita fiscal autárquica tradicional na generalidade dos países da OCDE, em alguns dos quais representando a sua parcela mais significativa: casos da Austrália, dos Estados Unidos, da Holanda e da Nova Zelândia, tendo sido além disso sintomaticamente reintroduzida, como imposto e como imposto local

---

Europeia (ver Ministério das Finanças, *Relatório da Comissão para o Desenvolvimento da Reforma Fiscal*, cit., p. 761).

[18] Ver as referências em Manuel Porto, de novo loc. cit., p. 30.

(depois de uma 'má' experiência de abandono), por países como o Reino Unido e a Espanha[19].

Em terceiro lugar, tendo em conta a lógica de benefício a justificar a tributação predial, constata-se que é da competência das autarquias uma parte muito significativa dos investimentos e de outras despesas em infraestruturas e serviços, há pouco referidos, que beneficiam e valorizam os prédios. É aliás também à luz deste princípio que se justifica que se situe como receita municipal o imposto de circulação sobre os veículos.

Mas para que se trate de uma receita autárquica pode apontar-se ainda a ligação indissociável e facilmente identificável dos prédios ao espaço de cada autarquia (evitam-se por consequência difíceis problemas de identificação e de fraude fiscal e é assegurada a lógica de contrapartida, na linha do princípio do benefício); bem como a repartição comparativamente equilibrada da tributação predial (v.g. no espaço geográfico português), muito mais do que a da generalidade dos demais impostos[20].

4.4. *Aspectos negativos e dificuldades*

A contrapor aos méritos da tributação predial são de apontar contudo aspectos negativos e dificuldades que muito a comprometem e importa ter na conta devida[21].

---

[19] Sobre a sua introdução na Itália ver Giancarlo Pola, *Recent Trends in the Italian Government Finance: What Lessons for Portugal*, em Comissão de Coordenação da Região Centro, *A Problemática da Tributação Local*, Coimbra, 1989, pp. 239-53.

[20] Trata-se de maior equilíbrio relativo que se foi perdendo com a ausência de avaliação dos prédios antigos, levando a que fosse cada vez maior o contributo conseguido nos municípios mais dinâmicos, com mais prédios novos a chegar ao mercado (assim poderá explicar-se o resultado apurado por Carlos Rodrigues, José Gomes Santos e Miguel Serrão em *Contribuição Autárquica: Resultados de Simulação de Cenários de Reforma com Base no IOF/2000*, Ministério das Finanças, Direcção Geral de Estudos e Previsão, Lisboa, 2003, p. 18).

[21] Podendo acrescentar-se a possibilidade de ter uma distribuição regressiva (ver Jack Harvey, *Urban Land Economics, The Economics of Real Property*, 2ª ed., Macmillan, Basingstoke e Londres, 1987, p. 377 ou, com resultados todavia não conclusivos, Robert W. Wassmer, *Property Taxation, Property Base, and Property Value: An Empirical Test of the 'New View'*, em *National Tax Journal*, vol. 46, 1993, pp. 135-59, G. Stacy Sirmans, Barry A. Diskin e H. Swint Friday, *Vertical Inequity in the Taxation of Real Property*, em *National Tax Journal*, vol. 48, 1995, pp. 71-84 ou Elisabeth Plummer, *Evidence on the Incidence of Residential Property Taxes Across House holds*, em *National Tax Journal*, vol. 56, 2003, pp. 739-53).

4.4.1. *A baixa elasticidade-rendimento da tributação predial*

Uma limitação importante deste tipo de tributação está na dificuldade de acompanhar a evolução das necessidades do financiamento público, no caso em análise as necessidade do financiamento autárquico[22].

Trata-se de baixa elasticidade, constatada com a anterior contribuição predial, que no nosso país estava em boa medida ligada a razões institucionais, designadamente ao congelamento das rendas e a uma enorme desactualização nas avaliações dos prédios. Poderá pensar-se que com algum progresso nestas áreas (à segunda refere-se a análise que vamos fazer a seguir) venha a verificar-se uma melhoria significativa da situação. Mas não pode desconhecer-se que a menor elasticidade-rendimento das receitas da tributação predial é comum a todos os países[23], por muito que se caminhe no sentido do funcionamento do mercado e da actualização das avaliações[24].

---

[22] Considerando o caso português, ver mais um vez Porto (*A Reforma Fiscal...*, cit., pp. 28-31) e em geral Harvey (loc. cit.).

[23] Levando a que sejam maiores as dificuldades financeiras das autoridades locais de países onde tem prevalecido esta forma de financiamento (OCDE, *Taxes on Immovable Property*, cit.).

Em grande medida pela circunstância referida, a par do crescimento do relevo de outras formas tributárias, é impressionante a quebra que ao longo das décadas a tributação predial foi registando, tendo descido por ex. entre 1900 e 1977 nos Estados Unidos de 51,4 para 5% e no Japão de 29,5 para 8,2% do total, ou entre 1913 e 1977 em França de 11,6 para 2,9% e na Alemanha de 8,3 para 2,8% (cfr. Jean-Louis Guigou e Jean-Marc Legrand, *Fiscalité Foncière, Analyse Comparée des Pays de l' OCDE*, Economica, Paris, 1983). Em Portugal, depois de em 1948 a percentagem em análise ter sido de 14,7%, em 1995 era já de 1,1%, com uma relativa estabilização, mesmo alguma recuperação, em anos mais recentes (com a evolução em termos absolutos até 2000 ver Paulo Fallon, *Os Códigos de Avaliação da Propriedade Imobiliária*, em Associação Nacional dos Municípios Portugueses (ANMP), *Conferência sobre a Tributação do Património Imobiliário*, Lisboa, 12 e 13 de Março de 2003).

[24] Trata-se de uma limitação especialmente grave no nosso país, onde, sendo o nível das despesas feitas pelas autarquias ainda muito baixo, se torna mais premente um acréscimo assinalável nos próximos anos.

4.4.2. *As dificuldades e os custos de avaliação*

Em segundo lugar, e com enorme relevo, é de referir e dar a maior atenção às dificuldades e aos custos da avaliação da propriedade, tendo a solução actual graves iniquidades e inconvenientes no domínio económico.

Com diferenças de critérios de avaliação e principalmente com grandes distâncias temporais entre as avaliações que foram feitas, há enormes diferenças entre prédios em circunstâncias idênticas (sabemo-lo da nossa experiência do dia a dia). Além de se verificarem por isso injustiças clamorosas entre os cidadãos, criam-se distorções no mercado, levando a que não se verifique um aproveitamento óptimo dos recursos, com os custos a reflectir o seu valor.

A situação foi-se agravando com o decorrer dos anos[25], atenuada apenas com uma correcção automática a que se procedeu em 1994.

Por fim, a desactualização e a estagnação dos valores comprometem o objectivo reditício da tributação, mesmo que (tal como tem vindo a acontecer) se procure compensar essa perda com tributações exorbitantes dos prédios novos ou avaliados de novo (com consequências graves, não podendo o propósito reditício, por muito que nos preocupe, legitimar as iniquidades e as distorções que são assim agravadas).

Tinha-se bem noção, quando da Reforma Fiscal de 1988/89, da dificuldade e da importância desta problemática, tendo-se escrito por isso no Preâmbulo do Código do novo imposto (n.º 7) que o seu desejável êxito ficava "dependente da existência de um sistema correcto e frequentemente actualizado de avaliações, sob pena de termos uma tributação iníqua e geradora de distorções, em relação à qual se dará um compreensível fenómeno de rejeição, e ainda uma fonte insatisfatória de receitas, face às necessidades crescentes dos municípios portugueses".

Esperava-se pois que pouco tempo depois houvesse uma evolução a contento no processo de avaliação predial, podendo abandonar-se a aplicação (aceite como transitória) dos 'velhos' Códigos da Contribuição

---

[25] Diogo Leite de Campos (*A Contribuição Predial e a sua Inserção nos Valores Constitucionais*, em ANMP, *Conferência sobre a Tributação do Património Imobiliário*, cit., 2003) e José Casalta Nabais (*O Quadro Constitucional da Reforma da Tributação de Património*, em *Fisco*, n.ºs 111/2, Janeiro de 2004, pp. 3-22) puseram por isso mesmo em causa a constitucionalidade desta tributação.

Predial e do Imposto sobre a Indústria Agrícola e da Sisa e do Imposto sobre Sucessões e Doações (art.º 8.º do Dec.Lei n.º 442/C/88).

4.5. *A reforma de 2003*

4.5.1. *Uma estrutura e uma lógica que se mantêm*

O decreto-lei n.º 287/2003, de 12 de Novembro (com base na lei de autorização n.º 26/2003, de 30 de Junho), veio proceder à reforma da tributação do património imobiliário em Portugal, com a criação do imposto municipal sobre imóveis (IMI), que substituíu a contribuição autárquica, e do imposto municipal sobre as transacções onerosas de imóveis (IMT), que substituíu a sisa; tendo o imposto sobre sucessões e doações sido em alguma medida substituído por tributação através do imposto de selo.

Pode dizer-se que não foi assim alterado o quadro geral das formas tributárias, apenas as designações, mantendo-se a lógica justificativa que vinha de trás. Nos termos do próprio preâmbulo do Código do IMI "mantêm-se" "plenamente actuais as razões que, aquando da Reforma de 1988-89, levaram à criação de um imposto sobre o valor patrimonial dos imóveis, com a receita a reverter a favor dos municípios, baseado predominantemente no princípio do benefício".

4.5.2. *A actualização e uma desejável determinação mais correcta dos valores a tributar*

Onde há uma inovação sensível com a legislação de 2003 é na determinação dos valores a tributar.

Era inquestionável a injustiça da situação em que se vivia, agravada de ano para ano, conforme se sublinhou, com taxas muito elevadas (desproporcionadas) quando aplicadas a valores actualizados.

Tinha-se todavia bem presente que não poderia proceder-se de imediato à avaliação de todos os prédios do país, mais de 6 milhões de prédios urbanos (e de 17,7 milhões de prédios rústicos).

Preferiu-se por isso seguir, para os prédios urbanos, um processo progressivo, que atenuará de imediato injustiças mais graves e deverá levar a médio ou longo prazo a uma aproximação razoável dos valores correctos.

Assim, de acordo com o n.º 2 do art.º 73.º da lei n.º 26/2003, "será promovida uma avaliação geral dos prédios urbanos, no prazo máximo de 10 anos, após a entrada em vigor do CIMI" (Código do Imposto Municipal sobre Imóveis)[26].

É pois um processo com demora. Por isso se adoptaram duas vias através das quais se vão tendo valores actualizados ou pelo menos mais recentes. Uma delas é a de ir aplicando os novos critérios de avaliação "aquando da primeira transmissão de cada prédio ocorrida após a entrada em vigor do diploma, sem prejuízo, quanto a prédios arrendados, do disposto no artigo 17.º" (tendo-se em conta que o valor económico dos prédios arrendados depende em grande medida desta circunstância). A outra via consiste em proceder-se a um actualização automática anual de todos os prédios.

O problema que se levanta sempre, e que como se disse se pôs à Comissão de 1988, é o problema da avaliação. Por um lado, é atractivo que haja uma fórmula que evite a dependência do juízo de pessoas no apuramento dos valores. Por outro lado, é de recear que uma fórmula nunca capte a realidade que leva ao valor dos prédios, e não pode deixar de ser o seu valor económico a ser tido em conta numa tributação justa e não distorçora do mercado[27].

---

[26] Nos termos do artigo 16.º deste Código, "o Ministro das Finanças decide, por portaria, a avaliação geral dos prédios rústicos e ou urbanos de todos ou de qualquer município".

[27] Não resistimos a voltar a citar um comentário da imprensa sobre um 'critério de base territorial' proposto pelo GAPTEC em 1997 (Ministério das Finanças, *Relatório(a): Impostos sobre o Património. Revisão do IRS. Impostos sobre Sucessões e Doações*, Lisboa, Dezembro de 1996). Nas palavra expressivas de Rui Pereira de Melo, "pela leitura deste relatório fica-se com a impressão de que Portugal já não é um país de gavetos, travessas e becos. Que as cidades já não estão cheias de remedeios e remendos, cosidos em esquinas, cantos e nichos. Que não há drogarias e mercearias por entre escritórios modernos e sofisticados ou vivendas ao lado de prédios e terrenos rapados" (*Receitas a todo o Custo*, no *Semanário* de 1.2.1997). Ora é esta a realidade, complexa, que não pode deixar de ser conhecida e tida em conta na tributação. Conforme nós próprios escrevemos então, uma avaliação correcta não pode de facto, infelizmente ou felizmente, dispensar o elemento humano, em comissões mistas que procurem conhecer as realidades e tomando decisões susceptíveis de contestação e revisão, até que se chegue às soluções mais correctas. Não se trata de *criar* e *soltar* "poderes discriminatórios e mesmo arbitrários" (GAPETEC, loc. cit., pp. 9-10); pelo contrário, o que levará a situações injustificáveis será a solução "atraente" de se intervir "através de critérios definidos na lei e só por eles", sem a "preocupação" de se conhecer a realidade de cada caso (ver Manuel Porto, *A*

Concordando-se com que estava na ausência de avaliações correctas a impossibilidade de uma boa concretização da legislação em vigor, é de esperar que se confirmem as expectativas criadas agora com a fórmula do Código do IMI[28].

4.5.3. *O alargamento da base, com uma redução substancial das taxas*

Também com iniciativas ainda por tomar, espera-se que para o aumento da matéria colectável contribua a redução dos benefícios fiscais.

Há casos em que se justificarão, por razões de equidade e económicas, mas em muitos outros não acontece assim, face ao seu exagero ou mesmo à falta de razoabilidade à luz de qualquer desses critérios[29].

É por isso que se espera que não haja quebra da receita geral com as descidas aprovadas para as taxas, particularmente bem-vindas, aliviando o encargo, por vezes insuportável, sobre os prédios com avaliações novas.

A participação autárquica, com a desejável *accountability*, é mantida com a exigência de anualmente as assembleias municipais decidirem sobre as taxas a aplicar (na contribuição urbana), dentro dos limites estabelecidos na lei.

Tributação Predial: Experiência e Perspectivas, em *Ciência e Técnica Fiscal*, n. 393, 1999, pp. 7-39).

[28] Não podendo os contribuintes deixar de se defender se se verificarem casos de injustiça clamorosa, v.g. com base no artigo 78.º da Lei Geral Tributária (lei n.º 41/98, de 4 de Agosto) ou na própria Constituição da República Portuguesa (artigo 266, n.º 2): cfr. Casalta Nabais (loc. cit. pp. 21-22).

A preocupação com as desactualizações e os desajustamentos dos valores, com a sugestão de processos de avaliação correctos, desejáveis aliás também para a aplicação de outras figuras tributárias, ou ainda para fins urbanísticos e de ordenamento, esteve bem presente em muitas das comunicações apresentadas na já referida Conferência da ANMP sobre *Tributação do Património Imobiliário* (em 12-13 de Março de 2003). Assim aconteceu com as comunicações de Vitor Oliveira, João Teixeira, Sidónio Pardal, Manuel Costa Lobo, Paulo Correia, Vasco Palmeirim, José Trigueiros Sallés, José Tomás Gomes e Sofia Galvão.

[29] Ver mais uma vez Ministério das Finanças, *Relatório da Comissão para o Desenvolvimento da Reforma Fiscal* (cit., pp. 777-8).

5. A introdução de uma nova derrama

Com a preocupação, já justificada, de atribuir às autarquias receitas próprias, a Reforma Fiscal de 1988/89 veio criar também uma nova derrama, recaindo sobre a colecta do IRC[30].

Como se disse atrás, não poderiam manter-se as derramas anteriores, recaindo sobre dois impostos, a contribuição predial e a contribuição industrial, que deixavam de ser apurados[31].

Ficaria todavia assim em causa uma figura de inegável mérito no financiamento das autarquias.

Desde logo, constituía elemento favorável a sua tradição, neste caso de muitas décadas[32], facilitando a aceitabilidade e a aplicação do imposto: mesmo tratando-se de um imposto significativo em termos de receitas, proporcionando em 1986 mais de um quinto das receitas fiscais das autarquias.

A própria natureza das derramas, recaindo sobre a colecta de impostos principais, era por si mesma um factor de simplificação. Poderão não ser por isso tão sentidas como figura autárquica, designadamente se for o Estado a responsabilizar-se sobre a totalidade dos procedimentos administrativos conducentes à sua cobrança (diminuindo, por isso, o sentimento de *accountability* sublinhado atrás). Mas sem dúvida a simplificação conseguida constitui uma importante vantagem de ordem geral,

---

[30] Manteve-se além disso como receita local uma das formas de tributação automóvel, o imposto sobre os veículos (um imposto de circulação) atrás referido. Além de proporcionar uma receita apreciável (8,8% do total em 1986: recorde-se do quadro I), tem também alguma justificação numa linha de benefício (defendendo um relevo maior deste imposto, com a consideração também de objectivos ambientais, ver Filipe Regêncio Figueiredo, *A Tributação Automóvel na União Europeia (Reflexões em Torno de uma Tentativa de Harmonização Fiscal do Sector)*, em *Livro de Homenagem ao Dr. José Guilherme Xavier de Basto*, Coimbra Editora, Coimbra, 2005 (no prelo).

[31] Não tendo obviamente sentido, quando se visava uma maior simplificação, manter o apuramento das colectas só para efeitos de aplicação das derramas.

Das receitas anteriores não se mantiveram o imposto de turismo e o imposto sobre o serviço de incêndios.

[32] No período da vigência das disposições fiscais do Código Administrativo, a par do imposto de comércio e indústria e de vários adicionais. A extensão das derramas à contribuição industrial, em 1979, foi feita aliás quando os municípios deixaram de dispor de duas formas tributárias – o imposto de comércio e indústria e um adicional – que recaíam tradicionalmente sobre a colecta da contribuição industrial.

com a redução sensível dos custos de administração. E a participação autárquica, levando à *accountablitiy*, é conseguida com a necessidade de as assembleias municipais decidirem anualmente acerca da sua cobrança.

Como elemento positivo era de referir ainda a boa elasticidade--rendimento que deverá esperar-se, tendo em conta o que se passava antes com os impostos que recaiam sobre os rendimentos das actividades empresariais.

No reverso da medalha, é de apontar a limitação resultante de se terem restringido as derramas à colecta apenas de um dos novos impostos. Com o alargamento ao IRS[33], a responsabilização (a *accountability*) ficaria reforçada na medida em que seria muito maior o número de contribuintes a sentir e a responsabilizar-se com a tributação[34]; permitindo além disso com o aumento da base de incidência que o mesmo volume de receitas fosse conseguido com uma taxa muito mais baixa, com as vantagens consequentes de atenuação de resistências e de diminuição de distorções. Trata-se de limitação com gravidade acrescida face à Reforma Fiscal de 1988/89: dado que, incidindo o IRC apenas sobre pessoas colectivas, o número de contribuintes sujeitos às derramas (cerca de 100 mil) veio a ser muito menor do que o dos que estavam sujeitos à anterior derrama sobre a contribuição industrial, aplicável também a pessoas singulares (cerca de 500 mil); acrescendo, ainda, que a *accountability* seria mais sentida precisamente por pessoas singulares.

Como segundo elemento negativo, será de apontar a grande concentração geográfica que deveria esperar-se com este imposto (cfr. Manuel Porto, *A Reforma Fiscal Portuguesa*..., cit., p. 28). Trata-se de concentração que se verificaria também com a sua incidência sobre o IRS[35], e que terá de ser compensada por outras vias[36].

---

[33] Tal como foi proposto pela Comissão da Reforma Fiscal; mas não sendo aconselhável agora, com uma conjuntura desfavorável e muito mais dificuldades na concorrência internacional.

[34] Todos eles beneficiando, em maior ou menor medida, com as infraestruturas e os serviços prestados pelas colectividades locais.

[35] Provavelmente em maior medida, tendo em conta o maior coeficiente de variância do imposto profissional do que da contribuição industrial (sendo de esperar que o coeficiente de variância do IRC se aproxime do coeficiente de variância da contribuição industrial, com a qual as pessoas colectivas, embora sendo apenas cerca de um quinto dos contribuintes, eram responsáveis por cerca de 90% do montante total pago).

[36] Um outro elemento negativo, mesmo muito negativo, não se tendo seguido também aqui o que era proposto pela Comissão, foi o de na aplicação inicial da Lei, na

6. Conclusão

Embora com os reparos feitos, julgamos que os quinze anos decorridos mostram que terão sido correctas a opções tomadas em 1988.

Um juízo especialmente negativo deve ser feito apenas acerca das injustiças e distorções resultantes da ausência de avaliações e da desactualizações dos valores dos prédios.

Ninguém mais do que os participantes na Comissão da Reforma Fiscal de 1988/89 pode por isso desejar que estas injustiças e distorções desapareçam com os critérios de avaliação e actualização aprovados em 2003: deixando em evidência o acerto geral do figurino seguido.

---

sequência de uma 'correcção' feita no Diário da República, as derramas reverterem apenas para os municípios das sedes, mesmo quando as empresas exercessem a sua actividade também em outros municípios: recebendo deles benefícios e causando-lhes custos. Trata-se de iniquidade e de distorção ultrapassadas com uma alteração feita mais tarde, passando a cobrança a repartir-se de acordo com a actividade exercida em cada município.

OS BENEFÍCIOS FISCAIS
NA REFORMA FISCAL DE 1988/89

Dr. Nuno Sá Gomes

Antes de mais, quero associar-me à homenagem a prestar nestas Jornadas ao Presidente da Comissão da Reforma Fiscal de 1988 /89, Professor Doutor Paulo de Pitta e Cunha, a quem todos devemos, inegavelmente, a articulação proficiente da Reforma, quer numa perspectiva científica quer prática.

I. Explicação da sequência

A minha intervenção nesta palestra sobre "Os benefícios fiscais na Reforma Fiscal de 1988/89" tem por razão de ser, eu ter sido vogal da Comissão da Reforma Fiscal e, nessa qualidade, ter sido designado na fase final dos trabalhos da Comissão, Coordenador do Grupo de Trabalho encarregado dos estudos e do projecto de Reforma dos Benefícios Fiscais. Atenta a urgência, ainda sozinho, elaborei, por um lado, uns Subsídios para a Reforma dos Benefícios Fiscais abrangendo dois volumes: 1.º volume – Princípios Gerais; 2.º volume – Os benefícios fiscais subjectivos e, por outro lado, um anteprojecto de Estatuto de Benefícios Fiscais (EBF)[1].

Entretanto, solicitei a colaboração da Dr.ª Maria Teresa Barbot Veiga de Faria, que elaborou um estudo sobre os aspectos económicos dos

---

[1] Pouco depois, a Comissão da Reforma Fiscal, foi dissolvida e o Governo nomeou--me para coordenador de um Grupo de Trabalho encarregado de reformular o anteprojecto do Regime Jurídico das Infracções Fiscais não Aduaneiras que também se tinha atrasado.

benefícios fiscais que foi entregue ao Governo de então e que colaborou, principalmente na elaboração do regime jurídico do direito transitório, que veio a ser consagrado nos arts. 2.º e 3.º do DL 215/89 de 1/7 e, mais tarde, no regime fiscal das Zonas Francas da Madeira e da Ilha de S.ta Maria (Açores).

E, pouco tempo depois da entrada em vigor do EBF, publiquei umaTeoria Geral dos Benefícios Fiscais, com a discussão teórica dos conceitos e princípios aplicáveis a estes desagravamentos, que foi publicado, quer na revista Ciência e Técnica Fiscal n.ºs 359, 360 e 362, quer no Caderno de Ciência e Técnica Fiscal n.º 165.

Atento o curto tempo disponível para a minha intervenção terei que limitar as considerações que se seguem aos aspectos mais relevantes, do ponto de vista jurídico, dos Princípios Fundamentais aplicáveis aos benefícios fiscais, como foram consagrados nos textos legais da Reforma, remetendo para a referida Teoria Geral a discussão teórica dos referidos princípios e conceitos.

II. Principais aspectos da Reforma dos Benefícios Fiscais

A – Introdução

Cumpre, antes de mais, referir algumas medidas preparatórias da Reforma dos Benefícios Fiscais. Assim:

a) Como sabemos, uma das orientações estruturantes da Reforma de 1988/89 consistiu na redução das taxas dos impostos da Reforma, com a consequente necessidade de alargamento das bases da tributação (rate reduction, bases brodering). Nessa perspectiva foram tomadas várias medidas fiscais anteriores à Reforma, a saber:

1) Reposição em vigor do Imposto sobre a Indústria Agrícola, que tinha estado suspenso desde 1963, pelo DL n.º 5/87 de 6/1, mediante projecto de Grupo de Trabalho coordenado por mim com a colaboração do Dr. Joaquim de Carvalho;

2) Tributação dos vencimentos dos funcionários e agentes da administração pública que, no sistema fiscal de 1958 /63, estavam isentos de imposto profissional;

3) Supressão de mais de 100 benefícios fiscais que se consideraram desadequados ou despiciendos (DL 485/88, de

30/12); de acordo com anteprojecto elaborado por um Grupo de Trabalho, coordenado por mim, com a colaboração do Dr. Amaral Tomás;
b) Entretanto entraram em vigor em 1 de Janeiro de 1989, os impostos da Reforma da Tributação do Rendimento (IRS e IRC) e a Contribuição Autárquica, tendo-se atrasado portanto, a aprovação do EBF, além do regime jurídico das infracções fiscais.
c) Como medida preparatória da Reforma dos Benefícios Fiscais surgiu a necessidade de inventariação de todos os Benefícios Fiscais, o que teve lugar, quer no seio do Grupo de Trabalho, com a colaboração do Dr. Amaral Tomás, quer no da Comissão da Reforma Fiscal, com a colaboração do Dr. Ricardo Sá Fernandes.

Por outro lado, foi constituído um sub grupo de trabalho, constituído pelos Dr.s Maria de Lurdes Correia e Vale e Manuel Henrique Freitas Pereira, para inventariação dos benefícios fiscais individuais e concretos, trabalho que foi publicado na Revista CTF.
d) De qualquer modo, entendeu a Comissão, que a Reforma dos Benefícios Fiscais, devia limitar-se, fundamentalmente aos impostos da Reforma de 1988/89, isto é, devia limitar-se aos benefícios fiscais nos impostos sobre o rendimento e na contribuição autárquica, deixando de fora os benefícios relativos aos impostos sobre a despesa, à sisa, imposto do selo, etc..
e) E na linha mais geral da Reforma de 1988/89, no sentido de alargamento das bases da tributação, entendeu-se que devia presidir à Reforma dos Benefícios Fiscais, o princípio de que a sua concessão só se justificava para tutela de interesses públicos constitucionalmente relevantes superiores aos da própria tributação por eles impedida.
f) Por outro lado, o Grupo de Trabalho teve que decidir complexas questões de direito transitório em matéria de benefícios fiscais, decorrentes da circunstância de se ter substituído os impostos analíticos e o imposto de sobreposição do sistema fiscal anterior pelos novos impostos sintéticos IRS e IRC, tendo consagrado um regime transitório nos seguintes termos:
1) Com a entrada em vigor dos novos impostos sobre o rendimento e da CA ficaram revogados, em princípio, os benefícios fiscais relativos aos impostos extintos, sem prejuízo dos direitos adquiridos ao abrigo da legislação revogada;

2) Porém, foram logo consagrados nos Códigos do IRC e na CA, capítulos com as isenções mais estáveis, sendo ainda certo, que no CIRS foram consagrados vários benefícios fiscais dispersos, v.g., no art. 30.º, relativos aos benefícios concedidos a rendimentos de profissões de desgaste rápido, no art. 56.º, relativos a abatimentos por donativos de interesse público, o mesmo sucedendo no código do IRC que também consagra benefícios fiscais dispersos v.g. medidas desagravadoras relativas a investigação e desenvolvimento previstas no art. 30.º, a realizações de carácter social previstas no art. 38.º, referentes a donativos para fins culturais em termos de mecenato e donativos feitos ao Estado ou outra entidade de interesse público previsto nos artigos 39.º e 40.º, etc.;
3) Os artigos 2.º e 3.º do DL n.º 215/89, de 1/7 que aprovou o EBF ressalvaram os direitos adquiridos ao abrigo dos benefícios fiscais constantes da legislação revogada, relativos a benefícios de fonte internacional e contratual, e a benefícios fiscais temporários e condicionados, que, em princípio, foram mantidos;
4) Assim, integraram-se os anteriores benefícios no novo sistema de tributação sempre que se tratasse de desagravamento fiscal que o permitia, como sucedeu nos casos dos benefícios que se traduziam em aumentos de custos (amortizações e reintegrações aceleradas), ou deduções ao lucro tributável, ou ainda de benefícios fiscais concedidos nos impostos parcelares e simultaneamente no imposto complementar
5) Tratando-se de situações em que não poderia ser feita a integração dos anteriores benefícios fiscais no novo sistema de tributação como sucedia v.g. nos casos em que o benefício fiscal dizia apenas respeito ao imposto cedular revogado mas não já também ao correspondente imposto complementar, substituíram-se os anteriores benefícios fiscais pelos novos benefícios mediante tabelas de conversão que foram publicadas, em anexo ao EBF, concebidas como tabelas de dupla entrada configurando as correspondentes situações verificadas nos impostos parcelares e no imposto complementar em correspondência com os respectivos coeficientes de equivalência;
6) Foram também consagradas normas transitórias específicas para certas situações, v.g. as reduções no rendimento das

obrigações emitidas em 1989, a isenção do imposto sobre as sucessões e doações relativa a obrigações emitidas em 1998, ao crédito fiscal por investimentos, previstos nos artigos 6.º, 7.º e 8.º do DL n.º 215/89 de 1/7, etc.

g) A questão do enquadramento sistemático dos Benefícios Fiscais
– A este respeito colocaram-se três hipóteses:
1) Ou manterem-se os benefícios fiscais nos códigos tributários e na legislação fiscal avulsa respectiva;
2) Ou criar-se um EBF só com os princípios fundamentais e os aspectos processuais na ausência de uma LGT que tinha sido adiada pela Comissão;
3) Ou, finalmente, elaborar-se um Estatuto composto de 3 partes: uma Parte I relativa aos Princípios Gerais; uma Parte II aos Benefícios nos impostos sobre o rendimento e uma Parte III, relativa aos Benefícios Fiscais na Contribuição Autárquica.

– Optou-se por uma solução mista, no sentido de se manterem nos Códigos Tributários e na legislação fiscal avulsa os benefícios fiscais mais estáveis e permanentes, consagrando no Estatuto aquelas três Partes a que nos referimos e relegando para as leis anuais do Orçamento os benefícios fiscais ditos conjunturais.

h) E na Parte I, Capítulo I, relativa aos Princípios Fundamentais definiu-se logo o "Âmbito de Aplicação" do diploma mandando aplicá-lo quer aos benefícios fiscais ali consagrados quer aos restantes benefícios fiscais constantes dos códigos de imposto e legislação avulsa; e definiu-se, sucessivamente o conceito legal de benefício fiscal, a correspondente despesa fiscal, e determinou-se a necessidade do respectivo controlo; definiram-se os desagravamentos fiscais estruturais que não são benefícios fiscais; os benefícios fiscais automáticos e dependentes de reconhecimento unilateral ou contratual; estabeleceu-se, como regra, o cacácter genérico dos benefícios fiscais, admitindo-se, excepcionalmente, a legitimidade de benefícios fiscais individuais e concretos; regulou-se a fiscalização dos benefícios fiscais; as sanções impeditivas, suspensivas e extensivas dos benefícios fiscais; a obrigatoriedade de declaração, pelos interessados, da cessação dos pressupostos dos benefícios fiscais; as regras da interpretação e integração das lacunas da lei nestas matérias; a aplicação no tempo das normas sobre benefícios fiscais e a constituição, extinção e transmissão dos benefícios fiscais.

E num outro Capítulo, regulou-se o Processo de Reconhecimento dos Benefícios Fiscais e o Processo de Consulta Prévia.

Destas matérias vamos destacar apenas a distinção entre os conceitos de Benefício Fiscal e de Desagravamento Fiscal estrutural, distinção nuclear do sistema instituído, pois este foi subvertido na evolução legislativa posterior e porque não haverá tempo para abordar outras matérias.

i) Efectivamente, tendo-se decidido que o futuro EBF devia consagrar, numa Parte I, os referidos Princípios Gerais aplicáveis a todos os benefícios fiscais constantes ou não do Estatuto, daí resultou a necessidade de se elaborar um conceito legal de benefício fiscal que funcionasse como um conceito operativo possibilitando assim a aplicação desses princípios aos benefícios fiscais cuja regulamentação não constasse do referido diploma. Foi o que dispôs o art. 1.º do Estatuto sob a epígrafe "Âmbito de Aplicação", tendo o conceito de benefício fiscal, ficado consagrado no n.º 1 do artigo 2.º do mesmo diploma, esclarecendo o n.º 3 desse artigo 2.º, que os benefícios fiscais são despesas fiscais, que devem ser controladas.

E, esse conceito legal de benefício fiscal, teria ainda interesse para efeito do controlo da despesa fiscal imputável aos benefícios fiscais, controlo esse exigido pelo art. 109.º n.º 3, alínea g) da CRP (actualmente art.106.º) pelo que essa mesma exigência foi repetida nos n.os 3 e 4 do referido art.2.º do Estatuto.

E esse conceito teria igualmente interesse para efeito da aplicação das sanções das extintivas, suspensivas e impeditivas, dos benefícios fiscais a que se referia o art.7.º.

Mas o artigo 2.º do Estatuto além de definir benefício fiscal no n.º 1, logo exemplificou no n.º 2 quais as principais medidas desagravadoras qualificáveis como benefícios fiscais, esclarecendo que os benefícios fiscais abrangem isenções, reduções de taxas, deduções à matéria colectável, amortizações e reintegrações aceleradas e outras medidas desagravadoras que obedeçam às características do conceito legal de benefício fiscal definido no n.º 1, isto é, são benefícios fiscais, todas as medidas desagravadoras excepcionais com fundamento extrafiscal. E, por isso mesmo, além dos exemplificados neste n.º 2, outros benefícios fiscais haverá, como v.g. o reporte de prejuízos, com carácter excepcional e fundamento extrafiscal.

Mas esse conceito legal tinha, desde logo, especial interesse, para distinguir benefício fiscal, de desagravamento fiscal estrutural, distinção esta, que constitui a pedra angular que condiciona todos os outros princípios. E será esta a distinção a que dedicaremos, desde já, particular atenção, começando pelo conceito legal de benefício fiscal para depois analisarmos o conceito legal de desagravamento fiscal estrutural, como resultam do Estatuto dos Benefícios Ficais.

B – Distinção entre benefício fiscal e desagravamento fiscal estrutural

a) O conceito legal de benefício fiscal e de despesa fiscal

– Desde logo, constatou-se, que nos desagravamentos fiscais em sentido amplo, cabiam os benefícios fiscais propriamente ditos e os desagravamentos fiscais estruturais.

E nesta linha de pensamento, o artigo 2.º, n.º 1, do Estatuto, consagrou o conceito legal de benefício fiscal em sentido estrito nos seguintes termos, que seguiram a orientação por nós preconizada no referido Volume I dos Subsídios para a Reforma dos Benefícios Fiscais:

"Art. 2.º n.º 1 – Consideram-se benefícios fiscais as medidas de carácter excepcional instituídas para tutela de interesses públicos extrafiscais relevantes que sejam superiores aos da tributação que impedem".

Ora, desta definição legal resulta que os benefícios fiscais são:
1) Factos impeditivos do nascimento da obrigação tributária com o seu conteúdo normal;
2) De carácter excepcional;
3) Instituídos para tutela de interesses públicos extrafiscais relevantes;
4) Superiores ao da tributação que impedem.

Mas convém explicitar melhor esta definição legal. Assim:

Do teor desta definição legal e da parte final do n.º 2 deste art. 2.º decorre, desde logo, que o conceito legal de benefício fiscal é um conceito material e não meramente formal, pois são considerados benefícios fiscais todas as medidas desagravadoras de carácter excepcional e fundamento extrafiscal, daí decorrendo que a qualificação, pela lei, de um desagravamento fiscal como benefício fiscal, não é decisiva pois pode tratar-se de um desagravamento estrutural inerente ao sistema de tributação-regra sem carácter excepcional e fundamento extrafiscal, tratando-se portanto, de um falso benefício fiscal como sucede, sem dúvida, v.g. com a isenção do mínimo de existência e também, a meu ver, com a isenção de rendimentos ou patrimónios mínimos nos impostos sobre o rendimento e sobre o património. E muitos outros exemplos se poderiam dar.

Por outro lado, se o benefício fiscal é um facto impeditivo da tributação normal,daí decorre que se trata de situações sujeitas a tributação pois um facto só pode ser impeditivo da tributação normal se sem ele essa tributação poder ocorrer.

E, por isso mesmo, estabeleceu-se no n.º 1 do artigo 12.º do EBF que a extinção dos benefícios fiscais tem por consequência a reposição automática da tributação-regra.

Mas, juridicamente, o benefício fiscal é mais do que um facto impeditivo, pois traduz-se numa situação complexa que, além de impedir, total ou parcialmente, o nascimento da obrigação tributária com o seu conteúdo normal, é fonte, simultaneamente, do nascimento do direito ao benefício fiscal, dando origem a uma nova relação jurídica de benefício fiscal, cuja constituição, extinção e transmissão foram reguladas nos artigos 11.º a 13.º do Estatuto.

E, tratando-se de situação excepcional estamos perante uma situação que, além de particularizar o regime jurídico-regra, estabelece uma regulamentação contrária ao nela estatuído, derrogando os princípios da capacidade contributiva,da generalidade e da igualdade da tributação. E, sendo excepcionais as normas que estabelecem benefícios fiscais não são susceptíveis de integração analógica, mas admitem interpretação extensiva, o que foi consagrado no art. 9.º do Estatuto e já resultava, de resto, do art. 11.º do Código Civil.

E, sendo o benefício fiscal um desagravamento fiscal excepcional, não se confunde com os desagravamentos fiscais estruturais de natureza especial como sucede v.g. com as taxas liberatórias e das mais-valias previstas nos arts. 71.º e 72.º de CIRS, pois estes desagravamentos apesar de especiais têm fundamento fiscal, pelo que participam da tributação-regra, prevendo situações particulares que são desagravadas por razões de política fiscal, por razões técnicas, etc.

E, como vimos, os benefícios fiscais são instituídos para tutela de interesses públicos extrafiscais, constitucionalmente relevantes, superiores aos da tributação que impedem,de natureza política, económica, social, cultural, etc.. Portanto, se o desagravamento foi instituído por razões fiscais inerentes ao sistema, não é um benefício fiscal, é um desagravamento-regra, de natureza estrutural.

Ora, no caso dos benefícios fiscais, estando as situações fiscalmente beneficiadas, sujeitas a tributação, que só é impedida por força de desagravamento excepcional e com fundamento extrafiscal, daí decorre que são consideradas economicamente, gastos ou despesas fiscais, que são equivalentes a subsídios directos em dinheiro oferecidos às actividades ou pessoas beneficiadas.

E, isso mesmo, foi estabelecido no n.º 2 do art. 2.º do Estatuto, ao dizer que "os benefícios fiscais são considerados despesas fiscais, as quais podem ser previstas no Orçamento do Estado ou em documento anexo e, sendo caso disso, nos Orçamentos das Regiões Autónomas e das Autarquias Locais".

E, nos termos do n.º 3, do mesmo artigo, "para efeito de controlo da despesa fiscal inerente aos benefícios fiscais concedidos pode ser exigida aos interessados, a declaração dos rendimentos isentos auferidos, salvo tratando-se de benefícios fiscais genéricos e automáticos, casos em que podem os serviços fiscais obter os elementos necessários ao cálculo do imposto que seria devido".

E, como dissemos, esta orientação mais não era do que a execução do disposto na então alínea g), do n.º 3 do art. 109.º da CRP, (actual art. 106.º) que estabeleceu que: "a proposta de Orçamento (do Estado), é acompanhada de relatório sobre os benefícios fiscais e a estimativa da receita cessante". E, actualmente, a lei de enquadramento do Orçamento do Estado (Lei n.º 91/2001 de 20/8) no art. 34.º, n.º 1 e alínea r), sob a epígrafe "Elementos Informativos", também estabelece que a Proposta de Lei do Orçamento do Estado é acompanhada pelos seguintes elementos informativos: benefícios tributários, estimativas das receitas cessantes e sua justificação económica e social.

Ora, entre nós, desde o Orçamento do Estado de 1986, e portanto, antes ainda da entrada em vigor do EBF, tem-se vindo a fazer um esforço para quantificar a despesa fiscal correspondente aos benefícios fiscais concedidos, sendo certo que, quer por razões conceituais, quer por carência de dados estatísticos, essa estimativa é ainda muito embrionária. Mas nada impede que a Lei, por um lado, faça um inventário dos benefícios fiscais,que são despesas fiscais para efeito do Orçamento do Estado, desde que se trate de desagravamentos excepcionais com fundamento extrafiscal e, por outro lado, outro inventário dos desagravamentos fiscais estruturais cuja perda de receita fiscal deve ser ponderada.

De qualquer modo, a despesa fiscal inerente aos benefícios fiscais, não se confunde com a não percepção de receita fiscal correspondente aos desagravamentos fiscais estruturais inerentes à tributação regra, que vamos caracterizar a seguir.

b) O conceito legal de desagravamento fiscal estrutural

Assim, os n.ºˢ 1 e 2 do art. 3.º do Estatuto, sob a epígrafe "Desagravamentos fiscais que não são benefícios fiscais" estabelecem que:

"1 – Não são benefícios fiscais as situações de não sujeição tributária;

2 – Para efeitos do disposto no número anterior, consideram-se genericamente não sujeições tributárias, as medidas fiscais estruturais de carácter normativo que estabeleçam delimitações negativas expressas de incidência".

Desde logo são desagravamentos fiscais estruturais inerentes à tributação-regra, as exclusões tributárias ou situações de não sujeição, em sentido restrito, como esclarece o n.º 1 do art. 3.º transcrito.

Nestes casos, a lei fiscal, depois de definir positivamente a incidência objectiva e subjectiva do imposto, delimita expressa e negativamente a tributação-regra, afastando essas situações da incidência do imposto em sentido estrito.

Mas, o n.º 2 do art. 3.º transcrito esclarece que o conceito de não sujeição tributária não se esgota nas exclusões tributárias, pois devem também ser assim qualificadas as medidas fiscais estruturais que estabeleçam delimitações negativas expressas da incidência.

E, a expressão incidência, a que se refere este n.º 2 do art. 3.º do Estatuto está empregada em sentido amplo, como ensina o Prof. Dr. Pedro Soares Martinez, isto é, trata-se do chamado Plano de Incidência que abrangerá a incidência em sentido estrito, a definição da matéria colectável, a taxa aplicável, as deduções à colecta, que sejam inerentes ao sistema da tributação-regra, como resulta do emprego da expressão "medidas fiscais estruturais". (cfr. A. cit., Direito Fiscal, 7ª ed., Almedina, 1993).

Portanto, são desagravamentos fiscais estruturais ou inerentes à tributação-regra, v.g. as exclusões tributárias, as deduções ao rendimento bruto, para apuramento de rendimento líquido, os desagravamentos personalizantes no IRS, as amortizações e reintegrações; as taxas-regra mais reduzidas do IVA, as taxas-liberatórias e das mais-valias do IRS, etc.

Do exposto, resulta que os desagravamentos fiscais estruturais inerentes ao sistema de tributação-regra, implicam também o não recebimento das receitas fiscais correspondentes e, portanto, uma renúncia às receitas que se deixaram de cobrar por força desses desagravamentos estruturais, como sucede também com os benefícios fiscais.

Mas, nestes casos, não estamos perante despesas fiscais, pois a perda de receita fiscal não tem fundamento extrafiscal, nem tem carácter excepcional, sendo resultado de opções da política fiscal definidora do padrão instituído para a tributação-regra, na medida em que se desagravam manifestações de riqueza, que o legislador fiscal entende que não devem ser tributadas ou que devem ser menos tributadas, por razões de política fiscal. E, como vimos, quer o então art. 109.º, n.º 3 alínea g), da CRP, (actual art. 106.º) quer o art. 2.º, n.º 2 do Estatuto, consideram despesas fiscais apenas as perdas de receitas imputáveis aos benefícios fiscais e não aos desagravamentos fiscais estruturais. E outra conclusão é certa: não há benefícios fiscais estruturais como, por vezes, se escreve, para referir benefícios fiscais estáveis e está actualmente consagrado no EBF (cfr. n.º III).

Mas, precisamente porque nestes casos de desagravamentos fiscais estruturais, também se renuncia à receita fiscal correspondente, o n.º 3, do art. 3.º, do Estatuto, estabelece que "sempre que o julgar necessário, pode a administração fiscal exigir dos interessados os elementos necessários para o cálculo da receita que deixará de cobrar-se por efeito das situações de não sujeição tributária".

Quer dizer: há receita fiscal que deixa de se cobrar por força destes desagravamentos estruturais que afastam ou reduzem a tributação e que pode e deve ser também controlada mas que não é qualificável como despesa fiscal, pois esta é imputável apenas aos benefícios fiscais que, como vimos, contemplam situações sujeitas a tributação que só não tem lugar por força destes desagravamentos excepcionais e com fundamento extrafiscal que a impedem.

C – Modalidades de benefícios fiscais quanto ao seu funcionamento: Benefícios fiscais estáticos e benefícios fiscais dinâmicos

Note-se que os benefícios fiscais, além de se não confundirem com os desagravamentos fiscais estruturais inerentes ao sistema de tributação--regra, comportam ainda várias modalidades quanto ao seu funcionamento, com regimes jurídicos distintos, que distinguimos a seguir. Assim:

– Os benefícios fiscais em sentido amplo, se é certo que são, economicamente, despesas fiscais, e se distinguem dos desagravamentos fiscais estruturais, a verdade é que abrangem ainda benefícios fiscais estáticos dirigidos a situações já consumadas e benefícios fiscais dinâmicos, também designados estímulos, incentivos ou medidas de fomento fiscal, dirigidos a situações futuras que se pretendem fomentar.

Quer dizer: os incentivos fiscais, estímulos ou medidas de fomento fiscal, ao contrário dos benefícios fiscais estáticos, são sempre um "ante" que pretende, em termos dinâmicos, de causa e efeito, determinar um "post" que é a actividade futura que a lei beneficiante pretende que os destinatários desenvolvam. E esta circunstância é tão importante que os incentivos fiscais, ainda que automáticos ou reconhecidos por acto unilateral da administração fiscal enquanto ofertas legislativas feitas ao público, têm natureza bilateral ou paracontratual, comportando-se, portanto, logo que concretizados, como se fossem contratos tácitos em que o Estado oferece o benefício, aceitando em troca que o contribuinte pratique o comportamento estimulado.

E, nesta medida, estes incentivos fiscais, conferem direitos aos beneficiários que adoptem os comportamentos exigidos na lei beneficiante, pelo que o direito ao benefício fiscal, é, juridicamente, considerado direito adquirido, tutelado pelo princípio da boa fé, pelo que não pode ser suprimido ou extinto, nem sequer por lei fiscal posterior (pacta sunt servanda) como resulta do art. 10.º do EBF. Portanto estes benefícios fiscais só podem ser suprimidos para o futuro e não já afectando situações pendentes.

Outra consequência jurídica da natureza dinâmica dos incentivos, estímulos ou medidas de fomento fiscal na medida em que são um "ante" que solicita um "post" futuro que se pretende ver adoptado, é a de que não faz sentido serem aplicados retroactivamente a situações já consumadas, pois, nesse caso, os destinatários beneficiados já adoptaram os comportamentos previstos sem necessidade de estímulo fiscal, pelo que o incentivo retroactivo traduz-se num favor fiscal sem qualquer justificação.

Finalmente, acentue-se que os benefícios fiscais não se confundem com privilégios fiscais de carácter arbitrariamente descriminatório que sempre seriam inconstitucionais por via de violação do princípio constitucional da igualdade constante do art.13.º, n.º 2 do CRP.

Em resumo: no sistema fiscal português, resulta da Parte I, Capítulo I do Estatuto, que os desagravamentos fiscais em sentido amplo abrangem os benefícios fiscais em sentido lato excepcionais e com fundamento extrafiscal que são despesas fiscais e os desagravamentos fiscais estruturais inerentes ao sistema de tributação-regra.

Por sua vez, aqueles benefícios fiscais em sentido lato, abrangem os benefícios fiscais estáticos dirigidos a situações já consumadas e os benefícios fiscais dinâmicos, estímulos, incentivos ou medidas de fomento fiscal dirigidos a situações futuras, que têm natureza bilateral ou para-contratual o que determina, como consequência jurídica, que estes incentivos constituem direitos adquiridos que não podem ser suprimidos nem sequer por lei posterior e não devem ser aplicados retroactivamente.

Assim, esquematicamente, temos que distinguir os seguintes conceitos consagrados no EBF:

Desagravamentos fiscais em sentido amplo abrangendo quer **desagravamentos fiscais estruturais inerentes à tributação regra**, quer **benefícios fiscais em sentido lato, de natureza excepcional e fundamento extra-fiscal**, e estes últimos, por sua vez, incluem **benefícios fiscais estáticos,** dirigidos a situações já consumadas e **benefícios fiscais dinâmicos, estímulos, incentivos ou medidas de fomento fiscal,** dirigidos a situações futuras que se pretendem ver realizadas.

III. Notas sobre anomalias iniciais e subsequentes em matéria de Benefícios Fiscais

Como vimos, os impostos da Reforma da Tributação do Rendimento e a nova Contribuição Autárquica entraram em vigor em 1/1/89 tendo-se, portanto, atrasado a elaboração do EBF, cuja autorização legislativa só foi objecto da Lei n.º 8 /89 de 22 de Abril, tendo o Estatuto sido aprovado pelo DL n.º 215/89, de 1 de Julho, daqui resultando que entre 1 de Janeiro de 1989 até à publicação daquele diploma, os benefícios fiscais dele constantes, ficaram sem regulamentação.

E, por isso mesmo, quer a Lei de Autorização Legislativa, quer o n.º 2 do art. 1.º do DL n.º 215/89, de 1/7 sob a epígrafe "Aprovação e entrada em vigor" estabeleceram que "o Estatuto dos Benefícios Fiscais produz efeitos desde 1 de Julho de 1989", daqui resultando que este diploma foi aplicado retroactivamente e, portanto, a situações passadas.

E o n.º 1 do art. 3.º da Lei de Autorização Legislativa, depois de mandar aplicar o Estatuto retroactivamente a 1/1/89, acrescenta: "regularizando-se, com a sua aplicação, as situações pendentes".

Portanto, esta aplicação retroactiva, teve por finalidade regularizar as situações de benefício fiscal nos impostos sobre o rendimento e na contribuição autárquica que tinham ficado sem regulamentação desde 1/1/89.

Simplesmente, o Estatuto contempla vários incentivos fiscais que, em rigor, só deviam ser concedidos a comportamentos futuros dos contribuintes que se pretendiam estimular, pelo que, a meu ver, a sua aplicação retroactiva constituiu uma anomalia, traduzida na circunstância de se ter beneficiado fiscalmente quem já tinha adoptado esses comportamentos previstos posteriormente no EBF, sem necessidade desse estímulo.

E como também vimos, o mesmo sucedeu a vários incentivos previstos no art. 4.º do diploma que aprovou o CCA, relativos a prédios urbanos habitacionais ou construídos para residência permanente do sujeito passivo, antes da entrada em vigor desse código.

Mas, as anomalias iniciais não se ficaram por aqui .

Efectivamente, apesar de o Estatuto distinguir claramente entre benefício fiscal excepcional e com fundamento extrafiscal (n.º 1 do art. 2.º) e desagravamento fiscal estrutural (art. 3.º, n.º 1), a verdade é que o Preâmbulo do DL 215/89 de 1/7, que aprovou o Estatuto, da autoria do Governo de então, diz que, cito: "introduzidos que foram nos códigos de IRS, IRC e da CA, os desagravamentos caracterizados por uma máxima permanência e estabilidade, são incluídos no Estatuto dos Benefícios Fiscais aqueles que se caracterizam por um carácter menos estrutural, mas que revestem, ainda assim, relativa estabilidade.

Os benefícios com finalidades marcadamente conjunturais ou requerendo regulamentação relativamente frequente, serão, por sua vez, incluídos nos futuros Orçamentos do Estado".

Ora, esta doutrina logo contradizia os n.ºs 1 e 2 do art. 2.º e o n.º 1 do art. 3.º do Estatuto, que definiam respectivamente benefício fiscal e desagravamento fiscal estrutural, não com base na estabilidade ou permanência dos respectivos desagravamentos, mas atendendo, por um lado, ao carácter excepcional e fundamento extrafiscal dos benefícios fiscais e, por outro, a inerência ao modelo da tributação-regra e fundamento fiscal no caso dos desagravamentos estruturais.

Como se vê, neste Preâmbulo, admite-se erradamente que há benefícios fiscais estruturais, o que, como vimos, contradiz claramente os artigos 2.º e 3.º do EBF que, obviamente, devem comandar a regulamentação dos Benefícios Fiscais, em prejuízo daquele Preâmbulo.

Mas, o mesmo erro foi cometido pela Lei Geral Tributária (Lei n.º 14/98, de 4/8) cujo art. 14.º, n.º 1 estabeleceu, estando ainda em vigor:

Artigo 14.º n.º 1 – "Sem prejuízo dos direitos adquiridos, as normas que prevêem benefícios fiscais, vigoram durante um período de cinco anos, se não tiverem previsto outro, salvo quando, por natureza, os benefícios fiscais tiveram carácter estrutural".

Mais uma vez se admite aqui, que há benefícios fiscais de carácter estrutural, o que, como dissemos, contraria o disposto nos artigos 2.º e 3.º do Estatuto pelo que a parte final daquele n.º 1, deve ser interpretada como se dissesse: "salvo se os benefícios, por sua natureza, tiverem sido estabelecidos com carácter de permanência".

E este artigo 14.º da LGT, também não foi feliz ao estabelecer que em regra os benefícios fiscais vigoram por um período de cinco anos, pois isso só é aceitável para os incentivos fiscais e não já para os benefícios fiscais estáticos, beneficiando situações já consumadas.

E note-se: os coautores do projecto da LGT e comentadores da Lei, Prof. Dr. Diogo Leite Campos, e Conselheiros Benjamim Silva Rodrigues e Jorge Lopes de Sousa, em comentário a este n.º 1, do art. 14.º da referida LGT (Cfr. LGT, comentada e anotada, 1999 pág. 85), dizem-nos que esta disposição foi elaborada na esteira do art. 15.º da LGT espanhola.

Mas deve esclarecer-se a este respeito que o art.15.º da Lei espanhola, em lado algum nos diz que há benefícios fiscais estruturais, apenas estabelecendo que salvo quando se estabelece a perpetuidade ou prazo maior ou menor, os benefícios têm a sua vigência limitada a um período de cinco anos. E esta redacção espanhola é aceitável.

E, a referência a benefícios fiscais estruturais foi-se agravando pois após a revisão dos benefícios fiscais levada a cabo pelo DL 198/2001, de 3/4, que está em vigor, a estrutura sistemática do Estatuto foi totalmente subvertida, pois além de continuarem a ser previstos na Parte I, os "Princípios Gerais", regularam-se na Parte II os "Benefícios Fiscais Estruturais" e na Parte III os "Benefícios Fiscais Temporários".

Portanto, nesta orientação, a Parte II, relativa a Benefícios Fiscais Estruturais, entrou em contradição com os artigos 2.º e 3.º do Estatuto, nos termos expostos.

Mas o que é mais chocante: na Parte II relativa a Benefícios Fiscais Estruturais, regularam-se Benefícios Fiscais Temporários como os constantes do Capítulo VI dirigidos ao investimento produtivo, e a benefícios fiscais contratuais (art. 39.º), e ainda benefícios fiscais relativos a imóveis v.g., casas de renda limitada (art. 41.º), a prédios construídos de novo, ampliados, melhorados ou adquiridos a título oneroso (art. 42.º), a empreendimentos de utilidade turística (art. 43.º), etc.

Portanto, todos estes benefícios fiscais ditos estruturais são tão temporários como os incluídos na Parte III, destinada aos benefícios temporários.

E o carácter estrutural dos benefícios fiscais previstos na Parte II, supostamente mais estáveis, foi logo desmentido, pois estes benefícios fiscais, foram sendo sucessivamente revistos nos últimos três anos v.g. pelo DL 198/2001 de 3/7; pela Lei 32-B/02 de 30/12; pelo DL 299/02 de 31/10; pela Lei 38/B/02 de 30/12. Portanto, temos aqui mais uma contradição.

Por tudo isto, a meu ver.do ponto de vista conceitual e sistemático, o EBF, na actual concepção, deve ser urgentemente revisto no sentido de se repôr a coerência conceitual e sistemática inicial, aproveitando-se para dar nova redacção ao n.º 1 do art. 14.º da Lei Geral Tributária, no sentido por nós preconizado.

DO CÓDIGO DA CONTRIBUIÇÃO PREDIAL AO CÓDIGO DO IMPOSTO MUNICIPAL SOBRE IMÓVEIS

Professor Doutor Rui Duarte Morais

1 – A oportunidade suscita-nos nova reflexão sobre a tributação dos imóveis, tema sobre o qual havíamos escrito aquando da introdução da Contribuição Autárquica[1], processo legislativo em que directamente participámos no quadro dos trabalhos da Comissão incumbida da preparação de Reforma Fiscal de 1988/89 – cujo 15.º aniversário celebramos – e, posteriormente, em finais da década de noventa[2].

O dado novo é, obviamente, a entrada em vigor do Código do Imposto Municipal sobre Imóveis.

Código este, é bom que se diga, que nada apresenta de verdadeiramente inovador relativamente ao seu antecessor, o Código da Contribuição Autárquica; que pouco altera relativamente ao velhíssimo Código da Contribuição Predial – até então ainda parcialmente em vigor – no tocante à quantificação do valor patrimonial tributário dos prédios rústicos; como única novidade de relevo (ainda relativamente às disposições do Código da Contribuição Predial), temos a consagração de um sistema de avaliação dos prédios urbanos baseado em índices objectivos, acrescido de um "regime transitório" quanto à respectiva implementação.

Esta "novidade" apenas o é em termos muito relativos, uma vez que uma solução deste tipo há muito era preconizada, constando (ainda que

---

[1] Rui Duarte Morais, «Notas sobre a Contribuição Autárquica», *Fisco*, n.º 7, (1989).

[2] Rui Duarte Morais, «Evolución reciente de la tributación predial en Portugal», *Revista Gallega de Administración Pública*, n.º 18, (1998).

consubstanciais diferenças ao nível do pormenor) de vários ante-projectos de Código de Avaliações (cuja existência o Código da Contribuição Autárquica preconizava) e de vários estudos posteriores[3].

O mérito essencial deste novo Código é, pois, o de proceder à consagração legislativa de um novo sistema de avaliação dos prédios urbanos. Alteração meritória, há que o dizer, mas que traduz mais a existência de condições políticas para a entrada em vigor de uma lei com estas características que um qualquer salto qualitativo ao nível técnico-legislativo.

Daí que, ao contrário do afirmado no preâmbulo do CIMI, não possa ser a profundidade das alterações introduzidas a justificação para a publicação de um novo Código e, até, para a redenominação do imposto. O marketing político-legislativo e o desejo de apresentar obra feita, mesmo quando esta mais não seja que obra velha retocada, são por demais evidentes.

Não tendo havido alterações estruturantes, salvo quanto ao ponto assinalado, julgamos poder afirmar que o CIMI (também ele) não cumpriu com todas exigências de reforma da tributação imobiliária, já evidentes em finais dos anos oitenta e que surgem reforçadas, em muitos dos seus pontos, pelos cerca de quinze anos desde então decorridos.

2 – Tomemos como ponto de partida a situação que originou a entrada em vigor do Código da Contribuição Autárquica, focando a nossa análise na questão da tributação dos prédios urbanos.

Na vigência plena do Código da Contribuição Predial, a tributação dos prédios urbanos tinha como base a *renda*: renda efectiva no caso de se encontrarem dados de arrendamento, renda presumida (melhor, fictícia) no caso de o não estarem.

No primeiro caso, o imposto incidia sobre um rendimento real, efectivo; no segundo, sobre um rendimento ficcionado, determinado por

---

[3] O Grupo de Trabalho incumbido, no quadro da Reforma Fiscal de 1988/89, do projecto do Código da Contribuição Autárquica elaborou um projecto de Código de Avaliações, o qual nunca foi objecto de divulgação pública. Em meados da década de noventa foi elaborado um outro projecto, o qual se encontra publicado em *CTF*, n.º 384, (1996), 187 ss. Entre os vários estudos com tal objecto, salientamos: SIDÓNIO PARDAL (coord.), *Contribuição Autárquica, Impostos de Sisa, Sucessões e Doações e Mais-Valias,* publicado na *CTF* n.º 384, (1996), 83 ss e COMISSÃO de REFORMA da TRIBUTAÇÃO do PATRIMÓNIO, *Projecto de Reforma da Tributação do Património,* CEF, Lisboa, (1999).

avaliação dirigida à quantificação do que seria a normal contrapartida pelo arrendamento de tal prédio (a equivalente utilidade que deles obtivesse, ou pudesse obter, quem os utilizasse)[4].

Quando da Reforma dos anos oitenta, entendeu-se – julgamos que bem – que os princípios subjacentes ao imposto único sobre o rendimento (que o IRS, pretensamente, seria) eram incompatíveis com a inclusão na sua base tributável de rendimentos ficcionados. Ou seja, por outras palavras, só as rendas efectivamente obtidas em razão de arrendamento ou de outras situações legalmente equiparadas poderiam ser tributadas neste imposto (veja-se a noção de rendimentos da categoria F constante do art.º 8.º do CIRS).

3 – Ficava a questão da tributação dos prédios não arrendados.

A hipótese da sua não tributação foi desde logo arredada, pois tal seria incomportável em termos de receita, estando em causa um tipo de tributação simples, com reduzida possibilidade de evasão, pacificamente aceite pelos contribuintes, desde logo pelo seu carácter ancestral.

Optou-se, então, pela criação de uma nova forma de tributação, não um imposto sobre o rendimento mas sim um imposto sobre o património.

Passando a ser tributada a capacidade económica revelada pela propriedade de património imobiliário (uma tributação baseada noutro índice de riqueza que não o rendimento), obviamente que ao novo imposto deveriam ficar sujeitos todos os imóveis, independentemente da sua concreta afectação (arrendamento ou não).

Tal suscitou um novo problema, o da existência de duas formas de tributação no caso dos prédios arrendados: a tributação patrimonial (Contribuição Autárquica) e a tributação do rendimento (IRS/IRC). Este é, porém, um tema a que adiante voltaremos.

4 – A criação de um imposto sobre o património imobiliário suscitava uma objecção, pertinente porque fundada em evidentes razões de justiça fiscal: porquê tributar o património imobiliário e não outros patrimónios que, na realidade económica (de então e de hoje), são igualmente demonstrativos de existência de capacidade contributiva, em muitos casos muito significativa? Posta de forma simples a questão: como justificar a tributação património imobiliário fora do quadro de um imposto geral sobre o património?

---

[4] Cf. SOARES MARTINEZ, *Direito Fiscal*, (1993), 534 ss.

O legislado de 1988 foi sensível a esta pergunta.

Mesmo admitindo que "ideal" seria, porventura, a existência de um imposto geral sobre o património, havia, então, a consciência da impossibilidade prática de gizar um imposto com tais características.

Impossibilidade essa que parece ser cada vez mais evidente, desde logo em razão da crescente desmaterialização, e consequente facilidade de deslocalização, de formas significativas (as mais significativas) de riqueza mobiliária.

Um imposto geral sobre o património nunca seria mais que uma imposição sobre algumas (poucas) formas patrimoniais, aquelas que podem ser conhecidas pela Administração Fiscal e que dificilmente podem ser "abrigadas" em outras jurisdições fiscais[5].

O legislador da Contribuição Autárquica soube dar uma resposta a esta questão, deslocando o fundamento da tributação patrimonial imobiliária do princípio da capacidade contributiva para o princípio de benefício[6].

A tributação dos imóveis, independentemente do rendimento por eles gerado, justifica-se pela razão que os respectivos titulares são os beneficiários de grande parte da actividade da administração pública local, nomeadamente dos Municípios, aos quais cabe a receita do imposto.

Para além de tributar uma manifestação de capacidade económica relevante, pretendia-se repartir entre os mais directamente beneficiados parte do custo de serviços públicos (indivisíveis) prestados pelos entes autárquicos. Estamos muito perto daquilo que a doutrina designa por contribuições especiais[7], verdadeiros impostos é certo.

Para acentuar esta diferença do sentido da tributação, manteve-se a tradicional designação de *contribuição*, evocativa de um fundamento contratualista da obrigação tributária que, neste caso, de algum modo continua subjacente.

Daí que – embora esta seja uma questão menor – não possa deixar de merecer reparo a decisão, acrítica, de substituir a palavra *contribuição* pela *imposto* na designação do tributo que agora entrou em vigor.

---

[5] Chegou a ser apresentado um projecto de Código do imposto sobre o património (COMISSÃO DE REFORMA..., *cit.*, 77 ss). Em defesa das linhas orientadoras de tal projecto, MEDINA CARREIRA, «A tributação do Património. Necessidade da sua Reforma. Um modelo alternativo», *CTF*, n.° 386, (1997), 49 ss.

[6] Cf. MANUEL LOPES PORTO, «A reforma fiscal portuguesa e a tributação local», *Estudos em Homenagem a Eduardo Correia*, BFDUC, (1994).

[7] Sobre esta figura, CASALTA NABAIS, *Direito Fiscal*, (2003), 26 s.

5 – Estes princípios basilares, que conduziram à introdução da Contribuição Autárquica, permaneceram intocados pelo CIMI.

Como refere o preâmbulo deste diploma, "mantêm-se, no entanto, plenamente actuais as razões que, aquando da Reforma de 1988-89, levaram à criação de um imposto sobre o valor patrimonial dos imóveis, com a receita a reverter a favor dos municípios, baseado predominantemente no princípio do benefício".

Elucidativo desta continuidade será o facto de as normas de incidência do CIMI serem, salvo pequenas alterações de redacção, cópia fiel das correspondentes normas do Código da Contribuição Autárquica.

6 – Tema central de qualquer imposto é o da quantificação da respectiva matéria colectável.

Havia aqui que proceder a uma alteração qualitativa, consequência necessária da passagem de um sistema de tributação do rendimento para um imposto sobre o património. Os procedimentos de avaliação não poderiam mais ser dirigidos à determinação da *renda* que um imóvel pode gerar mas sim à quantificação directa do respectivo *valor patrimonial* tributável. Ou seja, havia que substituir (e não apenas remodelar) os preceitos em causa do Código da Contribuição Predial.

Quando da Reforma Fiscal dos anos oitenta, esta tarefa foi encetada, foi elaborado um ante-projecto de um Código de Avaliações. Porém, dada a sensibilidade política do tema, decidiu-se adiar a questão. Transitoriamente, permaneceram em vigor as normas relativas à avaliação constantes do Código da Contribuição Predial, sendo o valor patrimonial obtido por capitalização das *rendas*. Sistema este necessariamente efémero, uma vez que, ao menos em muitos casos, não há relação directa entre a renda que, potencialmente, um prédio pode gerar e o seu valor (seja de mercado, seja tributável).

Transitoriedade esta que, porém, durou quase quinze anos no tocante aos prédios urbanos e que permanece, pelos vistos agora com vocação de "eternidade", relativamente aos prédios rústicos.

7 – A única verdadeira inovação introduzida pelo CIMI foi, como vimos, a consagração de regras visando a determinação, a partir de um conjunto de critérios objectivos com peso relativo legalmente quantificado, do valor patrimonial tributável dos prédios urbanos.

Satisfez-se, finalmente, aquilo que era uma evidente necessidade, uma premente exigência de legislação, que a Reforma de 88-89 tinha deixado adiada. Julgamos não caber aqui uma análise do concreto sistema adaptado, até porque o mesmo se desenvolve na concretização de fórmulas cuja feitura assentou no contributo de outras ciências que não a jurídica[8].

Aliás – há que o recordar – os efeitos práticos das alterações legislativas ora introduzidas só acontecerão plenamente no médio prazo.

A reavaliação dos prédios urbanos já inscritos na matriz à data da entrada em vigor do CIMI só acontecerá à medida em que sejam objecto de transmissão (art. 15.º do DL n.º 287/2003), ou seja, a quantificação do valor patrimonial tributável segundo as novas regras será feita de forma gradual.

Na maior parte dos casos, o agravamento imediato da tributação (que atingirá, em especial, os prédios mais antigos) acontecerá em razão da correcção monetária dos valores inscritos na matriz (art. 16.º e art. 17.º do mesmo diploma)[9], sendo que tal efeito será diluído no tempo em virtude do regime de salvaguarda que a lei previu (art. 25.º). Em relação aos imóveis novos para habitação, o efeito do "novo" imposto poderá, ainda, resultar adiado pelo período de isenção a que, eventualmente, deva haver lugar.

A situação exige um acompanhamento permanente, uma vez que é evidente o risco de as taxas previstas para a tributação dos prédios avaliados segundo as novas regras (art. 112.º, n.º 1, c) do CIMI) se revelarem inadequadas, conduzindo a situações inaceitáveis de sobre ou sub tributação.

---

[8] A propósito da constitucionalidade das novas regras de avaliação, Luís MENEZES LEITÃO, «A conformidade com a Constituição da República Portuguesa da nova fórmula de determinação do valor patrimonial tributário dos prédios urbanos e da sua aplicação para efeitos de determinação dos rendimentos tributáveis em sede de impostos sobre o rendimento», *Fisco,* Abril, (2004), 3 ss, tece considerações sobre a bondade do novo sistema, as quais, no geral, merecem o nosso acordo.

[9] Não deve passar sem reparo a nova injustiça relativa que o sistema gerou entre prédios arrendados e não arrendados. Quanto a estes últimos, procedeu-se a uma mera correcção monetária dos valores inscritos na matriz pela utilização de coeficientes de desvalorização da moeda ajustados pela variação temporal dos preços no mercado imobiliário nas diferentes zonas do país. Os prédios arrendados (ou que o tivessem estado nos dois anos anteriores) viram o respectivo valor patrimonial tributário actualizado por uma nova capitalização das rendas. Conhecido o actual artificialismo do mercado de arrendamento urbano, é de temer que estes prédios tenham sido sujeitos a uma sobrevalorização para efeitos tributários, comparativamente aos que se encontravam em situação de não arrendamento.

Haverá, também, que aferir (julgamos que por processos de amostragem significativos) da adequação dos coeficientes de ponderação dos vários *itens* em que, agora, se baseia a avaliação, saber se eles dão correcta expressão às diferenças entre várias situações prediais.

8 – Há, agora, que abordar, ainda que de forma muito breve, a questão da avaliação dos prédios rústicos.

Tudo ficou na mesma, se não mesmo pior!

O legislador do CIMI limitou-se a transferir para o novo diploma as velhíssimas regras constantes do Código da Contribuição Predial que, como vimos, a Reforma dos anos 80 deixou em vigor.

Julgamos ter sido esta uma opção profundamente errada.

Ao passarem a integrar um "novo" Código, estas normas, que permaneciam em vigor aguardando substituição, ganharam "nova vida". A intenção reformista foi adiada *sine die*, "sendo a realização de uma reforma global diferida para o momento da reestruturação da base cadastral destes prédios" [rústicos], no dizer do preâmbulo do CIMI.

Se tivermos em atenção que em Portugal se procura, pelo menos desde o séc. XIX, lograr elaborar o cadastro geométrico da propriedade rústica e que tal tarefa está longe de concluída, podemos antever quão longe estará a referida revisão da base cadastral[10].

O sistema de avaliação dos prédios rústicos deveria, também ele, ter sido totalmente reformulado. Quinze anos desde a promessa legislativa de um Código de Avaliações parecem mais que suficientes para o estudo de uma tal reforma.

O sistema que permanece não é aceitável porquanto, desde logo, é incoerente com uma tributação do património. A avaliação dos prédios rústicos continua dirigida à determinação do rendimento fundiário, obtendo-se o valor tributável dos prédios através da sua multiplicação pelo factor 20 (art. 17.º do CIMI).

Para além da crítica evidente de não haver relação directa necessária entre rendimento e valor do bem, o que mais choca neste sistema é a sua total desadequação à realidade do nosso país. A avaliação dos prédios

---

[10] Segundo informa SILVA PINHEIRO, «Cadastro Predial. Breves notas», *Fisco,* Abril (2004), 52, em finais de 1995 o cadastro geométrico da propriedade rústica encontrava-se executado em cerca de 50% do território do continente e das regiões autónomas e o "novo" cadastro predial digitalizado concluído em apenas três concelhos.

rústicos parte da consideração do valor terra enquanto factor de produção da agricultura, enquanto base de uma exploração agrícola feita segundo os usos da região. Uma visão do valor da terra próprio "de uma sociedade que já não existe, de economia rural onde a riqueza imobiliária era predominantemente rústica". Citámos o preâmbulo do CIMI, o que resulta, no mínimo, paradoxal: se é o próprio legislador a afirmar expressamente a cada vez maior desadequação do sistema de avaliação dos prédios rústicos à realidade dos dias de hoje, como compreender a sua "reconsagração" legislativa. Num país em que a maioria das pequenas e médias explorações está abandonada, em que a agricultura que ainda existe depende muito mais das regras artificiais determinadas pela Política Agrícola Comum do que do valor da terra, como compreender a manutenção do sistema? Procurar determinar o rendimento fundiário dos prédios partindo do que seria o seu uso agrícola normal segundo os usos da região é, no mínimo, um exercício de autismo evidente!

Mais, determinar o valor do rendimento fundiário a partir do preço médio dos produtos e dos encargos avaliados aos preços médios dos últimos cinco anos é obter um resultado com um período de validade limitadíssimo, normalmente já desactualizado quando o resultado da avaliação entra em vigor.

A manutenção do sistema é incompreensível numa simples lógica de custo/benefício: os encargos de uma avaliação deste tipo (dominada por um perfeccionismo extremo, de que é mero exemplo, quase anedótico, a pretensão de somar ao rendimento da terra o das árvores dispersas existentes no prédio) nunca serão, na maior parte dos casos, recuperados pelo imposto a ser cobrado.

O sistema resulta, ainda, profundamente injusto em razão da morosidade do processo: quando é concluída a avaliação de uma determinada zona do país, os novos valores (já desactualizados e em muitos casos relativos a uma realidade que já não existe) vão servir de base à aplicação do mesmo imposto que incide sobre os prédios rústicos de outras regiões, os quais foram avaliados há dezenas e dezenas de anos! Também quanto à propriedade rústica – de forma mais significativa até que relativamente à urbana (embora não tão chocante em termos sociais) – o que releva na determinação do imposto a pagar é o momento em que aconteceu a avaliação (e a realidade *então* existente) e não o valor dos prédios!!

A nosso ver, a manutenção do sistema resulta de dois factores: o desinteresse político na questão, que a perda de valor da terra em muitas regiões do país ajuda a explicar; mas, também, os interesses de uma pesada burocracia instalada (não só na DGI), que pugna pela manutenção do *status quo*. Aliás, julgamos poder afirmar que o legislador do CIMI se deixou "sensibilizar" pelos interesses dessa burocracia. Não compreendemos a razão pela qual questões que têm a ver directamente com a estrutura dos serviços, nomeadamente a organização interna dos órgãos de avaliação, têm "direito" a ser regulados em *Código* (a estrutura orgânica da DGI não consta de Códigos!). Também não parece existir razão para as normas sobre a organização e conservação das matrizes constarem de um *Código*. Repescou-se, acriticamente, uma legislação que tem origens no início de século, esquecendo-se que, hoje, as normas fiscais têm como destinatário principal os contribuintes e não a administração tributária, pese embora o carácter tradicional, de "cobrança virtual", que este imposto em larga medida conserva.

9 – Sobre a tributação da propriedade rústica, diremos apenas o seguinte: a necessidade de um cadastro actualizado é uma evidência, que excede em muito as exigências de ordem fiscal[11].

Porém, não se compreende a sobreposição de esforços de várias entidades nesta matéria, desde logo o Instituto Geográfico e Cadastral (que elabora o cadastro predial), a DGI, que procede à avaliação dos prédios com base em tal cadastro (ou sem ele, quando não existe) e mantêm registos próprios (as matrizes) e as conservatórias do registo predial, que procedem à manutenção dos registos da propriedade imobiliária.

Há, aqui, oportunidade para uma profunda reforma de vários sectores da administração pública, o que, certamente, permitiria lograr significativas reduções de custos e, em especial, substanciais aumentos de eficácia.

Há que definir claramente quais as orientações de fundo que devem presidir à tributação da propriedade rústica, tendo presente o que é a actual realidade fundiária portuguesa e, até, a relação custo-benefício na tributação de parte da propriedade rústica (minifúndio).

Quanto à avaliação para fins tributários, terá que ser criado um sistema que permita, de forma simples e expedita, determinar o valor objectivo dos prédios rústicos (tendencialmente, o seu valor de mercado), independentemente de uma concreta ou potencial afectação agrícola.

---

[11] SILVA PINHEIRO, *cit.*, 53.

Julgamos se poderia dispensar a avaliação directa, salvo em via de recurso. No essencial, porque não cabe aqui entrar em maiores detalhes, julgamos que seria possível proceder a um zonamento (cf. art. 42.º, n.º 4 do CIMI) da propriedade rústica nos diferentes municípios e definir o valor tributável do metro quadrado para cada uma delas. Multiplicando a área dos prédios constante da matriz – que, ao menos na generalidade dos casos corresponderá à realidade actual – seria possível, através de meios informáticos, uma imediata reavaliação fiscal da propriedade rústica, a custos moderados.

Como último tópico, foquemos algumas questões que o novo regime de avaliação dos prédios urbanos deixou em aberto ou, até, agravou.

10 – A primeira questão tem a ver com a necessidade de actualização permanente das matrizes.

A lei prevê uma actualização periódica (trienal) com base nos coeficientes de desvalorização da moeda. Trata-se, como é óbvio, de uma actualização de valores e não da realidade que esteve na base do apuramento de tais valores. Se tudo se resumisse a uma mera correcção monetária, a questão seria simples. O que falseia a justiça relativa da tributação do património mobiliário é a alteração, pelo decurso do tempo, do valor real dos prédios, quer em resultado de mudanças físicas ocorridas nos construídos quer, em especial, em consequência de fenómenos de valorização ou desvalorização decorrentes da evolução urbanística em geral.

Comecemos por notar – partindo do pressuposto que o novo imposto será gerido por meios informáticos – que existem amplas possibilidades de reavaliação "automática", as quais o legislador não considerou. Assim, a óbvia variação anual do coeficiente de vetustez; alterações no coeficiente de localização, em resultado da revisão periódica do zonamento de cada município; também poderiam ser consideradas, de forma imediata, alterações resultantes de diferente afectação do prédio ou da realização de obras com incidência nos coeficientes de qualidade e conforto aplicáveis (cujo conhecimento pela administração fiscal resultaria de comunicação, feita pelos Municípios, das licenças para tais fins concedidas).

Tudo hipóteses que o legislador não teve presente, tendo-se dado como que por satisfeito com a aprovação da nova fórmula de avaliação e a promessa de uma avaliação geral a ter lugar num horizonte temporal de dez anos.

Pese embora o exemplo de outros países, nos quais os valores patrimoniais dos prédios são efectivamente revistos com intervalos não superiores a oito anos, a experiência diz-nos quão improvável será acontecer entre nós uma reavaliação geral da propriedade: os custos económicos e os políticos (somos o país da Maria da Fonte...) são evidentes.

Daí que, para além das actualizações "automáticas" dos valores patrimoniais atrás sugeridas, entendemos que se deveria prever, para futuro, uma solução semelhante à ora constante do no n.º 1 do art. 15.º do DL 287/2003: os prédios seriam objecto de um processo de reavaliação *sempre* que transmitidos, onerosa ou gratuitamente; tal reavaliação teria por base uma declaração dos contribuintes relativa aos elementos integrantes dos vários coeficientes de valorização; uma percentagem de tais declarações seria, obrigatoriamente, conferida por inspecção física aos prédios.

11 – Uma questão – que temos por fundamental – que o legislador parece, também, ter ignorado é a da articulação entre a tributação patrimonial e a do rendimento dos prédios.

Questão esta que vai assumir novo (e preocupante) relevo.

Partimos de uma previsão, que temos por realista[12]: do novo sistema de avaliações dos prédios urbanos irá resultar, no médio prazo, um agravamento significativo da tributação patrimonial, especialmente em relação aos imóveis mais antigos, que constituem parte significativa da oferta no mercado de arrendamento.

A coexistência do CIMI com a tributação das rendas gera uma situação de dupla tributação, pelo menos em sentido económico.

Agravando-se o peso de um dos impostos que contribuem para esta "dupla tributação" resulta, obviamente, agravado o imposto total pago

---

[12] CARLA RODRIGUES / GOMES DOS SANTOS/ MIGUEL SERRÃO, «Contribuição Autárquica. Resultados de simulação de cenários de reforma com base no IFO/2000», *CTF*, n.º 409/410, (2003), 54, lançam o alerta seguinte: "relativamente ao impacto dos vários cenários de reforma sobre os titulares de imóveis arrendados ("senhorios"), o resultado obtido indicia que pelo menos 17,5% dos alojamentos arrendados terão que suportar uma CA superior a 50% da renda auferida, o que, de um modo geral e independentemente dos cenários retidos, alerta para a necessidade de uma introdução gradualista das medidas de reforma e para uma eventual revisão simultânea da regulamentação das rendas (com possibilidade de repercussão, total ou parcial, do imposto para a frente, isto é, sobre os inquilinos) e/ou introdução de mecanismos de subsídio aos agregados confrontados com agravamentos de CA considerados significativos face à respectiva capacidade económica".

por aqueles que investem no mercado do arrendamento urbano. Diminui o rendimento líquido obtido pelo investidor, até porque, na maior parte dos casos, tal aumento não pode ser repercutido nas rendas: não pode ser repercutido nas rendas dos contratos vigentes uma vez que, como é sabido, a sua actualização é feita com base em coeficientes anualmente fixados em lei, os quais, no essencial, traduzem a evolução da taxa de inflação[13]. Não poderá ser repercutida, ao menos totalmente, nas rendas iniciais dos contratos novos, desde logo porque a opção arrendamento/ compra encontra-se hoje falseada por uma política, que vem de longe, de estímulo à compra de casa própria.

Portugal é segundo julgamos saber, um dos países da Europa em que maior número de famílias é proprietária da casa que habita[14]. Informação estatística que não corresponde à "realidade": o parque imobiliário, especialmente o de habitação, pertence economicamente a entidades financeiras, a quem as famílias, durante toda a sua vida activa (trinta e mais anos são os prazos correntes de amortização dos empréstimos para habitação) pagam uma renda.

Há que questionar a bondade de uma tal política: as famílias, na necessidade de terem uma casa e, também, na esperança de uma evolução positiva no futuro dos seus rendimentos, assumem compromissos financeiros que "esmagam" a possibilidade de satisfação de outras necessidades, no longo prazo ou, mesmo, para sempre. Em épocas de crise, como a actual, as famílias, vítimas do desemprego, deixam de poder honrar os seus compromissos. As entidades financeiras vêm-se a braços, para além do problema social que é a necessidade de procederem a "despejos", com o retorno à posse de milhares de imóveis para os quais dificilmente encontram outros compradores.

Mais, e este será porventura um aspecto menos considerado, a opção pela aquisição de casa própria pelas famílias jovens gera um

---

[13] Existe um mercado dual de arrendamento urbano – um segmento residual de rendas livres cujos valores estão bem acima das rendas de equilíbrio de um mercado eficiente; e vastos segmentos com rendas administrativamente determinadas muito abaixo daqueles valores, e cujos prédios em geral estão fortemente degradados, porquanto aquelas rendas não geraram, no passado, os necessários *cash flows* e, no futuro, as suas actualizações administrativas não permitem incorporá-los (PATINHA ANTÃO, «Tributação e criação de valor patrimonial», *Fisco,* Abril (2004), 29.

[14] O estudo de CARLA RODRIGUES e outros, atrás citado, pag. 52, aponta para uma percentagem de 60% de agregados familiares detentores de casa própria.

fenómeno de grande resistência quanto a hipóteses de deslocação espacial ditadas por razões profissionais quando, na situação social e económica actual em que deixaram de existir empregos de "toda uma vida", a mobilidade e flexibilidade dos trabalhadores são essenciais.

A política de aquisição de casa como "única" solução para o problema habitacional é socialmente incorrecta e economicamente irracional.

Há que estimular a oferta de um mercado de arrendamento, o qual ele próprio, tem que estar sujeito a regras legais que lhe permitam ser dinâmico e flexível[15].

12 – Assente que a política fiscal não deve contrariar o desenvolvimento do mercado de arrendamento, vejamos o que, na realidade, acontece.

Quando da reforma fiscal dos anos oitenta, a solução encontrada podia resumir-se da forma seguinte: a dupla tributação económica era eliminada no caso de o proprietário do prédio dado de arrendamento ser pessoa singular; era simplesmente atenuada no caso de o proprietário ser pessoa colectiva.

Concretizando: em IRS, o montante de contribuição autárquica pago relativamente a prédios dados de arrendamento era dedutível à colecta. Ou seja, o pagamento da Contribuição Autárquica era como que um adiantamento do IRS devido pelas rendas recebidas. O aumento da Contribuição Autárquica não se reflectiria no rendimento líquido do investidor, sendo este pessoa singular: as rendas dos prédios seriam tributadas pelas taxas aplicáveis à globalidade do rendimento do senhorio.

Este sistema, por meras razões de arrecadação de receitas, veio a conhecer limitações (dedução da CA limitada à parte da colecta de IRS proporcional aos rendimentos da categoria F), acabando por ser transformado em dedução ao rendimento bruto da categoria F (rendimentos prediais).

Como é sabido, o efeito útil de uma dedução (a economia de imposto que dela resulta) é igual ao seu valor multiplicado pela taxa do imposto, taxa média que é crescente nos impostos progressivos como o IRS.

---

[15] A degradação da oferta de arrendamento para habitação é uma evidência: calcula-se que, em 1973, cerca de 50% da construção das habitações se destinava a arrendamento. Essa percentagem desceu para 16% em 1976 e apenas para cerca de 2% a partir de 1992. (PATINHA ANTÃO, cit., 28).

Na medida em que o montante desta dedução específica aumentar em razão do aumento do IMI pago, o seu efeito regressivo acentua-se, a desigualdade fiscal cresce. Um exemplo simples: *A* e *B* têm, cada um, um rendimento predial bruto (rendas recebidas) de € 6.000,00. Cada um paga € 576 de IMI. Em IRS, *A* está sujeito a uma taxa média de 30% e *B* a uma taxa média de 10%. A dedução do IMI representa uma economia de imposto de € 172, 80 para *A* e de € 57,60 para *B*.

Em resumo: o previsível aumento do montante pago a título de imposto sobre o valor patrimonial dos prédios urbanos agravará a tributação global a que estão sujeitas as pessoas singulares titulares de prédios dados de arrendamento. Para além dos efeitos económicos nocivos que de tal resultará para o mercado de arrendamento, agravar-se a uma componente regressiva da tributação em IRS.

Julgamos que estes são factos que o legislador não deve ignorar, pelo que sugere o regresso ao sistema original da dedução à colecta do IRS da totalidade do IMI[16]. Ou nunca mais voltaremos a ter investimento das famílias no mercado de arrendamento, forma que foi tão tradicional entre nós de aplicação de poupanças, que continuamos a considerar uma das social e economicamente mais desejáveis.

---

[16] A questão é mais discutível ao nível do IRC, uma vez que estaremos perante verdadeiras empresas. Ora, estas, em razão da sua actividade, suportam numerosos outros impostos que, por regra, são havidos como custos e, portanto dedutíveis aos proveitos no cálculo do lucro tributável. Não se colocando o problema da regressividade dado o carácter proporcional deste imposto, a questão será, eventualmente, a da concessão de benefícios fiscais (que podem ser a dedução integral à colecta) visando reactivar o mercado do arrendamento urbano para habitação.

ALGUMAS NOTAS EM ESPECIAL SOBRE A TRIBUTAÇÃO DE PRÉDIOS URBANOS NO CONTEXTO DA REFORMA DA TRIBUTAÇÃO DO PATRIMÓNIO

FISCALIDADE DO URBANISMO E FISCALIDADE DO AMBIENTE

Dr. Luís D. S. Morais[*]

1 – No âmbito das Jornadas *"Quinze anos da Reforma Fiscal de 88/89"*[1] foi-nos proposta a participação numa reflexão sobre as temáticas

---

[*] Professor da Faculdade de Direito da Universidade de Lisboa.
Advogado

[1] O presente texto resulta da intervenção que realizámos nas **Jornadas** *"Quinze anos da Reforma Fiscal de 88/89"*, organizadas pela **Associação Fiscal Portuguesa** e pelo **Instituto de Direito Económico Financeiro e Fiscal da Faculdade de Direito de Lisboa** e na qual tivemos o privilégio de participar (aproveitando o ensejo para agradecer, na pessoa do Senhor Presidente da Associação Fiscal Portuguesa, Prof. Doutor Paz Ferreira, o honroso convite que nos foi dirigido). Para além da extrema oportunidade da iniciativa, atendendo à importância fundamental de que a reforma de 1988/89 se revestiu para o nosso sistema fiscal, importa saudar duplamente a sua realização atendendo ao propósito assumido com a mesma de homenagear o Prof. Doutor Paulo de Pitta e Cunha, na sua qualidade de Presidente da Comissão de Reforma da Tributação do Rendimento (1984-88) e de emérito cultor do direito fiscal (Homenagem para a qual, a título muito modesto, pretendemos também contribuir através da presente reflexão). A *intervenção* realizada nas referidas **Jornadas**, que decorreram entre 15 e 19 de Novembro de 2004, correspondeu à participação numa **Mesa Redonda** subordinada aos temas da *"Fiscalidade Ambiental e do Urbanismo"*, a qual, por seu turno, decorreu após duas intervenções de fundo sobre esses dois temas. Tal justifica, pois, simultaneamente, o seu carácter muito sintético e centrado em aspectos muito específicos – de modo a não incorrer em desnecessárias repetições com outras intervenções, num formato que privilegiava a discussão entre os participantes e com a audiência – bem como o carácter algo *avulso* dos comentários produzidos, pois, sem prejuízo de algumas adaptações, não qui-

da *fiscalidade do urbanismo e da fiscalidade do ambiente*. Considerando o propósito específico desta intervenção, no sentido de contribuir para uma discussão colectiva sobre estas matérias – em paralelo com outras intervenções – e tendo igualmente presente a latitude desses temas, impôs-se, como opção natural, seleccionar neste domínio da fiscalidade *alguns tópicos limitados para problematização jurídica*. A nossa escolha incidiu, para esse efeito, no *tratamento selectivo de alguns aspectos da tributação de prédios urbanos no contexto da recente reforma da tributação do património*. Neste plano, a nossa atenção recai, em particular, na *determinação do valor patrimonial tributável dos prédios urbanos* – vertente que reputamos absolutamente decisiva para a concretização dessa reforma.

Justifica-se, de qualquer modo, tecer algumas brevíssimas considerações preliminares sobre os dois '*topoi*' essenciais de reflexão propostos – *fiscalidade do urbanismo e fiscalidade do ambiente* – deixando esboçada a perspectiva analítica em que nos situamos relativamente aos mesmos.[2]

A ideia de fiscalidade do urbanismo foi essencialmente autonomizada e desenvolvida pela doutrina francesa como área da tributação imobiliária ligada às políticas locais de urbanismo.[3] Essa autonomização assentou não propriamente em concepções específicas sobre o enquadramento da tributação da riqueza predial urbana, mas, sobretudo, num propósito essencial de *utilização do instrumento fiscal na gestão urbana*. Essa perspectiva teórica compreendeu, designadamente, a definição de conjuntos de imposições destinadas a fazer participar os construtores, utilizadores e proprietários de prédios urbanos nas despesas induzidas pelo urbanismo, bem como orientadas para moldar certos comportamentos desses agentes. Uma compreensão adequada dessa perspectiva obrigaria a uma incursão pelos domínios da *parafiscalidade* e por áreas

---

semos retirar completamente algum registo coloquial e mais directo que esteve na origem deste texto. *Salvo aspectos excepcionais, o texto ora publicado toma em consideração desenvolvimentos legislativos ou regulamentares ocorridos até Novembro de 2004.*

[2] Como acima se ressalva, o que se pretende é unicamente deixar entrever alguns pressupostos teóricos e analíticos que assumimos em relação às duas temáticas globais propostas – *fiscalidade do urbanismo e fiscalidade do ambiente* – num contexto em que os mesmos não podem ser propriamente justificados, pois tal exigiria incursões *ex professo* nesses temas para as quais não existe aqui espaço.

[3] Entre diversas obras que expõem e reclamam, mesmo, a paternidade desta construção autónoma de uma área de fiscalidade do urbanismo, cfr., por todos, F. BOUYSSON, *La Fiscalité de l'Urbanisme en Droit Français*, Paris, P.V.F.L.S.D.Y., 1972.

conexas entre a mesma e a *fiscalidade em sentido próprio* – incluindo em especial as denominadas *contribuições especiais* no sistema fiscal português (o que, por seu turno, exigiria uma explanação teórica desenvolvida sobre os problemas de qualificação jurídico-tributária de múltiplas contribuições, que têm ocupado longamente a doutrina nacional[4]).

Essa análise teórica excede largamente o domínio limitado de problematização jurídica que nos propomos desenvolver e, no plano do direito nacional, convoca problemas essenciais de sistematização do tratamento quase sempre caótico e pouco rigoroso de múltiplas "*taxas*", impostos municipais, ou figuras cuja delimitação ou fronteira se mostram duvidosas. Pensamos, *v.g.*, em figuras recorrentemente denominadas de "*taxas*" pela realização de infra-estruturas municipais, "*taxas*" de saneamento, ou em imposições que apresentem componentes fiscais ou parafiscais em processos de loteamento urbano (*maxime*, obrigações de cedência de espaços ou obrigações conexas de comportamento).[5]

Sem entrar nesse domínio – cujos problemas são agravados entre nós pela dispersão e falta de coerência normativas no tratamento de tais imposições relacionadas com intervenções urbanísticas – importa, tão só, referir que, pela nossa parte, encaramos com alguma reserva uma concepção de *fiscalidade do urbanismo* de tipo intervencionista (particularmente influenciada pela doutrina francesa), nos termos acima aflorados.

Entendemos que os objectivos públicos de instrumentalização dos tributos – para além da evidente função financeira subjacente aos mesmos – devem ser acolhidos com extrema moderação, sob pena de criação de vários tipos de distorção no sistema fiscal e no funcionamento das economias.

Os *programas extrafiscais*[6] são naturalmente admissíveis – e têm sido efectivamente acolhidos no quadro da evolução dos sistemas fiscais

---

[4] Sobre essa matéria, cfr., *inter alia*, PEDRO SOARES MARTINEZ, *Manual de Direito Fiscal*, Almedina, Coimbra, 1993, esp. pp. 37 ss.; ALBERTO XAVIER, *Manual de Direito Fiscal, I*, Lisboa, 1974, esp. pp. 57-58; NUNO SÁ GOMES, *Manual de Direito Fiscal, I*, Rei dos Livros, 1996, esp. pp. 79 ss.

[5] Esta matéria justificaria uma análise *ex professo*, compreendendo um estudo do corpo já importante de jurisprudência do Tribunal Constitucional, para a qual não existe aqui espaço. Cfr. sobre essa matéria, EDUARDO PAZ FERREIRA, "Ainda a propósito da distinção entre impostos e taxas: o caso da taxa municipal devida pela realização de infra-estruturas urbanísticas", in Ciência e Técnica Fiscal, n.º 380, pp. 59 ss..

[6] Sobre a ideia de *programas extrafiscais* cfr., *inter alia*, CASALTA NABAIS, *O Dever Fundamental de Pagar Impostos*, Almedina, Coimbra, 1998, esp. pp. 629 ss..

mais desenvolvidos – [7] mas devem concentrar-se, em cada momento, num conjunto limitado de objectivos em relação aos quais, por um lado, o instrumento fiscal apresente uma especial aptidão funcional para produzir determinados resultados desejados e, por outro lado, não existam mecanismos alternativos de intervenção pública de eficácia comparável. Esses pressupostos não se encontrarão satisfatoriamente reunidos de modo a suportar verdadeiras utilizações centrais do instrumento fiscal para o desenvolvimento de várias vertentes de políticas de urbanismo (o que não será, contudo, impeditivo da sua mera utilização – acessória – como elemento coadjuvante dessas políticas, desde que a função financeira, ou *fiscal em sentido estrito*, mantenha a sua preponderância).[8]

Em contrapartida, admitimos que a utilização do instrumento fiscal em matéria ambiental pode ter comparativamente maior cabimento à luz dos dois pressupostos que, sob forma sumária, deixamos acima expostos, o que justificará, de resto, que a *fiscalidade ambiental* se tenha convertido num dos principais temas da moderna extrafiscalidade no último quartel do século passado.[9] Na realidade, a própria análise económica tem vindo a demonstrar que os denominados *impostos ambientais*[10] ou

---

[7] Assim sucedeu, *v.g.*, com os ordenamentos fiscais anglo-saxónicos. Cfr., a esse propósito, por todos, ROBERT ALTON LEE, *A History of Regulatory Taxation*, Lexington, 1973.

[8] Temos presente que algumas orientações na doutrina portuguesa – como as preconizadas, *v.g.*, pelo Prof. SIDÓNIO PARDAL – apresentam uma muito maior abertura a *programas extrafiscais* determinados por metas ambiciosas de políticas de urbanismo. Sem prejuízo da justeza de alguma fundamentação teórica dessas orientações – que não cabe aqui equacionar – não perfilhamos em especial essa perspectiva. Além das razões que acima já identificamos para essa nossa relativa reserva a uma opção extrafiscal determinada por objectivos de política de urbanismo, admitimos, também, que não existirão no presente condições, no plano da estrutura da administração tributária, para uma prossecução eficiente desse tipo de objectivos. E os ajustamentos prementes nas condições de funcionamento da administração fiscal devem ser prioritariamente dirigidos ao controlo dos fenómenos de evasão fiscal e ao correspondente aumento, por essa via, da receita fiscal global.

[9] Sobre esses desenvolvimentos relativos à fiscalidade ambiental cfr. LUCA GLERIA, "Le imposte ambientali: profili costituzionali nell'ordinamento tedesco", in Rivista di Diritto Tributario, 2002, pp. 597 ss..

[10] Estes *impostos ambientais* podem ser entendidos como imposições de tipo fiscal através dos quais sejam prosseguidos objectivos de tutela ambiental, mediante a definição de encargos para os sujeitos passivos orientados em função da quantidade e qualidade de potenciais elementos danosos para o ambiente inerentes ao comportamento desses sujeitos ou a situações em que os mesmos se encontrem.

instrumentos fiscais conexos apresentam uma especial eficácia para a promoção de diversos objectivos de tutela ambiental, desde que utilizados de modo integrado e articulado com a regulação directa dos complexos normativos de direito do ambiente.

Essa tributação ambiental apresenta efectivamente uma especial aptidão para favorecer a *internalização de custos ambientais*, contribuindo desse modo para corrigir ineficiências do mercado emergentes de insuficiente ponderação desses custos por parte da generalidade dos operadores económicos. E, para além da regulação directa de questões ambientais e de actuações sancionatórias nessa sede, não parecem existir muitos mecanismos alternativos em ordem a promover a referida *internalização de custos ambientais*. O desenvolvimento de programas extrafiscais neste domínio afigura-se, pois, em geral justificado e tem sido, de resto, estimulado no plano comunitário,[11] devendo, de qualquer forma – em nosso entender – ser contido dentro de determinados limiares críticos (de modo a evitar distorções dos sistemas fiscais).

2 – Delineadas estas considerações preliminares e iniciando a análise selectiva *de alguns aspectos limitados da tributação de prédios urbanos no quadro da recente reforma da tributação do património*, importa caracterizar genericamente o contexto subjacente a essa reforma (conquanto a mesma não seja aqui analisada numa perspectiva geral).

Como é sabido, a reforma fiscal de 1988/89 ficou, de algum modo, inacabada ao não compreender uma revisão geral da tributação do património, pois, à data, não alterou essencialmente os regimes da sisa do imposto sucessório e sobre doações. Além disso, a própria dimensão tributária patrimonial convocada por essa reforma, através da aprovação do Código da Contribuição Autárquica ficou, também, em si mesma inacabada – nos moldes que adiante referiremos.

Se é certo que se poderia supor que a limitada relevância financeira actual dos impostos sobre o património facilitaria a sua reforma,[12] aten-

---

[11] Sobre esses estímulos no plano comunitário, tenha-se presente, *inter alia*, o *Sexto Programa de Acção para o Ambiente – Ambiente 2010 – Comunicação da Comissão, COM (2001) 31 def.*; *Integração do Ambiente na Política Económica – Comunicação da Comissão – COM (2000) 576 def.*.

[12] Sobre essa limitada relevância financeira dos impostos sobre o património em Portugal e noutros ordenamentos fiscais, cfr. os dados constantes do Relatório apresentado pela Comissão MEDINA CARREIRA – *Comissão de Reforma da Tributação do*

dendo ao escasso peso dessa tributação no conjunto das arrecadações fiscais totais, a nossa realidade recente tem demonstrado o contrário. Na verdade, desmentindo perspectivas mais optimistas – subscritas, *v.g.*, por MEDINA CARREIRA em 1997 – [13] este domínio da trbutação revelou-se, afinal, extremamente sensível e de muito difícil reforma. Não cabe aqui enunciar, de forma desenvolvida, o percurso acidentado das tentativas de reforma da tributação do património. Esse processo, envolveu, sucessivamente, após a introdução da Contribuição Autárquica em 1989:

i) a tentativa de criação de um sistema de imposto sobre o património, incidindo sobre os bens corpóreos passíveis de registo, partes sociais e créditos. Tratou-se da proposta de adopção de um *imposto geral sobre o património* delineada pela denominada Comissão MEDINA CARREIRA, em 1999, a qual, em circunstâncias conhecidas, não veio a receber qualquer concretização;[14]

ii) a apresentação, em 2001/2002, de um projecto de reforma geral da tributação do património, que envolvia uma avaliação geral dos prédios para efeitos de contribuição autárquica e a substituição do imposto municipal da sisa e do imposto sucessório e sobre doações pelo imposto de selo[15] [num contexto em que chegara a ser equacionada, quanto a habitações novas, a substituição da sisa pelo Imposto sobre Valor Acrescentado (IVA) em termos que suscitaram objecções comunitárias á aplicação de

---

Património – Projecto de Reforma da Tributação do Património – Cadernos de Ciência e Técnica Fiscal (182), Lisboa, 1999, esp. pp. 58 ss. e pp. 66 ss..

[13] Cfr. MEDINA CARREIRA, "A tributação do património. Necessidade da sua reforma. Um modelo alternativo", in Ciência e Técnica Fiscal, n.º 386, pp. 47 ss. Como aí referia, numa porventura invulgar nota optimista, este emérito fiscalista, *"em todo o caso, a pequena relevância financeira actual dos impostos sobre o património tem o mérito de facilitar a sua reforma. O único problema é o do sentido que poderá dar-se-lhe"*. (*op. cit.*, p. 51) (ênfase acrescentada). A evolução ulterior viria a desmentir – ao menos parcialmente – essa visão optimista.

[14] Cfr. o Relatório apresentado pela Comissão MEDINA CARREIRA – *Comissão de Reforma da Tributação do Património – Projecto de Reforma da Tributação do Património*, cit.. Como é sabido, sendo esse Relatório apresentado no termo do mandato do XIII Governo Constitucional, o projecto não teve qualquer continuidade com o XIV Governo Constitucional, apesar de emergente da mesma "*maioria*" política.

[15] Cfr. Ministério das Finanças – Secretaria de Estado dos Assuntos Fiscais – *Reformas da Tributação Automóvel e do Património – Anteprojectos*, Almedina, Coimbra, 2002.

uma taxa reduzida de IVA nessa sede tributária].[16] Também esse projecto, devido ao fim antecipado da legislatura que então decorria, foi interrompido e ulteriormente abandonado.

A recente reforma da tributação do património, de 2003, veio, depois deste percurso acidentado, traduzir-se na assunção de objectivos muito mais limitados e correspondeu, tão só, à *substituição* dos impostos municipais de sisa e de contribuição autárquica, respectivamente, pelo imposto municipal sobre transmissões onerosas de imóveis (IMT) e pelo imposto municipal sobre imóveis (IMI).[17] A mesma reforma envolveu também a *substituição* do imposto sucessório e sobre doações por determinados normativos incluídos no imposto de selo. O novo IMI continua a incidir sobre a detenção de bens imóveis e o novo IMT continua a incidir – como resulta da sua própria denominação – sobre a transmissão onerosa de imóveis, embora com várias alterações ao nível da incidência e com a eliminação de múltiplos benefícios fiscais que já não tinham justificação ou que deixaram de ter actualidade.

Trata-se, assim, de uma reforma notoriamente menos ambiciosa do que os projectos anteriores o que, porventura, poderá não ser negativo, atendendo à excessiva propensão nacional para encetar processos legiferantes de largo alcance em detrimento de aspectos operacionais referentes à organização e condições de eficácia da administração fiscal. Essa reforma traduz simultaneamente uma opção por um certo grau de *continuidade* e por um determinado *gradualismo* nas mutações apesar de tudo contempladas na tributação do património.

De resto, a ideia de "*reforma gradual*" foi explicitamente acolhida pelo legislador,[18] no sentido de abdicar de objectivos muito ambiciosos inerentes a uma reforma global e imediata da tributação do património – a qual apresentaria elevados riscos – e de se privilegiarem avanços

---

[16] Não cabe aqui naturalmente equacionar a controvérsia jurídica sobre a compatibilidade de certos aspectos do regime proposto com as normas comunitárias em matéria de IVA.

[17] Cfr., a esse propósito, o Decreto-Lei n.º 287/2003, de 12 de Novembro, que aprovou os novos Códigos do Imposto Municipal sobre Imóveis (IMI) e do Imposto Municipal sobre as Transmissões Onerosas de Imóveis (IMT).

[18] Essa ideia perpassa os Preâmbulos dos novos Códigos do IMI e do IMT nos quais se destaca como passo essencial da reforma tributária a reformulação do sistema de avaliação de imóveis.

graduais através de medidas de ajustamento que confiram mais equidade ao sistema (*maxime*, em virtude de uma distribuição mais justa da carga fiscal, corrigindo alguns desequilíbrios essenciais que vinham afectando esta área da tributação). Esta opção pode até certo ponto compreender-se, embora, pela nossa parte, admitamos que, mesmo num cenário de afastamento de medidas mais radicais de ruptura com os modelos de tributação utilizados nesta área, *teria sido importante dar passos no sentido da substituição da tributação dinâmica do património* (originariamente assegurada pela sisa e, no presente, através do IMT) *por um imposto que incidisse essencialmente sobre a detenção da propriedade imobiliária* (o qual contribuiria para criar as bases de uma política fiscal de reorganização dessa propriedade imobiliária).

Ora, não tendo sido essa a solução acolhida pelo legislador na reforma de 2003, o aspecto primacial que realmente avulta nessa reforma limitada – dita gradual – é a pretensão de *corrigir desequilíbrios evidentes na tributação predial* através do *novo regime geral de avaliação de prédios urbanos*.[19] Na verdade, é sobejamente conhecida a situação presente de extrema subavaliação do património imobiliário. A maioria dos prédios sujeitos a tributação foram já avaliados há tempo considerável sem que se tenha, entretanto, procedido a actualizações dos respectivos valores. Daí decorria que a parte mais significativa da receita de Contribuição Autárquica – na situação anterior à reforma de 2003 – vinha sendo originada por um conjunto restrito de prédios novos, beneficiando os prédios urbanos mais antigos de uma situação de *subtributação* (no limiar de uma verdadeira "*isenção*").

É certo que o diagnóstico dessa situação '*sui generis*' se encontra feito e se mostra consensual. Essa situação resulta da solução provisória – que se foi prolongando no tempo – adoptada aquando da criação da Contribuição Autárquica, no sentido da manutenção do valor dos prédios em conformidade com as regras da antiga Contribuição Predial até que fosse aprovado um novo Código de Avaliação (cuja adopção então se configurava). Sucede, porém, que devido a várias dificuldades – às quais não será estranha a extrema "*sensibilidade*" social (e, logo, política) da matéria – a aprovação do referido Código de Avaliações (CAv) foi sistematicamente adiada. Um Projecto de CAv terá sido preparado em 1991,

---

[19] Já tivemos ensejo de salientar que esta nossa análise selectiva e limitada incide essencialmente na tributação de prédios urbanos.

mas não foi concretizado e, já em 1996, a *"Comissão para o desenvolvimento da reforma fiscal"* (presidida por Silva Lopes)[20] destacava, justamente, a importância e a premência da sua aprovação (partindo do pressuposto que se veio a confirmar na reforma de 2003 de manutenção de um sistema de tributação baseado no valor de capital, em detrimento do valor de rendimento dos imóveis.

Neste contexto, compreende-se que o Prof. Sousa Franco, na sua apresentação do Projecto da Comissão Medina Carreira, em 1999, tenha enfatizado que *"a determinação do valor tributável em sede daqueles impostos* [impostos sobre o património imobiliário] *é talvez a questão capital em sede de tributação do património"*.[21] Trata-se de uma ideia que – com a devida vénia pela análise já então delineada pelo Ilustre Professor –[22] subscrevemos integralmente. Permitimo-nos, tão só, com o benefício do tempo entretanto decorrido, reforçar essa conclusão. Assim, considerando a manutenção e o correlativo aprofundamento dos desequilíbrios na tributação de prédios urbanos – no período posterior a 1999 – admitimos que essa se tornou efectivamente a questão capital em sede de tributação do património (*resultando, de resto, dessa constatação a nossa opção de a eleger como tópico fundamental de problematização jurídica no quadro da recente reforma da tributação do património*).

3 – No âmbito da reforma de 2003, as regras essenciais para determinação do valor patrimonial tributável dos prédios urbanos encontram-se previstas nos artigos 14.º e ss. do Código do IMI. Numa caracterização meramente esquemática, decorre desse regime a determinação do patrimonial tributável dos prédios a partir de avaliação efectuada com base em declaração do sujeito passivo (salvo nas situações específicas em que lei disponha diferentemente). Essa avaliação deverá sempre ser directa

---

[20] Cfr. *Ministério das Finanças – Relatório da Comissão para o desenvolvimento da reforma fiscal* – 30 de Abril de 1996.

[21] Cfr. a *Apresentação* de 6 de Agosto de 1999 do Prof. Sousa Franco ao Projecto de Reforma da Tributação do Património – *Comissão de Reforma da Tributação do Património – Projecto de Reforma da Tributação do Património* – Cadernos de Ciência e Técnica Fiscal (182), cit., esp. pp. 21-22. Destacava aí também o Prof. Sousa Franco que se impunha *"uma actualização dos valores patrimoniais e a definição de regras que determinem com rigor, clareza e objectividade o valor patrimonial"*.

[22] A quem não podemos referir sem deixar de prestar a mais profunda e sentida Homenagem pela figura cívica, académica e humana cuja perda é insubstituível.

em relação aos prédios urbanos e *o sistema de avaliação configurado orienta-se para a consagração de regras objectivas que permitam aos próprios interessados quantificar o valor tributável dos seus imóveis*,[23] *excluindo critérios subjectivos que conduziam a resultados pouco claros e a situações de disparidade no tratamento fiscal de situações comparáveis.* Trata-se ainda, quanto aos prédios urbanos – dos quais nos ocupamos a título principal – de um sistema de avaliação assente nos valores de mercados dos patrimónios.

Muitas das primeiras análises deste novo sistema de avaliação de prédios urbanos – [24] bem como afirmações contidas nos instrumentos essenciais de regulamentação desse sistema – [25] tem apresentado uma nota geral de optimismo a propósito do mesmo. Parece, pois, afirmar-se uma visão enfática no sentido de que se teria instituído um sistema objectivo de avaliação geral de prédios urbanos erradicando-se definitivamente a incerteza e subjectivismo do sistema anterior. Pela nossa parte, não podemos deixar de formular algumas reservas em relação a essa visão global optimista, pois a aplicação efectiva do novo sistema pressupõe uma gigantesca tarefa de concretização dos elementos essenciais em que o mesmo sistema assenta.

Falta, assim, o decisivo teste da concretização de tais elementos e, a esse propósito, as experiências nacionais anteriores de aplicação de índices económicos – objectivados em parâmetros legais em normas de direito fiscal ou de direito económico (como sucede com os elementos em que assente o sistema de avaliações em questão) – *tem revelado*

---

[23] Cfr., em especial, as regras constantes dos artigos 37.º e ss. do Código do IMI.

[24] A esse propósito cfr., *inter alia*, Vasco Valdez, "Aspectos Gerais da Reforma da Tributação do Património", in Ciência e Técnica Fiscal n.º 401, pp. 67 ss..

[25] Tenha-se presente a esse respeito as referências constantes do Preâmbulo da Portaria n.º 982/2004, de 4 de Agosto (relativa à fixação de coeficientes de avaliação dentro dos limites estabelecidos no Código do IMI e à concretização do índice custo médio de construção – à qual adiante retornaremos). Nesse instrumento fundamental de regulamentação complementar do novo sistema de avaliação de imóveis afirma-se, *v.g.* que "*a determinação do valor patrimonial dos prédios urbanos* **assenta em coeficientes integralmente objectivos e transparentes, eliminando-se a subjectividade que caracterizava o anterior regime. O novo sistema permite que qualquer interessado possa facilmente calcular o valor patrimonial tributário dos seus prédios, o que é, em si mesmo, uma garantia de transparência e segurança jurídica** (…). *A objectividade do sistema conferirá ainda uma maior celeridade ao procedimento de avaliação* (…)". (ênfase acrescentada)

crónicos problemas nesse domínio. Para além desse tipo de dificuldades na *utilização legal de índices económicos*, a definição de tais parâmetros objectivos no sistema de avaliação adoptado poderia ter conhecido diferentes configurações ou soluções variáveis – nos termos que adiante afloraremos – de modo a assegurar um sistema globalmente mais eficiente.

4 – De acordo com o sistema adoptado de avaliação de prédios urbanos (para habitação, comércio, indústria e serviços), o valor patrimonial tributável desses imóveis passa a resultar de uma *fórmula* cujos *factores* compreendem (i) *o valor base dos prédios edificados* (custo médio de construção acrescido de 25% para o terreno de implantação), (ii) a *área bruta de construção mais a área excedente à área de implantação*, (iii) o denominado *coeficiente de afectação* (que depende do tipo de utilização dos prédios edificados), (iv) o denominado *coeficiente de localização* (ponderando os valores de mercado imobiliário), (v) o *coeficiente de qualidade e conforto* e (vi) o *coeficiente de vetustez*. Procurando simplificar, em termos relativos, a compreensão dessa fórmula de avaliação – e mitigando, do mesmo passo, a natural aridez de tal construção analítica quantitativa no quadro desta análise sucinta – [26] podemos sustentar que a determinação do valor efectivo dos prédios assenta essencialmente na ponderação de quatro elementos subjacentes aos factores acima enunciados, correspondentes, a saber:
– ao preço de construção;
– à área;
– à localização (envolvente urbanística) e conforto (características intrínsecas do imóvel);
– à idade do imóvel.

Esta *parametrização de coeficientes de avaliação* representa naturalmente um desenvolvimento muito positivo face à situação anterior e corresponde, também, a uma preterição – ditada por critérios de justiça e transparência – de soluções anteriormente propostas, no sentido da avaliação em abstracto dos imóveis a partir de um *valor de base territorial* directamente fixado na Lei ou em instrumentos complementares de regulamentação (propostas formuladas, designadamente, no Relatório de

---

[26] Na realidade, no quadro desta análise não existe naturalmente espaço para uma caracterização desenvolvida da aplicação da referida fórmula de avaliação.

1996 do Grupo de Trabalho coordenado pelo Prof. SIDÓNIO PARDAL[27]). É certo que, em tese geral, seria ainda possível conceber uma solução intermédia, que conjugasse esse tipo de valor patrimonial *"construído"* (assente num *valor de base territorial*) com um sistema de avaliação objectiva – comparável ao que foi introduzido com o Decreto-Lei n.º 287/ /2003, de 12 de Novembro – que fosse apenas aplicável mediante reclamação do contribuinte (em sede de processo gracioso). Refira-se, a este propósito, que a experiência holandesa na década de setenta parecia orientar-se no sentido de um sistema cumulativo e opcional de determinação do valor patrimonial assente em valores de base territoriais e na possível determinação de valores de mercado (embora se verifique aparentemente uma evolução mais recente deste ordenamento holandês tendente ao afastamento desse tipo de modelos de *valor patrimonial construído*).

Esta problematização em torno da possível conjugação de modelos de determinação do valor patrimonial tributável de imóveis encontra-se, no entanto, ultrapassada no quadro do actual direito constituído – com a reforma de 2003 – sem prejuízo da nossa convicção de que se terão, de algum modo, subestimado diversos problemas de eficácia no desenvolvimento, ora em perspectiva, de processos de avaliação de um conjunto vastíssimo de prédios urbanos. A percepção desses potenciais problemas leva-nos, *v.g.*, a questionar se, no intuito de promover a eficiência e o valor que representa *a se* a *previsibilidade* dos juízos de avaliação no quadro do sistema,[28] não teria sido possível estabelecer um mais claro escalonamento dos coeficientes de avaliação dos prédios. Tal poderia verificar-se – à semelhança do que tem sucedido noutros domínios, como na determinação do *valor aduaneiro* – mediante o estabelecimento, em termos mais desenvolvidos ou aperfeiçoadas, de uma *ordem de prioridade*

---

[27] Cfr. a esse propósito GAPTEC da Universidade Técnica de Lisboa – Secretaria de Estado dos Assuntos Fiscais (coord. Prof. SIDÓNIO PARDAL) – "Contribuição Autárquica. Impostos de Sisa: Sucessões e Doações e Mais Valias", in Ciência e Técnica Fiscal, n.º 384, Out-Dez 1996, pp. 81 ss..

[28] Sobre este decisivo valor da *previsibilidade* como elemento fundamental para a contenção dos *custos de transacção* dos agentes económicos e para uma maior eficiência económica dos seus comportamentos – em termos estudados por várias orientações de *análise económica do direito* ("*law and economics*"), cfr. *inter alia*, OLIVER WILLIAMSON, *Transaction Cost Economics: Wow it Works; Where it is Headed* – Working Paper n.º BPP-67 (Oct) 1997 – Institute of Management, Innovation & Organization. Berkeley – University of Califórnia.

em relação aos vários critérios ou parâmetros introduzidos pelo IMI (*maxime*, com uma mais clara fixação de *pesos proporcionais específicos* em relação aos vários parâmetros em causa).

Além disso, por razões de certeza jurídica e de salvaguarda de determinados graus de previsibilidade, poder-se-ia ter também justificado o estabelecimento, no novo regime legal, de obrigações, por parte das comissões de avaliação previstas nos artigos 76º e ss. do Código do IMI,[29] no sentido de as mesmas, no quadro de cada uma das suas intervenções, identificarem previamente – e de modo expresso – um determinado escalonamento dos subparâmetros que se proponham tomar em consideração para a apreciação de índices referentes a *qualidade construtiva*, a *localização excepcional* e ao eventual *estado deficiente de conservação de imóveis* (correspondendo, por seu turno, todos estes elementos a verdadeiros subíndices do *coeficiente qualidade e conforto* dos imóveis). É certo que em relação a todos esses índices (ou subíndices) foram fixadas *directrizes gerais* – *ex vi* das orientações estabelecidas na Portaria n.º 982/2004, de 4 de Agosto, esp. as constantes do respectivo Anexo II – mas as mesmas consentem ainda uma *ampla margem de apreciação, potencialmente geradora de incerteza* (a referida Portaria, como é sabido, veio concretizar vários índices previstos na legislação, designadamente valores mínimos e máximos dos coeficientes de localização por tido de afectação em cada município, e veio também concretizar o parâmetro de avaliação correspondente ao custo médio de construção).[30]

Importa referir que compete a um organismo de coordenação da avaliação de prédios urbanos criado no âmbito do novo sistema – a *Comissão Nacional de Avaliação de Prédios Urbanos* (CNAPU) –[31] propor directrizes quanto à apreciação da qualidade construtiva, localização excepcional ou estado deficiente de conservação de imóveis, bem como propor periodicamente, numa base trienal e anual, a actualização de certos índices fundamentais de avaliação.[32] Nesse contexto, justificar-se-ia

---

[29] Reportamo-nos aqui a intervenções destas comissões especificamente relacionados com prédios urbanos e a propósito da denominada "*segunda avaliação*" desses imóveis.

[30] Em última análise as definições estabelecidas com essa Portaria, de Agosto de 2004, vieram criar as condições tendentes ao início subsequente das avaliações tributárias de imóveis.

[31] A propósito deste organismo cfr. o disposto nos artigos 60.º a 62.º do Código do IMI.

[32] Sobre os vários índices em causa cfr. especificamente as várias alíneas do n.º 1 do artigo 62.º do Código do IMI.

que a CNAPU viesse ainda, em função da experiência progressivamente adquirida, a emitir *orientações complementares*[33] para além das *directrizes gerais* que, em cada momento, se encontrem estabelecidas a partir da sua proposta em Portaria (pressupondo-se aqui naturalmente que tais *orientações complementares* respeitassem integralmente as *directrizes gerais*, as quais, por seu turno, se devem conformar com os tipos de índices previstos na lei, tal como decorre de uma *observância exigente do princípio da legalidade tributária*).

A extrema importância que atribuímos ao valor da *previsibilidade* na aplicação do *sistema de avaliação tributária de prédios urbanos* – o qual pode ditar o sucesso ou insucesso desta reforma, já de si limitada, da tributação do património – justificaria o enquadramento mais amplo e desenvolvido de "*soft law*" que propomos nesta matéria (e que reputamos completamente compatibilizável com as exigências do princípio da legalidade tributária).[34]

Tal enquadramento, desde que rigorosamente conformado com os parâmetros gerais fixados na legislação – e sempre sujeito, na sua concretização, ao crivo do controlo jurisdicional – permitiria o *desenvolvimento de um conjunto essencial de indicadores para os contribuintes*, simultaneamente mais pormenorizados e mais flexíveis, em ordem a uma *correcta formação de expectativas por parte dos mesmos quanto à avaliação tributável dos seus imóveis e ao nível geral, previsível, dos seus encargos fiscais*. Ora, a *formação e salvaguarda estável dessas expectativas dos agentes económicos* tende a ser uma dimensão subvalorizada – ou quase esquecida – no nosso sistema fiscal. O seu acompanhamento, através de *medidas equilibradas de "soft law"* e de um *decisivo melhoramento das condições administrativas e operacionais do processo gracioso fiscal*, seria incomparavelmente mais importante do que os sucessivos impulsos, não raro contraditórios entre si, para a adopção de vastas "*reformas*" legislativas, que têm quase sempre prevalecido entre nós.

---

[33] Em rigor, o que aqui sugerimos é que tal emissão de *orientações complementares* fosse, desde logo, contemplada na lei.

[34] Para uma perspectiva geral sobre a importância deste tipo de enquadramentos de "*soft law*", sobretudo em sede de direito da economia e de normativos fortemente tributários de uma essencial componente económica – como sucede necessariamente com o direito fiscal, cfr., por todos, LINDA SENDEN, *Soft Law in European Community Law*, Hart Publishing, Oxford and Portland Oregon, 2004.

5 – Não existe aqui espaço para uma análise de outras vertentes essenciais da reforma da tributação do património de 2003, como as respeitantes ao regime transitório previsto na mesma ou ao reforço de determinadas competências dos municípios neste domínio da tributação. Limitar-nos-emos, pois, a algumas anotações meramente esquemáticas sobre esses aspectos.

No que respeita ao regime transitório acolhido nesta reforma, importa destacar, como nota suplementar da mutação gradual que se pretendeu imprimir à mesma, a fixação de regras de actualização transitória dos valores patrimoniais tributáveis de prédios urbanos. A lei veio prever a realização de uma avaliação geral de prédios urbanos, estabelecendo que esta deve ser promovida no prazo máximo de dez anos após o início de vigência do IMI. Ora, como temos vindo a enfatizar, é da eficácia e plena concretização desse processo crucial de avaliação que depende o maior ou menor êxito desta reforma limitada da tributação do património. Enquanto não se realizar essa avaliação global, os prédios urbanos já inscritos na matriz serão avaliados de acordo com o novo sistema – acima sinteticamente caracterizado – aquando da primeira transmissão de que sejam objecto após a entrada em vigor do Código do IMI, salvaguardando-se, de qualquer modo, a situação especial dos prédios arrendados.[35]

Em relação aos prédios urbanos não arrendados o respectivo valor patrimonial tributável, até que se verifique a sua avaliação com base no novo sistema do IMI, será actualizado com base em coeficientes de desvalorização da moeda ajustados pela variação temporal dos preços no mercado imobiliário nas diferentes zonas do país (coeficientes estabelecidos, entre determinados limiares mínimos e máximos, através de Portaria do Ministro das Finanças). Cumulativamente, estabeleceu-se um regime de salvaguarda para prevenir resultados muito gravosos para determinados proprietários. Assim, o aumento de colecta do IMI resultante de actualização do valor patrimonial tributável não pode exceder, por prédio, determinados valores adicionais face à colecta da Contribuição Autár-

---

[35] Em relação a esses prédios urbanos arrendados, o valor patrimonial tributável de tais prédios arrendados através de contrato vigente e que tenha dado lugar a pagamento de rendas até 31 de Dezembro de 2001 é o resultado da capitalização da renda anual pelo aplicação de um factor específico (factor 12), desde que o valor assim obtido seja inferior ao obtido através dos coeficientes de desvalorização da moeda utilizados, em geral, para actualização dos valores patrimoniais tributáveis (nos termos expostos acima quanto aos prédios urbanos não arrendados).

quica ou do IMI devido no ano anterior (valores adicionais progressivamente mais elevados entre 2004 e 2008, data em que se deverá fixar uma nova cláusula de salvaguarda quanto ao excedente admissível de aumento de colecta para prédios cuja reavaliação não esteja então ainda concluída).

Além disso, determinou-se que o *regime transitório para prédios urbanos* arrendados deverá ser revisto, na parte aplicável, quando se concretizar a *revisão do regime legal do arrendamento urbano* (reforma essencial entretanto adiada, mas que, em nosso entender, não pode ser vista isoladamente como o elemento que, *a se*, irá reanimar um verdadeiro mercado nacional de arrendamento. E o risco de prevalência dessa visão superficial existe, atendendo à *propensão nacional, a que vimos aludindo, para concentrar a atenção em pesadas reformas legislativas, descurando sistematicamente os mecanismos de aplicação, concretização ou administração de normas e instrumentos regulamentares*. Na realidade, o reforço de mecanismos judiciais de salvaguarda tempestiva de direitos e interesses de proprietários de imóveis arrendados é igualmente decisivo para a criação de um mercado dinâmico de arrendamento).

6 – Quanto à envolvente municipal neste domínio de tributação de patrimónios (*maxime*, prédios urbanos, dos quais nos temos ocupado em especial), devemos destacar que se terá procurado obter para estas entidades, com os novos impostos, uma situação próxima da neutralidade fiscal, comparativamente com o anterior regime tributário (aspecto crucial atendendo ao peso da colecta do IMI e do IMT nas receitas das autarquias, apesar de o mesmo ser, em contrapartida, pouco expressivo na receita fiscal global). Sendo difícil prefigurar esse resultado para cada autarquia, individualmente considerada, tal poderá ter justificado a opção legislativa subjacente à reforma de 2003 no sentido de conceder a estas entidades poderes mais vastos em matéria de determinação do valor patrimonial dos prédios a tributar e de fixação de taxas de tributação (dentro de limites fixados pela Assembleia da República), bem como em relação à concessão de determinadas isenções.

Essa justificação será válida para sustentar o reforço dentro de determinados limiares – moderados – das competências das autarquias nesta sede de tributação. Todavia, rejeitamos integralmente outros fundamentos também avançados para o reforço complementar dessa esfera de decisão das autarquias, o qual, para além dos limiares críticos que acima referimos, comporta riscos importantes. Assim, fundamentos para evoluções desse tipo, assentes numa suposta maior capacidade ou contributo das autarquias para o controlo da evasão e fraude fiscais – que resultaria de uma maior proximidade destas entidades com os factos tributários concretos no domínio da tributação de imóveis –[36] afiguram-se-nos muito duvidosos (atendendo, entre outros aspectos, aos recursos que é necessário reunir para esse combate à evasão fiscal).

---

[36] Sobre esse tipo de orientações tendentes ao *progressivo reforço dos poderes das autarquias locais em matéria de tributação do património imobiliário* (que nos merece, enquanto tal, algumas reservas), cfr., *inter alia*, MÁRIO PATINHA ANTÃO, "Tributação do Património – Elementos de Racionalidade Económica", in FISCO, N.º 105/106, pp. 29 ss., JORGE NETO, "Tópicos de Direito Comparado sobre a Reforma da Tributação do Património", in FISCO N.º 113/114, pp. 35 ss..

O PAPEL DO ECONOMISTA NA REFORMA DA TRIBUTAÇÃO LOCAL
– ALGUMAS REFLEXÕES SOBRE O "ONTEM", O "HOJE" E O "AMANHÃ"* –

Dr. José Carlos Gomes Santos**

A reflexão, originada pelas "Jornadas comemorativas dos 15 anos da Reforma Fiscal de 1988/89", sobre os trabalhos realizados no âmbito do Grupo de Estudos Económicos da Reforma Fiscal[1] – com o distanciamento que o período entretanto decorrido, naturalmente permite –, levou-nos a "tomar consciência" mais aguda de um "surpreendente" facto, de que aqui gostaríamos de dar testemunho.

1. O "ontem"

Cremos poder afirmar com propriedade que, pese embora os muitos meses, dias e horas de trabalho a que a ela se dedicou, uma reforma fiscal considerada estrutural e tão marcante como aquela que ocorreu em 1988/89, foi concebida e implementada com um apoio instrumental de cariz es-

---

* Simples "escrito" em homenagem ao Professor Doutor Paulo de Pitta e Cunha, em cujos trabalhos e atitudes muito aprendemos, e a quem devemos frequentes manifestações de apreço que reconhecidamente agradecemos.

** Investigador Economista do CEF e Professor Associado Convidado do ISEG.

[1] O Grupo foi dirigido pelo Prof. Dr. Braga de Macedo e era integrado pelo Dr. Joaquim de Carvalho e por mim próprio, para além dos contributos do Prof. Dr. Vítor Gaspar e Dr. Manuel Gonçalves, este na área do apoio informático, e ambos da Faculdade de Economia/UNL.

tatístico-económico muito limitado, e com abordagens quantitativas que, hoje, poderiam considerar-se "heróicas", tanta a carência ou mesmo ausência de:

- informação estatística adequada;
- meios informáticos disponíveis;
- metodologias de análise testadas.

E se este conjunto de circunstâncias pode, inclusive, reforçar os méritos que a ela frequentemente se associam, os factos alertam também para os riscos técnicos (e políticos) então incorridos e para algumas das suas limitações.

No âmbito mais restrito da tributação patrimonial, a situação diagnosticada não era melhor, em resultado, nomeadamente:

- da dimensão resultante dos vários milhões de artigos matriciais existentes;
- do "divórcio efectivo" entre o conhecimento do património detido e a situação/estatuto económico do respectivo titular;
- da falta de flexibilidade e carácter *"not friendly"* dos suportes informáticos disponíveis no Instituto de Informática (lembremo-nos que estávamos quase no início da utilização dos "computadores pessoais"...).

Nesta medida, questões económicas e políticas cruciais em qualquer reforma fiscal, também do património imobiliário, ficaram em grande extensão sem resposta convincente. Entre elas, as seguintes:

- *quem são* e *como são* os sujeitos passivos do imposto, que atributos apresentam em termos de capacidade contributiva efectiva, de rendimento disponível, de dimensão e composição dos respectivos agregados, etc.?
- qual a *dimensão do esforço fiscal* que se está a pedir às famílias detentoras de casa própria e a outros titulares de imóveis (arrendados e não arrendados)?
- quais, no fundo, as *consequências distributivas* das mudanças a operar, sabendo que a habitação é um bem predominante na estrutura dos activos das famílias, destino privilegiado das suas poupanças e fonte elevada de encargos financeiros (endividamento)?

Contudo, a ocorrência de uma fase positiva do ciclo económico permitiu – pensamos hoje – a adopção de uma aproximação "muito pragmática" e politicamente "sempre atraente": **a neutralidade financeira das reformas**. É isso que está evidenciado no próprio Código da Contribuição Autárquica onde, no ponto 2 do respectivo Preâmbulo, o legislador "confessa" expressamente que:

*"Surgindo a nova CA na linha da "velha" contribuição predial, compreende-se a influência que esta exerceu, numa <u>transição que haveria todas as vantagens em que se processasse do modo **mais suave possível**</u>, sendo consequentemente menores as dificuldades de aplicação e alguma eventual resistência dos contribuintes" (...) "Compreende-se, assim, que <u>as inovações mais sensíveis acabem por ser uma **consequência necessária** da natureza diferente do novo imposto</u> – como imposto sobre o património*[2] *– a par de algumas outras que resultaram do reconhecimento da necessidade de proceder a actualizações em relação ao regime em vigor".*

E, mais à frente (parágrafo 7):

*"Dada a <u>delicadeza</u> das opções a tomar (...) **não é, contudo, possível dispor do Código de Avaliações** já no próximo ano"*[3] *(...) a CA será entretanto aplicada aos valores capitalizados do rendimento constantes das matrizes, procedo-se, além disso, a uma actualização automática desses valores"*[4].

Estavam, portanto, "reunidas as condições" para que não "houvesse necessidade" de um estudo técnico-económico mais aprofundado sobre as incidências distributivas do novo imposto! É que tudo iria (ou quase) "ficar na mesma", e o legislador "estava ciente" do facto quando afirma:

---

[2] E que se concretizou, acrescentamos nós, na passagem da "base-rendimento" (real ou imputado) para a "base-património" através da aplicação de um processo algébrico simples.

[3] Que, com sabemos, se manteve "hibernado" até há bem pouco tempo...

[4] Porém de impacto reduzido, dado os valores do coeficiente usado (4% ao ano, com um máximo de 100%), os montantes extremamente desactualizados constantes das matrizes prediais, e as taxas legais definidas para a nova CA.

"Tem-se bem presente, ao instituir o novo imposto, que <u>o seu desejável êxito ficará dependente da existência de um sistema correcto e frequentemente actualizado das avaliações</u>, sob pena de termos uma tributação iníqua e geradora de distorções"!

2. O "hoje"

Depois destas já longas citações, vejamos agora a situação de uma perspectiva mais optimista:

Será que estaríamos hoje em condições mais favoráveis tecnicamente para estudar e fazer melhor, isto é, para dar mais informação e orientação técnico-económica ao decisor político?

Cremos que sim! E tanto ao nível das metodologias, como da flexibilidade no uso dos dados existentes. Um exemplo disso mesmo pode ser concretizado em estudo recentemente elaborado e intitulado *"Contribuição Autárquica: Resultados de simulação de cenários de Reforma"* (Junho de 2003) e em que se procura responder a algumas das questões essenciais referidas acima.

Tendo um carácter pioneiro entre nós, utiliza o *IOF – Inquérito aos Orçamentos Familiares de 2000* do Instituto Nacional de Estatística (INE) para analisar a situação decorrente da tributação em CA, tanto na perspectiva da aplicação/tradução do "princípio do benefício", de que se invoca expressa e maioritariamente este imposto – embora com cedências decorrentes, nomeadamente, das extensas isenções existentes –, como no da "capacidade de pagar", assumido pelo legislador de 1988 como *complementar* da tributação do rendimento.

Apesar do IOF não estar especificamente concebido para a avaliação de políticas fiscais permite, no entanto, conhecer de forma aproximativa o modo como um determinado imposto afecta os agregados familiares de acordo com as características sócio-económicas destes, bem como o sentido e dimensão dos efeitos redistributivos do mesmo.[6]

---

[5] *In* Carla Rodrigues, José Gomes Santos e Miguel Serrão, Ciência e Técnica Fiscal, n.º 409-410, Janeiro-Junho de 2003, DGCI.

[6] O IOF é realizado pelo INE de 5 em 5 anos, sendo os agregados familiares inquiridos, ao longo de uma quinzena, sobre despesa, rendimento, impostos e outros

Quais são, pois, esses resultados e qual a avaliação que esta aproximação permite fazer do imposto saído da reforma do património de 1988/89?

Do diagnóstico efectuado com base no IOF confirma-se que mais de 70% dos agregados familiares são detentores de imóveis urbanos e, destes, apenas 45% pagavam CA, percentagem que aumenta para os quase 60% quando se considera apenas o "alojamento principal". Portanto, a reconhecida *base estreita de incidência* do imposto, devido sobretudo às *extensas (no valor e no âmbito temporal) isenções* concedidas.

Por outro lado, o *valor tributado médio* rondava os 11.000 € por agregado familiar (ano de 2000), o que ilustra de forma elucidativa a *desactualização dos valores constantes dos registos fiscais* (matrizes) e das práticas extensas de *evasão fiscal*, pese embora as actualizações de 1989 e de 1993.

Mais importante, porém, que a confirmação de situações e desajustamentos já conhecidos e obtidos através de cálculos aritméticos simples com base nas estatísticas do imposto, o "valor acrescentado" da metodologia e uso do IOF surge quando se relaciona uma "matriz" de impostos pagos, valores patrimoniais "actualizados" (por "*algum método*"[7]), rendimentos globais ("capacidade económica") e tipos de agregados familiares. Algo que só no futuro poderá ser modelizado através da informatização, unificação e cruzamento da *base de dados global* dos sujeitos passivos, independentemente do tipo de imposto, fonte de rendimento ou facto tributário de que sejam titulares ou intervenientes.

---

elementos socio-económicos tais como condições de habitação, situação perante o trabalho, etc., sendo posteriormente os valores ajustados para a base-ano. Todas as variáveis do inquérito se referem ao ano 2000 com excepção das variáveis relativas a rendimentos, que correspondem ao ano 1999. Os encargos com CA em 2000 correspondem a liquidações relativas a 1999 ou a anos anteriores. O Inquérito baseia-se numa amostra probabilística de 9.980 alojamentos a que correspondem 10.020 agregados familiares. O IOF abrange apenas a CA declarada pelos agregados familiares, não incluindo as pessoas colectivas (nomeadamente sociedades), que são igualmente proprietárias de imóveis sujeitos a imposto.

[7] Índices publicados de avaliação bancária em função da área e da localização (INE) – para maior detalhe ver Anexo ao estudo referido na nota 6.

Alguns dos resultados e constatações mais importantes alcançados podem sistematizar-se do seguinte modo:

Conclusão 1: Em termos de incidência da CA, o estudo evidencia que à medida que o rendimento monetário das famílias aumenta, também aumenta o valor imobiliário detido e a respectiva "taxa de tributação implícita" relativamente ao valor real do imóvel[8], o que é sobretudo fruto da maior actualização dos valores matriciais dos imóveis adquiridos mais recentemente e da concentração das isenções em habitações de mais baixo valor, normalmente associadas a estratos populacionais de menor poder de compra relativo.

Conclusão 2: Quando se efectua a comparação em função do rendimento monetário (por "adulto equivalente") das famílias verificava-se, ao contrário, que à medida que este aumenta, a "taxa de tributação implícita" decresce, nomeadamente nos primeiros decis, e tende para a proporcionalidade nos decis superiores, o que evidencia um padrão de regressividade menos desejável, agravado (eventualmente) por práticas de evasão "mais fácil" nas habitações de mais elevado preço.

Conclusão 3: A identificação dos tipos de agregado que poderiam estar a ser mais penalizados com a desactualização (a vários níveis) apresentada pelo modelo de CA na altura vigente, aponta para que seriam os "casais com crianças" (*casais jovens*, portanto) e os "indivíduos e casais com idade superior a 65 anos" (*reformados*, portanto) aqueles em que o esforço financeiro seria mais importante, embora por razões distintas (valor imobiliários elevados, porque recentes, no primeiro caso; deterioração dos rendimentos reais, no segundo caso).

Conclusão 4: Em termos redistributivos, e dado a CA ter uma expressão financeira global relativamente moderada no conjunto da "punção fiscal" incidente sobre as famílias (cerca de 600 milhões de euros de valor de cobrança no ano de 2000), o efeito sobre a desigualdade na distribuição do rendimento das famílias era (proporcionalmente) também

---

[8] A taxa de tributação implícita da CA relativa ao valor imobiliário (TTII) corresponde ao rácio entre a CA urbana atribuída ao alojamento principal e o valor imobiliário estimado correspondente.

reduzido, sendo a desigualdade existente nos encargos suportados pelos diferentes agregados familiares com o pagamento da CA explicado, num máximo de 9%, pelas diferenças no valor imobiliário detido, e de 7% pelas diferenças no rendimento detido. De qualquer modo, verificava-se uma elevada disparidade entre os montantes de imposto pagos pelos 10% das famílias que pagam mais CA e os restantes sujeitos passivos, não justificada suficientemente por indicadores como o valor mobiliário médio, a área ou a idade da construção, ou ainda pelo rendimento monetário médio auferido.

Retidos e simulados vários *cenários (hipotéticos) de reforma da tributação patrimonial* (limitados pela disponibilidade de dados do IOF), os resultados a que se chegou apontam no sentido de que, para um mesmo montante de receita fiscal face à situação inicial (hipótese de "indiferença financeira"), poderiam reduzir-se através de medidas de reforma fiscal adequadas as disparidades e ineficiências existentes, fazendo com que o imposto estivesse mais relacionado com a realidade que pretende tributar (património) e com os fluxos financeiros dos agregados familiares (maior uniformização na "taxa de esforço").

Isto era, sobretudo, verdade para os cenários em que se procedeu à reavaliação da base do imposto em função das caracteríticas do imóvel. No caso da adopção de um imposto tipo "*lump sum*" ou "*poll tax*" os resultados indiciavam uma menor relação entre o imposto e o valor imobiliário do que na situação inicial, o que é resultado esperável e *normal*. Pelo que os principais resultados alcançados apontavam para:

Resultado 1: Em termos genéricos, podia concluir-se que, no âmbito dos vários cenários e hipóteses retidas quanto ao futuro das actuais isenções, a carga fiscal (em relação ao rendimento e em relação ao património) dos agregados familiares que incluíam elementos com mais de 65 anos aumentava relativamente acima da média face aos outros agregados familiares. Este resultado decorria, sobretudo, do facto de que, na situação actual (ano 2000), os agregados familiares nessas condições tinham, normalmente, imóveis com valor mais desactualizado. Por seu turno, quando se consideravam coeficientes de qualidade, conforto e vetustez do imóvel, estes agregados, apesar de continuarem a ser relativamente mais penalizados, eram-no relativamente menos.

Resultado 2: Quando a análise era feita por decis de rendimento, concluía-se que se fossem eliminadas todas as isenções, seriam relativamente mais afectados os agregados situados nos decis mais baixos. Se se mantivessem as isenções (nomeadamente as relacionadas com baixo rendimento) passariam a ser relativamente mais penalizados os agregados familiares nos decis de rendimento intermédios. Este resultado não surpreende, uma vez que quanto mais elevado o rendimento menor o esforço com aquisição de habitação, por um lado; e maior as possibilidades de "rotatividade" de habitação, logo, com aquisição de imóvel de valores matriciais mais actualizados.

Resultado 3: Relativamente ao impacto das medidas sobre os titulares de imóveis habitacionais arrendados ("senhorios"), os resultados indiciavam que, pelo menos, 17,5% dos alojamentos nessa situação passariam a ser incidentes de um imposto superior a 50% da renda auferida/declarada, o que, independentemente das hipóteses consideradas, alertava para a necessidade de revisão da regulamentação das rendas, com possibilidade de repercussão económica, total ou parcial, do imposto "para a frente", e consequente introdução de mecanismos de subsidiação aos agregados familiares ("inquilinos") de capacidade económica mais débil.

Resultado 4: Finalmente, um dos benefícios mais directos de efectuar uma reforma da tributação do património que assentasse na reavaliação dos valores matriciais era a de que o respectivo imposto passaria a estar mais relacionado com a realidade que se pretendia tributar (o valor patrimonial do imóvel), e que o mesmo responderia melhor às diferenças no rendimento dos respectivos titulares. Por outro lado, e simultaneamente, as diferenças no valor patrimonial passariam a explicar, de forma mais significativa, a desigualdade nos montantes de imposto suportados pelos respectivos sujeitos passivos, o que contribuiria para melhorar a situação de injustiça relativa até agora existente.

3. O "amanhã"

A reforma da tributação do património operada em Novembro de 2003, pelo Decreto-Lei n.º 287/2003, e que se concretizou, entre outros aspectos, na criação do IMI – Imposto Municipal sobre Imóveis (ex-CA), já usou, em alguns dos seus contornos, "testes de impacto" de cariz financeiro, nomeadamente na perspectiva de análise de agravamentos/desagravamentos por prédio detido, beneficiando para isso de outras possibilidades de cariz estatístico hoje disponíveis, baseadas nos registos informatizados das matrizes, e em análise de casos, eventualmente relevantes na lógica da perspectiva retida.

Continua-se, porém, a não realizar estudos mais abrangentes de incidência fiscal, que ponderem e evidenciem de forma clara e, tanto quanto possível, precisa, os impactos redistributivos das políticas. Pelo que, também em parte por isso, tenha que se continuar a viver de "cláusulas de salvaguarda" e de diferimentos temporais dos respectivos impactos (através, por exemplo, da fixação de limites anuais de "aumento máximo", como se verifica na presente reforma), em que se deixa à inflação e ao incremento dos rendimentos das famílias a acomodação dos agravamentos e os (mais que certos) "riscos de previsão".

O poder dispor de metodologias mais "finas", de instrumentos mais eficientes de análise, e de um grau acrescido de experiência no respectivo manuseio, apela para um investimento mais forte na respectiva área, por uma opção estratégica por parcerias e/ou por disponibilidade no acesso à informação fiscal relevante por parte da Comunidade científica nacional, que não se pode, nem deve, confinar à tributação patrimonial, mas estender-se a outros domínios, aparentemente "tabu", da informação estatística fiscal[9].

Isso, porém, parece ser já cenário de um "amanhã" talvez ainda longínquo...

---

[9] Ver, a este propósito, nossa comunicação intitulada "Acesso a Base de Dados Fiscais – vantagens, limites e desafios", Seminário "Princípio do Segredo Estatístico", INE, 13/01/2005, publicado em Fiscália n.os 27 e 28, Fev./Jul. 2005, DGCI.

BREVES NOTAS SOBRE BENEFÍCIOS FISCAIS NUMA PERSPECTIVA ECONÓMICA

Dra. Maria Teresa Barbot Veiga de Faria[*]

A – A reforma fiscal de 1989

Em sede de benefícios fiscais, a reforma fiscal de 1989[1] consubstanciou-se, fundamentalmente nos aspectos seguintes: i) de um ponto de vista formal, na criação de um Estatuto dos Benefícios Fiscais; ii) de um ponto de vista substancial, na criação de um regime jurídico geral, no estabelecimento de um regime transitório e na consagração de um quadro de benefícios.

A criação de um Estatuto dos Benefícios Fiscais retomou um projecto já existente pois se configurava como a melhor moldura formal para inserir os princípios jurídicos gerais e, na perspectiva de redução de custos, quer para a administração fiscal, quer para os contribuintes, sistematizar e concentrar os benefícios fiscais cujo período de vigência, embora superior ao período orçamental, se determinasse inferior aos de maior duração constantes dos Códigos fiscais. Pretendia-se assim, além do mais, pôr termo à diversidade de legislação avulsa e dispersa então existente.

De um ponto de vista substancial foi criado um regime jurídico geral cujo âmbito de aplicação englobou os benefícios fiscais em todos os impostos e não apenas os objecto da reforma fiscal ou dela resultante.

---

[*] Fiscalista
Ex investigadora economista do Centro de Estudos Fiscais
[1] A autora colaborou com o Senhor Dr. Nuno Sá Gomes na reforma dos Benefícios Fiscais como responsável pela área económica. Os aspectos jurídicos, então a cargo do Senhor Dr. Nuno Sá Gomes, não serão desenvolvidos neste texto.

A dispersão, variedade e quantidade de benefícios fiscais antes da reforma era tal que a própria Administração fiscal tinha dúvidas se os levantamentos e inventários, então efectuados, cobriam de forma exaustiva os benefícios fiscais em vigor. Por essa razão, não se visionava a possibilidade de, tendo em vista a necessidade de respeitar os direitos adquiridos pelos contribuintes, estabelecer relações biunívocas e casuísticas entre os benefícios nos antigos e novos impostos. A autora deste texto concebeu então as denominadas tabelas de equivalência cujo grau de generalidade permitia abranger todas, ou praticamente todas as situações, assegurando a manutenção daqueles direitos não em termos absolutos, o que se afiguraria até injustificado, mas em termos relativos, i. e., em proporção do imposto potencial devido antes e depois da reforma.

A criação de um quadro de benefícios fiscais envolveu a reavaliação dos existentes. Essa reavaliação teve como primeiro resultado a eliminação de uma série de benefícios fiscais em consonância, aliás, com um princípio que presidiu à reforma fiscal de alargamento da base tributável e redução da carga fiscal[2]. Houve, no entanto que aguardar a finalização dos trabalhos da Comissão de reforma em matéria dos novos impostos para, em face do novo quadro fiscal, reapreciar a matéria relativa a benefícios fiscais. Esta, aliás, a razão porque o Decreto-lei que aprovou o Estatuto dos Benefícios Fiscais fosse aprovado e publicado em Julho de 1989, quando os novos impostos entraram em vigor em 1 de Janeiro do mesmo ano.

Alguns benefícios fiscais, anteriormente existentes, passaram a integrar o sistema de tributação regra. Foi o caso, designadamente do regime fiscal das fusões e cisões de certas entidades.

O balanceamento entre despesas financeiras e despesas fiscais ponderou na eliminação de benefícios fiscais para a actividade agrícola.

Melhor utilização de recursos escassos, simplicidade, transparência e consequentemente melhor controlo fiscal, foram princípios norteadores.

Numa primeira fase, para além dos benefícios fiscais às zonas francas, estabeleceram-se, em capítulo próprio e preponderante, benefícios fiscais para o sistema financeiro e mercado de capitais que então se encontrava em fase inicial de desenvolvimento.

Não foi criado qualquer benefício fiscal para o sector transformador pois se entendia que a economia se encontrava a crescer a bom ritmo e

---

[2] Cf. arts. 49.º e 50.º da Lei n.º 2/88, de 26 de Janeiro, e Decreto-lei n.º 485/88, de 30 de Dezembro.

existir já um regime favorável ao desenvolvimento previsto no art. 44º do Código do IRC – reinvestimento do valor de realização de mais e menos valias. Este aspecto foi rapidamente corrigido em 1990[3] com a introdução de um regime de benefícios para os "Grandes projectos de investimento" por se ter verificado a desvantagem relativa que de tal facto decorria, para Portugal, quando estivesse em causa investimento estrangeiro com alternativas de localização, em particular em Espanha.

B – Benefícios fiscais em 2005

Quinze anos volvidos sobre a reforma fiscal de 1989 parece-nos indispensável que se efectue um ponto de situação do sistema fiscal actualmente vigente.

De 1989 até à data constata-se um aumento significativo de benefícios fiscais, quer no Estatuto, quer em diplomas avulsos.

Pondo de lado os benefícios de objecto social, atentas as particularidades do fundamento que lhes assiste é, em particular, em matéria de incentivos fiscais com objectivos económicos, i. e., benefícios fiscais que visam induzir um certo comportamento nos agentes económicos, que uma reavaliação se revela importante.

O quadro económico, social e político em que Portugal se insere, actualmente, é diverso do de 1989. Nessa data o país começava a abrir-se para o exterior e carecia de uma rápida modernização. Todavia, apesar de tal abertura estar já consolidada e perspectivada o sistema fiscal que foi implementado mantinha ainda muitas das características de um sistema fiscal forjado para um país fechado como até então praticamente acontecia. Disso é bem patente a, já referida, ausência de benefícios fiscais que tornassem o país competitivo na captação de investimento estrangeiro. Disso é também patente, a inexistência de regimes apropriados para a internacionalização de empresas portuguesas, designadamente, no que se refere à política seguida em matéria de dupla tributação quer no âmbito das convenções para evitar a dupla tributação, quer nos Códigos fiscais.

Já oportunamente referimos que, numa economia fechada, a política fiscal, se bem que tenha em consideração alguns aspectos de natureza

---

[3] Decreto-lei n.º 95/90, de 20 de Março.

internacional – a tributação do rendimento obtido no estrangeiro por residentes e o rendimento obtido por não residentes no estrangeiro –, é determinada por objectivos internos, pois nem essa política afecta as relações económicas com o exterior, nem ela é determinada por efeitos induzidos do exterior.

A designada "globalização" que se manifestou na eliminação de barreiras que entravam os fluxos de pessoas e capitais, assistida por um forte desenvolvimento tecnológico e das comunicações, tem tido um impacto extraordinário no sistema económico, e não só, a nível mundial.

No plano fiscal acentuou-se o recurso a paraísos fiscais e territórios de baixa tributação, bem como o aparecimento de medidas fiscais concorrenciais visando atrair capitais e actividades.

De imediato, os efeitos induzidos por este processo introduzem limitações ao grau de liberdade de condução de uma política fiscal, condicionada, agora, pelos efeitos de deslocalização e, em geral, pelos regimes fiscais externos.

A proliferação de paraísos fiscais e o crescimento exponencial do seu uso deu lugar a um processo de reacção a nível internacional com o objectivo de, entre o mais, travar a significativa perda de receitas fiscais, designadamente, resultantes da deslocalização de actividades "móveis". Os trabalhos que têm vindo a ser conduzidos desde 1996, quer na OCDE, quer na União Europeia, neste último caso quer ao nível das regras da concorrência, quer do Código de conduta no domínio da fiscalidade das empresas, aprovado em 1 de Dezembro de 1997, vêm introduzir acrescidas limitações à liberdade de criação de benefícios fiscais, em especial aos países membros daqueles organismos.

Daí, que se tenha vindo a assistir, nos últimos anos, a uma alteração dos sistemas fiscais de inúmeros países no sentido de uma adaptação às novas exigências internacionais. E nestes, regra geral, os factores de competitividade fiscal tem-se vindo a deslocar para o próprio sistema de tributação regra em detrimento da criação de benefícios fiscais.

Cremos, assim, ser neste contexto que, em Portugal, se deve posicionar qualquer intervenção no âmbito dos benefícios fiscais. Criar benefícios fiscais acrescidos, com sucessivas e constantes alterações, como tem vindo a acontecer, reportados a um sistema de tributação regra desajustado, não cria um ambiente de confiança e propício a um desenvolvimento sustentado da economia, podendo traduzir-se numa despesa fiscal improdutiva.

3 – NOVOS DESAFIOS DA TRIBUTAÇÃO

3.1. O Investimento Estrangeiro e os Contratos Fiscais

INTERVENÇÃO

Conselheiro Presidente do STA
Manuel Fernando dos Santos Serra

Foi com muito gosto que aceitei o convite da Associação Fiscal Portuguesa para este encontro, que assinala os 15 anos da reforma fiscal de 1988/89.

Decorrido tão significativo período de tempo, é chegado o momento de fazer o balanço, e, sobretudo, de partir para a discussão de possíveis novas orientações da reforma fiscal, tudo isto no ensejo de atingir um sistema fiscal que se quer globalmente mais equitativo, mais eficiente, mais simples, mais transparente e – é indispensável acrescentar – mais competitivo a nível internacional.

Este último imperativo terá, estou certo, particular ressonância na sessão de trabalhos que ora nos ocupa, subordinada ao tema "Investimento Estrangeiro e Contratos Fiscais".

De facto, num mundo globalizado, como é o nosso, em que é praticamente livre a circulação do capital, corrente a deslocalização da actividade produtiva e crescente o fluxo de investimento estrangeiro para o sector dos serviços, assume cada vez maior centralidade essa outra, por vezes descurada, vertente da eficiência tributária, que se afere pelo impacto dos instrumentos fiscais sobre a competitividade e grau de internacionalização das nossas economias.

Independentemente de saber se a política fiscal que se veio adoptando em Portugal nos últimos anos se encontra ou não ajustada ao desígnio de captação de investimento estrangeiro de qualidade – questão que será, porventura, abordada e discutida pelos nossos oradores e demais convidados –, a verdade é que os indicadores disponíveis a respeito da competitividade da economia portuguesa não são, de modo algum, animadores.

Em todos os países da União Europeia, excepção feita à Itália e Irlanda, a tendência tem sido para a desaceleração das remessas de investimento estrangeiro, o que vem, em larga medida, explicado pela notória diminuição dos processos de fusão e aquisição internacionais.

Portugal, malogradamente, preside a esta tendência.

Tendo vindo sistematicamente a perder investimento directo estrangeiro nos últimos quatro anos, o nosso país é secundado apenas pela Grécia na incapacidade de atracção de investidores internacionais[1].

E o mesmo se passa a nível do investimento português no exterior, capítulo em que Portugal, uma vez mais, se posiciona na cauda da tabela.

Malgrado as perspectivas de que o ano de 2004 seja já, a nível da União Europeia, um ano de inversão de ciclo, o certo é que a retoma será lenta, e o investimento estrangeiro continuará a ser no futuro aquilo que é já no presente: *um bem escasso*, guerreado quer entre os países da União, quer ainda entre estes e os países que lhe são externos.

O clima de crescente competição por investidores internacionais de qualidade faz-se, aliás, já sentir, no seio da própria União, e promete vir a abrir importantes fissuras entre os governos dos Estados-membros.

Tudo isto se tornou, de resto, visível, quando vários de entre os países do Leste, que recentemente asseguraram a sua adesão à União Europeia, se socorreram de instrumentos fiscais, nomeadamente da baixa da taxa de imposto sobre os lucros das empresas, para atrair investimentos que acreditam ser necessários à modernização e rejuvenescimento das suas, ainda há não muito tempo atrás, fortemente subsidiadas e centralmente planificadas economias.

Ora esta utilização de instrumentos fiscais para influenciar o direccionamento dos fluxos de investimento directo estrangeiro desencadeou, quase de imediato, uma violenta disputa entre os Ministros das Finanças dos 25, surgindo, por um lado, o eixo franco-alemão a acusar os novos membros de "dumping fiscal" e a propor uma harmonização das taxas e das suas bases de cálculo, e, por outro, países como a Grã-Bretanha, ou a Irlanda, a associarem-se aos países do Leste na oposição contundente a uma tal opção.

---

[1] Essa perda foi de 44% em 2003, segundo relatório da OCDE. Já em 2004, a perda registada até ao mês de Agosto era de cerca de 25%, quando comparada a período homólogo do ano anterior.

Este incidente veio, uma vez mais, relembrar-nos de que é contraproducente, senão mesmo absurdo, conceber-se, como se concebia no passado, as reformas fiscais por referência exclusiva aos quatro muros do Estado-nação, ou ainda insistir-se, como por vezes se insistiu, na inadmissibilidade da contratualização do poder tributário, o que excluiria, à partida, a realização, por parte do Estado, de contratos de concessão de benefícios fiscais ao investimento.

Deste modo, não poderia haver momento mais oportuno para a discussão do regime fiscal do investimento estrangeiro actualmente vigente entre nós, suas virtudes e deficiências, bem como do impacto real, ou tão-somente previsível, das medidas de harmonização fiscal já tomadas ou a tomar a nível da União, ou ainda do papel que é desejável reservar-se aos contratos fiscais em sede do investimento estrangeiro.

A relevância do tema escolhido para este painel tem, aliás, feliz paralelo na excelência dos oradores convidados pela comissão organizadora.

Com efeito, contamos entre nós com alguns dos mais eminentes fiscalistas nacionais, personalidades sobejamente prestigiadas do nosso meio académico, cuja intervenção pública, tanto a nível do estudo, quanto da discussão e acompanhamento crítico das políticas e medidas legislativas implementadas, ou a implementar, no domínio fiscal, tem sido essencial ao levantamento de obstáculos – e estes são ainda muitos – à eficiência e, sobretudo, à *equidade* do nosso sistema fiscal.

Assim acontece, desde logo, com o nosso primeiro orador, o Prof. Doutor Casalta Nabais.

Fiscalista de reconhecida excelência, com uma notável carreira académica desenvolvida no seio da Faculdade de Direito da Universidade de Coimbra, o Prof. Doutor Casalta Nabais possui vasta obra publicada, incindindo sobre diversos temas de direito fiscal, de entre a qual nos permitiríamos destacar a monografia *O Dever Fundamental de Pagar Impostos*.

Nesta, são denunciados os efeitos perversos da actual hegemonia da linguagem dos "direitos e liberdades", e o consequente obscurecimento, senão mesmo, a obliteração, da linguagem das responsabilidades e dos deveres de cidadania, entre os quais o dever fundamental de pagar impostos, um dever essencial à manutenção e regular funcionamento daquela mesma comunidade política que oferece protecção aos nossos prezados "direitos negativos".

Porventura mais próximo dos nossos interesses hoje, encontra-se a sua obra sobre contratos fiscais, em que o papel do instituto contratual no domínio do direito fiscal é aturadamente discutido, isto para não mencionar os seus múltiplos artigos de reflexão sobre os constrangimentos colocados à soberania fiscal pelo acelerado processo de internacionalização, integração e globalização das nossas economias.

Passando, rapidamente, ao nosso segundo orador, o Prof. Doutor Menezes Leitão, gostaria apenas de realçar o brilhantismo da sua carreira académica na área das ciências jurídico-económicas, desta feita, na Faculdade de Direito da Universidade de Lisboa, a que associou, no passado recente, o desempenho de funções junto do Centro de Estudos Fiscais da Direcção-Geral das Contribuições e Impostos, na qualidade de jurista-
-especialista.

São vários os artigos por si publicados sobre internacionalização da economia e fiscalidade, bem como manifesto o empenho colocado por ambos os oradores no alargamento do debate público sobre a situação presente e possíveis linhas de evolução da há muito adiada, ou, pelo menos, sempre contingente e parcelada reforma fiscal.

Ainda que breve, esta digressão pelos *curricula* dos nossos oradores dá-nos razões mais do que suficientes para que aguardemos com expectativa quer a intervenção do Prof. Doutor Casalta Nabais sobre "investimento estrangeiro e contratos fiscais", quer ainda aquilo que o Prof. Doutor Menezes Leitão tem para nos dizer sobre "o conceito de estabelecimento estável na tributação do rendimento".

Findas as exposições, a discussão alargar-se-á àquela que se prevê vir a ser uma dinâmica mesa redonda, em que, dada a notória qualidade dos participantes, é total a nossa confiança quanto ao êxito dos trabalhos.

É, pois, na certeza de que daqui sairão importantes sugestões quanto à melhor forma de colocar o sistema fiscal ao serviço do bem-estar e do desenvolvimento sócio-económico dos portugueses que dou por terminada a minha intervenção, para que possamos ouvir de imediato as aguardadas palestras dos nossos ilustres oradores.

Muito obrigado pela vossa atenção.

RESUMO DA INTERVENÇÃO

Dra. Maria Eduarda Azevedo

"Minhas Senhoras e Meus Senhores Caros Colegas e Amigos

Congratulo vivamente a Associação Fiscal Portuguesa e a Faculdade de Direito de Lisboa por esta iniciativa.

Quinze anos volvidos sobre a Reforma Fiscal dos anos 80, é já tempo suficiente para, de forma desapaixonada, analisar a obra feita e reconhecer o seu inegável mérito.

Mas esta é também uma oportunidade a não perder para, com frontalidade e realismo, analisar e reflectir sobre as insuficiências do Sistema Fiscal vigente – tanto as que remontam à Reforma, como as que lhe acresceram – e, bem assim, sobre as mais significativas e marcantes distorções de que o Sistema Fiscal português continua a ser alvo.

E no final destas Jornadas poderemos certamente acrescentar aos objectivos iniciais um terceiro, suplementar e ainda mais ambicioso: deixar enunciados tópicos para a futura reforma fiscal de que Portugal precisa.

Dito isto, permitam-me que me pronuncie agora, brevemente, sobre a Reforma Fiscal dos anos 80.

Nessa medida, começarei por recordar os seus três grandes desígnios: contrariar a desagregação do sistema tributário à data vigente; responder à Constituição que entretanto havia traçado de forma inovadora os contornos do futuro quadro de impostos; e promover os ajustamentos requeridos a nível tributário pela adesão de Portugal às Comunidades Europeias.

Em Portugal, desde finais da década de 60 que se passou a assistir ao desvirtuamento das concepções que haviam servido de base à modificação das estruturas fiscais e que acabou por retardar a evolução para as categorias tributárias próprias de um estádio mais evoluído e avançado de fiscalidade.

Deste modo, no limiar da década de 80, Portugal possuía um "sistema" fiscal que mais não era do que um mero somatório de figuras tributárias, privado de coerência e que primava pela complexidade e opacidade.

Afinal, um "sistema" assente na generalização dos impostos cedulares de taxas progressivas e que, no campo dos métodos de determinação da matéria colectável, avolumava indícios de regressão para formas presumidas de tributação.

Acusando vários pecados capitais como a manifesta renúncia à utilização da fiscalidade como instrumento de estabilização, algumas importantes deficiências no plano da redistribuição vertical, a impossibilidade de prosseguir os critérios de equidade horizontal e a incapacidade atávica da administração fiscal de garantir a efectiva cobrança dos impostos, o "sistema" fiscal português estava longe de satisfazer os critérios por que normalmente se pauta e afere uma boa e eficaz estrutura tributária.

Neste cenário, a Comissão de Reforma Fiscal, a que tive o privilégio de pertencer, teve a viva consciência de que se impunha uma remodelação global do sistema. E assim, com audácia desenvolveu uma reforma histórica que deu ao país um verdadeiro Sistema Fiscal, concebido como um todo articulado, dotado de real coerência e ajustado a certos critérios políticos e económicos orientadores.

Além de coerente e racional, o futuro sistema fiscal devia dar expressão à Lei Fundamental e contribuir para evitar o descrédito do sistema fiscal.

Nesta medida, tornou-se imperativo dar forma ao modelo de sistema fiscal constitucionalmente acolhido, configurado na senda da tributação das modernas democracias industriais. E assim, de acordo com a primeira mensagem no capítulo da fiscalidade, foi criado um imposto sobre o rendimento pessoal, único e progressivo e, separadamente, a tributação das empresas.

Quanto ao descrédito do sistema fiscal, revelado pela atitude de recusa de satisfação das obrigações fiscais pelos contribuintes, era evidente que ao combate à fuga e infracções fiscais, se impunha associar uma Administração Fiscal operativa, com novos métodos e práticas, apetrechada de recursos humanos e meios materiais à altura do satisfatório cumprimento das suas tarefas.

Paralelamente, importava igualmente racionalizar o sistema de imposto, potenciando a criação de condições mais favoráveis à actividade do sector privado.

E, apesar de à data a actuação das Comunidades Europeias no sector fiscal se circunscrever essencialmente ao IVA e impostos especiais de consumo, o futuro sistema fiscal também não pôde alhear-se nem das implicações decorrentes da participação de Portugal no Mercado Interno, nem, a prazo, do esforço de convergência que seria pedido ao sistema fiscal nacional em matéria de harmonização de legislações.

Minhas Senhoras e Meus Senhores

Antes de dar a palavra aos nossos Oradores desta tarde, não quero deixar de fazer uma breve, mas muito sincera, referência ao Presidente da Comissão de Reforma Fiscal, o Professor Paulo de Pitta e Cunha.

Sendo uma reforma fiscal " um processo em constante evolução, em que ao longo do tempo, se vão introduzindo aperfeiçoamentos e adequações", a reforma dos anos 80, pela mão do seu Presidente e pelo suplemento de alma e ânimo que emprestou aos trabalhos, foi um momento singular.

Um momento em que, com visão e empenho, se assistiu a um esforço consciente no sentido da remodelação global do sistema fiscal português. E cujo sucesso foi essencial para a necessária adaptação do figurino fiscal português ao desafio da adesão às Comunidades Europeias.

INVESTIMENTO ESTRANGEIRO E CONTRATOS FISCAIS

Professor Doutor José Casalta Nabais

> **Sumário:** I. *O regime do investimento estrangeiro*: 1. O regime geral do investimento estrangeiro, 2. O regime fiscal do investimento estrangeiro, II. *Os contratos fiscais*: 3. Os contratos no direito fiscal; 4. Os contratos fiscais em sentido estrito; 5. Os contratos fiscais e o investimento estrangeiro.

Estando o tema, que nos propuseram tratar aqui, subordinado ao título "investimento estrangeiro e contratos fiscais", impõe-se naturalmente que comecemos por delimitar e dar uma ideia, ainda que sumária, do domínio temático que nos vai ocupar. O que pressupõe que iniciemos estas breves palavras com o traçar, em termos muito gerais, do quadro jurídico do investimento estrangeiro, seja o quadro jurídico em geral, seja o quadro mais específico que o mesmo tem em sede do direito dos impostos. Assim como exige também que dêmos conta do papel e do âmbito que a figura do contrato tem presentemente no direito fiscal, todo um amplo sector em que, como é sobejamente conhecido, durante muito tempo se considerou não haver qualquer espaço para o instituto contratual.

Só depois de darmos conta dos contornos dessas duas vertentes do tema, estaremos em condições de nos pronunciarmos sobre os préstimos que a figura contratual tem em sede do direito fiscal. O que, acrescentemos, não dispensa uma referência prévia aos préstimos que o investimento estrangeiro pode pedir ao direito fiscal. Vejamos então, e por esta ordem, os problemas que acabamos de enunciar.

I. O regime do investimento estrangeiro

Como referimos, vamos começar por recortar o regime do investimento estrangeiro. O que, como também já dissemos, implica aludir a dois aspectos: um, mais amplo, tem a ver com o seu regime jurídico geral; outro, mais específico, prende-se com o seu regime jurídico fiscal. Pois, só depois de termos traçado o quadro desses regimes estaremos em condições de analisar e compreender o papel que desempenha a figura do contrato no regime do investimento estrangeiro e, consequentemente, dos contratos fiscais.

1. O regime geral do investimento estrangeiro

E para recortarmos o regime geral do investimento estrangeiro, numa ordem jurídica hierarquicamente estruturada ou estruturada em pirâmide como são as actuais ordens jurídicas e é naturalmente a nossa, devemos começar por referir que o investimento estrangeiro se apresenta como uma realidade que se situa na problemática mais geral do acesso à actividade económica, ou seja, constitui uma das manifestações, e certamente uma das manifestações mais importantes, da liberdade de acesso à actividade económica. Neste caso de acesso à actividade económica por parte dos investidores estrangeiros, acesso esse que obviamente suscita problemas especiais pelas suas naturais incidências políticas, económicas e sociais[1].

Por isso mesmo, não admira que a disciplina jurídica dum tal sector se reparta pela Constituição, pelo direito comunitário e pelo direito nacional ordinário. E assim é efectivamente. Quanto à Constituição, prescreve o seu art. 87.º: "[a] lei disciplinará a actividade económica e os investimentos estrangeiros por parte de pessoas singulares e colectivas estrangeiras, a fim de garantir a sua contribuição para o desenvolvimento do país e defender a independência nacional e os interesses dos trabalhadores". Uma disciplina que, ao menos aparentemente, permite um sistema de condicionamento ao investimento estrangeiro mais ou menos exigente, como o concretizado no sistema de autorização casuística que vigorou

---

[1] V., por todos, A. CARLOS SANTOS/M. EDUARDA GONÇALVES/M. M. LEITÃO MARQUES, *Direito Económico*, 4ª ed., Almedina, Coimbra, 2001, p. 227 e ss.

para todos os investimentos estrangeiros até 1986, uma vez que em relação a esse condicionamento não há qualquer obstáculo jurídico, seja de natureza constitucional, seja de natureza comunitária, no respeitante aos investidores estrangeiros não comunitários. Todavia, como vamos ver já de seguida, a disciplina legal actualmente em vigor, que se aplica à generalidade dos casos, quase não contém discriminações negativas relativamente ao investimento estrangeiro, traduzindo-se a mesma fundamentalmente num regime preferencial para investimentos estrangeiros com interesse especial para a economia nacional.

Por seu turno, o direito comunitário serve de parâmetro e de parâmetro importante ao investimento estrangeiro na medida em que dá suporte a um verdadeiro mercado interno assente nas liberdades concretizadoras do princípio da não discriminação em razão da nacionalidade, ou melhor em razão da residência ou da sede, os elementos de conexão relevantes nesta sede não só porque nos encontramos no domínio do direito económico, mas também por estarmos a tratar de empresas[2]. Pois bem, entre essas liberdades, temos a mais importante de todas elas neste domínio – a liberdade de estabelecimento, com consagração no art. 43.º do TCE[3].

Quadro comunitário cuja acção logo se fez sentir com a adesão de Portugal às Comunidades Europeias em 1986. Pois o tradicional sistema de autorização prévia caso a caso dos projectos de investimento estrangeiro, um sistema que, a seu modo, mais não era do que uma expressão da continuação, quanto ao investimento estrangeiro, do sistema de condicionamento industrial, que vigorou durante o Estado Novo, não podia mais manter-se face aos investidores comunitários, sob pena de violação do direito comunitário[4]. Daí que, logo em 1986, tenham sido editados

---

[2] Pois, como dissemos noutro local, embora tendo em conta a ligação dos contribuintes ao respectivo país, é hoje evidente que decisivo é mais o vínculo de cariz económico traduzido na residência do que o vínculo político expresso na cidadania ou nacionalidade ou, por outras palavras, é mais uma cidadania de natureza económica do que uma cidadania política. Cf. «Alguns aspectos da tributação das empresas», estudo a aguardar publicação nos *Estudos em Homenagem ao Prof. Doutor António Castanheira Neves*, nota 1.

[3] Em que temos, como é sabido, as liberdades de circulação de pessoas, de mercadorias e de trabalhadores, e a proibição de restrições às liberdades de prestação de serviços e de restrições à liberdade de circulação de capitais – v. os arts. 18.º, 23.º, 39.º, 50.º e 56.º do TCE.

[4] Constante, na sua primeira versão, do Decreto-Lei n.º 239/76, de 6 de Abril e, na sua segunda versão, a versão que na prática veio a vigorar, do Decreto-Lei n.º 348/77, de

dois diplomas legislativos sobre a matéria: o Decreto-Lei n.º 197-D/86, de 18 de Julho, que adaptou às normas das Comunidades Europeias o regime do Código de Investimento Estrangeiro, revogando este Código e respectivos diplomas complementares[5] e tendo substituído o sistema de autorização casuística por um sistema de simples declaração prévia para os residentes no território da Comunidade, declaração com base na qual se procedia à avaliação do impacto económico dos investimentos; e o Decreto-Lei n.º 214/86, de 2 de Agosto, que, nas palavras do seu próprio preâmbulo, veio "formalizar o princípio geral da liberdade de estabelecimento de não residentes no País, comunitários ou não, em plano de igualdade com os investidores nacionais".

Pelo que, por força destes diplomas, foram abolidos definitivamente os condicionamentos ao investimento estrangeiro seja este levado a cabo por residentes num Estado da Comunidade Europeia ou por residentes noutros Estados, ficando o mesmo dependente apenas da referida declaração prévia. Um sistema que, por sua vez, veio a ser abolido pelo Decreto-Lei n.º 321/95, de 28 de Novembro, que substituiu esse regime de declaração prévia pelo de simples registo *a posteriori* das operações de investimento, um registo exigido apenas com o objectivo de obtenção de informação administrativa ou estatística[6]. Por isso, a partir do Decreto-Lei n.º 321/95, o investimento estrangeiro em Portugal ficou a estar dependente apenas desse registo *a posteriori*. Registo que, por sua vez, veio a ser abolido pelo Decreto-Lei n.º 203/2003, de 10 de Setembro, diploma que, tendo estabelecido um regime contratual único para grandes projectos de investimento[7], aplicável portanto tanto aos investimentos estrangeiros como nacionais, invocou para esse efeito a necessidade de adequar o quadro normativo português às orientações da União Europeia e da OCDE, que apontam para a não discriminação do investimento em razão da nacionalidade.

---

24 de Agosto, e seus diplomas complementares, os decretos regulamentares n.º 51/77, 52/77, 53/77 e 54/77, da mesma data, sendo de destacar este último relativo ao regime contratual do investimento estrangeiro.

[5] Tendo o relativo ao regime contratual do investimento estrangeiro sido substituído pelo Decreto Regulamentar n.º 24/86, da mesma data do Decreto-Lei n.º 197-D/86.

[6] V. o preâmbulo do Decreto-Lei n.º 321/95.

[7] Tendo, em consequência disso, revogado o referido Decreto-Lei n.º 321/95, bem como o Decreto Regulamentar n.º 2/96, de 16 de Maio, na redacção que lhe foi dada pelo Decreto Regulamentar n.º 4/2000, de 24 de Março.

Por isso, embora em relação aos investidores estrangeiros residentes ou sediados em países que não integrem a União Europeia, nada juridicamente impedisse o nosso legislador de manter ou de restabelecer condições mais ou menos exigentes[8], o certo é que, como acabamos de ver, a actual legislação relativa ao investimento estrangeiro assenta nos princípios da liberdade de estabelecimento em Portugal e da não discriminação do investimento em razão da nacionalidade, o que teve como consequência a unificação do regime do investimento, seja este nacional ou estrangeiro, como consta do mencionado Decreto-Lei n.º 203/2003.

O que significa, vistas as coisas pelo outro ângulo, que todo o investimento estrangeiro é, à face da ordem jurídica portuguesa actual, muito bem-vindo. Uma visão das coisas que, podemos dizer, é hoje em dia partilhada pela generalidade dos países, o que não surpreende se tivermos em conta que o investimento estrangeiro constitui sem dúvida um indispensável factor de desenvolvimento económico e de criação de riqueza, sendo, por isso, desejado e mesmo disputado por todos os países. Uma ideia que não tem deixado de se reforçar nos últimos tempos, por se tratar de um bem que, por força de ser objecto de uma procura globalizada a nível mundial, se apresenta cada vez mais como um bem escasso. Daí que a competição pelo investimento estrangeiro, e investimento estrangeiro de qualidade, seja extraordinariamente intensa[9]. Não admira, por isso, que o seu regime jurídico, no que agora nos interessa, se reconduza, em larguíssima medida, ao seu favorecimento ou incentivo seja em geral, seja em sede do direito fiscal[10].

2. O regime fiscal do investimento estrangeiro

Mas deixemos os aspectos gerais do regime jurídico do investimento estrangeiro, e concentremo-nos no seu regime fiscal, que o mesmo é

---

[8] Uma vez que as orientações da OCDE não vinculam, pelo menos juridicamente, os Estados.

[9] Como se diz no preâmbulo do Decreto-Lei n.º 225/2002, de 30 de Outubro, que criou uma entidade pública empresarial, a API, para a captação de investimento estrangeiro e nacional.

[10] Sobre os problemas que o investimento estrangeiro coloca e como eles tendem hoje em dia a ser solucionados, v., por todos, TOMÁS ARAÚJO MOREIRA, «O investimento em Portugal», *Nação e Defesa*, 82, Abril-Junho, 1997, p. 175 e ss.

dizer nas normas jurídicas fiscais que o têm por alvo, seja no sentido de o não discriminar negativamente, obstando a que o mesmo seja objecto de dupla ou múltipla tributação, seja no sentido de o discriminar positivamente, beneficiando-o ou incentivando-o. Daí que o investimento estrangeiro se insira na política seguida pela generalidade dos países de atracção do investimento em geral e do investimento estrangeiro em particular, constituindo, por isso, um dos mais importantes segmentos do que podemos designar por "política fiscal externa".

Com efeito, uma das mais visíveis e significativas consequências da abertura das economias ao exterior traduziu-se na necessidade de os Estados adoptarem uma política fiscal externa orientada quer para o desenvolvimento da internacionalização das economias nacionais, seja através da internacionalização das empresas nacionais, seja da atracção dos investimentos estrangeiros. Uma abertura que, muito embora com algum significativo atraso, também ocorreu entre nós, o que começou a verificar-se a partir de meados da década de sessenta do século passado, tendo aumentado com a revolução de 1974 e sobretudo com a nossa integração nas Comunidades Europeias em 1986. Um fenómeno que se acelerou extraordinariamente com a internacionalização crescente das situações tributárias engendrada sobretudo pela crescente globalização económica.

O que, devemos sublinhar, em Portugal não deixa de ter por base a própria Constituição, uma vez que esta, de um lado, consagra, como objectivo da política industrial, "o apoio à projecção internacional das empresas portuguesas" (art. 100.º, al. e)) e, de outro lado, prescreve que "a lei disciplinará a actividade económica e os investimentos por parte de pessoas singulares e colectivas estrangeiras, a fim de garantir a sua contribuição para o desenvolvimento do país..." (art. 87.º). Objectivos que devem ser prosseguidos no quadro da observância do chamado princípio da neutralidade fiscal, que tem uma importante expressão no art. 81.º, al. e), da Constituição em que se dispõe: "incumbe prioritariamente ao Estado no âmbito económico e social, ...assegurar o funcionamento eficiente dos mercados, de modo a garantir a equilibrada concorrência entre as empresas, a contrariar as formas de organização monopolistas e a reprimir os abusos de posição dominante e outras práticas lesivas do interesse geral"[11].

---

[11] V. a invocação desta norma constitucional pelo Tribunal Constitucional no Ac. 234/02, *Acórdãos do Tribunal Constitucional*, vol. 53, p. 303 e ss., para afastar a

Política fiscal externa em relação à qual, devemos sublinhar: 1) está enquadrada pelo direito comunitário, 2) é integrada por dois domínios ou sectores, 3) concretiza-se em dois patamares ou fasquias, e 4) actua em duas frentes. Quanto ao seu enquadramento comunitário, a política fiscal externa está efectivamente limitada pelo direito da União Europeia. Limitação que se traduz tanto nas medidas que têm vindo a ser adoptadas de harmonização fiscal da tributação directa das empresas, como na proibição dos auxílios de Estado às empresas, em que se incluem também os auxílios fiscais.

Naquelas medidas se inserem, entre outras, a directiva sobre os dividendos distribuídos por sociedades afiliadas residentes em território nacional a sociedades mães de outros Estados membros da União, o que conduziu a que deixasse de haver retenção na fonte de qualquer montante a título de IRC, deduzindo-se ao lucro tributável deste, os rendimentos correspondentes aos lucros distribuídos a tais sociedades mães[12], e a directiva mais recente que tem como efeito a exclusão de qualquer retenção na fonte de IRC relativamente a juros e royalties[13], muito embora a entrada em vigor desta, inicialmente prevista para 1 de Janeiro de 2005, esteja dependente, nos termos do n.º 2 do seu art. 17.º, da celebração de acordos com terceiros Estados, e Portugal beneficie de um período de excepção de oito anos[14].

Por seu lado, quanto à concessão de auxílios, veremos que, por via de regra, o Estado está proibido de atribuir benefícios fiscais às empresas que actuem nos Estados membros da União Europeia.

---

inconstitucionalidade do art. 3.º do Decreto-Lei n.º 370/93, de 29 de Outubro, que proibia a venda com prejuízo. Sobre a neutralidade fiscal como componente do princípio a liberdade de gestão fiscal das empresas, v. o nosso estudo «Alguns aspectos da tributação das empresas», *cit.*, ponto II. 3.

[12] A chamada Directiva Mães e Afiliadas, a Directiva n.º 90/435/CEE, de 23 de Julho, cuja transposição para a ordem jurídica portuguesa consta do art. 46.º do CIRC.

[13] A designada Directiva dos Juros e Royalties, a Directiva n.º 2003/49/CE, de 3 de Junho de 2003.

[14] Período em que pode continuar a reter IRC na fonte relativamente a juros e royalties pagos a entidades residentes na União Europeia à taxa de 10% nos primeiros quatro anos da sua vigência e à taxa de 5% nos quatro anos seguintes. Um regime que, devemos confessar, embora fundado nas nossas crónicas dificuldades orçamentais, se revela a seu modo contraditório com a atribuição de benefícios fiscais às empresas que invistam em Portugal, nas quais se incluem também as dos demais Estados membros da União Europeia – v. *infra*, ponto II.4.

Relativamente aos domínios ou sectores dessa política fiscal externa, temos, de um lado, o tratamento fiscal dado à internacionalização das empresas nacionais e, de outro lado, o tratamento fiscal dispensado aos investimentos estrangeiros em Portugal. Ou seja, o tratamento do investimento português efectuado no estrangeiro e do investimento estrangeiro concretizado em Portugal.

Por seu turno, quanto aos patamares ou fasquias da política fiscal externa, que se verificam em ambos os domínios ou sectores dessa política, temos, como primeiro patamar ou fasquia, procurar não prejudicar fiscalmente, sujeitando-os a uma dupla ou múltipla tributação, seja os lucros de empresas nacionais gerados no estrangeiro, seja a repatriação dos lucros gerados por afiliadas ou estabelecimentos estáveis nacionais de sociedades estrangeiras. E temos, como segundo patamar ou fasquia, procurar favorecer fiscalmente esses lucros, face aos lucros que não comportem qualquer internacionalização, no momento em que os mesmos sejam objecto de importação ou de exportação. Pelo que a internacionalização da economia portuguesa opera não só através do afastamento das discriminações fiscais negativas dessa internacionalização, mas também através da sua discriminação fiscal positiva.

Enfim, quanto às frentes por que opera a política fiscal externa, o que vale sobretudo em relação ao primeiro dos patamares mencionados, isto é, em relação à eliminação da dupla ou múltipla tributação que tais situações fiscais internacionais podem originar, temos a frente externa ou internacional e a frente interna ou nacional. A primeira, a frente externa ou internacional, traduz-se na conclusão de convenções de dupla tributação (CDT's), que têm basicamente em conta, como o seu próprio nome sugere, a eliminação ou atenuação da dupla tributação; a segunda, a frente interna ou nacional, traduz-se na adopção de medidas unilaterais de combate à dupla tributação ou de incentivo ou estímulo fiscal da internacionalização da economia nacional. Uma palavra sobre cada uma destas frentes, tendo em conta, como naturalmente se impõe, o tratamento fiscal do investimento estrangeiro.

E no respeitante à frente externa ou internacional, é importante assinalar que também Portugal vem adoptando uma política fiscal de efectiva atracção dos investimentos estrangeiros. O que é importante realçar, pois durante muito tempo Portugal não teve uma verdadeira política nesse domínio. Pois bem, presentemente Portugal dispõe de uma clara política fiscal externa, concretizada sobretudo na celebração de CDT's. Convenções que formam já uma considerável rede, pois, nos últimos dez anos, de uma dúzia convenções passámos para mais de quarenta CDT's em vigor. Às quais são de acrescentar diversas outras já assinadas ou com as negociações concluídas[15].

E uma política em relação à qual encontramos uma visível prioridade. A prioridade em completar a rede de CDT's com os actuais países membros da União Europeia[16], com os países integrantes da OCDE[17] e com os países com os quais mantemos especiais laços culturais e históricos, isto é, com os países da CPLP[18].

De outro lado, em relação às CDT's concluídas nos últimos tempos, encontramos uma clara linha de demarcação nos métodos para eliminar a dupla tributação, consoante sejam convenções com países desenvolvidos ou com países em vias de desenvolvimento. Assim, enquanto nas CDT's com países em geral, segue o método do crédito de imposto ordinário ou da imputação ordinária, nas CDT's com os países em vias de desenvolvimento, em que se destacam os países africanos da CPLP, segue o método do crédito de imposto fictício (*matching credit*)[19].

É este, de resto, o caso da CDT com Moçambique, em que no § 2.º do seu art. 23.º, se prescreve que a "expressão 'imposto sobre o rendimento pago na República de Moçambique' compreende qualquer importância que deveria ter sido paga como imposto moçambicano, mas que o não foi em virtude de isenção ou redução de taxa concedida por força da legislação visando o desenvolvimento económico de Moçambique, nomeadamente a promoção do investimento estrangeiro"[20].

O que nos leva a concluir que Portugal não só tem uma política fiscal externa clara, como se orienta nesse domínio pelas recomendações do Comité dos Assuntos Fiscais da OCDE. Com efeito este, sensível ao aproveitamento que se vem sendo feito dos métodos do crédito de imposto

---

[15] Isto não obstante terem, entretanto, sido denunciadas as CDT's com a Dinamarca e o Brasil, facto que originou a conclusão de novas CDT's com esses países – v. o nosso *Direito Fiscal*, 2ª ed., Almedina, Coimbra, 2003, p. 189 e ss.

[16] Embora nos falte ainda uma CDT Chipre.

[17] Em relação aos quais nos faltam ainda CDT's com a Austrália, Japão, Nova Zelândia e Turquia.

[18] Pois, em relação a estes, apenas temos CDT's com o Brasil, Cabo Verde e Moçambique.

[19] V. sobre os diversos métodos para eliminar ou atenuar a dupla tributação internacional, v., por todos, ALBERTO XAVIER, *Direito Tributário Internacional*, Almedina, Coimbra, 1994, p. 501 e ss.

[20] Idêntica disposição contém o 2.º do art. 23.º da CDT com Cabo Verde.

fictício ou do crédito de imposto presumido para esquemas de concorrência desleal, desaconselha tais métodos a menos que se trate de CDT's com países cujo nível de desenvolvimento seja consideravelmente inferior ao dos Estados que integram a Organização[21].

Mas também através da via unilateral, isto é, através da adopção de disposições internas, Portugal vem combatendo a dupla tributação internacional do rendimento, ou seja, do rendimento de fonte externa. Disposições que cobrem actualmente a generalidade das situações fiscais internacionais tanto em sede do IRS como em sede do IRC. Assim, relativamente aos países com os quais não tenhamos CDT, vale a imputação ordinária ou o crédito de imposto ordinário previsto no art. 85.º do Código do IRC ou no art. 80.º do Código do IRS[22].

Política fiscal externa a que, em rigor, podemos acrescentar ainda um outro importante segmento ou sector. Pois ela não se esgota no referido segmento ou sector dominado pela preocupação de obstar à discriminação fiscal negativa das empresas portuguesas que se internacionalizam e das empresas estrangeiras que invistam em Portugal. Na verdade, a política fiscal externa pode concretizar-se também através de medidas que vão para além desse objectivo de neutralização dos efeitos fiscais decorrentes da mencionada internacionalização empresarial, ou seja, pode concretizar-se também através de medidas de beneficiação ou incentivação fiscal à referida internacionalização.

É precisamente o que acontece com os específicos regimes de "benefícios fiscais para a internacionalização das empresas portuguesas", constante do Decreto-Lei n.º 401/99, de 14 de Outubro, e de "benefícios fiscais para projectos de investimento estrangeiro", contemplado no Decreto-Lei n.º 409/99, de 15 de Outubro. Regimes que, é preciso acrescentar, não podem deixar de respeitar o direito comunitário, designadamente a disciplina dos auxílios de Estado em que estes benefícios

---

[21] V., sobre o problema, MARIA MARGARIDA CORDEIRO MESQUITA, «A política convencional portuguesa em matéria de dupla tributação: contributos para uma redefinição», *Estudos em Homenagem ao Prof. Doutor Pedro Soares Martinez*, vol. II, Almedina, Coimbra, 2000, p. 387 e s.

[22] Refira-se que, no respeitante ao IRS, apenas com a Lei n.º 30-G/2000, de 29 de Dezembro, (a designada Lei da Reforma Fiscal de 2000), o mencionado crédito de imposto foi alargado a todos os rendimentos, pois antes ele estava limitado aos rendimentos do trabalho independente, comerciais, industriais e agrícolas.

fiscais se integram[23]. De outro lado, é de assinalar que se trata de regimes específicos porque, para além de se dirigem, respectivamente, à internacionalização das empresas portuguesas e a projectos de investimento estrangeiro, constituem objecto de um regime contratual.

Mas, ao lado dos benefícios fiscais constantes destes regimes, as empresas têm sido destinatárias de outros incentivos fiscais como foram o crédito de imposto para investimento, o crédito de imposto para protecção ambiental e os benefícios relativos às despesas com investigação e desenvolvimento[24], e são os incentivos fiscais à interioridade[25] e o Regime da Reserva Fiscal por Investimento. Uma palavra sobre estes dois últimos.

Quanto aos incentivos fiscais à interioridade, previstos e regulados na Lei n.º 171/99, de 18 de Setembro e no Decreto-Lei n.º 310/2001, de 10 de Dezembro, reconduzem-se os mesmos basicamente à redução da taxa a 25% ou 15% (caso de empresas que tenham optado pelo regime simplificado) do IRC e à isenção do anterior Imposto Municipal de Sisa (agora Imposto Municipal sobre as Transmissões de Onerosas de Imóveis) relativo a aquisições de imóveis afectos à actividade empresarial.

Por seu turno, o Regime da Reserva Fiscal por Investimento, adoptado pelo Decreto-Lei n.º 23/2004, de 23 de Janeiro[26], concretiza-se em as empresas sujeitas a IRC residentes em território português ou não residentes mas com estabelecimento estável no referido território, poderem deduzir, relativamente aos períodos de tributação que se iniciem em 2003 e 2004, uma importância até 20% do respectivo IRC para constituição de uma reserva especial utilizável em investimento elegível em imobilizado corpóreo ou em despesas de investigação e desenvolvimento a efectuar nos dois exercícios seguintes àquele a que o imposto respeita.

---

[23] Sobre a nossa política fiscal externa, v. também MINISTÉRIO DAS FINANÇAS, *Finanças Públicas, Relatório de Actividades de Julho de 2001 a Março de 2002*, INCM, Lisboa, p. 154 e ss.

[24] V. respectivamente o art. 11.º da Lei n.º 30-G/2000, vigente nos anos de 2001, 2002 e 2003, o Decreto-Lei n.º 477/99, de 9 de Novembro, o qual previsto para vigorar nos anos de 1999, 2000 e 20001, acabou por vigorar também nos anos de 2002 e 2003, e o Decreto-Lei n.º 292/97, de 22 de Outubro, que vigorou no ano de 1997.

[25] Pois a sua vigência foi prorrogada pelo art. 31.º da LOE/2004 (Lei n.º 107-B/2003, de 31 de Dezembro).

[26] V. também a Resolução do Conselho de Ministros n.º 103/2002, de 17 de Junho, que aprovou o Programa para a Produtividade e o Crescimento da Economia, e o n.º 7 do art. 38.º da LOE/2003 (Lei n.º 32-B/2002, de 30 de Dezembro).

Um incentivo fiscal que, como os demais referidos, se rege pelo princípio da não acumulação[27]. Daí que, segundo o art. 7.º desse Regime, não seja acumulável com quaisquer outros incentivos fiscais contratuais ou legais respeitantes a IRC, embora possa ser acumulável, até aos limites das taxas máximas constantes do anexo I ao referido Regime, com incentivos de outra natureza.

II. Os contratos fiscais

Vejamos agora o outro termo da equação que serve de título a esta comunicação, ou seja, os contratos fiscais. Em primeiro lugar, algumas ideias sobre os contratos fiscais em geral, mormente sobre o seu universo ou âmbito, para, depois, dizermos alguma coisa sobre os seus préstimos em sede do investimento estrangeiro. Isto é, em que medida o instrumento constituído pelos contratos fiscais pode servir o investimento estrangeiro, afinal de contas o objecto destas nossas reflexões.

3. Os contratos no direito fiscal

Fala-se, no direito fiscal, de contratos fiscais, os quais se encontram agora expressamente mencionados e previstos na codificação geral do nosso direito fiscal – art. 37.º da LGT, em que se prescreve: "1 – Caso os benefícios fiscais sejam constituídos por contrato fiscal a tributação depende da sua caducidade ou resolução nos termos previstos na lei. 2 – A lei pode prever que outros contratos sejam celebrados entre a Administração e o contribuinte, sempre com respeito pelos princípios da legalidade, da igualdade, da boa fé e da indisponibilidade do crédito tributário". Impõe-se, pois, dizer aqui alguma coisa sobre os mencionados contratos.

Ora bem, a este propósito, com resulta do próprio preceito acabado de reproduzir, podemos distinguir entre os contratos fiscais em sentido estrito ou em sentido próprio dos demais contratos fiscais. Os primeiros

---

[27] V. a afirmação desse princípio, relativamente aos incentivos fiscais em vigor, nos art. 4.º, n.º 6, do Decreto-Lei n.º 401/99, art. 4.º, n.º 3, do Decreto-Lei n.º 409/99 e art. 12.º da Lei n.º 171/99.

têm por objecto o se e/ou o quanto da incidência do imposto, em que intervêm, de um lado, o titular do poder tributário ou, por delegação sua, a administração fiscal e, de outro, o contribuinte, concretizando-se na atribuição de benefícios fiscais, mormente de benefícios fiscais dinâmicos, isto é, incentivos ou estímulos fiscais[28]. Os segundos, por seu lado, enquadram um conceito amplo ou lato de contratos fiscais, em que se integram, para além dos referidos contratos fiscais em sentido estrito, também os contratos que têm por objecto o lançamento, a liquidação ou a cobrança do imposto, em que intervêm, de um lado e por parte do sujeito activo, a administração fiscal e, de outro lado, o próprio sujeito passivo da correspondente relação jurídica fiscal, ou terceiros[29].

Como os primeiros são os contratos que relevam em sede do investimento estrangeiro, o objecto destas considerações, façamos aqui uma referência aos demais contratos fiscais. Pois bem, relativamente aos contratos que têm por objecto o lançamento, a liquidação ou a cobrança dos impostos, temos, a bem dizer, como de algum modo já se deixou subentendido, dois tipos: um, em que a administração tributária contrata com o próprio contribuinte ou sujeito passivo aspectos da liquidação ou cobrança do respectivo imposto; outro em que a administração tributária contrata com certas entidades a prestação de serviços relativamente à liquidação e cobrança de impostos alheios.

---

[28] Sobre este especial tipo de benefícios fiscais, v. os nossos *Contratos Fiscais. (Reflexões acerca da sua Admissibilidade)*, n.º 5 da série *Studia Iuridica*, Coimbra Editora, Coimbra, 1994, p. 123 e s. e 186 e ss., *O Dever Fundamental de Pagar Impostos. Contributo para a compreensão constitucional do estado fiscal contemporâneo*, Almedina, Coimbra, 1998, p. 632 e ss., e *Direito Fiscal*, cit., p. 407 e ss.

[29] Para além destes, são de mencionar ainda os que nós designamos por *falsos contratos fiscais* os quais ou não se configuram como verdadeiros contratos ou, sendo contratos, não se apresentam como contratos fiscais. Daí que os falsos contratos fiscais se reconduzam basicamente a dois tipos principais: 1) a situações de maior ou menor participação do contribuinte e demais sujeitos passivos da relação jurídica fiscal no procedimento de edição do correspondente acto tributário, colaborando ou cooperando com a administração fiscal – os chamados *contratos fiscais aparentes*; e 2) a situações em que operam, por via de regra, contratos de direito privado entre o sujeito passivo da relação jurídica fiscal e terceiros relativos quer à modelação do próprio facto tributário característicos dos impostos em que a lei arvora em pressuposto de facto um acto ou um negócio jurídico, quer ao cumprimento da obrigação fiscal ou de alguma(s) das múltiplas obrigações fiscais acessórias – os chamados *contratos de mera incidência fiscal*. Para maiores desenvolvimentos, v. o nosso livro *Contratos Fiscais*, cit., p. 86 e ss.

Como exemplo do primeiro tipo, podemos indicar o já clássico contrato de avença no imposto especial de jogo, previsto no art. 89.º do DL n.º 422/89, de 2 de Dezembro. Trata-se dum contrato celebrado entre as empresas concessionárias das zonas de jogo de fortuna ou azar e o órgão competente para administrar o imposto de jogo, a Inspecção-Geral dos Jogos, que tem por objecto a determinação da matéria colectável do imposto de jogo, que assim é determinada de forma sintética e por acordo.

A nosso ver, inserem-se também nesse tipo de contratos os acordos procedimentais previstos nos arts. 92.º, n.os 3, 4 e 5, e 86.º, n.º 4, da Lei Geral Tributária, em que se prevê que, no procedimento de revisão da matéria tributável determinada por métodos indirectos, um procedimento necessário para que se possa impugnar em sede da impugnação da correspondente liquidação essa determinação da matéria tributável, termine num acordo entre o perito do contribuinte e o perito da administração tributária. Acordo que tem como consequência o contribuinte não poder impugnar e a administração tributária não poder alterar a matéria tributável objecto de acordo, salvo, no que a esta diz respeito, em caso de trânsito em julgado de crime de fraude fiscal envolvendo os elementos que serviram de base à quantificação acordada.

Pelo que estamos aqui perante um caso típico de acordos endoprocedimentais, isto é, de acordos adoptados em sede de procedimentos administrativos através dos quais a administração, a troca da garantia da prévia estabilidade dos actos em que vão desembocar tais procedimentos, se autolimita no exercício da correspondente margem de livre decisão. Acordos que, assim, se concretizam em contratos sobre a liquidação de impostos[30].

E o mesmo ocorrerá com os acordos prévios entre a os contribuintes e a Administração fiscal sobre preços de transferência, quando os mesmos

---

[30] Acordos endoprocedimentais que, como decorre do texto, vão entendidos num sentido amplo, isto é, no sentido de acordos adoptados em sede de procedimentos administrativos, sejam estes procedimentos conducentes a actos administrativos, a regulamentos, a contratos administrativos ou mesmo a contratos de direito privado, situem-se tais acordos em procedimentos de natureza declarativa ou em procedimentos de natureza executiva e integrem procedimentos graciosos ou procedimentos contenciosos. Diversamente, optando por um conceito estrito de acordos endoprocedimentais, limitando-os a acordos adoptados em procedimentos de natureza declarativa e graciosa conducentes a actos administrativos, v. DUARTE S. BERNARDO RODRIGUES DA SILVA, *Os Acordos Endoprocedimentais da Administração Pública*, dissertação de mestrado, Faculdade de Direito da Universidade Clássica de Lisboa, 2004.

venham a ser adoptados entre nós, como se prevê no preâmbulo da Portaria dos Preços de Transferência, a Portaria n.º 1446-C/2001, de 21 de Dezembro, no qual se escreveu: "julga-se que o sistema fiscal português estará, a médio prazo, em condições de poder acolher a recomendação da OCDE no sentido de regulamentar a possibilidade de celebração de acordos prévios sobre preços de transferência". Efectivamente, também numa situação dessas nos deparamos com contratos relativos à fixação de elementos ou componentes da matéria colectável do IRC, mais exactamente com contratos relativos aos custos que hão-de ser tidos em conta na determinação do correspondente resultado do exercício.

Por seu turno, no respeitante aos contratos de prestação de serviços em sede da liquidação ou cobrança de impostos alheios, estabelece o inovador preceito do art. 51.º do CPPT: 1 – "[a] administração tributária pode, nos termos da lei e no âmbito das suas competências, contratar o serviço de quaisquer outras entidades para a colaboração em operações de entrega e recepção de declarações ou outros documentos ou de processamento da liquidação ou cobrança das obrigações tributárias"; 2 – "[a] administração tributária pode igualmente, nos termos da lei, celebrar protocolos com entidades públicas e privadas com vista à realização das suas atribuições"[31].

Como contratos de prestações de serviços a prestar pelas entidades privadas, são os mesmos contratos bilaterais ou onerosos, sendo tais serviços pagos pela administração tributária, como de resto resulta do disposto no art. 8.º do Regime da Tesouraria do Estado, em cujo n.º 1, dispõe: [a] Direcção-Geral do Tesouro pode, ouvidas as entidades administradoras das respectivas receitas, celebrar contratos com instituições de crédito ou outras entidades, através dos quais se regulam as condições da prestação dos serviços de cobrança por parte destas e, designadamente, as receitas abrangidas, o custo do serviço, os circuitos de documentação e informação, bem como as consequências do seu incumprimento"[32].

---

[31] Disposições introduzidas pelo CPPT em 2000 que, como se verifica, constituem mais uma clara manifestação de como a figura do contrato, tradicionalmente objecto de rejeição no direito público em geral e no direito fiscal em particular, foi ganhando terreno.

[32] O Decreto-Lei n.º 191/99, de 5 de Junho. Quanto ao regime procedimental desses contratos, v. o Decreto-Lei n.º 197/99, de 8 de Julho. Sobre a problemática dos contratos fiscais, para além dos nossos *Contratos Fiscais*, cit., v. N. SÁ GOMES, *Manual de Direito Fiscal*, vol. II, cit., p. 169 e ss. e 301 e ss., e VITOR FAVEIRO, *O Estatuto do*

Disposições legais que concretizam um dos segmentos em que se consubstancia o fenómeno que vimos designando por "privatização da administração ou gestão dos impostos", muito embora um tal segmento, justamente porque tem por suporte o contrato, se apresente bem diverso do traduzido na imposição legal à generalidade das empresas da liquidação e cobrança da maioria dos impostos do nosso sistema fiscal[33].

4. Os contratos fiscais em sentido estrito

Mas são os contratos fiscais em sentido estrito, os contratos que aqui nos interessam, ou seja, os contratos relativos à concessão ou atribuição de benefícios fiscais, isto é, os contratos cujo objecto é a concessão ou atribuição de benefícios fiscais[34]. Ou, vistas as coisas por um outro prisma, são os benefícios fiscais concedidos ou atribuídos por via contratual ou benefícios fiscais contratuais o objecto das nossas preocupações, os quais têm, como é sabido, a sua disciplina substantiva essencial no art. 39.º do Estatuto dos Benefícios Fiscais (EBF) e a sua regulamentação procedimental no Decreto-Lei n.º 401/99 e no Decreto-Lei n.º 409/99, ambos de 15 de Outubro.

Antes, porém, de nos referirmos a esses contratos, convém dizer alguma coisa a respeito dos benefícios fiscais, mais especificamente sobre a sua integração no que vimos designado por "direito económico fiscal", sobre a sua natureza excepcional e a modalidade que assumem nestes contratos de incentivos ou estímulos fiscais. E quanto ao primeiro desses aspectos, é de assinalar que os benefícios fiscais constituem, juntamente com os impostos extrafiscais, o que designamos por *direito económico fiscal*, não integrando, por conseguinte, o *direito fiscal clássico* ou direito fiscal *tout court*.

Ou, por outras palavras, integram a disciplina jurídica da extrafiscalidade. Um conjunto de normas que apenas formalmente integram o direito fiscal, já que têm por finalidade principal ou dominante a conse-

---

Contribuinte, cit., p. 708 e ss. e 881 e s. Para o ponto da situação do contrato fiscal e outras técnicas convencionais no direito fiscal actual, v. relativamente à Alemanha, Itália e Espanha, a colectânea de textos coordenada por G. ELORRIAGA PISARIK, *Convención y Arbitrage en el Derecho Tributario*, Marcial Pons, Madrid, 1996, esp. p. 115 e ss.

[33] V., sobre o fenómeno dessa privatização, o nosso *Direito Fiscal*, cit., p. 337 e ss.

[34] Por isso mesmo designados "contratos de concessão de benefícios fiscais".

cução de determinados resultados económicos ou sociais e não a obtenção de receitas para fazer face às despesas públicas. O que tem importantes consequências em sede dos princípios jurídico-constitucionais aplicáveis, que não podem ser os da *constituição fiscal*. Pois, neste domínio, nem a legalidade fiscal pode ser entendida nos estritos termos do chamado princípio de tipicidade ou determinabilidade, nem as exigências do princípio da igualdade podem ser aferidas pela capacidade contributiva.

Por seu lado, fala-se, por via de regra, no carácter excepcional dos benefícios fiscais. O que é inteiramente correcto, pois os benefícios fiscais, como despesas fiscais que são, não podem deixar de transportar consigo a nota da excepcionalidade, devendo pois esta assentar numa adequada fundamentação, sendo mesmo desejável que esta fundamentação tenha por base a ideia de proporcionalidade entre os benefícios fiscais concedidos e a actuação beneficiada dos seus destinatários. Daí que sejam de aceitar apenas, ou dar-se prioridade aos benefícios fiscais dinâmicos, isto é, aos incentivos ou estímulos fiscais que visam incentivar ou estimular determinadas situações ou actividades, estabelecendo uma relação entre as vantagens atribuídas e as situações ou actividades estimuladas em termos de causa-efeito.

Muito embora seja de usar de algumas cautelas em relação a esse carácter excepcional dos benefícios fiscais, uma vez que essa expressão corre o risco de sugerir a natureza excepcional das normas jurídicas que prevêem os benefícios fiscais. O que é de rejeitar, pois, muito embora os benefícios fiscais sejam despesas fiscais (que são, pela sua própria natureza, despesas passivas) que integram uma disciplina jurídica derrogatória da disciplina ordinária do respectivo imposto, reveladora dum regime mais favorável para o contribuinte do que o implicado no seu tratamento ordinário e expressão duma função promocional, eles constituem um *instrumento normal* de política económica e social do Estado (social) contemporâneo e não um instrumento absolutamente excepcional à maneira do entendimento próprio deles perfilhado no Estado liberal[35].

Enfim, porque estamos a falar de contratos fiscais, interessam-nos sobretudo os benefícios fiscais dinâmicos, isto é, os incentivos ou estímulos

---

[35] Cf o nosso livro *O Dever Fundamental de Pagar Impostos*, cit., p. 641 e ss. Sobre os benefícios fiscais como despesa fiscal, v., por todos, GUILHERME WALDEMAR D'OLIVEIRA MARTINS, *A Despesa Fiscal e o Orçamento do Estado no Ordenamento Jurídico Português*, Almedina, Coimbra, 2004.

fiscais que, como dissemos há pouco, visam incentivar ou estimular determinadas situações ou actividades, estabelecendo uma relação de causa-efeito entre as vantagens atribuídas e as situações ou actividades estimuladas. Já que os benefícios fiscais estáticos ou benefícios fiscais em sentido estrito, porque se dirigem a situações que já se verificaram (encontrando-se portanto esgotadas) ou, ainda que não se tenham verificado ou verificado totalmente, não visam, ao menos directamente, incentivar ou estimular, mas tão-só beneficiar por superiores razões de política geral de defesa, externa, económica, social, cultural, religiosa, etc.[36].

Na verdade, enquanto naqueles a causa do benefício é a situação ou actividade em si mesma, nestes a causa é a adopção (futura) do comportamento beneficiado ou o exercício (futuro) da actividade fomentada. Compreende-se assim que os incentivos fiscais, que não raro assumem carácter selectivo ou mesmo altamente selectivo, tenham carácter temporário, e que em relação a eles o legislador goze de razoável liberdade, mormente para conceder uma margem de livre decisão à administração tributária. Ou, vistas as coisas por um outro prisma, que o legislador em sede dos incentivos ou estímulos fiscais disponha de uma margem de liberdade bem maior do que aquela de que dispõe em sede dos benefícios fiscais em sentido estrito[37].

Mas, voltando aos contratos fiscais em sentido estrito, vejamos agora, muito rapidamente, alguns aspectos do seu regime tanto substantivo como procedimental. E, começando pelo primeiro dos aspectos, reportando-nos naturalmente ao reproduzido art. 39.º do EBF, convém assinalar que estamos aqui perante benefícios fiscais cuja concessão passa pela celebração de contratos fiscais que se integram, por via de regra, em contratos de investimento. Contratos esses em relação aos quais temos dois tipos de situações: uma, respeitante ao investimento nacional seja o mesmo de origem nacional ou estrangeira; outra, relativa ao investimento de empresas nacionais no estrangeiro. Situações entre as quais há assinaláveis diferenças quer no respeitante aos projectos de investimento contemplados, quer quanto aos incentivos fiscais atribuíveis.

Assim, a primeira diz respeito a projectos de investimento em unidades produtivas realizados até 31 de Dezembro de 2010, de montante

---

[36] Cf. o nosso *Direito Fiscal*, cit., p. 401 e ss. e 407 e ss.
[37] V. o nosso estudo *O Dever Fundamental de Pagar Impostos*, cit., p. 645 e ss. e 648 e s.

igual ou superior a 1.000.000 de contos (€ 4.987.978,97), que sejam relevantes para o desenvolvimento dos sectores considerados de interesse estratégico para a economia nacional e para a redução das assimetrias regionais, induzam à criação de postos de trabalho e contribuam para impulsionar a inovação tecnológica e investigação científica. Por seu lado, os benefícios fiscais a atribuir são: um crédito de impostos entre 5% e 10% em IRC, a deduzir ao imposto apurado na declaração liquidação na parte respeitante à actividade desenvolvida pela entidade no âmbito do projecto de investimento; a isenção dos IMI e IMT relativos aos imóveis utilizados na actividade ou adquiridos para destinar ao exercício desta pela entidade no quadro do projecto; a isenção ou redução do imposto de selo devido pelos actos ou contratos necessários à realização do projecto.

Por seu turno, a segunda respeita a projectos de investimento directo efectuado por empresas portuguesas no estrangeiro, de montante igual ou superior a 50.000 contos (€ 249.398,95) de aplicações relevantes, que contribuam positivamente para os resultados da empresa e que demonstrem interesse estratégico para a internacionalização da economia portuguesa. Os benefícios fiscais atribuíveis são: um crédito de imposto em IRC entre 10% e 20% relativo às aplicações relevantes a deduzir ao imposto apurado na declaração liquidação conquanto não ultrapasse 25% do imposto nem os 200.000 contos (€ 997.595,79); quando o investimento seja efectuado sob a forma de constituição ou de aquisição de sociedades estrangeiras, a eliminação da dupla tributação económica nos termos do art. 46.º do Código do IRC, isto é, por dedução dos lucros distribuídos, durante o período contratual, em vez de o ser através do crédito de imposto ordinário válido em sede da eliminação ou atenuação da dupla tributação internacional constante do art. 85.º do Código do IRC.

Segundo os n.ºˢ 6 e 7 do referido art. 39.º, estes benefícios fiscais são inaplicáveis aos investimentos efectuados em zonas francas ou países, territórios ou regiões, sujeitos a um regime claramente mais favorável, constante da lista aprovada pelo Ministro das Finanças[38] e, quando se trate de projectos de investimento realizados num Estado membro da União Europeia, aplicam-se exclusivamente a PME's. Solução que se explica pelo facto de os benefícios fiscais em causa serem tidos como auxílios de Estado pelo direito comunitário, o que tem como consequência estarem os mesmos proibidos na União Europeia. Uma proibição

---

[38] Constante da Portaria n.º 1271/2001, de 21 de Dezembro.

que conhece, todavia, excepções entre as quais se destaca uma respeitante às PME's. Daí a disposição em causa relativa aos incentivos ou estímulos fiscais a projectos de investimento realizados pelas PME's portuguesas nos Estados membros da União Europeia estar em princípio ao abrigo do direito comunitário.

Por seu turno, no que respeita ao aspecto procedimental de tais contratos, é de assinalar, tendo presente os mencionados decretos-lei n.º 401/99 e n.º 409/99, que tanto os contratos de internacionalização das empresas nacionais como os contratos de investimento estrangeiro ou nacional em Portugal, se iniciam com a apresentação da respectiva candidatura por parte das empresas promotoras dos investimentos junto do ICEP ou IAPMEI, ou tratando-se de grandes projectos de investimento, isto é, de projectos cujos investimentos excedam 25 milhões euros ou a entidade promotora tenha uma facturação anual consolidada superior a 75 milhões de euros, junto da API, que é, como já referimos, uma entidade pública empresarial[39]. Depois, o respectivo processo é instruído nestes organismos.

Nos casos da competência do ICEP ou do IAPMEI, segue-se a elaboração por estes organismos do respectivo parecer técnico e a remessa do processo à Direcção-Geral dos Impostos, a fim de esta emitir o correspondente parecer sobre os benefícios fiscais a conceder no caso. Obtido este, os benefícios fiscais são objecto de um contrato de concessão, no qual outorga o Ministro das Finanças[40], seguindo-se o correspondente contrato de investimento, o contrato principal, o qual, porque no seu âmbito são concedidos incentivos fiscais, é objecto de aprovação por resolução do Conselho de Ministros.

Já nos casos de intervenção da API, justamente porque esta Agência se apresenta como interlocutor único face aos promotores de grandes projectos de investimento tanto antes como depois de celebrado o respectivo contrato de investimento, centraliza todo o procedimento contratual, no qual naturalmente se inclui o procedimento relativo ao contrato fiscal, como se diz no preâmbulo do Decreto-Lei n.º 203/2003. Por isso, deve ser ela a obter junto das entidades públicas competentes todos os pareceres e aprovações necessários à negociação e celebração dos contratos

---

[39] V. o Decreto-Lei n.º 225/2002, de 30 de Outubro, e *supra*, nota 9.

[40] Isto de acordo com a prática que se vem seguindo, embora a lei se limite a prescrever que cabe ao Ministro das Finanças aprovar o contrato (v. o art. 9.º, n.º 1, do Decreto-Lei n.º 401/99 e o art. 8.º, n.º 1, do Decreto-Lei n.º 409/99).

de investimento. Assim, quando se trate de grandes projectos de investimento, no que aos incentivos fiscais a conceder diz respeito, cabe à API obter o parecer fiscal da Direcção-Geral dos Impostos relativo a esses incentivos, a outorga do Ministro das Finanças no respectivo contrato fiscal, que será apenso ao correspondente contrato de investimento, bem como a aprovação deste último contrato por resolução do Conselho de Ministros. É o que resulta da conjugação do disposto nos decretos-lei n.º 401/99 e n.º 409/99, em se exigem aqueles actos, respectivamente da Direcção-Geral dos Impostos, do Ministro das Finanças e do Conselho de Ministros, com o disposto no Regime Contratual Único para Grandes Projectos de Investimento, que atribui à API a condução e conclusão de todo o procedimento contratual.

5. Os contratos fiscais e o investimento estrangeiro

Por quanto vimos de dizer, os benefícios fiscais, na modalidade de incentivos ou estímulos fiscais, orientados para o investimento estrangeiro têm presentemente um regime comum ao de restante investimento produtivo. Pelo que todo o investimento produtivo pode ser objecto de estímulos fiscais e de estímulos fiscais contratualizados, concedidos por contratos e como contrapartida ou parte da contrapartida do Estado pelos compromissos de investimento assumidos pelas empresas.

O que nos revela quão longe estamos daquela visão das coisas que, ainda há relativamente pouco tempo, proclamava que o Estado, enquanto ente dotado de soberania, não pactua, não contrata. Ora, constituindo o poder tributário, por enquanto, a base mais importante e visível da soberania estadual, facilmente se compreende que tenha resistido, durante muito tempo, eficazmente à ideia de contratualização[41].

Mas, ultrapassada que foi essa alergia do direito fiscal ao *modus procedendi* contratual, não se colocando, por conseguinte, quaisquer dúvidas relativamente à natureza desses contratos, interessa fazer agora algumas considerações complementares, sobre que contratos são esses que operam em sede da concessão de benefícios fiscais ao investimento.

---

[41] V. sobre a soberania fiscal, as nossas reflexões em *O Dever Fundamental de Pagar Impostos*, cit., p. 290 e ss., e sobre o a progressiva aceitação do contrato no direito administrativo e, depois, no próprio direito fiscal, os nossos *Contratos Fiscais*, cit., p. 17 e ss. e 137 e ss.

Pois bem, que são contratos da Administração ninguém por certo porá em dúvida, já que uma das partes é a Administração Pública. Mas coloca-se a questão de saber que contratos são, ou seja, saber se são contratos administrativos ou contratos de direito privado. Uma questão cuja resposta parece não levantar problemas de maior, sendo pois relativamente muito fácil concluir pela sua natureza de contratos administrativos, ou melhor de contratos administrativos especiais ou fiscais. Com efeito, tratando-se, como se trata, de contratos de atribuição económica com objecto passível de acto administrativo[42], os contratos fiscais em análise apresentam-se como contratos administrativos, como contratos administrativos especiais, por natureza. Pelo que não podem assumir-se como contratos de direito privado da Administração.

Uma conclusão que, devemos assinalar, em nada é prejudicada pelo facto de os contratos fiscais, isto é, os contratos de concessão de benefícios fiscais, se integrarem numa realidade mais ampla e complexa, que são os contratos de investimento, nos quais tais contratos constituem uma parte, um anexo. E isto mesmo que se conclua, como parece dever concluir-se, que os contratos de investimento actualmente se apresentam não como contratos administrativos, como o foram até 1995, mas antes como contratos de direito privado.

Na verdade, enquanto nas duas versões do Código de Investimento Estrangeiro e, depois, no diploma que passou a conter o regime contratual do investimento estrangeiro, o contrato de investimento vinha qualificado como contrato administrativo[43], o Decreto-Lei n.º 321/95 e, depois, o Decreto-Lei n.º 203/2003, deixaram de fazer qualquer menção à natureza administrativa do referido contrato. O que nos leva à conclusão de que, tratando-se de contratos de atribuição económica, que eram administrativos por determinação legal e não contratos administrativos por natureza, não constituem os mesmos mais contratos administrativos, a menos que as partes expressamente os submetam a um regime substantivo de direito público, caso em que estaremos perante contratos administrativizados pelas partes[44].

---

[42] Na terminologia de SÉRVULO CORREIA, *Legalidade e Autonomia Contratual nos Contratos Administrativos*, Almedina, Coimbra, 1997, p. 422 e ss., que veio a ser adoptada pelo CPA (alínea *a)* do n.º 3 do art. 185.º) e pelo novo ETAF (art. 4.º, n.º 1, al. *f)*).

[43] Pois enquanto no n.º 3 do art. 5.º do Decreto-Lei n.º 239/76 e no n.º 4 do art. 5.º do Decreto-Lei n.º 348/77 se qualificavam os contratos em causa como contratos administrativos, no n.º 2 do art. 2.º do Decreto Regulamentar n.º 24/86 prescrevia-se que os contratos de investimento tinham natureza administrativa.

[44] V. o art. 4.º, n.º 1, al. *f)*, do ETAF.

Uma diversidade de natureza (dos contratos fiscais e dos contratos de investimento) que não levanta os problemas do passado, uma vez que a mesma não conduz a uma diversidade de jurisdição, já que os litígios que originarem são presentemente todos, uns e outros, da competência da jurisdição administrativa e fiscal. Ou seja, a natureza jurídica privada dos contratos de investimento não desencadeia a competência da jurisdição judicial, isto é, a competência dos tribunais judiciais. Isto porque no concernente aos contratos de investimento se aplica o disposto na al. *e)* do n.º 1 do art. 4.º do ETAF, que atribui aos tribunais da jurisdição administrativa e fiscal a apreciação dos litígios que tenham por objecto "questões relativas à...interpretação, validade e execução de contratos a respeito dos quais haja lei específica que os submeta, ou que admita que sejam submetidos, a um procedimento pré-contratual regulado por normas de direito público". Ora, nos contratos de investimento tem lugar pelo menos um procedimento pré-contratual regulado por normas de direito público, que é o procedimento relativo ao correspondente contrato fiscal[45].

O que não quer dizer, todavia, que não se mantenha uma certa diversidade de jurisdição, embora dentro da jurisdição administrativa e fiscal. Na verdade, havendo na jurisdição administrativa e fiscal dois ramos (o administrativo e o fiscal), não podemos esquecer que, enquanto os litígios relativos aos contratos fiscais são da competência do ramo fiscal, os litígios relativos aos contratos de investimento são da competência do ramo administrativo. Muito embora em ambos os tipos de litígios se siga o processo administrativo, mais especificamente a acção administrativa comum.

Que os litígios respeitantes aos contratos fiscais integram a jurisdição fiscal, é evidente, já que se trata de contratos regidos pelo direito público, mais concretamente pelo direito económico fiscal[46]. Isto não obstante o ETAF, nos seus arts. 49.º, 38.º e 26.º, ao descrever a competência,

---

[45] Sobre a interpretação do n.º 1 do art. 4.º do ETAF, que alargou significativamente a competência da jurisdição administrativa e fiscal, mormente no respeitante aos contratos privados da Administração, v. PEDRO GONÇALVES, *O Contrato Administrativo. Uma Instituição do Direito Administrativo do Nosso Tempo*, Almedina, Coimbra, 2003, p.147 e ss., e MÁRIO ESTEVES DE OLIVEIRA / RODRIGO ESTEVES DE OLIVEIRA, *Código de Processo nos Tribunais Administrativos e Estatuto dos Tribunais Administrativos e Fiscais Anotados*, vol. I Almedina, Coimbra, 2004, p. 29 e ss.

[46] V. o que dissemos *supra*, no ponto 4.

respectivamente, da Secção do Contencioso Tributário do STA, das secções do contencioso tributário dos tribunais centrais administrativos e dos tribunais tributários, jamais mencionar os litígios emergentes de contratos fiscais. Mas nesse sentido vai o n.º 3 do art. 213.º da Constituição, ao prescrever que compete aos tribunais fiscais o julgamento das acções e recursos contenciosos que tenham por objecto dirimir litígios emergentes das relações jurídicas fiscais. Em virtude desse princípio constitucional de especialização jurisdicional, inequivocamente orientado para a optimização da realização da justiça, cabe aos tribunais fiscais dirimir os litígios emergentes das relações jurídicas fiscais, só assim não acontecendo quando tais litígios, na medida em que possam ser subtraídos à sua jurisdição natural, estejam legalmente excluídos da jurisdição fiscal[47].

Quanto ao processo a seguir, na resolução dos litígios respeitantes aos contratos fiscais, como não há, em sede do direito fiscal, qualquer processo especial para os referidos litígios, naturalmente que seguem o processo administrativo. Assim o impõem a remissão da alínea c) do art. 2.º do CPPT e o facto de o direito fiscal constituir um ramo especial do direito administrativo. Por isso, seguem, a acção administrativa comum como decorre muito claramente da alínea h) do n.º 2 do art. 37.º e do art. 46.º do CPTA.

Já os litígios respeitantes aos contratos de investimento integram a jurisdição administrativa, isto é, são da competência dos tribunais administrativos. E nestes seguem naturalmente o processo administrativo e, como referimos, a acção administrativa comum.

Enfim, mais uma palavra a respeito do contencioso dos contratos fiscais. Prende-se ela com a possibilidade de intervenção de tribunais arbitrais na resolução de litígios emergentes desses contratos. Pois bem, ao contrário do que ocorria ainda no passado recente, em que o recurso à arbitragem em sede da justiça administrativa e fiscal acabava por ser permitida em casos muito limitados, actualmente, em virtude da entrada em vigor, em 1 de Janeiro de 2004, do CPTA, a arbitragem é admitida no direito administrativo e fiscal em termos bastante amplos.

---

[47] Num entendimento que, como será fácil de ver, alinhamos com a posição do Professor J. C. Vieira de Andrade, que adoptou em todas as versões das suas lições de justiça administrativa, segundo a qual o art. 213.º, n.º 3, da Constituição consagra os tribunais administrativos como tribunais comuns em matéria administrativa, uma compreensão entretanto sufragada pelo Tribunal Constitucional, pelo STA e pelo Tribunal de Conflitos. Cf., por último, J. C. VIEIRA DE ANDRADE, *Justiça Administrativa (Lições)*, 6ª ed., Almedina, Coimbra, 2004, p. 109 e ss.

O que resulta muito claro, nomeadamente, do teor das alíneas *a)* e *c)* do n.º 1 do art. 180.º desse Código, em que se dispõe que pode ser constituído tribunal arbitral para o julgamento de questões respeitantes a contratos, incluindo a apreciação de actos administrativos relativos à respectiva execução, bem como das questões relativas a actos administrativos que possam ser revogados conquanto que a revogação não tenha por fundamento a sua invalidade. Ou, por outras palavras, podem se submetidas a arbitragem as questões relativas a actos administrativos que possam ser objecto de revogação em sentido estrito ou próprio e não possam, por conseguinte, ser objecto de revogação anulatória ou, noutra fórmula, de anulação revogatória.

Pelo que, neste quadro amplo do CPTA de admissão da arbitragem em sede da justiça administrativa e fiscal, parece-nos que, a partir de 1 de Janeiro de 2004, também os litígios emergentes dos contratos fiscais, mesmo relativos aos incentivos fiscais, tradicionalmente excluídos dessa possibilidade, como claramente se reafirma no n.º 1 do art. 9.º do recente Regime Contratual Único para Grandes Projectos de Investimento[48], podem ser submetidos pelas partes a arbitragem, conquanto que, naturalmente, digam respeito a aspectos da concessão dos benefícios fiscais que sejam revogáveis sem ser com base na sua invalidade. Pois, poder-se-ia dizer que esse n.º 1 do art. 9.º, em que se dispõe que "para dirimir os litígios emergentes da interpretação e aplicação dos contratos de investimento podem as partes convencionar o recurso à via arbitral, com excepção do que diga respeito a matéria relativa aos incentivos fiscais", teria sido revogado pelo CPTA, como *lex posterior* que é face àquele diploma legal.

Todavia, propendemos a concluir que esse preceito não foi revogado pelo CPTA. Isto por três ordens de razões. De um lado, a posterioridade do Decreto-Lei n.º 203/2003 apenas se ficou a dever aos sucessivos adiamentos da entrada em vigor da Reforma da Justiça Administrativa, em que se integra o CPTA. Mesmo assim este acabou por entrar em vigor em 1 de Janeiro de 2004 e aquele Decreto-Lei em 16 de Setembro de 2003. Pelo que, atentas as vicissitudes pelas quais passaram os processos legislativo e de entrada em vigor do CPTA, sem paralelo nos processos legislativo e de entrada em vigor do Decreto-Lei n.º 203/2003, bem podemos questionar o real sentido do carácter posterior daquele Código face ao Decreto-Lei n.º 203/2003.

---

[48] Constante do referido Decreto-Lei n.º 203/2003, de 10 de Setembro.

De outro lado, sempre se poderá dizer que o Decreto-Lei n.º 203//2003 se apresenta como uma lei especial face ao CPTA, não sendo, por conseguinte, posta em causa por este Código. Donde, a haver alguma intenção de revogação do mencionado preceito daquele diploma legal pelo CPTA, não podia a mesma deixar de ter neste expressa e inequívoca manifestação.

Finalmente, é de ponderar que os actores públicos, que intervêm nos contratos fiscais e na arbitragem, não são os mesmos. Pois, enquanto nos contratos de concessão de benefícios fiscais intervém, como vimos, o Ministro das Finanças, que outorga no referido contrato[49], na arbitragem intervém uma entidade pública empresarial do Estado, a API, a quem cabe nomeadamente designar o respectivo árbitro, entidade que é, como vimos, quem outorga, em representação do Estado, no contrato de investimento, ou seja, no contrato principal.

---

[49] V., todavia, o que dissemos *supra* na nota 39.

EM TORNO DO "INVESTIMENTO ESTRANGEIRO E CONTRATOS FISCAIS": UMA VISÃO SOBRE A COMPETITIVIDADE FISCAL PORTUGUESA[1]

Dr. RICARDO HENRIQUES DA PALMA BORGES

SUMÁRIO: Introdução. 1. Primeiras provocações: É precisa uma fiscalidade específica, nomeadamente de base contratual, para o investimento estrangeiro? 2. Reforma legislativa. 2.1. Um novo dinamismo fiscal. 2.2. Medidas de dinamização do investimento. 2.2.1. A revisão do regime das reintegrações e amortizações. 2.2.2. A revisão do regime de residência em sede de IRS. 2.2.3. Eliminação mais perfeita da dupla tributação económica. 2.2.4. Introdução do método da isenção para eliminar a dupla tributação jurídica internacional. 2.2.5. Reforma da tributação da dívida pública. 2.2.6. Uma visão clara sobre a Zona Franca da Madeira. 2.2.7. Generalização de soluções particulares da Zona Franca da Madeira.

---

[1] Este texto corresponde, no essencial, ao conteúdo da intervenção oral efectuada pelo autor na Faculdade de Direito da Universidade de Lisboa, a 16 de Novembro de 2004, no âmbito da Mesa Redonda dedicada ao "Investimento Estrangeiro e Contratos Fiscais" das Jornadas dos 15 Anos da Reforma Fiscal de 1988/1989. Não sendo o autor um dos conferencistas principais, mas sim um interveniente numa das mesas redondas, este artigo conserva o estilo coloquial da participação, desprovido de grandes referências doutrinárias, embora lhe tenham sido aditadas algumas ideias não referidas nessa primeira exposição, essencialmente por falta de tempo. Em 14 de Abril de 2005, teve o autor a possibilidade de retomar a temática, nuns "Encontros de Fiscalidade" promovidos pelo Semanário Económico e pela Ernst & Young. Agradeço à Associação Fiscal Portuguesa, na pessoa do seu Presidente, o Professor Doutor Eduardo Paz Ferreira, e ao Instituto de Direito Económico, Financeiro e Fiscal, na pessoa do seu Presidente, o Professor Doutor Paulo de Pitta e Cunha, bem como à Ernst & Young, na pessoa do seu sócio Dr. José Silva Jorge, os amáveis convites para participar nos referidos eventos. A redacção do texto contou com a colaboração de Pedro Ribeiro de Sousa, a quem também se agradece. Contudo, as opiniões expressas neste artigo apenas vinculam o autor.

3. Uma cultura de humildade fiscal. 3.1. Reforma do procedimento legislativo. 3.1.1. Uma nova legística fiscal. 3.1.2. Factores de estabilização legislativa. 3.1.2.1. Maior preparação política e técnica dos governantes com responsabilidades em matéria fiscal. 3.1.2.2. Maior seriedade e consensos políticos. 3.1.2.3. Compreensão dos limites das soluções legislativas. 3.2. Reforma da Administração Tributária. 3.2.1. Uma Administração dialogante e ao serviço do cidadão. 3.2.2. Uma Administração isenta e transparente. 3.2.3. Uma Administração qualificada e rejuvenescida. 3.2.4. Uma Administração desburocratizada. 3.2.4.1. Os custos de contexto. 3.2.4.2. As relações fiscais internacionais. 3.2.4.3. O reconhecimento de isenções fiscais em sede de impostos sobre o património nas operações de reestruturação empresarial. 3.2.4.4. O reconhecimento da qualificação de certas entidades ou actividades para efeitos do Estatuto do Mecenato. 3.2.4.5. Regime geral das taxas. 3.2.4.7. "Loteamento" dos contribuintes. 3.3. Reforma da justiça tributária. 3.4. Combate à fraude, à evasão e à elisão fiscais. 3.4.1. Contribuintes com prejuízos fiscais e dívidas ao Fisco. 3.4.2. Mecanismos de antecipação e substituição tributária. 3.4.3. A velha questão das mais-valias em IRS. 4. Conclusão.

Introdução

Como metodologia a adoptar na apreciação do tema, propõe-se uma avaliação do "clima dominante" em matéria de fiscalidade portuguesa sobre o investimento estrangeiro, e uma visão sobre as duas últimas legislaturas e três governos constitucionais, criticando os maus exemplos e enaltecendo os bons. Adicionalmente, traça-se um elenco de possíveis medidas de dinamização do investimento que actuariam sobre grandes traves-mestras do sistema fiscal, como sejam a residência fiscal para efeitos de IRS e a eliminação da dupla tributação económica dos lucros distribuídos, pois em matéria legislativa não convém perder energias com questões marginais. A ênfase de mudança é concedida a uma nova cultura fiscal, com particular relevo para a Reforma do Procedimento Legislativo, da Administração Tributária e da Justiça Tributária, embora também com algumas achegas em sede de Combate à Fraude, à Evasão e à Elisão Fiscais.

1. Primeiras provocações: É precisa uma fiscalidade específica, nomeadamente de base contratual, para o investimento estrangeiro?

Quando se pensa em investimento estrangeiro pensa-se quase sempre em atrair novos investidores. E porque não acarinhar os que já estão instalados em Portugal, sejam eles estrangeiros ou nacionais? Esses dão--se por adquiridos, e o Estado não os trata como devia. É frequente transformar os investidores estrangeiros conquistados ontem nas vítimas das costumeiras inspecções fiscais e delongas administrativas e judiciais de hoje. Em matéria de investimento, impõe-se um princípio de continuidade: não esquecer os investidores de ontem, para que os potenciais investidores de hoje não se sintam tentados a conjecturas sobre qual será o tratamento que lhes será dispensado no futuro. Até porque entre os investidores passados, adequadamente defendidos, está certamente uma base importante de recrutamento e de apoio para futuros investimentos.

Será que é necessária uma fiscalidade específica para o investimento estrangeiro? Não bastará uma fiscalidade propícia ao investimento em geral, assente em medidas estruturais, caso da descida da taxa do Imposto sobre o Rendimento das Pessoas Colectivas (IRC) – de que são exemplos a Irlanda, a Estónia, e mais recentemente a Áustria e Portugal –, ou de favoráveis regimes *holding*, como os da Holanda, Luxemburgo e Espanha? E tem-se consciência que a especificidade está na mira de um escrutínio intenso, sendo especialmente visada pelas regras comunitárias de Auxílios de Estado e do Código de Conduta sobre a Fiscalidade das Empresas, bem como pelo Acordo sobre Subvenções da Organização Mundial do Comércio?

Tornou-se um lugar comum afirmar que devemos prestar mais atenção à estabilidade do sistema fiscal, ao invés de procurarmos permanentemente aperfeiçoar o pormenor tributário. O Luxemburgo é disto um bom exemplo, sendo que parte do seu regime *holding* se mantém essencialmente inalterada desde 1929. Talvez não seja o mais atractivo dos regimes, mas será com certeza um dos mais estáveis. Ao invés, tivemos em Portugal, desde 1999, cinco regimes sobre detenção de participações sociais em igual número de anos. O actualmente existente, apesar de até ser mais favorável do que o luxemburguês, pelo menos em certos aspectos, não será, por certo, numa conjuntura em que a sua estabilidade não pode ser antecipada, mais capaz na atracção de investimento.

E será que a fiscalidade específica para o investimento estrangeiro deverá ser de base contratual? Deve o autor confessar que não é grande adepto dos contratos fiscais, ou dos contratos de investimento estrangeiro. Estes têm por objecto, na maior parte dos casos, regular benefícios fiscais ou incentivos financeiros. Para além de convocarem uma intervenção administrativa, com as implicações de exigência e demora burocráticas daí decorrentes, eles comportam sempre alguma margem de livre apreciação, e têm existido problemas quanto à sua (não) publicação em *Diário da República*[2].

A associação destes dois últimos factores gera desigualdades, sendo que dois contribuintes semelhantes podem ser tratados de forma muito díspar, bastando para tal que um deles tenha acesso ao regime contratual e o outro não. Mesmo que dois contribuintes com igual capacidade contributiva e contributo económico possam aceder ao referido mecanismo, eles podem ser objecto de diferentes conteúdos contratuais, não sendo estes escrutináveis ou comparáveis entre si se se verificar a referida falta de publicação. A isto está ainda associado um outro problema, dado que os contratos, sendo elaborados à medida do caso concreto, podem também ser uma severa limitação ao regular funcionamento dos mercados, gerando distorções concorrenciais e, necessariamente, questões ao nível dos regimes comunitários de Auxílios de Estado e do Código de Conduta sobre a Fiscalidade das Empresas.

A leitura do preâmbulo e do artigo 3.º, n.º 1, do Decreto-Lei n.º 203/2003, de 10 de Setembro, sobre o regime especial de contratação de apoios e incentivos exclusivamente aplicável a grandes projectos de investimento enquadráveis no âmbito das atribuições da Agência Portuguesa para o Investimento, E. P. E. (API), deve merecer reflexão por parte de quem acredita no império da legalidade: "*A avaliação do mérito dos grandes projectos de investimento rege-se por princípios fundamentais de adequação caso a caso que não são compatíveis com modelos ou fórmulas prefixados de medição de mérito. Por esta razão, o regime contratual de investimento é instrumento por excelência da API*"; "*No âmbito do regime contratual de investimento poderão ser concedidas pelo Estado as contrapartidas que se mostrem qualitativa e quantitativamente adequadas ao mérito do projecto em causa*".

Em súmula, é compreensível que o Estado disponha de instrumentos negociais que o tornem competitivo na captação de investimento externo. O que já é inaceitável é que o Estado disponha de uma liberdade negocial a tal ponto irrestrita que ponha em causa as exigências dos princípios da legalidade e igualdade.

---

[2] Para uma resenha, cfr. GOMES, NUNO SÁ (2000), *Manual de Direito Fiscal* (Vol. I), 11.ª edição com Adenda, Rei dos Livros, Lisboa, pp. 405-10.

2. Reforma legislativa

2.1. Um novo dinamismo fiscal

O mais necessário, em matéria legislativa, é uma nova proactividade em matéria fiscal, semelhante à que motivou a Reforma Fiscal dos anos 80, que reequacione todo o sistema fiscal português à luz do Direito Comunitário. Já houve muitas comissões de estudo, mas nenhuma sobre este problema, que é hoje agudo e transversal. Demonstram-no os recentes casos em que Portugal foi questionado pela Comissão Europeia por ter limitado o reinvestimento do produto da alienação de imóveis para habitação própria e permanente, que permite um diferimento da tributação em Imposto sobre o Rendimento das Pessoas Singulares (IRS) das mais-valias realizadas apenas se concretizado na aquisição de habitação própria permanente no território nacional, e não no território comunitário (cfr. artigo 10.º, n.º 5, do respectivo Código), ou pela descida da taxa de Imposto sobre o Valor Acrescentado (IVA) aplicável às fraldas (cfr. artigo 30.º, n.º 5, da Lei n.º 55-B/2004, de 30 de Dezembro – Lei do Orçamento do Estado (LOE) para 2005).

O Estado contenta-se em ir sendo condenado, de quando em vez, no Tribunal de Justiça das Comunidades, ou incomodado, a espaços, pela Comissão Europeia, e em fazer vista grossa, ou ir transpondo, com atrasos assinaláveis, o *acquis communautaire* de origem jurisprudencial. É sintomático que o sentido da jurisprudência comunitária quanto ao benefício, por parte dos estabelecimentos estáveis, do regime de eliminação da dupla tributação económica dos lucros distribuídos [Casos 270/83, de 28 de Janeiro de 1986 (*Avoir Fiscal*), e C-307/97, de 14 de Setembro de 1999 (*Saint-Gobain*)], apenas tenha sido consagrado com a alteração, pela LOE para 2005, do artigo 46.º, n.º 6, do Código do IRC, em transposição da recente Directiva do Conselho n.º 2003/123/CE, de 22 de Dezembro, que alterou a Directiva Mães-Filhas.

Será preferível não alterar o sistema e esperar pelas condenações sucessivas do Tribunal de Justiça das Comunidade Europeias, preservando entretanto alguma receita fiscal, ou adoptar uma postura activa na cena internacional, equacionando as questões candentes, antecipando problemas e atraindo investidores ao oferecer estruturas jurídicas mais seguras e estáveis? Para o autor, a resposta é evidentemente a segunda. Impõe-se assim que o sistema fiscal seja revisto em conformidade com o Direito Comunitário, para que Portugal possa apresentar ao investimento externo uma estrutura jurídica clara, coerente e racional, isenta de restrições patentes, de obstáculos dissimulados e de uma mentalidade tacanha.

2.2. Medidas de dinamização do investimento

É sempre possível elencar medidas legislativas úteis, necessárias, ou interessantes ao investimento – incluindo o de origem estrangeira –, e por isso não se resiste a indicar algumas. Todavia, as medidas enunciadas são de índole sistemática, na perspectiva de uma reforma integrada de certas características essenciais dos regimes actuais, não se limitando a criar novos benefícios ou excepções particulares, com o inerente acréscimo de complexidade dentro do sistema existente[3]. Assim, ficam as seguintes sugestões:

2.2.1. *A revisão do regime das reintegrações e amortizações*

O Decreto-Regulamentar n.º 2/90, de 12 de Janeiro, ele mesmo um dos frutos mais estáveis da Reforma Fiscal de 1989, deveria ser revisto no sentido de: (i) contemplar bens aí não previstos; (ii) contemplar situações aí não previstas, como a amortização fiscal do *goodwill* na aquisição de empresas; e (iii) alterar as taxas de amortização de acordo com a realidade hodierna. Por exemplo, a depreciação dos computadores é efectuada fiscalmente em quatro ou oito anos, e a das fotocopiadoras ou telemóveis em cinco ou dez quando as indicações da indústria apontam para uma vida útil menor.

2.2.2. *A revisão do regime de residência em sede de IRS*

A revisão em epígrafe deveria ser baseada na introdução de: (i) um regime de tributação separada dos cônjuges, tendo em vista adaptar o IRS

---

[3] Um raro exemplo, nos tempos mais recentes, de uma visão sistemática, a nível governativo, sobre a política fiscal portuguesa – no caso externa – é a do Despacho n.º 6328/2002, publicado no *Diário da República*, II Série, n.º 69, de 22 de Março, pp. 5511-8, que contém um esforço sério no sentido de uma orientação estratégica, e não de uma gestão casuística, da mesma. Mais remotamente, refiram-se as Bases Gerais da Reforma Fiscal da Transição para o Século XXI, aprovadas pela Resolução do Conselho de Ministros n.º 119/97, de 14 de Julho.

ao actual cenário de mobilidade internacional, *maxime* comunitária, dos trabalhadores; (ii) um conceito de residência fraccionada; e (iii) mecanismos especiais de liquidação do imposto para expatriados temporariamente residentes em Portugal.

Quanto à tributação dos cônjuges, o regime que hoje vigora é o de tributação conjunta obrigatória do agregado familiar, ao invés daquele que rege a união de facto, em que – teoricamente, e não apenas na prática –, se permite ao sujeito passivo a opção que se venha a revelar fiscalmente mais interessante: a tributação conjunta, ainda que se trate de pessoas do mesmo sexo, ou separada (cfr. o artigo 14.º do Código do IRS).

O regime vigente, para além de violar a Constituição da República Portuguesa ao não respeitar o princípio da protecção da família [cfr. o artigo 67.º, em particular o n.º 2, alínea f)], cria entraves à movimentação internacional de trabalhadores, gerando, por exemplo, residências fiscais por atracção dos portugueses estabelecidos no exterior que deixam o cônjuge em território nacional (cfr. artigo 16.º, n.º 2, do Código do IRS). Num sentido correcto, de reposição do sentido das prioridades do sistema, ia a proposta do Partido Social Democrata nas últimas eleições legislativas: permitir aos casados a opção pela tributação separada, caso esta se lhes revelasse mais favorável.

Hoje, os contribuintes casados, residentes fiscalmente no exterior, na base da sua presença física, são também considerados domiciliados em território nacional por via do mecanismo da residência por atracção – dir-se-ia *fatal* – ou por dependência, que se basta com a residência de um dos cônjuges para considerar o outro também residente em Portugal. Se ambos os Estados aplicarem o princípio da universalidade, isto é, se tiverem pretensões tributárias dirigidas à totalidade dos rendimentos dos seus residentes, os sujeitos passivos ficam desde logo confrontados com uma dupla residência em que ambas as soberanias fiscais pretendem exercer, em grau máximo, e concorrentemente, o poder de cobrança de impostos. A dupla residência e a dupla tributação podem ser atenuadas com o recurso às Convenções para Evitar a Dupla Tributação (CDTs), mas em regra estas apenas atenuam o fenómeno, para além de suscitarem complexos problemas burocráticos na sua aplicação prática[4].

---

[4] A questão apenas não é mais grave porquanto os tribunais portugueses têm aplicado um entendimento perfeitamente erróneo na resolução deste tipo de problemas,

Através de uma tributação separada dos cônjuges seriam suprimidas situações complexas de dupla tributação jurídica internacional ao eliminar-se, à cabeça, a dupla residência de muitos contribuintes, reposto o favorecimento da família constitucionalmente consagrado, e facilitada a circulação internacional de trabalhadores, quer na vertente da deslocação de quadros portugueses para o estrangeiro, quer na vertente da deslocação de quadros estrangeiros para o território nacional. Tornar-se-ia igualmente dispensável, ou menos frequente, o recurso a alguns benefícios fiscais em razão das relações internacionais, como o previsto no artigo 37.º do Estatuto dos Benefícios Fiscais (EBF), relativo a Acordos e Relações de Cooperação, que dependem de reconhecimento do Ministro das Finanças e exigem um esforço administrativo insano, o qual se tem traduzido em vários anos de atraso na respectiva apreciação (cfr. ponto 3.2.4.2. *infra*).

Quanto aos trabalhadores estrangeiros destacados em Portugal, seria positiva a introdução de um regime particular de residência e obrigação tributária para expatriados temporariamente residentes em Portugal, uma vez que não existe actualmente no Código do IRS qualquer disposição específica para esta situação. Assim, quem for considerado residente para efeitos de IRS no dia 31 de Dezembro será tributado de acordo com o princípio da universalidade durante todo esse ano fiscal (cfr. artigo 13.º, n.º 7, do Código do IRS), o que implica que se um sujeito passivo for residente de Julho de um ano a Julho do ano seguinte, encontrando-se em cada um dos anos mais de 183 dias (cfr. artigo 16.º, n.º 1, alínea a), do Código do IRS), Portugal vai ter uma pretensão tributária relativa à totalidade dos seus rendimentos auferidos durante o conjunto dos dois anos, independentemente da respectiva fonte, incluindo os obtidos antes se tornar residente em território português e os auferidos depois de deixar de estar fisicamente presente no país.

---

o qual, na prática, se revela favorável aos sujeitos passivos. Mas a circunstância de já existir alguma jurisprudência sobre o tema denota que as relações entre os contribuintes e a Administração Fiscal, nesta área, se situam já frequentemente num plano patológico. Sobre este tema, cfr. COURINHA, GUSTAVO Lopes (2004), "A tributação dos cidadãos portugueses trabalhadores no estrangeiro à luz do artigo 15.º do Modelo de Convenção OCDE", in *Fiscalidade* n.º 17 (Janeiro de 2004), pp. 55-71, e FAUSTINO, MANUEL (2004), "Tributação de rendimentos auferidos na Alemanha. Convenção República Portuguesa e a República Federal da Alemanha. Tentativa de evitar a dupla tributação", in *Fiscalidade* n.º 18 (Abril de 2004), pp. 56-65.

A introdução de um conceito de residência fraccionada ou parcial permitiria tributar pelo princípio da universalidade apenas os rendimentos auferidos a partir do momento em que alguém se torna fisicamente residente em Portugal e somente até ao momento em que deixa de o ser, e não os de todo o ano fiscal. Por exemplo, se alguém se tornasse residente a 31 de Dezembro de um dado ano, apenas seria tributado pelo princípio da universalidade em Portugal quanto aos rendimentos obtidos nesse dia, ao passo que os restantes rendimentos auferidos no exercício ou não seriam tributados se não fossem de fonte portuguesa, ou, caso contrário, seriam tributados, mas de acordo com o princípio da territorialidade. Este regime de residência fraccionada permitiria evitar o cúmulo de pretensões de tributação de dois ou mais Estados pelo princípio da universalidade, ao evitar duplas residências, e, mais uma vez, facilitaria a circulação internacional de trabalhadores.

Finalmente, existem medidas práticas que poderiam viabilizar o cumprimento das obrigações fiscais destes trabalhadores, uma vez que as actuais normas do Código do IRS não estão pensadas para este tipo de sujeitos passivos. Efectivamente, na ausência em território nacional de um sujeito passivo residente utilizador da mão-de-obra ou de um estabelecimento estável da entidade patronal não residente, não existe nenhuma estrutura apta a funcionar como substituto tributário, fazendo retenções na fonte para efeitos de IRS ou descontos para a Segurança Social. O cumprimento das obrigações fiscais e para com a Segurança Social fica totalmente a cargo do trabalhador, com todos os inconvenientes para o próprio, e para a própria fiabilidade do sistema – que deveria assentar num hetero-controlo.

Urge superar este problema, criando por exemplo um registo simplificado da entidade empregadora não residente em Portugal, com a contratação de um representante tributário em território nacional – que não gere, naturalmente, um estabelecimento estável dessa entidade, atraindo tributação em sede de IRC, sob pena de o mecanismo ser auto--dissuasor da sua utilização – que possibilitaria não só o pagamento das contribuições para a Segurança Social mas também que fossem efectuadas retenções na fonte de IRS sobre os salários pagos. Com tal mecanismo evitar-se-iam situações de pagamento da totalidade do imposto devido num só momento, operando a substituição e antecipação tributária.

Não se optando por esta via, um mecanismo alternativo poderia consistir na instituição de pagamentos por conta trimestrais a cargo do trabalhador e na possibilidade de este autoliquidar o imposto aquando da sua saída do território português sem ter de esperar pela normal data de entrega das declarações, e pela posterior recepção da nota de liquidação e cobrança, o que teria várias vantagens inerentes: (i) o efeito anestesiante e de poupança, com pagamentos fraccionados e de valor inferior, sendo o sujeito passivo obrigado a poupar ao longo do ano, evitando-se situações em que, por falta de cautela, ele não possui já o dinheiro para liquidar a dívida acumulada a final; (ii) o descongestionamento dos serviços de finanças durante o período de pico de Março/Abril, sendo atempadamente resolvidas situações complexas como sempre são as que envolvem problemas internacionais de plurilocalização de elementos de conexão; (iii) a declaração e percepção do imposto num momento em que o sujeito passivo ainda se encontra em território nacional; e, (iv) a antecipação de receitas tributárias, pela aproximação dos momentos do pagamento do imposto e da verificação do seu facto gerador.

2.2.3. *Eliminação mais perfeita da dupla tributação económica*

Deveria avançar-se no sentido da eliminação mais perfeita da dupla tributação económica, nomeadamente na interligação entre o IRS e o IRC. Hoje, as sociedades de profissionais são sociedades fiscalmente transparentes, sendo exigido que todos os seus sócios sejam pessoas singulares [cfr. o artigo 6.º, n.º 1, alínea b), e n.º 4, alínea a), do Código do IRC]. Começa a assistir-se a um certo desconforto com o regime actual da transparência fiscal, também ele essencialmente intocado desde a Reforma Fiscal de 1989.

Assim, são sintomas desse desconforto: (i) as sociedades de revisores oficiais de contas estrangeiras, que participam em homólogas sociedades nacionais, desejarem que esse facto não impedisse a transparência fiscal das segundas, o que actualmente sucede; (ii) as sociedade de táxis que não queriam pagar o Pagamento Especial por Conta pretenderem ser tratadas como sociedades transparentes – dispensadas daquele, nos termos do artigo 12.º do Código do IRC, e do Ofício-Circulado n.º 82, de 18 de Março de 1998 –, quando legalmente não o podiam ser, por exigência do citado preceito do Código do IRC, uma vez que o seu sector não está especificamente previsto na Portaria n.º 1011/2001, de 21 de Agosto, referente à Tabela de Actividades prevista no artigo 151.º do Código do IRS; (iii) a Ordem dos Advogados querer que as sociedades de advogados possam deixar, em certos casos, de ser transparentes, quando actualmente o são sempre, uma vez que os respectivos sócios têm de ser advogados, e estes são sempre pessoas singulares.

Por outro lado, e para lá do âmbito estrito das sociedades de profissionais, existem novas orientações sobre a matéria da transparência fiscal em termos internacionais, a nível da Organização de Cooperação e Desenvolvimento Económico (OCDE)[5], que Portugal ignora por completo – embora o autor deva confessar que tem muitíssimas reservas em relação a essas orientações.

Em vez de se criarem excepções ao actual regime de transparência fiscal para sociedades de revisores oficiais de contas com participação societária estrangeira, para taxistas e para mega-sociedades de advogados, não seria mais inteligente deixar ao critério do sujeito passivo a escolha do regime que se lhe vai aplicar, atendendo às especificidades da sociedade, nomeadamente à sua dimensão e ao seu carácter mais pessoal ou empresarial? Quem pretendesse a tributação única, directa e integral em IRS, escolhê-lo-ia; quem pretendesse uma tributação societária em IRC do lucro gerado e uma eventual tributação individual em IRS do lucro distribuído, fá-lo-ia. Um regime semelhante a este, de "tributação electiva", existe nos EUA, sendo designado por "*check-the-box*", um sistema em que o contribuinte assinala em formulário a quadrícula que julga mais apropriada ao seu caso.

É obviamente possível tutelar individualmente as situações atrás referidas, alargando o regime da transparência fiscal de modo a que os sócios de sociedades de profissionais não tenham necessariamente de ser pessoas singulares, acrescentando mais actividades à lista citada, dispensando certas estruturas do regime, *etc.*. No entanto, esta opção apenas levará à habitual profusão legislativa que advém da voracidade do legislador em tudo prever, mantendo-se o carácter auto-perpetuador e circular de alterações – feitas estas, logo surgiriam outras classes e situações a invocar o mesmo privilégio. Melhor solução, crê-se, será a ora proposta, criando-se um regime único, de cariz opcional.

---

[5] LANG, MICHAEL (2000), *The Application of the OECD Model Tax Convention to Partnerships – A Critical Analysis of the Report Prepared by the OECD Comitee on Fiscal Affairs*, Linde Verlag, Vienna, e Kluwer, London; OECD (2003), *Model Tax Convention on Income and Capital*, OECD, Paris [Trata-se da versão em folhas soltas em 2 vols., que inclui no 2.º a posição dos países não membros, os relatórios anteriores e anexos]; OECD (1999), *The Application of the OECD Model Tax Convention to Partnerships*, OECD, Paris = (2003), R. (15), pp. 1-138, embora este último conte já com as reservas da França, Alemanha, Holanda, Portugal e Suíça.

2.2.4. *Introdução do método da isenção para eliminar a dupla tributação jurídica internacional*

Ao nível do investimento português no exterior talvez faça sentido, para certo tipo de rendimentos, nomeadamente o auferido por estabelecimentos estáveis – vulgo sucursais – introduzir o método da isenção para a eliminação da dupla tributação económica, em detrimento do actual método do crédito de imposto. Tal pode ser operado através de uma *switch-over clause*, que permita distinguir entre *business income* (rendimento activo), geralmente menos susceptível de planeamento fiscal, e o rendimento passivo, como os juros e *royalties*, habitualmente mais atreito a este tipo de operação. À renda activa seria assim atribuído o método da isenção, ao passo que a renda passiva ficaria sujeita ao método do crédito de imposto.

Este mecanismo permitiria, por exemplo, um tratamento mais neutral e concorrencial das sucursais no exterior de sociedades portuguesas, já que através do método da isenção lhes seria garantida tendencialmente uma taxa de imposto igual à das sociedades residentes nos países onde concorrem. No regime actual de aplicação do método do crédito de imposto, as sucursais exteriores de empresas nacionais confrontam-se sempre com a mais alta das taxas de IRC em presença, incidindo sobre elas, primariamente, a do Estado da fonte, à qual pode acrescer tributação em Portugal pela diferença entre essa mesma taxa e a nacional, caso esta última seja mais elevada. Assim, se a sucursal de uma sociedade portuguesa na Irlanda está aí sujeita a uma taxa de imposto de 12,5%, a circunstância de Portugal aplicar o princípio da universalidade obrigará ao englobamento do resultado da sucursal irlandesa no IRC português da sociedade-mãe, o que, ainda que haja um crédito sobre o imposto já pago na Irlanda, catapultará a oneração tributária efectiva do lucro daquele estabelecimento estável para o dobro – dada a taxa geral de IRC ser de 25% – da que as sociedades irlandesas suas concorrentes sofrem.

Todavia, a introdução do método da isenção teria de ser muito bem positivada, sob pena de incentivar a exportação de capitais por via fiscal em detrimento da sua aplicação doméstica, numa altura em que já se assiste a uma fuga de capitais do território português. No entanto, um desenho correcto para essa medida talvez possa potenciar precisamente um repatriamento dos capitais que actualmente se encontram no exterior, e que não regressam pela tributação excessiva que o método do crédito lhes impõe.

2.2.5. *Reforma da tributação da dívida pública*

Em sede de tributação da dívida pública, deveria ser feito um estudo claro das vantagens de uma isenção pura e simples da tributação dos seus juros, isenção essa que neste momento apenas beneficia os não residentes que não se situem em paraísos fiscais – o que implica um peso administrativo no sentido de controlar a residência desses não residentes. Para quem esteja chocado com esta possibilidade de isentar residentes no território português, e com a aparente violação do princípio da unicidade e progressividade do IRS, recorde-se que os gordos prémios do Euromilhões também não são tributados em sede deste imposto (cfr. artigo 9.º, n.º 2, do Código do IRS).

Quantos pontos-base na taxa de juro não conseguiríamos descer com essa medida? A poupança em despesa pública com os encargos da dívida e com o peso do controlo administrativo não suplantaria a perda de receita fiscal não arrecadada com a tributação daqueles juros? Uma ideia ainda mais arrojada para aumentar a atractividade da dívida pública portuguesa, mas que já tem vários séculos e foi experimentada noutros países, seria associar um número a cada obrigação da dívida pública portuguesa assim emitida, e efectuar uma lotaria de entre esses números, com "prémios Euromilionários"[6]. Mais uma vez, quantos pontos-base não conseguiríamos subtrair à nossa taxa de juro com essa medida? A poupança em despesa pública com os encargos da dívida não suplantaria a perda de receita associada à criação de um fundo para atribuição desses prémios? Um leilão simulado de dívida com características diversas – a actual e a proposta –, em que fosse dada aos licitantes a possibilidade de propor a taxa para cada uma das emissões, permitira atingir uma conclusão.

2.2.6. *Uma visão clara sobre a Zona Franca da Madeira*

Impõe-se uma meditação sobre o que o Estado português pretende fazer da Zona Franca da Madeira (ZFM), esse corpo estranho na fiscalidade portuguesa. A ZFM foi sempre defendida pelos vários Governos

---

[6] Trata-se de um sistema pelo menos contemporâneo de John Law (século XVIII). Sobre a vida de Law recomenda-se vivamente a leitura da deliciosa obra de Gleeson, Janet (1999), *Millionaire: The Philanderer, Gambler, and Duelist Who Invented Modern Finance*, Bantam Press, London.

junto das instâncias internacionais, nomeadamente junto da OCDE e da União Europeia, especialmente no referente ao Fórum para as Práticas Concorrenciais Prejudiciais e às questões dos Auxílios de Estado e do Código de Conduta. Todavia, no plano interno, ela permaneceu sempre controversa, talvez fruto de uma distinção pouco clara entre as situações que pretende justificadamente incentivar, *maxime* a captação de capitais estrangeiros, e as situações abusivas, geradas através dela, em conexão com a economia doméstica portuguesa. Nota-se também que o legislador se esquece dela com frequência, sendo frequentemente surpreendido pelos efeitos das medidas que consagra.

Exemplos muito recentes deste estado de coisas foram as alterações propostas ao Código do IRC pela Proposta de LOE para 2005 apresentada à Assembleia da República, nomeadamente ao seu artigo 46.º (Eliminação da dupla tributação económica de lucros distribuídos), n.º 10 (*"O regime estabelecido neste artigo não se aplica, procedendo-se, se for caso disso, às correspondentes liquidações adicionais de imposto, quando se conclua existir abuso das formas jurídicas dirigido à redução, eliminação ou diferimento temporal de impostos, o que pode considerar-se verificado, nomeadamente, quando: a) Os lucros distribuídos não tenham sido sujeitos a tributação efectiva e tenham origem em rendimentos aos quais não seria aplicável o regime estabelecido neste artigo; ou, b) A entidade que distribui os lucros não possua qualquer estrutura humana e material ou, possuindo-a, esta seja manifestamente desproporcional face aos rendimentos em causa"*), e ao seu artigo 86.º (Limitação dos benefícios fiscais), n.º 1 (*"O imposto liquidado nos termos do n.º 1 do artigo 83.º líquido das deduções previstas nas alíneas b) e d) do n.º 2 do mesmo artigo não pode ser inferior a 60% do montante que seria apurado caso o sujeito passivo não usufruísse dos benefícios fiscais, com exclusão daqueles que são de natureza contratual, independentemente da modalidade que revistam"*).

Quanto à segunda das normas, era óbvio para qualquer observador experimentado que a redacção proposta à Assembleia da República não podia ser aprovada tal qual estava, pois ela olvidava manifestamente o caso da ZFM, fazendo com que o legislador tirasse com uma "mão" (a do artigo 86.º do Código do IRC), o que havia concedido através da "outra" (artigo 33.º do EBF). Deste modo, a redacção final salvaguardou a questão, ao incluir no artigo 86.º, n.º 2, uma lista, que se crê exaustiva, do que se consideram benefícios fiscais para efeitos do n.º 1, a qual não inclui – e bem – o regime da ZFM (cfr. ainda o ponto 3.1.2.2. *infra*).

Já quanto à primeira norma – cuja versão aprovada reza: *"O regime estabelecido neste artigo não se aplica, procedendo-se, se for caso disso, às correspondentes liquidações adicionais de imposto, quando se conclua existir abuso das formas jurídicas dirigido à redução, eliminação ou diferimento temporal de impostos, o que se verifica quando os lucros distribuídos não tenham sido sujeitos a tributação efectiva ou tenham origem em rendimentos aos quais este regime não seja aplicável"* – constitui uma cláusula anti-abuso em matéria de eliminação da dupla tributação económica dos lucros distribuídos, específica em razão da matéria, mas geral na sua formulação. Ela parece criar uma presunção inilidível de abuso, de duvidosa constitucionalidade, e quase certa incompatibilidade com o Direito Comunitário, incluindo, à primeira vista, também aqueles lucros que sejam distribuídos: (i) a sociedades instaladas na ZFM por sociedades não residentes no território português; (ii) por sociedades instaladas na ZFM a sociedades no restante território português. Aparentemente, ambas as situações são potencialmente visadas e poderão, portanto, não beneficiar da dedução prevista no artigo 46.º, n.º 1, do Código do IRC.

Ora, esta norma irá atingir não apenas estruturas abusivas com conexão interna mas também certas estruturas puramente internacionais, para as quais a ZFM foi precisamente criada. Por exemplo, numa situação em que uma filial luxemburguesa distribua dividendos para uma Sociedade Gestora de Participações Sociais (SGPS)-mãe na ZFM, que por sua vez os redistribua para uma sociedade-avó em Espanha, não existe qualquer ligação à economia doméstica portuguesa. Todavia, segundo algumas interpretações, a SGPS-mãe na ZFM poderá não beneficiar do regime do artigo 46.º do Código do IRC, sendo certo que ela não dispõe, quanto aos dividendos por si recebidos de fonte comunitária, de qualquer isenção (cfr. artigo 33.º, n.º 1, alínea g), do EBF).

O que o legislador tem de fazer é uma reflexão de fundo e separar claramente duas situações: (i) quais os casos em que a ZFM gera abusos perpetrados pelos contribuintes do restante território português e em que se impõe evitá-los; (ii) quais os casos em que a ZFM incentiva contribuintes que não têm qualquer conexão com o restante território português a estabelecer-se lá e em que se justifica fazê-lo? A norma anti-elisiva do artigo 46.º, n.º 10, do Código do IRC, não atingiu, a meu ver, esse desiderato.

2.2.7. *Generalização de soluções particulares da Zona Franca da Madeira*

Em segundo lugar, e uma vez que a ZFM, no seu regime pós-2003 (cfr. artigo 34.º do EBF), está bloqueada no sector dos serviços financeiros e menos atractiva no sector dos serviços internacionais, até que ponto não faria sentido generalizar certas situações que apenas aí encontram consagração? Por que é que só se reconhece o instituto do *trust* na ZFM? Por que é que os depósitos bancários de não residentes apenas aí estão isentos de tributação sobre os juros, tendo em conta que, na prática fiscalmente aceite, e com o actual estado de desmaterialização da actividade financeira, qualquer depósito efectuado no espaço fiscal do Continente pode ser imputado a uma sucursal na ZFM? Porque é que apenas as sociedades aí estabelecidas beneficiam do método da isenção quanto a dividendos de fonte extra-comunitária? Será que não podíamos generalizar certas soluções do Centro Internacional de Negócios da Madeira (CINM) ao restante território português, evitando que sejam imputadas à ZFM operações que apenas nominalmente, para não dizer algo mais forte, aí se realizam?

A ZFM configura-se como um monopólio, uma vez que apenas o acesso ao seu regime permite usufruir do conjunto de vantagens referidas, e como um monopólio artificial, criado por intervenção do legislador que, a um passo, estabeleceu proibições genéricas, e no seguinte, instituiu um regime de excepção às proibições por ele mesmo criadas. Assim o pagamento das taxas de licença arvora-se hoje, por vezes, como o pagamento de um imposto oculto ou de uma licença fiscal, uma vez que os "obstáculos jurídicos" que são removidos à actividade do particular nem sempre constituem obstáculos reais, levantados por razões de interesse público geral, mas sim obstáculos erigidos artificialmente pelo legislador, como forma de, pelo seu levantamento pago, financiar a Sociedade de Desenvolvimento da Madeira. Do ponto de vista económico, justificar--se-á (ainda) este estatuto de excepção?

3. Uma cultura de humildade fiscal

A fiscalidade, entendida como conjunto de medidas de incentivo fiscal, embora importante, não pode ser o alfa e o ómega da dinamização do investimento estrangeiro. Pode com certeza fazer-se muito sem recorrer à fiscalidade. Por exemplo, a constituição de uma sociedade comercial pela Internet, sem recurso a procurações, escrituras, registos, *etc.*. Dirão alguns que é uma proposta utópica, que não é exequível, que bule com a segurança jurídica. E no entanto move-se, nos Estados Unidos da América. Qualquer um de nós, português, pode ligar-se à rede das redes e constituir, através de formulários electrónicos disponíveis em dezenas de sítios *web*, e com um cartão de crédito, uma *Limited Liability Company* em qualquer dos cinquenta Estados Americanos por entre quinhentos a mil Euros.

Bem ilustrativo daquilo que é a facilidade, ou dificuldade, de constituição de sociedades num mundo globalizado é o caso *Centros* (C-212/97, de 9 de Março de 1999), decidido pelo Tribunal de Justiça das Comunidades Europeias. Em 1997 o Sr. e Sr.ª Bryde, cidadãos dinamarqueses, constituíram no Reino Unido a *Limited Liability Partnership* (LLP) "Centros", tipo societário que não exige qualquer capital social mínimo. Esta sociedade nunca exerceu qualquer actividade no Reino Unido e pretendeu estabelecer na Dinamarca uma sucursal, cujo registo foi recusado pela Direcção-Geral do Comércio e das Sociedades dinamarquesa, com o fundamento de que esta habilidade se destinava meramente a elidir as exigentes regras relativas ao capital social mínimo ali vigentes – e tal era efectivamente o caso. O Tribunal decidiu que esta posição das autoridades dinamarquesas violava o direito de estabelecimento secundário – visto tratar-se neste caso da constituição de uma sucursal e não de uma sociedade *ab origine* –, previsto no Tratado da Comunidade Europeia. Afirmou ele que a decisão de um nacional de um Estado-Membro de constituir uma sociedade num outro Estado-Membro, com o objectivo declarado de fugir a regras de constituição mais rígidas, dispendiosas ou burocráticas, e não exercendo aí a sua actividade económica, não constituía um uso abusivo do direito de estabelecimento, sendo inerente ao uso da liberdade prevista no Tratado.

Consequência directa desta via jurisprudencial é o facto de, actualmente, numerosos pequenos prestadores de serviços, como canalizadores e electricistas, residentes em países do centro da Europa onde é caro constituir e manter uma sociedade, terem acorrido ao Reino Unido para constituir LLPs, das quais se fazem trabalhadores ou sócios-gerentes, continuando a prestar os seus serviços no respectivo Estado de residência. Isto demonstra que certas situações artificiais e mesmo caricatas advêm, as mais das vezes, de exigências excessivas por parte dos Estados.

São, na minha opinião, coisas simples e aparentemente insignificantes, como a rapidez e custos de constituição e manutenção de uma sociedade, totalmente à margem da fiscalidade, que mais decisivamente podem aumentar o investimento, inclusive estrangeiro.

Mas como o tema a abordar se cinge à fiscalidade, diria que nesta matéria o que mais poderia dinamizar o investimento em Portugal é a Reforma do procedimento legislativo, da Administração Tributária, e da justiça tributária.

3.1. Reforma do procedimento legislativo

3.1.1. *Uma nova legística fiscal*

Exige-se uma nova legística fiscal, que passaria por programação, participação, e publicidade (Regra dos três "P's")[7], e vertentes como:
– Separação formal entre as alterações fiscais e o Orçamento de Estado, uma vez que as razões que concorrem para a apresentação tardia do Orçamento, nomeadamente, a maior facilidade de previsão económica para o ano vindouro, não valem para as primeiras;
– Apresentação pública antecipada do articulado fiscal do Orçamento de Estado (a manter-se o figurino actual, por necessidade de "cavaleiros orçamentais"), ou das alterações em matéria tributária, a exemplo do que sucede noutros países;
– Discussão técnica – não política – das alterações em matéria tributária, através de uma cooperação permanente, nomeadamente com a Ordem dos Advogados, com a Ordem dos Revisores Oficiais de Contas, com a Câmara dos Técnicos Oficiais de Contas, e com as Empresas de Auditoria e Consultoria; em suma, com os contribuintes, tornando mais extensos e profundos os trabalhos preparatórios;

---

[7] Um passo no sentido dessa nova legística foi dado pelo Despacho do Ministro das Finanças n.º 4262/2002, de 27 de Fevereiro, publicado no *Diário da República*, II Série, N.º 49, de 27 de Fevereiro de 2002, pp. 3722-3, com pertinentes orientações em matéria fiscal, quanto à simplificação legislativa e sustentabilidade orçamental das propostas de alteração legislativa. Esse Despacho permite, nomeadamente, e em consonância com o artigo 14.º, n.º 3, da LGT, a rejeição liminar de propostas, especialmente no campo dos benefícios fiscais, que não quantifiquem a despesa fiscal que acarretam para o Estado.

– Guião justificativo e explicativo das alterações fiscais, disponível a todos os interessados *on-line*, retomando algo que foi parcialmente realizado no contexto da Lei 109-B/2001, de 27 de Dezembro – LOE para 2002, embora aqui apenas tenha sido disponibilizado um guião em formato de papel e somente para a Administração Fiscal.

3.1.2. *Factores de estabilização legislativa*

O Direito Fiscal é uma área volátil, mas não precisa de o ser tanto. Três factores podem contribuir para a redução da volatilidade e o aumento da estabilidade legislativa: (i) maior preparação política e técnica dos governantes com responsabilidades em matéria fiscal; (ii) maior seriedade política e consenso em matérias essenciais; (iii) resistência à tentação de tudo solucionar por via legislativa.

3.1.2.1. *Maior preparação política e técnica dos governantes com responsabilidades em matéria fiscal*

Os políticos devem preparar-se em governos-sombra antes de tomarem o poder para que, quando o assumirem, possam decidir sobre questões relativamente às quais hajam reflectido de forma serena, sem o fazerem pela primeira vez no calor do momento e sob a pressão mediática. Devem saber bem o que querem da fiscalidade, e saber fazer bem o que decidem.

Devem saber bem o que querem da fiscalidade. Ilustre-se o dito com casos paradigmáticos:
(i) o XV Governo Constitucional introduziu uma dedução à colecta do IRS do IVA suportado em facturas de almoços e afins (cfr. o artigo 66.º do EBF, introduzido por um diploma próprio, com direito a preâmbulo explicativo da importância da medida, o Decreto-Lei n.º 17/2003, de 3 de Fevereiro, cedo revisto pelo Decreto-Lei n.º 256/2003, de 21 de Outubro) e o XVI Governo Constitucional, na mesma legislatura, aboliu-o (cfr. o artigo 39.º, n.º 8, da LOE para 2005);
(ii) o XV Governo Constitucional fez a primeira grande revisão do Decreto-Lei n.º 404/90, de 21 de Dezembro, sobre as isenções fiscais em sede de impostos sobre o património nas operações de reestruturação de empresas, flexibilizando-o e alargando os

seus benefícios (cfr. artigo 40.º da Lei n.º 32-B/2002, de 30 de Dezembro – LOE para 2003); o XVI Governo Constitucional, na proposta de LOE para 2005, pretendeu inicialmente deixá-lo caducar, tendo posteriormente decidido prorrogá-lo, mas com enormes limitações (cfr. artigo 39.º, n.º 11). Esta falta de coerência e indecisão entre Governos gerados pela mesma maioria parlamentar e do mesmo quadrante político é algo de incompreensível no tocante a um diploma essencial e estrutural como este.

(iii) no referente à tributação da dívida privada vamos já na quinta autorização legislativa sobre esta matéria – cfr. o artigo 45.º, n.º 5, alínea c), da LOE para 2002; o artigo 12.º, alínea a), da Lei 16-A/2002, de 31 de Maio, primeira alteração à LOE para 2002 (vulgo "Orçamento Rectificativo"); o artigo 38.º, n.º 6, da LOE para 2003; o artigo 29.º, n.º 2, alínea c), e n.º 3, da Lei n.º 107-B/2003 de 31 de Dezembro – LOE para 2004; e o artigo 24.º, n.º 4, alínea b), da LOE para 2005 –, e a quarta no âmbito da legislatura que cessou. A primeira das autorizações, do Governo que cessou funções em Abril de 2002, poderia ainda ter sido aproveitada pelo Governo seguinte – que foi, aliás, muito ufanamente, e sem necessidade, renová-la no Orçamento Rectificativo para 2002 –, não tendo chegado sequer a caducar (cfr. artigo 165.º, n.º 4 e n.º 5, da Constituição da República Portuguesa). O fenómeno repetiu-se agora: a última autorização legislativa do Governo que cessou funções em Abril de 2005 está disponível para a maioria actual. Voltámos ao ponto em que estávamos há três anos atrás – ou melhor, dele ainda não logramos sair.

(iv) volvidos quatro anos, nem no XIV Governo Constitucional nem nos XV e XVI Governos Constitucionais, houve vontade ou ensejo para completar um dos aspectos essenciais da Reforma da Tributação do Rendimento de 2000: a aprovação de uma Portaria contendo os indicadores de base técnico-científica para o apuramento do lucro tributável dos diferentes sectores de actividade económica, no contexto da aplicação do regime simplificado (cfr. artigo 53.º, n.º 5, do Código do IRC);

(v) apesar de o Código do IRS prever que *"No caso de empréstimos sem juros ou a taxa de juro reduzida, o rendimento em espécie corresponde ao valor obtido por aplicação ao respectivo capital da diferença entre a taxa de juro de referência para o tipo de operação em causa, publicada anualmente por portaria do Ministro das Finanças, e a taxa de juro que eventualmente seja suportada pelo beneficiário*" (cfr. artigo 24.º, n.º 3, do Código do IRS), nunca, na vigência da referida norma, foi publicada qualquer Portaria.

Devem saber fazer bem o que decidem. Ilustre-se este segundo dito com outros casos de antologia:
(i) Todos sabemos que dez dias antes da apresentação da Lei do Orçamento do Estado, o seu articulado fiscal está a milhas de distância daquele que vai ser apresentado, e que o apresentado vai ainda afastar-se muito significativamente do aprovado, quer em questões de técnica legislativa e redacção normativa, quer mesmo em questões mais substantivas. É um sinal de improviso e amadorismo, que gera inquietações inúteis e uma enorme perda de tempo entre a comunidade fiscalista durante o "filme" em que a elaboração, apresentação e alteração do articulado fiscal do Orçamento se tornou. Veja-se, em relação à LOE para 2005, os já referidos artigos 46.º e 86.º do Código do IRC, em que as versões aprovadas diferem muito substancialmente das apresentadas, a reformulação do Decreto-Lei n.º 404/90, que esteve para caducar e acabou por ser prorrogado com alterações (cfr. ponto 3.2.4.3. *infra*), e o regime da interioridade, não prorrogado por esquecimento na Proposta de Lei, e apenas salvaguardado a final (cfr. artigo 29.º, n.º 8), apenas para falar dos casos mais significativos e mediáticos.
(ii) O combate às sociedades *off-shore* no imobiliário foi outro caso claro de inépcia fiscal. Comparem-se as abordagens da LOE para 2002 e da Lei da Reforma da Tributação do Património (LRTP) de 2003, aprovada pelo Decreto-Lei n.º 287/2003, de 12 de Novembro. A primeira veio introduzir uma renda mínima presumida sobre os *"prédios urbanos não arrendados ou não afectos a uma actividade económica que sejam detidos por entidades com domicílio em país, território ou região sujeito a um regime fiscal claramente mais favorável constante de lista aprovada por portaria do Ministro das Finanças"* (cfr. artigo 53.º, n.º 2 e n.º 3, do Código do IRC), consagrar uma taxa de Contribuição Autárquica de 2%, e extinguir a isenção deste

imposto nos contratos de arrendamento em regime de renda condicionada (cfr. artigo 16.º, n.º 3, do respectivo Código, e artigo 41.º, n.º 7, do EBF). Em relação a estas medidas, o mercado não reagiu. Ninguém equacionou redomiciliar as sociedades de Gibraltar e afins para outros sítios. Porquê? Porque a inércia é uma força poderosa e o trabalho de a vencer apenas se justifica excepcionalmente. Quer isto dizer que a renda mínima presumida em IRC seria paga e a Contribuição Autárquica, a uma taxa de 2%, também. Os contribuintes que utilizaram o esquema da constituição de sociedades *off-shore* para aquisição de imóveis em Portugal conservariam algumas das vantagens dos mesmos (nomeadamente em matéria de transmissão do imóvel, que em vida ou por morte, onerosa ou gratuitamente, continuaria a ser feita através das partes sociais na sociedade *off-shore*, evitando o pagamento de IRS ou IRC sobre as mais-valias, bem como de Imposto Municipal de Sisa e Imposto Sucessório), mas em contrapartida ser-lhes-ia exigida uma tributação sucedânea dessas vantagens, em sede de IRC e de Contribuição Autárquica. O Fisco português ficaria certamente melhor com as medidas da LOE para 2002 do que estava antes.

Abordagem diferente foi a da LRTP, que veio criar o Imposto Municipal sobre Imóveis (IMI) e o Imposto Municipal sobre a Transmissão Onerosa de Imóveis (IMT), baixando as taxas de tributação da detenção e da transmissão onerosa de imóveis, e simultaneamente abolindo o Imposto Sucessório entre cônjuges e ascendentes e descendentes em linha recta, criando um Imposto do Selo à taxa única de 10% sobre as transmissões gratuitas não isentas. Introduziu-se portanto, a todos os níveis, uma tributação menos pesada do património. Neste contexto de desoneração fiscal generalizada, a LRTP veio subir a taxa de IMI para 5% no caso de imóveis propriedade de sociedades *off-shore*, criando uma verdadeira tributação punitiva, cinco vezes superior ao IMI que incide sobre prédios comparáveis. Existe em tudo isto uma grande contradição sistemática entre a descida da tributação sobre o património, a consequente redução das vantagens inerentes às estruturas *off-shore*, e a perseguição destes contribuintes.

Não se trata de defender o *status quo* anterior à LOE para 2002 mas de constatar a falta de senso de perseguir os contribuintes no preciso momento em que estes começam a perder as vantagens fiscais que onerosamente perseguiram. Hostilizaram-se as mesmas pessoas relativamente às quais se tinha tolerado tal esquema durante décadas. Forçou-se uma redomiciliação maciça dessas sociedades para outras jurisdições que, por razões várias – enquadramento no Direito Comunitário ou existência de CDTs –, não podem ser listadas como paraísos fiscais. Ninguém se iluda: no essencial, as mesmas estruturas continuam a existir. Ganharam os consultores fiscais, os advogados e as jurisdições estrangeiras – ressoam, ao longe, reminiscências do já citado caso *Centros* (cfr. ponto 3. *supra*). O contribuinte fez as contas e concluiu que lhe saía mais barato remunerar aqueles profissionais do que o Estado português. O Fisco português tinha ali uma galinha, que estava disposta a dar-lhe mais uns ovinhos do que tinha dado até então. Mas o Fisco quis que a poedeira desse ovos de ouro. Agora não temos nada: nem a simpatia desses contribuintes, nem o IRC sobre a renda mínima presumida, nem a Contribuição Autárquica a 2%, e sobra um potencial de litigiosidade acrescido com milhares de contribuintes, como se não houvesse já trabalho em demasia nas repartições e nos tribunais. Aparentemente os nossos governantes não leram na sua infância a fábula de Esopo, retomada pelos irmãos Grimm – que se referia aliás a uma gansa, diga-se em abono do rigor histórico.

3.1.2.2. *Maior seriedade e consensos políticos*

O segundo factor para evitar os "vendavais normativos" dos últimos anos é a seriedade política. Como exemplo dela, ou da sua ausência, veja-se a questão das derrogações fiscais ao sigilo bancário. Os que encarniçadamente zurziram e crucificaram a Lei n.º 30-G/2000, de 29 de Dezembro, vulgarmente designada por Lei da Reforma Fiscal (LRF) pelos seus avanços nesta matéria, e contra ela escreveram inclusivamente textos nas revistas da especialidade, são os mesmos que, em 2004, quiseram mais derrogações fiscais ao sigilo bancário (cfr. o artigo 63.º-B da Lei Geral Tributária (LGT), na redacção introduzida pelo artigo 40.º, n.º 1, da LOE para 2005), ou se mantêm comprometidamente silenciosos em relação a elas, talvez por decoro. Como é que sobre uma questão tão estruturante – assente na concepção de Estado, de Administração Tributária e da esfera de liberdade, privacidade e responsabilidade individuais –, não se consegue um acordo entre os principais partidos e estes trocam de barricada tão facilmente? Assim, quem é que pode acreditar na estabilidade legislativa e na credibilidade dos políticos?

A querela com a tributação das mais-valias em IRS e IRC que vem desde o ano 2000 – e que parece não estar ainda totalmente solucionada, havendo quem vislumbrasse no artigo 86.º do Código do IRC proposto na LOE para 2005 uma tentativa de limitar a isenção de que gozam as auferidas por SGPSs (cfr. ponto 2.2.6. *supra*) – mostra bem o desnorte a que se chega quando os políticos não conseguem estabelecer bases mínimas de consenso. Cite-se apenas o caso do artigo 26.º do EBF. Trata-se de norma essencial no tema do "Investimento Estrangeiro", já que proporciona uma isenção na tributação de mais-valias mobiliárias para os investidores não residentes. A mesma foi alterada pelo artigo 42.º (Estatuto dos Benefícios Fiscais), n.º 3, da LOE para 1999, pela Lei n.º 3-B/ /2000, de 4 de Abril - LOE para 2000, pela LRF, pela republicação dos Códigos operada pelo Decreto-Lei n.º 198/2001, de 3 de Julho, pela LOE para 2002 e pela LOE para 2003. O próprio regime transitório da Lei da Reforma Fiscal sobre a aplicação da lei no tempo do artigo 26.º do EBF foi alterado pelo artigo 45.º, n.º 7, da LOE para 2002. Se era verdade que aquele estava mal gizado, também é certo que a entrada em vigor de um novo regime transitório veio criar novo problema de interpretação legal, e quiçá de aplicação da lei no tempo. Sobre este tema escrevi 10 páginas na minha tese de mestrado. Certo dia telefonaram-me e perguntaram-me sobre se uma certa mais-valia mobiliária de um não residente estava isenta ou não. Não consegui responder de imediato. Tive de ir reler tudo o que escrevi e esforçar-me para conseguir compreender em qual dos seis regimes, o de 1998, 1999, 2000, 2001, 2002 ou 2003 a situação se enquadrava. Se o caso do artigo 26.º do EBF já é complexo para alguém com conhecimento especializado, imagine-se o que é transmiti-lo a um investidor.

3.1.2.3. *Compreensão dos limites das soluções legislativas*

O terceiro factor que pode contribuir para a estabilidade legislativa nesta área é a resistência à tentação de tudo querer resolver por via legislativa, em particular os problemas gerados pelas deficiências da Administração Fiscal. Que melhor se diria: resistência à ilusão de que assim algo se soluciona.

Nesta área, temos péssimos exemplos recentes na LOE para 2005, como o alargamento dos prazos de caducidade e de prescrição (cfr. o artigo 45.º, n.ᵒˢ 3 e 4, da LGT, introduzidos pelo artigo 40.º, n.º 1), a inversão do ónus da prova nos casos de não sujeição a imposto (artigo 74.º, n.º 1, da LGT, introduzido pelo artigo 40.º, n.º 1), a não aceitação de facturas com número de contribuinte incorrecto (artigo 42.º, n.º 1, alínea b), do Código do IRC, introduzido pelo artigo 29.º, n.º 1; cfr. ponto 3.2.4.1. *infra*), a possibilidade de o Fisco decretar oficiosamente a cessação de actividade de uma empresa (cfr. o artigo 114.º, n.ᵒˢ 3 e 4, do Código do IRS, introduzido pelo artigo 28.º, n.º 1; o artigo 8.º, n.ᵒˢ 6 e 7, do Código do IRC, introduzido pelo artigo 29.º, n.º 1), e a responsabilização solidária pelo IVA não entregue ao Estado do adquirente de um bem quando tenha razões para "suspeitar" que o preço da transacção é demasiado baixo (cfr. o artigo 72.º-A do respectivo Código, introduzido pelo artigo 33.º, n.º 12), tudo medidas que arrepiam qualquer contribuinte experimentado. Não percebo como é que a Ordem dos Advogados ficou silenciosa sobre este perigosíssimo retrocesso das garantias dos contribuintes.

A solução tem de ser pôr a máquina fiscal a funcionar em tempo razoável e em condições de normalidade, e não tapar as ineficiências desse aparelho dando-lhe mais tempo para ser ineficiente, sobrecarregando os contribuintes com a necessidade de fazerem o trabalho de casa da Administração Tributária.

Lidamos aqui, como noutras situações, com um Estado de certo modo dual, que por um lado é implacável na perseguição legislativa ao contribuinte, não lhe perdoando sequer um engano no número de contribuinte, mas que por outro não responde atempadamente aos seus pedidos de informação vinculativa e às suas reclamações, e comete inúmeros e crescentes erros, sendo o Ministério das Finanças o que mais queixas tem contra si, em termos absolutos e ao nível da Administração Central[8].

Um Estado – e uma Comunidade Europeia – que cria cada vez mais obrigações para os cidadãos e operadores económicos. Na compra e venda de um simples imóvel para habitação podem ser convocados direitos de preferência de inquilinos, de câmaras municipais, do Instituto Português do Património Arquitectónico, ser necessária uma licença de habitação ou utilização, bem como a recente ficha de habitação instituída pelo Decreto-Lei n.º 68/2004, de 25 de Março, e cujo modelo foi aprovado pela Portaria n.º 817/2004, de 16 de Julho, ou ainda um certificado de desempenho energético, que resultará da transposição nacional, aprovada em Conselho de Ministros de 27 de Janeiro de 2005 (mas aparen-

---

[8] Provedor de Justiça (2004), *Relatório à Assembleia da República – 2003*, Lisboa, pp. 45, 57 e 58, in http://www.provedor-jus.pt

temente não promulgada pelo Presidente da República), da Directiva n.º 2002/91/CE, do Parlamento Europeu e do Conselho, de 16 de Dezembro de 2002.

Mas um Estado que também se dota de regimes de excepção: o Decreto-Lei n.º 199/2004, de 18 de Agosto, na perspectiva da titularização do património imobiliário do Estado, criou um conjunto de medidas a favor deste na alienação daquele, como sejam, no dizer do respectivo preâmbulo: (i) um "procedimento célere e simplificado de obtenção de um título bastante para a inscrição na matriz e no registo predial de bens imóveis omissos"; (ii) uma "dispensa da apresentação de licença e de autorização administrativa"; (iii) uma isenção emolumentar que abrange "toda a extensão objectiva, subjectiva e temporânea do projecto global de regularização patrimonial, que se pretende que esteja concluído o mais tardar até ao final do ano de 2008". Temos assim uma dualidade de estatutos, em que o Estado tudo exige dos seus administrados e que, simultaneamente, contemporiza com os seus próprias erros e omissões, eximindo-se a cumprir com os mesmos procedimentos que exige aos seus súbditos para inscrever um imóvel omisso na matriz ou para alienar um imóvel.

Para além disto, deparamo-nos com uma inversão de papéis e com um ambiente em que o legislador produz normas cada vez mais fotográficas e menos gerais e abstractas, à imagem de casos reais, com um grande grau de individualização e concretização, e em que são progressivamente os Tribunais que mais se ocupam com o estabelecimento e defesa dos grandes princípios, evitando particularizações excessivas.

3.2. Reforma da Administração Tributária

3.2.1. *Uma Administração dialogante e ao serviço do cidadão*

Quando temos uma dúvida sobre o estado da nossa saúde marcamos consulta com um médico. Quando os investidores sofisticados têm uma dúvida fiscal o que podem fazer? Legalmente, podem submeter um pedido de informação vinculativa, por escrito (cfr. artigo 68.º da LGT). Informalmente, e de forma *ad hoc*, talvez se consiga uma reunião com os serviços centrais da Administração Fiscal.

Em contraste, existem países, como a Suíça e o Luxemburgo, em que funcionários qualificados da Administração Tributária atendem os contribuintes, de forma institucionalizada, em dias fixos da semana, mediante marcação. Ora, o conselho e informação prestados pelo funcionário podem muito bem evitar o pedido de informação vinculativa, ou contribuir para a sua melhor elaboração. Entendamo-nos: a Administração Fiscal existe para servir o Estado, e o Estado somos todos nós, contribuintes, pelo que a Administração Fiscal também existe para nos servir, no sentido de nos ajudar a cumprir as nossas obrigações tributárias.

Em abono da verdade, há que reconhecer certos sinais positivos oriundos da Administração Fiscal. Como exemplo a enaltecer temos a recente publicação das respostas da Administração Tributária aos pedidos de informação vinculativa, o que aumenta a transparência, evita favoritismo e corrupção, e previne muito trabalho inútil, pois a resposta à pergunta dos outros é um bem público: ao divulgá-la a Administração Tributária poupa trabalho aos contribuintes, que escusam de ter de perguntar cem vezes, cada um por si, aquilo que já foi sedimentado. E cumpre-se a LGT (cfr. o respectivo artigo 59.º, n.º 5), que a isso obriga desde 1999.

3.2.2. U*ma Administração isenta e transparente*

A clarificação e controlo das situações cinzentas ao nível das incompatibilidades e acumulação de funções com o sector privado dos funcionários da Administração Fiscal deve igualmente ser levada a cabo. A este respeito foi proferido o Despacho do Secretário de Estado dos Assuntos Fiscais n.º 588/2002, de 11 de Março de 2002, que previa a elaboração de listas das autorizações concedidas até ao momento para esse efeito, nunca cumprido. A situação de incumprimento deste Despacho é um verdadeiro escândalo nacional e é sintoma de uma Administração Fiscal que não se dá ao respeito.

Impõe-se em primeiro lugar a sua execução. Complementarmente, deveria equacionar-se se se justificam certos tipos de acumulação, que geram, pelo menos em abstracto, conflitos de interesse, com as inerentes falta de transparência e suspeita legítima quanto à isenção do funcionário. Finalmente, e para prevenir tráficos de influência, importaria ponderar a criação de uma declaração de interesses, alargada também aos familiares mais próximos dos funcionários, de molde a que se saiba se o filho ou a esposa do funcionário tem uma participação numa sociedade de consultadoria ou de revisores oficiais de contas, ou se é Advogado (Especialista) em Direito Fiscal ou Técnico Oficial de Contas, por exemplo.

Outro problema é o facto de a Administração Fiscal nem sempre se mover por critérios sãos, nomeadamente em matéria de inspecção. Cabe aqui referir o Fundo de Estabilização Tributária (FET), que atribui suplementos remuneratórios aos funcionários da Administração Fiscal, resultantes da aplicação de uma percentagem ao vencimento base. No entanto, tais suplementos não são atribuídos em função da eficiência de cada funcionário ou serviço, mas indistintamente, estando o critério de avaliação limitado, na prática, ao aumento global das cobranças coercivas derivadas de processos instaurados nos serviços da DGCI (cfr. o artigo 24.º do Decreto-Lei n.º 158/96, de 3 de Setembro, com a redacção que lhe foi dada pelo Decreto-Lei n.º 107/97, de 8 de Maio, o Decreto-Lei n.º 335/97, de 2 de Dezembro, que define os órgãos, o activo e as receitas do FET, e o artigo 22.º do Decreto-Lei n.º 47/2005, de 24 de Fevereiro, que aprova a orgânica do Ministério das Finanças e da Administração Pública).

Ora, tal pode inclusive levar à tentação de operar correcções quantitativas a todo o custo que, por insensatas, acabam por soçobrar em tribunal. Há que fazer depender a atribuição dos complementos salariais na Administração Tributária de aumentos de eficiência mais segmentados por serviços e funcionários, e que se traduzam em cobranças efectivas, que resistam ao escrutino judicial. Através da criação de uma ficha electrónica para cada processo, que permitisse acompanhar a sua evolução e o desfecho do contencioso administrativo e judicial, concluir-se-ia em que medida as cobranças coercivas são cobranças definitivas e efectivas.

3.2.3. *Uma Administração qualificada e rejuvenescida*

Existe um défice de investimento na formação e no rejuvenescimento da Administração Fiscal. Esta deveria, à imagem das consultoras e dos escritórios de advogados – e também do Exército, já que falamos de funções públicas –, dirigir-se às universidades de modo a promover o recrutamento de quadros qualificados, adoptando uma postura concorrencial face ao sector privado. O congelamento das admissões externas na função pública, embora compreensível no cenário macro-económico e orçamental vigente, não deixa de produzir aqui os seus – nefastos – efeitos.

3.2.4. *Uma Administração desburocratizada*

O Professor Diogo Leite de Campos, em entrevista ao Expresso de 2 de Março de 2002, afirmou que o sistema fiscal português necessita de uma simplificação radical. É verdade: cada vez que se introduz ou altera uma lei, uma declaração ou um procedimento, há que optar categórica, sistemática e consistentemente por soluções automáticas, e não pessoais, administrativas, administradas e discricionárias. Na complexidade do mundo contemporâneo temos de renunciar à ideia falsa de sermos deuses omniscientes, protegendo a nossa sanidade, e evitando ficarmos obcecados pela fiscalização em matéria fiscal. Entre um benefício fiscal automático ou um dependente de reconhecimento temos de optar sistematicamente pelo primeiro. Ou então não o criar.

Como escrevi noutra sede[9]: "Com tantas soluções e benefícios excepcionais a serem excepcionalmente administrados e fiscalizados, o Estado foi necessariamente erigido em maníaco do controlo. Actualmente, mesmo os mais elevados níveis da Administração Tributária, incluindo os gabinetes ministeriais, estão consumidos pela apreciação de questões menores, como sejam o reconhecimento para efeitos de mecenato de grupos de teatro. Perante o volume de trabalho inútil, do ponto de vista da reprodutividade económica, com que a fazenda pública se debate, uma parte desproporcionada do tempo dos níveis superiores é gasto em acorrer a solicitações para que os processos que estão a níveis inferiores progridam. E enquanto os adjuntos e assessores estão a ajudar os desesperados, não estão, eles próprios, a decidir processos. Ou bem que se minimizam as intervenções administrativas e se dotam as soluções legais de automaticidade, ou nunca haverá funcionários que cheguem" (cfr. ponto 3.2.4.3. *infra*).

Perante a complexidade da vida contemporânea, existe a ilusão que é preciso um conhecimento muito profundo e um estudo muito pormenorizado para escolher as soluções correctas. Talvez não seja tanto assim: o conhecimento e o estudo são certamente importantes, mas perante a imensidão do desconhecido e do não estudado, é essencial que dominem os princípios. Os bons princípios, mais do que os bons estudos, devem guiar-nos.

Sente-se hoje, pois, uma necessidade cada vez mais premente de rever o sistema de benefícios fiscais no sentido da sua desburocratização. Um óptimo ponto de partida para a tarefa de revisão é o relatório da Comissão de Reavaliação dos Benefícios Fiscais de 1998[10].

---

[9] *O Independente*, Assuntos fiscais: a hora dos heróis, 24 de Maio de 2002, p. 22.
[10] MINISTÉRIO DAS FINANÇAS (1998), *Reavaliação dos Benefícios Fiscais – Relatório do Grupo de Trabalho constituído pelo Despacho n.º 130/97-XIII do Ministro das Finanças,*

Em matéria de incentivos fiscais a regra tem, infelizmente, sido outra: criam-se grandes complexidades para efeitos úteis quase nulos. Sintomas da persistência dessa regra são as autênticas sagas do Regime Fiscal da Interioridade e da Reserva Fiscal para Investimento, no XIV e no XV e XVI Governos Constitucionais, respectivamente.

O primeiro começou com a publicação da Lei n.º 87-B/98, de 31 de Dezembro – LOE para 1999, cujo Artigo 46.º (Incentivos fiscais à interioridade) rezava assim: "1 – *Aos sujeitos passivos referidos no artigo anterior que exerçam efectivamente a sua actividade nas zonas do território nacional a definir pelo Governo através de portaria são concedidos nos exercícios de 1999, 2000 e 2001 os seguintes benefícios* (...)". Sucede que a Portaria não foi publicada.

Entretanto, a matéria que era regulada no referido artigo passa a constar de diploma autónomo, a Lei n.º 171/99, de 18 de Setembro (Combate à desertificação e recuperação do desenvolvimento nas áreas do interior), a qual dispunha assim no seu artigo 14.º: "*A presente lei entra em vigor no dia 1 de Janeiro de 2000, salvo o disposto no n.º 2 do artigo 2.º e no artigo 13.º, que entram imediatamente em vigor, e é válida até ao final do ano de 2003*". Por seu turno, o referido n.º 2 do artigo 2.º consagrava: "*Compete ao Governo regular por decreto-lei a definição dos critérios e a delimitação das áreas territoriais beneficiárias, nos termos do número anterior*".

Novamente na LOE para 2000, surge um artigo 66.º (Incentivos fiscais à interioridade) que, estranhamente, e a despeito de já existir uma Lei avulsa sobre a matéria, dispunha assim: "1 – *Aos sujeitos passivos de IRC que não sejam sociedades anónimas e não tenham tido nos dois últimos exercícios um volume de negócios superior a 30000 contos e que exerçam efectivamente a sua actividade nas zonas do território nacional a definir pelo Governo, através de portaria, são concedidos nos exercícios de 2000, 2001 e 2002 os benefícios nos termos previstos na Lei n.º 87-B/98, de 31 de Dezembro. 2 – A portaria a que se refere o número anterior será publicada no prazo de três meses após a entrada em vigor da presente lei*".

Decorre mais um ano, sem que as áreas beneficiárias sejam definidas. Surge então a Lei n.º 30-C/2000, de 29 de Dezembro – LOE para

---

Cadernos de Ciência e Técnica Fiscal n.º 180, Centro de Estudos Fiscais da Direcção--Geral dos Impostos, Ministério das Finanças, Lisboa.

2001, que através do seu artigo 54.º altera os benefícios fiscais aplicáveis nos termos do artigo 7.º da Lei n.º 171/99 – os quais, note-se, ainda não tinham sido aplicados – e vem dar a seguinte redacção ao mencionado n.º 2 do artigo 2.º da Lei n.º 171/99: *"Compete aos Ministros do Planeamento e das Finanças regular por portaria, no prazo de 60 dias, os critérios e a delimitação das áreas territoriais beneficiárias, nos termos do número anterior".*

Entretanto, e após um enorme contencioso com a Comissão Europeia sobre Auxílios de Estado – aparentemente o Regime Fiscal da Interioridade tinha avançado politicamente sem que se tivesse equacionado essa questão – e uma difícil negociação em Bruxelas, foi regulamentado o regime, pelo Decreto-Lei n.º 310/2001, de 10 de Dezembro. Mas as áreas beneficiárias continuaram por definir, e sem elas o regime continuava letra morta.

Em 30 de Março de 2001, a referida Portaria ainda não tinha sido publicada em *Diário da República*, razão pela qual foi publicado o Ofício n.º 147, de 30 de Março, da DGCI, "Para conhecimento dos Serviços e informação ao contribuinte (…)", o qual mais informava: "Em sede de IRC, os incentivos aplicam-se aos exercícios iniciados após 01.01.2001, inclusive, e quanto à sisa, às aquisições que vierem a ocorrer após a publicação da Portaria". A tão aguardada Portaria dá pelo n.º 1467-A//2001, de 31 de Dezembro, e supõe-se ter sido remetida para a Imprensa Nacional na vigésima quinta hora desse dia.

Finalmente, surgirá a Portaria n.º 56/2002, de 14 de Janeiro, que fixa a majoração do crédito fiscal ao investimento baseada na interioridade. Portaria que logo gera a necessidade de uma outra: a n.º 170/2002, de 28 de Fevereiro, que fixa as regras necessárias ao integral respeito pela decisão da Comissão Europeia relativamente aos incentivos à interioridade.

Já em relação à Reserva Fiscal para Investimento, a autorização legislativa foi concedida no artigo 38.º, n.º 7, da LOE para 2002, mas o diploma propriamente dito é de 2004 (Decreto-Lei n.º 23/2004, de 23 de Janeiro), aplicando-se retroactivamente ao ano de 2003 (cfr. o respectivo artigo 2.º, n.º 1). O Decreto-Lei suscitou dúvidas fiscais resolvidas pela Circular n.º 11/2004, de 18 de Janeiro, e dúvidas contabilísticas resolvidas pela Interpretação Técnica n.º 2 da Comissão de Normalização Contabilística (CNC), de 31 de Maio de 2004, caducando no termo de 2004, havendo nova autorização legislativa, já contemplando alterações ao regime, na LOE para 2005 (cfr. o respectivo artigo 29.º, n.º 5).

Muitos outros são os exemplos do estado nefasto da situação actual, que seguidamente se referem.

3.2.4.1. *Os custos de contexto*

Neste domínio, impõe-se como tarefa essencial a necessidade de avaliação dos custos de *compliance* ou de contexto de cada nova medida para o contribuinte. Bom exemplo disto é a não aceitação como custo fiscal de facturas com o número de contribuinte errado (cfr. o ponto 3.1.2.3. *supra*). Neste caso, a mera verificação mais atenta da correcção do número aposto na factura durante um pagamento pode implicar custos astronómicos, tendo em conta, por exemplo, a necessidade de exibição do número de contribuinte e o inerente acréscimo de duração das transacções (v.g. numa grande superfície grossista). O mesmo cálculo deve ser feito em relação às obrigações declarativas, que existem em cada vez maior número, devendo ser realizados estudos prévios para determinar qual o custo que essas medidas implicam para os operadores económicos.

Boa lição nesta matéria é a do já referido Decreto-Lei n.º 203/2003, de 10 de Setembro, o qual, ao criar a API, e através do seu artigo 12.º, eliminou o registo para efeitos estatísticos do investimento estrangeiro constante do artigo 8.º do Decreto-Lei n.º 321/95, de 28 de Novembro, norma largamente incumprida e desconhecida da maioria dos agentes, cuja sanção não tenho notícia de alguma vez ter sido aplicada, e cujo único efeito prático era criar mais um custo administrativo na constituição de sociedades.

Subsiste todavia um caso semelhante, que consiste na obrigatoriedade das sociedades portuguesas comunicarem ao Banco de Portugal a existência de contas bancárias no estrangeiro, bem como os seus movimentos (cfr. o Decreto-Lei n.º 295/2003, de 21 Novembro, o Aviso n.º 5/93, a Instrução n.º 1/96 do Banco de Portugal, e a Directiva CEE n.º 88/361, de 24 de Junho[11]). É mais uma exigência que é largamente desconhecida e incumprida, e que a sê-lo teria custos enormes para certos

---

[11] E, num plano mais vasto, o Regulamento (CE) n.º 2533/98, do Conselho, de 23 de Novembro de 1998, relativo à compilação de informação estatística pelo Banco Central Europeu, o Regulamento (CE) n.º 184/2005, do Parlamento Europeu e do Conselho, de 12 de Janeiro de 2005, relativo a estatísticas comunitárias sobre a balança de pagamentos, o comércio internacional de serviços e o investimento directo estrangeiro, e também o artigo 13.º, n.º 1, da Lei Orgânica do Banco de Portugal.

contribuintes – pense-se nas sociedades da ZFM. Para além disso, se a obrigação é largamente incumprida, não será melhor aboli-la, tendo em conta que se trata de uma obrigação para fins estatísticos e, como tal, o elevado grau de incumprimento compromete já hoje fatalmente a exactidão da informação recolhida?

A este respeito, é ainda de assinalar o Decreto-Lei n.º 35/2005, de 17 de Fevereiro, que transpõe para a ordem jurídica interna a Directiva n.º 2003/51/CE, do Parlamento Europeu e do Conselho, de 18 de Junho, relativas às contas anuais e às contas consolidadas de certas entidades, e que visa assegurar a coerência entre a legislação contabilística comunitária e as Normas Internacionais de Contabilidade (NICs). Aí se dispõe, no artigo 14.º (Efeitos fiscais): *"Para efeitos fiscais, nomeadamente de apuramento do lucro tributável, as entidades que, nos termos do presente diploma, elaborem as contas individuais em conformidade com as Normas Internacionais de Contabilidade são obrigadas a manter a contabilidade organizada de acordo com a normalização contabilística nacional e demais disposições legais em vigor para o respectivo sector de actividade"*. Ou seja, exige-se a contabilidade ao abrigo do Plano Oficial de Contabilidade nacional para efeitos fiscais. Este medida, que se deve, no dizer do preâmbulo, à *"necessidade de acautelar os eventuais impactes em termos de receita fiscal decorrentes da adopção das NIC"* – e quiçá à falta de qualificação da Administração Fiscal para inspeccionar os contribuintes de acordo com as referidas NICs – vai exigir, para essas entidades, um relevantíssimo custo de contexto de operar em Portugal: a dupla contabilidade.

3.2.4.2. *As relações fiscais internacionais*

Uma das questões que mais atritos tem suscitado entre a Administração Fiscal e os contribuintes é a dos formulários necessários para beneficiar das CDTs. Em 1995, quando me iniciei profissionalmente, os formulários para aplicar as CDTs ainda não estavam disponíveis *on-line*, eram distribuídos num único ponto do país, o Edifício Satélite, em Lisboa, e por um funcionário ultra-zeloso que, na tentativa de preservar o erário público, ou o seu posto de trabalho, os racionava, causando incómodos infindáveis. A situação evoluiu e agora o problema é distinto: os formulários não são conformes às CDTs. Eles exigem, por exemplo, a certificação da qualidade de beneficiário efectivo quando nem todas as CDTs se referem a esta cláusula (especialmente as mais antigas), nem todas as normas das CDTs mais recentes a ela se referem, e na maior parte dos casos as autoridades fiscais estrangeiras não se encontram em posição de a comprovar.

Este facto, entre outros, levou à não aceitação dos nossos formulários por parte de certas autoridades fiscais estrangeiras, insistindo a nossa Direcção Geral dos Impostos (DGCI) na sua manutenção, o que conduz a problemas gravíssimos, multiplicando-se os casos de contribuintes que não usufruem das CDTs devido a este problema processual, com as inerentes consequências económicas. Sendo as CDTs um pacto entre Estados, também a sua aplicação deve ser resolvida por comum acordo entre estes (cfr. os artigos 10.º, n.º 2 e 11.º, n.º 2 do Modelo de Convenção Fiscal sobre o Rendimento e o Património da OCDE), não podendo Portugal negar os benefícios da aplicação dos tratados por mecanismos processuais não aceites pelas suas contrapartes. Têm-se verificado duas situações: ou os Estados estrangeiros riscam o campo correspondente ao beneficiário efectivo, situação muito pouco dignificante, pelo desprezo que revela face à documentação solicitada pelo Estado português, ou não os aceitam de todo. Se os actuais formulários não servem, que se criem novos.

Outro problema nesta sede é o facto de a Modelo 30 – Rendimentos pagos ou colocados à disposição de sujeitos passivos não residentes, aprovada pela Portaria n.º 438/2004, de 30 de Abril, associar, para efeitos declarativos, uma "tabela do tipo de rendimentos de acordo com a Convenção-Modelo OCDE" que apenas pretensamente o está. A título ilustrativo, refira-se que os rendimentos do tipo 07 são as "prestações de serviços" e os do tipo 08 as "comissões". Ora, o artigo 7.º da Convenção--Modelo OCDE tem como epígrafe os "Lucros das empresas", e o artigo 8.º da mesma Convenção "Navegação marítima, interior e aérea". Ou seja, não só as comissões não têm qualquer tratamento específico para efeitos da Convenção-Modelo OCDE, ao contrário do que o formulário faz supor, como no artigo 7.º caiem muitas outras situações para além das "prestações de serviços" (vendas de bens, por exemplo), inexistindo igualmente campo específico na declaração para tratar a "navegação marítima, interior e aérea". Como é que o contribuinte deve preencher a sua obrigação declarativa se estiverem em causa elementos dos lucros de uma empresa (incluindo de uma que realize navegação marítima e aérea) que não sejam meras prestações de serviços? Aparentemente, declarando-os formalmente no campo 21-Outros rendimentos, o que não terá uma correspondência exacta, a nível material, com o artigo 21.º da CMOCDE.

Ainda um mau exemplo é o tratamento dispensado aos *royalties* pelo Fisco português. Existe já uma abundante jurisprudência nacional sobre o que são *royalties* e em que circunstância há tributação, por retenção na fonte, dos pagamentos a não residentes nesta matéria, e em que casos tal não se verifica, com a consequente ausência de tributação em Portugal. Existem áreas sedimentadas e outras por sedimentar. Mas as inspecções tributárias continuam a pautar-se por uma visão tecnicamente muito deficiente na matéria, obrigando os contribuintes a litigar nos tribunais para obter ganho de causa - e quase sempre o conseguem. Pergunta-se: não seria melhor dar formação adequada nesta sede, que se reconhece complexa, à Administração Tributária, reduzindo a litigiosidade e a animosidade inúteis para com os investidores?

Finalmente, temos a situação, já referida (cfr. ponto 2.2.2 *supra*), dos benefícios fiscais previstos no artigo 37.º do EBF para o pessoal deslocado no estrangeiro ao abrigo de acordos de cooperação, cujos processos têm dilatados prazos de pendência devido ao número massivo de pedidos de reconhecimento que chegam aos serviços da Administração Fiscal, e que poderiam se reduzidos ou mesmo eliminados se, como atrás se sugeriu, fossem suprimidas *ab initio* certas situações de dupla residência e consequente dupla tributação jurídica internacional.

3.2.4.3. *O reconhecimento de isenções fiscais em sede de impostos sobre o património nas operações de reestruturação empresarial*

Dever-se-ia, para melhor interpretação e aplicação dos conceitos gerais de actos de cooperação e actos de concentração consagrados no Decreto-Lei n.º 404/90, de 21 de Dezembro, criar listas enunciativas que os permitissem densificar correctamente. Isso viabilizaria a automatização do benefício fiscal, o qual passaria a ser controlado a nível notarial, como sucede actualmente com vários outros, simplificando o extenso processo burocrático existente, em que são actualmente exigidos pareceres de entidades tão variadas como o Registo Nacional de Pessoas Colectivas, o Ministro da Tutela e a Autoridade da Concorrência, um estudo demonstrativo das vantagens da operação, e ainda um despacho do Ministro das Finanças (cfr. ponto 3.1.2.1. *supra*).

Nesta sede, considero que a isenção em matéria de reestruturação de empresas deveria ser limitada ao Imposto Municipal sobre Transmissões de Imóveis, não abrangendo nem o Imposto de Selo – uma vez que este tem uma taxa relativamente baixa (0.8% do valor da operação), tem a natureza de uma contribuição de registo, e o seu valor, apesar de baixo, é suficiente para dissuadir algumas operações com fins meramente fiscais –, nem os emolumentos notariais e registrais, já que estes apresentam hoje valores razoáveis e não existe nenhuma razão para que todos os contribuintes subsidiem os custos das operações de fusão e cisão de outros, especialmente se tivermos em conta que neste campo lidamos sempre com estruturas empresariais.

3.2.4.4. *O reconhecimento da qualificação de certas entidades ou actividades para efeitos do Estatuto do Mecenato*

A mesma automatização de processos deveria ser operada ao nível do Estatuto do Mecenato, aprovado pelo Decreto-Lei n.º 74/99, de 14 de Setembro, criando listas de actividades objectivamente isentas, que dispensassem os reconhecimentos ministeriais da tutela e das Finanças (cfr. ponto 3.2.4. *supra*).

3.2.4.5. *Regime geral das taxas*

Importa racionalizar o regime das taxas cobradas pelas entidades públicas, nomeadamente pelas autarquias locais, cada vez mais sedentas de receitas e imaginativas quanto às modalidades de as obter. Poderia aqui ser benéfica a criação do Regime Geral das Taxas, previsto no artigo 165.º, n.º 1, alínea i) da Constituição, para a qual a última autorização legislativa ao Governo foi prevista no artigo 53.º – não aprovado – da Proposta de LOE para 2002. Tal medida, para além da virtualidade de diminuir consideravelmente o grau de dispersão legislativa que hoje existe na área, seria o quadro disciplinador do que é admissível e inadmissível nesta matéria, em que inexistem ideias claras.

3.2.4.6. *Lei das Finanças Regionais e da Lei das Finanças Locais*

Deve evitar-se que a revisão da Lei das Finanças Regionais (Lei n.º 13/1998, de 24 de Fevereiro) e da Lei das Finanças Locais (Lei n.º 42/1998, de 6 de Agosto), crê-se que ainda em curso, venha adicionar ainda mais fragmentação fiscal à já existente, criando novos benefícios fiscais ou taxas de imposto progressivamente diferenciadas. Em 1995 havia um território fiscal e uma taxa de IRC: 36%. Hoje, decorridos dez anos, coexistem taxas de 22,5% na Região Autónoma da Madeira, de

17,5% na Região Autónoma dos Açores, de 20% e 15%, consoante se beneficie do sistema da interioridade ou do regime simplificado, ou de ambos, respectivamente, e a taxa – cada vez menos – geral de 25%. Este elevado grau de pulverização quase chega a exigir um direito fiscal interterritorial interno para determinação de situações plurilocalizadas dentro do reduzido território pátrio. E contrasta fortemente com os esforços de *flat taxes* simplificadoras no leste europeu, da Rússia à Eslováquia.

3.2.4.7. *"Loteamento" dos contribuintes*

É necessário reequacionar a gestão que a Administração Fiscal faz dos seus contribuintes. Com meios materiais e humanos escassos – como sempre o serão – importa tecer escolhas, reservando mais e melhores recursos para os sujeitos passivos de maior dimensão ou complexidade, e exonerando segmentos menos relevantes de tributação e/ou obrigações acessórias.

Uma medida que poderia ter intervido decisivamente, e de modo estrutural, no sentido da redução do universo de (pretensos) contribuintes, foi a agora muito suavizada – quanto às consequências – entrada em vigor do artigo 35.º do Código das Sociedades Comerciais (CSC) (cfr. o Decreto-Lei n.º 19/2005, de 18 de Janeiro). Um dispositivo deste tipo, para além de um instrumento de política económica, poderia ser utilizado como uma hábil ferramenta de política fiscal, ao retirar do sistema muitos contribuintes que não geram receita tributária e que criam para o Estado o custo de os administrar (cfr. ponto 3.4.1. *infra*).

No mesmo sentido se pode apontar o aumento de certos limites que permitiriam retirar contribuintes dos regimes-regra de tributação, eliminando dos sistemas de verificação mais exigentes os contribuintes fiscalmente improdutivos. Exemplo claro é o do regime de isenção de IVA, cujo limite está fixado em aproximadamente 10.000 Euros desde 1986, e que poderia ser alterado unilateralmente pelo Estado português, com respeito da baliza de 5000 unidades de conta europeias do artigo 24.º da Sexta Directiva do Conselho (77/388/CEE), de 17 de Maio de 1977 (cfr. artigo 53.º, n.º 1, do respectivo Código). Refira-se, aliás, que a Proposta de Directiva do Conselho, que altera a Directiva 78/388/CEE, com vista a simplificar as obrigações em sede de IVA, Documento COM (2004) 728 final, Bruxelas, de 29 de Outubro de 2004, propõe a elevação do referido limite para 100.000 Euros.

3.3. Reforma da justiça tributária

A justiça é lenta e a justiça fiscal não é excepção. O Professor Saldanha Sanches escreveu num prefácio recente que "O processo tributário é um labirinto"[12]. Há quem pense que a justiça e a advocacia são contenciosas por excelência e se empenhe continuamente em aperfeiçoar e rever os corredores do labirinto. Pela minha parte, que acredito na justiça e advocacia preventivas, julgo que seria mais importante evitar o labirinto.

Dois exemplos apenas. Primeiro, para os investidores sérios, que não querem aguardar dez anos por uma solução dos seus casos, há que lhes oferecer mecanismos alternativos de resolução de litígios, com um *by-pass* pelas soluções tradicionais. Aqui, a arbitragem é o futuro. Os estudos adensam-se e já começam a existir casos concretos de cláusulas de arbitragem no Direito Fiscal Internacional[13]. Não vejo porque não possa ela também existir, *de jure condendo*, no Direito Fiscal interno, superando eventuais obstáculos legais e constitucionais. Segundo, na área dos preços de transferência, em que se nota já alguma actividade a nível da inspecção tributária, corremos o risco de reeditar o problema dos *royalties*. Mais vale a Administração Tributária investir recursos na celebração de Acordos Prévios, que definam *a priori* a questão, do que ir alimentar os já enfartados tribunais com questões que a maior parte dos juízes, sejamos claros, não tem sensibilidade nem formação para julgar: a valorimetria das existências, a margem de lucro, as economias de escala, *etc.*.

3.4. Combate à fraude, à evasão e à elisão fiscais

3.4.1. *Contribuintes com prejuízos fiscais e dívidas ao Fisco*

Também neste campo a implementação de uma versão mais "musculada" do artigo 35.º do CSC (cfr. ponto 3.2.4.7. *supra*) retiraria do

---

[12] NETO, SERENA CABRITA (2004), *Introdução ao Processo Tributário*, Instituto Superior de Gestão, Coimbra, p. 5.

[13] Cfr. LANG, MICHAEL / ZÜGER, MARIO (2002), *Settlement of Disputes in Tax Treaty Law*, Linde Verlag, Vienna, e Kluwer, London; PARK, WILLIAM W. / TILLINGHAST, DAVID R. (2004), *Income Tax Treaty Arbitration*, Sdu Fiscal & Financial Publishers, Amersfoort; ZÜGER, MARIO (2003), *Arbitration under Tax Treaties*, IBFD, Amsterdam.

sistema fiscal e do tecido económico inúmeras sociedades sem actividade e com prejuízos fiscais crónicos. Positivo seria ainda o levantamento do sigilo fiscal, com a divulgação pública dos rendimentos dos contribuintes, em particular daqueles que apresentam dívidas ao Fisco, ultrapassando os obstáculos legais e constitucionais existentes. Esta informação é um bem público e poderia funcionar como um mecanismo de sinalização, na medida em que permitiria afastar do sistema económico e do jogo da contratação aqueles que não contribuem para o erário público, ao alertar as suas contrapartes para uma maior probabilidade de incumprimento. Efectivamente, quem incumpre para com o Fisco, que garantias pode dar aos seus clientes e fornecedores?

3.4.2. *Mecanismos de antecipação e substituição tributária*

Neste particular, várias acções podem ser apontadas: (i) a introdução para efeitos de IRS e de IRC de um pagamento por conta da tributação sobre as mais-valias imobiliárias devidas a final na alienação de bens imóveis, sendo exigido o comprovativo deste pagamento por conta para efectuar a escritura pública de compra e venda, evitando a não declaração desses rendimentos; (ii) a introdução de formas de antecipação do pagamento do IRS devido a final nas remunerações em espécie atribuídas pela entidade patronal ao seu trabalhador e nos rendimentos da categoria G (incrementos patrimoniais), criando mecanismos de substituição tributária que evitem que a declaração destes rendimentos fique na disponibilidade do trabalhador (especialmente relevante no caso das *stock options*); (iii) revisão do regime do artigo 101.º, n.º 2, alínea b), do Código do IRS, e do mecanismo da conta-corrente com o Estado, para contemplar situações aí não previstas e evitar lavagens de cupões da dívida pública.

3.4.3. *A velha questão das mais-valias em IRS*

Last but not least, dever-se-ia abolir de vez a exclusão de tributação em IRS das mais-valias detidas por mais de doze meses.

Actualmente, todo o património ou rendimento se pode converter em sociedades cujas acções são detidas por mais de doze meses, vindo aqui desembocar muitos mecanismos de planeamento fiscal. Por exemplo, a tributação de mais-valias na transmissão de uma sociedade por quotas pode ser evitada através da sua transformação numa sociedade anónima, da mesma forma que na alienação não tributada de uma sociedade pode ser evitada a tributação de dividendos não distribuídos.

Quando muito, a isenção justificar-se-á para as acções de sociedades cotadas em bolsa – ou transaccionadas em mercado organizado, mais precisamente –, o que protege o mercado de capitais evitando os tradicionais alarmes de fuga destes para o exterior, podendo até prescindir-se do requisito da detenção por doze meses, aumentando a fluidez daquele. Rejeitando-se a via da isenção, pode ainda assim optar-se pelo englobamento a 50%, como nas restantes mais-valias (era este o sistema da LOE para 2002), ou, no casos de acções não cotadas em bolsa, exigir o seu reinvestimento para a não tributação.

Aquém disto, as alterações serão insuficientes e apenas manterão o actual regime de injustiça, inconstitucionalidade (por violação do imperativo constitucional de unicidade e progressividade do IRS) e ineficiência (uma vez que são despoletados processos economicamente complexos e desprovidos de motivação empresarial por intuitos estritamente fiscais).

4. Conclusão

No plano legislativo, ainda muito se pode fazer em matéria de fiscalidade – reequacionando estruturas inalteradas desde 1989, simplificando e desburocratizando, em especial na matéria de benefícios fiscais, adequando ao Direito Comunitário –, embora as significativas alterações das duas últimas legislaturas e dos três últimos governos constitucionais quase aconselhassem uma moratória fiscal.

Contudo, em vez de nos transformarmos em permanentes aprendizes de feiticeiros, deixando ao erário público os impactos quantitativos dos nossos mandos e desmandos legislativos, muito mais importante é alterarmos aspectos qualitativos da nossa fiscalidade, quer ao nível do procedimento legislativo, quer ao nível da própria Administração Fiscal.

O grande desafio português é o da qualificação dos seus recursos humanos: só é possível fazer mais e melhor com mais e melhores pessoas. Os nossos recursos humanos, em matéria de fiscalidade, padecem e comungam porventura do mesmo défice de qualificação que atinge outras áreas do saber. As Jornadas sobre a Reforma Fiscal – bem como os Encontros sobre Fiscalidade – foram certamente um contributo muito importante para elevar o conhecimento e debate da fiscalidade portuguesa.

Lisboa, 16 de Novembro de 2004 / 14 de Abril de 2005

IDE: SUCURSAIS E SUBSIDIÁRIAS – DISCRIMINAÇÕES E SITUAÇÕES TRIANGULARES

Dr. Francisco de Sousa da Câmara[1]

1. Introdução

Alguns dias antes da realização destas Jornadas de reflexão sobre a Reforma Fiscal de 1988/89 e, em particular, da discussão em torno do "investimento estrangeiro e dos contratos fiscais" que aqui nos reuniu hoje, foi divulgada a notícia de que Portugal continuava afastado do ranking dos 25 principais destinos de Investimento Directo Estrangeiro (doravante IDE).[2]

Não obstante existir uma acentuada consciência dessa realidade, com reflexos evidentes na nossa economia, reconhece-se também um sentimento generalizado que sublinha a necessidade de captar novos investimentos estrangeiros e reclama uma aposta séria na internacionalização da nossa economia.

Só que para inverter o actual estado das coisas, em grande parte motivado por um fenómeno de globalização associado à emergência da Ásia e, em particular, da China e da Índia e dos países do leste europeu, não bastam *wishful thinkings* nem sequer a adopção de um conjunto de medidas com impacto a curto prazo e sem sequência estratégica.

De facto, estamos em crer que na hora actual, tanto a atracção do investimento estrangeiro como o estímulo do próprio investimento nacio-

---

[1] Francisco de Sousa da Câmara, Professor convidado da Universidade Nova de Lisboa e sócio da sociedade de advogados Morais Leitão, Galvão Teles, Soares da Silva & Associados.

[2] *FDI Confidence Index* apresentado pelo *Global Business Policy Council*, Outubro 2004 (Vol. 7), da Consultora *A. T. Kearney*.

nal, dentro e fora fronteiras, só se consegue com uma estratégia de médio e longo prazo, desenvolvida por políticas claras e estáveis que sejam executadas e respeitadas pelas forças políticas que se sucedem.

Neste quadro, a área da fiscalidade tem certamente um peso muito especial; não só pelo que a redução dos impostos, a nível geral ou particular, pode significar em termos de competitividade geral, como porque representa uma área em que os graus de estabilidade, de segurança e de equidade se aferem de forma directa e empírica, com propensão para influenciar decisivamente os níveis de confiança dos investidores.

E, de facto, a experiência vivida desde a introdução da reforma fiscal de 1989, como advogado tributarista, mostrou-me bem a importância que os agentes económicos atribuem a estes factores, atacados por frequentes alterações legislativas, não raras vezes injustificadas, ambíguas ou até violadoras de compromissos internacionais, dando azo a interpretações e aplicações díspares e a contenciosos pesados e morosos. Neste contexto as faltas de neutralidade sem razão aparente e os tratamentos discriminatórios entre diferentes veículos ou entidades societárias também suscitam especial atenção.

A este propósito pareceu-me particularmente interessante cotejar hoje o tratamento consagrado a duas formas de IDE distintas – subsidiárias e sucursais ou *subsidiaries* e *branches* na terminologia anglo-saxónica – tendo por pano de fundo as situações triangulares e as discriminações muitas vezes cometidas contra os estabelecimentos estáveis (para efeitos desta comunicação restringidos às sucursais). Tanto mais que a situação presente (2004) é bastante diferente daquela que se vivia em Janeiro de 1989. Primeiro, porque ao tempo as sucursais também beneficiavam da aplicação do método da isenção então consagrado no artigo 45.º(1) do CIRC. Segundo porque no plano internacional a situação era totalmente diversa; a rede de Tratados celebrados por Portugal para eliminar ou atenuar a dupla tributação era muito mais restrita e, ainda não se havia publicado o relatório da OCDE sobre situações triangulares; e, finalmente, porque o Tribunal de Justiça da CE estava a dar os primeiros passos que viriam alterar, senão mesmo, revolucionar, estas questões (curiosamente já tinha sido proferida a decisão no célebre processo *Avoir Fiscal,* visando precisamente combater a discriminação contra formas secundárias de estabelecimento).

2. Situações triangulares e discriminação das sucursais

2.1. Introdução

Uma das primeiras questões que qualquer investidor estrangeiro coloca no momento em que decide investir directamente em Portugal é a de saber se deve fazê-lo constituindo uma sociedade de direito português (uma subsidiária) ou abrindo uma sucursal. E, em concreto, procura começar por saber as principais diferenças de tratamento consagrados a estas formas de organização.

Em Portugal, como na grande esmagadora maioria dos países, a subsidiária é tratada como uma entidade com personalidade jurídica independente, residente em território português e sujeita a uma obrigação de imposto ilimitada; e, ao invés, a sucursal é vista como um ramo do investidor não residente (i.e. sem personalidade jurídica), que dá origem à criação de um estabelecimento estável em território nacional, o qual se encontra sujeito a uma tributação de imposto limitada aos rendimentos que a si são imputados (i.e. não só os rendimentos obtidos em território nacional, como também aqueles que são obtidos por seu intermédio no estrangeiro)[3].

Caso a sucursal decida investir no estrangeiro (seja num terceiro Estado ou no Estado da residência), tal facto dará origem a uma situação triangular, posto que o rendimento atribuído a uma entidade (e.g. sociedade A) pode ser triplamente sujeito a imposto. A presença de uma entidade (e.g. sociedade A) em dois Estados [Estado da Residência (ER) e Estado do Estabelecimento Estável (EEE)], auferindo e/ou pagando rendimentos para um terceiro Estado – Estado da Fonte[4] (EF) – ou para o

---

[3] Uma análise geral sobre o tratamento concedido às subsidiárias e sucursais em Portugal, no dealbar da reforma fiscal, pode encontrar-se em Francisco de Sousa da Câmara, "Portugal: Taxation of branches and subsidiaries", *European Taxation*, Julho 1991, págs. 210-214.

[4] Existem variadíssimas situações que dão origem a outros casos triangulares, dos quais os originados com pagamentos de terceiros Estados (dividendos, juros, *royalties*, mais-valias, rendimentos comerciais, etc) a um estabelecimento estável localizado num Estado (EEE), diferente do da sede (ER), e com pagamentos de ou a sociedades com dupla residência são exemplos paradigmáticos. Por todos vejam-se, Franz Philipp Sutter e Ulf Zehetner, Triangular Tax Cases, ed. LindeVerlag, 2004 e literatura aí mencionada, incluindo Francisco Alfredo García, "Triangular Cases and Residence as a Basis for

próprio ER (situação em que há coincidência entre ER e EF) pode dar origem àquele resultado. No entanto, convém desde já sublinhar que estas situações podem dar origem a uma tripla tributação ou a uma não-tributação. Teoricamente, o rendimento obtido pela Sociedade A, através de um estabelecimento estável no terceiro Estado pode ser tributado neste último Estado, bem como sê-lo em qualquer um dos outros; mas, também poderá não estar sujeito ou ser isento de imposto mercê da consagração das regras domésticas (*quiçá,* já decorrentes de harmonização comunitária) e convencionais para eliminar a dupla tributação. Neste contexto, é relevante apurar a forma de prevenir estas situações, com base nas Convenções bilaterais para eliminar a dupla tributação (doravante CDT) e nas disposições internas de cada Estado e, simultaneamente, verificar se há discriminações intoleráveis à luz das mesmas Convenções ou das regras comunitárias.

2.2. Limites à discriminação contra as sucursais

Já verificámos que o regime de tributação das subsidiárias e das sucursais é, por natureza, diferente uma vez que os residentes e os não residentes não se encontram na mesma posição. E, neste contexto, a questão que se coloca é precisamente a de saber se há limites que se impõem ao legislador e que impedem a discriminação de tratamento dessas realidades que tantas vezes consistem em não lhes estender benefícios concedidos a subsidiárias, designadamente quando, em concreto, não houver diferenças que justifiquem um tratamento fiscal distinto.

Em Portugal esta situação tem em várias ocasiões levado os investidores a optarem pela constituição de subsidiárias (sobretudo, após a

---

Alleviating International Double Taxation. Rethinking the Subjective Scope of Double Tax Treaties", *Intertax* 1994/11, págs. 473 et. seq. (assim 475). Para uma análise do problema em geral, vejam-se também, Kees van Raad, "The 1992 OECD Model Treaty: Triangular Cases", *European Taxation,* Setembro, 1993, págs. 298-301, Fabio Aramini, "Triangular cases under the OECD Model Convention and the European Court of Justice's case law", *Diritto e Pratica Tributaria Internazionale,* vol. 2, n.º 1, 2002, e o Relatório da OCDE sobre casos triangulares adoptado em Julho de 1992, incluído in *Model Tax Convention on Income and on Capital,* vol. II, com a epígrafe "Triangular cases", ed. OECD.

transposição da Directiva 90/435/CEE), quando essa razão não constituiria a primeira escolha dos investidores não fosse a diferença de tratamento fiscal.[5-6]

No plano das questões que hoje elegemos para tratar, no contexto das situações triangulares, parece-me particularmente aliciante pôr em confronto as principais teses que se defrontam no sentido de procurar definir os limites e as exigências impostas ao Estado do EE, mas também ao ER e ao EF. Primeiro, será que o Estado do EE também deve conceder aos estabelecimentos estáveis os benefícios previstos nas suas convenções celebradas com o Estado da Fonte e até com terceiros Estados?

Ainda que os comentários do MCOCDE não sejam totalmente claros sobre esta matéria[7], parecendo exigir que se integre uma nova cláusula

---

[5] Por exemplo, uma subsidiária não só terá vantagens se detiver participações sociais em sociedades nacionais como poderá beneficiar de uma série de outros benefícios fiscais reservados exclusivamente a sociedades residentes em Portugal. A isto acresce, por exemplo, o interesse da sociedade-mãe limitar a sua responsabilidade perante futuros credores (tanto públicos, como privados.....). É claro que a generalidade daquelas disposições são contrárias ao direito comunitário, e em particular, ao artigo 56.º do Tratado CE uma vez que restringem a livre circulação de capitais entre Estados-Membros. Os investimentos no estrangeiros são automaticamente menos atractivos que os investimentos domésticos por efeito destas disposições fiscais. O TJCE já teve oportunidade de sublinhar, por diversas vezes, que estas regras nacionais são contrárias ao direito comunitário e que as vantagens concedidas aos rendimentos provenientes dos investimentos domésticos têm de ser concedidas àqueles que provêm dos restantes Estados-Membros da C.E.. A decisão do Processo Manninem [Proc. C-319/02) ilustra e explicita bem as razões porque o regime de isenção português para eliminar a dupla tributação económica dos lucros distribuídos (artigo 46.º do CIRC) é contrário ao direito comunitário, aguardando-se apenas que nasça o processo responsável pela sua eliminação ou modificação.

[6] Ana Paula Dourado lembra, a este propósito, que o *apport* mais significativo da jurisprudência comunitária nesta matéria terá sido o do Tribunal de Justiça da CE ter reconhecido aplicabilidade directa ao princípio da não discriminação previsto no Tratado CE, posto que o princípio já estava consagrado nas CDT celebradas por cada Estado (e.g. o qual, em geral, reproduz o artigo 24.º n.º 3 do MCOCDE). Mas, convém também perspectivar todo o conteúdo do princípio comunitário que é mais vasto, e sublinhar que se pode entender que tem efeitos sobre terceiros alargando o seu campo de aplicação. Ana Paula Dourado, "Do caso Saint-Gobain ao caso Metallgesellschaft: o âmbito do princípio da não discriminação do estabelecimento estável no Tratado da Comunidade Europeia e a cláusula da nação mais favorecida", *Planeamento e Concorrência Fiscal Internacional*, págs. 91 e segs., ed. Fisco 2003 e Adolfo J. Martin Giménez e outros "Triangular Cases, Tax Treaties and EC Law: The Saint-Gobain Decision of the ECJ", 55 *Bulletin,* ed. IBFD, Junho de 2001, págs. 241 e segs. (assim p. 247-249).

[7] Cfr. parágrafo 52 dos Comentários ao artigo 24.º do MCOCDE.

nos tratados bilaterais para regular este assunto, parte da doutrina europeia já perfilha o entendimento de que o Estado onde se localiza o estabelecimento estável deve conceder-lhe os benefícios atribuídos às sociedades nacionais, segundo um entendimento de que os princípios da não discriminação e da igualdade impõem o "tratamento nacional"; tanto os que decorrem da sua lei interna, como das convenções celebradas com o Estado da Fonte[8]. O *benchmark* nesta matéria começou por ser a decisão proferida no processo *Saint-Gobain*, apesar dos efeitos que se pretendem extrair terem já um alcance mais profundo que serão, porventura, abordados noutros casos relevantes que já aguardam decisão[9].

Remontemos, pois, ao processo *Saint Gobain*. Independentemente de, em abstracto, a situação entre residentes e não residentes não ser comparável, o Tribunal da Justiça da CE veio exigir uma igualdade de tratamento quando a situação, em concreto, é objectivamente comparável. Em relação à percepção de dividendos por um EE Alemão, provenientes do estrangeiro, o Tribunal entendeu que o «... estabelecimento estável e as sociedades residentes na Alemanha estão em situação objectivamente comparáveis». De facto, adianta de seguida: «Quanto às matérias em causa, a diferença entre a obrigação fiscal limitada e a obrigação fiscal ilimitada não é certamente pertinente, uma vez que o rendimento e patrimónios mundiais não compreendem os dividendos recebidos das sociedades estrangeiras nem as participações em sociedades estrangeiras, devido à concessão das vantagens fiscais consideradas, de que não podem beneficiar os contribuintes sujeitos a uma obrigação fiscal limitada»[10].

---

[8] Esta posição pressupõe uma distinção entre o princípio do tratamento nacional e a cláusula da nação mais favorecida uma vez que esta última, ao invés da primeira, não exige que nacionais de dois ou mais Estados estejam numa situação comparável (por exemplo, uma sociedade do Estado 1 reclama no Estado 2 o mesmo tratamento que é concedido às sociedades do Estado 3 mesmo que a sociedade do Estado 1 não tenha presença no Estado 3). Ao invés, uma pessoa que invoca a cláusula da nação mais favorecida num certo Estado não procura obter o tratamento que esse Estado concede aos seus nacionais, mas o melhor dos tratamentos que confere aos nacionais de outros Estados.

[9] Tanto nos Processos D. (Processo C-376/03) como Bujara (Processo C-8/04) coloca-se a questão de saber se um certo Estado deve conceder a um nacional de um outro Estado os benefícios atribuídos a nacionais de um terceiro Estado, também comunitário, e que decorrem da aplicação da convenção bilateral para eliminar a dupla tributação celebrada entre o primeiro e terceiro Estados. Importa também aguardar o desfecho do processo ACT Class Action IV (Processo C – 374/04) sobre a problemática da nação mais favorecida no seio da U.E..

[10] Cfr. parágrafo 48 do Acórdão Saint-Gobain (Processo n.º 307/97, Acórdão de 21.IX.99).

Nesta linha, o Tribunal concluiu que os artigos 43.º e 48.º do Tratado de Roma se opunham a que o estabelecimento estável alemão de uma sociedade francesa não gozasse dos mesmos benefícios que a sociedade residente na Alemanha quando se encontrasse nas mesmas condições, pondo a claro que qualquer diferença de tratamento só será tolerada se existir uma diferença objectiva entre ambas as situações, diferença essa que tem de ser apreciada em concreto e numa base casuística[11].

Mas, será que deste princípio também decorre a obrigação do Estado do estabelecimento estável estender todos os benefícios provenientes da convenção celebrada com o Estado da Fonte[12] ou com terceiros Estados, inclusive Estados não comunitários? Será que esta jurisprudência é susceptível de ser estendida a outros casos, designadamente quando estejam em causa rendimentos estrangeiros (e.g. juros e *royalties*) que beneficiem de regimes mais favoráveis ou não sejam sujeitos a imposto quando auferidos por sociedades residentes[13]? E outros ainda? E quais as obrigações que recaem sobre o Estado da residência e o Estado da fonte em situações triangulares?[14]

Vejamos, pois, alguns exemplos práticos que facilitam a compreensão do problema e permitem detectar as possíveis respostas para estas questões tendo por destinatários sociedades não residentes com estabelecimentos estáveis (sucursais) em Portugal.

---

[11] Neste caso, apesar dos residentes e não residentes serem tributados com base em obrigações ilimitadas e limitadas, respectivamente, de facto, no que respeita aos dividendos recebidos de sociedades estrangeiras, estavam em situação idêntica, só que, ao tempo, o método de isenção só era atribuído às sociedades alemãs.

[12] Parágrafo 58 do Acórdão Saint-Gobain. Veja-se também H.E. Kostense, "The Saint-Gobain case and the application of tax treaties. Evolution or revolution?" EC Tax Review, Abril de 2000, págs. 225-232.

[13] Esta conclusão levou Pistone a afirmar que entrámos na terceira fase da evolução judicial, P. Pistone, The Impact of Comunity Law on Tax Treaties, Issues and Solutions, pág. 245, ed. Kluwer, 2002.

[14] Vejam-se, em geral, Ana Paula Dourado, "Do caso Saint-Gobain ao caso Metallgesellchaft: o âmbito do princípio da não discriminação do estabelecimento estável no Tratado da Comunidade Europeia e a cláusula da nação mais favorecida", *Planeamento e Concorrência Fiscal Internacional*, págs. 91 e segs., ed. Fisco 2003; e Adolfo J. Martin Giménez e outros "Triangular Cases, Tax Treaties and EC Law: The Saint-Gobain Decision of the ECJ", 55 *Bulletin* ed. IBFD, Junho de 2001, págs. 241 e segs. (assim p. 250-252).

2.3. Situações Triangulares

2.3.1. *Pagamentos efectuados a um estabelecimento estável português*

Supondo que um banco alemão, através de um estabelecimento estável (EE) localizado em Portugal, obtém dividendos que são pagos por uma sociedade residente em Espanha em virtude das acções associadas àquele pagamento estarem afectas ao EE, quem terá legitimidade e competência para tributar?[15]

Como já deixámos entrever, teoricamente, esta situação pode dar origem a uma tripla tributação (na Alemanha, em Portugal e em Espanha) do rendimento proveniente de Espanha e a uma dupla tributação do rendimento obtido em Portugal, sendo certo que as múltiplas tributações poderão ser eliminadas ou atenuadas pelos Estados da residência e do estabelecimento estável, quer através da aplicação das CDT quer através de normas unilaterais previstas no ordenamento jurídico de qualquer um daqueles dois Estados.

Acontece que as CDT, celebradas com base no Modelo de Convenção Fiscal sobre o Rendimento e o Património da OCDE (doravante MCOCDE) são bilaterais e só se aplicam às pessoas que forem residentes de um ou de ambos os Estados contratantes, decorrendo do princípio da relatividade dos tratados que só os residentes é que se poderão prevalecer

---

[15] Este mesmo exemplo poderia ser replicado a propósito dos juros e dos royalties, apesar de certos contornos serem distintos mercê das regras substantivas aplicáveis a cada caso. No entanto, no plano convencional a situação é precisamente semelhante no sentido de que seria possível aplicar a CDT celebrada entre a Alemanha e Espanha e o artigo 25.º/2 da CDT Alemanha e Portugal. Em qualquer caso, estes princípios podem ser excepcionados ou alterados nas Convenções celebradas por cada Estado. A este propósito recorda-se que as Convenções celebradas pelo Brasil estipulam, em geral, que o Estado da Fonte não está limitado a aplicar a taxa reduzida, nos pagamentos de juros, quando os mesmos forem ".....atribuídos ou pagos a um estabelecimento estável de um residente do outro Estado contratante situado em terceiro Estado" (cfr. artigo 11.º n.º 4 da CDT celebrada entre Portugal e Brasil). Esta situação corresponde, pois, a uma derrogação ao princípio da relatividade dos tratados "... não no sentido ampliativo de permitir a aplicação do Tratado a estabelecimentos permanentes de pessoas residentes em terceiros Estados, mas no sentido restritivo de fazer depender a aplicação do tratado não exclusivamente em função da residência do devedor e do credor, mas cumulativamente em função da localização do estabelecimento permanente no próprio país de residência do credor – Alberto Xavier, *Direito Tributário Internacional do Brasil*, pág. 158, 6ª ed., Editora Forense, Rio de Janeiro 2004.

da aplicação dos mesmos. E, desta feita, os dividendos provenientes de Espanha e recebidos pelo estabelecimento estável português do banco alemão estão sujeitos a imposto em Espanha e em Portugal, e não beneficiam da aplicação do regime da CDT celebrada entre Portugal e Espanha (não impondo limitações sobre o EF ou o ER, seja a respeito do imposto retido na fonte, ou quanto à eliminação da dupla tributação).

A partir de 2005, com a transposição da Directiva 2003/123/CE, os Estados-membros serão obrigados a estender o regime de eliminação da dupla tributação dos dividendos aos estabelecimentos estáveis das sociedades europeias e, por conseguinte, verificados os respectivos pressupostos, os dividendos deverão ser pagos em bruto e sem qualquer retenção na fonte no EF. E, por outro lado, deverão ser isentos de imposto no ER. No caso em apreço não poderão ser tributados em Espanha, em Portugal ou na Alemanha.

Todavia, quando não estiverem reunidas as condições para aplicar o regime da Directiva, a sociedade alemã poderá prevalecer-se da CDT celebrada entre a Alemanha e a Espanha para reduzir a tributação na fonte para 15% ou 10%, conforme o nível da participação social detida nesta última. Esta tributação poderá vir a ser eliminada na Alemanha por aplicação do método da isenção. E em Portugal? A CDT celebrada entre Portugal e Espanha não se poderá aplicar directamente como já vimos e, por conseguinte, a questão que se levanta consiste em saber se o E.E. do banco alemão terá a possibilidade de beneficiar do regime doméstico para eliminar a dupla tributação económica dos lucros distribuídos (consagrado no artigo 46.º do CIRC), de qualquer regime convencional (e.g. convenção celebrada entre Portugal e a Alemanha ou entre Portugal e a Espanha) ou das regras unilaterais portuguesas para eliminar a dupla tributação jurídica internacional (artigo 85.º do CIRC), em virtude do disposto no artigo 25.º/2 da CDT celebrada entre a Alemanha e Portugal?

No caso concreto, verifica-se que o estabelecimento estável português não goza do método de isenção (o qual, com a excepção do regime que implementou as Directivas 90/435/CEE e 2003/123/CE, é reservado para participações detidas em sociedades residentes por outras entidades residentes) consagrado no artigo 46.º do CIRC[16]. Este regime é manifes-

---

[16] Tratando-se de dividendos, literalmente, não se poderia aplicar o artigo 46.º (1) do CIRC; a sucursal limitar-se-ia a beneficiar do regime que elimina a dupla tributação jurídica segundo o método de imputação normal (cfr. artigo 85.º do CIRC). Com a entrada em vigor do Orçamento de Estado para 2005 (Lei n.º 55-B/2004 de 30 de

tamente contrário ao princípio da livre circulação de capitais, em virtude da sua atribuição depender do local de investimento do capital; situação essa que não é sequer justificável à luz de um eventual princípio de coesão do sistema fiscal nacional, ou pelo facto dessa alteração provocar dificuldades de controlo administrativo ou perda da receita. Em suma, ao aplicar-se o método de isenção apenas às sociedades residentes que detenham participações noutras sociedades residentes, discrimina-se claramente contra o investimento em participações estrangeiras. Ora, tanto os artigos 56.º e 58.º do Tratado da CE como a jurisprudência comunitária (e.g. Processos Saint-Gobain, Manninem, etc.) impõem que o regime consagrado no artigo 46.º do CIRC deveria, pois, ser estendido às subsidiárias e/ou estabelecimentos estáveis de sociedades não residentes que recebessem dividendos provenientes de outros Estados comunitários[17-18].

Admitindo, por outro lado, que em Espanha o dividendo foi tributado, o E.E. português do banco alemão tem direito ao crédito do imposto normal, não só em decorrência do citado artigo 25.º/2 da Convenção celebrada entre a Alemanha e Portugal (a CDT celebrada entre Portugal e Espanha, ainda que não aplicável, serviria para calcular o montante máximo de crédito que deveria ser concedido ao estabelecimento estável), como de acordo com as regras unilaterais vigentes (e.g. artigo 85.º do CIRC) e com o próprio princípio da liberdade de estabelecimento.

Dezembro) foi transposta para o direito interno a Directiva Comunitária 2003/123/CE, a qual veio expressamente estender a aplicação do regime de isenção para eliminar a dupla tributação económica dos lucros distribuídos aos estabelecimentos estáveis portugueses pertencentes a sociedades residentes na Comunidade Europeia. Como veremos este regime mitiga o problema das discriminações contra os estabelecimentos estáveis (os que pertencem a sociedades europeias), mas não o resolve totalmente, porque se a sociedade-mãe não for residente na Comunidade (e.g. se for um Banco Americano) ou não beneficiar do regime previsto na Directiva 90/435/CE, o método da isenção não se aplica.

[17] Acresce que o regime português é ainda manifestamente discriminatório contra os E.E. portugueses e contrário ao princípio que consagra a liberdade do estabelecimento (artigo 43.º do Tratado CE), em virtude daqueles E.E. também não poderem beneficiar do regime previsto no artigo 46.º/8 quando detenham participações em sociedades portuguesas [admitindo que não se aplica o regime da Directiva – 2003/123/CE], sendo discriminados vis-a-vis as sociedades de direito nacional; o que importa também modificar.

[18] Na sequência de eventual sucesso num processo de impugnação contra actos de liquidação ou auto-liquidação de IRC que não tenham respeitado aqueles princípios comunitários (ainda que seja necessário proceder ao reenvio prejudicial) a administração fiscal ficará obrigada a proceder aos consequentes reembolsos de imposto, e correspondentes juros.

A citada cláusula convencional que proíbe as discriminações exige que o Estado onde se encontra o estabelecimento estável (EE) não trate este último EE de forma menos favorável (designadamente não o sujeite a impostos e/ou obrigações acessórias mais gravosas) do que as sociedades nacionais/subsidiárias que exerçam a mesma actividade. Neste sentido, até os EE europeus (e.g. português) de sociedades não europeias devem beneficiar do regime concedido às sociedades europeias, uma vez que tal regime é aplicável às sociedades residentes no estado onde se encontra o EE[19].

Por seu turno, perante o presente quadro legal, a experiência tem evidenciado que os Estados da Fonte (e.g. Espanha) não abdicam do seu poder de tributar na fonte com base no seu poder soberano (direito doméstico), eventualmente auto-limitado por uma CDT reconhecida como aplicável (e.g. CDT Alemanha/Espanha). A CDT celebrada entre Portugal e Espanha poderá, é certo, ser invocada com base em argumentos comunitários, por aqueles que, a respeito da decisão *Saint Gobain*, adoptam uma tese vanguardista que consiste em extrair "efeitos sobre terceiros" daquela decisão, reclamando que o próprio EF estaria, por exemplo, obrigado a conceder os benefícios consagrados na CDT celebrada com o Estado do EE (e.g. abstendo-se, por exemplo, de reter na fonte ou retendo à taxa da CDT celebrada entre o EF e o EE qualquer eventual pagamento de dividendos, juros e/ou royalties)[20].

Acontece que, no caso em apreço, o EE português não é uma sociedade residente em Portugal e o EF (Espanha) só se vinculou a conceder determinado tratamento (o previsto na CDT celebradas entre Portugal e Espanha) às sociedades residentes em Portugal. Mais, no quadro actual, a Espanha celebrou uma CDT com a Alemanha e uma outra com Portugal e repartiu o seu poder de tributar os rendimentos de fonte espanhola com aqueles dois Estados, de forma distinta, respeitando o princípio da reciprocidade e preservando os equilíbrios bilateralmente. Mas será que essa justificação é suficiente para tratar diferentemente dois residentes na U.E.? A verdade é que ainda que se invoque o princípio da não discriminação e a necessidade das Convenções respeitarem o direito comunitário,

---

[19] Cfr. artigo 26.º/2 da CDT celebrada entre Portugal e os EUA. Todavia, há quem rejeite esse entendimento por considerar que a atribuição deste benefício, por exemplo, a um Banco Americano, consistiria em interpretar o artigo 24.º/3 como uma cláusula que atribuí o tratamento da nação mais favorável...

[20] Adolfo J. Jiminéz e outros, *ob. cit.*, págs. 247-252.

a menos que o TJCE viesse revolucionar e pôr em causa o sistema das CDT bilaterais, na linha dos argumentos apresentados pelo advogado--geral no Processo D., ou que qualquer outro Tribunal nacional viesse a aceitar tal tese, é muito improvável que as administrações fiscais dos Estados-Membros interpretem que o princípio do tratamento nacional ou até a cláusula do tratamento da nação mais favorecida tenham aquele efeito sobre o Estado da Fonte.

2.3.2. *Pagamentos efectuados por um estabelecimento estável português*

Retornando a um exemplo próximo daquele com que ilustrámos a situação anterior (2.3.1.), teríamos agora a sucursal portuguesa de um banco italiano a efectuar pagamentos de juros a uma sociedade comercial independente localizada num terceiro Estado (e.g. Espanha) em virtude, por exemplo, desta última ter subscrito um empréstimo obrigacionista de curto prazo emitido pelo Banco com os fundos afectos à sucursal portuguesa e com a obrigação desta última remunerar o empréstimo.

Estará este pagamento sujeito a uma retenção na fonte? Onde? De acordo com que regime? Que regime interno ou convencional aplicar?

Antes de mais devemos questionarmo-nos sobre se de acordo com as normas domésticas nacionais, o pagamento de juros por parte da sucursal financeira portuguesa a uma sociedade comercial residente em Espanha está sujeita a imposto. E, de acordo com a aplicação das regras domésticas nacionais chegaríamos à conclusão de que assim seria [i.e. de que, em princípio, haveria que proceder a uma retenção na fonte de 20% a título de IRC][21-22].

Mas, de seguida, levantar-se-ia a questão de saber se o Estado Italiano, enquanto Estado da Fonte (relembre-se que a sociedade, cuja sucursal financeira se encontra em Portugal, tem a sua sede em Itália), também poderia proceder a uma retenção na fonte em relação ao mesmo pagamento de juros?[23]

---

[21] Cfr. artigos 4.º (3) al. c) 3), 51.º e 80.º (2) al. c) do CIRC.

[22] Interessante será também apreciar em que medida é que o direito de tributação do Estado português está limitado pela Directiva 2003/49/CE até porque o empréstimo obrigaccionista é emitido por um Banco residente em Itália.

[23] Na prática, caso este Estado não retenha imposto na fonte quando o juro é pago pelo seu estabelecimento estável, deixa de ser relevante o facto do artigo 11.º/5 das CDT

Admitindo-se que o direito doméstico italiano exige – como de facto acontece em certas destas operações – que as sociedades residentes efectuem retenções quando pagam juros de empréstimos a sociedades não residentes (ainda que os pagamentos sejam feitos através de estabelecimentos estáveis localizados no estrangeiro), impõe-se verificar, então, se as CDT poderiam vir impedir ou limitar esse direito.

Vejamos o disposto nos artigos 11.º (1), (2) e (5) da CDT celebrada entre a República Italiana e Espanha e entre Portugal e Espanha, os quais dispõem o seguinte:

- «Os juros provenientes de um Estado Contratante e pagos a um residente de outro Estado Contratante podem ser tributados nesse outro Estado» (n.º 1 da CDT Portugal/Espanha)[24];
- «No entanto, esses juros podem ser igualmente tributados no Estado Contratante de que provêm e de acordo com a legislação desse Estado, mas se a pessoa que recebe os juros for o seu beneficiário efectivo, o imposto assim estabelecido não poderá exceder 15% do montante bruto dos juros» (n.º 2 da CDT Portugal/Espanha);
- «Os juros consideram-se provenientes de um Estado Contratante quando o devedor for esse próprio Estado, uma sua subdivisão política ou administrativa, uma sua autarquia local ou um residente desse Estado. Todavia, quando o devedor dos juros, seja ou não residente de um Estado Contratante, tiver num Estado Contratante um estabelecimento estável ou uma instalação fixa em relação com as quais haja sido contraída a obrigação pela qual os juros são pagos e esse estabelecimento estável ou essa instalação fixa suportem o pagamento desses juros, tais juros são considerados provenientes do Estado Contratante em que o estabelecimento estável ou a instalação fixa estiverem situados.» (n.º 5 da CDT Portugal/Espanha)[25].

---

permitir, teoricamente, que a fonte do rendimento esteja localizada em dois Estados diferentes. Isto é, o problema abstracto da dupla fonte só se coloca, efectivamente, quando de acordo com o direito doméstico do Estado da residência do pagador do juro (no caso, a Itália) se considerar que o mesmo rendimento tem fonte em Itália (i.e. considera-se obtido em território italiano ainda que seja pago por um EE localizado em Portugal).

[24] O n.º 1 do artigo 11.º da CDT Alemanha/Espanha estipula no mesmo sentido que, aliás, reproduz o MCOCDE.

[25] O n.º 6 do artigo 11.º da CDT Alemanha/Espanha estipula no mesmo sentido que, aliás, reproduz o MCOCDE.

Os requisitos previstos nos artigos 1.º e 11.º parecem verificar-se em relação a ambas as CDT. Neste caso poderíamos, pois, ter uma dupla tributação, uma vez que Portugal consideraria o juro pago pelo EE português como tendo fonte nacional (sujeitando-se a retenção e a dedução na sua base tributável)[26], mas o Estado Italiano também poderia considerar tal juro como tendo fonte doméstica (sujeitando-o, da mesma forma, a retenção na fonte). Se assim fosse, a CDT celebrada entre a Itália e a Espanha revelar-se-ia impotente para resolver este problema. O primeiro período do artigo 11.º (5) desta CDT aplicar-se-ia directamente e o segundo não se poderia aplicar em virtude do EE não se encontrar localizado em qualquer daqueles Estados. Já a CDT entre Portugal e Espanha permitiria a Portugal tributar em virtude do segundo período do artigo 11.º/5.

Não se resolvendo esta situação, ambos os Estados tributariam de acordo com o seu direito doméstico (uma vez que disso não estavam impedidos convencionalmente) e o Estado espanhol teria que eliminar a dupla tributação com base no disposto em ambas as CDT celebradas com a Itália e com Portugal, mas poderia bem acontecer que com base na aplicação dos métodos adoptados para eliminar a dupla tributação não fosse possível senão atenuá-la (i.e. não seria senão possível creditar parte do imposto cobrado em Itália e em Portugal).

Neste momento, o parágrafo 30 dos comentários ao artigo 11.º/5 do MCOCDE já sugere que se altere esta disposição, de forma a evitar esta situação; mas na prática, a generalidade dos Estados, incluindo Portugal, ainda não adoptam tal formulação na celebração das suas convenções bilaterais, pelo que estas situações continuam a subsistir[27].

---

[26] Parte-se obviamente do pressuposto de que o produto do empréstimo foi efectivamente afecto às necessidades da sucursal portuguesa, tendo-o esta não só inscrito no seu passivo como assumido a obrigação do pagamento dos juros.

[27] Uma análise detalhada desta situação pode encontrar-se em John Avery Jones e Catherine Bobbett, "Triangular Treaty problems: a summary of the discussion in seminar E at the IFA Congress in London", *Bulletin,* January 1999, págs. 16 e segs. (assim, 18 e 19). Na prática, estas situações são relativamente raras porque a maior parte dos agentes económicos procuram minimizar o impacto fiscal deste tipo de operações e porque, de facto, é relativamente simples alterar os pressupostos contratuais de modo a captar fundos com isenções ou reduções substanciais.

3. Conclusões

A definição da fiscalidade e, em particular, da tributação directa ainda compete aos Estados soberanos, não obstante terem – em certos domínios – aceite limitar essa sua prerrogativa, seja através da celebração de convenções multilaterais ou bilaterais seja pela adopção de certas directivas comunitárias. O Tribunal de Justiça da CE tem, aliás, sublinhado essa situação impedindo discriminações em razão da nacionalidade e que se mostram violadoras do direito comunitário, mas acentuando também que os Estados não estão impedidos de tratar diferentemente residentes (e.g. sociedades) e não-residentes (e.g. estabelecimentos estáveis) quando as situações não são comparáveis ou equivalentes.

A análise do regime doméstico evidencia manifestas violações do direito comunitário, em particular das liberdades de estabelecimento e de circulação de capitais.

Apesar disso, reconhece-se que as convenções para eliminar a dupla tributação continuam a ser celebradas por cada Estado, numa base bilateral e tendo por pano de fundo o próprio artigo 293.º da CE. Por outras palavras, o âmbito de aplicação das mesmas continua a estar reservado – por princípio – às pessoas residentes num ou em ambos os Estados contratantes. E ainda que a cláusula da não discriminação imponha certas obrigações sobre o Estado onde se encontra o estabelecimento estável, essas obrigações não consistem nem equivalem à consagração da cláusula da nação mais favorecida; apesar disso, verifica-se que as CDT que incluem uma cláusula deste tipo são cada vez mais numerosas (entre nós, veja-se por exemplo, o artigo 6.º do Protocolo anexo à CDT celebrada com o Brasil.

É verdade que numa situação triangular interposta por um EE localizado fora do ER e do EF, é ainda difícil ancorar sobre o princípio da não discriminação comunitário e o princípio do tratamento nacional a obrigação deste último Estado (e.g. Estado da fonte) ser obrigado a reconhecer aquele estabelecimento estável como residente ou atribuir-lhe os benefícios que daí decorreriam.

Considerando o actual quadro legislativo e jurisprudencial e na ausência de uma convenção multilateral para eliminar a dupla tributação, é provável que as discussões polémicas em torno destes princípios se multipliquem e que, entretanto, as discriminações continuem a ser apreciadas e atacadas de forma casuística e sem pôr em causa o princípio da reciprocidade previsto nas CDT. Mas, em última instância, será também necessário verificar se, nesses casos concretos a apreciar, há de facto diferenças que justifiquem esse tratamento divergente, evitando que a atribuição do tratamento nacional apenas contribuísse para alterar o poder tributário definido pelos próprios Estados em presença.

Este é certamente um dos assuntos que mais interesse desperta na fiscalidade europeia da actualidade e que continuará a suscitar vivos e acesos debates que merecem ser intensificados entre nós.

3.2. Fiscalidade Ambiental e do Urbanismo

FISCALIDADE AMBIENTAL E DO URBANISMO – QUE PAPEL?

Dr. Rodolfo Vasco Lavrador

Estas breves linhas, têm, apenas, como objectivo deixar um registo das conclusões que retirei da sessão FISCALIDADE AMBIENTAL E DO URBANISMO, inserida nas Jornadas Comemorativas dos 15 anos da Reforma Fiscal de 1988/1989, superiormente presidida pelo Profesor Doutor Vasco Pereira da Silva, que tive o prazer de moderar, a convite, que muito me honra e que agradeço, do Presidente da Associação Fiscal Portuguesa, Professor Doutor Eduardo Paz Ferreira.

Estas Jornadas constituíram, também, uma merecida e justa Homenagem ao Presidente da Comissão da Reforma Fiscal de 1988/1989, o Professor Doutor Paulo de Pitta e Cunha. Pelo que início este modesto texto com a expressão da muita admiração e do meu profundo apreço à figura ímpar da nossa Fiscalidade, o Professor Doutor Paulo de Pitta e Cunha, meu Professor e com quem tive o privilégio de colaborar na Faculdade de Direito de Lisboa e a cujos ensinamentos e conselhos muito devo.

Como referi, não tenho a pretensão de desenvolver neste texto qualquer estudo ou análise sobre a fiscalidade ambiental ou do urbanismo. Para tal temos as excelentes intervenções realizadas na mencionada sessão.

Pretendo, apenas, repito, relatar a minha visão das conclusões fundamentais a que chegámos, numa perspectiva de reflexão sobre a globalidade das mencionadas intervenções, isto é, sem pretender sintetizar conclusões individuais para cada uma delas.

Assim, a primeira ideia fundamental a retirar é a da importancia estratégica, na actualidade, quer das questões ambientais, quer das questões do urbanismo.

Com efeito, qualquer política sustentada, que vise a qualidade de vida nas sociedades actuais, tem, necessariamente, nessas duas áreas dois dos seus eixos fundamentais.

Na verdade, é um dado a relevância crescente das mesmas, que resulta da cada vez maior exigência social em relação à qualidade do meio ambiente e do meio urbano e da complexidade que implica qualquer tentativa de modificar o comportamento dos agentes económicos, no sentido de não deteriorarem essa qualidade e de, pelo contrário, adoptarem comportamentos mais eficientes e justos, quer de um ponto de vista ambiental, quer de um ponto de vista do ordenamento urbanístico.

É que existe hoje um maior conhecimento dos impactos que as actividades económicas podem ter no sentido negativo ou positivo sobre o meio ambiente e sobre a qualidade urbanística.

Por outro lado, há uma crescente procura social de um enquadramento com uma maior qualidade ambiental e de uma maior qualidade urbana, em especial por parte dos que possuem maiores rendimentos.

Tudo isto exige, por parte do poder político, uma resposta a essas preocupações, identificando os objectivos a alcançar, em termos de qualidade ambiental e de qualidade urbanística, quer a curto prazo, quer numa perspectiva sustentada de longo prazo, partindo de uma análise dos impactos, nestas duas áreas, das diversas actividades económicas.

Como já se referiu, a prossecução desses objectivos passa, também, pela modificação de comportamentos dos agentes económicos, de maneira a que os mesmos se adequem aos objetivos ambientais e urbanísticos fixados.

Por outro lado, essa modificação deve ocorrer de um modo eficiente, isto é, com o menor custo possível, e de um modo justo, ou seja, de uma forma equitativa, quer numa perspectiva imediata ou intrageracional, quer numa perspectiva de longo prazo ou intergeracional.

Para se atingirem tais objectivos, existem vários instrumentos administrativos e normativos de regulação possíveis, entre os quais temos os económicos.

Ora, dentro destes últimos, a par dos denominados direitos de emissão negociáveis na área ambiental, salietam-se, para além dos subsidios, precisamente, os instrumentos tributários.

Esta é a segunda ideia fundamental a retirar da nossa sessão: os tributos – designadamente os impostos e as taxas – são instrumentos siginificatvos de uma qualquer política ambiental ou urbanística.

Na verdade, é um dado que os impostos e as taxas têm um importante papel a desempenhar nestes dois campos, ainda que, como melhor veremos mais adiante, seja meramente complementar em relação ao de outros instrumentos.

Com efeito, por exemplo, em relação ao ambiente, um imposto específico que incida sobre consumos tidos por nocivos para o meio ambiente é um instrumento possível de uma política de protecção do meio ambiente, ao estimular os consumidores a reduzir o seu consumo e os produtores a sua produção e a substituí-los por outros bens alternativos mais "amigáveis". Assim como a utilização, com o mesmo objectivo, de incentivos nos impostos tradicionais.

Não se pretende neste texto desenvolver o tema, mas importa, ainda que de forma muito breve, referir que as vantagens mais habitualmente referenciadas para os instrumentos fiscais, designadamente na área ambiental, são a da sua efectividade em termos de custos, o proporcionarem a aplicação prática do princípio segundo o qual "quem contamina paga" e o de poderem constituir incentivos à inovação tecnológica.

Por outro lado, como é evidente geram receitas, que podem destinar-se a despesa de protecção ou de recuperação ambiental ou de requalificação urbanística, ou, em alternativa, podem permitir a redução de outros impostos que incidam sobre, por exemplo, o trabalho, a poupança ou os lucros, diminuindo, desse modo, a respectiva carga fiscal e, nessa medida, melhorando a produtividade económica.

É a já clássica, mas sempre polémica, tese empírica do duplo dividendo dos impostos ambientais.

Porém, e esta é a terceira e última ideia fundamental a retirar dos trabalhos desenvolvidos, a potencialidade da fiscalidade, enquanto instrumento de protecção ambiental ou como meio de disciplina urbanística, tem evidentes limitações e a sua aplicação suscita diversos problemas. Aliás, no decurso da sessão foram identificadas muitas dessas limitações e vários desses problemas.

Assim, foram apontadas, pelo menos, as seguintes questões:
– a falta de coerência interna entre as medidas tributárias, isto é, existem muitas vezes incentivos em conflito nos diferentes tributos;
– os tributos se combinarem com frequência com outros instrumentos de política de protecção do meio ambiente ou da política urbanística de forma inconsistente ou superficial;

- as dificuldades técnicas e políticas dos impostos deste tipo, que limitam a sua eficácia, na prossecução dos objectivos que estão na sua génese, de que são exemplos, a frequente debilidade no vínculo entre os tributos e o cálculo das externalidades, a existência de bases tributáveis de difícil tributação (p.e. o carvão), as baixas taxas adoptadas, a complexidade administrativa da sua aplicação e o grande número de isenções;
- os obstáculos políticos, como a sua possível regressividade e a eventual perda de competitividade internacional, que pode decorrer da sua adopção;
- a necessidade, em parte devido a essa potencial perda de competitividade, de uma articulação destes tributos, seja a nível internacional, com particular relevo para o europeu, seja a nível interno (em termos locais, regionais e nacionais), neste caso tal articulação é especialmente relevante para os tributos que recaem sobre a realidade urbanística;
- um défice de efectividade na aplicação das medidas já existentes.

Em conclusão: as questões ambientais e as questões urbanísticas são temas de crescente importância social e política, sendo que os tributos – impostos ou taxas – podem, com a vantagem de aplicarem o princípio de "quem contamina paga", servir como instrumentos significativos para um modelo de desenvolvimento sustentável nestas duas áreas, ao ajudar a reduzir a "contaminação", ao incentivar a alteração do comportamento dos consumidores e produtores no sentido desejado, mas não podem ambicionar a ser os únicos, nem sequer a constituir a parte principal de uma política pública de desenvolvimento sustentável, devido às inúmeras limitações e problemas que levantam.

Lisboa, 17 de Novembro de 2004

(UM D')OS NOVOS DESAFIOS DA FISCALIDADE AMBIENTAL: AS FINANÇAS PÚBLICAS E A POLÍTICA ENERGÉTICA

Dra. Claudia Dias Soares

Elaboramos este texto com base na intervenção realizada dia 17 de Novembro de 2004 nas jornadas organizadas pela Associação Fiscal Portuguesa e o Instituto de Direito Económico, Financeiro e Fiscal da Faculdade de Direito de Lisboa em homenagem ao Senhor Professor Doutor Paulo Pitta e Cunha, intituladas '15 Anos da reforma Fiscal de 88/89'. Na altura limitamo-nos a ter como suporte alguns acetatos, razão pela qual determinadas passagens do trabalho agora redigido podem soar a alguns dos presentes, e à própria autora, como novidade. Tentaremos, no entanto, recorrer aos apontamentos e à memória num esforço de reprodução tão fiel quanto possível.

Mas antes de iniciarmos essa tarefa, não podemos deixar de agradecer a honra do convite que nos foi endereçado pelo Senhor Professor Doutor Eduardo Paz Ferreira, Presidente da Associação Fiscal Portuguesa e promotor da iniciativa em causa, bem como congratula-lo pelo dinamismo que tem introduzido na área do Direito Fiscal no nosso país, queremos ainda cumprimentar e agradecer as amáveis palavras do Presidente do painel de 'Fiscalidade Ambiental e do Urbanismo', Senhor Professor Doutor Vasco Pereira da Silva, que, em conjunto com o Senhor Professor Doutor Manuel Lopes Porto, temos a honra de ter como orientador da tese de doutoramento, cumprimento que estendemos ao moderador do debate, Senhor Dr. Rodolfo Vasco Lavrador, ao co-orador, Senhor Dr. Carlos Baptista Lobo, e aos participantes da mesa redonda que se seguiu, Senhor Professor Doutor Sidónio Pardal e Senhores Drs. Luís Morais, Manuel Fernandes, Isabel Marques da Silva e Guilherme Waldemar d'Oliveira Martins.

Escolhemos tratar um dos três grandes desafios que, em nosso entender, juntamente com a transposição das directivas comunitárias sobre tributação energética e o enquadramento jurídico-fiscal da nova realidade que é o sistema europeu do comércio de emissões poluentes, se colocam hoje à fiscalidade do ambiente, referimo-nos ao tema da promoção da eficiência energética e das fontes de energia renovável mediante o recurso às finanças públicas, mais propriamente aos instrumentos de despesa pública. Limitar-nos-emos, todavia, a fazer uma breve exposição de três aspectos: os motivos que justificam a aplicação de recursos públicos nos referidos objectivos, as formas a que as autoridades públicas podem recorrer para realizar essa intervenção pela via fiscal e os programas de política energética nacional delineados durante o período 1994-2004, bem como os objectivos definidos a nível da União Europeia neste âmbito. Conclui-se com uma apreciação sumária desta dimensão específica da regulação do sector energético pela via da despesa.

Na análise sintética do caso português percebemos, então, que este conjunto de temas, aparentemente dotados de uma ligação muito vaga com o tema das Jornadas, 'As reformas fiscais', são de facto aspectos fundamentais a ter hoje em conta no processo de tomada de decisão realizado tanto em sede de política fiscal como de política económica. Porquanto, a incorrecta coordenação das políticas, a má escolha dos instrumentos de intervenção e as falhas na implementação dos mesmos desencadeiam custos em termos de eficiência e de eficácia que, cada vez mais, as finanças públicas nacionais são incapazes de comportar. Também neste domínio parece necessário apelar para uma decisão mais informada do legislador.

Motivações para uma intervenção financeira do Estado no sector energético

Desde os anos noventa, na Europa Ocidental o sector energético, principalmente o sector eléctrico, tem sofrido um forte movimento no sentido da liberalização e privatização. O resultado foi o sucessivo declínio e volatilidade dos preços da electricidade. As energias tradicionais e a energia nuclear, financiadas com dinheiro público e beneficiando de custos de investimento já amortizados, têm custos marginais mais reduzidos do que os novos projectos tecnológicos destinados ao aproveitamento de energias renováveis e conseguem responder melhor à pressão de baixa dos preços vigente no mercado. Note-se que, até certo ponto, o preço da electricidade em vigor na UE15 apenas reflecte os custos marginais de produção da capacidade existente, não sendo contabilizados os custos de capital da capacidade utilizada (ou da capacidade necessária à substituição da mesma). Este facto, juntamente com a volatilidade dos preços da energia, tem criado barreiras à penetração do investimento privado em energias renováveis[1].

O centro da atenção das políticas públicas foi, durante muito tempo, o aumento da segurança energética, a redução do custo da energia e a extensão dos serviços energéticos. Mas a questão ambiental, bem como toda a problemática que envolve a segurança energética no actual contexto político, com a consequente ameaça económica que paira a nível do preço das energias fósseis, veio obrigar a repensar a intervenção do Estado nesta matéria. E uma das dimensões da reforma da regulação do sector energético com mais relevância para efeitos ambientais é a que abrange a política de auxílios de Estado. Cada vez mais se afirma a necessidade de deslocar os recursos públicos do apoio às energias tradicionais para o incentivo às energias renováveis ou, pelo menos, de se proceder à interiorização das exterioridades associadas à produção e ao consumo energéticos[2]. O Estado, na qualidade de um dos maiores consumidores de energia, poderia iniciar esta mudança de abordagem estratégica mediante a alteração da sua política de aquisição de energia, aumentando a componente de renováveis nas suas compras energéticas.

Desde o início dos anos noventa, percebe-se uma redução dos subsídios concedidos ao sector energético no valor de quase 50 por cento, mas os níveis em que se situa o apoio público às fontes de energia tradicional é ainda muito elevado[3]. Embora também não se possa deixar

---

[1] AGÊNCIA EUROPEIA DO AMBIENTE (AEA), 2004, *Energy subsidies in the European Union: A brief overview*, Technical Report 1/2004, Copenhagen, p. 8.

[2] BAPTISTA COELHO, 2003, "Energias Renováveis", in Mário Melo Rocha (coord.), *Estudos de Direito do Ambiente*, Porto, pp. 181 e ss., p. 183, usa a este propósito a expressão 'taxa intergeracional'.

[3] Além dos dados já referidos, outros podem ser relevantes na explicação deste apoio. Nos quinze Estados-membros da União Europeia, em Abril de 2004, existiam 12 companhias petrolíferas e um pequeno número de geradores nucleares nos quais os governos retinham uma posição maioritária ou importantes posições minoritárias. Estes casos são o resultado de monopólios estatais do passado que têm desempenhado um papel fundamental no desenvolvimento de infra-estruturas, produção e distribuição ao longo de várias décadas. Não existem, no entanto, muitos exemplos de empresas de capitais públicos

de ter em conta que a receita obtida através da tributação energética, em muitos casos, ultrapassa o montante dos subsídios em causa[4]. O que se propõe é uma correcção dos preços, isto é, por um lado, reduzir os auxílios às energias poluentes, forçando a interiorização dos custos externos negativos que lhe estão associados[5], e, por outro, canalizar parte dos recursos assim libertos para o apoio às energias renováveis na sua fase de indústria nascente.

No seguimento da 'responsabilidade partilhada'[6] que o Sexto Programa Comunitário de Acção em Matéria de Ambiente defende, a Agência Europeia de Energia considera que, como, ao contrário dos governos, o sector económico privado tem pouco interesse e carrega *de per se* uma reduzida responsabilidade no cumprimento dos objectivos de garantir a segurança energética no longo prazo e de responder ao desafio ambiental, cabendo, antes, aos governos assegurar, através do sistema de preços e do enquadramento legislativo, que o mercado responde às preocupações em causa. Os governos devem, assim, ser prudentes e valorar o impacto ambiental e a segurança que estão associados ao fornecimento energético através de fontes de energia renovável, bem como fixar através do mecanismos de preços sinais de longo-prazo para o incentivo a um desenvolvimento industrial que reflicta esses benefícios[7].

---

cuja principal actividade seja em primeira linha o desenvolvimento de energias renováveis. AEA, 2004: 15.

[4] PERSHING e MACKENZIE, 2004, *Levelling the playing field for renewable energies*, Thematic Background Paper, Internationale Konferenz für Erneuerbare Energien, Bonn, Fevereiro, p. 14.

5

Custos externos associados à produção de electricidade na UE15 (biliões de euros/ano)		
	Cenário optimista	Cenário pessimista
Combustíveis sólidos	25.6	46.2
Petróleo e gás	12.0	21.4
Energia nuclear	2.7	2.7
Renováveis	2.0	2.7

Fonte: Comissão Europeia, 2003, e AEA, 2004: 17.

[6] Lembre-se, ainda, o conceito de responsabilidade partilhada expresso, *v.g.*, já no Programa da Comissão Europeia de política e acção em matéria de ambiente e desenvolvimento sustentável, JOCE n. C 138, 17.05.1993, pp. 5-98, p. 13.

[7] AEA, 2004: 6.

Algumas modalidades de intervenção fiscal no domínio energético

Fazem-se de seguida algumas considerações sobre o uso que determinadas modalidades de despesa fiscal podem ter em sede de promoção das energias renováveis. Diga-se, então, que, em geral, é preferível o uso de benefícios fiscais cuja atribuição esteja directamente dependente do montante de energia renovável efectivamente produzida[8], em vez de meros incentivos ao investimento, seja este realizado em tecnologias, instalações ou no agregado que se pode denominar como 'capacidade instalada'. Porquanto, os primeiros são muito mais eficazes do que os segundos na promoção dos objectivos visados, ou seja, no incentivo à expansão das energias renováveis. Embora os benefícios fiscais direccionados ao investimento tenham o efeito positivo de encorajar a criação de capacidade produtiva, os mesmos não garantem que esta se fará em níveis óptimos nem que a mesma será (eficientemente) utilizada e mantida em funcionamento, tal como não asseguram que a tecnologia adquirida será a mais credível entre as várias que se encontram disponíveis no mercado. É possível tentar ultrapassar este problema através da ligação de tais subsídios ao investimento, bem como a comportamentos e tecnologias específicos, mas tal envolve um acréscimo da complexidade do sistema e dos custos que lhe estão associados. Os incentivos à produção são mais propícios a estimular o nível óptimo de actividade e a manutenção da indústria em níveis sustentáveis[9].

Os créditos fiscais ao investimento apenas conseguem cobrir o custo de um sistema, podendo ser úteis para incentivar a difusão de uma

---

[8] Este tipo de intervenção é utilizado na Califórnia, através do pagamento de determinado montante ao produtor de energia renovável por unidade gerada, sendo o sistema financiado através de um tributo que incide sobre cada unidade de energia consumida, medida em quilowatt/hora, que tem como sujeito passivo o consumidor final. Uma política que integra vários elementos do sistema de intervenção sob a forma de apoio aos preços, com efeitos similares ao referido sistema, desde que o montante em causa seja suficientemente elevado para cobrir os custos de produção e que a garantia se mantenha durante um período razoavelmente longo de tempo, e talvez com uma configuração susceptível de gerar menor oposição do que aquela que normalmente está associada ao típico sistema de apoio aos preços.

[9] JANET L. SAWIN e CHRISTOPHER FLAVIN, 2004, *National Policy Instruments. Policy Lessons for Advancement & Diffusion of Renewable Energy Technologies Around the World*, Thematic Background Paper, Internationale Konferenz für Erneuerbare Energien, Bonn, Februar, p. 19.

tecnologia numa fase inicial, quando os custos ainda são elevados, ou para encorajar a sua instalação em localizações remotas e afastadas da rede de distribuição energética, reduzindo o custo do investimento, bem como o nível de risco. É comum observar uma redução no uso das tecnologias subsidiadas uma vez retirado o incentivo fiscal, a não ser que os custos associados às mesmas tenham sofrido uma redução suficientemente elevada para as tornar economicamente atractivas mesmo na ausência do subsídio fiscal. Pelo que esta espécie de intervenção pode ser aconselhável enquanto as tecnologias ainda não atingiram o nível de maturação. Mas o problema apontado pode ser minorado se os créditos fiscais forem progressivamente ajustados à evolução da realidade, nomeadamente, à evolução dos custos que a tecnologia envolve, e forem, logo à partida, estabelecidos por um período limitado de tempo. Note-se que os apoios ao investimento são normalmente mais apropriados para as energias renováveis de pequena escala, como sejam as bombas de calor e os painéis solares de pequena dimensão, uma vez que os custos administrativos que lhes estão associados são mais reduzidos, por exigirem um pagamento único em vez de um prolongamento do contacto com a administração fiscal que tem que ser apoiado por um sistema de informação continuamente carecido de actualizações. Um outro inconveniente desta espécie de intervenção fiscal é a distorção que a mesma introduz no processo decisório dos agentes no que respeita ao factor tempo. O investimento tenderá a concentrar-se no fim do período de tributação. O que pode não ser a opção mais aconselhável para efeitos de eficácia do investimento, pois, *inter alia*, uma tal gestão temporal pode prejudicar a continuidade dos projectos.

Os benefícios fiscais à produção, expressos em vantagens fiscais atribuídas ao agente económico em função do montante de energia efectivamente produzido e introduzido na rede ou do montante de biocombustíveis obtidos, representam medidas que contribuem para aumentar a taxa de retorno do investimento e reduzir o período necessário para a recuperação deste, ao mesmo tempo que recompensam os produtores em função da produção efectiva de energia. Nos EUA, está disponível um benefício fiscal deste tipo calculado em valores elevados e atribuído, através do imposto sobre o rendimento, aos contribuintes que forneçam à rede electricidade obtida a partir de energia eólica. O sistema só parece funcionar, todavia, quando acompanhado de incentivos adicionais[10].

---

[10] SAWIN e FLAVIN, 2004: 19.

A combinação de deduções fiscais de montante elevado com a falta de definição de tecnologias ou processos a beneficiar de tais medidas pode encorajar a fraude e o uso de equipamento de qualidade inferior à melhor tecnologia disponível no mercado. Agentes económicos inexperientes podem servir-se de um tal contexto legal para invadir o mercado com tecnologias e métodos não testados, com o único objectivo de aproveitar dos recursos disponibilizados pelo Estado. Neste caso, o impacto sobre a indústria das energias renováveis pode, mesmo, ser negativo, gerando uma experiência negativa e a desacreditação das tecnologias, com benefícios que, caso venham efectivamente a surgir numa fase inicial, não serão sustentados[11].

Uma outra forma de induzir a expansão das energias renováveis é mediante a redução do custo do investimento em energias renováveis e da interiorização dos custos externos positivos que lhe estão associados. Este último efeito pode ser conseguido, *v.g.*, através da isenção fiscal destas energias ou da atenuação da taxa de imposto que lhe é aplicável em sede de impostos ambientais. O primeiro efeito mencionado pode ser conseguido através de outros meios, além do já referido meio dos créditos fiscais ao investimento. Entre esses outros meios estão as reduções da taxa de impostos que gravam a aquisição dos recursos utilizados na exploração das energias em causa, quer estes sejam equipamentos, caso em que a medida de despesa pública pode ser inserida em impostos específicos sobre o consumo ou no IVA, quer os mesmos sejam bens imóveis, caso em que o benefício fiscal pode ser introduzido no âmbito de um imposto que grave este tipo de base tributável, quer no momento da sua aquisição quer na fase posterior, durante o tempo em que durar a titularidade do direito sobre o bem[12]. Outra possibilidade traduz-se no

---

[11] O que aconteceu com a indústria eólica na Califórnia, onde se introduziram créditos fiscais ao investimento que variavam entre os 66 e 95 por cento do montante total do investimento, é exemplo do que se acaba de referir. Embora estes benefícios fiscais tenham contribuído para um forte crescimento inicial da indústria, com a entrada no mercado de um número muito elevado de sujeitos sem qualquer experiência no sector e apenas atraídos pelo lucro proporcionado pela abordagem fiscal. Uma vez eliminados esses benefícios, a indústria entrou em colapso, com os efeitos a fazerem-se sentir até na Dinamarca, onde muitos produtores de turbinas entraram em situação de falência. SAWIN e FLAVIN, 2004: 18.

[12] Pode-se avançar um argumento no sentido de as reduções da obrigação de imposto que se introduzam por esta via serem estabelecidas num montante fixo por unidade de capacidade produtiva, e não em termos percentuais sobre o custo do investi-

recurso a um sistema de amortizações aceleradas em sede de imposto sobre o rendimento.

O tipo de medidas de despesa pública utilizada condiciona os efeitos obtidos. Os benefícios fiscais ao consumo de fontes energéticas renováveis inseridos em impostos cuja base tributável seja esse consumo geram um incentivo indirecto ao investimento em energias limpas mediante o estímulo ao aumento da procura destas em relação às fontes tradicionais. Os créditos de imposto e as amortizações aceleradas, bem como as isenções ou reduções de taxa introduzidas no imposto sobre a aquisição de equipamentos destinados à produção e aproveitamento de fontes de energia renovável introduzem um incentivo directo a tal espécie de investimento, ao reduzirem o custo final ('após-imposto') dos equipamentos em causa[13]. Os créditos de imposto atribuídos no âmbito do imposto sobre o lucro das empresas, a isenção fiscal dos fundos de investimento e a suspensão temporária da tributação dos rendimentos obtidos com a produção e venda de energias renováveis, por sua vez, encorajam o investimento nestas mediante a redução da taxa de retorno ('pré-imposto') necessária para que o investimento nos projectos em causa se realize, aumentando desta forma o fornecimento de capitais para aplicação nos referidos projectos[14].

Os programas de política energética nacional de 1994 a 2004

Prevê-se que o consumo energético continue a crescer em Portugal, acompanhando o aumento do PIB. Esta previsão, juntamente com o facto de o país ter uma reduzida produção de energia, faz esperar um aumento da dependência energética em relação ao exterior[15]. Por essa razão, o

---

mento, porquanto um valor fixo estimula o agente económico a buscar a opção mais eficiente disponível no mercado. No entanto, dependendo, *inter alia*, do capital disponível e do horizonte temporal de decisão do agente, a via do montante fixo incentiva-o também a buscar a solução mais barata no momento da aquisição, a qual pode não coincidir com a opção mais eficiente.

[13] A técnica das amortizações aceleradas mostra-se tanto mais útil quanto mais capital-intensiva é a indústria a promover.

[14] DAVID G. DUFF, 2003, *Tax Policy and Global Warming*, University of Toronto, Faculty of Law, Law and Economics Research Paper n. 03-04, Toronto, May, p. 53.

[15] "A situação energética em Portugal continua a revelar uma forte dependência do exterior, que ultrapassa 80% da energia total consumida, especialmente elevada no que

governo tem procurado liberalizar o mercado, aumentar a diversificação energética, melhorar a eficiência do consumo de energia e mitigar os problemas ambientais. Os objectivos da política energética foram expressamente hierarquizados na seguinte ordem: primeiro, competitividade geral da economia, segundo, segurança energética, e, terceiro, protecção ambiental[16]. O consumo energético é considerado um direito fundamental do consumidor pelo qual o Estado é responsável e cuja realização lhe cabe assegurar através da garantia de um preço justo obtido mediante instrumentos de regulação económica. Confere-se especial importância à redução da dependência energética do exterior, à garantia de uma oferta a preço razoável e ao aumento da conservação energética. Este último objectivo envolve múltiplos ganhos para a economia nacional, em termos de atenuação do forte aumento da procura energética, redução da emissão de gases de efeito estufa e promoção da competitividade da indústria nacional[17].

Desde o início dos anos noventa, tem vindo a ser adoptada uma série de programas de política energética que visam concretizar os referidos objectivos através de múltiplas medidas de natureza regulamentar e económica. A preocupação com a competitividade da economia e a segurança energética têm sido sempre os aspectos predominantes, mas as questões ambientais, principalmente por força de imposições externas, têm vindo a ganhar relevância.

Entre os principais desafios que o governo português identifica para os próximos tempos em matéria de política energética encontram-se a liberalização dos mercados energéticos, a abertura à inovação e a internacionalização das restrições de origem ambiental. Afirma-se uma intenção de agir mediante o aumento da participação das energias renováveis na oferta, bem como dos novos mercados dos serviços energéticos, das

---

respeita ao petróleo bruto, o que coloca a economia em posição de acentuada vulnerabilidade, na óptica da segurança do abastecimento, mas sobretudo em matéria dos preços da energia. Implica ainda dificuldades várias ao nível da competitividade internacional, particularmente no contexto europeu, que importa enfrentar decidida mas realisticamente, dadas as especificidades e limitações próprias do País neste domínio." – DL n. 188/88, 27.05.1988, que cria o Sistema de Incentivos à Utilização Racional de Energia (SIURE).

[16] Programa Nacional para as Alterações Climáticas. Medidas Adicionais. Taxa sobre o Carbono, Dezembro de 2003, p. 8.

[17] Sobre os desafios que se colocam à entidade reguladora da energia, BAPTISTA COELHO, 2003: 182-183.

emissões e dos certificados verdes. Refira-se, por exemplo, que, no intuito de realizar o objectivo de promoção da produção eléctrica a partir de fontes renováveis, foram fixadas metas para a produção energética com origem em mini-hídricas (capacidade inferior a 10 MgW), parques eólicos e uso de biomassa. Para além dos objectivos nacionais definidos para a política energética, é também apontada a necessidade de levar a cabo a devida articulação com as possíveis evoluções das políticas comunitárias ao nível do ambiente.

a) Programa de política energética nacional definido em 1994

Dada a impossibilidade, no caso do dióxido de carbono, ou dificuldade, no caso de outros gases com efeito de estufa que se experimenta na limpeza das emissões poluentes após as mesmas terem sido geradas, a forma mais eficaz de lidar com a poluição atmosférica passa essencialmente pelo aumento da eficiência energética e pela substituição do consumo de fontes de energia tradicionais por fontes de energia renovável. Mas, no caso português, apesar de o aspecto ambiental ser motivo de grande preocupação, tendo em conta a evolução dos níveis de emissões poluentes para a atmosfera e as obrigações assumidas a nível internacional e comunitário nesta matéria, uma outra importante questão está também em causa quando se aborda o tema das energias renováveis.

Garantir a segurança energética portuguesa envolve a redução da importância dos combustíveis fósseis no consumo nacional[18]. Porquanto, toda a produção energética nacional é realizada a partir de fontes de energia renovável, que têm sido promovidas através de fundos provindos de vários programas energéticos, entre os quais se destaca o Programa

---

[18] Em 1998, v.g., a produção energética nacional representava menos de 11 por cento da oferta total de energia. Embora em 1973 o petróleo fosse praticamente o único combustível importado, desde então as importações têm-se diversificado, representando o petróleo ainda 80 por cento, sendo o restante valor composto pelo carvão (16.2 por cento) e o gás natural (3.6 por cento). Prevê-se que, em 2010, as importações de petróleo correspondam a 59 por cento das importações de energia e as de gás natural representem mais de 25 por cento desse valor. O que se espera que venha a gerar uma redução das emissões de dióxido de carbono por consumo energético primário e por unidade de PIB. OCDE, 2000, *Energy Policies of IEA Countries. Portugal. 2000 Review*, Paris/AIE, pp. 18, 20, 25 e 46.

Energético de 1994, onde se integrava o programa SIURE (Sistema de Incentivo à Utilização Racional de Energia de Base Regional, criado em 1988[19]), bem como de um 'prémio ambiental' pago pela electricidade gerada com fontes renováveis. Através desta intervenção, o governo não favorecia expressamente nenhuma fonte renovável específica e só apoiava projectos financeiramente viáveis[20].

Em Portugal, a preocupação do governo com o impacto ambiental do consumo energético encontra a primeira expressão legislativa clara em 1982[21]. Mas as prioridades da política energética apenas foram sistema-

---

[19] Cf. DL n. 188/88, 27.05.1988, e Portaria n. 334/88, 27.05.1988, que regulamentou as comparticipações a receber ao abrigo do SIURE. No art. 7º/4, a), deste diploma estabelecia-se um limite máximo para o montante a receber a título de incentivo para projectos de aproveitamento de fontes de energia renovável.

[20] OCDE, 2000: 10. Note-se que a Comunicação da Comissão sobre a implementação da primeira fase do Programa Europeu sobre Alterações Climáticas, COM(2001) 580 final, 23.10.2001, p. 12, enfatiza a necessidade de se fornecer incentivos apenas a instalações de co-geração que preencham o requisito da eficiência energética.

[21] A Portaria n. 359/82, 27.04.1982, aprova o Regulamento de Gestão do Consumo de Energia, que impõe obrigações aos grandes consumidores de energia no que respeita ao cumprimento de indicadores de eficiência energética e à obrigatoriedade de elaboração periódica de planos de racionalização do consumo. A definição e caracterização dos sistemas de incentivos foram realizadas pela Resolução do Conselho de Ministros n. 68/94, de 11.08.1994. O incentivo assumia a forma de subsídio reembolsável a taxa zero, com a possibilidade de os projectos considerados 'excelentes' obterem um prémio de realização que se traduzia na transformação de parte ou totalidade do subsídio reembolsável em subsídio a fundo perdido (Despacho Normativo n. 681/94, 26.09.1994). O Programa Energia previa a possibilidade de serem beneficiárias do mesmo as empresas e demais entidades previstas no SIURE. O que obrigou a uma alteração do regime deste último, sendo a articulação entre o conteúdo dos dois programas realizada pelo DL n. 35/95, 11.02.1995. Entre as alterações introduzidas encontra-se, por um lado, a previsão expressa da possibilidade de conceder incentivos a projectos dos consumidores domésticos destinados ao aproveitamento de fontes renováveis de energia, cobrindo todos os sectores de actividade, e, por outro, a transformação dos incentivos para a forma de subsídios a fundo perdido ou subsídios reembolsáveis. O tipo de incentivos atribuídos no âmbito do SIURE e o procedimento conducente a essa atribuição, relativamente ao domínio da utilização de energias renováveis, veio a ser regulado pelo Despacho Normativo n. 11-B/95, 06.03.1995. Os incentivos atribuídos ao abrigo desta disposição normativa não eram susceptíveis de ser cumulados com os que viessem a ser criados no âmbito dos restantes domínios de intervenção previstos no DL n. 35/95.

O Regulamento apresenta virtualidades importantes, pois serve de referência nos processos de certificação ambiental, pelo que se equacionou em 2003 (INSTITUTO DO AMBIENTE, Comissão para as Alterações Climáticas, 2003, *Medidas Adicionais. Taxa sobre o Carbono para Discussão Pública*, Dezembro, Lisboa, p. 9), aquando da aprovação da Directiva n. 2003/87/CE, 13.10.2003, JOCE n. L 275, 25.10.2003, relativa ao comércio europeu de emissões, a sua revisão no sentido de apoiar os esforços de utilização racional de energia a promover pelas empresas não abrangidas. Uma vez que se quer retirar do âmbito subjectivo de aplicação do Regulamento as empresas que ficam sujeitas ao regime comunitário do comércio de emissões, haverá que definir novos critérios a tomar como referência na certificação ambiental das empresas em causa (cf. DL n. 233/ /2004, DR Série I-A, 14.12.2004, onde o Ministério do Ambiente e do Ordenamento do Território estabeleceu o regime de comércio de licenças de emissão de gases com efeito de estufa na Comunidade Europeia, transpondo para a ordem interna a Directiva n. 2003/ /87/CE, regime que veio, no entanto, a ser alterado pelo DL n. 243-A/2004, DR Série I-A, 1º Suplemento, 31.12.2004). Lembre-se que o respeito pelo princípio de participação de todos os agentes económicos no esforço de redução das emissões de gases com efeito de estufa e da garantia de um esforço equivalente a ser suportado por cada um desses agentes exige que se concebam mecanismos de participação para os consumidores de energia não abrangidos pelo referido sistema.

Com a revisão do Regulamento o processo de certificação ambiental passaria a dispor de um instrumento de enquadramento para a análise da componente energética, à semelhança do que acontece enquanto o Regulamento estiver em vigor relativamente à certificação das empresas que lhe estão sujeitas. É, pois, importante um novo regulamento de enquadramento da gestão de energia, em especial, nas PME, que será o grupo mais numeroso de agentes a não estar abrangido pelo sistema comunitário, disponibilizando-se assim informação para os consumidores energéticos sobre tecnologias, melhores práticas e gestão eficiente de energia e das emissões de gases com efeito de estufa.

Para o sector dos transportes foi aprovado, pela Portaria n. 228/1990, 27.03.1990, nos termos do artigo 1º do DL n. 58/82, 26.02.1982, o Regulamento da Gestão do Consumo de Energia para o Sector dos Transportes, Portaria 228/90, 27.03.2004, que entrou em vigor em 01.01.1991. Esta regulamentação específica deve-se à dificuldade de aplicação do Regulamento previsto na Portaria n. 359/82 a este sector, que é responsável por um elevado consumo de energia primária, devido ao facto de o consumo de energia nos transportes apresentar características específicas, diferentes das que se verificam nos sectores industrial e dos serviços, justificando a necessidade da existência de um regulamento próprio. O Regulamento previsto na Portaria n. 228/1990, onde se estabelecem diversos elementos necessários à elaboração do plano de racionalização do consumo energético, é aplicável às empresas de transportes e às empresas com frotas próprias consumidoras intensivas de energia cujo consumo energético durante o ano tenha sido superior a 500 toneladas de equivalente petróleo.

A Regulamentação para a Gestão do Consumo Energético (RGCE), estabelecida pelo DL n. 58/82, 26.02.1982, determinou objectivos para os consumidores industriais intensivos de energia de modo a promover a redução do seu consumo energético. Exigiu-se que as empresas realizassem auditorias energéticas duas vezes a cada dez anos e preparassem e executassem planos anuais de racionalização do seu consumo energético

ticamente fixadas pelo DL n. 195/94, de 19.07.1994, criado sob os auspícios do Segundo Quadro Comunitário de Apoio (1994-1999), sendo quase um terço do total dos custos financeiros envolvidos no Programa para a Energia suportados com meios provindos do FEDER[22]. Neste programa de intervenção operacional no âmbito do sector energético, gerido pelo Ministério da Economia (Direcção Geral da Energia), que vigorou durante o período 1994-1999, foram definidos três objectivos para realizar as prioridades definidas para a política energética nacional: a introdução do gás natural[23], o aumento do uso de energias renováveis e a

---

com vista à concretização dos objectivos estabelecidos, impondo-se-lhes ainda a obrigação de verificarem o cumprimento desses objectivos e procederem à realização de relatórios de seis em seis meses sobre a evolução de consumos específicos de energia. O não cumprimento dessas obrigações impedia as empresas de concorrer a financiamentos do programa PEDIP (PEDIP I, 1988-1992, e PEDIP II, 1994-1999). No âmbito do PEDIP existia um subprograma, o SINDEPEDIP, que foi concebido para apoiar os investimentos industriais produtivos e os ligados com a protecção do ambiente, mediante a atribuição de subsídios e empréstimos a taxa de juro zero. Em 2000, discutiu-se a continuação do Plano Energético de 1994 e do PEDIP II e sugeriu-se que só os projectos já em curso continuassem a ser financiados e que se aumentasse o financiamento para a eficiência energética. OCDE, 2000: 50.

[22] Entre 1994 e 1999 foram disponibilizados cerca de 140 biliões de escudos, dos quais 44 por cento provieram do FEDER. O financiamento público para a introdução do gás natural representou 69 por cento do total, a promoção de energias renováveis 22.6 por cento, a poupança energética 7.5 por cento e a assistência técnica menos de 1 por cento. No caso de projectos destinados a promover a eficiência energética, a contribuição do FEDER foi ainda mais significativa, representando 75 por cento do total, enquanto o financiamento público nacional atingiu os 25 por cento. Para maiores desenvolvimentos sobre a proveniência dos fundos utilizados para a implementação do Programa Energético ao longo do período referido, leia-se OCDE, 2000: 18 e 41-42.

[23] O sector do gás tem um desenvolvimento recente em Portugal, pelo que beneficia do estatuto de sector emergente, sendo que Portugal dispõe de derrogação da sua liberalização entre 2008 e 2012 consoante o tipo de clientes. No entanto, o preço do gás, para além de afectar de uma forma directa todas as empresas que o utilizam como fonte energética, também se reflecte, e será determinante num futuro próximo, nos custos da electricidade. Desta forma, o gás tem um duplo impacte na competitividade das empresas nacionais. Em Portugal existem duas centrais importantes a produzir energia em ciclo combinado a partir do gás natural, que são a Turbogás e a Termoeléctrica do Ribatejo (TER). A Turbogás tem uma potência instalada de 990 MgW, enquanto que a TER tem, para já uma potência instalada de 400 MgW, estando um segundo grupo de 400 MgW já em teste para entrar na rede e um terceiro grupo de 400 MgW de capacidade instalada vai ser construído. Portanto, vamos ter uma potência instalada de aproximadamente 2,2 gW, que equivale a aproximadamente 40 por cento da conta nacional. A eficiência destas

promoção da eficiência e conservação energética. A diversidade energética é, pois, um dos aspectos a que se atribui particular importância, referindo-se a necessidade de se prestar especial atenção ao fornecimento de electricidade e gás e à promoção das energias renováveis, em particular à electricidade obtida a partir de fontes renováveis.

O Programa Energia previa incentivos sob a forma de subsídios a fundo perdido e de subsídios reembolsáveis[24]. Este programa financiava medidas destinadas à promoção da eficiência energética no sector da indústria, dos transportes e dos serviços. Cerca de 60 por cento dos fundos envolvidos foram dedicados a projectos de co-geração[25]. No que respeita aos incentivos a conceder no domínio das energias renováveis, foi previsto um regime específico para os projectos de investimento na construção de centros produtores de energia eléctrica que debitassem toda a sua produção exclusivamente na rede pública, sendo abrangida a construção de centrais com potência eléctrica instalada até 10 MgW na forma de mini-hídricas, parques eólicos, centrais geotérmicas e centrais térmicas cujo principal combustível fosse a biomassa.

O SIURE funcionava em articulação com o programa comunitário VALOREN[26] para estimular o desenvolvimento de projectos destinados à racionalização do consumo energético, nomeadamente projectos de investimento nas áreas da produção de energia e combustíveis a partir de recursos renováveis ou de resíduos. O incentivo assumia a forma de comparticipações financeiras directas ao investimento. O Estado substituía-se deste modo ao sector financeiro privado, orientando-se por uma racionalidade diversa do lucro na atribuição do financiamento. Um tipo de intervenção que consubstancia um auxílio de Estado face ao direito comunitário e que envolve despesa pública.

---

centrais de ciclo combinado ascende aos 55 por cento e tem emissões poluentes muito menores quando comparadas com as centrais convencionais a carvão, visto que não emitem enxofre e têm emissões de dióxido de carbono muito baixas.

[24] Cfr. Resolução do Conselho de Ministros n. 68/94, 11.08.1994, Despacho Normativo n. 681/94, 26.09.1994, DL n. 35/95, 11.02.1995, Despacho Normativo n. 11-B/95, 06.03.1995.

[25] OCDE, 2000: 42.

[26] Regulamento CEE n. 3301/86 do Conselho, de 27.10.1986.

b) Programa de política energética nacional definido em 2001

Em 2001, são dados passos decisivos para o apoio ao desenvolvimento das fontes de energia renovável, com a aprovação da Estratégia Nacional de Conservação da Natureza e da Biodiversidade (Resolução do Conselho de Ministros n. 152/2001, 11.10.2001) e do Programa E_4 (Resolução do Conselho de Ministros n. 154/2001, 19.10.2001). No primeiro documento estabelecem-se as orientações do Ministério do Ambiente e do Ordenamento do Território para o estímulo da produção de electricidade a partir de fontes de energia renovável com salvaguarda do ambiente, bem como o sistema de incentivos a adoptar pelo Ministério da Economia para cumprimento das metas comunitárias fixadas neste domínio para 2010.

Por exigência comunitária, Portugal tem que garantir até 2010 que 39 por cento da electricidade produzida no país vem de energias renováveis. O que implica um parque produtor de energia a partir de fontes renováveis (parques eólicos, mini-hídricas, equipamento para exploração de energia solar fotovoltaica, centrais de biomassa e de utilização de energia maremotriz) com uma potência de aproximadamente 3000 MgW. Esta meta representa um grande desafio nacional, porquanto o país apresenta uma reduzida penetração da tecnologia necessária para o efeito[27].

No Programa E_4 baseia-se em três linhas fundamentais de acção: promover o uso de fontes de energia endógenas mediante o estabelecimento de um compromisso fortemente dinâmico entre a viabilidade técnica e económica e as restrições ambientais. Com a intenção de aumentar, além da eficiência energética e compatibilidade do consumo energético com o ambiente, a segurança do fornecimento energético, este programa conferiu especial importância à consolidação da expansão do gás natural, à co-geração[28] e à utilização de energias endógenas, de modo

---

[27] MARTINS BARATA, 2002, *Energy and Sustainable Development in Portugal*, Sustainable Energy Watch (SEW) 2002 Report, HELIO International, p. 3.

[28] A nível comunitário, tenciona-se duplicar o montante de electricidade gerada através de sistemas de co-geração, passando-se de um valor de 9 pontos percentuais em 1994 para 18 pontos percentuais em 2010 – Comunicação da Comissão sobre a implementação da primeira fase do Programa Europeu sobre Alterações Climáticas, COM(2001) 580 final, 23.10.2001, p. 12. No que respeita à produção de energia eléctrica com base em instalações de co-geração o quadro legislativo relevante é o seguinte. O DL n. 189/88, 27.05.1988, estabeleceu as regras aplicáveis à produção em regime especial. Com a

a diversificar o acesso às fontes de energia disponíveis no mercado. Para o efeito foram sugeridas algumas medidas entre as quais a adopção de incentivos fiscais e económicos à eficiência energética[29] e ao desenvolvimento de energias endógenas. Para dar aplicação ao programa, que foi concebido pelo Ministério da Economia para abranger todos os sectores económicos da economia portuguesa durante o período 2001--2002, o legislador procedeu a intervenções graduais quer de natureza inovadora quer reformadora. O objectivo foi modernizar a economia portuguesa através do reforço da competitividade nacional, mediante a adopção de uma pluralidade de acções de natureza diversa dirigidas à promoção de uma abordagem consistente e integrada à procura e oferta de energia. As medidas adoptadas foram de natureza reguladora, dirigidas

---

aprovação, em Julho de 1995, de um conjunto de diplomas que deram um novo enquadramento jurídico ao Sistema Eléctrico Nacional, a produção combinada de calor e electricidade passou a reger-se por regime autónomo, previsto no DL n. 186/95, 27.07.1995. O DL n. 538/99, 13.12.1999, fez a revisão do anterior normativo aplicável à produção de energia eléctrica a partir de instalações de co-geração. Em 10.12.2001 foi publicado o DL n. 312/2001 (DR n. 284, I-A Série), que define o regime de gestão da capacidade de recepção de energia eléctrica nas redes do Sistema Eléctrico de Serviço Público, proveniente de centros electroprodutores do Sistema Eléctrico Independente, sendo, na mesma data, publicado o DL n. 313/2001, que altera o DL n. 538/99, revendo normas relativas às condições de exploração e tarifários da actividade de produção combinada de calor e electricidade. Complementares a estes diplomas surgem a Portaria n. 57/2002, relativa à remuneração pelo fornecimento da energia entregue à rede, das instalações licenciadas ao abrigo do DL n. 538/99, cuja potência de ligação seja superior a 10 Mgw, a Portaria n. 58/2002, referente à remuneração pelo fornecimento da energia entregue à rede, das instalações licenciadas ao abrigo do DL n. 538/99, cuja potência de ligação seja inferior ou igual a 10 Mgw, a Portaria n. 59/2002, respeitante à remuneração pelo fornecimento da energia entregue à rede, das instalações licenciadas ao abrigo do DL n. 538/99, utilizando como combustível fuelóleo, e a Portaria n. 60/2002, que estabelece o tarifário aplicável a instalações de co-geração licenciadas ao abrigo do DL n. 538/99, bem como as disposições relativas ao período de urgência das modalidades do mesmo tarifário. Consulte-se, a nível comunitário, a Directiva n. 2004/8/CE, JOCE n. L 52, 21.2.2004. O DL n. 33-A/2005, 16.02.2005, DR Série I-A (1º Suplemento), emitido pelo Ministério das Actividades Económicas e do Trabalho, altera o DL n. 189/88, revendo os factores para cálculo do valor da remuneração pelo fornecimento da energia produzida em centrais renováveis entregue à rede do Sistema Eléctrico Português (SEP) e definindo procedimentos para atribuição de potência disponível na mesma rede e prazos para obtenção da licença de estabelecimento para centrais renováveis.

[29] Sobre o plano de acção para a promoção da eficiência energética na União Europeia, consulte-se COM(2000) 247 final.

ao sistema de preços, com base na realização de investimentos (*v.g.*, a MAPE e diversas medidas de natureza fiscal) e no nível de geração de energia (*v.g.*, o sistema de *feed-in-tarifs*), sendo o tipo de medida mais utilizada o subsídio (directo e por via fiscal) ao investimento e o sistema de apoio aos preços (*feed-in-tarifs*).

Enquadrado no âmbito deste programa e com o intuito de dar continuidade ao Programa para a Energia, previsto para vigorar até 1999, foi criada em 2001 (Portaria n. 198/2001, de 13.03.2001, com alterações da Portaria n. 1219-A/2001, de 23.10.2001, e Portaria n. 383/2002, 10.04.2002) a Medida de Apoio ao Aproveitamento do Potencial Energético e Racionalização de Consumos (MAPE), cujo período de vigência decorre até 2006. A MAPE tem por objectivo propiciar apoios dirigidos à produção de energia eléctrica e térmica por recurso a energias novas e renováveis, à utilização racional de energia e à conversão dos consumos para gás natural. Com base na sua competência legislativa, o Parlamento da Região Autónoma da Madeira adoptou em Dezembro de 2001 um programa regional de subsídios a fundo perdido para apoio aos sistemas solares térmicos no sector residencial (SIEST).

Para além de apoios à produção energética a partir de fontes renováveis, existem ainda no ordenamento jurídico português incentivos à utilização da energia assim produzida. Refira-se, *inter alia*, o artigo 85º/2 do CIRS, que constitui um apoio tanto à produção como ao (auto) consumo de energia renovável, e o apoio à utilização desta energia na actividade aquícola exercida no continente, durante o período 2002-2006 (Despacho Normativo n. 30/2002, de 26.04.2002). Este último, pela dimensão económica que representa e por se aplicar a situações de aquisição de energia a terceiros, representa uma medida direccionada à criação de mercado e, por isso, constitui um incentivo indirecto à produção.

c) Programa de política energética nacional definido em 2003

O programa de política energética nacional estabelecido em 2003, através da Resolução do Conselho de Ministros n. 63/2003, 13.03.2003, contem importantes indícios de que a política energética nacional encontra nos objectivos ambientais, tanto nos fixados internamente como nos assumidos externamente, um importante constrangimento à sua definição. Divisa-se que existe entre os governantes nacionais, por um lado, a consciência do imperativo que é hoje reduzir o impacto ambiental do sector energético e, por outro, a percepção de que o cumprimento de objectivos fundamentais de natureza estratégica e económica, como sejam a segurança do abastecimento energético e o fomento da competitividade da economia nacional, está estreitamente associado à realização de importantes objectivos de natureza ambiental, como sejam a promoção das fontes de energia renovável e a melhoria da eficiência energética.

Como reconhece o Governo português na Resolução em causa, o sector da energia reveste-se de importância vital nas economias de hoje. As exigências que neste domínio se colocam, desde a garantia e segurança do abastecimento nacional aos requisitos de natureza ambiental e à sua influência na competitividade das empresas enquanto factor de produção, impõem a definição clara de uma política energética que procure conciliar os diversos interesses em presença. Portugal é um país em que a dependência de fontes primárias de energia externas é particularmente elevada. Por outro lado, o facto de apresentar um dos mais elevados conteúdos de energia relativamente aos restantes países europeus[30] e ter entre os recursos energéticos endógenos essencialmente fontes de energia renovável e aproveitamentos hidroeléctricos coloca a eficiência energética, mediante a promoção do uso racional da energia, e o aumento da utilização de tais fontes, mediante a diversificação da oferta energética, como condições fundamentais para atenuar o desequilíbrio estrutural,

---

[30] "Portugal tem uma dependência externa, em termos de energia primária, claramente superior àquilo que é a média da União Europeia (UE) e dos países comparáveis. O nosso país importa cerca de 85% da energia que consome (4000 milhões de euros/ano de importações) e tem um dos piores níveis de eficiência dos 15 Estados membros da UE na utilização da energia, com evidentes reflexos negativos na competitividade da economia por via da maior incorporação relativa dos custos energéticos por unidade de PIB. (...) Portugal enfrenta hoje o desafio da melhoria da sua competitividade num contexto de globalização e entrada de novos países na União Europeia. A factura energética apresenta-se como um dos factores mais determinantes da competitividade do País, quer em termos do custo de vida do cidadão comum quer pela intensidade energética no produto das empresas e, consequentemente, no PIB nacional. Portugal tem indicadores de intensidade energética que são claramente superiores aos que são visíveis noutros países comparáveis e, em particular, face à média da União Europeia. A título de exemplo, a intensidade energética nacional é superior em cerca de 52 por cento à média comunitária e superior em 47 por cento à intensidade espanhola. A intensidade energética irlandesa é apenas 66 por cento da portuguesa. Estes são valores referentes a 1999, mas que revelam as diferenças existentes e o esforço que Portugal terá de efectuar nesta área." – Anexo da Resolução do Conselho de Ministros n. 63/2003.

reduzir a vulnerabilidade do sector pelo aumento da base/leque de opções, responder com maior flexibilidade tanto às condicionantes de natureza ambiental, cada vez mais prementes e complexas, como às evoluções do preço da energia, essenciais à competitividade da economia portuguesa.

Assim sendo, os objectivos definidos pelo Governo em 2003 para a política energética portuguesa foram: 1) a liberalização do mercado; 2) a redução da intensidade energética no produto; 3) a redução da factura energética; 4) a melhoria da qualidade do serviço; 5) a segurança do aprovisionamento e do abastecimento; 6) a diversificação das fontes e aproveitamento dos recursos endógenos; 7) a minimização do impacte ambiental[31]; e 8) a contribuição para o reforço da produtividade da economia nacional. Nestes termos, a política energética portuguesa assenta sobre três eixos estratégicos: garantir a segurança do abastecimento nacional, fomentar o desenvolvimento sustentável e promover a competitividade nacional.

A acção prevista para a realização dos objectivos passa por uma intervenção a três níveis, nomeadamente, a adopção de políticas efectivas no âmbito do sector energético em matéria de investimento e de regulamentação e a mudança de comportamentos por parte dos consumidores e dos produtores, mediante actuação convergente das forças de mercado e da regulação. O problema é colocado também do lado da gestão da procura[32], afirmando-se que o problema da eficiência energética é ainda um problema da oferta e dos produtores, mas é também um problema dos

---

[31] "O impacte ambiental da energia (a sua conversão e utilização), a nível local (urbano), regional e global, tende, naturalmente, a ser expresso em parâmetros económicos como a única via de poder alcançar o compromisso energia-ambiente pela relação mais eficaz entre tecnologia e custo." – Anexo da Resolução do Conselho de Ministros n. 63/2003.

[32] Note-se que as políticas de gestão da procura energética datam já dos anos setenta, quando se tentou responder ao choque petrolífero mediante uma intervenção neste domínio, numa tentativa de controlar a inflação. Mas as medidas adoptadas nessa altura foram bem diversas das que são propostas no âmbito da política energética actual. Enquanto nos anos setenta se buscaram soluções que promoviam o encontro entre a oferta e a procura através do aumento do incómodo na aquisição de energia (leia-se, v.g., WETZLER, 1980, *Energy Excise Taxes as Substitutes for Income Taxes*, American Economic Review, Vol. 33, N. 3, pp. 321 e ss., pp. 325-326). Hoje, pela consciência da natureza estrutural, e não meramente conjuntural, do problema, buscam-se respostas de mais longo prazo, que não passam pelo deixar de satisfazer a necessidade de consumo de energia mas pela mudança da forma de satisfazer essa necessidade.

consumidores, em especial dos consumidores industriais e dos serviços, que em muitos casos ainda não aproveitaram algumas alterações, designadamente na estrutura tarifária, as quais permitem gerir mais eficazmente a factura energética, bem como novas soluções tecnológicas e de modernização de equipamentos produtivos. As medidas definidas são, assim, o apoio ao desenvolvimento das energias renováveis, a promoção de aproveitamentos hidroeléctricos de fins múltiplos para produção de energia e aproveitamento de água, o incentivo ao consumo de energias ambientalmente mais limpas e a gestão da procura de energia, nomeadamente pela promoção da inovação tecnológica e aumento da eficiência na sua utilização.

Espera-se que a questão da segurança de abastecimento energético nacional seja claramente melhorada por duas vias. Relativamente ao abastecimento de gás natural, encontram-se em construção o terminal de recepção de gás natural liquefeito em Sines e a armazenagem subterrânea de gás natural e deverão ser reforçadas as interligações por gasoduto no interior e com o exterior da Península Ibérica. Esta fonte energética não é, todavia, aconselhável em termos de emissões de gases com efeito de estufa e não resolve o problema da segurança energética. O espectro da dependência crescente em relação a este combustível para a produção de electricidade não deixa de estar presente[33], pelo que a aposta nas energias renováveis adquire, uma vez mais, um cariz decisivo nesta questão, nomeadamente através do reforço do parque de centrais hidroeléctricas e eólicas. Neste contexto, assume particular relevo a gestão luso-espanhola de recursos hídricos internacionais, de forma a garantir uma equidade de uso desses recursos na produção de electricidade em território nacional.

O sector do gás tem um desenvolvimento recente em Portugal, pelo que beneficia do estatuto de sector emergente, sendo que Portugal dispõe de derrogação da sua liberalização entre 2008 e 2012 consoante o tipo de clientes. No entanto, o preço do gás, para além de afectar de uma forma directa todas as empresas que o utilizam como fonte energética, também se reflecte, e será determinante num futuro próximo, nos custos da electricidade. Desta forma, o gás tem um duplo impacte na competitividade das empresas nacionais. Importa, por isso, coordenar a harmonização e

---

[33] Prevê-se que este combustível represente cerca de 18 por cento do consumo total de energia final em 2010. Cf. Anexo da Resolução do Conselho de Ministros n. 63/2003.

convergência dos dois mercados no seio do mercado ibérico e à luz da directiva comunitária para o mercado interno de energia[34]. Nesse sentido, decidiu-se propor a liberalização antecipada do sector do gás natural[35].

No que respeita ao mercado interno de electricidade, o reforço das interligações eléctricas entre Portugal e Espanha e entre Espanha e França, já em andamento, facilitando a integração de Portugal no mercado interno de electricidade, espera-se que venha a contribuir decisivamente para melhorar a segurança de abastecimento de energia eléctrica, permitindo o acesso em maior escala de consumidores portugueses à produção eléctrica espanhola e ao excesso de capacidade existentes além-Pirinéus. Para esse efeito há que assegurar o planeamento articulado e a construção de infra-estrutura de acesso e de redes de transporte e de distribuição de gás natural, bem como de redes de distribuição de electricidade, garantindo o fornecimento de energia em condições de quantidade e qualidade adequadas. Num contexto de mercado ibérico e europeu, as interconexões eléctricas, objecto de um programa de desenvolvimento coordenado com Espanha, que, em 2003, se previu concluído até 2006, assumem um carácter fundamental.

O Programa do Governo, de 2003, consagra o objectivo do aumento da concorrência e a eficácia da regulação no sector, com a liberalização progressiva do sector energético. Neste sentido, foram definidos os seguintes objectivos relativos à política energética, visando aumentar a competitividade do país: liberalizar o mercado, reduzir a intensidade energética no produto, reduzir a factura energética e melhorar a qualidade de serviço. A liberalização do mercado não constitui um fim em si mesmo mas um meio para se atingirem maiores graus de eficiência tanto a nível da produção como a nível do consumo de energia, potenciando assim melhorias de qualidade de serviço e preços mais competitivos[36].

---

[34] Este aspecto será desenvolvido, *infra*, a propósito da Directiva n. 2003/96/EC, 27.10.2003.

[35] Cf. Resolução do Conselho de Ministros n. 63/2003, 28.04.2003, e Programa de Actuação para Reduzir a Dependência de Portugal face ao Petróleo ('Dossier Barreto'), apresentado no Conselho de Ministros de 21.10.2004, com as medidas a serem tornadas públicas em 04.11.2004.

[36] Define-se que a liberalização deve, antes de mais, garantir que os investimentos deverão apresentar rentabilidades adequadas e susceptíveis de atrair capitais para o sector, garantindo a segurança futura do abastecimento (o que se prende com a regulação das actividades e a eficiência dos diferentes operadores), garantir a qualidade do serviço e do abastecimento, salvaguardar a existência do serviço público nas áreas/grupos de consu-

As medidas de liberalização do sector energético, ao visarem diminuir os custos ao consumidor final, não constituem de *per se* um incentivo à utilização racional da energia. É certo que a sofisticação do tarifário pode conduzir a uma racionalização dos consumos (por exemplo, mediante o desvio de consumo de hora de ponta para outros períodos), mas em geral será necessário outro tipo de medidas para incentivar a eficiência e a racionalização dos consumos. Porquanto, deverá ser dada particular importância também à transposição e aplicação da recente directiva europeia relativa à certificação de edifícios[37] e à gestão das compras públicas (*public procurement*)[38], como forma de difundir as competências e boas práticas no sector da energia, bem como à divulgação de formas mais eficientes de utilização da energia.

---

midores em que a sua prestação não seja rentável em termos de mercado, assegurar a efectiva possibilidade de entrada e saída do mercado com a eliminação de barreiras à mobilidade dos consumidores, garantir que os preços são efectivamente preços de mercado e que estes, no mercado interno de energia, não sofrem de mecanismos de distorção, precaver o respeito pelo ambiente e assegurar uma política de regulação harmonizada dentro do mercado interno, não contribuindo para a sua distorção (ainda que a sua implantação seja gradual). Cf. Anexo da Resolução do Conselho de Ministros n. 63/2003.

[37] Cf. COM(2001) 226, COM(2003) 739 final, 10.12.2003, COM(2003) 453 final, 01.08.2003, bem como Directivas ns. 2002/91/CE, 2003/66/CE, 03.07.2003, JOCE n. L 170, 09.07.2003, pp. 10-13; 2002/40/CE, 08.05.2002, JOCE n. L 128, 15.05.2002, pp. 45-56; 2002/31/CE, 22.03.2002, JOCE n. L 086, 03.04.2002, pp. 26-31; 98/11/CE, 27.01.1998, JOCE n. L 071, 10.03.1998, pp. 1-8; 97/17/CE, 16.04.1997, JOCE n. L 118, 07.05.1997, pp. 1-25; 96/60/CE, 19.09.1996, JOCE n. L 266, 18.10.1996, pp. 1-27; 95//13/CE, 23.05.1995, JOCE n. L 136, 21.06.1995, pp. 28-51; 95/12/CE, 23.05.1995, JOCE n. L 136, 21.06.1995, pp. 1-27; 94/2/CE, 21.01.1994, JOCE n. L 045, 17.02.1994, pp. 1-22; 92/75/EEC, 22.09.1992, JOCE n. L 297, 13.10.1992, pp. 16-19; 2000/55/CE, 18.09.2000, JOCE n. L 279, 01.11.2000, pp. 33-38; 96/57/CE, 03.09.1996, JOCE n. L 236, 18.09.1996, pp. 36-43; 92/42/EEC, 21.05.1992, JOCE n. L 167, 22.06.1992, pp. 17-28; 2001/469/CE, 14.05.2001, JOCE n. L 172, 26.06.2001, pp. 1-30; 2003/168/CE, 11.03.2003, JOCE n. L 67, 12.03.2003, p. 22; e Regulamento n. EC/2422/2001, 06.11.2001, JOCE n. L 332, 15.12.2001, pp. 1-6.

[38] Cf. Directiva n. 98/4/CE, 16.02.1998, que altera a Directiva n. 93/38/CEE, 14.06.1993, Directiva n. 93/37/CEE, 14.06.1993, Directiva n. 97/52/CE, 13.10.1997, que altera as Directivas ns. 92/50/CEE, 18.06.1992, 93/36/CEE, 14.06.1993, e 93/37/CEE, Directiva n. 92/13/CEE, 25.02.1992, Directiva n. 89/665/CEE, 21.12.1989, todas do Parlamento Europeu e/ou do Conselho; Regulamento da Comissão (CE) n. 2151/2003, 16.12.2003, que altera o Regulamento (CE) n. 2195/2002; e Directiva da Comissão n. 2001/78/CE, 13.09.2001. Entre as novas directivas, saliente-se a Directiva n. 2004/18//CE, 31.03.2004, e a Directiva n. 2004/17/CE, 31.03.2004.

d) Programa de política energética nacional definido em 2004

O Programa de Actuação para Reduzir a Dependência de Portugal face ao Petróleo surgiu na sequência do aumento do preço do crude que se experimentou no mercado internacional ao longo de 2004 e sucedeu ao programa de política energética definido em 2003. O Conselho de Ministros de 19.08.2004 mandatou o ministro das Actividades Económicas para coordenar a elaboração, no prazo de 60 dias, de um relatório sobre o impacto do preço dos combustíveis na economia nacional e, particularmente, nos transportes, apresentando ainda soluções nos domínios das energias alternativas e do uso racional de energia[39]. O programa veio a ser apresentado no Conselho de Ministros de 21.10.2004, com as medidas a serem tornadas públicas em 04.11.2004. Este episódio demonstra a instabilidade que tem caracterizado a política ambiental em Portugal e que pode ser especialmente prejudicial num domínio em que é necessário criar confiança nos agentes económicos para que desenvolvam grandes projectos de investimento.

O Governo espanhol reafirmou recentemente a prioridade dada às renováveis, fundamentalmente à energia eólica, depois de uma já forte expansão nos últimos anos. Os investidores franceses, por sua vez, têm uma série de grandes projectos de investimento em renováveis, que prometem avançar assim que tiverem a certeza de que a subida do petróleo acima dos 40 dólares é mesmo sustentada[40]. Mas Portugal, apesar do impulso dado em 2003 às energias renováveis, através do Programa E4, tem os processos de licenciamento de projectos de energia eólica, na qual se baseia a parte fundamental dos compromissos internacionais que compete ao país cumprir em termos de energia renovável, praticamente bloqueados há dois anos. A alteração que surgiu em consequência da Resolução do Conselho de Ministros de 19.08.2004 poderá agravar a situação que se observa hoje em Portugal[41].

---

[39] No Conselho de Ministros de 21.10.2004, foi apresentado o programa de actuação para reduzir a dependência de Portugal face ao petróleo, com base no relatório elaborado pelo ministro das Actividades Económicas. O relatório foi elaborado por um grupo de trabalho coordenado por este ministro e que contou com a participação dos ministros das Cidades, da Agricultura, das Obras Públicas, do Ambiente e da Ciência.

[40] LURDES FERREIRA, Jornal Público, 17.08.2004, no URL http://jornal.publico.pt/2004/08/17/Economia/E01.html.

[41] Segundo CLAUDE MANDIL, Director da AIE, na apresentação de *Energy Policies of IEA Countries – Portugal, 2004 Review*, Lisboa, 11.10.2004, Portugal é um dos países menos preparados para responder à subida do preço do petróleo.

O novo programa energético, cujo objectivo principal é reduzir a dependência da economia em relação ao petróleo[42], com os consequentes ganhos em termos de segurança energética, equilíbrio da balança de pagamentos e qualidade ambiental, mediante a adopção de um conjunto de medidas em quatro sectores chave. No sector da indústria, projecta-se a concessão de benefícios fiscais à adopção de energias alternativas, sobretudo biomassa e solar térmica, bem como a aplicação com rigor do sistema do comércio europeu de emissões. No sector energético, prevê--se o estímulo à produção de energia hidráulica, hídrica, solar, biogás e biomassa. Pretende-se, ainda, concluir o mais rapidamente possível o MIBEL e antecipar a liberalização do sector do gás natural para 2006, com a possibilidade de esta liberalização se alargar à co-geração de modo a aumentar a eficiência do sector. No sector dos transportes, planeia-se aumentar a quota de transportes públicos de motorização hídrica ou a gás natural, estimular a utilização mais generalizada dos transportes públicos urbanos e a criação de novos estímulos ao abate de veículos velhos e a sua substituição por outros energeticamente mais eficientes, bem como promover a renovação das frotas de veículos pesados por motorizações híbridas. No sector do consumo, buscam-se soluções para a renovação dos equipamentos domésticos energeticamente mais eficientes.

Considerações finais

No domínio energético é especialmente relevante a afirmação de que algumas intervenções do Estado podem ajudar o governo a atingir objectivos de política social mas simultaneamente contrariar outras metas políticas a que o mesmo se tenha proposto, como seja, *v.g.*, a promoção

---

[42] Com o Programa de Actuação para Reduzir a Dependência de Portugal face ao Petróleo tenciona-se baixar a dependência em relação ao petróleo em 20 por cento até 2010, sendo este o objectivo expresso do programa em causa, com os ganhos ambientais e a redução da factura energética nacional em 15 por cento a emergirem como resultado da alteração do comportamento energético do país. Este programa faz um forte apelo ao uso de instrumentos fiscais e de infra-estruturas logísticas multi-modais que aumentem a eficiência energética, pretendendo-se reduzir o consumo energético em cerca de 7 a 8 por cento. É também patente a aposta na energia eólica e nas mini-hídricas, com a construção de novas barragens e a optimização das existentes. Prevê-se, ainda, o desenvolvimento de fontes de energia renovável até agora pouco exploradas em Portugal, como o hidrogénio.

do aumento do uso de energia renovável. Ao atribuir preponderância aos objectivos sociais, o Estado pode levar a cabo uma política de financiamento das energias mais utilizadas (*i.e.*, as tradicionais) ou influenciar de outra forma a combinação energética adoptada pela indústria (tanto a indústria transformadora como a indústria produtora de energia) em termos que impedem a correcta consideração de todos os custos e benefícios inerentes às diversas opções.

No caso português, o grau de competência tecnológica e institucional para a resolução dos problemas ambientais associados à produção e ao consumo energético apresentado pelo país foi determinado mais fortemente pelos elementos que Weidner e Jänicke denominaram como 'condições estruturais básicas'. Ou seja, percebe-se que o desenvolvimento da política energética foi, em grande parte, consequência de uma abordagem fortemente centrada na protecção da competitividade nacional de uma indústria monodependente de combustíveis fósseis, nas preocupações sociais que o impacto regressivo da tributação energética pode desencadear e na capacidade recaudatória de um sistema fiscal essencialmente assente na tributação indirecta. Mas, para além destes aspectos, um outro factor parece ter influenciado o desenvolvimento de fontes de energia renovável em Portugal. Este desenvolvimento parece ter sido negligenciado[43] também em consequência dos elementos específicos 'actores' e 'estratégia' observados no caso nacional. Porquanto, a debilidade da abordagem sustentável do sector energético explica-se em parte pela falta de grupos de interesse que actuem nestes domínios, em contraste com o que se observa, *v.g.*, em Espanha[44].

Outros motivos que se encontram para o fraco desenvolvimento das energias renováveis em Portugal, apesar das boas condições disponíveis,

---

[43] Em 1996, a energia renovável provinda de outras fontes que não as mini-hídricas representava 6.1 por cento do TPES, quando em 1990 esse valor correspondia a 7.1 por cento. AGÊNCIA INTERNACIONAL DE ENERGIA, 1998, *Renewable Energy Policy in IEA Countries. Vol. II: Country Reports*, Paris, Vol. II, p. 183.

[44] DESSAI e MICHAELOWA, 2000, *Burden sharing and cohesion countries in European climate policy: The Portuguese example*, HWWA Discussion Paper N. 89, p. 21. A influência dos vários elementos referidos no uso que em Portugal se fez ao longo das décadas de oitenta e noventa do século XX de instrumentos fiscais em scde de política energética com implicações ambientais é analisada em DIAS SOARES, 2004, *The use of tax instruments to deal with air pollution in Portugal. Ecological modernisation and the use of NEPIs*, RevCEDOUA, Ano VI, N. 11, pp. 45-58.

em especial para o aproveitamento de energia solar, é o nível reduzido e a estabilidade do preço da energia fóssil e o baixo rendimento das famílias para investir em energias limpas. Isto é assim apesar de Portugal estar entre os países da UE onde o consumidor privado mais paga pela electricidade, tendo em conta o poder de compra das famílias. A vantagem comparativa das energias tradicionais ainda não foi contrariada pelos incentivos atribuídos à exploração de energias renováveis de forma a inverter o padrão evolutivo do consumo.

Apesar de a redução do preço real da energia ter contribuído para o padrão evolutivo ambientalmente negativo do consumo energético e de tal problema poder ser corrigido através de um imposto sobre a energia, sobre o próprio consumo ou sobre as emissões de substâncias poluentes geradas a partir desse consumo, como se observa em diversos outros países, Portugal tem defendido a não tributação do consumo energético[45], por temer o impacto que o aumento do preço da energia pode ter quer sobre a competitividade da energeticamente ineficiente indústria nacional quer sobre a qualidade de vida dos cidadãos. Receios que se mostram fundados tendo em conta os baixos níveis de rendimento *per capita* nacionais e o impacto regressivo da tributação energética. Tem-se, por isso, tentado dar resposta à necessidade de se actuar a este nível através de outro tipo de medidas como as que são descritas ao longo deste trabalho.

Parece importante que na política de incentivos prosseguida se atenda à necessidade de promover um mercado concorrencial para a energia, sem limitação dos preços que impeça o mercado de reflectir a escassez dos recursos (como ainda acontece nos casos do diesel rodoviário e da gasolina sem chumbo) e com um mais completo reflexo do custo de oportunidade no preço da energia, nomeadamente, mediante a interiorização das exterioridades sempre que tal se mostre possível e o afastamento de situações de subsidiação cruzada. Por outro lado, requer-se uma particular atenção na escolha dos instrumentos de intervenção pública, nomeadamente por via fiscal, de modo a que a inovação tecnológica não seja perturbada. Porquanto, a intervenção reguladora desenvolvida parece não ter realizado adequadamente os objectivos a que se propôs se se analisar o padrão evolutivo do consumo energético, quer em termos quanti-

---

[45] Veja-se a reacção do governo português à proposta de Directiva comunitária para a adopção de um imposto sobre a energia (17.03.1997).

tativos (valores absolutos e medidas de eficiência) quer em termos qualitativos (os combustíveis fósseis continuam a ser a principal fonte energética utilizada pelos sectores mais energeticamente intensivos, nomeadamente os transportes e a indústria).

Nos anos noventa, o limite estabelecido pelo governo para o preço da energia visava proteger o consumidor de abusos. Estes limites têm vindo a ser progressivamente retirados, tendo-se, no entanto, prolongado no caso da gasolina e do gasóleo rodoviário. Mas a partir do momento em que existe um mercado concorrencial para o fornecimento destes combustíveis deixa de existir uma racionalidade económica para a manutenção de tais limites[46], desde que se assegure o funcionamento concorrencial do mercado.

Com o aumento do número de projectos elegíveis para a obtenção de ajudas e a necessidade de contrair a despesa pública, parece importante que se enfatize a característica da eficiência económica dos projectos beneficiados com o apoio público e a redução gradual dos custos de exploração das energias renováveis. No caso do gás natural, em concreto, que não é uma energia renovável mas cujo aumento do consumo serve o objectivo de diversificação energética, a AIE recomenda que se reduzam gradualmente os incentivos conferidos à medida que o mercado atinge a maturidade, de modo a não distorcer o seu funcionamento a favor desta fonte energética[47].

O alcance limitado dos benefícios fiscais existentes e a carga tributária que pesa sobre a actividade de exploração de energias renováveis, nomeadamente as taxas devidas pela instalação de unidades de produção de energia hidroeléctrica por uma pequena central hidroeléctrica[48] e a

---

[46] OCDE, 2000: 10.

[47] Parece ser intenção do governo português reduzir o financiamento da introdução de gás natural e o aumento dos fundos públicos disponíveis para a concessão de incentivos a programas de poupança energética. O objectivo é, no entanto, aumentar o consumo desta fonte energética de 3.2 por cento em 1998 para 22.7 por cento em 2010. OCDE, 2000: 12, 18 e 25

[48] Para uma listagem das taxas devidas em 2002, leia-se TAVARES DA SILVA, 2002, *Fontes de Energia Renovável: quadro normativo da produção de electricidade*, RevCEDOUA, Ano V, Janeiro, pp. 79 e ss., p. 91. Na Lei n. 107-b/2003, 31.12.2003, que aprovou o Orçamento do Estado para 2004, previa-se nas receitas correntes o valor de 5.672.207 euros provenientes de taxas sobre a energia. Esse valor, no Orçamento de Estado para 2005, sofreu uma ligeira redução, fixando-se em 4.951.507 euros, o que ainda o coloca em terceiro lugar na importância do montante envolvido em sede da

renda devida pelo proprietário de centro electroprodutor aos municípios cuja circunscrição seja atingida pela zona de influência das instalações[49], são apontados como entraves ao desenvolvimento da indústria energética a partir de fontes renováveis em Portugal[50]. Porquanto, o elevado custo de investimento e exploração de centrais geradoras de energia a partir de fontes renováveis torna frequentemente difícil atingir níveis positivos de rendibilidade económica do projecto antes de se atingir uma elevada quota de mercado. Mas tal só deve ser aceite como uma crítica aplicável a algumas das espécies de fontes de energia renovável disponíveis.

No domínio dos parques eólicos o número de pedidos de licenciamento pendentes demonstra que hoje já é rentável economicamente a exploração desta espécie de energia renovável em Portugal. O que se deve em grande parte às generosas 'tarifas verdes' aprovadas pelo Governo. Mas este potencial, que foi criado através de medidas de despesa pública, não está a ser plenamente aproveitado devido a uma falta de abordagem integrada e racional do sistema. O atraso que se nota nos processos de licenciamento dos parques eólicos tem duas causas principais. Por um lado, verifica-se uma morosidade inerente ao próprio procedimento administrativo e à intervenção no processo de organizações ambientalistas que manifestam oposição à implantação de aerogeradores em zonas ambientalmente protegidas mas também especialmente aptas à exploração desta espécie de energia. Por outro lado, padece-se de uma instabilidade legislativa que tem afectado o investimento neste domínio. Assim, importa dedicar especial atenção a esta espécie de energia, onde os exemplos de outros países, como, *v.g.*, Espanha, nos demonstram que poderá residir um importante contributo para o cumprimento dos objectivos definidos em sede de política energética e das obrigações assumidas a nível internacional. Além de que um tratamento pouco cuidadoso deste tema pode impedir a captação de investimento internacional relevante e o desenvolvimento de novos sectores económicos com uma forte componente tecnológica e de capacidade de criação de emprego.

O objectivo ambiental em termos de emissões atmosféricas que se deverá pretender com o programa de política energética nacional é a

---

rubrica 'Taxas, multas e outras penalidades', no Mapa I, logo após as taxas florestais e as taxas de justiça.

[49] Sobre renda de produção eólica, cf. DL n. 339-C/2001, DR I Série, 29.12.2001, que altera o DL n. 168/99, 18.05.1999.

[50] TAVARES DA SILVA, 2002: 91.

limitação do aumento dos gases com efeito de estufa em 27 por cento relativamente a 1990, tendo em conta os compromissos assumidos. Os meios para conseguir atingir essa meta passam pelo reforço da capacidade e da qualidade das redes eléctricas, a maior racionalidade energética na indústria e nos edifícios. Em geral pode-se afirmar que os apoios concedidos, quer tendo em conta a sua intensidade quer a sua duração, são aptos a gerar um importante apoio ou boas condições de mercado no caso da energia obtida a partir de parques eólicos instalados em terra e de mini-hídricas, bem como de energia maremotriz e solar térmica, sendo de esperar resultados fracos no caso dos incentivos concedidos à exploração de electricidade e calor a partir de biomassa e à incineração de resíduos.

O AUTOMÓVEL E O AMBIENTE:
O CONTRIBUTO DO INSTRUMENTO FISCAL

Dr. Manuel Teixeira Fernandes

I – Introdução

Na discussão sobre as alterações climáticas do planeta que habitamos, constitui lugar comum a afirmação de que oitenta por cento das emissões para a atmosfera de gases com efeito de estufa são constituídas por dióxido de carbono (CO_2). Também é pacífica a afirmação de que o sector dos transportes é responsável por cerca de 30% das emissões de CO_2, cabendo o restante, fundamentalmente, às grandes instalações industriais, de que são exemplos paradigmáticos as centrais de produção de energia eléctrica a partir do carvão, do gás natural e do fuelóleo.

Ao nível comunitário, as medidas tendentes a minorar as emissões de CO_2 por parte da indústria estão contempladas no chamado "regime do comércio de emissões" – que, em termos práticos, para as indústrias mais poluidoras terá um efeito próximo daquele que decorreria da existência de um imposto de tipo ambiental sobre as emissões de CO_2, não sendo tais medidas objecto da nossa análise devido ao facto de a abordagem da Comunidade Europeia ter privilegiado a "via do mercado" (compra e venda, entre empresas, de direitos de emissão de CO_2 para a atmosfera).

A utilização da política fiscal, quer ao nível comunitário, quer nos seus reflexos nacionais, para apoiar a redução das emissões de CO_2 no subsector automóvel (responsável por cerca de 84% das emissões de CO_2 do sector dos transportes) será o centro desta análise, que será desenvolvida numa dupla perspectiva:
- a do apoio fiscal à aquisição e à circulação de automóveis menos poluentes; e
- a do favorecimento fiscal dos "combustíveis mais limpos".

Concluiremos com a análise dos resultados das políticas prosseguidas e com a apresentação de perspectivas para o futuro próximo.

II – Medidas de incidência ambiental na tributação do automóvel na União Europeia

Não existe, na Comunidade Europeia, qualquer harmonização fiscal no domínio da tributação especial sobre o automóvel. A principal razão para tal facto repousa, a nosso ver, na situação de profunda divergência em que se encontravam as estruturas fiscais relativas à tributação do automóvel nos estados-membros quando, em 1992, na véspera da entrada em vigor do Mercado Único, foi acordada uma *harmonização mínima* na área dos Impostos Especiais sobre o Consumo (IEC). Estes, como é conhecido, incidem sobre os óleos minerais, os tabacos e os álcoois e as bebidas alcoólicas. Fruto da desarmonia comunitária reinante nesta matéria, não admira que a tributação do automóvel (nos estados-membros onde existia) passasse a ter por enquadramento legal comunitário o n.º 3 do artigo 3.º da Directiva 92/12/CEE do Conselho, de 25 de Fevereiro de 1992 (que disciplinou o regime geral, a detenção, a circulação e o controlo dos produtos sujeitos a IEC) que, de forma residual, permitiu aos estados-membros manterem ou criarem *outros* impostos internos sobre o consumo (para além dos IEC harmonizados acima referidos), desde que os mesmos não constituíssem entraves nas fronteiras.

a) A tributação do automóvel na fase da aquisição (fase da matrícula)

Em 1993, data em que entrou em vigor o Mercado Único, dez dos quinze estados-membros que então constituíam a Comunidade Europeia, ou que a ela viriam a aderir logo em 1995[1], sujeitavam o automóvel na fase da matrícula a uma tributação de maior ou menor grau, sendo que no caso português a mesma era, e ainda é, significativa. Os restantes cinco estados-membros (França, Inglaterra, Alemanha, Suécia e Luxem-

---

[1] A Áustria a Suécia e a Finlândia, em 1993, eram candidatas à adesão à CEE que se consumou em 1995.

burgo), praticamente todos grandes construtores automóveis, não tributavam, nem tributam actualmente, o automóvel na fase da matrícula, provavelmente para facilitar o escoamento da produção das respectivas indústrias.

Apesar da inexistência de harmonização fiscal comunitária, vários estados-membros onde o automóvel é tributado na fase da matrícula (por exemplo, a Holanda) apoiam, fiscalmente, a aquisição de viaturas novas menos poluentes influenciando, assim, o comportamento dos consumidores. Ao nível dos estados-membros situados mais a sul, (a Grécia, por exemplo, no domínio do teor de chumbo) regista-se também a discriminação fiscal positiva na aquisição de viaturas novas menos poluentes.

A situação não se alterou com o último alargamento da União Europeia, ocorrido no dia 1 de Maio de 2004, dado que, dos dez novos estados-membros, somente cinco (Polónia, Hungria, Lituânia, Malta e Chipre) tributam o automóvel na fase da matrícula. Também nos novos estados-membros se registam casos de favorecimento fiscal dos veículos menos poluentes, nomeadamente ao nível das emissões de CO_2 (Chipre) e do teor de chumbo (Hungria).

No caso português, o imposto existente na fase da matrícula (IA) não contemplava, em 1993, qualquer objectivo de natureza ambiental mas, a partir do ano de 2000, finalmente, foram-lhe introduzidas modificações com objectivos ambientais:
- a concessão de um incentivo fiscal ao "abate" das viaturas com mais de dez anos de uso[2], visando a renovação do parque automóvel e a concomitante introdução em circulação de viaturas menos poluentes;
- a aplicação de uma taxa reduzida do imposto (inferior em 40% à taxa normal) aos veículos automóveis alimentados a gás natural ou a gás de petróleo liquefeito ("veículos híbridos"), visando a redução das emissões de CO_2 e a diversificação energética; e
- a isenção do imposto para os veículos eléctricos ou movidos a energias renováveis.

A análise aprofundada dos resultados conseguidos com estas iniciativas ainda está por fazer. Contudo, pode desde já referir-se, quanto à

---

[2] Na actualidade, consiste numa redução de mil euros no IA devido por uma viatura nova, se for entregue para "abate" uma viatura em fim de vida (Decreto-Lei n.º 292-A//2000, de 15/11, na redacção dada pela Lei do OE/2004).

primeira medida, que os operadores económicos do sector vêm alertando para a elevada burocracia do sistema de controlo instituído, o que estará a limitar o seu sucesso. Quanto à segunda medida, o seu êxito também parece estar comprometido pelo facto de a redução da taxa do imposto não ser suficiente para compensar os inconvenientes típicos dos veículos híbridos: a falta de uma rede universal de abastecimento de gás, as dificuldades acrescidas de estacionamento e a diminuição do espaço da bagageira.

b) A tributação do automóvel na fase da circulação

Em 1992, todos os estados-membros procediam à tributação dos veículos ligeiros de passageiros na fase da circulação, ao contrário do que acontecia, portanto, como vimos, na fase da matrícula. Apesar disso, não foi possível estabelecer qualquer harmonização fiscal neste domínio[3] e a situação hoje está pior do que então, dado que, no ano de 2000, a França eliminou este tipo de tributação.

Na actualidade, tal como acontecia em 1992, a tributação varia significativamente de estado-membro para estado-membro, sendo que ela é insignificante no caso português, talvez para contrabalançar a significativa tributação levada a cabo na fase da matrícula.

Até muito recentemente, os estados-membros não utilizavam a tributação nesta fase para prosseguirem objectivos ambientais no domínio da redução das emissões de CO_2, tendo o Reino Unido, em 2002, iniciado uma experiência de discriminação fiscal positiva das viaturas com menores emissões de CO_2, não sendo ainda conhecidos os resultados conseguidos com tal medida.

A realidade existente não se alterou com a adesão à União Europeia dos dez novos estados-membros, dado que a tributação na fase da circulação – que só existe em alguns deles – não integra qualquer componente ambiental.

---

[3] Ao contrário do que acontece com os veículos ligeiros de passageiros, a fiscalidade que incide sobre os veículos de mercadorias com 12 ou mais toneladas de peso bruto, na fase da circulação, (Impostos de camionagem e de circulação) está harmonizada comunitariamente (Directiva 1999/62/CE do Parlamento Europeu e do Conselho, de 17/06 – JO L 187, página 42) não comportando, directamente, objectivos ambientais.

Em Portugal, até 2001, a filosofia do principal imposto sobre a circulação do automóvel[4], evidenciava a prossecução de objectivos sociais, daqui decorrendo uma *discriminação fiscal negativa para o ambiente*, dado que os "veículos em fim de vida" (que são os mais poluentes) pagavam taxas reduzidíssimas ou estavam mesmo isentos do imposto. Esta discriminação fiscal, prejudicial para o ambiente, foi eliminada através da Lei do OE/2002. Por sua vez, os veículos que consomem gasóleo beneficiavam (e continuam a beneficiar) de taxas do imposto cujos valores são muito mais reduzidos do que os valores suportados pelos correspondentes veículos alimentados a gasolina, o que também *contraria as políticas ambiental e de saúde pública*, dada a gravidade para o ambiente e especialmente para a saúde pública das emissões de partículas de metais pesados que caracterizam estes veículos.

III – Medidas de incidência ambiental na tributação dos combustíveis na União Europeia

Os primeiros estudos realizados ao nível comunitário sobre esta matéria tiveram lugar na década de oitenta do século passado. Os resultados alcançados, conjugados com o concerto a que foi possível chegar nas posições dos vários estados-membros (a estrutura da tributação e o nível das taxas eram muito diferentes de estado-membro para estado--membro), estão contemplados nas Directivas 92/81/CEE e 92/82/CEE, de 19 de Outubro[5], através das quais foram harmonizadas as estruturas e aproximadas as taxas do imposto especial sobre o consumo dos óleos minerais.

Concretamente, através da primeira das referidas Directivas, foram estabelecidas, em 1993, várias isenções ou reduções da taxa do imposto, sendo de salientar, com relevância no domínio ambiental, a isenção do imposto para os combustíveis consumidos no caminho de ferro, na navegação marítima, na navegação fluvial, na navegação aérea e no desenvolvimento tecnológico de combustíveis menos poluentes, acolhendo-se,

---

[4] Trata-se do Imposto Municipal sobre Veículos (IMV).
[5] Revogadas e substituídas pela Directiva 2003/96/CE do Conselho, de 27/10/2003 (JO L 283/51 de 31/10/2003).

assim, a filosofia da discriminação fiscal positiva do transporte feito pelas vias não rodoviárias, dado que estas são menos agressivas para o meio ambiente do que o é a via rodoviária.

Portugal transpôs para o direito interno a totalidade das isenções previstas no ordenamento comunitário. No entanto, a isenção do imposto para o combustível consumido pelo caminho-de-ferro, pelas grandes implicações que teve ao nível da perda de receita fiscal, foi feita escalonadamente, tendo sido instituída na Lei do OE/98 a redução da taxa do imposto e, no ano de 2000, decretada a isenção (Lei n.º 3-B/2000, de 4/4). A isenção do imposto sobre o consumo do gasóleo na navegação fluvial ocorreu no ano de 1997, sendo esta medida uma das grandes responsáveis pelo extraordinário desenvolvimento dos cruzeiros fluviais, de que são exemplo os realizados no rio Douro, em virtude do significativo peso que o combustível tem nos custos deste sector da actividade turística.

No que se refere à diferenciação das taxas do imposto sobre os combustíveis, tendo presente o critério ambiental, regista-se que, muito embora somente fosse obrigatório favorecer fiscalmente a então nova gasolina sem chumbo de 95 I.O., em cerca de 5 cêntimos por litro, Portugal (e muitos outros estados-membros que, infelizmente, não incluíam a Espanha), apoiou também o consumo do fuelóleo com baixo teor de enxofre, tributando-o com taxas inferiores em 50% àquelas que incidiam sobre o produto tradicional.

Numa perspectiva, simultaneamente, de melhoria ambiental, de diversificação energética e de reforço da segurança do abastecimento, regista-se também a previsão comunitária da possibilidade de isenção do imposto para o Gás de Petróleo Liquefeito e para o Gás Natural consumidos por veículos de transporte público e da redução da taxa do imposto, em cerca de 50%, para os consumos dos referidos combustíveis por veículos particulares. Apesar de se tratar de isenções facultativas, Portugal adoptou-as logo em 1994, mas o sector dos transportes vêm revelando grande lentidão no seu aproveitamento.

Como acaba de se evidenciar, ao nível do direito legislado obrigatório para todos os estados-membros, a Comunidade Europeia pouco tem evoluído no sentido da criação de incentivos fiscais para prosseguir políticas ambientais nos domínios do automóvel e dos combustíveis, seguramente porque nas suas decisões em matéria fiscal está refém da regra da unanimidade. Tal facto não tem impedido, porém, que a quase totalidade dos estados-membros – de que são exemplo paradigmático os países do norte e centro da Europa – se sirvam, na actualidade, da política fiscal como instrumento para a consecução de objectivos ambientais, combinando, para o efeito, o favorecimento fiscal concedido aos *combustíveis mais limpos* com o apoio fiscal concedido à aquisição de viaturas novas com menores consumos e com menores emissões para a atmosfera de gases com efeito de estufa.

IV – Compromissos das indústrias automóvel e refinadora com a Comunidade Europeia

Para alcançar os objectivos constantes do protocolo de Quioto relativos à diminuição das emissões de CO_2, a Comunidade Europeia tem conseguido "comprometer" a indústria automóvel europeia, japonesa e coreana com a diminuição das emissões de CO_2 – o que deverá ter por base o desenvolvimento tecnológico de novos motores, visando fundamentalmente a economia de combustível –, estando tal compromisso balizado pelo objectivo de atingir, no ano de 2005, nas viaturas novas, uma emissão média de 140 g/km, contra as anteriores 172 g/km no ano 2000.

Complementarmente, a Comunidade Europeia pretende ainda que, através de medidas de informação ao consumidor (consumo de combustível e emissões de CO_2 das viaturas novas – Directiva 1999/94/CE) e de medidas fiscais – apesar da falta de harmonização reinante –, seja conseguida uma redução suplementar das emissões de CO_2 de 20 g/km, de tal forma que, em 2010, no caso das viaturas novas, em média, as emissões não ultrapassem as 120 g/km. Para o efeito, uma acção de que se espera poderem resultar significativos contributos, quer em termos de emissões de CO_2[6], quer em termos de segurança no abastecimento, quer em termos de eliminação de excedentes agrícolas, está contemplada na Directiva 2003/30/CE (Directiva dos Biocombustíveis) através da qual os estados--membros são instados a criarem as condições necessárias para que, até ao ano de 2010, pelo menos 5,75% da quantidade de combustível consumido pelo automóvel tenha origem nesta fonte energética. O apoio fiscal visa compensar o facto de o custo de produção dos biocombustíveis ser superior ao dos combustíveis clássicos.

---

[6] Há estudos em que se aponta uma redução das emissões de CO_2 de cerca de 85%.

Ainda no domínio da intervenção directa, regista-se o objectivo da Comunidade Europeia de, faseadamente e até 2005, diminuir o teor de enxofre e de erradicar o chumbo dos combustíveis (Directiva 98/70/CE, do Parlamento Europeu e do Conselho – JO L 350, de 28/12), o que vem exigindo um enorme esforço de investimento à indústria refinadora do petróleo.

V – Conclusões

Apesar de não existir harmonização comunitária da fiscalidade que incide sobre o automóvel na *fase da matrícula*, há vários estados-membros que utilizam a política fiscal como instrumento ambiental, tendo como objectivos imediatos ou a redução do consumo de combustível e/ou a diminuição das emissões de CO_2 para a atmosfera. Retira-se de um estudo realizado para a Comissão Europeia[7], que os resultados conseguidos por esta via se revelam de grande interesse para o ambiente.

Também não existe qualquer harmonização comunitária da fiscalidade incidente sobre o automóvel na *fase da circulação*. Apesar disso, está em curso a experiência pioneira do Reino Unido, que, desde 2002, vem discriminando positivamente os veículos que emitem menos CO_2 para a atmosfera, mas cujos resultados não são ainda conhecidos.

No domínio dos *combustíveis,* a utilização da política fiscal como instrumento da política ambiental tem estado associada, especialmente, à diminuição dos teores de chumbo e de enxofre – "acordada" entre a Comunidade Europeia e a indústria refinadora – podendo afirmar-se que o favorecimento fiscal tem permitido antecipar os objectivos de penetração no mercado dos *"combustíveis mais limpos"*.

Portugal, nos últimos 4 anos, regista algumas experiências visando o apoio fiscal à política ambiental no domínio dos veículos ligeiros de passageiros na fase da matrícula. Estas iniciativas estão no bom caminho, mas, dada a sua timidez, têm produzido resultados pouco ambiciosos. Na fase da circulação, no que se refere ao Imposto Municipal sobre Veículos, através da Lei do OE/2002 foi eliminada a discriminação fiscal que existia contra o ambiente (o imposto era regressivo com a idade do

---

[7] A tributação dos veículos de passageiros na União Europeia – COM (2002) 431 final, página 19.

veículo), mantendo-se, porém, uma significativa discriminação fiscal positiva a favor dos veículos a gasóleo, que não tem justificação ambiental, nem de saúde pública.

VI – Perspectivas para o futuro próximo

Existe uma grande expectativa relativamente à Directiva dos Biocombustíveis que será integrada no nosso direito interno ao abrigo da autorização legislativa que, para o efeito, consta na Lei do OE/2005. Se o objectivo a prosseguir envolver, não só a componente ambiental, mas, também, o de adquirir "massa crítica" em termos industriais e de investigação, dever-se-á contemplar com isenção do imposto uma quantidade de produto próxima do máximo previsto na directiva (cerca de 300 milhões de litros anuais). Se for seguida esta via, então, estaremos na presença do maior apoio fiscal alguma vez concedido no nosso país à prossecução de políticas ambientais no sector automóvel. Apesar do esforço fiscal, que rondará os 90 milhões de euros, ser de dimensão invulgar para o país, a verdade é que o mesmo é completamente justificado, pois, para além dos benefícios ambientais que serão conseguidos, será também reduzida a nossa dependência do petróleo bruto, que é a mais elevada de toda a Comunidade Europeia.

Muito embora não se anteveja como realizável no próximo ano, não podemos deixar de referir o enorme contributo para a melhoria do ambiente que a Reforma da Tributação do Automóvel[8] pode vir a constituir, se lhe for emprestada a filosofia subjacente ao anteprojecto de decreto-lei, datado de Março de 2002[9] e que não foi levado à prática devido à mudança de Governo que então se verificou.

No que diz respeito aos veículos ligeiros de passageiros, a filosofia da reforma que então foi proposta assenta na diminuição da tributação na fase da matrícula, que será contrabalançada pelo agravamento da tributação na fase da circulação, sendo ainda de relevar as seguintes traves – mestras:

– componente do imposto a cobrar na fase de matrícula

---

[8] Substituindo os actuais impostos sobre o automóvel: Imposto Automóvel (IA), Imposto Municipal sobre Veículos (IMV), Imposto de Circulação (Ici) e Imposto de Camionagem (Ica).

[9] "Reformas da Tributação Automóvel e do Património, Anteprojectos", Coimbra, Almedina, Março de 2002.

- penalização das emissões de CO2
- não favorecimento fiscal dos veículos a gasóleo
– **componente do imposto a cobrar na fase da circulação**
  - eliminação do favorecimento fiscal dos veículos a gasóleo
  - eliminação do favorecimento fiscal de que beneficiam os veículos usados "importados" da C.E.

Como as preocupações ambientais e de saúde pública constituem o principal vector das mudanças propostas, a Reforma da Tributação do Automóvel poderá constituir um contributo valioso para que venhamos a ter um "ambiente mais saudável".

Lisboa, 17 de Novembro de 2004

AS IMPLICAÇÕES FINANCEIRAS DA POLÍTICA TRIBUTÁRIA AMBIENTAL[1]

Dr. Guilherme Waldemar d'Oliveira Martins[2]

> Sumário: I. O problema ambiental; II. As medidas de intervenção estadual em matéria ambiental: as políticas ambientais; III. As políticas financeiras ambientais de despesa e a desorçamentação; a) As políticas ambientais de despesa; b) A desorçamentação ambiental; IV. As políticas tributárias ambientais; a) As políticas tributárias ambientais positivas; b) As políticas tributárias ambientais negativas ou de despesa fiscal; V. Conclusões: as condições de integração do ambiente no orçamento.

I. O problema ambiental

A resolução do problema ambiental deve ser um fim social assumido pelo Estado[3]. Fundamentalmente porque envolve a exteriorização[4] de custos e de benefícios. Exteriorização de custos, porque evidencia, por exemplo, gastos sociais, por vezes incomportáveis, no campo da poluição

---

[1] Texto que serviu de base a uma comunicação proferida na mesa redonda dedicada ao tema «FISCALIDADE AMBIENTAL E DO URBANISMO», por ocasião das Jornadas dos 15 anos da Reforma Fiscal 88/89, realizadas pela Associação Fiscal Portuguesa/ /Faculdade de Direito da Universidade de Lisboa, nos dias 15 a 19 de Novembro de 2004. O autor agradece todas as sugestões substantivas, não obstante algumas opiniões não terem sido perfilhadas, dadas pela Doutora Cláudia Soares, aquando da revisão final do texto.

[2] Assistente da Faculdade de Direito da Universidade de Lisboa e Advogado.

[3] É que os próprios textos constitucionais prevêem. A Constituição da República Portuguesa prevê no artigo 66.º, n.º 1, que "Todos têm direito a um ambiente de vida humano, sadio e ecologicamente equilibrado e o dever de o defender".

[4] Joseph Stiglitz, *Economics of the Public Sector* (3rd edition), New York: W. W. Norton, 2000, págs. 215-217.

industrial. Exteriorização de benefícios, porque a intervenção de entidades reguladoras, públicas ou privadas, desencadeia um conjunto de benefícios sociais superiores aos benefícios individuais. Desta forma, bastaria o Estado assumir a resolução do problema ambiental, para garantir a interiorização das referidas exterioridades.

O problema ambiental não é, porém, tão simples. Em primeiro lugar, porque o *Teorema de Coase* indica-nos que é possível internalizar determinadas exterioridades sem intervenção dos poderes públicos, pela extensão dos direitos de propriedade[5], desde que não coexistam custos de transacção[6]. Em segundo, porque será, consequentemente, necessária a detecção dos custos de transacção para invocar razões que legitimem a intervenção estadual na economia do ambiente. De qualquer modo, aposta-se na privatização do problema ambiental, no pressuposto que exista um sistema legal que providencie um conjunto de protecções contra as exterioridades[7]. No extremo, falar em problema ambiental significa testar

---

[5] RONALD H. COASE salienta que a análise político-económica actual envolve a comparação entre uma situação existente e as condições óptimas próprias do bem-estar económico, ou, em caso de divergência, das políticas de optimização alternativas. Esta abordagem, porém, resulta "errónea" (RONALD H. COASE, "Discussion", *American Economic Review*, 54, Maio, pág. 194). De acordo com COASE, esta análise pertence ao mundo da ardósia negra (blackboard), na medida em que "os factores de produção são modificados, a tributação é imposta, os subsídios são garantidos, os preços sobem e descem – o óptimo social é atingido e as relações que este implica são atingidas – mas tudo acontece sobre uma ardósia negra" (RONALD H. COASE, "Social cost and Public Policy", in GEORGE A. EDWARDS, *Explaining the Frontiers of Administration: Six Essays for Managers*, Toronto: York University Faculty of Administrative Studies, Bureau Research, págs. 41-42). Sendo assim, "a discussão torna-se irrelevante para as questões de política económica uma vez que tendo em mente o nosso mundo ideal, resulta claro que ainda não descobrimos como sair da situação estabelecida" (RONALD H. COASE, "The Problem of Social Cost" (reimp.), in KENNETH G. DAU-SCHMIDT e THOMAS S. ULEN, *Law and Economics Anthology*, Cincinnati: Anderson Publishing Co., 1998, pág. 110). Sobre o assunto consultar ainda WARREN J. SAMUELS e STEVEN G. MEDEMA, "Ronald Coase on Economic Policy Analisys: Framework and Implications", in STEVEN G. MEDEMA (ed.), *Coasean Economics: Law and Economics and the New Institucional Economics*, Boston/Dordrecht/London: Kluwer Academic Publishers, 1998, págs. 161-183.

[6] Os custos de transacção são uma criação de RONALD COASE ("The nature of the firm", in *Economica*, 4/15) "são todos aqueles em que se incorre na troca de utilidades e na afectação comutativa de recursos, quando se busca uma contraparte, se negoceia com ela, se prevêem e supervisionam as contigências do cumprimento" (FERNANDO ARAÚJO, *Introdução à Economia*, Vol. II, Coimbra: Almedina, 2004, pág. 952).

[7] JOSEPH STIGLITZ, *Economics...*, op. cit., pág. 219.

os limites das falhas de mercado[8], ou seja, assumir que só existem falhas de mercado, porque os mecanismos do mercado não conseguem evitar a criação de custos de transacção. Assim, problema ambiental só pode passar a fim do Estado, quando sejam detectadas falhas de mercado que exponenciem os custos de transacção a elas inerentes.

Uma vez detectada a necessidade e urgência da intervenção estadual, em caso algum poderá a dita correcção das exterioridades diminuir o bem-estar da economia. Na verdade, até ao surgimento dos problemas ambientais era possível falar em bem-estar social, uma vez assumidos os gastos do Estado e a correspondente obtenção de receita, através de um sistema fiscal. Porém, a ampliação dos fins do Estado evidencia aumento de gastos e necessidade de arrecadação de mais receitas e, eventualmente, aumento dos impostos. Dessa forma, não basta o Estado assumir como fim a resolução do problema ambiental – será necessário assumir o fim sem que isso signifique a redução do bem-estar social. Fala-se, assim em "troca tributária ambiental" (*environmental tax shift*)[9].

O problema ambiental podia, preferencialmente, resumir-se às exterioridades. Porém, desenvolve-se num quadro de busca de renda (*rent-seeking*), porquanto existem grupos de pressão interessados em canalizar as ditas exterioridades para si (no caso de se tratarem de exterioridades positivas) ou para terceiros (no caso de se tratarem de exterioridades negativas). Aliás, é num quadro de um Estado corporativista, no sentido actual[10], que a resolução dos problemas ambientais tem de-

---

[8] Partimos do princípio que são quatro as falhas de mercado a que a doutrina económica se refere: (1) imperfeição na concorrência, (2) existência de exterioridades, (3) insuficiência no fornecimento de bens públicos e (4) assimetrias informativas. Sobre o assunto, consultar, com uma classificação mais ampla, JOSEPH STIGLITZ, *Economics of the Public Sector* (3rd edition), New York: W. W. Norton, 2000, págs. 77-85.

[9] Foi Henry George (*Progress and Poverty: An inquiry into the cause of industrial depressions and of increase in want with increase of wealth,* 1879) que introduziu, pela primeira vez, este conceito, por referência à necessidade de substituição da tributação sobre a produção agrícola pela tributação do rendimento auferido pelos proprietários. Foi nos finais do século XIX que se criou o movimento do imposto único (*single-tax movement*) e que sustentou a necessidade de evitar a dupla tributação da actividade produtiva.

[10] Hoje em dia, os termos corporativismo ou neo-corporativismo usam-se por referência à tendência política das administrações e dos legisladores serem influenciadas por múltiplos interesses empresariais. A origem deste conceito deve-se, porém, à afirmação do Papa Leão XIII proferida na Encíclica *Rerum Novarum* (1891): "A sede de inovações, que há muito tempo se apoderou das sociedades e as tem numa agitação febril, devia, tarde

monstrado resultados mais eficazes[11]. Estudos da OCDE assim o demonstram: não só na Finlândia, no final dos anos 80 havia uma capacidade de redução de mais de 90% da concentração de SOx[12], como também na Noruega e em Itália a capacidade de redução da emissão dos mesmos gases excedia os 70%[13].

Para além disso, "parte-se do princípio de que a decisão financeira se deve orientar no sentido de assegurar que as gerações presentes tenham condições para desfrutar do meio ambiente e de o transmitir às gerações futuras, em termos que permitam a estas um grau de gozo dos bens colectivos pelo menos idêntico àquele que actualmente é proporcionado"[14]. Desta forma o problema ambiental para além de ter uma dimensão intrageracional, assume contornos intergeracionais.

Importa, antes de mais, perceber o âmbito do problema ambiental. De acordo com os mais recentes estudos da OCDE[15], podemos identificar dez grandes áreas de intervenção pública ou privada tendo em vista a maximização do bem-estar social. São elas:

a) *Mudanças climáticas* – as principais preocupações neste campo estão relacionadas com a crescente concentração atmosférica de gás de estufa, com efeitos na temperatura global do planeta, no clima, nos ecossistemas, na fixação populacional, agricultura e outras actividades sócio-económicas. Tudo isto, porque as emissões de CO2 continuam a crescer em alguns países, não obstante ter-se assistido nos últimos anos a uma redução do rácio emissão de CO_2/Produto Interno Bruto[16].

---

ou cedo, passar das regiões da política para a esfera vizinha da economia social. Efectivamente, os progressos incessantes da indústria, os novos caminhos em que entraram as artes, a alteração das relações entre os operários e os patrões, a influência da riqueza nas mãos dum pequeno número ao lado da indigência da multidão, a opinião enfim mais avantajada que os operários formam de si mesmos e a sua união mais compacta, tudo isto, sem falar da corrupção dos costumes, deu em resultado final um temível conflito".

[11] HAROLD L. WILENSKY, *Rich Democracies – Political Economy, Public Policy and Performance*, Los Angeles: University of California Press, 2002, págs. 541-545.

[12] SOx representa o óxido sulfúrico, que é o principal componente das chuvas ácidas.

[13] Cfr. OCDE, *The State of the Environment*, Paris: OCDE, 1991.

[14] EDUARDO PAZ FERREIRA, *Ensinar Finanças Públicas numa Faculdade de Direito*, Coimbra: Almedina, 2005, pág. 267.

[15] Cfr. OCDE, *OECD Key Environmental Indicators*, 2004, disponível no sítio http://www.oecd.org/.

[16] Sendo assim, conclui-se em OCDE, *OECD...*, op. cit., pág. 12: "The main challenges are to limit emissions of CO2 and other GHG (greenhouse gas) and to stabilise

b) *Camada do Ozono* – a rarefacção da camada estratosférica do ozono continua a ser uma das principais preocupações ambientais dados os impactos crescentes dos raios ultravioletas na saúde humana, culturas e factores naturais. Isto deve-se à grande distância temporal entre a libertação das substâncias nocivas ao ozono e a sua chegada à estratosfera – daí a incerteza quanto à evolução do problema e a necessidade reflexa de celebração de acordos internacionais que limitem a emissão da mencionadas substâncias[17].

c) *Qualidade do ar* – a principal preocupação relaciona-se com os efeitos da qualidade do ar na saúde da espécie humana, ecosistemas e construções. A exposição da espécie humana a condições ambientais precárias é mais frequente nas zonas urbanas, onde as emissões de SOx e Nox[18] abundam. No entanto, o crescimento económico e o nível de desenvolvimento alcançado pelas comunidades têm demonstrado que a qualidade do ar tem melhorado[19].

d) *Gestão de resíduos* – esta área de intervenção ambiental tem repercussões na contaminação da água, na qualidade do ar, na utilização dos espaços terrestres e nas alteração da paisagem. Apesar do crescimento e divulgação da reciclagem, persistem enormes quantidades de resíduos sólidos, para os quais têm de

---

the concentration of GHG in the atmosphere at a level that would prevent dangerous anthropogenic interference with the climate system. This implies strengthening efforts to implement related national and international strategies and to further de-couple GHG emissions from economic growth".

[17] Desta feita, "The main challenges are to phase out the supply of methyl bromide and HCFCs (by 2005 and 2020 respectively) in industrialised countries, and to reduce international movements of existing CFCs, including illegal trade" (OCDE, *OECD...*, op. cit., pág. 14).

[18] NOx, representa o óxido nítrico, que é um gás de estufa que produz ou destrói o ozono na baixa atmosfera, consoante as quantidades presentes.

[19] Assim, "the main challenges are to further reduce emissions of NOx and other local and regional air pollutants in order to achieve a strong de-coupling of emissions from GDP and to limit the exposure of the population to air pollution. This implies implementing appropriate pollution control policies, technological progress, energy savings and environmentally sustainable transport policies" (OCDE, *OECD...*, op. cit., pág. 16).

encontrar-se soluções alternativas para a sua destruição, como a co-incineração[20].

e) *Qualidade da água* – área de relevo para o estudo e análise dos impactos da poluição da água (acidificação, contaminação, etc.) na saúde dos seres humanos e na produção de bens alimentares (com especial relevância nos mercados dos factores e bens agrícolas). Apesar de os centros urbanos apresentarem grandes desenvolvimentos na criação de condições de melhoria na distribuição da água, por vezes torna-se difícil detectar possíveis contaminações orgânicas[21].

f) *Qualidade no uso da água* – relaciona-se com a utilização eficiente da água pela espécie humana (falhas na distribuição da água, salinização da água doce próximo das áreas costeiras, secas, desertificação e falhas na produção de bens alimentares). Apesar de os países da OCDE apresentarem alguma sustentabilidade na afectação da água, os problemas sazonais enfrentados pelas comunidades são muito frequentes [22].

g) *Recursos florestais* – centra-se na actividade humana com impacto na diversidade dos recursos florestais, no crescimento e na regeneração dos mesmos, com consequências inevitáveis no aproveitamento eficiente dos recursos florestais. Recentemente,

---

[20] "The main challenge is to strengthen measures for waste minimization, especially for waste prevention and recycling, and to move further towards life cycle management of products and extended producer responsibility. This implies internalising the costs of waste management into prices of consumer goods and of waste management services; and ensuring greater cost-effectiveness and full public involvement in designing measures" (OCDE, *OECD...*, op. cit., pág. 18).

[21] "The main challenge is to protect and restore all bodies of surface and ground water to ensure the achievement of water quality objectives. This implies further reducing pollution discharges, through appropriate treatment of waste water and a more systematic integration of water quality considerations in agricultural and other sectorial policies. It also implies an integrated management of water resources based on the ecosystem approach" (OCDE, *OECD...*, op. cit., pág. 20).

[22] "The main challenge is to ensure a sustainable management of water resources, avoiding overexploitation and degradation, so as to maintain adequate supply of freshwater of suitable quality for human use and to support aquatic and other ecosystems. This implies reducing losses, using more efficient technologies and increase recycling, and applying an integrated approach to the management of freshwater resources by river basin. It further requires applying the user pays principle to all types of uses" (OCDE, *OECD...*, op. cit., pág. 22).

muitos dos recursos florestais têm sido ameaçados anualmente pela degradação, fragmentação e conversão da sua utilização[23].

h) *Recursos piscatórios* – as principais preocupações incidem sobre o estudo dos possíveis impactos da actividade humana nos habitats marítimos, com inevitáveis consequências na biodiversidade. Muitas das espécies piscícolas mais importantes estão presentemente ameaçadas e a sustentabilidade nesta área dependerá muito da vontade dos intervenientes, já que a pesca não autorizada é uma prática frequente[24].

i) *Fontes de energia* – a produção de energia e os efeitos na emissão dos gases de estufa continua a ser um dos principais problemas ambientais. Os efeitos nefastos da produção de energia são variados, podendo atingir a qualidade da água, a utilização do factor terra, para além dos riscos acrescidos criados pela exploração da energia nuclear.[25].

j) *Biodiversidade* – estuda o impacto da actividade humana na biodiversidade. As pressões humanas podem ser físicas (alteração do habitat animal), químicas (contaminação tóxica, acidificação, derrames de crude, etc.) e biológicas (pela exploração comercial de espécies em vias de extinção). As pressões na biodiversidade podem ameaçar os ecossistemas naturais e os benefícios por eles fornecidos[26].

---

[23] "The main challenge is to ensure a sustainable management of forest resources, avoiding overexploitation and degradation, so as to maintain adequate supply of wood for production activities, and to ensure the provision of essential environmental services, including biodiversity and carbon sinks. This implies integrating environmental concerns into forestry policies, including eco-certification and carbon sequestration schemes" (OCDE, *OECD...*, op. cit., pág. 24).

[24] "The main challenge is to ensure a sustainable management of fish resources so that resource abstraction in the various catchment areas does not exceed the renewal of the stocks over an extended period. This implies setting and enforcing limits on total catch types, levels and fishing seasons; and strengthening international co-operation" (OCDE, *OECD...*, op. cit., pág. 26).

[25] "The main challenge is to further de-couple energy use and related air emissions from economic growth, through improvements in energy efficiency and through the development and use of cleaner fuels. This requires the use of a mix of instruments including extended reliance on economic instruments" (OCDE, *OECD...*, op. cit., pág. 28).

[26] "The main challenge is to maintain or restore the diversity and integrity of ecosystems, species and genetic material and to ensure a sustainable use of biodiversity. This implies strengthening the actual degree of protection of habitats and species,

II. As medidas de intervenção estadual em matéria ambiental: as políticas ambientais

Uma vez delimitado o problema ambiental, há que detectar o âmbito de intervenção estadual. Este implementa políticas onde possa investir, pôr a funcionar e a apoiar todo o tipo de comportamentos desejáveis em matéria ambiental. Sendo assim, se atentarmos aos fins da intervenção do Estado em matéria ambiental, temos três tipos de medidas[27]:

a) *Medidas de investimento* – que pressupõem uma prossecução rápida e profunda da protecção ambiental por parte das empresas, públicas ou privadas, "sem que incorram em custos económicos e sociais insuportáveis"[28]/[29];

b) *Medidas de funcionamento* – que visam a correcção de exterioridades positivas e negativas, através de políticas, respectivamente, de incentivo e de desincentivo de determinadas actividades[30]/[31].

c) *Medidas de apoio horizontal* – são medidas de longo prazo que visam o incentivo à procura de soluções para problemas ambientais e a sua divulgação, promovendo a sua aplicação mais alargada das mesmas[32]/[33].

As medidas mencionadas podem ser objecto de políticas públicas muito variadas. Tentaremos classificá-las, sem, no entanto, deixar de fazer uma apreciação crítica individual.

---

eliminating illegal exploitation and trade, integrating biodiversity concerns into economic and sectoral policies, and raising public awareness" (OCDE, *OECD...*, op. cit., pág. 30).

[27] De acordo com CLÁUDIA SOARES, *O Direito Fiscal do Ambiente – O Enquadramento Comunitário dos Auxílios do Estado a favor do Ambiente*, Coimbra: Almedina (Cadernos CEDOUA), 2003, págs. 31-59.

[28] CLÁUDIA SOARES, *O Direito Fiscal do Ambiente...*, op. cit., pág. 31.

[29] Veja-se o caso exemplificativo de criação de incentivos financeiros e fiscais a projectos de tratamento de águas.

[30] CLÁUDIA SOARES, *O Direito Fiscal do Ambiente...*, op. cit., pág. 44.

[31] Atente-se ao caso, também exemplificativo, das ajudas ao funcionamento para fontes de energia renováveis (solar, eólica, etc.), dada a dificuldade de permanência no mercado devido à concorrência das fontes de energia tradicionais.

[32] CLÁUDIA SOARES, *O Direito Fiscal do Ambiente...*, op. cit., pág. 55.

[33] Como sejam todas as formas de incentivo à Investigação e Desenvolvimento de tecnologias que promovam um ambiente mais limpo.

Se atentarmos aos instrumentos económicos disponíveis pelo Executivo, podemos estar perante políticas financeiras ou monetárias[34]. Ao longo deste estudo, vamos concentrar-nos nas primeiras. Não obstante, será útil explicitar que ambos os instrumentos disponíveis estão inseridos nas chamadas políticas de estabilização, que representam os vários modos de interferência com a procura agregada e, consequentemente, nos níveis de emprego e de preços. Não excluímos, porém, a existência de *estabilizadores automáticos*, como mecanismos de natureza orçamental que "contrariam automaticamente a tendência dominante, dispensado total ou parcialmente o esforço de permanente acompanhamento e *"regulação detalhada"* das variáveis macroeconómicas"[35]/[36].

Para além disso, percebe-se que a utilidade das políticas monetárias, mesmo que limitada, pode encontrar efeitos na prossecução de comportamentos ambientais desejáveis. Pense-se, a título enunciativo, na utilidade das políticas de mercado aberto (*open market*), como representando a capacidade de o Estado emitir/comprar títulos, que, consequentemente, limitem/ampliem a liquidez do mercado em que está inserido.

Finalmente, a análise inicial das políticas de estabilização não pode ficar completa sem mencionar que as políticas financeiras, cada vez mais, têm uma natureza unicamente anticíclica. Na realidade, a sucessão de períodos recessivos e expansivos, desencadeia a necessidade de tornar

---

[34] Não podemos, no entanto, esquecer que a presente análise das políticas move-se num quadro de transição do antigo modelo das finanças funcionais ou intervencionistas, em que o orçamento ocuparia 40% a 60% do Produto Interno Bruto de um país, para um modelo de Estado imperfeito em que o orçamento passaria a ocupar 20% a 30% do Produto Interno Bruto de um país. Neste sentido, fará sentido sustentar, à semelhança do que nos anos 70 defendeu WALLACE OATES (*Fiscal Federalism*, New York: Harcourt Brace Jovanovich, 1972), que a eficiência da intervenção estadual passa pela estruturação óptima do sector público em termos de apurar as responsabilidades na tomada das decisões próprias da produção de bens públicos. Assim, só uma solução intermédia pode garantir a estabilização próprias das políticas centralizadas e a uniformidade no consumo e produção dos bens públicos próprios da descentralização. Nesta óptica, cada nível de governo fará o que melhor sabe fazer: (1) o Governo central garante a execução das políticas de estabilização e produz bens públicos necessários para toda a comunidade; (2) os governos locais e regionais, em complemento, produzem e distribuem os bens públicos pela comunidade.

[35] FERNANDO ARAÚJO, *Introdução à Economia*, Vol. II, Coimbra: Almedina, 2004, pág. 1380.

[36] Referimos, por exemplo, ao sistema tributário e ao subsídio de desemprego.

eficiente a prossecução de políticas que privilegiem o equilíbrio orçamental, não só formal, como fundamentalmente, material. No entanto, evoluções recentes deixaram de atribuir especial ênfase à importância da intervenção directa do sector público na formação de capital[37], com reflexos consequentes na implementação de Parcerias Público-Privadas (PPP), na maximização do investimento no sector público empresarial e na venda de activos reais. Pelo que, o investimento tem sido considerado, nas contas nacionais, como despesa, dando lugar (1) a uma crescente diminuição das receitas fiscais nas fases baixas do ciclo económico e (2) a um acréscimo de despesa corrente primária futura, em resultado da redução dos activos reais ou da manutenção das PPP, com reflexos na criação de rendas a suportar pelo Estado. Dada a indissociabilidade teórica da poupança e do investimento, faria sentido retirar do cômputo do saldo orçamental o investimento, feito o respectivo balanço entre os efeitos do multiplicador de despesa keynesiano e do *crowding-out* monetarista. Ou seja, dado o estádio da ciência económica, enquanto não for dada nova importância à relação poupança/investimento[38], as políticas

---

[37] Cfr., quanto às vantagens do orçamento de capital, ANTÓNIO L. DE SOUSA FRANCO, *Políticas Financeiras e Formação de Capital – Estudo metodológico*, Lisboa: CCTF, 1972, págs. 459 e segs..

[38] O legislador português consciencializado deste problema introduziu, recentemente uma nova disposição na Lei de Enquadramento Orçamental (LEO – Lei n.º 91/2001, de 20 de Agosto, com as recentes alterações introduzidas pela Lei n.º 48/2004 de 24 de Agosto), que passa a consagrar o seguinte:
"*Artigo 10.º* (**Equidade intergeracional**)
1 – O Orçamento do Estado subordina-se ao princípio da equidade na distribuição de benefícios e custos entre gerações.
2 – A apreciação da equidade intergeracional incluirá necessariamente a incidência orçamental:
a) Das medidas e acções incluídas no mapa XVII;
b) Do investimento público;
c) Do investimento em capacitação humana, co-financiado pelo Estado;
d) Dos encargos com a dívida pública;
e) Das necessidades de financiamento do sector empresarial do Estado;
f) Das pensões de reforma ou de outro tipo."
De certa forma, este novo artigo 10.º da LEO representa o compromisso do legislador em pôr termo à lógica rudimentar de elaboração do orçamento, em termos puramente anuais e numa óptica de caixa. De facto, entendeu-se durante muito tempo que as despesas anuais, mormente a despesa corrente, poderiam ser cobertas por receitas efectivas e não efectivas (incluídas as operações de dívida pública – activos e passivos). Ora, esta visão

financeiras ambientais vão estar condenadas a um âmbito de intervenção pública muito limitado.

Quanto à proveniência/destino económico dos recursos disponíveis as políticas financeiras ambientais podem ser: de receita (tributária), de despesa e de desorçamentação. A distinção apresentada baseia-se em critérios económicos. Na primeira das situações, verifica-se a adopção de políticas que representam o aumento do rendimento/património do Estado, pela redução das exterioridades causadas pelas várias vertentes do problema ambiental. Nas duas últimas, evidencia-se a redução do rendimento/ /património do Estado, quer por via de gastos públicos directos, quer por via de transferência de montantes para entidades fora dos sectores orçamentados. Qualquer uma das políticas evidenciadas pode ter, finalmente, âmbito territorial diverso, consoante os objectivos visados tenham alcance federal, estadual e local ou regional. Vamos concentrar o nosso estudo nas políticas financeiras ambientais de receita tributária, que passaremos a denominar de políticas tributárias ambientais.

Não deixaremos, porém, de, preliminarmente, dedicar algum espaço às políticas financeiras de despesa e à desorçamentação.

III. As políticas financeiras ambientais de despesa e a desorçamentação

a) *As políticas ambientais de despesa*

As políticas de despesa pública directa permitem evidenciar a intervenção do Estado através de ajudas monetárias, que, por sua vez, conferem vantagens económicas, com ou sem contrapartida, selectivas ou

---

orçamental, que não excedia a gestão conjuntural económica, aos poucos foi colocada em causa, pela assunção teórica dos dois resultados inconciliáveis das políticas financeiras de despesa: o multiplicador da despesa (keynesiana) e o efeito de expulsão do investimento privado (o *crowding-out* monetarista). Entende agora o legislador que: (1) por um lado, a despesa pública (reprodutiva e eficiente), por implicar a utilização de recursos escassos, não deve ser ilimitada; (2) por outro lado, sem despesa reprodutiva (a que se configura mais adequada para ser coberta pela dívida pública), não é possível o aumento de rendimento, e, consequentemente, uma adequada distribuição intergeracional dos recursos criados em resultado do aumento do investimento público. Sobre o assunto cfr. GUILHERME D'OLIVEIRA MARTINS, MARIA D'OLIVEIRA MARTINS E GUILHERME W. D'OLIVEIRA MARTINS, *Lei de Enquadramento Orçamental Anotada*, no prelo.

não, com ou sem efeito na concorrência dos mercados, a um determinado conjunto de sujeitos, tendo em vista, no caso em estudo, comportamentos desejáveis em termos ambientais. As ajudas monetárias podem assumir várias formas[39]:
 a) Concessão de incentivos financeiros, reembolsáveis ou a fundo perdido;
 b) Co-financiamento de projectos através da intervenção de capital de risco e de desenvolvimento, de origem pública;
 c) Comparticipação em custos;
 d) Compensação de custos;
 e) Realização pelo Estado e outras entidades do sector público de investimentos públicos em infra-estruturas.

Será importante assinalar que, na maior parte das vezes, as ajudas financeiras estão associadas a sistemas de condicionamento. Repare-se que a atribuição de qualquer das ajudas evidenciadas está dependente, na maior parte dos casos, de alteração de comportamentos empresariais, tendo em vista o combate das exterioridades negativas ou o incentivo à produção de exterioridades positivas.

Na verdade, tem-se extrapolado[40] sobre uma possível relação entre o crescimento económico e a protecção ambiental. Pensa-se, desta forma, que, à semelhança do que teria sido defendido por SIMON KUZNETS[41], em 1953, numa primeira fase de crescimento económico a poluição tenderia a crescer (ponto A), até atingir uma fase de máximo desenvolvimento (ponto B), evidenciando, por exemplo a evolução da industrialização, que permitiria a redução da poluição ambiental para níveis semelhantes aos da fase de uma economia com crescimento nulo (ponto C). Quererá isto significar que só os países mais desenvolvidos poderão arrogar-se de um determinado tipo de políticas que evidenciem crescimento económico com níveis de poluição aceitáveis, ou seja, "sem essa possibilidade tecnológica o indesejado nível de degradação ambiental não é erradicável"[42].

---

[39] A tipologia resulta do disposto no Decreto-Lei n.º 203/2003, de 10 de Setembro, que vem criar o regime contratual único para os grandes projectos de investimento, de origem nacional e estrangeira, e revoga o regime de registo de operações de investimento estrangeiro.

[40] Cfr. FERNANDO ARAÚJO, Introdução..., op. cit., pág. 1016.

[41] Cfr. SIMON KUZNETS, *Economic Change: Selected essays in business cycles, national income and economic growth*, 1953.

[42] Cfr. FERNANDO ARAÚJO, Introdução..., op. cit., pág. 1017.

Figura 1 – A curva de Kuznets ambiental

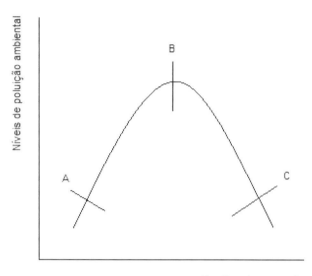

Nesse sentido, a intervenção do Estado através das ajudas directas financeiras, obviaria à criação de condições económicas favoráveis à chamada possibilidade tecnológica da comunidade. E é um facto que, nos vários países da OCDE, as referidas ajudas financeiras ambientais estão inseridas num quadro de ajudas ao desenvolvimento, conforme resulta do quadro apresentado:

Figura 2 – As ajudas ao desenvolvimento nos países da OCDE (1980-2000)

OFFICIAL DEVELOPMENT ASSISTANCE, 1980-2000
AIDE PUBLIQUE AU DÉVELOPPEMENT, 1980-2000

ODA as % of GNI / APD en % du RNB (a)

	1980	1985	1986	1987	1988	1989	1990	1991	1992	1993	1994	1995	1996	1997	1998	1999	2000	million USD/ millions de USD b) 2000
Canada	0.43	0.49	0.48	0.47	0.50	0.44	0.44	0.45	0.46	0.45	0.43	0.38	0.32	0.34	0.30	0.28	0.25	1744
USA/Etats-Unis	0.27	0.24	0.23	0.20	0.21	0.15	0.21	0.20	0.20	0.15	0.14	0.10	0.12	0.09	0.10	0.10	0.10	9955
Japan/Japon	0.32	0.29	0.29	0.31	0.32	0.31	0.31	0.32	0.30	0.27	0.29	0.27	0.20	0.21	0.27	0.34	0.28	13508
Korea/Corée							0.02	0.02	0.03	0.03	0.04	0.03	0.03	0.04	0.06	0.08	0.05	212
Australia/Australie	0.48	0.48	0.47	0.34	0.46	0.38	0.34	0.38	0.37	0.35	0.34	0.34	0.27	0.27	0.27	0.26	0.27	987
N.Zealand/N.Zélande	0.33	0.25	0.30	0.26	0.27	0.22	0.23	0.25	0.26	0.25	0.24	0.23	0.21	0.26	0.27	0.27	0.25	113
Austria/Autriche	0.23	0.38	0.21	0.17	0.24	0.23	0.25	0.34	0.30	0.30	0.33	0.33	0.24	0.26	0.22	0.26	0.23	423
Belgium/Belgique	0.50	0.55	0.48	0.48	0.39	0.46	0.46	0.41	0.39	0.39	0.32	0.38	0.34	0.31	0.35	0.30	0.36	820
Czech R./R. tchèque										0.06	0.06				0.03	0.03	0.03	16
Denmark/Danemark	0.74	0.80	0.89	0.88	0.89	0.93	0.94	0.96	1.02	1.03	1.03	0.96	1.04	0.97	0.99	1.01	1.06	1664
Finland/Finlande	0.22	0.40	0.46	0.50	0.60	0.64	0.65	0.80	0.64	0.45	0.31	0.32	0.34	0.33	0.32	0.33	0.31	371
France	0.44	0.61	0.56	0.60	0.58	0.61	0.60	0.62	0.63	0.63	0.64	0.55	0.48	0.45	0.40	0.39	0.32	4105
Germany/Allemagne	0.44	0.47	0.43	0.39	0.39	0.41	0.42	0.39	0.37	0.35	0.33	0.31	0.32	0.28	0.26	0.26	0.27	5030
Greece/Grèce													0.15	0.14	0.15	0.15	0.20	226
Ireland/Irlande	0.16	0.24	0.28	0.19	0.20	0.17	0.16	0.19	0.16	0.20	0.25	0.29	0.31	0.31	0.30	0.31	0.30	235
Italy/Italie	0.15	0.26	0.40	0.35	0.39	0.42	0.31	0.30	0.34	0.31	0.27	0.15	0.20	0.11	0.20	0.15	0.13	1376
Luxembourg	0.11	0.17	0.16	0.17	0.20	0.19	0.21	0.33	0.26	0.35	0.40	0.36	0.44	0.55	0.65	0.66	0.72	123
Netherlands/Pays-Bas	0.97	0.91	1.01	0.98	0.98	0.94	0.92	0.88	0.86	0.82	0.76	0.81	0.81	0.81	0.80	0.79	0.84	3135
Norway/Norvège	0.87	1.01	1.17	1.09	1.13	1.05	1.17	1.13	1.16	1.01	1.05	0.86	0.84	0.85	0.90	0.90	0.80	1264
Poland/Pologne															0.01	0.01	0.02	29
Portugal	0.02	0.05	0.08	0.11	0.21	0.25	0.24	0.30	0.35	0.28	0.34	0.25	0.21	0.25	0.24	0.26	0.26	271
Slovak R./R. slovaque																0.04	0.03	6
Spain/Espagne	0.08	0.10	0.09	0.08	0.07	0.14	0.20	0.24	0.27	0.28	0.28	0.24	0.22	0.24	0.24	0.23	0.22	1195
Sweden/Suède	0.78	0.86	0.85	0.88	0.86	0.96	0.91	0.90	1.03	0.99	0.96	0.77	0.84	0.79	0.72	0.70	0.80	1799
Switzerland/Suisse	0.24	0.31	0.30	0.31	0.32	0.30	0.32	0.36	0.45	0.33	0.36	0.34	0.34	0.34	0.32	0.35	0.34	890
Turkey/Turquie								0.07	0.05	0.04	0.04	0.06	0.05	0.04	0.03	0.06	0.04	82
UK/Royaume-Uni	0.35	0.33	0.31	0.28	0.32	0.31	0.27	0.32	0.31	0.31	0.31	0.29	0.27	0.26	0.27	0.24	0.32	4501
Total DAC/CAD	0.35	0.33	0.34	0.33	0.34	0.32	0.34	0.34	0.34	0.30	0.29	0.26	0.25	0.22	0.23	0.24	0.22	53734

Notes:
a) Members of the OECD Development Assistance Committee have progressively introduced the new System of National Accounts, which replaced GNP by GNI. As GNI has generally been higher than GNP, ODA/GNI ratios are slightly lower than previously reported ODA/GNP ratios.
b) At current prices and exchange rates.
TOT) OECD Development Assistance Committee includes all reported countries except Korea, Czech Republic, Poland, Slovak Republic and Turkey.
It also includes the European Commission.

Notes:
a) Les Membres du Comité d'aide au développement de l'OCDE ont introduit progressivement le nouveau Système des Comptes Nationaux, qui a remplacé le PNB par le RNB. Le RNB étant en général plus important que le PNB, les ratios APD/RNB sont légèrement plus bas que les ratios APD/PNB notifiés auparavant.
b) Aux prix et taux de change courants.
TOT) Le Comité d'aide au développement de l'OCDE comprend tous les pays présentés sauf la Corée, la République tchèque, la Pologne, la République slovaque et la Turquie. Il comprend aussi la commission européenne.

Source: OECD-DAC/OCDE-CAD

No entanto, as políticas de despesa pública directa são as mais difíceis de executar, porque impopulares. Subordinadas a um regime orçamental próprio, quer na sua aprovação, quer na sua execução, a sua implementação está sujeita às limitações resultantes da escassez dos recursos públicos e da consequente necessidade de cabimentação, própria de uma contabilidade de compromissos, encarada numa perspectiva anual.

Para além das limitações quanto aos recursos públicos, a criação de despesa, não obstante ter importância como instrumento económico no âmbito das políticas anticíclicas, num quadro europeu, desencadeia problemas de equilíbrio das contas públicas. Reportamo-nos ao artigo 104.º – C do Tratado da União Europeia (TUE) e ao respectivo Protocolo relativo ao Procedimento dos Défices Excessivos[43]. Sendo assim, e dada a pouca importância atribuída aos recursos comunitários[44], a prossecução

---

[43] A aplicação das disposições do Tratado vem a concretizar-se através do Regulamento (CE) N.º 3605/93 do Conselho, de 22 de Novembro. O referido Regulamento define o âmbito, conceitos e calendários aplicáveis nas notificações a realizar pelos Estados-membros no âmbito do Procedimento dos Défices Excessivos. O Sistema Europeu de Contas (SEC 79) é apresentado como a referência conceptual para efeitos de aplicação do Protocolo e as operações a notificar são identificadas através dos códigos de operações do SEC 79. Mais recentemente, foi adoptado, em 1999, o SEC 95, cujo regime consta do Regulamento (CE) n.º 2223/96 do Conselho de 25 de Junho de 1996 – JO L 310 de 30.11.1996, p.1 – alterado pelo Regulamento (CE) n.º 448/98 do Conselho de 16 de Fevereiro de 1998, pelo Regulamento (CE) n.º 1500/2000 da Comissão de 10 de Julho de 2000, pelo Regulamento (CE) n.º 2516/2000 do Parlamento Europeu e do Conselho, de 7 de Novembro de 2000, pelo Regulamento (CE) n.º 995/2001 da Comissão de 22 de Maio de 2001, pelo Regulamento (CE) n.º 2558/2001 do Parlamento Europeu e do Conselho de 3 de Dezembro de 2001, pelo Regulamento (CE) n.º 113/2002 da Comissão de 23 de Janeiro de 2002 e pelo Regulamento (CE) n.º 359/2002 do Parlamento Europeu e do Conselho de 12 de Fevereiro de 2002), que é o novo sistema de contas nacionais da UE (compatível com a edição revista das directrizes mundiais relativas à contabilidade nacional). O enquadramento metodológico e a explicação mais detalhada destes sistemas veio a ser feita no "Manual do SEC sobre o Défice e a Dívida das Administrações Públicas", primeiramente na versão SEC 79 e posteriormente na versão SEC 95.

[44] Não esquecendo as recomendações feitas no âmbito do *Relatório da Comissão para a Análise das Contas Públicas* (Banco de Portugal, Instituto Nacional de Estatística e Direcção-Geral do Orçamento, 2002), quanto ao registo dos fundos estruturais comunitários, a saber:

"• *As receitas provenientes de Fundos Comunitários devem ser registadas no mesmo período em que ocorrem as despesas, garantindo-se, assim, a neutralidade das receitas face ao défice.*

• *Como corolário da recomendação anterior, os adiantamentos realizados pela União Europeia ou pelo Tesouro português devem ser registados como operação financeira*

de políticas ambientais pela intervenção directa do Estado coloca sérios problemas de financiamento. E isto, fundamentalmente, porque a maior ou menor obtenção de receitas gerais está dependente dos ciclos económicos. A isto acresce o facto de o próprio recurso aos empréstimos públicos estar fortemente limitado pelo legislador. Na realidade, a dívida pública financeira apenas serve para cobrir os défices anteriores, salvo a invocação de razões económicas conjunturais. Para colmatar as mencionadas limitações o Estado tem ampliado as situações de dívida pública administrativa e aquisitiva que, por representarem realidades não computadas em termos orçamentais, escapam ao controlo das instituições nacionais e comunitárias competentes.

Por seu lado, as estimativas das contas dos vários sectores institucionais[45] são, por natureza, provisórias e precárias. O que sugere uma certa incerteza e falta de transparência, com a consequente violação latente do princípio da igualdade, na previsão e execução dos referidos números. Acrescem a isto, todos os problemas advenientes da organização das contas públicas.

Vejamos o caso português. O sistema português da contabilidade pública é fundamentalmente unigráfico e de caixa. Para além disso, admite um sistema de contabilidade de compromissos para os serviços e organismos da Administração Central, ou seja, os serviços integrados. Significa isto que as operações são registadas: (1) com base no momento em que ocorrem os fluxos monetários associados a determinado fenómeno económico (base de caixa); ou (2) com base no momento em que se criam ou extinguem responsabilidades ou disponibilidades subjacentes a um determinado fenómeno económico. Para além disso, e como derro-

---

(Activos ou Passivos Financeiros) enquanto não se concretizarem em despesa ou receita efectiva. Nessa data, a situação activa ou passiva é cancelada;

• *À Direcção-Geral do Orçamento que, para elaborar a estimativa das contas, solicite à Direcção-Geral do Tesouro e aos Organismos com especiais competências na gestão destes Fundos informação sobre os valores recebidos e respectiva execução, por forma a ficar garantida a referida neutralidade bem como uma estimativa prudente do nível da despesa associada."*

[45] Referimo-nos aos cinco sectores chave que constituem o total da economia (S.1): Sociedades não financeiras (S.11), Sociedades financeiras (S.12), Administrações públicas (S.13), Famílias (S.14), Instituições sem fim lucrativo ao serviço das famílias (S.15). Quanto ao resto do mundo (S.2), este não representa propriamente um sector – apesar de, para efeitos de contabilização, assim ser considerado.

gação ao princípio da anualidade, o Governo pode implementar um período complementar no início do ano orçamental seguinte, para inscrição de despesas assumidas no ano anterior.

Não obstante, o Sistema Europeu de Contas Nacionais e Regionais (SEC95)[46] recomenda que o registo das operações económicas seja efectuado no momento em que "o valor económico é criado, transformado ou extinto ou quando se criam, transformam ou extinguem os direitos e as obrigações"[47]. É feita, assim, referência a um método de registo *accrual*, que tem por base o registo das operações ao momento em que o fenómeno económico ocorreu. A implementação deste método tem suscitado dúvidas quanto à inscrição de um determinado conjunto de despesas[48], como sejam as respeitantes a anos findos, à aplicação dos fundos comunitários, por referência ao princípio da neutralidade, e as que impliquem a transferência de fundos para organismos desorçamentados, como sejam as empresas públicas. No sector Estado, a título exemplificativo, os rendimentos da propriedade a pagar são tratados numa óptica *accrual*, enquanto que as remunerações dos empregados a pagar são consideradas como reposições não abatidas nos pagamentos. Já no sector dos organismos autónomos, quer o consumo intermédio, quer as transferências sociais em espécie relativas a despesas com produtos fornecidos às famílias através de produtores mercantis, são tratados numa óptica de compromissos. Ora, as referidas divergências no registo da contabilidade, evidenciam grandes dificuldades na transparência da execução orçamental e consequente cômputo dos saldos orçamentais sucessivos.

b) A desorçamentação ambiental

A desorçamentação[49] é uma excepção ao princípio da plenitude orçamental[50] (que encerra a unidade e a universalidade) e representa todo

---

[46] Sobre o SEC95 consultar, adicionalmente, MARTA REBELO, "O sistema europeu de contas nacionais e regionais (SEC 95) como limite à iniciativa económica pública", in *Revista do Tribunal de Contas*, n.º 39 (Janeiro/Junho), 2003, págs. 59-73.

[47] *Relatório da Comissão para a Análise das Contas Públicas,* Lisboa: Banco de Portugal, Instituto Nacional de Estatística e Direcção-Geral do Orçamento, 2002, pág. 38.

[48] *Relatório da Comissão para a Análise das Contas Públicas,* Lisboa: Banco de Portugal, Instituto Nacional de Estatística e Direcção-Geral do Orçamento, 2002, *passim*.

[49] Consultar sobre o assunto, entre outros, VITOR BENTO, "A desorçamentação das despesas públicas" in *Revista do Tribunal de Contas*, n.º 34 (Julho/Dezembro), 2000, págs. 23-36; JEAN-CLAUDE DUCROS, "Les changements de contenu du budget de l'État:

o tipo de situações em que surgem o financiamento público de actividades assumidas por sujeitos exteriores ao Sector Público Administrativo[51]. Podemos distinguir a desorçamentação financeira da desorçamentação económica, por referência aos custos advenientes do mencionado financiamento. Aquela representa todos os fluxos monetários, presentes e futuros, registados contabilisticamente entre o Estado e qualquer outra entidade externa[52], enquanto que esta visa apurar os custos económicos, presentes e futuros, suportados pelo Estado em resultado da produção e distribuição de bens à comunidade por outros sujeitos[53]. Qualquer dos

---

budgétisation et débudgétisation", in *Revue Francaise de Finances Publiques*, n.º 44, 1993, pág. 101 e ss.; HENRI LAMOTTE, JEAN-MICHEL COMMUNIER, *Finances publiques. Le budget de l'État*, Paris: PUF, 1997, pág. 31; MICHEL BOUVIER, MARIE-CHRISTINE ESCLASSAN, JEAN--PIERRE LASSALE, *Finances Publiques* (5e édition), Paris: LGDJ, 2000, págs. 244-246 e GIRARDOT THIERRY-XAVIER, "Le Conseil constitutionnel censure les débudgétisations", in *Cahiers de la fonction publique*, Fevereiro, 1995, pág. 13 (a propósito da decisão n.º 94-351 DC de 29 de Dezembro de 1994 do *Cour Constitutionnel* francês).

[50] Será útil salientar que a desorçamentação está associada à antiga prática (actualmente em desuso) da elaboração de orçamentos extraordinários pelos Executivos, para fazer face a despesas pontuais da comunidade (como uma campanha de guerra, como a ajuda humanitária para povos próximos, etc.). Curiosamente, o ordenamento brasileiro permite que determinadas receitas, nomeadamente as associadas ao refinanciamento da dívida pública, constem separadamente na lei orçamentária (como operações extra--orçamentárias) e, eventualmente, nas de crédito adicional (conforme resulta do artigo 5.º, §2.º da Lei Complementar n.º 101, de 4 de Maio de 2000 (Lei da Responsabilidade Fiscal).

[51] Excluímos, assim, todos os casos de financiamento de entidades do Sector Público Administrativo pelo sector Estado, como sejam as Regiões Autónomas ou autarquias locais, porquanto corporizam despesa não consolidada, e, consequentemente, casos de *desorçamentação imprópria*, porque não contabilizada no saldo global do sector.

[52] Como sejam as operações que são regularizadas directamente através da emissão de dívida pública, as operações de *leasing* de equipamentos, toda e qualquer aplicação das receitas das vendas de activos dirigidas para cobrir défices anteriores, a constituição de empresas públicas, cujas condições de financiamento são sistematicamente proporcionadas pelas responsabilidade futura do Estado, ou os casos evidenciados de dívida pública administrativa do Sector Público Administrativo.

[53] Como sejam todos os custos futuros (incluindo o direito de saque de impostos futuros) assumidos em investimentos em infra-estruturas públicas por recurso ao *project-finance* e a Parcerias Público-Privadas (PPP). Sobre o actual regime procedimental das PPP, consultar ALEXANDRA PESSANHA e FERNANDO XAREPE SILVEIRO, "Estudo do Decreto-Lei n.º 86/2003, de 26 de Abril, regime jurídico procedimental das parcerias público-privadas", in *Revista do Tribunal de Contas*, n.º 40 (Julho/Dezembro), 2003, págs. 25-58.

tipos de desorçamentação identificados estão, porém, associados à necessidade de provisionamento de bens públicos, semi-públicos[54], bens de clube[55] e bens privados.

Na verdade, não obstante um dos problemas que fundamentam a falta de incentivo à produção de bens públicos[56] residir na sua impossibilidade de exclusão e indivisibilidade, não podemos negar que todos os bens podem ter quer aspectos privados, quer públicos. Pensemos no caso de uma ponte rodoviária[57]: a sua exclusão pode ser garantida pela criação de portagens, mas se a mesma for pouco usada estes preços tornam-se ineficientes porque associados aos benefícios da indivisibilidade do bem em causa. Neste sentido a cobrança de portagens só faz sentido se houver probabilidade de congestionamento da ponte e neste caso este congestionamento pode ser colmatado com o fornecimento de bens de clube locais ou privados, sem necessidade de intervenção estadual. Assim, será de sustentar a necessidade de incentivar entidades estranhas aos sectores orçamentados que participem na distribuição dos bens públicos e de clube.

Em todo o caso, a desorçamentação está associada, fundamentalmente, ao financiamento das entidades exteriores ao Sector Público Administrativo para a interiorização:

a) Da falta de incentivo na produção dos bens públicos e do efeito de boleia adveniente;
b) Da sobre-exploração dos recursos comuns[58];
c) Dos *spillovers*[59] e das *exportações fiscais*[60] advenientes da distribuição de bens de clube.

---

[54] Não esquecendo, porém, que "as sucessivas tendências de parasitismo tendem a desencorajar totalmente o voluntariado, porventura por frustação das motivações de altruísmo e reciprocidade, ou porventura por superação de confusões, excessos de optimismo e ingenuidade iniciais" (FERNANDO ARAÚJO, *Introdução...*, op. cit., pág. 998).

[55] Um bem de clube é um bem que apresenta, dentro de alguns limites, a característica da indivisibilidade dos bens públicos, mas com possibilidade de exclusão (piscina, campo de ténis, *v.g.*). Sobre o conceito consultar ANTÓNIO PINTO BARBOSA, *Economia Pública*, Lisboa: McGraw Hill, 1998, pág. 163.

[56] Reportando-nos, assim, a uma das clássicas falhas de mercado, aliada ao sério problema da subprodução das exterioridades positivas.

[57] Exemplo retirado do prólogo de RICHARD A. MUSGRAVE E PEGGY B. MUSGRAVE da obra AAVV, *Providing Global Public Goods*, London: Oxford University Press, 2002.

[58] Consultar, sobre todos, FERNANDO ARAÚJO, *Introdução...*, op. cit., págs. 1006-1015.

[59] Que representam aquelas situações em que há sujeitos que beneficiam dos bens de clube locais sem que paguem qualquer quantia ao município (os turistas, *v.g.*).

[60] Isto é, todas as situações em que se transfere a incidência do tributo para outros agentes económicos. Pense-se naquelas situações em que há um tributo municipal suportado

Acessoriamente, a desorçamentação pode estar desprovida de fundamentação económica, por representar todo e qualquer financiamento público de entidades externas ao Sector Público Administrativo.

Assim, as políticas de desorçamentação representam direitos de saque de impostos futuros, independentemente da necessidade de registo orçamental das referidas despesas. Em matéria ambiental, cumpre ao Estado questionar-se qual a verdadeira utilidade em confiar a entidades externas a produção e distribuição de bens públicos e bens de clube, na medida em que a abstenção de um determinado tipo de comportamentos pode comprometer os níveis de despesa no longo prazo. Veja-se que os mais recentes critérios de equilíbrio orçamental materiais (como o critério do saldo primário, ou até mesmo o do orçamento de capital), expressamente proíbem que a contracção de dívida pública possa cobrir o défice orçamental presente, permitindo apenas a cobertura de défices orçamentais passados – o que, de certa forma, representa uma operação de desorçamentação, dada a falta de registos orçamentais de operações definidas de despesa.

Pelo que a adopção das políticas tributárias ambientais passará pela necessidade de ponderação da legitimidade das políticas de despesa, dada o nível de desorçamentação que possa resultar de possíveis abstenções ou transmissão de activos estaduais para entidades externas.

IV. As políticas tributárias ambientais

É importante distinguir as políticas tributárias ambientais das políticas de natureza fiscal. De acordo com esse critério, as políticas tributárias ambientais teriam natureza extrafiscal, porque visariam a adopção de comportamentos e actividades que promoveriam o bem-estar da comunidade.

As políticas tributárias ambientais podem ser de dois tipos: políticas tributárias positivas ou negativas. As políticas tributárias positivas concentram-se na necessidade de o Estado angariar, arrecadar um conjunto de recursos necessários para resolução do problema ambiental, não só

---

não pelos munícipes mas por sujeitos exteriores ao município (na exploração da água ou minérios, quando aquele que suporta o imposto é a empresa que pratica a actividade no sector).

pela interiorização das exterioridades detectadas, uma vez evidenciados custos de transacção, como também pelo repressão de comportamentos ambientalmente indesejáveis. Por seu lado, as políticas tributárias negativas concentram-se na criação de benefícios, vantagens fiscais em troca de comportamentos, reacções desejáveis em termos ambientais.

a) As políticas tributárias ambientais positivas

Falar em políticas tributárias ambientais positivas evidencia a necessidade de criação de um tributo ambiental. É o Princípio do Poluidor Pagador que assim o exige, pelo que o tributo criado só poderá ser aplicado "a bens que provocam poluição quando são produzidos, consumidos ou eliminados ou a actividades que geram um impacte ambiental negativo, visando modificar o preço relativo daqueles ou os custos associados a estas e/ou obter receita para financiar programas de protecção ou de recuperação do equilíbrio ecológico"[61]. O tributo pode assumir, dogmaticamente, várias formas: imposto, taxa ou contribuição especial. As figuras mais importantes são o imposto e a taxa. No domínio ambiental os impostos podem apresentar várias modalidades[62], como sejam: imposto sobre as emissões quantificadas (CO_2 e SO_2 *v.g.*) imposto sobre os produtos (o petróleo *v.g.*) e imposto sobre a extracção de recursos naturais (a água *v.g.*). Já as taxas podem incidir sobre a poluição, podem traduzir-se em correspectivos da prestação de serviços públicos individualizados (taxas administrativas *lato sensu*) e podem ser aplicadas a "bens cuja produção, consumo ou eliminação ocasiona danos ambientais, provocando a elevação do preço desses bens"[63] (taxas sobre produtos)[64].

---

[61] CLÁUDIA SOARES, *O Imposto Ecológico – Contributo para o Estudo dos Instrumentos Económicos de Defesa do Ambiente,* Coimbra: Coimbra Editora, 2001, pág. 172.

[62] CLÁUDIA SOARES, *O Imposto Ecológico...,* op. cit., págs. 392 – 434.

[63] CLÁUDIA SOARES, *O Imposto Ecológico...,* op. cit., pág. 170.

[64] No que respeita ao ordenamento português, podemos, contudo, assumir, que, presentemente, "descritos nos seus traços muitos gerais, os impostos que, em Portugal, podemos considerar, em termos naturalmente muito amplos, como impostos que, de algum modo, têm a ver com o ambiente" como sejam os Impostos sobre os Produtos Petrolíferos, o Imposto Automóvel, o Imposto Municipal sobre Veículos, os Impostos Rodoviários (o de Circulação e o de Camionagem) "contribuem muito pouco, para não dizermos quase nada, para a capacidade de modernização ecológica da economia nacional" (conforme concluem JOSÉ CASALTA NABAIS, in "Direito Fiscal e Tutela do Ambiente em Portugal", *Revista do CEDOUA – Centro de Estudos de Direito do Ordenamento, do*

Teoricamente, as políticas de receita, tendo em vista a prossecução do Estado de fins em matéria ambiental, em nada podem alterar o bem-estar social, quando bem sucedidas. Sendo assim, a criação de um imposto ambiental, teria que resultar da extinção de outros impostos, ou até mesmo da alteração da compleição do sistema fiscal vigente em determinada comunidade. A título exemplificativo, veja-se o que sucedeu recentemente nestes países no âmbito da reforma da tributação ambiental europeia[65]:

Figura 3 – Reforma dos impostos ambientais e bem-estar social

Países	Redução de Impostos ou outras intervenções	Subida de Impostos /Criação de novos Impostos
Suécia (1990)	• Impostos sobre o Rendimento pessoal • Imposto sobre actividade energética na agricultura • Formação capital – humano	• CO_2 • SO_2 • Vários
Dinamarca (1994)	• Impostos sobre o Rendimento pessoal • Contribuições para a Segurança Social	• Vários (gasolina, electricidade, água, resíduos, automóveis) • CO_2 • SO_2 • Ganhos de capital
Holanda (1996)	• Impostos sobre o lucro empresarial • Impostos sobre o Rendimento pessoal • Contribuições para a Segurança Social	• CO_2
Reino Unido (1996)	• Contribuições para a Segurança Social	• Ocupação da propriedade
Finlândia (1997)	• Impostos sobre o Rendimento pessoal • Contribuições para a Segurança Social	• CO_2 • Ocupação da propriedade • Lucros empresariais
Noruega (1999)	• Impostos sobre o Rendimento pessoal	• CO_2 • SO_2 • Gasóleo
Alemanha (1999)	• Contribuições para a Segurança Social • Energias renováveis	• Produtos Petrolíferos
Itália (1999)	• Contribuições para a Segurança Social	• Produtos Petrolíferos

---

Urbanismo e do Ambiente, n.º 12 – Ano VI, 2/2003, págs. 35 – 36 e CLÁUDIA SOARES, "An 'environmentally related tax' is not necessarily an 'environmental tax'", in *Journal of European Affairs*, Vol. 1, August, 2003; "The use of tax instruments to deal with air pollution in Portugal Ecological modernisation and the use of NEPIs", in *Revista do CEDOUA – Centro de Estudos de Direito do Ordenamento, do Urbanismo e do Ambiente*, Ano VI, n.º 11, págs. 45 e ss.).

[65] Disponível no sítio http://www.rprogress.org/.

Não nos olvidamos, porém, da crescente necessidade de compromisso do legislador em pôr termo à lógica rudimentar de elaboração do orçamento, em termos puramente anuais e numa óptica de caixa[66], em nome da maximização do bem-estar da comunidade.

Desta forma, a adopção de uma óptica de compromissos, perspectivada em termos plurianuais, na elaboração do orçamento irá, de certa forma permitir que, no longo prazo, o montante de empréstimos contraídos seja compensado, *coeteris paribus*, por um aumento de poupança total – de acordo com a *Equivalência Ricardiana* (ideia desenvolvida pelo norte-americano RICHARD BARRO em 1974, da Universidade de Harvard)[67], permitindo, assim que o nível das taxas de juro se mantenha no mercado dos fundos mutuáveis (*loanable funds*).

Não obstante a temática do bem-estar de uma comunidade, a facilidade de mobilização dos produtos entre as fronteiras, a partir dos anos noventa, tem vindo a alterar os comportamentos dos vários produtores e empresas. Assim, o empresário, racionalmente, poderá deslocar a produção dos seus bens para comunidades com menores exigências ambientais, menor carga tributária ambiental.

Desta forma, poderá reduzir os seus custos e maximizar, economicamente falando, os seus ganhos, traduzíveis em preço ou em renda. No entanto, tem-se demonstrado que a realidade é bem diversa[68], não só porque a regulação ambiental é uma das múltiplas decisões em torno do investimento[69], como também porque há maiores incentivos em negociar parâmetros ambientais mais exigentes, em nome da reputação empresarial.

---

[66] Repare-se o recente artigo 10.º da LEO, introduzido pela pela Lei n.º 48/2004, de 24 de Agosto.

[67] Consultar, sobre o assunto, ROBERT J. BARRO, "Are Government Bonds Net Wealth?", in *Journal of Public Economics*, n.º 82 (Nov/Dec 1974) págs. 1095-1117 e, mais recentemente, ROBERT J. BARRO, "Reflections on Ricardian Equivalence", *NBER Working Paper No. W5502*, disponível no sítio http://www.nber.org/.

[68] Cfr. WORLD BANK, *World Development Report 2005 – A Better Investment Climate for Everyone*, New York: Oxford University Press, 2004, pág. 99.

[69] Juntamente com a segurança, mão-de-obra, infraestruturas disponíveis, finanças empresariais e estabilidade, num quadro de implementação de critérios de organização empresarial na Investigação e Desenvolvimento, de políticas de produtos segmentadas, de parcerias estratégicas, adaptação às condições locais. Referimo-nos, assim, ao NOVO DIAMANTE EMPRESARIAL microeconómico (ANTÓNIO REBELO DE SOUSA, *Da Teoria da Relatividade Económica Aplicada à Economia Internacional e às Políticas de Cooperação*, Lisboa: Universidade Lusíada Editora, 2004, págs. 401-402).

Para além disso, verifica-se, de acordo com dados empíricos, que não há qualquer predominância do efeito-rendimento sobre o efeito-substituição, no que concerne às opções empresariais em matéria ambiental, porquanto as exigências nesta matéria dependem do nível de rendimento das comunidades onde são discutidas[70].

Outra das soluções para o problema da redução do bem-estar, adveniente da criação de receita pelo sector Estado, seria confiar na possibilidade de existirem receitas consignadas, admissíveis legalmente, para cobertura das despesas necessárias para a resolução do problema ambiental. Não defendemos, porém, que a admissibilidade das consignação das receitas seja discutida apenas no campo tributos comutativos assentes no princípio do benefício[71]/[72], porquanto não nos podemos esquecer da crescente importância dos tributos parafiscais, que encerram prestações criadas para sustento de uma entidade pública e privada não integrada no sector Estado ou apenas de um interesse económico ou social de uma comunidade. Em todo o caso, a integração das receitas consignadas no orçamento levanta sérias dúvidas, porque é feita em prejuízo da transparência e clareza financeira, o que suscita no legislador fortes reservas quanto à sua recepção jurídica, fazendo-as depender de um regime excepcional legal ou até mesmo de uma regulamentação mais densa[73].

---

[70] Cfr. WORLD BANK, *World Development Report 2005...*, op. cit., pág. 99.

[71] Como defende SÉRGIO VASQUES, in "O Adicional para o Fundo Florestal Permanente: Consignação de Receitas e Protecção Ambiental", *Ciência e Técnica Fiscal*, 2003, n.º 411-412, 61-88.

[72] No ordenamento português foi recentemente criado (pela Lei n.º 107-B/2003, de 31 de Dezembro, que aprovou o Orçamento do Estado para 2004) o adicional ao Imposto sobre os Produtos Petrolíferos (ISP), cujas receitas foram consignadas à constituição do Fundo Florestal Permanente, destinado a apoiar medidas de fomento, a financiar projectos de rearborização, a ressarcir os proprietários de ecossistemas sensíveis por medidas restritivas que lhes sejam impostas, a financiar acções de investigação e à instituição de um sistema bonificado de crédito florestal (conforme resulta do artigo 18.º da Lei n.º 33/96, de 17 de Agosto (Lei de Bases da Política Florestal). Sobre os fundamentos e antencedentes do adicional ao Fundo Florestal Permanente, consultar SÉRGIO VASQUES, in "O Adicional...", op. cit., págs. 61-88 e CLAÚDIA SOARES, "O Adicional para o Fundo Florestal Permanente: um passo na estratégia nacional para o uso de instrumentos fiscais na prossecução de objectivos ambientais?", *Fisco*, Ano XV, n.º 115/116, Setembro 2004, págs. 101 e ss..

[73] Para tal, consultar o artigo 7.º, n.º 3 da LEO, que faz depender as normas que estabeleçam a consignação das receitas de legislação complementar, até ao presente inexistente no ordenamento português.

Nesse sentido, defendemos, à semelhança do que tem sido desenvolvido no direito orçamental norte-americano[74] e francês[75], a possibilidade de instituição de fundos ou super-fundos[76] financiados por meio de receitas tributárias (necessariamente consignadas[77]) ou por donativos

---

[74] ROBERT T. NAKAMURA, THOMAS W. CHURCH, *Taming Regulation: Superfund and the Challenge of Regulatory Reform*, Washington: Brookings, 2003; TRAVIS P. WAGNER, *The Complete Guide to Hazardous Waste Regulations: RCRA, TSCA, HTMA, EPCRA, and Superfund* (3rd Edition), New York: Wiley, 1999; KATHERINE M. PROBST, DAVID M. KONISKY, ROBERT HERSH, MICHAEL B. BATZ, KATHERINE D. WALKER, *Superfund's Future: What Will It Cost?*, Washington: RFF Press Book, 2001; KATHERINE N. PROBST, DON FULLERTON, ROBERT E. LITAN, PAUL R. PORTNEY, *Footing the Bill for Superfund Cleanups: Who Pays and How?*, Washington: Brookings Institution Press, 1994; HAROLD C. BARNETT, *Toxic Debts and the Superfund Dilemma*, University of North Carolina Press, 1994.

[75] PIERRE DI MALTA, *Finances publiques – Le Budget*, Paris: Presses Universitaires de France, 1999, págs. 101-102 e MICHEL BOUVIER, MARIE-CHRISTINE ESCLASSAN, JEAN-PIERRE LASSALE, *Finances Publiques...*, op. cit., págs. 251-254.

[76] À semelhança do que foi instituído em 1980 nos Estados Unidos da América, através do *Comprehensive Environmental Response, Compensation, and Liability Act* (CERCLA), mais conhecido por *Superfund*. Esta lei criou um imposto sobre as indústrias químicas e petrolíferas e criou uma autoridade federal com competência para responder directamente a ameaças públicas ambientais. Durante os primeiros cinco anos mais de 1,600 milhões de dólares foram arrecadados e, consequentemente, consignados para um fundo destinado a limpar zonas onde tenham sido abandonados resíduos tóxicos vários. Adicionalmente, veio a mencionada lei criar proibições e requisitos quanto ao abandono de resíduos tóxicos, para além da instituição de mecanismos de responsabilização das empresas que tenham adoptado tais comportamentos ambientalmente indesejáveis. A CERCLA prevê também a necessidade de implementação de um Plano Nacional de Contigência, de natureza preventiva, para coarctar os comportamentos empresarias futuros em matéria ambiental.

[77] Ver ainda, a propósito da consignação de receitas para financiamento de projectos ambientais brasileiros, o artigo 177.º da Constituição Brasileira de 1988, a propósito do monopólio da União na pesquisa e a lavra das jazidas de petróleo e gás natural e outros hidrocarbonetos fluidos, na refinação do petróleo nacional ou estrangeiro e na importação e exportação dos produtos e derivados básicos: *"§4.º A lei que instituir contribuição de intervenção no domínio econômico relativa às atividades de importação ou comercialização de petróleo e seus derivados, gás natural e seus derivados e álcool combustível deverá atender aos seguintes requisitos:*
I – a alíquota da contribuição poderá ser: a) diferenciada por produto ou uso; b) reduzida e restabelecida por ato do Poder Executivo, não se lhe aplicando o disposto no artigo 150,III, b;
II – **os recursos arrecadados serão destinados:** a) ao pagamento de subsídios a preços ou transporte de álcool combustível, gás natural e seus derivados e derivados de petróleo; **b) ao financiamento de projetos ambientais relacionados com a indústria do**

(associados ou não a incentivos de natureza fiscal ou extrafiscal) de entidades externas ao Estado. Na verdade a instituição destes fundos esteve associada a projectos ambientais, mas faria sentido alargar a criação destes fundos a qualquer área de intervenção estadual (orgânica ou funcional).

Assim, será defensável a introdução na lei orçamental de um mapa que contemple a afectação orgânica, ou até mesmo funcional, de fundos (ou super-fundos) comuns de créditos consignados, atribuídos por entidades (públicas, privadas, religiosas, Estados estrangeiros, *v.g.*), voluntariamente ou através de tributos (ou adicionais a tributos) criados especificamente para cumprimento e prossecução das tarefas estaduais.

Prestando atenção à figura 2, detectamos que a possibilidade de implementação, e consequente inscrição orçamental, de fundos comuns de créditos consignados, permite a afectação eficiente de montantes não só à execução de políticas ambientais, como também a qualquer área de intervenção estadual. A proposta apresentada reporta-se à classificação orgânica na afectação dos fundos comuns, mas não excluímos a eventual aplicação de outros classificadores, como sejam os funcionais, a um mapa desta natureza. No entanto, a referida criação dos fundos comuns dos créditos consignados estaria dependente não só de um sistema tributário eficiente[78], como também da vontade das entidades e comunidades externas ao Estado e, consequentemente, da consciencialização da necessidade de participação colectiva na criação dos bens públicos e semi-públicos. Daí que façamos depender, no campo dos donativos, a criação destes fundos de incentivos e ajudas de natureza extrafiscal, como justificaremos mais à frente.

---

petróleo e do gás; c) ao financiamento de programas de infra-estrutura de transportes." (o itálico é nosso).

[78] Cumpre referir que o Programa Nacional para as Alterações Climáticas prevê a instituição de uma Taxa sobre o Carbono, que permita a intervenção de outros sectores da economia no suporte dos custos ambientais. A referida taxa, incorporada no preço final de venda dos produtos energéticos, servirá para arrecadação de receitas consignadas a um Fundo (este mais amplo que o Fundo Florestal Permanente, *supra* referido) – o Fundo para as Alterações Climáticas – destinado a reduzir os efeitos negativos do problema da concentração dos gases de estufa e maximização da capacidade sequestro da floresta portuguesa. Sobre isto, consultar SÉRGIO VASQUES, in "O Adicional...", op. cit., págs. 87-88.

Figura 4 – Proposta exemplificativa de mapa orçamental orgânico plurianual correspondente aos fundos comuns dos créditos consignados
(em milhões de euros)

Ministério Executor	2005	2006	2007	ANOS SEGUINTES	TOTAL
Número de Fundos	634	668	643	640	-
Total consolidado	40556	34070	31390	29740	30350
Encargos Gerais do Estado	500	300	200	210	1210
Actividades Económicas e Trabalho	3000	2800	2500	2500	10800
Defesa Nacional	1000	890	800	800	3490
Finanças	4000	3000	2850	2700	12550
Negócios Estrangeiros	600	400	400	380	1780
Administração Interna	2000	1800	1700	1700	7200
Justiça	2100	1900	1800	1800	7600
Administração Local	6000	5000	4870	4320	20190
Habitação	2156	2000	1900	1900	7956
Agricultura, Pescas e Florestas	1000	1000	890	700	3590
Educação	3000	2000	1600	1600	8200
Ensino Superior	1000	980	600	600	3180
Saúde	6000	4000	3800	3500	17300
Segurança Social	3000	2800	2700	2500	11000
Obras Públicas, Transportes e Comunicações	2000	1800	1800	1700	7300
Cultura	1000	1500	1400	1300	5200
Ambiente	2000	1800	1500	1450	6750
Turismo	200	100	80	80	460

Cumpre ainda referir a possibilidade de o Estado indirectamente poder controlar os comportamentos empresariais em matéria ambiental, através da criação de unidades de redução[79], ou seja, de quotas negociáveis que limitem a emissão de gases poluentes. Esta perspectiva cumula políticas de comando e controlo com os mecanismos próprios do mercado. Assim, as empresas poluidoras podem licitar por uma quota ou unidade de redução, que lhes permita criar um determinado nível de poluição. Estas quotas podem ser vendidas entre operadores privados, sem porém excluir a possibilidade de o Estado restringir ou aumentar o número de quotas disponíveis no mercado, aumentando a despesa ou a receita pública, consoante os casos.

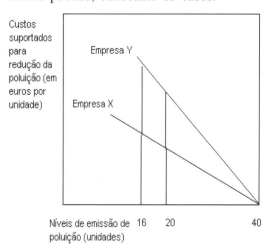

Figura 5[80] – **Quotas negociáveis:** *A empresa Y é dotada de um maior custo marginal de redução dos níveis de poluição que a empresa X.* Vejamos a seguinte situação. Imaginemos que a empresa X tem um maior benefício marginal na redução de emissão de gases poluidores que a empresa Y. No pressuposto de ambas as empresas estarem a pro-

---

[79] Nesse sentido, será interessante consultar o Protocolo de Quioto à Convenção-Quadro das Nações Unidas sobre Mudança do Clima (disponível em língua portuguesa no sítio http://www.mct.gov.br/clima/quioto/protocol.htm), em concreto o artigo 6.º, n.º 1, que prevê o seguinte: *"A fim de cumprir os compromissos assumidos sob o Artigo 3, qualquer Parte incluída no Anexo I pode transferir para ou adquirir de qualquer outra dessas Partes unidades de redução de emissões resultantes de projetos visando a redução das emissões antrópicas por fontes ou o aumento das remoções antrópicas por sumidouros de gases de efeito estufa em qualquer setor da economia, desde que: (a) O projeto tenha a aprovação das Partes envolvidas; (b) O projeto promova uma redução das emissões por fontes ou um aumento das remoções por sumidouros que sejam adicionais aos que ocorreriam na sua ausência; (c) A Parte não adquira nenhuma unidade de redução de emissões se não estiver em conformidade com suas obrigações assumidas sob os Artigos 5 e 7; e (d) A aquisição de unidades de redução de emissões seja suplementar às ações domésticas realizadas com o fim de cumprir os compromissos previstos no Artigo 3".*
[80] Exemplo retirado do sítio http://www.tutor2u.net/economics/.

duzir 20 unidades de gases poluidores, o Estado decide reduzir a possibilidade de emissão de unidades poluidoras para 18. A empresa X reduz, assim a produção para 16, tendo disponíveis para venda à empresa Y 2 unidades. Mediante a aquisição de 2 unidades de redução, a empresa Y poderá manter o seu nível de produção de unidades poluidoras nos 20. No entanto, o mercado passa a produzir, no total, 36 unidades poluidoras, o que quer significar que a redução dos índices de poluição devem concentrar-se nas empresas que suportem menores custos nos comportamentos desejáveis ambientais.

De qualquer forma, será necessário um esforço de financiamento, caso o Estado tenha intenção de prosseguir as tarefas que lhe são conferidas no plano ambiental[81]. Daí a necessidade da implementação de uma política de receitas que garanta os níveis de bem-estar alcançados por uma comunidade. Não nos esqueçamos, porém, que a mencionada política só poderá ser adoptada na existência de uma falha de mercado, cumulada com a evidência de custos de transacção. Quer isto significar que deverá ser dada prioridade às negociações entre sujeitos, com ou sem mecanismos que garantam o cumprimento voluntário[82].

---

[81] Veja-se o que já recomendava a OCDE (*Environmental Performance Reviews – Conclusions and recommendations in 32 Countries (1993 – 2000)*) ao mencionar o seguinte "Financing this effort within Portugal's budget will certainly cause problems. Its funding could thus be provided principally by (i) Community funds (and in particular cohesion funds), (ii) **new charges paid by users or polluters**, and (iii) **new forms of partnership and sponsorship**, in particular for natural heritage protection. **The financial effort required may be reduced if environmental considerations were better integrated into economic decision-making, whether sectoral or not, and if various instruments (regulatory, economic and land-use planning measures) were used together**".

[82] À semelhança com o que sucede com países como o Brasil, Geórgia, Índia, as Filipinas, Polónia e Turquia, que fazem parte dos países observados quanto à selecção dos modelos financeiros, tendo em vista o desenvolvimento e estabilidade, no âmbito de uma iniciativa do Fundo Monetário Internacional e do Banco Mundial denominada ROSC (*Reports of the Observance of Standards and Codes* – para mais informações consultar o sítio http://www.worldbank.org/ifa/rosc.html). A ROSC privilegia a sua análise em três campos: (i) corporate governance, (ii) contabilidade e auditorias, e (iii) regimes de insolvência e direitos do credor. Um modelo similar está a ser adoptado nos países africanos – o NEPAD (New Partnership for Africa's Development para mais informações consultar o sítio http://www.nepad.org/).

b) As políticas tributárias ambientais negativas ou de despesa fiscal

Já as políticas de despesa fiscal, por escaparem às limitações próprias das despesas públicas directas e por estarem mais próximas do regime das receitas, no respeitante à sua execução, são de mais fácil implementação e eficientes. No entanto, são políticas que pecam pela falta de transparência e clareza exigida para a execução das contas públicas porque:

a) não implicam qualquer tipo de transferência monetária, mas sim uma transferência virtual, representada pela renúncia estadual a um determinado conjunto de receitas;

b) não implicam, em regra, a orçamentação de montantes, porque representam operações de compensação financeira, isto é, são descontadas ao montante global das receitas tributárias globais, não havendo problemas quanto à existência de possíveis limitações à sua criação.

Na verdade, a despesa fiscal[83] representa, em traços gerais, a totalidade das receitas tributárias a que o Estado renuncia, em nome de opções políticas assumidas.

---

[83] Nos termos do artigo 2.º, n.º 3 do Estatuto dos Benefícios Fiscais português (aprovado pelo Decreto-Lei n.º 215/89, de 1/7), "os benefícios fiscais são considerados despesas fiscais, as quais podem ser previstas no Orçamento do Estado ou em documento anexo e, sendo caso disso, nos orçamentos das Regiões Autónomas e das autarquias locais".

Já no ordenamento brasileiro, a noção de despesa fiscal é mais ampla porque associada à renúncia de receitas. Na verdade, o artigo 14.º da Lei Complementar n.º 101, de 4 de Maio de 2000 (Lei da Responsabilidade Fiscal) prevê que: "A concessão ou ampliação de incentivo ou benefício de natureza tributária da qual decorra renúncia de receita deverá estar acompanhada de estimativa do impacto orçamentário-financeiro no exercício em que deva iniciar sua vigência e nos dois seguintes, atender ao disposto na lei de diretrizes orçamentárias e a pelo menos uma das seguintes condições: I – demonstração pelo proponente de que a renúncia foi considerada na estimativa de receita da lei orçamentária, na forma do artigo 12, e de que não afetará as metas de resultados fiscais previstas no anexo próprio da lei de diretrizes orçamentárias; II – estar acompanhada de medidas de compensação, no período mencionado no caput, por meio do aumento de receita, proveniente da elevação de alíquotas, ampliação da base de cálculo, majoração ou criação de tributo ou contribuição". Para além disso o § 1.º do mesmo artigo dá uma definição de renúncia de receita, como abrangendo "anistia, remissão, subsídio, crédito presumido, concessão de isenção em caráter não geral, alteração de alíquota ou modificação de base de cálculo que implique redução discriminada de tributos ou contribuições, e outros benefícios que correspondam a tratamento diferenciado", não se aplicando,

Economicamente, a despesa fiscal corresponde a um *sacrifício*, ao *dispêndio* de recursos que *ab initio* pertenceriam ao Estado, mas que em resultado de opções extrafiscais são retidos pelos contribuintes, que passam, assim, a participar dos compromissos públicos. Ora, a participação dos contribuintes nos compromissos públicos, mediante a criação de incentivos, passaria pela atribuição de subsídios a indivíduos ou a situações que possam revestir um determinado conteúdo, por meio de um processo imaginário duplo e sucessivo (*two-step*)[84]: (1) **Fase individual** – em primeiro lugar os contribuintes teriam que aplicar ao seu rendimento a taxa, por via da liquidação. A referida colecta seria assim remetida à Administração Fiscal. Referimo-nos nesta fase àquilo que se denomina de "rendimento económico tributável"; (2) **Fase colectiva** – seguidamente, a Administração remeteria aos contribuintes a totalidade das quantias que resultariam da redução quantitativa do facto tributário. Esta fase revelaria o subsídio fiscal remetido a cada um dos contribuintes.

A criação da despesa fiscal elimina esse duplo processo imaginário. O processo efectivo é, isso sim, reconduzido a um simples passo, em face da possibilidade de redução, isto é, de *modelação* do conteúdo do facto tributário. Esta modelação corresponderia às quantias que seriam remetidas ao contribuinte por parte da Administração na segunda fase descrita. Essa fase necessitaria de constar do orçamento, por corporizar movimentos monetários – que estão na base do conceito económico de despesa fiscal.

Por essa razão é que, em termos orçamentais, o referido dispêndio de recursos é meramente *virtual*, por aludir a uma libertação de créditos e autorização de pagamentos imaginários, podendo mesmo falar-se em gastos sombra (*shadow expenditures*[85]), por não suscitarem movimentos monetários e orçamentais reais.

---

porém, a duas situações identificadas no §3.º "I – às alterações das alíquotas dos impostos previstos nos incisos I, II, IV e V do artigo 153 da Constituição, na forma do seu § 1.º; II – ao cancelamento de débito cujo montante seja inferior ao dos respectivos custos de cobrança".

Sobre o conceito e limites da despesa fiscal consultar os nossos textos *A Despesa Fiscal e o Orçamento do Estado no Ordenamento Jurídico Português*, Coimbra: Almedina, 2004 e a entrada "Despesa Fiscal", in *Dicionário Jurídico da Administração Pública*, no prelo.

[84] Cfr. PAUL R. MCDANIEL, "Identification of Tax in Effective Tax Rates, Tax Reform and Tax Equity", NTJ, Vol. LIII, n.º 3, Parte I, 2000, págs. 273 – 274.

[85] Confessamos ter ido procurar alguma influência a TINBERGEN (J. TINBERGEN, *The Design of Development*, Baltimore: John Hopkins Press, 1958 e *Development Planning*,

Juridicamente, a despesa fiscal corresponde ao enunciado, estimativo ou limitativo, das situações de *renúncia* de receitas tributárias, que seriam arrecadadas pelo Estado em função do conteúdo da *tributação-regra* estabelecida. A mencionada renúncia está na base de um incentivo[86] concedido aos contribuintes, pessoas singulares e colectivas.

O mecanismo nodal da despesa fiscal pressupõe a análise prévia de dois momentos distintos: (A) O momento em que se procede à previsão dos aspectos estruturais necessários ao estabelecimento da tributação-regra (**previsão**). Em concreto, referimo-nos ao estabelecimento das unidades subjectivas e objectivas de incidência tributária. Desta forma, no respeitante à estrutura do facto tributário, detectamos dois elementos: o elemento subjectivo e o objectivo. Por um lado, identificamos os sujeitos passíveis de imposição tributária para efeitos de determinação e nascimento da obrigação de imposto (pessoas singulares ou colectivas)[87]. Por outro lado, assimilamos os factos, "independentemente da sua ligação a um sujeito"[88], susceptíveis de impostação tributária, tais como o rendimento, a propriedade e o consumo[89]. (B) O momento em que se

---

London: Weindenfeld & Nicolsen, 1967), já que devemos a este o uso corrente do vocábulo *sombra* (por referência aos "preços sombra"), em resultado da averiguação do grau de desirabilidade de um determinado projecto de investimento público ou privado.

[86] Incentivo aqui entendido em sentido económico, como representando todas as vantagens (*ex ante* e *ex post*) atribuídos aos sujeitos, tendo em vista a realização de um determinado comportamento, por via do sistema fiscal ou por via financeira.

[87] Na medida em que, por exemplo:
a) o imposto sobre os rendimentos individuais incida sobre as pessoas singulares (IRS);
b) o imposto sobre os rendimentos empresariais incida sobre comportamentos colectivos ou individualizados em torno de um empreendimento comum (IRC);
c) o IVA incida sobre "as pessoas singulares ou colectivas que, de um independente e com carácter de habitualidade, exerçam actividades de produção, comércio ou prestação de serviços" (artigo 2.º/1 *a*) do CIVA);
d) o imposto municipal sobre os veículos (IMV) seja devido pelos proprietários dos veículos;
e) o imposto sobre os produtos petrolíferos (ISP) incida sobre as pessoas singulares ou colectivas em nome dos quais são declarados para introdução no consumo dos produtos referidos no n.º 1 do artigo 2.º do Decreto-Lei n.º 123/94, de 18 de Maio.

[88] ALBERTO XAVIER, *Manual de Direito Fiscal*, Lisboa: [s.n.], 1974, pág. 249.

[89] Na medida em que, por exemplo:
a) o IRS incida sobre o valor anual de seis categorias de rendimentos (A a H);
b) o IRC incida sobre o lucro das sociedades comerciais ou civis sob forma comercial,

estabelecem os efeitos típicos decorrentes da lei (**estatuição**), em termos de verificação do facto tributário, que corresponde à quantificação da obrigação de imposto, em função da taxa e da matéria tributável[90].

A despesa fiscal constitui-se em torno deste último momento, e traduz o enunciado do conjunto de receitas a que o Estado teria direito, mas abdicou:

a) a pedido dos sujeitos passivos;
b) por vontade própria, definida por via legal ou contratual em resultado da atribuição de *preferências*, de carácter subjectivo ou objectivo, que traduzem a redução do *quantum* resultante da obrigação jurídica de imposto.

Há a assinalar, porém, que a despesa fiscal não resulta apenas das referidas modalidades tradicionalmente apontadas[91]. A modelação em causa não se esgota na tipicidade própria da criação dos benefícios fiscais. Esta compreende uma zona de actuação dos intervenientes da relação jurídica tributária, sem dúvida, na medida em que estabelece uma conexão intrínseca com o sistema fiscal.

Estabelecidos os traços gerais das figuras apontadas, há que reconduzir a cada uma delas conceito expendido. Logicamente, a tipologia dos benefícios fiscais enlevariam *renúncia* tributária, enquanto que a consagração da figura da exoneração fiscal, entre outras, assumiria o formato próprio da renúncia atributiva tributária. No entanto, não fará sentido ensecar a referida tipologia.

Desta forma, apontamos duas modalidades genéricas de despesa fiscal: a primeira encontra algumas afinidades com a tipologia taxativa dos benefícios fiscais, a segunda decorre da capacidade conferida a uma das partes, em concreto à Administração, de modelar o conteúdo do facto

---

       das cooperativas e das empresas públicas e o das demais pessoas colectivas ou entidades enumeradas no Código respectivo;

c) o IMV seja determinado para os automóveis tendo em consideração o combustível utilizado, a cilindrada do motor, a voltagem, quando movidos a electricidade e a antiguidade;

d) o ISP incida sobre os produtos destinados a serem utilizados, colocados à venda ou a serem consumidos em uso como carburante ou em uso como combustível.

[90] ALBERTO XAVIER, *Manual de...*, op. cit., pág. 297-303.

[91] Que são cinco: as isenções tributárias totais, as deduções à matéria colectável, as deduções à colecta, o diferimento da tributação e as taxas preferenciais.

tributário, de subsidiar, subvencionar, um sujeito ou um acto negocial. No primeiro caso referimo-nos à tradicional *despesa fiscal unilateral*, no segundo à *despesa fiscal concertada*. Qualquer uma delas encerram situações factualmente excepcionais expressamente aceites pelo ordenamento jurídico, no entanto:

    a) a *despesa fiscal unilateral* depende apenas da intervenção de um sujeito em renunciar a receitas tributárias e pode ser, alternativa ou cumulativamente:

       i. tipificada – por depender apenas da prévia intervenção do legislador;

       ii. não tipificada – por não depender da prévia intervenção do legislador.

    b) a *despesa fiscal concertada* assume uma estrutura bilateral, por depender, independentemente da prévia intervenção do legislador:

       i. de um acto de vontade da Administração;

       ii. de um acto de vontade da entidade beneficiada.

O Estado pode, por exemplo, unilateralmente remir a dívida de imposto. Referimo-nos, neste caso, à extinção por *remissão*[92] da dívida tributária, por já estar dependente, ao contrário da exclusão tributária, da verificação dos pressupostos legais. Esta implica a manutenção do facto tributário e confere à administração a capacidade de modelar o referido pela concessão de moratórias ao seu pagamento, suspendendo a execução fiscal, ou até mesmo perdoando as dívidas de imposto.

Os sistemas tributários brasileiro e espanhol assim o admitem expressamente[93], fazendo depender a referida actuação da Administração fiscal da lei, não no sentido de extinguir a dívida, mas no sentido de exonerar os sujeitos da mesma, em face dos circunstancialismos próprios do caso concreto. Já o sistema alemão permite que a Administração possa remir (*erlassen*) quando, em face do caso concreto (*Einzefall*), a sua liquidação[94] (*Festsetzungverfahren durch*) ou cobrança[95] (*Erhebungsverfahren durch*) não se afigure equitativa. Tal possibilidade conferida à

---

[92] "Condenación" no Direito espanhol.
[93] Cfr. o artigo 172.º do Código Tributário Nacional brasileiro e o artigo 69.º da Ley General Tributaria.
[94] De acordo com o § 163.º do Abgabenordnung.
[95] De acordo com o § 227.º do Abgabenordnung.

Administração Fiscal só é exequível porque o referido ordenamento valoriza de igual forma o direito adveniente das normas superiores e o direito ordinário[96].

A relativa indisponibilidade das obrigações fiscais não permite, no caso português, porém, que os órgãos da Administração Fiscal possa negociar sobre as dívidas de imposto, renunciar ou perdoá-las "a menos que o legislador o consinta"[97]. A referida proibição é *absoluta*, sendo ilegais todos os actos administrativos, inclusive do Ministro das Finanças[98], sem apoio em qualquer norma legal.

Concertadamente pode o Estado, por seu lado:
a) criar um *regime tributário substitutivo*, normalmente fixados pela celebração de contratos de direito público, designadamente a concessão de serviços públicos ou de domínio público;
b) atribuir benefícios fiscais a determinadas entidades particulares ou empresariais, em troca de determinadas prestações (veja-se o caso do acordo de colonia alemão – *Ansiedlungsvereinbarung* – e o contrato entre a Federação austríaca e os Estados federados – *Gliedstaatsverträge*[99]);
c) atribuir benefícios fiscais condicionais previstos na lei;
d) obrigar-se, por meio de "acto ordenado ao contrato"[100], a atribuir benefícios fiscais;
e) criar e determinar benefícios e incentivos fiscais a atribuir aos contribuintes, no âmbito de verdadeiros contratos económicos, como sejam os contratos de estabilidade, os contratos-programa ou até contratos de desenvolvimento da exportação.

---

[96] Como sustenta RÜDIGER VON GROLL, em anotação ao § 163, in HÜBSCHMANN e.a., *Abgabenordnung Finanzgerichtsordnung – Kommentar* (10.ª edição), Köln: Verlag Dr. Otto Schmidt, HHSp Lfg. 156 (Abril de 1998), pág. 5.

[97] ALFREDO JOSÉ DE SOUSA e JOSÉ DA SILVA PAIXÃO, *Código de Processo Tributário – Comentado e Anotado* (2.ª edição), Coimbra: Almedina, 1994, pág. 211.

[98] *Vide* o artigo 85.º/3 do CPPT. É, no entanto, de assinalar que a actuação da Administração no sentido da remissão da dívida tributária dá lugar a responsabilidade subsidiária, dependendo, porém, esta de condenação disciplinar ou criminal do responsável.

[99] Sobre o conceito e exemplos de contratos de benefícios fiscais consultar JOSÉ CASALTA NABAIS, *Contratos Fiscais (Reflexões acerca da sua admissibilidade)*, Coimbra: Coimbra Editora (Universidade de Coimbra), 1994, págs. 123 e segs..

[100] A expressão é de JOSÉ MANUEL SÉRVULO CORREIA, *Legalidade e Autonomia Contratual nos Contratos Administrativos*, Coimbra: Almedina, 1987, pág. 649.

Neste sentido, defendemos que a prossecução das políticas ambientais dependem a implementação de um sistema de ajudas por via do sistema fiscal, de preferência de natureza concertada. E as referidas ajudas fiscais, em nome da transparência e clareza financeira, seriam inscritas em mapas orçamentais próprios.

A integração orçamental da despesa fiscal, porém, e ao contrário do que tem sido a prática parlamentar, não implica a aplicação do regime de execução das receitas públicas[101], que apenas exige a legalidade e a prévia inscrição (e adequada classificação) para a sua cobrança. Na verdade, é perfeitamente sustentável a aplicação do regime de execução da despesa à despesa fiscal. Sendo assim, seria possível criar dotações máximas de ajudas fiscais a serem concedidas por via contratual. Não só os operadores económicos ficariam a saber com que intervenção estadual poderiam contar, como também poderiam contribuir, através das técnicas dos fundos *supra* identificadas, para a ampliação dessas dotações negativas.

Daí fazermos depender a execução das referidas políticas da inscrição dos montantes tributários objecto de renúncia de mapas orçamentais, de preferência vinculativos e de natureza plurianual. Imaginemos um primeiro modelo de mapa orçamental plurianual:

Figura 6 – 1ª Proposta de mapa orçamental plurianual correspondente à despesa fiscal ambiental (em milhões de euros)

Áreas de intervenção ambiental	2005	2006	2007	ANOS SEGUINTES	TOTAL
Total consolidado	8466	5660	19110	17530	50766
Mudanças climáticas	500	300	200	210	1210
Camada do Ozono	3000	2800	2500	2500	10800
Qualidade do ar	1000	890	800	800	3490
Gestão de resíduos	400	300	2850	2000	5550
Qualidade da água	200	180	1700	1700	3780
Qualidade no uso da água	210	190	1800	1800	4000
Recursos florestais	600	500	4870	4320	10290
Recursos piscatórios	2156	200	1900	1900	6156
Fontes de energia	100	100	890	700	1790
Biodiversidade	300	200	1600	1600	3700

---

[101] Sobre a experiência portuguesa consultar o nosso texto *A Despesa Fiscal...*, op. cit., págs. 167-208.

Com base no mapa proposto, podemos imaginar que, para o ano de 2005, o parlamento autorizava o Executivo a conceder até 400 milhões de euros de benefícios fiscais contratuais na área da gestão de resíduos. Estariam, assim, delimitados os valores máximos de despesa fiscal concertada a conceder. Desta forma, a efectivação dos contratos de concessão de benefícios fiscais estaria dependente da cabimentação do valor em causa. Sendo assim, a autorização da concessão dos benefícios fiscais contratuais ficaria dependente da prévia autorização da Administração Tributária. O problema pode colocar-se a partir do momento em que o benefício concedido não esteja cabimentado, ou até mesmo exceda as verbas inscritas. Dada a tipicidade quantitativa, seria necessário proceder a uma alteração do mapa orçamental em causa[102]. Alteração esta que poderia continuar a pertencer ao Governo desde que o mesmo apresentasse contrapartidas, como sejam aumento de receitas tributárias consignadas. Neste sentido, valeria a pena, *de jure condendo*, consignar parcialmente os fundos comuns apresentados *supra* às situações de falta de cabimentação de verbas da despesa fiscal concertada, por duas razões:

a) para além dos montantes inscritos de despesa fiscal contratual, a renúncia de receitas não seria efectiva dada a consignação de fundos próprios das políticas ambientais objecto de protecção ou incentivo;

b) porquanto ficaria garantida a eficiência da aplicação do fundo, em matéria de equilíbrio financeiro, dado que o mesmo seria consignado, quer à despesa fiscal contratual ambiental, quer à despesa directa ambiental.

Em qualquer dos casos, será de salientar a importância da monitorização dos contratos que dão lugar à libertação de despesa fiscal concertada, dado que possíveis situações de incumprimento dos objectivos nele previstos podem dar lugar, alternativamente[103]/[104]/[105]:

---

[102] Alteração esta que poderia pertencer ao Parlamento ou ao Governo consoante, no ordenamento português, o mapa fosse de base (cujos valores são vinculativos para o Governo) ou derivado (cujos valores inscritos não são vinculativos para o Governo).

[103] Ativémo-nos aos regimes previstos no Decreto-Lei n.º 409/99, de 15/10 e no Decreto-Lei n.º 401/99, de 14/10, que regulamentam o regime dos benefícios fiscais estabelecidos no artigo 39.º do Estatuto dos Benefícios Fiscais e no Decreto-Lei n.º 203//2003, de 10 de Setembro, que cria o regime contratual único para os grandes projectos de investimento, de origem nacional e estrangeira.

[104] É importante assinalar que os contratos celebrados entre os contribuintes e as entidades que concedem incentivos fiscais "não são contratos administrativos, precisa-

a) à *resolução*[106] do contrato por incumprimento dos objectivos e obrigações estabelecidos no contrato, por facto imputável à empresa promotora[107];

ou

b) à *renegociação* (modificação)[108] do contrato por alteração das circunstâncias.

Nas situações apontadas, quer a resolução, quer a renegociação, podem dar lugar à supressão ou redução dos benefícios concedidos. Ora, tais recuos contratuais aumentariam a despesa fiscal cabimentada para um determinado período e permitiriam a atribuição de ajudas a outras empresas pela celebração de novos contratos.

Problema difícil será garantir uma monitorização eficiente dos contratos nos quais se concede os benefícios fiscais. Para tal, será de assinalar a importância atribuída actualmente às cláusulas de garantia do grau cumprimento do contrato (GCC)[109], que fazem depender a manutenção

---

mente porque não têm aqui lugar as cláusulas exorbitantes de tutela do interesse público, designadamente porque não dispõe a Administração do direito de resolução unilateral dos referidos contratos, como sucede nos benefícios fiscais contratuais, nos termos do artigo 12.º/4 do Estatuto dos Benefícios Fiscais (cfr. NUNO SÁ GOMES, "As garantias dos contribuintes: algumas questões em aberto", in *CTF*, n.º 371 (Julho-Setembro), 1993, pág. 100).

[105] Para além da possibilidade de *renúncia* definitiva pelo contribuinte, desde que aceite pela Administração (artigo 12.º/5 do Estatuto dos Benefícios Fiscais).

[106] De acordo com JOÃO DE MATOS ANTUNES VARELA, *Das Obrigações em Geral*, Coimbra: Almedina, 2000, pág. 275, a "resolução é a destruição da relação contratual operada por um dos contraentes, com base no facto posterior à celebração do contrato". A resolução nos casos em análise *resulta da lei* (artigo 12.º do Decreto-Lei n.º 401/99, de 14/10 e artigo 12.º do Decreto-Lei n.º 409/99, de 15/10) e *assume eficácia retroactiva* (artigo 13.º do Decreto-Lei n.º 401/99, de 14/10 e artigo 13.º do Decreto-Lei n.º 409/99, de 15/10).

[107] Para além das situações em que se dá o incumprimento das obrigações fiscais por parte da empresa promotora ou a prestação de informações falsas sobre a situação da empresa ou viciação de dados fornecidos na apresentação, apreciação e acompanhamento dos projectos.

[108] Apenas vêm permitir o artigo 13.º do Decreto-Lei n.º 401/99, de 14/10 e o artigo 13.º do Decreto-Lei n.º 409/99, de 15/10 a renegociação do contrato, que no nosso entender abrange a resolução ou a modificação do contrato, nesse sentido constituindo os referidos artigos uma libertação ao princípio do *pacta sunt servanda*, previsto no artigo 437.º do Código Civil. Sobre todos cfr. JOÃO DE MATOS ANTUNES VARELA, *Das Obrigações...*, op. cit., págs. 281 – 283.

[109] Indicadores desenvolvidos, primariamente, no âmbito do *Sistema de Incentivos à Modernização Empresarial*, instituído pela Portaria n.º 865-A/2002, de 22 de Julho,

dos termos contratuais de um sistema de pontuação e de três elementos cumulativos: (1) os valores propostos no projecto apresentado pelo promotor; (2) os factores de realização previstos para cada um dos indicadores e (3) os factores de ponderação que transmitam os impactos macroeconómicos de cada projecto realizado.

Imaginemos que a empresa estrangeira X^{110} resolve investir em Portugal e para tal concorre à aplicação dos benefícios fiscais constantes do artigo 39.º do Estatuto dos Benefícios Fiscais e regulamentados pelo Decreto-Lei n.º 409/99, de 15/10. Para tal, e uma vez considerado elegível o seu projecto, faz depender, no contrato de concessão de benefícios fiscais celebrado com o Estado Português, representado pelo Ministro das Finanças, a atribuição dos incentivos fiscais de um sistema de pontuação que medirá o grau de de cumprimento dos objectivos contratuais (GCC) em relação aos valores do projecto, no que respeita a três indicadores x_i: (x_1) construção de unidade fabril; (x_2) fabrico de 1000 produtos/ano; (x_3) criação de 1000 postos de trabalho. Aos indicadores supra referidos serão atribuídos factores de ponderação, tendo em atenção os impactos macroeconómicos 9_i: 9_1 – 0,30; 9_2 – 0, 40; 9_3 – 0,30 (desde que a totalidade dos factores seja de 1.00). Para cada um dos indicadores x_i, será calculado um factor de realização 1_i ($1_i = x'_i / x_i$), sendo o cálculo do GCC efectuado através da aplicação da seguinte fórmula:

$$GCC = 8_i = {}_{1...n} 9_i 1_i$$

ou seja,

$$GCC = 0{,}30\ (x'_i / x_i) + 0{,}40\ (x'_i / x_i) + 0{,}30\ (x'_i / x_i)$$

Assim, o grau de cumprimento contratual dependerá do valor percentual resultante da aplicação da fórmula, e: (1) caso o GCC seja superior ou igual a 90%, os objectivos contratuais consideram-se cumpri-

---

incluído no *Programa de Incentivos à Modernização da Economia*, instituído pela Resolução do Conselho de Ministros n.º 101/2003, de 8/8/2003, na concretização dos projectos previstos no 3.º Quadro Comunitário de Apoio.

[110] Todos os dados aplicados neste caso são fictícios.

dos e o incentivo fiscal atribuído corresponderá ao montante máximo estabelecido; (2) caso o GCC seja inferior a 90%, mas igual ou superior a 50%, os objectivos contratuais consideram-se parcialmente cumpridos e o incentivo fiscal atribuído sofrerá um reajustamento, em resultado da verificação do projecto, nos anos seguintes. Este reajustamento será sempre proporcional à pontuação efectivamente obtida, em cada momento da verificação, face à pontuação desejável de 1.00, podendo assim consistir no decréscimo ou no acréscimo do valor anteriormente ajustado até ao montante máximo atribuído; (3) caso a empresa não atinja o valor mínimo de execução do projecto de 50%, os objectivos consideram-se não cumpridos.

Desta forma, a eficiente monitorização dos contratos pode ser um instrumento alternativo à consignação dos fundos para controlo eficiente da despesa fiscal cabimentada para os fins ambientais salientados.

Já a plurianualidade dos mapas da despesa fiscal vêm permitir que a dotação ambiental contratual possa ser encarada numa óptica de compromissos, quer numa perspectiva rígida, com metas e valores pré-definidos, quer numa perspectiva deslizante, com 3 ou mais anos em cada mapa orçamental que se suceder. O que está em causa na plurianualidade é a racionalização dos recursos e, fundamentalmente, mesmo que façamos depender a concessão de benefícios fiscais para além dos montantes cabimentados da criação de fundos consignados, a concretização dos princípios da transparência e clareza financeira, tantas vezes olvidado pelo legislador neste campo.

Mesmo assim, poderíamos sugerir, alternativa ou complementarmente, a introdução de um mapa orçamental anual, de acordo com uma óptica de caixa (ou até mesmo cumprindo as exigências de registo numa óptica *accrual*), que registasse a despesa fiscal contratual na área do ambiente, distribuída pelos vários impostos que compõem o sistema fiscal. Senão vejamos:

Figura 7 – 2ª Proposta de mapa orçamental correspondente à despesa fiscal ambiental aplicável aos impostos mais importantes (em milhões de euros)

Áreas de intervenção ambiental	IRS	IRC	IVA	ISP	IA	TOTAL
Total consolidado	22256	20690	19110	18230	6300	86586
Mudanças climáticas	500	300	200	210	700	1210
Camada do Ozono	500	2800	2500	2500	2000	8300
Qualidade do ar	1000	890	800	800	1000	3490
Gestão de resíduos	4000	3000	2850	2700	500	12550
Qualidade da água	2000	1800	1700	1700	1000	7200
Qualidade no uso da água	2100	1900	1800	1800	100	7600
Recursos florestais	6000	5000	4870	4320	-	20190
Recursos piscatórios	2156	2000	1900	1900	-	7956
Fontes de energia	1000	1000	890	700	1000	3590
Biodiversidade	3000	2000	1600	1600	-	8200

O resultado seria o mesmo, limitado, porém a uma lógica de caixa, secundarizando a óptica dos compromissos. No entanto, a referida "simplicidade", colocaria em causa a possibilidade de criação dos fundos consignados que funcionassem como válvula de escape para a falta de cabimentação da despesa fiscal concertada estimada. Daí que defendamos a introdução deste mapa como complemento a um mapa plurianual de despesa fiscal concertada, similar ou não à nossa proposta.

Assim, através da fixação de verbas anuais ou plurianuais de despesa fiscal concertada nas várias áreas de intervenção ambiental seria possível sustentar a existência de uma política tributária negativa ambiental eficiente, permitindo evidenciar, no horizonte orçamental um novo conceito – o de *dotação negativa ambiental* – por referência a todas as ajudas fiscais concedidas a projectos elegíveis e ambientalmente desejáveis.

V. Conclusões: as condições de integração do ambiente no orçamento

Podemos, desta forma concluir que integração do ambiente no orçamento do Estado é causada pela necessidade de prossecução das políticas ambientais e depende de sete factores cumulativos, a saber:
1. Detecção de *falhas de mercado* que exponenciem os custos de transacção a elas inerentes;

2. Minimização dos efeitos decorrentes da *redução do bem-estar social*;
3. Importância acrescida da *relação poupança/investimento*;
4. *Exercício eficiente de políticas públicas* financeiras e monetárias variadas;
5. Busca de instrumentos eficientes alternativos às políticas de despesa e de desorçamentação (quando detectadas);
6. Concretização de *políticas tributárias positivas* que complementem a existência de tributos que onerem os comportamentos ambientalmente indesejáveis com a possibilidade de criação de fundos comuns consignados à resolução de problemas ambientais ou de emissão licenças (unidades de redução) negociáveis no mercado;
7. Concretização de *políticas tributárias negativas contratuais* (ou de despesa fiscal concertada) que incentivem projectos, nacionais ou estrangeiros, com efeitos nas variadas áreas de intervenção ambiental, desde que registadas em mapas orçamentais próprios, sujeitas ao regime da despesa pública, por razões de transparência e clareza financeira e adstritas a um regime de monitorização eficaz.

FISCALIDADE AMBIENTAL E DO URBANISMO
MESA REDONDA

Dra. Isabel Marques da Silva[*]

I – Depois das magníficas conferências desta tarde – a cargo dos meus colegas e amigos Doutora Cláudia Soares e Dr. Carlos Lobo – a quem cumprimento, felicito e agradeço terem connosco compartilhado o muito que sabem sobre a Tributação do Ambiente e a Fiscalidade do Urbanismo, proponho-me modestamente deixar apenas alguns poucos tópicos de reflexão – ou melhor, compartilhar convosco algumas dúvidas – que estas matérias me suscitam, tentando assim abrir caminho à discussão, que se pretende viva, nestas Jornadas.

II – Seguindo a ordem das conferências, da cortesia – ladies first!, e dos afectos – pois preside a esta sessão o meu Professor de Direito Administrativo, o Prof. Doutor Vasco Pereira da Silva –, que em tempos me desafiou para tratar o tema do Poluidor-Pagador[1], razão pela qual, suspeito, me concederam a honra de ser convidada a integrar esta mesa redonda (não obstante a minha manifesta preferência pelo "crime" e pelo "processo"), começo pela tributação do ambiente, deixando nesta matéria as seguintes duas interrogações:

1.ª – Se razões de ordem vária, designadamente a sempre presente e legítima preocupação reditícia (fim primacial do imposto, afinal) tem constituído obstáculo à realização do "menos" – ou seja, à eliminação das disposições fiscais existentes que constituem distorções nocivas para o

---

[*] Universidade Católica – Lisboa
[1] Isabel Marques da Silva – «O Princípio do Poluidor-Pagador», *in* Estudos de Direito do Ambiente: Actas, Universidade Católica, Porto, 2003, pp. 97/133.

ambiente (designadamente no campo do imposto automóvel) –, como se pode legitimamente esperar fôlego para empreender o "mais" – ou seja, uma reforma fiscal ecológica em que os impostos ambientais (tanto em sentido próprio, como em sentido impróprio) ganhem relevo e permitam desonerar o actual peso da tributação sobre o factor trabalho?

2.ª – E será desejável, em termos de interesse nacional e até comunitário, que se caminhe, ao menos sós, nessa direcção?

É que sabido que os impostos ambientais são em regra impostos indirectos e que o princípio do poluidor pagador manda cobrá-los à categoria de poluidores mais fácil de controlar (*critério da eficiência económica e administrativa da imputação dos custos*) e que possa contribuir mais eficazmente para a melhoria do ambiente (*critério da capacidade de internalização dos custos pelos visados* – cfr. o n.º 3 da Comunicação anexa à Recomendação do Conselho 75/436, de 3 de Março de 1975) – ou seja, em regra os produtores dos bens, contando com a repercussão destes sobre os consumidores através dos mecanismos de mercado (reflectindo-os nos preços dos bens produzidos), pergunta-se, pois, se fará sentido, ou qual será o custo, da imposição aos produtores destes novos custos fiscais. Se haverá margem, numa estrutura produtiva como a da economia portuguesa – composta maioritariamente por PME´s e em que a indústria parece estar "em vias de extinção" – para acrescer, ao menos temporária e parcialmente, aos custos fiscais tradicionais mais estes e assegurar idêntico nível de receita fiscal, da qual não parece que se possa prescindir? E em que situação se vão colocar os produtores nacionais em face da concorrência, por via do preço, que lhes é feita pelos produtos originários de países terceiros, onde os produtores não suportam semelhantes custos (nem outros, que os produtores comunitários têm de suportar) nem se vê como se possa impor que os suportem, podendo pois oferecer ao consumidor comunitário produtos em cujo preço não há tal repercussão?

Será realista confiar que a consciência cívica e ambiental da maioria dos consumidores comunitários os fará escolher os produtos "mais amigos do ambiente" mesmo que mais caros?

Confesso que eu própria não sei se estas preocupações são "reaccionárias", se apenas pragmáticas.

Estou em crer que, como é já tradição entre nós, os passos que em Portugal se derem no caminho da fiscalidade ambiental serão aqueles que a União Europeia nos obrigar a dar, se e quando a tal nos obrigar (ou talvez com algum atraso...). E isto embora a nossa lei fundamental estabeleça que incumbe ao Estado *assegurar que a política fiscal compatibilize desenvolvimento com protecção do ambiente e qualidade de vida (art. 66.º, n.º 2, alínea h)* da CRP).

III – O outro tópico de reflexão que proponho é, de algum modo, comum aos temas da fiscalidade do ambiente e do urbanismo e, nestas matérias, não costuma ter centrado em si as luzes da ribalta. Nem sei se não será deslocado, numas jornadas sobre a reforma fiscal, pretender falar não de impostos mas de taxas, concretamente de taxas municipais.

A lei das finanças locais em vigor (Lei n.º 42/98, de 6 de Agosto) – cuja revisão se anuncia que será preparada pela estrutura de missão designada "equipa para a revisão do regime financeiro dos municípios e das freguesias"criada pela Resolução do Conselho de Ministros n.º 147/2004, de 29 de Outubro – prevê nos seus artigos 19.º e 20.º a possibilidade de os municípios cobrarem diversas taxas urbanísticas (cfr. as alíneas a) e b) do artigo 19.º) bem como taxas e sobretudo tarifas e preços ambientais (cfr. o art. 19.º alíneas l) e m) e o 20.º n.º 1, alíneas a), b) e c) e n.º 2).

Nenhuma dúvida há quanto à legitimidade, em abstracto, dessa cobrança. Os valores do ambiente e do urbanismo são valores constitucionalmente garantidos, recordei já que a própria Constituição manda que a política fiscal compatibilize desenvolvimento com protecção do ambiente e qualidade de vida e o artigo 238.º n.º 3 da Constituição da República inclui como receitas próprias (necessárias) das autarquias locais as provenientes da gestão do seu património e as cobradas pela utilização dos seus serviços.

Também é legítimo que, se são os municípios que têm o grosso das competências nessas áreas, lhes caiba tomar a decisão de lançar e cobrar tributos que têm na defesa do ambiente e no urbanismo o respectivo fundamento.

Dúvidas tenho já, porém, quanto à legitimidade em concreto da sua cobrança aos valores que frequentemente lhes são fixados pelos municípios, sem que me pareça que a ordem jurídica disponha de mecanismos que permitam – salvo em casos extremos, em que a própria natureza da prestação se desvirtua por não ser possível descortinar-lhe qualquer contraprestação específica –, pôr termo à arbitrariedade.

O ambiente e o urbanismo parecem ser, nestes casos, não fundamento mas pretexto e sendo mero pretexto não legitimam senão formalmente essas pretensões impositivas.

Assim, as tarifas e preços por serviços ambientais são muitas vezes fixados pelas Assembleias Municipais abaixo dos custos directos e indirectos suportados com o fornecimento dos bens ou a prestação de serviços, como sucede quanto às tarifas pelo abastecimento de água e pela gestão de águas residuais e resíduos sólidos urbanos, segundo Relatório da Comissão Europeia, de 2000, sobre a aplicação do Princípio do Poluidor-Pagador nos países do Fundo de Coesão – o que contraria o próprio princípio da cobertura de custos enunciado no n.º 3 do 20.º da Lei das Finanças Locais e o objectivo da veracidade dos preços dos serviços ambientais, propósito este claramente assumido no "6.º Programa de Acção em matéria de ambiente" e que radica no princípio do poluidor-pagador.

Em relação às taxas do urbanismo tenho a impressão que se verifica um fenómeno inverso: constituem no litoral do país uma importantíssima fonte de receitas municipais e um custo não discipiendo que os construtores terão de repercutir nos adquirentes dos imóveis que constroem. E isto sem que se exija – sob o olhar compassivo do Tribunal Constitucional, a quem tem bastado um *sinalagma difuso* ou uma contraprestação meramente eventual e futura (cfr. o Acórdão 410/00, aprovado em plenário do TC, embora com 6 votos de vencido[2]) – que a contrapartida do seu pagamento, que parece essencial ao conceito de taxa, não seja meramente potencial (ou quase virtual!).

Em meu entender, a aprovação do regime geral das taxas e demais contribuições financeiras a favor das entidades públicas – que a Constituição, desde a revisão constitucional de 1997, sujeita à reserva relativa de competência legislativa da Assembleia da República (165.º, n.º 1, alínea i) parte final) e a Lei Geral Tributária, no n.º 3 do seu artigo 3.º, prevê –, contribuiria para diminuir o arbítrio que nesta matéria me parece frequentemente verificar-se.

A proposta de Lei do Orçamento de Estado para 2002 contemplava uma autorização legislativa ao Governo para a criação do regime geral

---

[2] E cuja "doutrina" não foi posta em causa, antes reafirmada, no acórdão do Tribunal Constitucional n.º 274/04, de 20 de Abril, que, contudo, considerou organicamente inconstitucional o tributo exigido a título de "taxa municipal de infra-estruturas" urbanísticas entendendo-a exigida como contrapartida da mera "remoção de um obstáculo jurídico" ao exercício de uma actividade relativamente proibida – a do licenciamento.

das taxas, mas essa autorização não passou para o Orçamento de Estado desse ano, nem foi retomada posteriormente. Perdeu-se nos corredores de São Bento!

Sei que há quem defenda que esta tarefa deve caber aos tribunais e não ao legislador[3], mas sei também que os tribunais tendem a ser conservadores e por isso é por vezes necessário que o legislador intervenha para quebrar rotinas decisórias. E é por isso que a aprovação desse regime geral das taxas me parece vital.

Disse.

---

[3] Nesse Sentido, J.L. Saldanha Sanches – «Poderes Tributários dos Municípios e Legislação Ordinária», Fiscalidade, n.º 6, Abril de 2001, p. 118.

A TRIBUTAÇÃO DO URBANISMO NO QUADRO DO DESENVOLVIMENTO SUSTENTÁVEL

Dr. Carlos Baptista Lobo[*]

1. A tributação e o urbanismo. Da Contribuição Autárquica ao Imposto Municipal sobre Imóveis, do Imposto Municipal de Sisa ao Imposto Municipal sobre as Transmissões

Actualmente, a tributação, urbanismo e desenvolvimento económico-social são realidades indissociáveis. Constitui tarefa virtualmente impossível a análise da actividade urbanística sem a indagação concomitante do seu substrato financeiro e fiscal. Por sua vez, atendendo ao relevo das receitas tributárias provenientes da tributação estática e dinâmica do património imobiliário nas suas diversas modalidades (impostos, contribuições especiais e taxas) estas tornam-se essenciais para uma qualquer análise do sistema fiscal nacional.

A vertente redítícia da actividade urbanística faz esquecer o essencial: o ordenamento urbanístico é, efectivamente, uma das funções essenciais de um crescimento que se pretende como sustentável. Na realidade, num dos mais recentes estudos da OCDE acerca do estado ambiental em Portugal, o problema mais acutilante aí identificado é precisamente a excessiva pressão urbanística no nosso território.

No entanto, o sistema fiscal nacional nunca tomou em devida consideração os impostos sobre a propriedade imobiliária. A Contribuição Autárquica, aprovada pelo Decreto-Lei n.º 442-C/88, de 30 de Novembro, é unanimemente considerada como a "parente pobre" da Reforma

---
[*] Mestre em Ciências Jurídico-Económicas
Assistente da Faculdade de Direito da Universidade de Lisboa

Fiscal de 1988/89. Muitos questionam mesmo se ocorreu uma efectiva reforma fiscal a este título, dado que este novo imposto não seria mais do que uma reconfiguração de tributos ancestrais como a "jugada", reconvertida em Contribuição Predial[1], porém, órfão de parte da sua incidência sobre o rendimento predial, entretanto inserida nos Código do Imposto sobre o Rendimento das Pessoas Singulares e no Código do Imposto sobre o Rendimento das Pessoas Colectivas, simultaneamente aprovados.

Nesse âmbito, a inovação essencial da Contribuição Autárquica residiu na definição da sua incidência objectiva que englobava o valor patrimonial dos prédios e já não o seu rendimento (artigo 1.º do Código da Contribuição Autárquica). No entanto, o processo de gestação dos métodos de definição desse valor patrimonial, previstos no n.º 1 do artigo 7.º do Código, foi de tal forma atribulado que o ansiado Código das Avaliações nunca chegou a ver a luz do dia[2]. Tal documento, essencial para a aplicação efectiva da Contribuição Autárquica nunca foi homologado, questionando-se mesmo se alguma vez foi efectivamente concebido[3]. Por essa razão, e durante todo o seu período de vigência, a Contribuição Autárquica teve que se socorrer das regras do Código da Contribuição Predial e do Imposto sobre a Industrial Agrícola, aprovado pelo Decreto-Lei n.º 45104, de 1 de Julho de 1963 para a definição da sua matéria colectável. O que nasce torto, tarde, ou nunca, se endireita.... O valor patrimonial dos imóveis continuou a ser determinado ou por avaliação cadastral tendo como base o rendimento predial susceptível de ser apurado ou por avaliação directa realizada pelos serviços da Direcção Geral dos Impostos. Assim, o valor da renda determinava o valor do capital,

---

[1] Cfr, relativamente à evolução dos impostos sobre a propriedade fundiária, consultar Relatório *da Comissão de Estudo para a Tributação da Terra e dos seus Rendimentos*, coordenado pelo Prof. Doutor Pedro Soares Martinez, in *Ciência e Técnica Fiscal*, n.º 397, Janeiro-Março 2000, págs. 168 a 185. Cfr., igualmente, António de Sousa Franco, *"Fiscalidade"*, in *Dicionário Ilustrado da História de Portugal*, edições Alfa, Lisboa, 1996, págs. 255 a 261.

[2] Chegou a existir uma autorização legislativa para a aprovação do Código das Avaliações na Lei n.º 2/92, de 9 de Março (LOE/2002). Essa autorização foi, no entanto, julgada inconstitucional por no preceito em causa se não determinar o sentido da autorização (cfr. acórdão do Tribunal Constitucional publicado no Diário da República, 1.ª Série A, de 26 de Janeiro de 2003).

[3] Cfr. *Relatório da Comissão de Estudo para a Tributação da Terra e dos seus Rendimentos, cit.*, pág. 192.

sendo este sucessivamente actualizado através de factores de correcção, obtendo-se um resultado final totalmente arbitrário e variável consoante o procedimento de avaliação adoptado (directa ou cadastral), a perfeição da matriz predial e o ano da sua realização.

Todas estas distorções ao nível da tributação estática da propriedade imobiliária decorreram da manutenção em vigor de um regime obsoleto e tiverem como efeito a instalação de um elevado nível de injustiça no sistema fiscal. A carga tributária encontrava-se distribuída em termos totalmente equívocos, não obedecendo a qualquer critério de racionalidade fiscal, urbanística ou, numa perspectiva mais ampla, de justiça social.

Por sua vez, a tributação dinâmica, corporizada no Imposto Municipal de Sisa manteve-se inalterada até 2003. Comparativamente à Contribuição Autárquica, as suas distorções eram ainda mais acentuadas, tendo-se estabelecido um costume assente num elevado nível de fraude e evasão, que decorria naturalmente da obsolescência do sistema de tributação. Existiam duas razões para essa situação de estrema iniquidade: em primeiro lugar, na ausência do Código das Avaliações, a matéria colectável era determinada por método auto-declarativo, havendo um interesse comum das partes envolvidas no negócio no sentido da minimização do preço da transacção; em segundo lugar, a administração fiscal nunca se preocupou verdadeiramente em fiscalizar as práticas dos contribuintes neste imposto já que a receita era dos municípios, e estes, por sua vez, não dispondo de quaisquer instrumentos fiscalizadores, satisfaziam-se com a receita apurada.

Em finais de 2002 e no início de 2003 entraram em vigor o IMI e o IMT. Estes dois impostos, que substituíram, respectivamente, a Contribuição Autárquica e o Imposto Municipal de Sisa tiveram como principal mérito o estabelecimento de critérios objectivos para a determinação do valor patrimonial dos imóveis. No entanto, as filosofias de tributação são exactamente idênticas às dos impostos que revogaram, tendo unicamente ultrapassado o ónus da existência do Código das Avaliações, que foi superado através do estabelecimento de indicadores objectivos de avaliação. Também no campo da tributação da propriedade imobiliária a tentação do legislador na utilização indicadores de normalidade superou qualquer possibilidade de determinação real e efectiva do valor dos bens.

Todas as restantes alterações ao nível da estrutura dos dois impostos são meramente cosméticas, não influenciando significativamente o sistema de tributação.

Poderá, pois, concluir-se que de uma perspectiva qualificativa, o IMI e o IMT não são mais do que a CA e o Imposto Municipal de Sisa com uma nova roupagem. Todos os ajustamentos efectuados tiveram como objectivo a solução da questão socialmente mais dramática: a injustiça contributiva. As fontes de receita foram re-localizadas. Os imóveis mais antigos sofreram um aumento de tributação em IMI, e os imóveis mais recentes beneficiaram de uma redução; as taxas de IMT são mais reduzidas que as da Sisa, porém, a matéria colectável alvo de tributação é superior. Toda a alteração legislativa, que se dominou de Reforma da Tributação do Património, centrou-se unicamente numa vertente: a redistribuição dos encargos tributários, numa óptica puramente reditícia.

No entanto, as relações entre o sistema tributário[4] e a actividade urbanística[5] excedem a dimensão puramente reditícia. Uma política urbanística equilibrada e justa depende de uma infra-estrutura financeira eficiente e equitativa. Sem recursos financeiros públicos não se torna possível o desenvolvimento urbanístico das colectividades; sem uma tributação do património imobiliário equitativa acentuar-se-ão as desigualdades sociais; sem a redistribuição equitativa dos custos e dos benefícios dos instrumentos de planeamento entre os particulares afectados, uma política urbanística será inevitavelmente injusta e propiciadora de actividades especulativas; sem uma redistribuição perequativa dos encargos resultantes da existência de áreas de reserva ou de protecção situadas em determinadas áreas territoriais entre todos os municípios acentuar-se-ão as assimetrias regionais, colocando-se em causa a coesão sócio-económica no território nacional.

O urbanismo tem, pois, uma vertente financeira importante, que não pode ser ignorada nem analisada parcial ou sectorialmente.

A aprovação do IMI e do IMT deverá ser tomada como uma simples parcela (inacabada) de um edifício em construção. E, note-se, o legislador fiscal não é livre nas opções a tomar. O mercado urbanístico

---

[4] Adopta-se, pois, um conceito amplo de tributação, englobando-se no objecto do presente texto os impostos, as contribuições especiais e as taxas.

[5] Seguindo a classificação avançada por Fernando Alves Correia (in O Plano Urbanístico e o Princípio da Igualdade, Almedina, Coimbra, 1989, págs. 51 e segs.), que distingue três grandes domínios de urbanismo, a saber: o domínio do ordenamento e do planeamento urbanístico, o domínio do uso e ocupação dos solos urbanos e o domínio da construção de edifícios ou da edificação, adopta-se a sua sua concepção mais lata pois é a única que permite a integração total das problemáticas envolvidas.

é fértil em incapacidades genéticas, nomeadamente ao nível das exterioridades, competindo ao decisor financeiro a sua correcção. Por outro lado, as limitações administrativas podem ser fonte de entorses ao mercado que, no caso de não serem devidamente compensadas, poderão gerar injustiças redistributivas, sobrecarga urbanística e propensão para o desenvolvimento de actividades especulativas.

Não se poderá esquecer, ainda, que existe toda uma multiplicidade de tributos susceptíveis de aplicação à actividade urbanística e que têm sido totalmente ignorados quer pela doutrina quer pelas instâncias políticas. É o caso das diversas taxas de urbanização e de contribuição para a construção de infra-estruturas urbanísticas e das diversas contribuições especiais vigentes.

São todos estes tributos, que conjugadamente com a tributação dos rendimentos do património imobiliário em sede de Impostos sobre o Rendimento, constituem o sistema tributário aplicável à actividade urbanística e cuja importância em muito transcende a das receitas. Como demonstraremos de seguida, existe toda uma lógica de tributação que permite a sua conciliação na construção de um sistema urbanística eficiente, visando o Bem-Estar Social e que não pode, nem deve, ser esquecida.

2. **Princípios constitucionais reguladores da actividade pública urbanística. A exigência constitucional de um sistema urbanístico eficiente.**

A actividade administrativa urbanística do Estado encontra-se fortemente vinculada pelo ordenamento jurídico. Essa submissão reforçada é justificada pela grande amplitude das tarefas desenvolvidas e pela abundância, quantitativa e qualitativa, de relações inter-subjectivas estabelecidas. Essas relações jurídicas podem revestir uma natureza estritamente pública ou privada, ou, na grande maioria das ocasiões, uma natureza mista.

A actividade urbanística do Estado implica uma necessária articulação entre os diversos níveis da administração pública com competências na administração e ordenação do território [ao nível central e ao nível local; ao nível especializado (por exemplo, o IPPAR) ou ao nível genérico (o município)], englobando igualmente todo um conjunto de conteúdos essenciais para a composição da posição jurídica de administrados que possam ter interesses ou pretensões conflituantes (limitações de vizinhança e regulamentação de confrontações, ou, num conteúdo mais amplo, a garantia de uma efectiva igualdade inter-subjectiva no âmbito de um mesmo plano – perequação de interesses-). No entanto, o conteúdo relacional mais fértil reveste indiscutivelmente uma natureza mista, face à amplitude e à diversidade de intervenções administrativas que afectam de forma potencialmente negativa os interesses estabelecidos dos administrados.

O desenvolvimento da actividade urbanística e a sucessiva sofisticação dos meios de tutela dos direitos dos administrados tiveram como efeito uma acentuada ampliação do objecto do denominado "Direito do Urbanismo" cujo objecto essencial tem sido enunciado enquanto regulador da *"ciência e teoria da localização humana"*[6], ou, na terminologia utilizada por Freitas do Amaral, da *"política pública, encarregada da definição dos meios e objectivos da intervenção da Administração Pública no ordenamento racional das cidades"*[7].

Determinados autores, como Alves Correia, consideram o direito do urbanismo como integrando toda uma série de realidades jurídicas de conteúdo estritamente administrativo, englobando no seu âmbito três realidades essenciais: *o Direito do Plano (Planungsrecht)*, que regula a actividade de planeamento supra-local e local (no essencial, o Plano Regional do Ordenamento do Território, passando pelo Plano Director Municipal e terminando no Plano de Pormenor ou no Plano de Urbanização); *o Direito dos Solos (Bodenordnungrecht)*, de conteúdo instrumental e que visa possibilitar a realização dos fins definidos normativamente nos planos urbanísticos; e o *Direito Administrativo da Construção (Bauordnungrecht)* que abrange as regras técnicas e jurídicas a que deve obedecer a construção de edifícios[8].

Concluindo este autor, em seguida, que o Direito do Urbanismo deveria ser entendido como uma especialidade do direito administrativo,

---

[6] Cfr. Francoise Chay, *O Urbanismo*, Perspectiva, 5.ª edição, 2003, pág. 2.

[7] Cfr. Freitas do Amaral, *Sumários de Direito do Urbanismo*, edição policopiada, Lisboa, 1993, págs. 13 a 16. Sobre o conceito de urbanismo, consultar, igualmente, Fernando Alves Correia, *Manual de Direito do Urbanismo*, Almedina, 2001, págs. 53 e segs.; João Caupers, "Estado de Direito, Ordenamento do Território e Direito de Propriedade", *Revista Jurídica do Urbanismo e do Ambiente*, n.º 3, Junho de 1995, Almedina, págs. 89 e segs..

[8] Fernando Alves Correia segue de perto a doutrina jurídica alemã. Cfr. *O Plano Urbanístico e o Princípio da Igualdade*, Almedina, 2001, págs. 51 e 52.

revelando alguns traços particulares: a complexidade das suas fontes; a mobilidade das suas normas e a natureza intrinsecamente discriminatória dos seus preceitos[9].

Não negamos, obviamente, o conteúdo administrativo de parte do conteúdo normalmente apontado ao Direito do Urbanismo. Tomando em consideração o elevado número de relações jurídicas de natureza administrativa que são estabelecidas entre as entidades públicas e os particulares é fundamental que se constitua todo um direito substantivo e adjectivo de natureza essencialmente administrativa que defina o conteúdo dos poderes de autoridades detidos pelas entidades públicas e as garantias dos particulares perante estes.

Em consequência, é inegável que a vertente administrativa do Direito do Urbanismo se encontra sujeita aos princípios jurídicos gerais reguladores da actividade administrativa: o princípio da legalidade genérico, o princípio geral da proporcionalidade, o princípio específico do excesso e o princípio da igualdade.

No entanto, a actividade urbanística excede em muito a vertente puramente administrativa, revestindo uma natureza intrinsecamente económica.

Tal facto é explicitamente reconhecido por Alves Correia, quando refere que o Direito do Urbanismo deve ser entendido como uma especialidade do direito administrativo *"pela natureza intrinsecamente discriminatória dos seus preceitos"*. Na justificação desta particularidade, este autor refere o seguinte: *"na verdade, a finalidade principal das normas urbanísticas – em especial daquelas que têm assento nos planos – é definir os destinos das várias áreas ou zonas do território, bem como as formas e intensidades de utilização das diferentes parcelas do solo. E uma vez que o tipo e a medida de utilização do solo não podem ser os mesmos independentemente da sua localização, antes devem ser diferentes conforme as zonas em que se situarem os terrenos, verifica-se que o direito urbanístico reveste necessariamente um carácter discriminatório e é fonte de desigualdades em relação aos proprietários – ou aos titulares de outros direitos reais – dos terrenos por ele abrangidos. Estas discriminações, que se traduzem muitas vezes na interdição ou na limitação do exercício do vulgarmente designado "jus aedificandi", exercem*

---

[9] Cfr. *ob. cit.*, pág. 56,

uma influência profunda no valor dos solos e são geradoras de graves desigualdades entre os proprietários"[10].

Em nossa opinião, o que se encontra descrito como especialidade do direito urbanístico não é senão o reconhecimento explícito de uma falha de regulação pública do mercado da propriedade imobiliária, consubstanciada na criação de limitações e condicionantes à actividade privada sem a competente indemnização ou compensação.

Assim, o conteúdo discriminatório potencial do direito do urbanismo não é nenhum traço característico que permita a sua autonomização; antes constitui a constatação das suas insuficiências ao não serem tomadas em consideração as vinculações constitucionais que conformam o direito económico enquanto direito ordenador dos mercados.

De facto, a actividade urbanística do Estado abrange uma ainda maior panóplia de realidades que se situam indiscutivelmente fora do âmbito dos conteúdos normalmente apontados ao direito administrativo.

A submissão da actividade urbanística do Estado ao direito económico, e consequentemente aos seus princípios, é quase intuitiva. Efectivamente, se considerarmos a vertente substantiva do direito do urbanismo verificamos que esta se constitui, quase integralmente, no condicionamento público do direito de propriedade privada. Esse condicionamento é realizado através do exercício de funções de planeamento genérico e de limitação específica do conteúdo do direito da propriedade privada sobre os imóveis. Ganha, então, uma maior clareza a concepção que integra a actividade urbanística no âmbito do direito económico, quer ele seja entendido como *"sistema resultante da ordenação de normas e princípios jurídicos, em função da organização e direcção da economia"*[11] ou como *"ramo normativo do direito que disciplina, segundo princípios específicos e autónomos, a organização e a actividade económica"*[12]. Justifiquemos:

Em primeiro lugar, sendo o "Plano" o instrumento urbanístico fundamental, é fácil antever uma correlação estrita do mesmo com os planos económicos que se inserem no objecto típico do direito económico. Alguns

---

[10] Cfr. *ob. cit.*, pág. 60.
[11] Cfr. António Menezes Cordeiro, *Direito da Economia*, AAFDL, 3.ª reimp., 1994, pág. 8
[12] Cfr. António de Sousa Franco, *"Direito Económico/Direito da Economia"*, in *Dicionário Jurídico da Administração Pública*, IV Vol., pág. 46.

autores consideram[13], de forma correcta, que estes instrumentos específicos de planeamento técnico urbanístico, com inevitável incidência na actividade económica se constituem como verdadeiros "planos sócio-económicos". Essa qualificação decorre da determinação concreta e precisa dos termos de utilização de um dos mais importantes factores de produção: a terra (simultaneamente capital e matéria prima).

A acção pública de planeamento e ordenamento territorial tem um inevitável fundamento económico.

A justificação para o desenvolvimento da actividade pública de planeamento é quase intuitiva: imagine-se os custos de uma negociação individual entre centenas ou milhares de proprietários no sentido da conformação do direito a construir de cada um na sua propriedade. Os custos de negociação seriam elevadíssimos, o que a tornaria proibitiva. Por outro lado, os interesses divergentes (nomeadamente a máxima *not in my courtyard* a que assistimos permanentemente quando estão em causa grandes obras públicas) levariam inevitavelmente a concretização de situações sub-óptimas em sede de Bem-Estar Geral que adviriam de boleias (*free rides*) ou de bloqueios (*hold out*), consequências inevitáveis se a decisão em causa fosse desenvolvida numa óptica estritamente privada (ou cooperativa, se o bem for considerado como comum).

Essa actividade pública é fundamental: não seria possível a elaboração de um plano urbanístico se a decisão assentasse num pressuposto de cooperação (aplicando-se a regra da unanimidade) pois os custos de negociação seriam extraordinariamente elevados, podendo um único agente bloquear a conclusão de um instrumento que beneficiasse milhares[14]. Por outro lado, os juízos de prognose quanto ao desenvolvimento e organização da cidade só podem ser desenvolvidos de forma coerente pelos organismos públicos dado que estes não terão, à partida, quaisquer interesses pecuniários directos decorrentes dessa actividade.

Numa outra perspectiva, se a construção de infra-estruturas de suporte urbanístico estivesse dependente de uma acção estritamente privada (assente numa lógica cooperativa), além dos bloqueios descritos no pará-

---

[13] António Carlos dos Santos e outros, *Direito Económico*, Almedina, 2004, págs. 231 e 232.

[14] Advoga-se, portanto, uma acção pública baseada na Teoria do Segundo Óptimo. Cfr. Jorge Costa Santos, *ob. cit.*, págs. 40 a 42 e 111.

grafo anterior, poderiam ocorrer boleias de sujeitos, que não pretendendo contribuir directamente para a construção do equipamento iriam, no entanto, usufruir das utilidades prestadas.

O plano urbanístico aparece, portanto, como um plano ordenador, em quase tudo idêntico aos modernos planos económicos dos Estados modernos. Efectivamente, e ao contrário do que a doutrina tradicional enunciava e tratava, o plano económico não tem hoje uma função de conformação da realidade económico-social, e muito menos, visa a sua alteração. Os Estados não tem hoje a pretensão de fixação de grandes objectivos da política económica e social nem se arrogam na detenção dos instrumentos fundamentais para a prossecução dessas finalidades: de um fundamento de intervenção, o Estado passou a desenvolver uma actividade de ordenação económica, onde se inclui, inevitavelmente, o ordenamento territorial.

Em segundo lugar, e tal como nas restantes áreas do direito económica, o direito urbanístico tem como objecto a conformação do direito de propriedade privada tendo em vista um interesse público superior.

Em sede de direitos e deveres económicos, a CRP reconhece como direito análogo aos direitos fundamentais (artigo 17.º), no artigo 62.º, o direito à propriedade privada. Este direito tem um inevitável conteúdo económico, já que abrange no seu conteúdo a propriedade de meios de produção, o que fundamenta a sua conformação. Como refere António Carlos dos Santos, *"o direito de propriedade privada não é reconhecido como um direito absoluto, podendo ser objecto de limitações ou restrições, as quais se relacionam com princípios gerais de direito (função social da propriedade, abuso de direito), com razões de utilidade pública ou com a necessidade de conferir eficácia a outros a outros princípios ou normas constitucionais, incluindo outros direitos económicos ou sociais e as disposições da organização económica (...)"*.

Ora, o direito de propriedade privada inclui quatro componentes: o direito de a adquirir, ou seja, o direito de acesso; o direito de a usar e fruir, na óptica do exercício; a liberdade de transmissão e o direito de não ser privado dela[15].

São, portanto, admissíveis restrições ao direito de propriedade privada. Quanto à sua apropriação, a principal limitação decorre da existência

---

[15] Cfr. Gomes Canotilho e Vital Moreira, *Constituição Portuguesa Anotada*, Coimbra, pág. 332.

de bens do domínio público (enumerados de forma não exaustiva pelo artigo 84.º da CRP), que se devem entender como uma reserva de propriedade pública. No entanto, e no caso concreto, as mais relevantes restrições são as que atingem o direito de uso e fruição (mais precisamente o *jus aedificandi* ou o direito a edificar), devendo entender-se como tais os diversos condicionamentos ambientais ou de ordenamento do território (delimitação de áreas de reserva agrícola e ecológica, planeamento urbano, etc.).

Ora, o conteúdo jurídico-económico destas restrições é evidente. Tal como é evidente a sua consequência.

O n.º 2 do artigo 62.º estabelece um limite constitucional ao direito de o titular não ser privado da sua propriedade, ou de parte do conteúdo desta, salvo justa indemnização (artigo 83.º).

Por outro lado, além da necessária compensação, estas restrições encontram-se submetidas a um princípio de legalidade (que exterioriza positivamente o interesse público) e ao princípio da igualdade nas suas diversas manifestações (formal, material, distributiva, comutativa).

Assim, e como refere António de Sousa Franco[16], no plano constitucional, o direito de propriedade é consagrado e disciplinado de duas formas:

1.º – Como <u>direito fundamental de apropriação dos bens</u> de qualquer natureza (desde que apropriáveis), tanto de produção como de consumo: direito fundamental de conteúdo económico que traduz a base do regime geral do direito de propriedade privada, nas suas diversas manifestações;

2.º – Como <u>direito institucional de propriedade</u>, sendo definida como elemento integrante da organização económica. Neste último sentido, a propriedade do solo é vista como um meio ou bem de produção, integrando os recursos naturais.

Neste âmbito, qualquer limitação imposta à propriedade do solo, ou a parte do seu conteúdo estarão sempre condicionadas a um princípio de legalidade, de igualdade intersubjectiva e a uma necessária indemnização ou compensação quando o necessário desencadeie uma qualquer acção ablativa.

---

[16] António de Sousa Franco, *Noções de Direito da Economia*, I vol., AAFDL, págs. 211 e 213.

Em consequência, afirmações que advoguem o teor discriminatório ou propiciador de desigualdades do direito do urbanismo são intoleráveis. Efectivamente, um qualquer diploma legal que origine qualquer uma destas situações é inevitavelmente inconstitucional na óptica do princípio da igualdade económica.

Em terceiro lugar, não nos poderemos esquecer que a actividade urbanística influencia decisivamente o mercado imobiliário. Ora, é o direito económico que tem no seu objecto o direito dos mercados, entendido como o regime jurídico ordenador das diversas formas de mercado e em especial da concorrência nos mesmos.

Assim, face às incapacidades de mercados existentes no mercado da propriedade imobiliária (fluidez inexistente, ocorrência de exterioridades positivas e negativas, necessidade de fornecimento de bens públicos), descritas no ponto seguinte, a acção reguladora do Estado é mais do que justificada. No limite, poderá mesmo considerar-se a essa função correctora como obrigatória (alíneas a), b) e f) do artigo 81.º da CRP).

Ora, esta função de regulação e ordenação dos mercados, essencial na configuração económico-financeira dos Estados modernos enquanto Estados Reguladores[17] é totalmente incompatível com eventuais "falhas de regulação", ou seja com acções públicas que além de não corrigirem as falhas ou os desequilíbrios do mercado, antes os agravam. É esta a principal explicação para a situação de caos urbanístico existente em Portugal.

Ora, um direito urbanístico que não tome em consideração os imperativos de direito económico, e no limite, o princípio da igualdade económica origina fatalmente desigualdade e injustiça.

O mercado da propriedade imobiliária, na perspectiva sua perspectiva mais ampla, é inevitavelmente influenciado pelas opções urbanísticas desenvolvidas pelas entidades públicas no campo das potencialidades construtivas. Não é, pois, de estranhar a acutilância das discussões doutrinárias relativamente à natureza jurídica do *jus aedificandi,* dado que as discrepâncias relativamente a esta qualificação têm como origem divergências conceptuais nos mais básicos fundamentos teóricos do conteúdo do direito à propriedade imobiliária e aos seus eventuais condicionamentos sociais.

---

[17] Cfr., por todos, Eduardo Paz Ferreira, *Direito da Economia,* AAFDL, Lisboa, 2001, págs. 393 e segs..

Em Portugal, e numa perspectiva financeira, a actividade urbanística tem sido considerada fundamentalmente como uma fonte de receitas públicas municipais. Efectivamente, o resultado financeiro da actividade pública de urbanização tem sido de tal forma considerável que os organismos públicos responsáveis[18] ignoram os verdadeiros fundamentos da actividade financeira urbanística, funcionalizando a actividade urbanística à maximização dos proveitos financeiros daí decorrentes.

Esta visão, limitada e viciada, tem um impacto extremamente gravoso no desenvolvimento eficiente da própria actividade administrativa subjacente.

O resultado destas disfunções é visível aos olhos de todos. Não será necessária a realização de uma investigação empírica aprofundada para verificar as consequências das políticas de urbanismos (in)existentes no nosso país.

Desta situação instalada resultam diversos problemas ao nível da organização eficiente do mercado. Tendo ocorrido uma expansão geométrica da actividade urbanística nos últimos anos, que resolveu definitivamente as carências estruturais de habitações no nosso país, verifica-se, actualmente, uma natural redução dos níveis de actividade. Ora, perante esta situação de estagnação, os níveis de receitas directas provenientes

---

[18] Tendo em consideração o princípio da descentralização, a actividade urbanística é historicamente cometida aos municípios pois serão essas entidades que estarão em melhores condições para o seu desenvolvimento dada a relação de extrema proximidade com as populações e com o território. No entanto, actualmente, e atendendo ao desenvolvimento factual de áreas metropolitanas, deverão ser criados organismos de coordenação urbanística sob pena das disfunções actuais se continuarem a agravar em resultado da falta de percepção atempada da necessidade de criação dessas entidades centralizadas (de coordenação ou, mesmo, integradas) que resolvessem as disfunções resultantes de decisões autárquicas individualizadas em grandes massas urbanas. Efectivamente, o princípio da descentralização na decisão pública advoga, por razões de eficiência, que a decisão seja tomada o mais próximo possível dos seus destinatários, permitindo ao decisor sintetizar mais fielmente as reais necessidades dos cidadãos minimizando eventuais distorções que influenciem negativamente a sua decisão. No entanto, se a decisão for mais eficiente num nível mais elevado atendendo aos condicionalismos mais abrangentes que a condicionam, então, deverá ser tomada nesse grau. Cfr. António de Sousa Franco, *Finanças Públicas e Direito Financeiro, vol.* I, 4.ª edição, Almedina, 2004, págs. 74 e segs; Fernando Araújo, *Introdução à Economia,* vol. II, 2.ª edição, Almedina, 2004, págs. 1040 e segs; Richard e Peggy Musgrave, *Public Finance in Theory and Practice,* 5nd edition, McGraw-Hill, 1989, págs. 87 e segs..

das actividades de implantação urbanística reduzir-se-ão drasticamente num futuro próximo, o que colocará enormes problemas aos municípios que se encontram totalmente dependentes deste tipo de receitas[19].

Por outro lado, praticamente todos os espaços apetecíveis disponíveis foram já urbanizados. Não serão, pois, de estranhar eventuais investidas injustificadas a espaços até hoje protegidos pela Reserva Agrícola Nacional[20] (RAN) e pela Reserva Ecológica Nacional[21] (REN) ou mesmo

---

[19] As autarquias locais sentem actualmente constrangimentos financeiros gravíssimos que podem colocar em causa a sua solvabilidade num futuro muito próximo e que as tornam particularmente sensíveis a todas as possibilidades de maximização dos níveis de receita de curto-prazo. A demonstração deste verdadeiro "estado de necessidade" ao nível da despesa é bastante fácil, dado: (1) o aumento da despesa autárquica proveniente do alargamento de competências autárquicas; (2) o aumento da despesa autárquica proveniente do aumento da dimensão dos corpos administrativos de suporte à decisão autárquica; (3) o aumento da despesa autárquica decorrente do enorme esforço de investimento realizado nos últimos anos na criação de infra-estruturas públicas que agora necessitam de manutenção; (4) o desenvolvimento e implementação de um princípio de descentralização alargado; (5) o aumento de exigência por parte dos munícipes ao nível da prestação dos serviços pelos municípios; (6) a redução do investimento público por parte da Administração Central que necessita de ser compensada por investimento autárquico.

No entanto, este movimento de expansão da despesa depara-se com uma tendência totalmente inversa do lado da receita decorrente: (1) do esgotamento do modelo tradicional de financiamento autárquico; (2) da redução significativa da taxa de crescimento dos impostos locais (Contribuição Autárquica/IMI, Impostos Municipal de Sisa/IMT, Imposto sobre os Veículos); (3) da limitação da possibilidade de endividamento por via da Lei da Estabilidade Orçamental (Lei Orgânica n.º 2/2002) e das sucessivas Leis do Orçamento do Estado desde 2002; (4) da redução das transferências proveniente do Orçamento do Estado, tendo em consideração a derrogação aos princípios estatuídos na Lei das Finanças Locais pela mesma Lei Orgânica n.º 2/2002.

[20] Cfr. Decreto-Lei n.º 169/89, de 14 de Junho, objecto de Declaração de Rectificação de 31 de Agosto de 1989, e alterado pelo Decreto-Lei n.º 274/92, de 12 de Dezembro e pelo Decreto-Lei n.º 278/95, de 25 de Outubro. O regime jurídico da RAN «visa defender e proteger as áreas de maior aptidão agrícola e garantir a sua afectação à agricultura, de forma a contribuir para o pleno desenvolvimento da agricultura portuguesa e para o correcto ordenamento do território» (artigo 1.º). De acordo com o estatuído no n.º 1 do seu artigo 3.º, a RAN integra o «conjunto das áreas que, em virtude das suas características morfológicas, climatéricas e sociais, maiores potencialidades apresentam para a produção de bens agrícolas».

[21] Cfr. Decreto-Lei n.º 93/90, de 19 de Março, alterado pelo Decreto-Lei n.º 316/90, de 13 de Outubro, pelo Decreto-Lei n.º 213/92, de 12 de Outubro, pelo Decreto-Lei n.º 79/95, de 20 de Abril e pelo Decreto-Lei n.º 203/2002, de 1 de Outubro. Nos termos do seu regime jurídico, a REN «constitui uma estrutura biofísica básica e diversificada que, através do condicionamento à utilização de áreas com características ecológicas espe-

a territórios inseridos em Zonas Especiais de Conservação (ZEC) ou Zonas de Protecção Especiais (ZPE)[22].

Esta dependência das autarquias locais relativamente às receitas provenientes da actividade urbanística origina uma propensão política à maximização da carga urbanística concelhia, na maioria das vezes desproporcionada face às necessidades reais do mercado e quase sempre excessiva considerando as capacidades de edificação ópticas no espaço em causa.

No entanto, a dependência estrutural dos municípios em relação às receitas das actividades urbanísticas não constitui o único factor de desequilíbrio que obsta à criação de uma situação economicamente óptima.

Efectivamente, existe um efectivo desequilíbrio entre as potencialidades de edificação dos diferentes municípios sem que se encontre prevista qualquer modalidade de compensação intermunicipal[23].

---

cíficas, garante a protecção de ecossistemas e a permanência e intensificação dos processos biológicos indispensáveis ao enquadramento equilibrado das actividades humanas (artigo 1.º) e abrange zonas costeiras e ribeirinhas, águas interiores, áreas de infiltração máxima e zonas declivosas (artigo 2.º).

[22] Cfr. Decreto-Lei n.º 140/99, de 24 de Abril, que reviu a transposição para a ordem jurídica interna da Directiva n.º 79/409/CEE, do Conselho, de 2 de Abril, relativa à conservação das aves selvagens (Directiva Aves), alterada pelas Directivas n.ºs 91/244//CEE, da Comissão, de 6 de Março, 94/24/CE, do Conselho, de 9 de Junho, e 97/49/CE, da Comissão, de 29 de Junho, bem como da Directiva n.º 92/43/CEE, do Conselho, de 21 de Maio, relativa à preservação dos habitats naturais e da fauna e flora selvagens (Directiva Habitats), com as alterações que lhe foram introduzidas pela Directiva n.º 97//62/CE, do Conselho de 27 de Outubro. Constituem objectivos deste decreto-lei assegurar a biodiversidade, através da conservação e do restabelecimento dos habitats naturais e da flora e fauna selvagens num estado de conservação favorável no território nacional, tendo em conta as exigências económicas, sociais e culturais, bem como as particularidades regionais e locais (n.º 2 do artigo 1.º). Assim, a ZEC é «um sítio de importância comunitária no território nacional em que são aplicadas as medidas necessárias para a manutenção ou o restabelecimento do estado de conservação favorável dos habitats naturais ou das populações das espécies para as quais o sítio é designado» (n.º 1 do artigo 3.º). A ZPE, por sua vez, é «uma área de importância comunitária no território nacional em que são aplicadas as medidas necessárias para a manutenção ou o restabelecimento do estado de conservação das populações e das espécies de aves selvagens inscritas no anexo A-I e dos seus habitats» (n.º 1 do artigo 3.º).

[23] Essa desigualdade decorre de duas razões essenciais: 1) do ponto de vista estrutural, existem áreas municipais de baixa densidade e de alta densidade. Ora, em situações de baixa densidade, por exemplo, em áreas de montanha, os custos de construção de infra-estruturas urbanísticas são bastante elevados, incompatíveis com os valores de mercado

No entanto, as falhas de regulação fazem-se sentir, igualmente, numa vertente intra-plano. É inconcebível, nos termos do princípio da igualdade económica, que a definição de zonas edificáveis e não edificáveis seja efectuado numa lógica totalmente discricionária (arbitrária) que se traduz na concessão de benesses a poucos e na imposição de sacrifícios a muitos, sem a necessária compensação.

Esses sacrifícios traduzem-se, no plano urbanístico na compressão desigual do *jus aedificandi* inerente ao direito de propriedade detido por diferentes sujeitos económicos. Os efeitos destas práticas administrativas são evidentes:
- ao não existir compensação entre os diversos agentes desigualmente afectados pelas imposições administrativas, sujeitos em posição semelhante são tratados de forma diferenciada, o que constitui uma negação do princípio da igualdade material;
- as instâncias administrativas, ao comprimirem de forma intensa o *jus aedificandi* em determinadas propriedades, sem que estas beneficiem de uma compensação por parte dos beneficiados, originam uma elevação artificial e especulativa dos preços das propriedades não afectadas por esses constrangimentos, dado que a oferta, já escassa, é ainda mais restringida.

São, pois, abundantes as razões que nos levam a concluir pela vertente económica do direito do urbanismo. Os corolários desta constatação são evidentes: o direito do urbanismo não pode compactuar com a criação de desigualdades; o Bem Público não pode justificar o Bem Privado

---

dos imóveis, o que inviabiliza liminarmente a aplicação de um qualquer mecanismo de repartição perequativa dos investimentos se tal for efectuado num âmbito estritamente intra-municipal. Desta forma, a solução para esta falha estrutural de mercado dependerá da acção das autoridades públicas centrais que deverão desenvolver mecanismos de compensação inter-municipal entre os municípios propensos à criação em larga escala de solo urbano (os municípios do litoral) e os municípios do interior, de reduzida densidade urbana e que sustentam custos infra-estruturais proibitivos; 2) do ponto de vista legal e atendendo as características morfológicas do território nacional, as áreas da RAN, da REN bem como as áreas protegidas, não poderão ser tomadas como encargos dos municípios onde se situam mas sim de toda a colectividade. O benefício social decorrente, por exemplo, da existência do Parque Nacional do Litoral Alentejano e da Costa Vicentina transcende as vantagens directamente incorridas pelos cidadãos residentes nas áreas municipais abrangidas estendendo-se a todos os cidadãos nacionais e, no caso das áreas englobadas na rede Natura 2000, igualmente aos cidadãos comunitários.

de alguns, arbitrariamente concedido e o Mal Privado de muitos, injustificado e não compensado. Nestas condições, as funções de regulação do Estado no mercado imobiliária são exercidas de forma inconstitucional, e em consequência, são totalmente intoleráveis.

3. A questão financeira urbanística. Falhas de Mercado e Fornecimento de Bens Públicos na Actividade Urbanística

3.1. *Os princípios fundamentais de tributação da propriedade imobiliária*

A actividade do Estado tem como único objectivo a satisfação das necessidades dos cidadãos no sentido da elevação sucessiva dos seus níveis de Bem-Estar. Nesse âmbito, as autoridades públicas deverão desenvolver esforços sensíveis no âmbito da prestação de utilidades que os cidadãos necessitam e que não lhes possam ser fornecidas pelo mercado. Sendo a iniciativa pública subsidiária da iniciativa privada, os agentes públicos só deverão intervir quando o mercado for incapaz de, por si só, ou através de regulação correctora, alcançar um nível da satisfação eficiente das necessidades[24] ou uma redistribuição justa da riqueza[25].

---

[24] Efectivamente, nas situações em que a iniciativa pública e a iniciativa privada forem igualmente eficientes na satisfação de uma necessidade, as entidades públicas deverão abster-se de qualquer intervenção dado que da canalização de recursos financeiros provenientes dos impostos (e que provocam desutilidade privada) para o financiamento das entidades públicas originar-se-ão inevitáveis custos administrativos que reduzirão, inevitavelmente, os montantes efectivamente aplicados na satisfação das necessidades dos cidadãos. Nestas situações, a desutilidade privada resultante da tributação será superior á utilidade pública produzida, o que implica uma diminuição dos níveis de Bem-Estar Social.

[25] Além dos seus inevitáveis corolários éticos, a redistribuição económica é igualmente uma condição para uma elevação sustentada e duradoura dos níveis de Bem-Estar Social, evitando clivagens sociais e outras confrontações geradoras de enormes prejuízos sociais. Por outro lado, e adoptando a perspectiva paretiana, sem uma efectiva redistribuição da riqueza poderia um agente atingir o Óptimo Social, o que impediria, nos momentos subsequentes, qualquer outra melhoria paretiana. Cfr. Nazaré da Costa Cabral, *A Redistribuição Económica*, AAFDL, 2002; Jorge Costa Santos, *Bem-Estar Social e Decisão Financeira*, Almedina, Coimbra, 1993.

A actividade financeira pública, por sua vez, tem um carácter meramente instrumental, constituindo-se como a infra-estrutura essencial para o desenvolvimento das finalidades públicas, que segundo Musgrave[26], poderão ser classificadas em três grandes categorias: a função de fornecimento de bens; a função de redistribuição económica; e a função de estabilização económica.

Mesmo esquecendo eventuais iniciativas públicas no sentido da limitação ou condicionamento do exercício dos direitos inerentes à propriedade privada de bens imóveis[27], este mercado apresenta algumas particularidades que o legislador fiscal não pode ignorar sob pena de acentuar as suas distorções genéticas.

3.1.1 *A natureza atípica do mercado imobiliário*

Ninguém contesta actualmente que o mercado moldado pela iniciativa privada constitui o melhor método para se proceder à satisfação das necessidades dos cidadãos e consequentemente à elevação sustentada dos níveis de Bem-Estar Social. Efectivamente, num mercado livre e não distorcido, a oferta e a procura interagirão construindo situações óptimas na óptica concorrencial[28].

No entanto, um mercado só será plenamente concorrencial ao encontrarem-se reunidas três pressupostos essenciais: (1) a atomicidade, ou seja, a presença no mercado de uma multiplicidade de agentes quer do lado da procura quer do lado da oferta, de forma que seja vedado a qualquer deles determinar individualmente os termos fundamentais que conformam as transacções, *maxime*, o seu preço; (2) a fluidez, que consiste na existência de mecanismos que propiciem transacções rápidas e eficientes de produtos homogéneos assentes em decisões económicas tomadas na posse de plena informação, estando os agentes totalmente esclarecidos quanto aos termos das opções presentes e das consequências destas num momento futuro; (3) a existência de liberdade de entrada e de

---

[26] Cfr. Richard e Peggy Musgrave, *Public Finance in Theory and Practice*, 5th edition, McGraw-Hill, 1989, págs. 7 a 12.
[27] Que serão tratadas *infra*.
[28] Cfr. Fernando Araújo, *Introdução à Economia*, vol. I, Almedina, 2003, págs. 227 e segs.

saída, não sentindo os agentes quaisquer entraves excessivos quer à entrada no mercado (inexistência de custos de transacção) quer à saída (inexistência de custos irrecuperáveis).

Ora, perante estes requisitos conclui-se rapidamente que o mercado imobiliário não é um mercado plenamente concorrencial. Henry George, em 1879, na obra *Progress and Poverty*, foi o primeiro autor a constatar essa realidade[29]. Nessa época, os Estados Unidos não dispunham que quaisquer instrumentos de ordenamento do território nem de impostos sobre o rendimento, no entanto, este autor preocupou-se com o facto da "terra livre" começar a escassear, o que poderia gerar tensões fortíssimas entre os interesses públicos e os interesses privados. Henry George estava essencialmente preocupado com o facto da escassez de terra originar graves desequilíbrios ao nível da igualdade de oportunidade económica que gerariam inevitavelmente confrontações sociais. Assim, como qualquer outro autor clássico, acreditava que os mercados concorrenciais e a propriedade privada gerariam eficiência e produtividade, remunerando os produtores quando fossem de encontro aos interesses dos consumidores. No entanto, o factor de produção terra tinha um comportamento peculiar dado que independentemente do aumento da procura a sua oferta não poderia aumentar. Sendo a capacidade da oferta limitada, a existência de um mercado plenamente concorrencial estava, à partida, afastada. Nesta situação, e verificando-se uma aumento natural do volume da procura decorrente do aumento demográfico, os proprietários imobiliários beneficiariam de elevadas valorizações fundiárias, que se verificariam independentemente do uso que dessem às suas propriedades[30].

A solução proposta por este autor era simples e radical. Enquanto que a doutrina maioritária à época defendia a nacionalização da propriedade imobiliária, Henry George sugeriu a criação de um imposto que tributasse todos os rendimentos adicionais decorrentes do aumento do valor da propriedade imobiliária e que fossem independentes de uma acção privada desenvolvida pelo seu proprietário. Esse imposto capturaria

---

[29] Embora a teoria da renda fosse muito popular naquela época, nenhum outro autor foi tão claro na formulação de uma teoria tributária a este respeito.

[30] Cfr. H. James Brown, *"Henry George's Contributions to Contemporary Studies of Land Use and Taxation"*, in *Land Use and Taxation*, Lincoln Institute of Land Policy, 1997, págs. 1 a 5.

todos os rendimentos excedentes decorrentes da escassez natural do factor de produção e que resultariam do aumento demográfico e de actos de gestão pública urbanística. Do lançamento deste imposto decorreria um duplo dividendo: os proprietários seriam obrigados ao desenvolvimento das suas propriedades dando-lhe o maior e melhor uso possível; e, tendo em consideração as elevadas receitas que se iriam cobrar, poderiam os restantes impostos ser revogados.

Henry George não desconfiaria à altura da enunciação das suas ideias que estas se manteriam actuais dois séculos passados. Não se advoga, naturalmente, a revogação de todos os restantes impostos, nem a aplicação de uma "receita" radical a este propósito. O grande mérito deste autor decorre da simples constatação acerca da natureza atípica do mercado de propriedade imobiliária, que não podendo ser de concorrência perfeita, dada a limitação ao nível da oferta, obriga a uma necessária intervenção pública no sentido da sua correcção.

Além das limitações ao nível da oferta, o mercado de propriedade imobiliária apresenta também dificuldades sensíveis na perspectiva da fluidez. A terra disponível, salvo raríssimas e muito dispendiosas excepções, resulta de uma actividade de criação natural. Por outro lado, sendo imóvel, a sua localização espacial é uma característica única, não podendo existir duas propriedades numa única localização. Este condicionalismo exclusivo constitui, em consequência, um factor crucial na definição do seu valor.

A falta de fluidez inerente à terra enquanto factor de produção origina barreiras naturais à entrada e à saída do mercado. As suas características de permanência, quantidade limitada e imobilidade têm inevitáveis efeitos ao nível do processo de decisão privada, dado que qualquer opção terá efeitos muito prolongados no tempo, podendo mesmo ser irreversível. Os prejuízos de uma má opção serão, em diversas situações, irrecuperáveis e os juízos de prognose longa são realizados, muitas vezes, sem a informação necessária, propiciando movimentos especulativos. É clara, pois a existência de informação assimétrica ao nível da evolução futura dos mercados de propriedade imobiliária que impede a formulação de decisões económicas óptimas.

No entanto, além das falências genéticas sentidas no lado da oferta da propriedade imobiliária, ocorrem outros fenómenos económicos decorrentes da especial interacção entre os diversos agentes no mercado urbanístico. Assim, poderão ocorrer exterioridades significativas nestes mercados que ao não serem interiorizadas – contabilizadas enquanto custos ou proveitos na contabilidade individual do agente causador – originarão situações sub-óptimas[31].

Desta forma, quando as entidades públicas constroem uma nova ponte ou inauguram uma nova estrada, os terrenos envolventes valorizarão sem que os seus proprietários tenham realizado qualquer acção nesse sentido. Estas mais-valias (*windfall gains*) beneficiam proprietários individualmente considerados embora os investimentos públicos tivessem sido efectuados à custa de toda a comunidade, justificando-se, pois, uma socialização desses ganhos (socialização das exterioridades positivas), por via da imposição de contribuições especiais.

Em sentido inverso, quando os agentes privados causem custos reflexos em outros agentes devido ao seu comportamento torna-se essencial a sua interiorização, de forma que o custo privado marginal se equipare ao custo social marginal, eliminando-se consequentemente a exterioridade negativa[32]. Tal justificaria, na óptica urbanística, que um imóvel degradado sustentasse uma mais carga tributária mais elevada pois constitui um factor de desvalorização na área em redor à da sua localização.

A supressão destas falhas de mercado constitui um imperativo para as entidades públicas. Não existe opção possível a este propósito. Se o mercado não funciona numa área essencial para os cidadãos (o urbanismo é essencial para a vida em sociedade) devem as entidades públicas tomar as medidas necessárias para a sanação dessas incapacidades. Estamos, pois, numa das áreas mais sensíveis do governo público – a gestão da "*polis*" – a "política" no seu sentido mais profundo.

Sendo uma área essencial para o Bem-Estar Social, todas as opções políticas a este respeito devem respeitar os mais profundos mandamentos aplicáveis; e, quanto a isso, não existem quaisquer dúvidas: as entidades públicas competentes devem, a qualquer custo, desenvolver esforços no

---

[31] Conforme refere António de Sousa Franco, "*a interdependência entre as pessoas em sociedade gera situações difíceis de regular: na verdade as decisões de um consumidor ou de um produtor reflectem-se por vezes – positiva ou negativamente – sobre outras pessoas que com elas nada têm que ver: ora proporcionando-lhes utilidades externas (benefícios resultantes de comportamento alheio), ora imponde-lhes desutilidades externas (custos resultantes de comportamento alheio*" in Manual, Vol. I, cit., pág. 28.

[32] Cfr. quanto às exterioridades ambientais cfr. Carlos Baptista Lobo, "*Impostos Ambientais. Análise Jurídico Financeira*" in Revista Jurídica do Ambiente e Urbanismo, n.ºs 2 e 3, Almedina, 1994.

sentido do aumento dos padrões de eficiência no mercado urbanístico – tal obrigação decorre directamente das alíneas d) e e) do artigo 9.º, do artigo 65.º e das alíneas a), d) e f) do artigo 81.º da Constituição.

Neste assunto não existe opção possível: não estamos no campo da orientação, nem mesmo da estabilização económica; o que está em causa é uma verdadeira e própria correcção das insuficiências do mercado, tarefa que se inclui no âmbito das mais básicas funções do Estado.

3.2. *O fornecimento de bens públicos no âmbito da actividade urbanística. Em especial, o fornecimento de infra-estruturas urbanísticas*

Além das barreiras à entrada no mercado da propriedade imobiliária e da sua reduzida fluidez estrutural, que por si só justificam uma intervenção pública nesse mercado, a fruição dos bens imobiliários depende em larga medida de activos urbanísticos de suporte. Assim, uma casa só satisfará de forma eficiente as necessidades do seu proprietário se existir toda uma rede de infra-estruturas urbanísticas que suporte a propriedade imobiliária individual. Os arruamentos, os parqueamentos, as redes de água, gás, telecomunicações, energia, iluminação pública, recolha de lixos, esgotos constituem equipamentos que são essenciais, estando o valor do valor do imóvel condicionado à sua existência e à sua qualidade. No entanto, além das redes de serviços em rede básicos, outros equipamentos, como as escolas, os espaços verdes, as piscinas, os hospitais são, hoje, essenciais. A estes equipamentos físicos poderão acrescentar-se serviços como a segurança pública e a animação cultural.

Ora, na grande maioria das ocasiões, este tipo de utilidades só é eficientemente fornecida por uma entidade pública. Tal resulta da qualificação deste tipo de utilidades enquanto revestindo a qualidade de bens públicos[33] (ou colectivos, na terminologia de Sousa Franco), dadas as

---

[33] Como se sabe, na sequência dos estudos dos economistas neo-clássicos, designadamente Pareto, Marshall e Pigou (cfr. Joseph Schumpeter, *History of Economic Analysis*, London, George Allen & Unwin, 1954, págs. 833-440, 858-861 e 1069-1072; João Lumbrales, *História do Pensamento Económico*, Coimbra, Coimbra Editora, 1988, págs. 181 e ss e 217 e ss. e Jorge Costa Santos, *Decisão Financeira e Bem Estar Social*, Almedina, 1994. 37 e ss.), e da moderna teoria das finanças públicas ou da economia

suas características de satisfação passiva (prestam, pela sua própria natureza, utilidades indivisíveis, independentes da procura em mercado), de consumo não exclusivo (o consumo de um sujeito não exclui, em regra, consumos subsequentes de outros sujeitos relativamente ao mesmo bem), e de não emulatividade (os utilizadores não entram em concorrência para conseguir a sua utilização)[34].

No caso da actividade urbanística, o conjunto de normas jurídicas destinadas a garantir o correcto ordenamento do território, a construção de infra-estruturas básicas de suporte à propriedade imobiliária e a melhoria do nível da vida nas cidades, na medida em que visam suprir incapacidades do mercado e salvaguardar o interesse geral, correspondem claramente a bens públicos ou colectivos mas que, além disso, satisfazem as necessidades e interesses de todos quantos se aproveitam das utilidades geradas pela intervenção do agente público, compreendendo pois um

---

pública (cfr. Sousa Franco, *Finanças Públicas e Direito Financeiro*, Vol. I, 4.ª ed., cit., págs. 17 e ss.; Richard A. Musgrave e Peggy B. Musgrave, *Public Finance in Theory and Practice*, 4th ed., McGraw-Hill, 1984, págs. 48 e ss.; Anthony B. Atkinson e Joseph E. Stiglitz, *Lectures on Public Economics*, McGraw-Hill, 1987, págs. 482 e ss. e Jorge Costa Santos, *ob. cit.*, págs. 61 e ss.), o funcionamento puro do mercado (sem interferências de qualquer ordem) não gera, por si só, eficiência na afectação dos recursos, nem bem-estar e justiça social. A racionalidade económica determina os comportamentos dos agentes em função da maximização do lucro (empresas) e da utilidade (famílias). Para satisfazer as necessidades económicas que fogem a esse paradigma de racionalidade, torna-se necessário organizar mecanismos de provisão pública dos bens aptos à satisfação dessas necessidades, e que não são produzidos pelo mercado. Tais bens assumem a natureza de bens públicos ou colectivos, isto é, bens que são produzidos fora do mercado, podem ser utilizados por todos em termos não exclusivos, e proporcionam utilidades indivisíveis, de satisfação passiva, em termos não emulativos (cfr. António de Sousa Franco, *Finanças Públicas e Direito Financeiro*, Vol. I, 4.ª ed., cit., págs. 26-27 e 33-41), e opõem-se aos bens semi-públicos, que proporcionam utilidades exclusivas e divisíveis, de satisfação activa, cuja oferta é assegurada pela colectividade por razões ligadas à prossecução do interesse público e cujo financiamento fica a cargo dos beneficiários, e aos bens individuais que, por definição, são susceptíveis de consumo privado, em termos exclusivos, e são oferecidos e procurados no mercado mediante um preço concorrencial. São exemplos de bens públicos o farol, mas também a segurança, as comunicações, a qualidade de vida, o direito, a ordem social, etc.. Os bens públicos não podem ser oferecidos pelo mercado e é por isso que se fala em incapacidades ou insuficiências do mercado («*market failures*»).

[34] Cfr. António de Sousa Franco, *Finanças Públicas e Direito Financeiro*, vol. I, Almedina, 2004, págs. 26 e 27.

elemento de divisibilidade que lhes adiciona uma componente mista ou de utilização individual[35].

Porém, com a sofisticação dos mecanismos de mercado, poucos são os bens que revestem hoje uma natureza pública pura. A limpeza das ruas, o tratamento dos jardins, a construção das infra-estruturas em rede pode, em última instância, ser desenvolvida por entidades privadas.

4. Das actividades públicas urbanísticas em especial. Um sistema tributário eficiente visando o desenvolvimento sustentável.

A função mais básica do Estado em matéria urbanística é a do *planeamento e ordenamento do território*. É precisamente essa a origem da política entendida no contexto moderno do termo. Conforme foi referido no ponto anterior, só uma actividade pública permite ultrapassas as inevitáveis ineficiências que decorreriam de uma acção puramente privada[36].

Assim, e em termos gerais, deveremos assentar a tributação da actividade urbanística no princípio da equivalência ou do benefício. Tal opção tem dois corolários imediatos, o primeiro ao nível da definição dos sujeitos da relação jurídica de imposto, e o segundo ao nível do seu objecto.

Assim, ao nível da definição do sujeito tributário activo, será credor do imposto a entidade que prestar utilidades urbanísticas de suporte à propriedade imobiliária privada. Assim, na lógica constitucional portuguesa, e nos termos do princípio da descentralização, detendo as autarquias locais, *maxime* os municípios, as competências de construção, manutenção e amortização de equipamentos e da prestação de serviços de apoio urbanísticos, será uma consequência natural a sua qualificação enquanto sujeito tributário activo nos termos da Lei das Finanças Locais.

Por sua vez, o sujeito tributário passivo será o proprietário do bem imóvel beneficiário das prestações urbanísticas públicas. A intensidade da tributação deverá depender não da sua capacidade contributiva geral

---

[35] Todas essas actividades proporcionam aproveitamentos específicos a favor de sujeitos certos e determinados e, portanto, cabem amplamente naquilo a que Teixeira Ribeiro chama de bens semi-públicos (cfr. *Lições de Finanças Públicas*, Coimbra, 1987, p. 28).

[36] Sobre a acção privada e a acção pública consultar António de Sousa Franco, *Manual*, I vol., cit., págs. 12 a 16.

mas sim do benefício que a sua propriedade obtém da actividade prestacional pública – óptica do benefício –. Adoptando uma outra perspectiva – a óptica do custo –, a contribuição do proprietário o imóvel dependerá da quota-parte de custos decorrentes da actividade urbanística que lhe competirão atendendo às características físicas da sua propriedade[37].

No entanto, além desta função de ordenação geral, ao Estado são cometidas outras funções relevantes a este propósito que se traduzem no fornecimento de utilidades ou infra-estruturas públicas.

Nessa óptica, e adoptando uma perspectiva abrangente, poderemos incluir nessa função prestativa de infra-estruturas[38], o fornecimento de:
- *espaço público de circulação e de estar*, pedonal e automóvel, incluindo vias, praças, estacionamento, espaços livres e verdes;
- *infra-estruturas em rede*: água, esgotos domésticos e pluviais, energia e iluminação pública, gás, telefone e recolha de lixo;
- *equipamentos sociais de suporte*: educação, desporto, saúde, cultura, segurança social, protecção civil e lazer.

Por sua vez, poderemos subdividir as infra-estruturas consoante a dimensão da sua área de implantação e as necessidades que prestam. Assim existirão:
- *Infra-estruturas locais*, ou de proximidade, que incluem os arruamentos, estacionamentos e pequenos espaços livres e verdes e as correspondentes redes básicas que se articulam directamente com um conjunto edificado ou a edificar;
- *Infra-estruturas gerais* (municipais), que serão de competência do município, constituídas a jusante ou a montante das infra-estruturas locais, tais como a adução, tratamento e depósito de águas; os emissários principais e o tratamento de esgotos domésticos; as vias sem construção adjacente; as zonas verdes de maior dimensão; a generalidade dos equipamentos sociais;

---

[37] Assim, se o Bill Gates for proprietário de um T1 com 100 m2 em Lisboa, e ao seu lado existir um palácio propriedade de um Barão falido com 1000 m2, o Barão deverá ser onerado com uma carga tributária dez vezes superior, pois o que está em causa é a configuração tipológica do edifício e não a capacidade contributiva geral do seu proprietário.

[38] Seguimos a classificação de Jorge Carvalho *"Os custos do urbanismo"* in *O Sistema Financeiro e Fiscal do Urbanismo*, Almedina, 2002, págs. 17 a 23.

– *Infra-estruturas supramunicipais* (nacionais ou regionais), que incluem, entre outras, as estradas nacionais e regionais, os caminhos de ferro, zonas amplas de protecção da natureza, universidades, tribunais, etc.

A realização pública deste tipo de infra-estruturas é, pois, totalmente justificado. A existência de falhas de mercado, a insuficiência dos mecanismos de decisão privada e a presença de significativas economias de escala obrigam ao exercício de uma actividade pública prestativa tendo em vista a manutenção de padrões satisfatórios de Bem-Estar Social

Importa, agora, analisar as estruturas de financiamento público aplicáveis e os termos da sua repartição.

Efectivamente, o financiamento da actividade pública urbanística constitui uma questão de extraordinária complexidade.

Identificadas e classificadas as diversas tipologias de infra-estruturas públicas, analisaremos, de seguida, quais as necessidades de financiamento das mesmas associadas ao seu ciclo de vida. Assim, deverão ser considerados, no âmbito da legislação actualmente em vigor, os custos de construção inicial, os custos de gestão e conservação, os custos de adaptação e melhoria e os custos de amortização compensatória tendo em vista a futura reconstrução[39].

Conforme referimos anteriormente o legislador está constitucionalmente vinculado, nas suas opções de afectação de meios financeiros à satisfação de necessidades colectivas, quando as mesmas se traduzam no exercício de poderes de autoridade (*ius imperii*), pelos modos de legitimação consentâneos com as utilidades geradas pela despesa pública. Desta feita, serão constitucionalmente ilegítimas, à luz do princípio da justa repartição dos encargos públicos, opções de financiamento de serviços gerais da administração fundadas na cobrança de taxas, sendo certo que estas apenas se encontram legitimadas como forma de financiar entidades estaduais ou infra-estaduais sempre que tais entidades prestem, por mandato legal ou constitucional, utilidades divisíveis, em benefício de um grupo certo e determinado de sujeitos passivos, independente da

---

[39] Como veremos adiante, nos termos da Lei das Finanças Locais em vigor, os custos elegíveis à data da liquidação da taxa em apreciação limitavam-se unicamente aos custos por realização das infra-estruturas.

vontade desses sujeitos, pois que se trata de prosseguir missões de serviço público, fundadas no interesse geral e adequadamente legitimadas pela Constituição e pela lei[40].

Pelo exposto, o financiamento da integralidade da actividade urbanística pela generalidade dos contribuintes acarretaria uma evidente injustiça na repartição dos encargos públicos, já que se faria recair sobre a generalidade dos cidadãos todo o encargo de financiamento de uma actividade cujos benefícios se concentram, em larga medida, num grupo certo e determinado de agentes: os proprietários fundiários e imobiliários; os promotores e construtores; e, os utilizadores directos. Por outro lado, o financiamento da integralidade da actividade urbanística através de taxas acarreta igualmente uma evidente injustiça, já que alguns (promotores e proprietários de uma determinada zona) sustentariam todos os encargos de utilidades públicas usufruídas por todos. Um equilíbrio é, portanto, necessário.

Deparamos, pois, com um sistema complexo, em que utilidades divisíveis e indivisíveis convivem conjuntamente, tendo por beneficiários sujeitos determinados e indeterminados, sendo o seu financiamento efectuado através de taxas, impostos e contribuições especiais locais e, ainda, por transferências do Orçamento do Estado.

É, obrigatório, neste ponto efectuar um ponto de ordem, atendendo aos princípios constitucionais da eficiência, da justiça e da igualdade e da solidariedade. Assim, no que diz respeito à actividade urbanística prestativa directa[41]:

– se as utilidades forem indivisíveis e os beneficiários indeterminados, decorrendo da sua existência benefícios em escala nacional ou regional, então o seu financiamento deverá ser assegurado por transferências do Orçamento do Estado resultantes do produto da colecta dos impostos nacionais;

---

[40] Conforme referem António de Sousa Franco e Sérgio Gonçalves do Cabo, os tributos causais poderão combinar-se com tributos não causais quando estejam em causa utilidades de manifesto interesse público. Assim refere *"é claro que, onde faltem tais utilidades divisíveis ou quando estas se combinem com utilidades indivisíveis, renasce a legitimação para modos de financiamento baseados em tributos não causais, os quais podem mesmo coexistir com tributos causais, como sucede no financiamento da justiça, em que, ao lado de transferências orçamentais, existem vários tipos de emolumentos que visam remunerar os serviços públicos de justiça, registos e notariado"*. António de Sousa Franco e Sérgio Gonçalves do Cabo.

[41] Cfr. Carlos Baptista Lobo, *"A Tributação do Urbanismo"*, ob. cit.

– se as utilidades forem indivisíveis e os beneficiários determinados ou indeterminados, mas determináveis numa lógica de grupo decorrendo da sua existência benefícios em escala municipal, então o seu financiamento deverá ser assegurado pelo produto da colecta dos impostos locais incidentes sobre o património imobiliário, ou seja, por contribuições especiais, como IMI.

– se as utilidades forem divisíveis e os beneficiários determinados, decorrendo da sua existência benefícios na esfera individual, então o seu financiamento deverá ser assegurado pelo produto da colecta de taxas urbanísticas.

É nesta óptica compreensiva e global que deverá ser entendido o sistema tributário urbanístico municipal. O Imposto Municipal sobre Imóveis (IMI) deverá assentar numa lógica de equivalência ampla, constituindo-se como um "Imposto de Condomínio"[42], tendo em vista a repartição dos custos sustentados com utilidades indivisíveis a beneficiários indeterminados, mas determináveis numa lógica de grupo. Os proprietários dos imóveis constituem-se como sujeitos passivos, sustentando a este título todos os custos com a manutenção e amortização de infra-estruturas existentes ou com a criação de novas utilidades indivisíveis mas com destinatário determinado ou determinável[43] [44].

---

[42] Só assim se justificam os poderes de determinação das taxas do imposto pelas Assembleias Municipais. Um município que pretenda fornecer e manter infra-estruturas gerais de boa qualidade deverá aplicar uma taxa superior. Pelo contrário, um município que pretenda manter a taxa mais reduzida não poderá prestar o mesmo tipo de utilidades.

[43] O IMT, constituindo-se como um imposto sobre a transmissão da propriedade imobiliária não tem qualquer função urbanística relevante. Pelo contrário, os seus efeitos são nefastos já que insere padrões de rigidez adicional ao mercado imobiliário, sendo unicamente justificável se entendido na óptica de um "Imposto de Registo". No entanto, não se pode desprezar a receita originada pela aplicação deste imposto tendo em vista o financiamento municipal e o alargamento das fontes de receita tributária, já que efectivamente, existe uma manifestação indirecta de capacidade contributiva. Porém, os mesmos efeitos reditícios poderiam ser alcançados, de forma menos distorcida, através da aplicação do IVA e da criação subsequente de um fundo de compensação intermunicipal em favor dos municípios do interior, de forma a salvaguardar-se o princípio da coesão económica e social.

[44] Por sua vez, os Impostos sobre o Rendimento (IRS e IRC) tributarão as mais-valias imobiliárias realizadas e os rendimentos prediais, de acordo com o princípio da capacidade contributiva.

Por sua vez, as contribuições especiais específicas tributarão os promotores pelas mais-valias latentes resultantes de acções dos organismos públicos[45]. Estes benefícios reflexos decorrentes de exterioridades positivas seriam, desta forma, socializados. Consoante os exemplos recentes (Expo 98, Ponte Vasco da Gama, CRIL, CREL, CRIP, CREP), estas contribuições especiais denominadas de 2.ª Geração[46] incidirão sobre a valorização imobiliária sofrida por obras em concreto[47]. Por sua vez, este tipo de tributos poderão servir para a interiorização de exterioridades negativas, como acontece no Imposto Municipal sobre Veículos.

Às taxas competirá a repartição dos encargos públicos resultantes da actividade de fornecimento de utilidades divisíveis a sujeitos determinados. Só nesta perspectiva poderá ser salvaguardada a equivalência jurídica nas taxas urbanísticas.

De fora do âmbito tributário deverão ficar as denominadas "Compensações Urbanísticas" cujas finalidades são exclusivamente perequativas.

Desenvolvendo um pouco mais esta questão, deveremos referir que as taxas por prestação de serviços urbanísticos visarão necessariamente ressarcir o município dos custos administrativos decorrentes da gestão urbanística, incluindo os custos de planeamento e de análise de projectos.

As taxas de recolha de lixos, de esgotos ou de tratamento de águas residuais visam angariar recursos necessários à prestação dessas utili-

---

[45] A grande particularidade das contribuições especiais está no pressuposto relacional, diferente do imposto, na medida em pressupõe uma utilidade meramente reflexa, enquanto o imposto assenta apenas na unilateralidade. Por outro lado, as contribuições especiais visam actuar ao nível das exterioridades: estas são os custos ou benefícios causados reflexamente na esfera de um terceiro por acção de um agente. Se houver um benefício causado reflexamente a um agente privado por um investimento público, que tenha causado, por exemplo, um aumento do seu património (exterioridade positiva), permite-se ao Estado interiorizar uma parte dessa exterioridade, socializando-a. Se o sujeito adquire um proveito, um ganho patrimonial, sem que tenha desenvolvido qualquer esforço para tal, legitima-se o Estado a adquirir uma parte desse ganho, canalizando-o para a satisfação das necessidades públicas ou para outros agentes.

[46] Cfr. Casalta Nabais, *"A Fiscalidade de Urbanismo: Impostos e Taxas"* in *O Sistema Financeiro e Fiscal do Urbanismo*, cit., págs. 50 a 52.

[47] No limite, poderiam ser concebidas eventuais contribuições especiais por mais-valias resultantes de alterações do plano urbanístico, tendo como incidência a diferença entre edificação média e edificação concreta numa óptica estritamente perequativa (intra e inter-plano).

dades, tendo igualmente uma função de alteração de comportamentos (fundamentando uma equivalência funcional agravada). Por sua vez, as tarifas de fornecimento de água, atendendo à essencialidade do bem, deverão ser alvo de uma equivalência funcional subsidiada.

Que papel resta às "Taxas Municipais de Urbanização"?

Precisamente aquele que consta da lei: a construção de novas infra-estruturas locais ou o reforço das existentes (a jusante ou a montante do empreendimento), neste último caso, na percentagem que beneficie o novo loteamento. Se existir benefício dos proprietários instalados, esse custo deverá ser repartido e cobrado através do IMI; uma imposição repercutida unicamente ao promotor pela construção de uma infra-estrutura que beneficie a totalidade dos munícipes constituirá uma verdadeira "barreira à entrada" no mercado – já que se exigirá um montante desproporcionadamente elevado ao promotor do qual resultará um benefício para toda a colectividade –, em clara violação quer do princípio da repartição justa dos encargos públicos quer do princípio da eficiência.

Conforme se pode facilmente antever, e atendendo ao objecto típico das "Taxas Municipais de Urbanização" só se incluirão no seu âmbito a construção e reforço das infra-estruturas locais. Efectivamente, as infra-estruturas gerais municipais deverão ser financiadas com o produto da cobrança do IMI[48].

5. As "Taxas Municipais de Urbanização" actuais enquanto paradigma de tributo disfuncional

A legislação ordinária é clara quanto à configuração das taxas por construção, manutenção e reforço das infra-estruturas urbanísticas. Nesse sentido, o artigo 32.º do Decreto-Lei n.º 448/91, de 29 de Novembro, que aprovou o regime jurídico dos loteamentos urbanos, veio estabelecer que *"a realização de infra-estruturas urbanísticas e a concessão do licencia-*

---

[48] Jorge Carvalho e Fernanda Paula Oliveira referem que a taxa pela realização de infra-estruturas urbanísticas *"corresponde à contrapartida dos investimentos municipais com a construção, reforço e manutenção das infra-estruturas existentes e equipamentos urbanos em que se incluem não só os arruamentos como ainda os espaços verdes e demais equipamento social e cultural da responsabilidade do município"*. Cfr., igualmente, Aníbal Almeida, *Estudos de Direito Tributário*, Almedina, 1996, pág. 53.

mento da operação de loteamento estão sujeitas ao pagamento das taxas a que se referem as alíneas a) e b) do artigo 11.º da Lei n.º 1/87, de 06 de Janeiro, não havendo lugar ao pagamento de quaisquer mais-valias ou compensações, com excepção das previstas no artigo 16.º". Este diploma efectua uma distinção entre as taxas devidas pela construção das infra-estruturas e as devidas pela prestação de serviços urbanísticos, o que limita, à partida, o âmbito das primeiras.

Por sua vez, a Lei n.º 90/95, de 1 de Setembro, veio autorizar o Governo a alterar o regime jurídico do Decreto-Lei n.º 448/91 de 29 de Novembro: *"esclarecendo que as taxas municipais por realização de infra-estruturas urbanísticas só são devidas quando resultem de efectiva prestação de serviço pelo município"* – (artigo 2.º, n.º 2 alínea e)); tentando garantir a ocorrência de uma estrita correlação entre a actividade de fornecimento de bens urbanísticos e o montante da taxa a cobrar.

Assim, a Assembleia da República, que autorizou na Lei das Finanças Locais, a cobrança de tais taxas (artigo 1.º da Lei n.º 1/87, de 06 de Janeiro), estabeleceu expressamente na dita lei de autorização que esta só pode ser cobrada desde que o município preste qualquer serviço efectivo.

E, na sequência dessa autorização legislativa, foi publicado o Decreto-Lei n.º 334/95, de 28 de Dezembro, no qual se estabeleceu no artigo 32.º n.ºˢ 1 alínea a) e 2 o seguinte:

"1. Salvaguardado o disposto no artigo 16.º, a emissão de alvarás de licenças de loteamento ou de obras de urbanização está sujeita ao pagamento das taxas a seguir referidas, não havendo lugar ao pagamento de quaisquer mais-valias ou compensações: a) A taxa prevista na a) do artigo 11.º da Lei n.º 1/87, de 6 de Janeiro, quando, por força da operação de loteamento, o município tenha de realizar ou reforçar obras de urbanização.

2. A <u>taxa pela realização de infra-estruturas urbanísticas</u> prevista na a) do artigo 11.º da Lei n.º 1/87, de 6 de Janeiro, só pode ser exigida nos casos expressamente previstos na a) do n.º 1, não podendo ser consideradas como passíveis de incidência da taxa quaisquer outras situações, designadamente no âmbito de execução de obras de construção, reconstrução ou alteração de edifícios, <u>ainda que tais obras tenham determinado ou venham a determinar, directa ou indirectamente, a realização pelo município de novas infra-estruturas urbanísticas ou o reforço das já existentes"</u>.

As referidas infra-estruturas encontram-se definidas nos diversos Regulamentos Municipais aplicáveis, e abrangem, normalmente as redes viárias, redes de drenagem de águas pluviais e de esgotos, redes de abastecimento de água, electricidade, gás e iluminação pública e equipamentos urbanos, nomeadamente áreas de estacionamento e espaços verdes públicos; ou seja, são, em termos inequívocos, as infra-estruturas locais ou de proximidade anteriormente identificadas.

Note-se, no entanto, que nos termos da legislação em vigor, e de acordo com o princípio da legalidade genérico, esta "Taxa de Urbanização" só poderia ter como finalidade a cobertura de encargos com a "realização" ou "construção" de infra-estruturas urbanísticas[49]. Os termos mais generosos – "realização, manutenção e reforço das infra-estruturas urbanísticas – só apareceram com a aprovação da Lei n.º 42/98 (alínea a) do artigo 19.º).

Parece-nos clara a intenção do legislador: as "Taxas de Urbanização" visam suportar os encargos dos municípios decorrentes da construção de infra-estruturas locais ou de proximidade, constituindo-se como sujeitos passivos os promotores dos loteamentos ou das edificações.

Dos diversos instrumentos legais parece exteriorizar-se uma vontade do legislador no sentido do estabelecimento de uma relação causal entre a construção das infra-estruturas por parte da entidade pública e a exigência do pagamento dos encargos correspondentes por parte do promotor. Tal ideia – que assenta na pressuposição de existência de um *sinalagma necessário* – é reforçada se integrarmos as "Taxas de Urbanização" no âmbito sistemático do sistema tributário urbanístico. É este o conteúdo da equivalência jurídica.

E quanto à equivalência económica? Perante o papel do Estado no mercado urbanístico – regulação e ordenação das funções de ordenamento do território, fornecimento de utilidade indivisíveis de suporte à propriedade privada e fornecimento de utilidade divisíveis superando as incapacidades do sistema de decisão privada (boleias ou bloqueios) – parece-nos, do ponto de vista da equivalência económica que não nos poderemos afastar da perspectiva da *equivalência económica restrita ou eficiente.*

Ao Estado, no mercado urbanístico, não competirá introduzir maior ineficiência do que a que já existe originariamente. Conforme demons-

---

[49] Cfr., igualmente, alínea a) do artigo 8.º do Decreto-Lei n.º 98/84.

trámos, a Constituição da República Portuguesa, nas alínea d) e e) do artigo 9.º, no artigo 65.º, e nas alíneas a), d) e f) do artigo 81.º, vincula as entidades públicas no desenvolvimento das opções urbanísticas mais eficientes tendo em vista a elevação dos níveis de Bem-Estar Social, pelo que não poderão os municípios exigir quantias aos promotores sem que haja uma razão fundamentada para tal. No caso das "Taxas de Urbanização" a justificação não poderá ser outra senão a repartição dos custos de realização das infra-estruturas entre os agentes beneficiados.

É por isso que a diversa legislação aplicável aponta, de forma conclusiva, para a existência de uma estrita equivalência económica. A exigência aos promotores de montantes desproporcionados inseriria inevitavelmente custos adicionais não justificados que, inevitavelmente, distorceriam ainda mais este mercado.

Pelo exposto, na perspectiva urbanística, as entidades públicas têm a obrigação de aumentar os níveis de eficiência dos mercados. É por isso que as actividades de planeamento, loteamento e criação de infra-estruturas urbanísticas se justificam.

As taxas por realização de infra-estruturas urbanísticas, visam, no sistema actual, o ressarcimento da entidade pública pela construção, manutenção e reforço das infra-estruturas urbanísticas e deverão assentar numa óptica de equivalência estrita. Note-se que o papel das entidades públicas a este propósito é meramente subsidiário já que, preferencialmente, deverão ser os privados a desenvolver esse tipo de utilidades.

Essa equivalência económica estrita não necessita, porém, de se verificar no momento imediato, já que a realização dessas obras poderá ser futura. No entanto, esse evento futuro deverá ser certo e não meramente eventual.

Porém, um enquadramento jurídico completo das "Taxas de Urbanização" não pode ignorar a diversa jurisprudência administrativa e constitucional.

Nessas decisões os tribunais superiores têm advogado uma solução mais tolerante no que à equivalência económica diz respeito referindo que a sua mesuração deveria ser efectuada na óptica da *"proibição do excesso"*, traduzida na expressão *"manifesta desproporcionalidade"*. A doutrina maioritária afinou pelo mesmo diapasão.

Tendo em consideração os momentos históricos, são compreensíveis estas decisões, por três razões principais:
– Nos processos em causa não havia possibilidade de realização de qualquer juízo de proporcionalidade pois não existia qualquer

referencial de custos. As entidades municipais não dispunham de uma contabilidade analítica de custos que lhes permitisse a "cobrança" dos custos efectivamente realizados com a construção de infra-estruturas e qual a quotização de benefício que competia a cada um dos promotores.
– O papel das entidades municipais no desenvolvimento urbanístico, dada a realidade de sub-desenvolvimento do país, era bastante intensa abrangendo igualmente a construção de infra-estruturas em áreas já edificadas (com origem remota ou de génese ilegal), o que poderia justificar uma compensação em favor dessas áreas numa óptica perequativa alargada[50].
– Os níveis de exigência ao nível da eficiência administrativa não eram tão elevados como o são hoje. A privatização económica, a criação de micro-mercados e a sofisticação dos instrumentos contabilísticos permite actualmente a indagação do custo realmente sustentado.

Hoje em dia, porém, a situação alterou-se sensivelmente. Concordamos com Benjamim Rodrigues, hoje Conselheiro do Tribunal Constitucional, quando enuncia *"os novos tempos do princípio da equivalência"*, referindo de seguida a "Taxa de Urbanização" como *"o caso paradigmático de uma taxa desvirtuada"*[51].

As instâncias jurisdicionais não podem ignorar as alterações estruturais que se verificaram na ordem jurídica após a revisão constitucional

---

[50] Realidade que é bem retratada por Benjamim Rodrigues. Referindo-se à génese das "Taxas de Urbanização" refere que: *"a sua história não é das mais dignificantes. A sua génese prende-se com as exigências de diversas compensações, quer em numerário, quer em espécie, quer, finalmente com a realização de infra-estruturas em outros locais que os municípios tinham que levar a cabo sob a sua responsabilidade, fora, portanto do regime legal então existente relativo aos processos de licenciamento de loteamentos e de obras particulares, imposições essas que as começaram a ser feitas pelos respectivos presidentes das Câmaras ou pelo serviços de urbanização agindo sob delegação, aí pelos começos da década de 1980 e perante uma certa euforia da construção civil, umas vezes a coberto de simples actos administrativos e outras vezes sob a invocação de normas genéricas tomadas à revelia das assembleias municipais e de lei que as autorizasse (…)"* in *"Para uma reforma do sistema financeiro e fiscal do urbanismo em Portugal"*, in O Sistema Financeiro e Fiscal do Urbanismo, cit., págs. 202 e 203.

[51] Benjamim Rodrigues, *"Para uma reforma do sistema financeiro e fiscal do urbanismo em Portugal"*, cit., págs. 175 e segs.

de 1997. De acordo com a nova alínea i) do artigo 165.º da CRP passou a ser da reserva relativa de competência da Assembleia da República legislar sobre o regime geral de taxas. Tal indicia uma especial preocupação do legislador constitucional na regulação das taxas em especial, considerando o seu papel cada vez mais relevante no financiamento do sector público. Por outro lado, a Lei das Finanças Locais (Lei n.º 42/98, de 6 de Agosto) veio estabelecer uma maior exigência contabilística (artigo 6.º) e uma maior disciplina na definição das taxas susceptíveis de cobrança (artigos 19.º e 20.º).

Por seu lado, o Plano Oficial de Contabilidade das Autarquias Locais (POCAL)[52] obriga à realização de uma verdadeira contabilidade de custos por funções. Este instrumento de gestão financeira obriga a tomar em consideração os custos administrativos subjacentes à fixação de taxas (ponto 1.5.). Esta tendência integradora, assente na inserção de transparência na gestão financeira autárquica, acentuou-se com a publicação do Decreto-Lei n.º 555/99, de 16 de Dezembro, diploma que veio estabelecer o novo regime jurídico da urbanização e da construção. No n.º 5 do seu artigo 116.º dispôs-se peremptoriamente que os projectos de regulamento municipal da taxa pela realização, manutenção e reforço das infra-estruturas urbanísticas devem ser acompanhadas da fundamentação do cálculo das taxas previstas, tendo em conta, designadamente, os seguintes elementos:
   a) Programa plurianual de investimentos municipais na execução, manutenção e reforço das infra-estruturas gerais, que pode ser definido por áreas geográficas diferenciadas;
   b) Diferenciação das taxas aplicáveis em função dos usos e tipologias das edificações e, eventualmente, da respectiva localização e correspondentes infra-estruturas locais.

Estas disposições não têm qualquer finalidade de regulação inovadora. Pelo contrário, e conjuntamente com a orientação comunitária anteriormente descrita, constituem elementos interpretativos preciosos para a compreensão da real natureza das "Taxas de Urbanização" que os tribunais não devem, nem podem, ignorar.

Em síntese, assistimos às seguintes alterações estruturais:
   i) Economicamente, a actividade pública sofreu uma apreciável transformação. Bens e serviços que tradicionalmente se quali-

---

[52] Aprovado pelo Decreto-Lei n.º 54-A/99, de 22 de Fevereiro.

ficavam como "públicos" (prestações indivisíveis e com beneficiários indeterminados) passaram, com a sofisticação e privatização da actividade prestacional do Estado, a revestir uma qualidade intrinsecamente privada, tornando-se divisíveis e com beneficiários determinados ou determináveis;
ii) ao nível supra-legal, o legislador constituinte, em 1997, previu a existência de uma Lei Geral das Taxas, tendo o Estado adquirido, nos últimos anos, funções essencialmente reguladoras do mercado, com objectivos de fomento do Bem-Estar Social e correcção das incapacidade de mercado; por sua vez, a legislação e a jurisprudência comunitária estabeleceram uma orientação contínua de equivalência restrita, imbuída do mesmo espírito de acção assente no princípio da eficiência;
iii) ao nível legal, e tomando em consideração as alterações estruturais verificadas no tecido económico-financeiro e a modificação dos padrões de satisfação das necessidades públicas por parte das autoridades municipais, a legislação estabeleceu critérios cada vez mais rígidos de contabilização de custos e de planeamento financeiro das intervenções urbanísticas, reconhecendo que só um grau de exigência elevado a este propósito poderia salvaguardar o princípio da justa repartição dos encargos públicos;
iv) ao nível da tributação do urbanismo, assistiu-se em 2003 a uma reforma fiscal que modificou totalmente todo o enquadramento tributário. Essa alteração legislativa tornou claro, por exclusão de partes, qual o papel atribuídos às "Taxas de Urbanização": a cobertura dos custos decorrentes de actividades públicas, presentes ou futuras (devidamente programadas) de fornecimento (*ex novo* ou de reforço) de infra-estruturas urbanísticas locais ou de proximidade;
v) a actividade pública local passou a ser escrutinada de forma mais intensa, quer pelo Tribunal de Contas quer pela Inspecção--Geral de Finanças e pela inspecção sectorial. As suas opções administrativas são actualmente analisadas na óptica da eficiência, da eficácia e da economicidade. Finalmente, já não é justificável, actualmente, que os novos promotores imobiliários satisfaçam eventuais custos de infra-estruturas de áreas historicamente deficitárias a este respeito.

Todas estas alterações estruturais têm inevitavelmente impacto na concretização do que se entende por equivalência económica nas taxas por realização das infra-estruturas urbanísticas, conduzindo, inevitavelmente, a uma concepção mais exigente de proporcionalidade. Tal leva-nos a concluir que um tributo com a configuração da "Taxa de Urbanização" deverá respeitar o princípio da equivalência jurídica, correspondendo a uma prestação particular visando o pagamento dos encargos sustentados pelo município na realização das infra-estruturas urbanísticas locais ou de proximidade (a contraprestação pública). Essa contraprestação pública poderá não ser presente mas unicamente futura[53]; no entanto, não poderá ser impossível, ou seja, o tributo não será devido se todas as infra-estruturas houverem sido realizadas pelo particular, situação em que a contraprestação pública é, por definição, irrealizável[54].

Na óptica quantitativa, a "Taxa de Urbanização" deverá, à partida, respeitar o princípio da equivalência restrita ou eficiente, correspondendo à "quotização" ou "repartição" dos encargos que o município suporta tendo em vista a realização de infra-estruturas locais ou de proximidade (utilidades públicas divisíveis) que beneficiam múltiplos sujeitos determinados.

Da cobrança da "Taxa de Urbanização" não poderá resultar qualquer efeito negativo em sede de Bem-Estar Social, pois a acção pública de realização das infra-estruturas locais só é explicável tendo em consideração as eventuais falhas da acção privada (*free riders* ou *hold out*), ou seja, no respeito do princípio da eficiência. No entanto, por preocupações de redistribuição (contribuição dos promotores das novas construções para a construção das infra-estruturas em áreas deficitárias já edificadas), admitiu-se historicamente a possibilidade de uma equivalência agravada. No entanto, essa equivalência agravada implica sempre um mínimo de correspondência da prestação privada com a contraprestação pública.

---

[53] Desde que os seus custos já estejam programados e assumidos. Cfr. Benjamim Rodrigues "*Para uma reforma do sistema financeiro e fiscal do urbanismo em Portugal*, cit., pág. 205.

[54] E neste caso a doutrina é unânime na qualificação do tributo como revestindo uma natureza unilateral. Cfr. António de Sousa Franco, Manual, II vol., cit., pág. 63 a 73; Pedro Soares Martinez, Direito Fiscal, 7.ª ed., Almedina, 1998, págs. 27 a 35. Conforme referem Jorge Carvalho e Fernanda Paula Oliveira, "*é possível que a contraprestação pública da taxa, bem como a satisfação proporcionada pelo respectivo serviço público sejam futuras, desde que (...) se configure como uma real possibilidade de acontecer*" (in ob. cit., pág. 80).

Em caso contrário, o tributo terá unicamente uma finalidade de angariação de receita pública, gerando situações urbanísticas totalmente ineficientes.

6. Conclusões gerais

O ordenamento urbanístico é uma das componentes essenciais de um desenvolvimento que se pretende como sustentável. Por isso, é extremamente preocupante a situação actual em Portugal, onde o desenvolvimento imobiliário, que supostamente deveria melhorar os padrões de vida da população, pelo contrário, constitui um dos principais motivos de degradação ambiental.

A alteração deste estado de coisas passa inevitavelmente para alteração de todo o sistema tributário aplicável. O Estado deverá promover a eficiência do sistema e não criar ainda mais disfunções tendo em vista motivos de angariação de receita pública.

Para tal torna-se essencial uma verdadeira reforma dos Impostos sobre o Património (IMI e IMT) e igualmente de todo o quadro de contribuições especiais e de taxas municipais. Só assim se poderá alterar, de forma estruturada e durável, o actual estado de coisas.

3.3. A Administração Tributária e as Novas Tecnologias

ENCEFALOPATIA ESPONGIFORME ADMINISTRATIVA

Professor Doutor João Caupers

Advertência

Quando tiverem acabado de ouvir o que tenho para vos dizer, irão, provavelmente, considerar que estive para aqui a dizer mal, a fazer crítica destrutiva, numa atitude tão habitual entre nós. Não ficarei demasiado preocupado. O que fiz foi pensar: ainda por cima, pensar num assunto em que muito já tinha pensado. E, como lucidamente reconheceu Bernardo Soares, o quase heterónimo de Pessoa, *pensar é destruir*[1].

1. Quando, ainda antes do verão, me convidaram para participar nesta comemoração dos 15 anos da Reforma Fiscal, era minha intenção falar-vos da Administração-Geral Tributária como o exemplo de uma oportunidade perdida no quadro da reforma da Administração Pública. Não por entender que a sua criação tivesse tido qualquer coisa de genial – além do mais, seria imodéstia, uma vez que estive ligado a ela –, mas porque reflectiu um esforço sério no sentido da reorganização, gradual, mas determinada e com objectivos claros, da administração tributária. Esforço esse que foi derrotado pela resistência à mudança, típica face a qualquer tentativa de reformar a Administração Pública, e pelos interesses corporativos mais mesquinhos.

Não sendo profeta, não podia então adivinhar que a ideia iria renascer das cinzas pouco tempo depois, embora de uma forma bem mais nebulosa e equívoca do que a fénix mitológica. Há meia dúzia de anos a ideia fez parte de um sonho: uma administração tributária mais efi-

---

[1] *Livro do Desassossego*, edição de Richard Zenith, Assírio & Alvim, p.197.

ciente, mais susceptível de operar como instrumento decisivo da justiça fiscal. Hoje, não sei bem o que pensar dela: limito-me a esperar que o sonho não degenere em pesadelo.

2. Há muito interessado na observação e no estudo da Administração Pública portuguesa, já desconfiava de que tendia a alastrar entre os sucessivos responsáveis por esta – e até mesmo entre alguns dos muitos que sobre ela se permitem opinar – uma estranha patologia, manifestada através de sintomas preocupantes, entre os quais destaco a perda gradual de memória, a crescente falta de rigor nas análises, a incoerência e a inconsistência das posições tomadas.

Com o agravar da enfermidade, o afectado afasta-se progressivamente da realidade, passando a viver num mundo virtual, em que, por estranho que pareça, acredita que o seu discurso político medíocre é capaz de convencer os destinatários de que deseja realmente mudar alguma coisa, quando a sua vontade mais profunda é a de "não fazer ondas", não afectar quaisquer interesses, designadamente corporativos, preocupando-se quase exclusivamente em procurar assegurar a sua própria sobrevivência política *as long as possible.*

Dado que a doença parece afectar o cérebro e envolve sucessivas tentativas de apagar o passado ou, pelo menos, de o alterar, o nome de *encefalopatia espongiforme* pareceu-me indicado. O adjectivo *administrativa* esclarece que não afecta os seres humanos sem responsabilidades nem preocupações pela Administração Pública – nem, evidentemente, as vacas.

3. Tudo começou aí por meados de Outubro, durante uma rápida leitura pelos diários através da *internet*. Li então o seguinte:

O Governo vai criar um Conselho de Administração das Contribuições e Impostos e assim extinguir os cargos de directores-gerais dos Impostos, das Alfândegas e da Informática, disse o Secretário de Estado dos Assuntos Fiscais, em entrevista ao jornal «Expresso». Orlando Caliço explica que o Conselho de Administração, a criar no início de 2005, terá seis membros, todos eles pessoas «reconhecidas como idóneas, independentes e acima de qualquer suspeita».

Por razões que já explicarei, a notícia despertou-me a atenção, pelo que me mantive atento.

4. No dia de 31 de Outubro de 2004, o semanário *"Expresso"* dedicava ao assunto várias colunas; daí respiguei alguns excertos.

Começava o jornalista por dizer que *Santana Lopes e Bagão Félix vão escolher o presidente e os administradores para os seis pelouros do CACI* (o tal conselho de administração): *impostos, alfândegas, informática (as três direcções-gerais actualmente existentes), cobrança, fiscalização e inspecção tributária e o novo cadastro do contribuinte.*

Seguidamente, citava palavras do supramencionado Dr. Orlando Caliço, Secretário de Estado dos Assuntos Fiscais: *Uma visão global dos impostos e contribuições tem sido muito difícil porque as diferentes máquinas vivem separadas. Para não mexer nas estruturas das DG, o que levaria à paralisia e à contestação interna, pensámos num modelo organizativo diferente (...). Não é uma nova AGT, uma estrutura ao lado que deixava as direcções-gerais funcionarem como sempre.*

Depois, recordava o antigo Ministro das Finanças: (...) *Para Pina Moura, esta solução é antes um desenvolvimento melhorado da AGT, que ele operacionalizou em 2000.*

E citava ainda um dos mais reputados especialistas na matéria: (...) *É esta diluição do poder que leva Medina Carreira a chumbar o CACI. «Sou contra responsabilidades repartidas e, mal surja um problema realmente delicado, vai perceber-se que alguém devia ter a responsabilidade por inteiro. O decisor deve ter uma cara em vez da capa da decisão do Conselho».*

5. O meu interesse pelo caso é fácil de compreender: em meados de 1997, o malogrado Professor Sousa Franco, então Ministro das Finanças, encarregou-me de coordenar um pequeno grupo de quatro pessoas, ao qual foi cometida a tarefa de proceder aos estudos necessários à reforma da administração tributária. Este grupo, trabalhando, com inteira liberdade, no Ministério das Finanças, com a colaboração das três direcções--gerais que compunham – e compõem – a administração tributária, viria a apresentar, em 4 de Março de 1998, o seu relatório final, intitulado **Uma administração tributária para o Século XXI.**

Deste relatório transcreve-se:

O diagnóstico:

a) A complexidade e aparente irracionalidade da organização tributária;

b) A concepção de cada imposto e as respectivas operações de liquidação e cobrança são efectuadas por unidades orgânicas independentes;

c) As operações de contabilização e controlo de cobrança são efectuadas em mais que uma unidade orgânica (a nível central).

Os principais objectivos:

1º É essencial conciliar a eficiência – cobrar o máximo de receitas com o mínimo de custos – com a eficácia – combate à evasão fiscal –, não privilegiando a perseguição daqueles que são mais fáceis de apanhar nas malhas da fiscalização, o que fomenta uma convicção generalizada de falta de equidade do sistema;

2º É fundamental fomentar a imagem da eficácia (capacidade de cobrar e de combater a evasão) da administração fiscal.

Os princípios do modelo organizativo:

1. Separação clara entre a área da concepção e a área da gestão – o Ministro das Finanças deverá ter, sob sua direcção, uma unidade de concepção da política fiscal, capaz de contribuir de uma forma significativa para a definição da mesma;

2. Integração das actuais DGCI, DGA e DGITA numa organização única; uma solução integrada para a administração tributária recolhe apoio largamente maioritário entre os técnicos dos vários países com que mantivemos contactos. Os próprios britânicos, apesar da sua maior percentagem relativa de comércio extracomunitário, herdeira das tradições imperiais, admitem que a separação entre o Inland Revenue *e o* Customs and Excise *subsiste sobretudo por razões de tradição. Ainda menos justificada do que uma organização específica para os direitos aduaneiros se nos afigura uma organização diferenciada para a informática.*

O enquadramento institucional:

As nossas preferências vão no sentido de um instituto público de natureza para-empresarial (à semelhança do INE, IFADAP, IEFP, ICEP, ISP, administrações portuárias, etc.). A segunda opção alternativa é a de um instituto público "convencional". A terceira opção alternativa é a de uma entidade administrativa independente.

A interferência governamental afigura-se-nos indispensável, tratando-se do exercício da função tributária, profundamente ligada à autoridade do Estado.

6. Anexo ao relatório encontrava-se o projecto de lei orgânica da Administração-Geral Tributária. No preâmbulo deste, podia ler-se:

O desenho organizativo adoptado deve ser entendido como um patamar na escalada que haverá de conduzir a uma organização tributária integrada, parte da administração indirecta do Estado.

Se as soluções humanas nunca são, por natureza, soluções definitivas, esta assume-se expressamente como transitória.

O modelo organizativo adoptado atendia basicamente a um critério funcional. Distinguiam-se, assim, três grandes áreas funcionais: a gestão tributária, o controlo tributário e a justiça tributária.

Num quadro de desconcentração acentuada, as tarefas operacionais eram confiadas ao nível local; as tarefas de coordenação, orientação e supervisão, ao nível regional; as tarefas de concepção, planeamento, regulamentação, avaliação e auditoria eram reservadas ao nível central.

A direcção superior da AGT era cometida a dois órgãos, um colegial, outro singular; para o primeiro, o Conselho de Administração, ficavam principalmente as competência decisórias de carácter normativo e as competências consultivas; sobre o segundo, o Administrador-Geral, recaía a gestão corrente da AGT.

7. Em Novembro de 1988, foi tornado público um anteprojecto de diploma sobre as estruturas comuns da administração tributária. O artigo 1º deste anteprojecto determinava a criação, no âmbito do Ministério das Finanças, da Comissão para a Integração Tributária, *estrutura flexível encarregada de assegurar a progressiva integração da administração tributária.* Tratava-se, como se disse noutro ponto, de criar condições que facilitassem a miscigenação, sem demasiados atritos, das três direcções-gerais.

8. Dez meses depois, no dia 21 de Setembro de 1999, foi publicado o Decreto-Lei n.º 376/99, diploma que instituiu a AGT; o preâmbulo referia ser esta entidade criada *como uma pessoa colectiva instrumental do Estado, submetida à tutela e superintendência do Ministro das Finanças, e dirigida por três órgãos superiores: o Conselho Superior Tributário, o Conselho Directivo e o Presidente do Conselho Directivo.* Conforme se previa no texto, o diploma entrou em vigor em 1 de Janeiro de 2000.

9. O abandono do primeiro ministro do XIV Governo precipitou, como se sabe, a realização de eleições legislativas. Em resultado destas, tomou posse o XV Governo que, em 25 de Novembro de 2002, fez publicar o Decreto-Lei n°.262/2002, cujo artigo 1.º anunciava regular *o processo de extinção da Administração-Geral Tributária (AGT)...* Punha-se assim termo, sem que se tenha explicado porquê, à efémera experiência da AGT.

10. Que lições nos dá este passado próximo?

A minha convicção é a de que a AGT fracassou simplesmente porque esmoreceu e, finalmente, cessou o empenhamento na sua instituição. Ela nasceu e viveu sempre à sombra do entusiasmo do Professor Sousa Franco. Foi sempre visível um certo desconforto relativamente à AGT por parte dos dirigentes máximos da DGAIEC e da DGITA. Somente a pressão contínua do então Ministro das Finanças foi mantendo o impulso. Quando o Ministro se foi, o impulso esgotou-se, o processo de integração foi vencido pela inércia do horror à mudança e as tendências centrífugas das três organizações manifestaram-se livremente.

Confesso que, não tendo razões para contestar as afirmações do antigo ministro Pina Moura, tenho as maiores dúvidas de que ele se tenha empenhado seriamente no êxito da AGT. E não deixa de ser irónico que aqueles que, então na oposição, criticaram a criação da AGT, hoje, do lado do Governo, apoiem a criação de algo de parecido (preocupando-se até em dizer que *não é parecido*, não vá algum distraído pensar que a história se escreve duas vezes..).

11. O meu diagnóstico, ainda provisório, é que o Senhor Secretário de Estado dos Assuntos Fiscais é a primeira vítima confirmada da encefalopatia espongiforme administrativa. Analisemos os sintomas.

O paciente, ao que parece – esta reserva é indispensável, já que analisámos os sintomas através de interpostos meios de comunicação social, numa espécie de exercício de tele-medicina –, pretenderá instituir, em vez de ou acima das Direcções-Gerais dos Impostos, das Alfândegas e dos Impostos Especiais sobre o Consumo e da Informática Tributária e Aduaneira – uma organização única, gerida por um órgão colegial composto por seis membros. Sem dizer qual será a natureza de tal organização, preocupa-se, como se disse, em esclarecer que não se trata de uma nova AGT, por que esta teria sido, nas suas palavras, *uma estrutura ao lado que deixava as direcções-gerais funcionarem como sempre*.

Acrescenta que *pensou num modelo organizativo diferente*. Não adianta quais sejam os traços característicos desse modelo, mas – naquilo que tem de ser considerado um extraordinário exemplo de coerência argumentativa, à luz das afirmações anteriores do mesmo membro do Governo – esclarece que não pretende *mexer nas estruturas das direcções--gerais, o que levaria à paralisia e à contestação interna.*

De tudo isto a sensação que fica é a de que as tais pessoas «reconhecidas como idóneas, independentes e acima de qualquer suspeita» estarão, sobretudo, acima da terrível suspeita de querer mudar alguma coisa de significativo na administração tributária. Pode o Senhor Secretário de Estado ficar descansado: o que há de mais fácil entre nós é recrutar pessoas bem pagas de quem se espera que não mudem coisa nenhuma nas organizações que vão, supostamente, gerir. Trata-se, afinal, de ir ao encontro de uma tendência atávica dos portugueses.

12. Impressiona, sobretudo, o cuidado – estive tentado a dizer o carinho! – revelado com a conservação das estruturas das direcções--gerais. Compreendi, finalmente, um mistério que me intrigava: a última greve do pessoal das tesourarias da fazenda pública.

A evolução no sentido da criação dum serviço local de impostos, terminando com a actual dicotomia Repartições e Tesourarias parece ser aconselhável, por quanto representa em termos de sinergias efectivas que daí adviriam, designadamente em matéria de utilização do pessoal, do equipamento e das instalações, bem como quanto à redução de custos de funcionamento. Estas sensatas palavras foram proferidas pelo então Director-Geral dos Impostos, António Nunes dos Reis, nas *Jornadas de Reflexão sobre as Leis Orgânicas Tributárias*, realizadas a 10 de Julho de 1998 – já lá vão mais de seis anos – no Auditório do Ministério das Finanças.

A integração das Tesourarias da Fazenda Pública na Administração Fiscal representou outra melhoria decisiva, na qual foi preciso combinar a firmeza de uma decisão impopular com a prudência de a ir implementando por etapas. Hoje é evidente o acerto da medida e a integração como consequência necessária, desde o início desejada mas só agora lograda. Estas palavras, revelando a maior determinação, foram transcritas de um Despacho do então Ministro das Finanças, António Luciano de Sousa Franco, datado de 30 de Novembro de 1988 – há quase seis anos.

13. Afinal, seis anos e quatro ministros das finanças depois, será possível que esteja tudo na mesma? Será possível que continue a inexplicável segregação funcional entre os trabalhadores dos impostos e os das tesourarias? Que as tesourarias continuem a viver num mundo virtual de cofres, de guias, de contribuintes carregados de notas ou passando penosamente cheques, quase como se a invenção dos cartões de débito e de crédito e das transferências bancárias lhes tivesse passado ao lado? Observando a sobrevivência penosa das tesourarias da fazenda pública, cadáveres permanentemente adiados, não consigo deixar de pensar que, se o mundo exterior evoluísse tão depressa como a organização tributária portuguesa, certamente que ainda teríamos escravatura!

Eu já desconfiava da triste verdade, quando observava, no bairro fiscal da minha residência, o simpático pessoal da tesouraria conversando animadamente entre si, nos momentos de descontracção que medeiam entre o aparecimento de dois contribuintes ocasionais, enquanto na repartição de finanças os cidadãos fazem fila em frente de um balcão onde meia dúzia de funcionários atarefados desesperam frente a monitores de computador, desabafando espasmodicamente que "o raio do sistema está outra vez em baixo»!

(O sistema está em baixo? Como é isso possível, se até existe um Director-Geral da Informática Tributária e Aduaneira?!? Não será falta de respeito?)

Percebi, finalmente, a greve do pessoal das tesourarias da fazenda pública: deve haver um ser misterioso, perdido algures nos meandros do Ministério das Finanças, que, revelando a maior imprudência e seguramente desobedecendo às instruções do Senhor Secretário de Estado para evitar *mexer nas estruturas das direcções-gerais,* – o que, segundo este responsável, recorde-se, *levaria à paralisia e à contestação interna* –, terá pretendido concretizar, com alguns anos de atraso, a prevista, programada e determinada integração das tesourarias e das repartições de finanças.

Que precipitação! Que insensatez! Será que, também aqui, a tradição já não é o que era?!?

14. Esclarecido o mistério que me preocupava, voltemos à questão das estruturas: afinal, as três direcções-gerais são para extinguir – por fusão na nova organização – ou para perpetuar? Alguém sabe?

Na primeira hipótese, como se procederá? Alguém sabe?

No, agora amaldiçoado, processo de criação da AGT, previa-se a integração gradual. A intenção era, assumidamente, extinguir as três direcções-gerais, mas no termo de um período de transição. Daí a afirmação de que *o desenho organizativo adoptado deve ser entendido como um patamar na escalada que haverá de conduzir a uma organização tributária integrada, parte da administração indirecta do Estado.*

Era uma solução simultaneamente ousada – na medida em que admitia a falta de justificação da existência das três direcções-gerais – e prudente, reconhecendo que era necessário algum tempo para adaptar as três organizações, com culturas diferentes, a regras comuns, condição *sine qua non* para as fundir, sem demasiados sobressaltos.

Era uma solução que assumia frontalmente aquilo que eu pensava e continuo hoje a pensar: que não existe qualquer justificação, lógica, organizativa ou política, para a situação actual.

Na verdade, somente razões históricas podem justificar a autonomia dos direitos aduaneiros no universo dos tributos: a maior parte do comércio externo português é intra-comunitário, não tendo já os direitos aduaneiros importância que justifique a autonomia organizativa. Isto, para não falar da crescente liberalização do comércio mundial, fruto do empenho da OMC.

No que respeita à DGITA, a sua existência nunca me pareceu justificar-se: afinal, a informática não passa de um instrumento, como outros, ao serviço da administração tributária. Se num certo momento fizesse sentido – como provavelmente já fez e talvez continue a fazer – concentrar esforços e meios no desenvolvimento e aperfeiçoamento da informatização da administração tributária, então a solução mais acertada do ponto de vista organizativo seria a criação de uma unidade de missão – nunca uma direcção-geral.

15. Se, ao invés, as três direcções-gerais não são para extinguir, então qual será o papel da nova organização? Alguém sabe? Melhor, que organização será essa? Isto, admitindo, naturalmente, que se trate de uma verdadeira organização, uma vez que a designação – *conselho de administração* – é mais adequada a um órgão do que de a uma organização propriamente dita.

Se se trata de uma organização, será uma entidade pública? De que natureza? Como se relacionarão com ela as três direcções-gerais? Alguém sabe?

Se não passa de um órgão, será um órgão de que tipo? Um órgão de coordenação, integrado no Ministério das Finanças? Mas então porque se chamará *conselho de administração*, já que não administrará coisa nenhuma? Alguém sabe?

16. Por fim, recorde-se que, como dissemos, na "velha" AGT a direcção superior era confiada a dois órgãos, um colegial, outro singular, o Administrador-Geral, recaindo sobre este a gestão corrente da organização. Houve a clara percepção de que, parafraseando Medina Carreira, *alguém devia ter a responsabilidade por inteiro* – ao menos das decisões quotidianas da organização.

O novo *conselho de administração* terá – a menos que as palavras tenham mesmo deixado de ter qualquer significado – características colegiais. Assentam-lhe como uma luva as críticas de Medina Carreira.

Epílogo

A história que vos contei é muito elucidativa: mostra como os assuntos da Administração Pública são tratados habitualmente em Portugal. O amadorismo, o improviso, a leviandade, o desrespeito pelos recursos públicos, mesmo a incompetência.

Será que um dia aprenderemos a ocuparmo-nos da Administração Pública de forma rigorosa, profissional e inteligente, equacionando os problemas com clareza, ponderando adequadamente as alternativas, recolhendo e tratando a informação relevante, sopesando devidamente os interesses envolvidos, ouvindo os especialistas, avaliando, com recurso a todas as técnicas e instrumentos disponíveis, os impactos e, finalmente, tomando decisões sábias e executando-as com determinação? Ou acomodar-nos-emos definitivamente à ignorância, à insensatez e ao desperdício, perdendo oportunidades, consumindo energias, desbaratando empenhos?

Resta-me aguardar pelos exames complementares, esperando que eles desmintam o meu diagnóstico. Se, todavia, as notícias não forem boas, ao menos que a doença não se agrave, atingindo patamares desesperantes – e, sobretudo, que não seja contagiosa.

Muito obrigado pela vossa paciência.

A ADMINISTRAÇÃO TRIBUTÁRIA E AS NOVAS TECNOLOGIAS

Dr. João José Amaral Tomaz

Tendo plena consciência dos riscos que representa esta incursão por terrenos de que tenho incipientes conhecimentos e, mesmo assim, limitados à óptica do utilizador, fui confrontado com a necessidade de efectuar algum trabalho de pesquisa sobre certos elementos bibliográficos de referência; essa pareceu-me ter sido a parte mais gratificante na preparação da comunicação a estas Jornadas.

A profunda revolução ocorrida nas tecnologias de informação veio criar novos desafios à Administração Tributária (AT) portuguesa, que se tem vindo a confrontar gradualmente com novas situações e com novos riscos resultantes da utilização crescente daquelas tecnologias pelos operadores económicos. Em contrapartida, foram abertas novas perspectivas de modernização e de melhoria do funcionamento de uma administração com mais de 150 anos mas cada vez mais apostada na utilização dos sistemas de informação como meio fulcral do exercício da sua actividade. Dada a evolução vertiginosa das Tecnologias de Informação (TI), Portugal não pode deixar de fazer todos os esforços para acompanhar aquele ritmo, sob pena de ser ultrapassado pelos acontecimentos. Neste domínio, a questão da continuidade dos investimentos, mesmo em períodos de austeridade orçamental, ganha particular acuidade. A questão do recurso à subcontratação (*outsourcing*) mereceu uma análise relativamente detalhada, parecendo evidente que a dependência desta alternativa não tem vindo a diminuir ao longo dos anos.

Confrontei-me, no entanto, com uma maior dificuldade na obtenção de elementos relativos a anos anteriores a 1998, primeiro ano em que a Direcção-Geral de Informática e Apoio aos Serviços Tributários e Aduaneiros (DGITA) passou a dispor de orçamento próprio. Por essa razão, tive que recorrer, relativamente ao período 1985/1997 em que as despesas com a informática estavam incluídas nos orçamentos da Direcção-Geral das Contribuições e Impostos (DGCI) e da Direcção-Geral das Alfândegas (DGA), a diversos elementos de suporte, em particular aos Relatórios de Actividades. Apesar destas limitações penso ter conseguido obter os dados quantitativos mínimos para comparar, de forma relativamente objectiva, o custo orçamental da Informática Tributária em Portugal com o de outros países. Mesmo assim, as apreciações que se apresentam devem ser tomadas com alguma reserva, dado o *trade-off* incontornável entre a qualidade do serviço e o respectivo custo orçamental.

Estou todavia ciente que é possível, mesmo com os constrangimentos assinalados, deixar algumas pistas para alguém interessado em aprofundar a questão do custo da Informática Tributária em Portugal, ou pelo menos, o da relativa aos serviços informáticos utilizados pela Administração Fiscal (AF) e da sua efectividade.

Siglas

AEAT	– Agencia Estatal de Administración Tributaria
AF	– Administração Fiscal
AFs	– Administrações Fiscais
AT	– Administração Tributária
ATs	– Administrações Tributárias
B2B	– Business to Business
CIAT	– Centro Interamericano de Administraciones Tributarias
DDFs	– Direcções Distritais de Finanças
DGA	– Direcção-Geral das Alfândegas
DGAIEC	– Direcção-Geral das Alfândegas e dos Impostos Especiais sobre o Consumo
DGCI	– Direcção-Geral das Contribuições e Impostos; Direcção-Geral dos Impostos
DGCP	– Direcção-Geral da Contabilidade Pública
DGITA	– Direcção-Geral de Informática e Apoio aos Serviços Tributários e Aduaneiros
EM	– Estado-Membro
EMs	– Estados-Membros
EUA	– Estados Unidos da América
FMI	– Fundo Monetário Internacional
IIMF	– Instituto de Informática do Ministério das Finanças
IMI	– Imposto Municipal sobre Imóveis
IMT	– Imposto Municipal sobre Transmissões Onerosas de Imóveis
IR	– Impostos sobre o Rendimento
IRC	– Imposto sobre o Rendimento das Pessoas Colectivas
IRS	– Imposto sobre o Rendimento das Pessoas Singulares
IVA	– Imposto sobre o Valor Acrescentado
OCDE	– Organização para a Cooperação e Desenvolvimento Económico
OECD	– Organization for Economic Co-Operation and Development
PEF	– Aplicação informática para o Processo de Execuções Fiscais
PIDDAC	– Programa de Investimentos e Despesas de Desenvolvimento da Administração Central
RF	– Repartição de Finanças
RFs	– Repartições de Finanças
RF88/89	– Reforma Fiscal de 88/89
RITTA	– Rede Informática das Tesourarias Tributárias e Aduaneiras
SEF	– Sistema de Execuções Fiscais
SIT	– Serviço de Informática Tributária
SIVA	– Serviço de Administração do IVA
TI	– Tecnologias de Informação
UE	– União Europeia
VIES	– Vat Information Exchange System

1. Vantagens da Informatização das Administrações Tributárias

Os benefícios potenciais mais óbvios da informatização das ATs são: o aumento da efectividade da cobrança dos impostos, a melhoria na selecção dos contribuintes a fiscalizar, uma detecção dos contribuintes que não apresentam, ocasional ou reiteradamente, as suas declarações de impostos, e a maior celeridade no processamento de liquidações e de reembolsos.

Embora sendo reconhecida a importância que a informática representa para a melhoria dos sistemas de arrecadação dos impostos, existem outras vertentes que vêm ganhando importância crescente nos últimos anos.

As TI têm um papel relevante no aumento da transparência das ATs, contribuindo deste modo para a diminuição da corrupção. A acessibilidade directa dos contribuintes de alguns países às bases de dados das súmulas das informações vinculativas, previamente expurgadas da identificação do contribuinte que as solicitou, é reconhecida como elemento importante para a diminuição da corrupção, para além de evitar situações de distorção de concorrência resultantes da existência de informação privilegiada só para alguns. Não posso deixar de saudar a recente decisão da DGCI de disponibilização das informações vinculativas emitidas pelos seus serviços na Internet[1] e na Intranet.[2]

Uma outra vertente que vem ganhando cada vez mais relevo é a da utilização de novas tecnologias para melhorar outras áreas do serviço de apoio ao contribuinte, tais como a informativa, a possibilidade do envio de declarações por via electrónica, a disponibilidade da simulação do cálculo do imposto, etc.

A razão do objectivo de apoio ao contribuinte, na óptica da AT, é essencialmente a procura de um duplo dividendo: a redução dos custos indirectos de cumprimento fiscal daqueles que assumem voluntariamente as suas obrigações fiscais, tanto para premiar como para fomentar o seu cumprimento espontâneo e a redução dos custos de recolha de dados, vendo-se assim dispensada, no todo ou em parte, da tarefa burocrática e dispendiosa daquela actividade.

A este propósito, tal como foi apresentado na Conferência Técnica do Centro Interamericano de Administraciones Tributarias (CIAT), que

---

[1] www.dgci.min-financas.pt
[2] http://w3/sitedgiintranet/home.html

teve lugar em 1999, na cidade do Porto, existem várias experiências internacionais em que a utilização da Internet para a apresentação de declarações era premiada e incentivada. Curiosamente, em Portugal não se terá procedido inicialmente do mesmo modo, segundo notícias divulgadas pela imprensa: os contribuintes que apresentaram via Internet as declarações do IRS, no primeiro ano em que a DGCI facultou essa possibilidade, foram seleccionados para serem fiscalizados![3]

Felizmente que esse "lapso" não terá passado de mera especulação jornalística e, mais tarde, a AT passou mesmo a dar prioridade aos reembolsos do Imposto sobre o Rendimento das Pessoas Singulares (IRS) relativamente às declarações enviadas por via electrónica.

Por outro lado, as tecnologias de informação podem criar ou melhorar o sistema de comunicações entre as ATs e o sector privado, bem como o intercâmbio de informações com outros departamentos da administração central, regional ou local. Acresce que, ao visar objectivos mais vastos como os acabados de referir, os projectos informáticos podem contribuir para mudanças essenciais na visão, estrutura e imagem pública das ATs e particularmente das AFs.

Dado que os projectos informáticos são essencialmente projectos de reformas das administrações, o seu ritmo depende do estatuto das reformas legais e administrativas do sistema fiscal. Grandes alterações da política fiscal durante a implementação dos projectos podem afectar seriamente a duração e o sucesso dos mesmos.

Em termos ideais, a informática deverá seguir e apoiar a reforma da política fiscal. A utilização das tecnologias de informação pelas ATs deve ser perspectivada como um meio fundamental e indispensável e não como um fim em si mesmo.

Após o processo estar em marcha existe um risco não menosprezável relacionado com o financiamento da globalidade do projecto. Se não houver a garantia da necessária suficiência de meios, as ATs podem confrontar-se com sérias dificuldades para manter e modernizar o seu sistema informático.

---

[3] O Dr António Nunes dos Reis, ex-director-geral da DGCI, desmentiu publicamente essas notícias, sublinhando que em 1997 tinham sido seleccionadas as declarações dos contribuintes com benefícios fiscais, em total paralelismo com as declarações entregues em suporte papel em que os contribuintes tivessem preenchido o anexo relativo a benefícios fiscais.

2. Contributos da Informática para Algumas Actividades das Administrações Tributárias

O objectivo primário das ATs é a cobrança de impostos e taxas de acordo com a lei, de modo a manter a confiança no sistema fiscal e na sua administração. As acções dos contribuintes – quer por ignorância, descuido, negligência, ou por evasão deliberada – bem como a fragilidade da administração, implicam o incumprimento da lei. Por tudo isso, as administrações devem ter em funcionamento estratégias e estruturas para assegurar que o incumprimento seja mantido a um nível tolerável.

É amplamente reconhecido que as intervenções reactivas das administrações tributárias para fazer face às situações de incumprimento, por exemplo através de auditorias abrangentes, ficam muito caras. Por essa razão vêm-se adoptando cada vez mais estratégias de gestão dos riscos de incumprimento (*compliance risk managementt*) as quais se tornam praticamente inviáveis sem a utilização da informática.

Dentro dessas estratégias a fiscalização tem papel de destaque pelo que é desejável, diria mesmo indispensável, o recurso a processos efectivos de selecção dos contribuintes a fiscalizar. De facto, confrontados com recursos escassos face ao número de contribuintes a controlar, as ATs necessitam de uma abordagem sistematizada, baseada no risco, para identificar quais os contribuintes a auditar com brevidade.

As soluções seguidas nos diversos países são muito variáveis, indo desde o sistema totalmente centralizado e automatizado dos Estados Unidos da América (EUA): (Discriminated Function Analysis) desenvolvido a partir dos resultados das fiscalizações efectuadas às declarações fiscais de uma amostra estratificada de contribuintes, e do Canadá, baseado no risco de incumprimento fiscal determinado a partir de uma série de elementos de identificação de risco; a soluções descentralizadas e não automatizadas (Suíça); a soluções descentralizadas e automatizadas (França); a soluções mistas quanto à competência para seleccionar (Reino Unido: cerca de 55% seleccionados a nível local e 45% a nível regional); a soluções específicas por impostos [(Áustria: impostos sobre o rendimento e Imposto sobre o Valor Acrescentado (IVA) e Reino Unido: IVA)], etc.

A utilização da informática é particularmente importante na selecção aleatória dos contribuintes a fiscalizar. Esta metodologia é relativamente recente e apresenta vantagens e inconvenientes. O principal inconveniente resulta do facto de a rentabilidade das fiscalizações dos contribuintes seleccionados por este processo ser, em regra, inferior à dos escolhidos por critérios de risco. Em contrapartida, apresenta a vantagem da incerteza para os contribuintes quanto a virem ou não a ser seleccionados e a impossibilidade de "protecção garantida", que pode ocorrer em sistemas em que os responsáveis pela escolha dos contribuintes a fiscalizar tenham competência discricionária total.

Em virtude do inconveniente anteriormente referido e do elevado custo/benefício deste tipo de fiscalizações, dado serem tipicamente polivalentes, abrangendo todos os impostos, o programa de fiscalização aleatória constitui, em regra, uma pequena parcela do plano geral de fiscalização.

3. Problemas Derivados da Globalização e de Outras Questões Recentes

No contexto da eliminação de barreiras e da abertura internacional é imprescindível o desenvolvimento de políticas governamentais claras e transparentes, com um marco regulamentar conhecido e respeitado por todos os agentes económicos. Nesse cenário têm papel essencial a eficiência, a efectividade e a credibilidade que têm as instituições governamentais e, em especial, as administrações tributárias, bem como o modo de enfrentar os desafios derivados desta crescente internacionalização da economia.

O papel das ATs não deve assim limitar-se apenas à mera fiscalização e arrecadação dos tributos, mas deve facilitar o desenvolvimento das economias nacionais, impulsionando-as e colaborando no desenvolvimento, ou pelo menos não o entravando. É, todavia, amplamente reconhecido que a globalização da economia comporta riscos de impactos negativos nos sistemas fiscais, embora a evidência dos montantes imputáveis a esses impactos seja ainda incipiente.

O Professor Vito Tanzi, que irá participar na sessão de encerramento destas Jornadas, identificou oito situações em que a globalização pode afectar a capacidade de arrecadação fiscal dos países, tendo-as designado por térmitas fiscais ("fiscal termits").

As situações por ele identificadas são as seguintes:
• O comércio electrónico;
• A utilização do dinheiro electrónico;
• As transacções intra-grupo;[4]

---

[4] A questão é particularmente complexa relativamente à imputação de custos relativos a serviços. A este propósito veja-se o artigo de Martin Przysuski e outros, com o

- Os centros financeiros *off-shore* e os paraísos fiscais;
- Os derivados e os *hedge funds*;
- A incapacidade ou a relutância em tributar os capitais financeiros;
- O crescimento das actividades efectuadas fora dos países de residência;
- As compras no estrangeiro de produtos altamente tributados em impostos específicos no país de residência.

Como o Professor Tanzi teve a preocupação de sublinhar que aquela lista não era exaustiva, tomo a liberdade de acrescentar àquela lista mais as seguintes "térmitas" que me parece vêm ganhando terreno na União Europeia (UE) e que, directa ou indirectamente, estão relacionadas com a questão da globalização e/ou com as TI:
- A dimensão crescente da fraude "carrossel";
- A deslocalização de empresas (*"off-shoring"*)[5] designadamente nas áreas das tecnologias de informação, para países de fiscalidade mais baixa e/ou com custos salariais ou outros mais reduzidos;
- As insuficiências do sistema VIES ("Vat Information Exchange System") dada a sua aplicação apenas às transmissões de bens.

A fraude *carrossel* caracteriza-se, segundo descrição da Comissão, do seguinte modo:

> Uma empresa interposta (*conduit company*), (A) faz uma entrega intracomunitária de bens isenta a um operador fictício (*missing trader*) (B) noutro Estado-Membro (EM). A empresa (B) adquire bens sem pagar IVA e faz subsequentemente uma entrega nacional a uma terceira empresa (C) denominada empresa de ligação (*broker*). O operador fictício (B) liquida IVA à empresa de ligação (C) mas não o entrega à AF e desaparece. A empresa (C) vai solicitar o reembolso do IVA que lhe foi facturado por (B). Consequentemente a perda financeira vai recair integralmente sobre a AF. Subsequentemente, a empresa (C) pode declarar uma transmissão intracomunitária isenta à empresa (A) e, por sua vez esta pode fazer uma transmissão intracomunitária a (B) e o modelo de fraude repete-se. Daí a razão da expressão "fraude carrossel".

---

título: " Management Fees and Other Intra-Group Service Charges: The Pandora's Box of Transfer Pricing".

[5] Por *off-shoring* entende-se a situação em que uma empresa deslocaliza os processos ou a produção para um outro país com mão-de-obra mais barata, sob a forma de subsidiárias ou filiais.

Para complicar e sofisticar ainda mais o esquema, tem que se acrescentar que, com o intuito de dificultar o controlo por parte da AF, os bens não são entregues directamente de (B) a (C). Frequentemente, as entregas são efectuadas por empresas intermediárias, denominadas por amortecedoras (*buffers*). Existem situações em que estas intermediárias não têm conhecimento de estar envolvidas num esquema fraudulento, mas, na maioria dos casos, estão conscientes de que estão num tipo de transacção irregular devido à natureza não habitual da transacção comercial.

No Relatório sobre o recurso aos instrumentos de cooperação administrativa na luta contra a fraude no IVA,[6] a Comissão mostrava a sua preocupação com este tipo de fraude ao recomendar especificamente a aplicação urgente das boas práticas seguidas por alguns Estados-Membros (EMs), identificadas no Relatório em matéria de luta contra a *fraude carrossel* e a criação de serviços nacionais de luta contra a fraude com competência para trocar informações com os outros EMs.

O debate sobre o *off-shoring* e as suas implicações fiscais não tem sido pacífico nem conclusivo. Nos EUA a corrente dominante é a de que o efeito do *off-shoring* sobre as economias é positivo, quer para o país que deslocaliza, quer para aquele para onde ocorre a deslocalização. Se, em relação ao último a conclusão pareceria óbvia, dada a criação de postos de trabalho, relativamente ao primeiro a conclusão pareceria dever ser a inversa, dado o desemprego que vai acarretar. Todavia, como os ganhos de eficiência e os resultantes dos preços mais baixos ultrapassam os custos derivados do desemprego e como uma percentagem dos desempregados encontra novos empregos com relativa facilidade, o efeito global é considerado, em geral, como não negativo. O problema na dificuldade em compreender aquela conclusão é que os custos do *off-shoring* são evidentes mas os benefícios não são tão claros.

Em contrapartida, na UE, principalmente após o recente alargamento, este fenómeno está a suscitar uma onda de preocupações, com a França a liderar a contestação. A este propósito permito-me recordar algumas das pistas que o Ministro das Finanças Nicolas Sarkozy tem vindo a apresentar para atacar o problema:

- Harmonização das taxas do Imposto sobre o Rendimento das Pessoas Colectivas (IRC);

---

[6] COM (2004) 260 final, de 16.04.2004

- Ameaça de corte dos Fundos Estruturais aos EMs com baixo nível de fiscalidade;
- Criação de incentivos fiscais a favor da permanência das empresas no país ou encorajando outras a regressar.

Em sentido diametralmente oposto pode referir-se a recente tentativa da administração fiscal da Índia visando discriminar entre os serviços geradores de receitas fiscais relevantes e os serviços casuais geradores de receitas insignificantes[7].

Parece-me oportuno recordar o que o Professor Sousa Franco escreveu em 1999 para a Conferência Técnica do CIAT, no Porto:

> "Sucede que as futuras redes terão coisas hoje impossíveis e que fazem sonhar um idealista ou ter pesadelos, no caso do legislador fiscal... a desmaterialização irá provocar a mais descomunal erosão fiscal da história da humanidade e acarreta a crise do direito tributário tradicional, por inadequação dos seus meios de intervenção, tanto no plano interno como no plano internacional, embora tais planos já se não possam distinguir numa perspectiva estritamente clássica.
>
> Importa por isso fazer um diagnóstico exacto da dimensão dessa erosão, filha de uma longa cadeia de choques tecnológicos ocorridos num muito curto período histórico. Isto é essencial para fazer a nossa visão estratégica sobre o futuro, para depois definirmos o que devemos evitar a todo o custo e o que é preciso fazer".

Da leitura do importante e recente estudo da Organização para a Cooperação e Desenvolvimento Económico (OCDE) sobre "Compliance Risk Management" parece ser de concluir que o diagnóstico, a que o Prof. Sousa Franco aludia, está ainda muito incompleto e que há ainda muito a fazer, tornando-se por isso indispensável uma ampla coordenação internacional de esforços, tal como proposto pela OCDE.

Aliás, o Professor Sousa Franco já reconhecia a necessidade dessa coordenação ao afirmar na mesma Conferência do CIAT:

> "A coordenação internacional torna-se pois imprescindível. Tal conclusão é factor de preocupação, pois esta coordenação só será possível após a resolução prévia de uma série de questões de infinita menor complexidade

---

[7] Tax Notes International – January 12, 2004; Tax Notes International – August 23, 2004.

– mas não simples – (zonas francas, compensações internacionais), que se vislumbram de difícil prossecução...Ora, se os Estados da União Europeia não se conseguem entender, que esperança é que existe numa abordagem necessariamente mais alargada? Essa esperança radica essencialmente em reuniões desta natureza que eu muito saúdo".

Também Jeffrey Owen, numa importante comunicação que apresentou na mesma Conferência, na sua qualidade de Director da Unidade Financeira, Fiscal e das Empresas da OCDE, destacou enfaticamente a necessidade de uma acção internacional coordenada para fazer face aos novos desafios.

4. O Custo Orçamental da Informática Tributária

Os sistemas de tecnologias de informação das ATs requerem, na generalidade, investimentos avultados com consequências orçamentais e com necessidades de recursos humanos, próprios ou subcontratados, que se estendem bem para além da vida dos projectos.

Uma orientação estratégica em direcção à tecnologia de informação resulta essencial. Os investimentos a efectuar e as infra-estruturas técnicas que há que construir supõem um projecto de médio ou longo prazo, projecto que, para além disso, deve ser actualizado e ter continuidade no tempo, e que condiciona a estratégia geral da AT.

Segundo a Agencia Estatal de Administración Tributaria de España (AEAT), os investimentos em meios humanos e materiais destinados ao tratamento da informação rendem cem por um euro de investimento ("Las inversiones en medios humanos y materiales destinados al tratamiento de la informacion rinden a una Administración Tributaria el ciento por uno de la inversión")[8].

De acordo com os dados do Fundo Monetário Internacional (FMI),[9] o orçamento da informática tributária representa em média cerca de 10%

---

[8] Aspectos Claves en las Acciones de Control de las Administraciones Tributarias – Tema 1 – Los Instrumentos de Apoyo a la Fiscalización – Agencia Estatal de Administración Tributaria – España – Conferencia Técnica do CIAT – Lisboa – al 2 de octubre 2003.

[9] De acordo com a citação que consta das PREM-notes número 44 do Banco Mundial em que se refere " According to IMF data..."

do total do orçamento global das respectivas administrações, em anos que poderemos designar por normais ou de "velocidade cruzeiro", isto é anos em que não ocorram grandes alterações relativamente à trajectória perseguida. Durante períodos de modificações substanciais do sistema tributário aquela percentagem subirá em geral para 15% a 20% e por vezes mais. Só a título de exemplo, o custo orçamental da informática da Austrália situou-se em 18% no ano fiscal 2003-04 e está estimada em 17% para o período 2004-05.

O custo da Informática Tributária de Portugal não é fácil de apurar com rigor relativamente aos anos que precederam a criação da DGITA, dado que as suas despesas aparecem diluídas nos Orçamentos da DGCI e da DGA. Por outro lado, só a partir de 1989 a informação da aquisição de material informático passou a ser individualizada pela DGCI dentro da rubrica "máquinas e equipamentos".

Mesmo com estas restrições pode afirmar-se, sem receio, que desde 1985 até 1997 o custo da informática tributária nunca se situou abaixo dos 10% do custo global da administração da DGCI e, desde 1998, ano do primeiro orçamento autónomo da DGITA, dos 10% do somatório dos orçamentos da DGCI e da Direcção-Geral das Alfândegas e dos Impostos Especiais sobre o Consumo (DGAIEC).

Da análise efectuada aos custos da DGITA de 1998 até hoje, incluindo já o Orçamento de Estado para 2005 relativamente aos custos globais da AT (DGCI + DGAIEC + DGITA) conclui-se que os seus custos de funcionamento (pessoal, *outsourcing,* comunicações e outras despesas) oscilaram entre os 8% e os 10%. Se adicionarmos os investimentos, aquela relação passa a ficar compreendida entre os 12% e os 20%.

Pode também concluir-se que, em vários anos, por razões relacionadas com a implementação de diversos módulos da Reforma Fiscal (IVA, Impostos sobre o Rendimento (IR), Património) ou dos investimentos na Rede Informática das Tesourarias Tributárias e Aduaneiras (RITTA)[10] ou na Remodelação da Informática dos Impostos, as despesas atingiram ou ultrapassaram a percentagem média de 10% apurada pelo FMI, como sendo considerada normal em situações de relativa estabilidade do processo de informatização. Em 2003 e 2004 terá mesmo sido

---

[10] A rede RITTA foi criada em 1995, tendo sido implementada de forma faseada. Em 1995 abrangia apenas 28 RFs. Actualmente é uma das maiores redes privadas do país e integra mais de 500 serviços fiscais e aduaneiros e abrange mais de 11 000 postos de trabalho e de 530 servidores.

ultrapassada a fasquia dos 15% e 20%, respectivamente, se incluirmos também os investimentos do PIDDAC (capítulo 50 do Orçamento de Estado – Investimentos do Plano).

Não parece poder afirmar-se que foi pela falta de meios ao longo de todos estes anos que a informática não desempenhou cabalmente as suas funções.

A questão básica parece ser a da descontinuidade de investimentos com todas as suas consequências. Interrogo-me se, a ter sido seguida uma política de investimentos continuada, não se teria hoje em dia um serviço melhor e menos dispendioso.

5. O *Outsourcing* e a Informática Tributária

A diferença salarial dos técnicos informáticos no sector público e privado é uma questão relevante para uma AT que se pretende bem colocada em termos de informatização. Essa diferença torna-se mais acentuada nos países menos desenvolvidos em que existe, em regra, um desequilíbrio significativo entre a oferta e a procura de emprego para aqueles técnicos.

Uma das soluções para tornear essas dificuldades é o *outsourcing* de certas actividades no âmbito das tecnologias de informação, o que requer um estudo de exequibilidade para identificar os níveis de qualidade e os custos.

Por outro lado, para evitar a excessiva dependência, será conveniente seguir os procedimentos de alguns países em que as AT ficam condicionadas, quando subcontratam serviços informáticos, à criação de uma equipa multidisciplinar idónea, que seja a contraparte do fornecedor, para acompanhar e controlar os contratos e avaliar a qualidade dos serviços recebidos.

O recurso ao *outsourcing* de serviços informáticos por parte das ATs verifica-se na maioria dos países. Só a título de exemplo veja-se o anúncio do concurso público 55/04, publicado no Boletin Oficial del Estado, de 12 de Agosto: "Asistencia técnica necesaria para realizar el soporte de las redes de área local de la Agencia Estatal de Administración Tributaria, durante dos años".

Uma situação curiosa, por extrema, é a do Reino Unido em que o Governo celebrou um contrato de longa duração (10 anos) com uma empresa que lhe passou a fornecer toda a infra-estrutura de TI. Aliás o

Reino Unido, Dinamarca, Irlanda e a República Eslovaca são os países da UE cujas ATs utilizam em mais larga escala o *outsourcing* informático.

6. O Comércio Electrónico e a Informática Tributária

O crescimento do comércio electrónico e em especial o relativo a serviços implica novos riscos de incumprimento para as ATs detectarem e controlarem. Embora a incidência de novos riscos de incumprimento seja largamente reconhecida, o impacto do comércio electrónico no aumento do incumprimento é ainda pouco conhecido.

O aumento do número de serviços oferecidos via Internet e a complexidade do ambiente digital provocou um aumento dos riscos de controlo. Obviamente que as ATs podem usar ferramentas de pesquisa via Internet para identificar os factores gerais que contribuem para o incumprimento.

De entre as actividades ou situações de risco elevado de incumprimento a OCDE destacou, designadamente as seguintes:
- Leilões;
- Jogos e apostas;
- Uso de interpostas pessoas ou de identidades falsas;
- Titularidades encapotadas em jurisdições off-shore envolvendo múltiplas entidades propositadamente para dissimular a verdadeira titularidade;
- Preços de transferência em transacções entre empresas (B2B) envolvendo a transferência de receitas para países de baixa fiscalidade;
- Acordos bilaterais em transacções (B2B) no sentido do estabelecimento de restrições no acesso a websites, tornando assim mais difícil a identificação de riscos.

Para fazer face aos novos desafios as ATs vêm adoptando diversas metodologias que passam pela criação de equipas especiais de investigação (Alemanha, Áustria, França, Holanda, Itália e Suécia); pelo desenvolvimento de projectos de auditoria de negócios pela Internet (Canadá); pelo recurso à pesquisa de websites; pelo *outsourcing* do serviço de pesquisa (EUA); pela realização de compras da AT pela Internet (França), pelo desenvolvimento de ferramentas avançadas de pesquisa via Internet (Alemanha e Holanda), etc.

Adicionalmente a monitoragem e a investigação das transacções efectuadas via Internet sob a perspectiva de cumprimento, requerem pessoal com preparação especial. Um certo número de ATs afecta recursos humanos para formação como especialistas em auditoria informática e consultores técnicos preparados para a utilização nas auditorias fiscais de ferramentas de pesquisa via Internet.

Parece oportuno, pela sua actualidade, transcrever as recentes orientações sobre estas matérias do Comité de Assuntos Fiscais da OCDE, dirigidas aos seus Estados-Membros:
- As Autoridades Tributárias são incentivadas a desenvolver ferramentas de pesquisa via Internet no sentido de controlar o comércio via Internet e proceder à análise de tendências; detectar websites de alto risco; e identificar fornecedores via Internet;
- As Autoridades Tributárias são incentivadas a cooperar no desenvolvimento e partilha das ferramentas e técnicas de pesquisa mais eficazes via Internet e a efectuar o intercâmbio de experiências quanto à utilização dessas ferramentas e técnicas;
- As Autoridades Tributárias são incentivadas a cooperar no desenvolvimento de ferramentas e técnicas eficazes via Internet e a efectuar o intercâmbio de experiências quanto à utilização das mesmas.

7. Breve História da Informatização da Administração Tributária em Portugal

Na "pré-história" da informatização da AT parece que o primeiro marco se situa em 1954[11] com a criação dos "Serviços Mecanográficos". Deu-se então início à técnica de mecanografia, inicialmente restringida ao âmbito da DGCI e mais tarde extensiva à Direcção-Geral da Contabilidade Pública (DGCP).

O equipamento consistia em perfuradoras-verificadoras destinadas à perfuração e verificação de cartões. Só em 1968 os serviços passaram a dispor de um "ordenador electrónico" que substituiu as obsoletas perfuradoras-verificadoras.

Em 1977,[12] em resultado das insuficiências e falta de meios que os Serviços Mecanográficos vinham revelando foi decidida a criação do

---
[11] Decreto-Lei n.º 39530, de 6 de Fevereiro de 1954.
[12] Decretos Regulamentares 82/77, 83/77, 84/77 e 85/77, todos de 16 de Dezembro de 1977.

Instituto de Informática do Ministério das Finanças (IIMF) e dos Núcleos de Informática da DGCP, da DGCI e da DGA.

O Instituto de Informática foi instalado em edifício próprio, foi dotado de um quadro de pessoal próprio e foi apetrechado com um centro informático relativamente moderno para a época. Os objectivos iniciais eram a prestação de serviços informáticos no âmbito do Ministério das Finanças, designadamente o processamento mensal de vencimentos e pensões da Função Pública, a mecanização do lançamento de diversos impostos, a elaboração de tarefas para a DGCP relacionadas com o controlo da execução orçamental e o processamento de documentos aduaneiros e elaboração de estatísticas.

O trabalho do IIMF para o cliente DGCI foi aumentando ao longo dos anos, passando a incorporar projectos interessantes no domínio do cruzamento de informações, designadamente nos antigos Impostos Profissional e Complementar e na elaboração de dados relevantes para a selecção de contribuintes a fiscalizar e/ou de apoio à actividade de fiscalização.

O primeiro e importante passo na emancipação da DGCI em termos de Informática, embora de certo modo de forma informal, ocorre em 1985 com a criação do Serviço do IVA (SIVA) em que este Serviço passou a assegurar autonomamente o suporte informático do IVA. O IIMF continuou a assegurar o tratamento informático dos impostos a que já se vinha dedicando e a dar continuidade a outros projectos em que tinha a DGCI como utilizador.

Em Abril de 1986[13] ocorre, formalmente, o nascimento da Informática Tributária com a institucionalização do Núcleo de Organização e Informática com a missão de apoiar a gestão dos processos de organização e informática, processos desenvolvidos à época pelo IIMF.

Em 1988 foi formalmente criado o Serviço de Sistemas de Informação, que rapidamente alterou a sua designação para Serviço de Informática Tributária (SIT)[14].

Ao SIT foram cometidas amplas atribuições com vista a assegurar a autonomia da DGCI no desenvolvimento e exploração dos sistemas

---

[13] Despacho conjunto de 29 de Abril de 1986, dos Secretários de Estado do Orçamento e dos Assuntos Fiscais

[14] Decreto-Lei n.º 6/88, de 15 de Janeiro, alterado pelo Decreto-Lei n.º 425/88, de 18 de Novembro.

informáticos, inicialmente visando quase em exclusivo a viabilização operacional da Reforma Fiscal (RF88/89), tendo sido dotado de um centro informático moderno e apetrechado com equipamento da última geração à época, e de uma estrutura e quadro de pessoal específicos.[15]

No início de 1990, verificou-se a transferência ("migração") do sistema informático do IVA para o SIT, com a desactivação do Centro de Cálculo do IVA, passando o respectivo suporte informático a ser feito directamente no Centro de Processamento de Dados do SIT, nas Amoreiras.

Em 1993, no quadro da reestruturação orgânica da DGCI, procede-se à extinção do SIT, passando as respectivas competências a serem exercidas por diversas Direcções de Serviços.[16] Esta decisão, aliada à política de contenção orçamental pode ter contribuído para o abrandamento no ritmo do processo de informatização.

Em Setembro de 1996 através da nova Lei Orgânica do Ministério das Finanças é criada a DGITA, com vista a apoiar a concepção, desenvolvimento e implementação de infra-estrutura tecnológica ao serviço da DGCI e da DGAIEC[17]. Pela primeira vez foi assumida a autonomização da Informática Tributária. A nova Direcção-Geral (a DGITA) passou a ter como objectivo principal a integração horizontal com vista a possibilitar uma gestão eficiente e um controlo eficaz, essenciais para a maximização das receitas através da melhoria da eficiência do aparelho fiscal, e não pelo aumento das taxas de tributação, e pelo combate contra a fraude fiscal, na perseguição de um sistema fiscal mais equitativo.

Em 1998 foram definidas as atribuições e a estrutura de funcionamento da DGITA.[18] A missão da DGITA passou a ser a gestão dos sistemas de informação e as infra-estruturas tecnológicas (tecnologias de informação e comunicações) da DGCI e da DGAIEC, devendo assegurar um serviço de qualidade de forma a contribuir para a concretização dos objectivos estratégicos daquelas Direcções-Gerais.

É difícil pronunciar-me sobre as vantagens e inconvenientes da retirada da informática própria da DGCI, que ocorreu com a criação da

---

[15] Decreto Regulamentar n.º 40/88, de 18 de Novembro.
[16] Decreto-Lei n.º 408/93, de 14 de Dezembro.
[17] Decreto-Lei n.º 158/96, de 3 de Setembro.
[18] Decreto-Lei n.º 51/98, de 11 de Março.

DGITA. Limito-me a constatar que dos 30 países da OCDE apenas 6 ATs não dispõem de serviços de informática própria, dos quais 4 são membros da UE: Dinamarca, Portugal, República Eslovaca e Reino Unido.[19]

8. A Informatização Fiscal em Balanço

Com base no título "A Informática Fiscal em Balanço" de uma Folha de Divulgação da DGCI[20] procurei atrever-me a fazer um balanço pessoal da situação actual e, principalmente, procurar identificar algumas "contingências".

Não poderia, sob pena de poder ser acusado de pessimista, deixar de reconhecer os amplos progressos verificados nos últimos 15 anos, ou seja, o período visado por estas Jornadas.

A principal conclusão parece-me ser a do reconhecimento do atraso inicial de partida, da insuficiente velocidade de aproximação às melhores práticas e da constatação que o *gap*, quer o do passado, quer o actual, evidencia uma natureza predominantemente estrutural e que tarda a ser ultrapassado.

Não pode, todavia, deixar de se reconhecer que existem exemplos, felizmente, em sentido diametralmente oposto, bastante interessantes de sucesso, mas sem assentarem num progresso sustentado e continuado. Podemos assim encontrar ao longo destes anos certos "fogachos" de boas práticas, que nos colocaram pontualmente mesmo em excelente posição a nível internacional, tais como, a título meramente exemplificativo, os seguintes:
- A entrada em vigor do IVA, em 1986, com um grau de utilização de meios informáticos sem precedentes até então no nosso país;
- O recurso a soluções alternativas para a cobrança de impostos;
- O recurso, penso que pela primeira vez na Administração Pública, da utilização de cheque com assinatura digitalizada;
- O amplo recurso às tecnologias de informação como suporte das campanhas de marketing do lançamento da RF88/89;[21]

---

[19] Os 2 países fora da UE são a Islândia e a Turquia.
[20] Número 6, de Dezembro de 1989.
[21] A aquisição dos *"Interactive Video"* (IAV) para que os contribuintes pudessem simular a autoliquidação do IR (e de outros impostos) constituiu um investimento na modernidade.

- A utilização da Rede Multibanco para proceder a consultas das declarações e pagamento de impostos;
- O novo cartão de contribuinte com *chip* incorporado;
- A atribuição à DGITA do certificado de melhor prática de e-Government ao nível da União Europeia, no domínio da entrega de declarações e consulta à situação fiscal via Internet, "como símbolo de reconhecida excelência e exemplo a seguir nos esforços para implementação de serviços públicos electrónicos no espaço Europeu";
- O Sistema VIDEOTEX que foi pioneiro a nível nacional na disponibilização electrónica de informação jurídico-fiscal;
- As adaptações ao Euro nos principais sistemas de informação;
- A relativa sofisticação na divulgação do zonamento dos coeficientes de localização para efeitos do Imposto Municipal sobre as Transmissões Onerosas de Imóveis (IMT) no website dos Impostos.

Sendo inquestionável que a informática teve um papel essencial na implementação da RF88/89, apresento uma tentativa de identificação das razões justificativas daquilo que correu menos bem. Não existe qualquer intuito de procurar atribuir culpas aos responsáveis, ao tempo, pelas decisões, mas basicamente encontrar ensinamentos úteis para o futuro.

Sem qualquer preocupação de hierarquização da sua importância, veja-se a seguinte lista:
- Alteração profunda das estratégias de informatização;
- Descontinuidade nos investimentos;
- Demasiada dependência do *outsourcing* de *software* e de outros serviços;
- Dificuldade em recrutar e manter técnicos informáticos;
- Instabilidade da legislação fiscal, com permanentes alterações dos Códigos Fiscais;
- Concentração exagerada nos programas de liquidação e cobrança;
- Exagerados atrasos no desenvolvimento de algumas aplicações relacionadas com o cruzamento de informações e o apoio à fiscalização;
- Aumento desproporcionado do número de contribuintes;
- Insucesso de algumas aplicações informáticas;
- Congestionamento e bloqueio no acesso à rede informática das Repartições de Finanças (RFs) relativamente a algumas funcionalidades;
- Diferenças de culturas organizacionais.

A estratégia de informatização

As oscilações e as mudanças ao longo do tempo são perfeitamente naturais num domínio que se caracteriza pela mutação extremamente rápida. Há no entanto que reconhecer que as mudanças bruscas nas prioridades estratégicas acabam sempre por ser algo convulsivas e afectarem o ritmo da sua implementação.

Assim, a passagem de estratégias concebidas com base em impostos, para outras orientadas para o contribuinte/cliente; de modelos centralizados para outros baseados na partilha das bases de dados ou mesmo a descentralização; de soluções concebidas com vista às Direcções Distritais de Finanças (DDFs) ou RFs para outras orientadas para os postos de trabalho, constituem modificações importantes e necessariamente dispendiosas em termos orçamentais.

A descentralização da informatização a nível das DDFs avançou rapidamente no que respeita ao equipamento destinado à recolha das declarações e guias de pagamento mas a restante descentralização não acompanhou aquela, apesar da criação do Serviço Regional de Informática.

O princípio da informatização da DGCI relacionada com a RF88/89 assentava nos seguintes princípios:
- A utilização de recursos próprios de que o IVA foi precursor;
- A consolidação num Centro Nacional de Informática Tributária e a correspondente política de descentralização do acesso;
- A utilização da informatização em larga escala nos procedimentos administrativos a nível regional.

A experiência revela que a estratégia demorou a concretizar-se e que ainda não foi plenamente realizada.

Descontinuidade dos investimentos

Uma das situações que mais prejudica um projecto de informatização é a da descontinuidade dos investimentos. É amplamente reconhecido que as rupturas no financiamento de um plano informático costumam sair bem caras e que as eventuais poupanças de hoje irão acabar por se traduzir em custos adicionais no futuro.

Parece-me por isso da mais elementar justiça recordar que no primeiro relatório de actividades do SIVA, coincidente com o seu primeiro ano de funcionamento, se antecipavam os riscos já visíveis do protelamento de investimentos inadiáveis e de projectos prioritários.

> "... Se efectivamente se quer que o IVA seja convenientemente administrado, extraindo do sistema já implantado, designadamente na área informática, todas as potencialidades que o mesmo permite haverá que ter sempre presente que o Serviço do IVA está longe de dispor dos meios necessários...".

Dado que se tratava de uma história de sucesso, amplamente reconhecida após o habitual cepticismo de muita gente, não deixa de ser premonitória a seguinte conclusão:

> "Embora conscientes de que, sem grandes alardes, se produziu um trabalho sério, que ficará a representar um ponto alto da Administração Pública, em geral, e da Direcção-Geral das Contribuições e Impostos, em particular, não estamos eufóricos, antes e ao contrário de outros que facilmente se engalanam com o pouco que fazem – nos preocupa mais aquilo que está por fazer do que aquilo que se fez".

Novas situações de descontinuidade no financiamento de projectos informáticos ocorreram em diversos períodos de contenção de despesa desde então, incluindo os posteriores à RF88/89, retardando assim o indispensável *upgrade* do sistema informático ao serviço da DGCI.

A contenção teve como consequências:
- Atrasos no prosseguimento e ampliação da rede RITTA que constituiu uma importante opção política cujo objectivo era a criação de uma infra-estrutura tecnológica catalisadora da modernização de toda a Administração Tributária;
- Suspensão do *upgrade* da infra-estrutura central e de rede, o que acarretou, face ao aumento de cargas, uma degradação da qualidade do serviço:
- Adiamento na celebração de novos contratos de *outsourcing* para assistência técnica;
- Suspensão ou adiamento de projectos informáticos considerados como de prioridade mais baixa.

Demasiada dependência do outsourcing

São reconhecidas as potencialidades do *outsourcing* e mesmo a indispensabilidade ao seu recurso quando não se dispõe de alternativas ou, quando existentes, se revelam mais dispendiosas que a subcontratação de certos serviços.

No caso do SIVA e do SIT parece óbvio que, quer o lançamento do IVA, quer da RF 88/89, seriam inviabilizados sem a informática e que esta não poderia ter sido bem sucedida sem o recurso à subcontratação de certos serviços.

O problema é que o *outsourcing* da Informática Tributária passou de conjuntural e temporário a estrutural e permanente. Como é referido pertinente e oportunamente num Relatório da DGITA:

> "... o insuficiente número de técnicos qualificados, o que conjugado com o aumento das frentes de trabalho, levou à necessidade de um maior nível de contratação de serviços de empresas para o desenvolvimento de projectos informáticos e consequentemente acarretou uma maior dependência externa da DGITA".

Da análise efectuada aos orçamentos da DGITA de 1998 a 2004 conclui-se que as despesas com o pessoal foram sempre bastante inferiores às respeitantes a assistência técnica. Se adicionarmos as despesas de assistência técnica com as relativas a aquisições de serviços, os resultados a que chegamos parecem perfeitamente elucidativos da perpetuação da dependência do *outsourcing*.

Tomando como base a proposta de Orçamento do Estado para 2005 pode concluir-se que a situação se irá manter, face aos seguintes montantes de despesa previstos para a DGITA:

- Despesas com o Pessoal   8.668.338€
- Assistência Técnica   9.480.600€
- Outros trabalhos especializados   4.680.573€
- Locação de Material de Informática 2.226.100€

Dificuldade em recrutar e manter técnicos informáticos

A questão da dificuldade em recrutar técnicos informáticos para os macrosistemas previstos foi logo assumida no Preâmbulo do Decreto-Regulamentar número 40/88, em que se reconhecia a necessidade de estímulos para os atrair e manter. A realidade é que, tendo o SIT inicialmente um Quadro de pessoal de 279 elementos, incluindo pessoal administrativo e auxiliar, nunca o mesmo chegou a estar preenchido.

Passado pouco mais de um ano, era afirmado na Folha Informativa do SIT:

"O Serviço de Informática Tributária tem-se confrontado com reconhecidas dificuldades no âmbito dos recursos humanos necessários ao desenvolvimento da sua actividade, dada a especificidade e complexidade das tarefas que lhe incumbem".

E na folha de Junho de 1989, o alerta era ainda mais preciso e preocupante:

"Embora o Quadro do SIT deva, necessariamente, ser preenchido ao longo de várias fases, o número de 83 funcionários existentes no final do passado mês de Maio, era manifestamente inferior ao necessário na actual fase de implementação do Serviço".

Passados quase 15 anos, a situação não parece muito diferente, pelo menos, a fazer fé num recente Relatório de Actividades da DGITA:

"No respeitante aos recursos humanos, agravou-se a situação crítica da exiguidade da capacidade interna de desenvolvimento de sistemas, um dos problemas estruturais da DGITA de mais difícil resolução, o que constitui um travão à evolução da sua actividade e afectou o grau de execução da carteira de projectos prevista para...[22] com os respectivos reflexos nas expectativas dos utilizadores DGCI/DGAIEC".

Alertava ainda a DGITA para o risco de perda do controlo do Sistema Informático, face à erosão do quadro de recursos humanos e ao incremento do *outsourcing*. A perda continuada de técnicos era imputada à falta de mecanismos de flexibilidade de gestão de recursos humanos e à falta de competitividade salarial.

Face ao transcrito resulta claro que o SIT e a DGITA ficaram dependentes até agora do *outsorcing*, não se vislumbrando a possibilidade de alterar tal situação, pelo menos nos tempos mais próximos.

---

[22] Omitimos, por razões óbvias, a referência ao ano em causa.

Instabilidade da legislação fiscal

É sobejamente reconhecido que as alterações permanentes dos Códigos Fiscais têm consequências importantes na instabilidade das declarações fiscais e, consequentemente, nos programas de liquidação, de cobrança e de cruzamento de informações.

O processo de informatização fica, por isso, extremamente condicionado e vulnerável face à instabilidade do quadro normativo fiscal. Por essa razão parece-me inteiramente apropriado o título "não mexam no IRS" que o semanário Expresso escolheu para um artigo dedicado ao exorbitante número de alterações ocorridas no articulado do Código do IRS nos últimos 3 anos.

Demasiada concentração das prioridades nos programas de liquidação e cobrança

Esta foi uma das debilidades mais persistentes de todo o processo de informatização. Sendo certo que a não serem bem sucedidos os programas relativos a estas aplicações, seria todo o processo da RF88/89 seria todo condenado a um rotundo fracasso, não é menos verdade que o bom desempenho dos mesmos acaba por fazer passar para segundo plano, ou mesmo para o adiamento sucessivo, o desenvolvimento de outras aplicações indispensáveis à gestão e fiscalização dos novos impostos.

Por razões perfeitamente compreensíveis foi atribuída total prioridade, no arranque da RF88/89, à concepção e desenvolvimento dos sistemas de suporte à liquidação e cobrança dos novos impostos, com vista a conseguir no início de 1990, como veio a acontecer com sucesso, proceder à recolha e correcção das liquidações de IRS, ao controlo das autoliquidações de IRC, à emissão de cheques de reembolso, etc.

O sucesso ocorrido na aceleração dos procedimentos de liquidação e de cálculo do imposto não teria sido possível sem o recurso às tecnologias de ponta de que a AF dispunha na altura.[23]

Ouso, no entanto, afirmar que a informática fiscal acabou por ser vítima do seu próprio sucesso. A partir do momento em que se constatou

---

[23] Até final de Fevereiro de 1990 já tinham sido expedidos cerca de 30% dos reembolsos relativos às declarações de 1989!

que a liquidação e a cobrança funcionavam bem, o desenvolvimento dos restantes programas informáticos foi perdendo importância relativa, acabando assim por ser sucessivamente adiado.

Atrasos exagerados no desenvolvimento de algumas aplicações e programas

Esses atrasos já tinham ocorrido com o IVA. No Relatório de 1986, já referido, afirmava-se corajosamente: "Mas nunca será demais salientar (e não nos cansamos de repeti-lo) o Serviço de Administração do IVA e as estruturas distritais e locais ligadas ao imposto (estas últimas na área da fiscalização) estão longe de corresponder inteiramente às necessidades e aos propósitos com que se partiu para a criação da "máquina" administrativa idealizada e cujos projectos não houve tempo de realizar ou não tem havido condições para os levar a cabo".

A mesma situação voltou a repetir-se, ainda com maior intensidade, com a RF88/89.

Relativamente aos atrasos no desenvolvimento de algumas aplicações, cito, a título de exemplo chocante, o respeitante ao cruzamento entre as retenções efectuadas pelas entidades pagadoras e os montantes declarados pelos contribuintes como retidos.

Só no corrente ano passou a efectuar-se este cruzamento essencial, que, aliás, já havia funcionado alguns anos antes, quando o IIMF prestava serviços à DGCI. De qualquer modo, ao que parece, o cruzamento agora implantado abrangerá, por ora, apenas a categoria A de IRS.[24]

O retardamento no desenvolvimento das respectivas aplicações colocou Portugal, neste domínio, atrás de muitos países em desenvolvimento.

Para além desta situação mais chocante, outros atrasos ocorreram, tais como os relativos à actualização do cadastro dos contribuintes, aos sistemas de apoio à fiscalização e à Justiça Fiscal, à extensão e actualização da rede RITTA, etc.

---

[24] As recentes notícias relativas ao envio de cerca de 150 000 cartas a contribuintes que não haviam apresentado as suas declarações dão a entender que a identificação dos infractores terá resultado do cruzamento dos montantes declarados pelas entidades pagadoras com a ausência de declaração por parte dos beneficiários.

Aumento desproporcionado do número de contribuintes

Portugal apresentava há cerca de dois anos a mais elevada densidade[25] de contribuintes – número de habitantes por contribuinte – na UE com o formato anterior ao do recente alargamento e, muito provavelmente, manterá esse lugar na União alargada.

No caso do IVA as razões poderão ser encontradas na não actualização dos montantes que obrigam ao registo, nos "recibos verdes", nas empresas fictícias, na não depuração do cadastro, no não accionamento previsto no respectivo Código do mecanismo de cessação oficiosa de actividade dos contribuintes inactivos, etc.

A acumulação daquelas situações originou que o número de contribuintes registados no IVA, inicialmente cerca de 450 000, tivesse aumentado para mais de 1 200 000, em 2002.[26]

No caso do IRC o número de contribuintes declarantes passou de 141 047, em 1989, a 323 363, em 2003, ou seja, um aumento de cerca de 130% no espaço de 14 anos!

No que respeita ao IRS o aumento do número de agregados declarantes passou de cerca de 2,1 milhões em 1989 a um pouco mais de 4 milhões em 2003. Acresce que Portugal é um dos 10 países da OCDE em que os trabalhadores por conta de outrem que auferem exclusivamente rendimentos do trabalho são obrigados a apresentar declarações de IRS.[27]

Este aumento exponencial do número de contribuintes tem consequências negativas sobre diversas actividades da DGCI, designadamente da liquidação e cobrança, fiscalização e execuções fiscais.

---

[25] Considera-se que há uma maior densidade quanto menor for o número de habitantes por contribuinte. Suponham-se dois países A e B, ambos com 10 milhões de habitantes, mas em que A tem 250 mil contribuintes registados em IVA e B 400 000. A densidade fiscal será de 40 e 25, respectivamente. O país B será o de maior densidade fiscal, ou seja, tem mais contribuintes para o mesmo número de habitantes.

[26] Apesar de várias tentativas infrutíferas não me foi possível obter dados mais actualizados e precisos.

[27] Os outros são a Austrália, a Bélgica, o Canadá, a Espanha, os EUA, a França, a Grécia, a Hungria e a Suíça.

Insucesso de algumas aplicações informáticas

De entre algumas aplicações menos bem conseguidas assinalo, a título de exemplo, a do Processo de Execuções Fiscais (PEF), a do Sistema VIDEOTEX, criado em 1989, e que constituía um sistema pioneiro no país para o acesso a uma base de dados de informações jurídico-fiscais mas que se confrontou, desde o início, com problemas de acesso, etc.

Parece igualmente de destacar a inexistência de um projecto sustentado de informatização da área da Justiça Tributária.

Situações de congestionamento e bloqueio no acesso à rede informática

Esta afigura-se uma realidade que parece tardar a ser ultrapassada, pelo menos face a notícias recentes sobre queixas dos contribuintes e dos funcionários, principalmente no que respeita à emissão de guias ou certidões de dívidas e a algumas aplicações relacionadas com a recente Reforma da Tributação do Património, quer do IMI, quer do IMT.

Num Relatório da DGITA afirmava-se, relativamente ao congestionamento:

> "...colocam a DGITA numa situação insustentável, que não poderá persistir por mais tempo, com degradação, designadamente da consulta "on line" por parte dos serviços da AT e consequentes dificuldades de acesso à informação e deficiente atendimento dos contribuintes".

Culturas organizacionais diferentes

A diferença de culturas organizacionais, quer no domínio de interesses, quer de visão estratégica, quer ainda de desenvolvimento informático, foram muito nítidas no SIT e posteriormente na DGITA e nos utilizadores (DGCI e DGAIEC).

As dificuldades de diálogo constituiram, pelo menos durante algum tempo, uma realidade. Em determinadas fases do processo parecia que todas as entidades envolvidas se "fechavam" nas respectivas competências orgânicas, não funcionando integralmente como participantes nos mesmos objectivos.

Analisando a questão, já com um desfasamento temporal importante, parece-me que as culpas terão que ser repartidas por todos os intervenientes. De facto se, por vezes, os serviços informáticos extravasavam a sua natureza de "meio" ambicionando ser um "fim", também há que reconhecer que por vezes os utilizadores não tinham uma ideia precisa do que pretendiam. Foi um longo processo evolutivo de aprendizagem mútua e de aproximação recíproca das duas culturas, sem perderem no entanto a sua identidade própria.

Estou convicto de que essa fase de relacionamento mais difícil está relativamente ultrapassada e que há hoje em dia um maior e melhor alinhamento entre os objectivos estratégicos globais e a definição de prioridades de desenvolvimento informático.

9. Conclusões

Apesar dos constrangimentos referidos anteriormente, parece ser inequívoco o reconhecimento do papel que a informática teve, e continuará a ter, na modernização da Administração Tributária e na melhoria das relações entre a Administração e o Contribuinte.

Felizmente que começam a surgir resultados bastante positivos, principalmente do lado dos Sistemas de Gestão Liquidativa e dos Sistemas de Liquidação, aliás, os que tinham avançado mais rapidamente, por razões óbvias, bem assim como resultados extremamente positivos relativamente aos sistemas relativos ao apoio à fiscalização e à justiça tributária. São de destacar relativamente ao primeiro grupo o sistema de declarações electrónicas que vem sendo implementado de forma gradual e constitui uma experiência estratégica na linha seguida pelos países mais desenvolvidos, e o desenvolvimento dos sistemas e funcionalidades relacionados com a recente reforma da tributação do Património.

Os sistemas informáticos de apoio à inspecção tributária ficaram durante muito tempo subalternizados aos relacionados com o tratamento declarativo, cobrança e processamento de reembolsos. Com a entrada em funcionamento pleno, em breve, do Sistema do Documento de Correcção Único, abrem-se perspectivas para a melhoria da eficácia da actividade fiscalizadora, para a análise de situações de risco e para a avaliação dos resultados e da rentabilidade das acções de fiscalização efectuadas.

Os sistemas relacionados com a justiça fiscal têm vindo a ser implementados de forma faseada dado implicarem a migração dos processos de aplicação PEF para o Sistema de Execuções Fiscais (SEF) e a recolha de informação complementar e correcção manual de algumas anomalias.

Por outro lado, pode considerar-se que o grau de cobertura dos postos de trabalho dispondo de equipamento informático, nos coloca ao nível das administrações mais desenvolvidas. A cobertura integral dos postos de trabalho e de 95% dos serviços utilizadores, até final do ano, colocar-nos-á novamente em posição de destaque a nível internacional.

Em resumo, apesar das vicissitudes por que tem passado o processo de informatização da Administração Tributária, encontramo-nos numa fase de viragem em que começam a ser visíveis os resultados positivos dos avultados investimentos efectuados ao longo dos últimos anos.

Bibliografia

António de Sousa Franco – O Novo Ambiente Tecnológico e o Sistema Fiscal – Cadernos de Ciência e Técnica Fiscal número 187.
DGCI – Relatórios de Actividades 1986 a 2002.
DGITA – Os Sistemas de Informação como recurso estratégico da actividade fiscal: Evolução 2003/2004 – Fiscália n.º 24 – Maio/Julho 2004.
Fernando Barreza Luengo – Desarrollo de los Sistemas Informáticos y sus aplicaciones – Servicio de Impuestos Internos Chile – Junio 2000 – CIAT 2000 – Washington DC.
Jeffrey Owens – O Comércio Electrónico e a Fiscalidade – Cadernos de Ciência e Técnica Fiscal número 187.
Jit B. S. Gill – A Diagnostic Framework for Revenue Administration – World Bank Technical Paper N.º 472 – June 2000.
Koh Cher Siang – A key Strategic Challenges facing tax administrations in the 21st century – A Singapore Perspective – IRAS Speeches – Montreal, Canada, June 3-6, 2001.
Martin Przysuski, Srini Lalafet, Hendrik Swaneveld, and Pallavi Paul – Management Fees and Other Intra-Group Service Charges: The Pandora's Box of Transfering Prices – Tax Notes International – 26 April 2004.
OECD – Guidance Note – Compliance Management: Progress with the development of internet search tools for tax administration – October 2004.
OECD – Guidance Note – Compliance Risk Management: Managing and Improving Tax Compliance – October 2004.
OECD – Information Note – Compliance Risk Management: Audit Case Selection Systems – October 2004.
OECD – Tax Administration in OECD countries: Comparative Information Series (2004) – October 2004.
The World Bank – PREM-notes – Number 44 – Computerising Tax and Customs Administrations – by Michael Engelschalk, Samia Melhem and Dana Weist – October 2000.
Top of the Web – Survey on quality and usage of public e-services – November 2003.
Vito Tanzi – Globalization, Technological Developments, and the Work of Fiscal Termits – IMF Working Paper – WP/00/181– November 2000.

UM PONTO DE VISTA SOBRE A ADMINISTRAÇÃO TRIBUTÁRIA

Dr. António Nunes dos Reis[*]

Não será motivo de estranheza que, dada a minha carreira na função pública, quer na nacional, quer na comunitária, tenha, sobre o posicionamento e o papel da Administração Tributária no contexto das sucessivas reformas, uma visão menos pessimista do que aquela que, amiúde, é veiculada pela esmagadora maioria dos analistas.

Citando Camilo de Castelo Branco, que referiu: *"Eu não tenho imaginação, tenho memória"*, vou utilizar-me dessa memória para dizer algumas coisas a propósito da DGCI e, dessa forma, lançar-me no debate sobre o papel da Administração Tributária.

Está bem claro que cabe à Administração Tributária executar a política fiscal do Estado, mas, e ao contrário do acontecia num passado não muito longínquo, não define, nem pretende definir, tal política fiscal, matéria que é da exclusiva competência do Governo. Para isso, ele se submete ao sufrágio universal e donde decorre a sua legitimidade para definir as políticas que entende por bem definir. Por outro lado, os obrigados fiscais exigem e têm para isso, igualmente, toda a legitimidade, que a tal execução não seja alheio um serviço com padrões de qualidade. Estas duas vertentes tornam a tarefa difícil, mas (e provavelmente por isso mesmo) mais aliciante. Acresce que a Administração tem de ser garante de que os princípios da legalidade, da igualdade e da justiça tributária são observados.

Nunca nenhuma reforma fiscal deixou de querer resolver as desigualdades existentes, contribuindo decisivamente para uma verdadeira

---

[*] Ex Director-Geral dos Impostos

redistribuição da carga fiscal. Perante uma qualquer reforma, espera-se dela que seja capaz de constituir a resposta às mudanças sociais e económicas e às transformações culturais nas quais se incluem a necessidade de assegurar o respeito mútuo dos deveres e dos direitos das partes envolvidas. E a reformulação da Administração Tributária insere-se, sempre, nesses projectos de reforma, mas para que as reformas tenham êxito necessário se torna que as mudanças não se confinem à administração.

A este propósito, ainda que pudesse citar muitas outras situações análogas, refiro a Resolução do Conselho de Ministros 14 de Julho de 97 sobre os Quadros Gerais para a Reforma Fiscal:

"Nenhum sistema normativo por mais justo e adequado à realidade que seja, tem possibilidade de atingir, com êxito, os seus objectivos se não dispuser de um eficaz aparelho que transforme as orientações políticas e o enquadramento jurídico-normativo em decisões operativas concretas em conformidade com estes".

E se, ao elencar os 9 princípios estruturantes a que deve obedecer, no plano político, a referida Reforma, refere o de **serviço público** que *"permitirá que a Administração, sem quebra da sua autoridade, aja e se conceba aos serviços dos cidadãos, buscando a sua comodidade, a efectivação dos seus direitos e reconhecendo o primado da cidadania sobre a função pública".* refere, igualmente, o da **cidadania** que *"reformará as mentalidades de forma a que se tome consciência da importância do instituto fiscal, como dever cívico e elemento integrante da cidadania, sem o que dificilmente se combaterá a actual mentalidade da fuga ao fisco ser socialmente tolerada".*

Escreveu o Prof. Teixeira Ribeiro que *"é sempre pior ter uma reforma falhada que não ter reforma nenhuma".*[1] Trata-se duma afirmação que é frequentemente relembrada, não apenas pelos destinatários primeiros de qualquer reforma, mas também por todos quantos, no interior da Administração, temos de a aplicar. E relembramo-la porque temos a consciência que quando a reforma falha somos duplamente vítimas. Desde logo, porque, como contribuintes que também somos, não podemos aproveitar dos eventuais benefícios que normalmente as reformas

---

[1] Por outras palavras, o Professor Sousa Franco disse-o num Conselho Nacional de Fiscalidade, em Setembro de 97. *"Mais vale reforma fiscal nenhuma do que um reforma fiscal falhada"*

enunciam e anunciam. Depois, porque sentimos ser os "responsáveis" visíveis pelo insucesso que se possa verificar, por sabermos ser de imediatamente apontados como os principais, senão únicos, obstáculos à prossecução dos fins pretendidos.

A Administração Tributária tem sido capaz de se modernizar e de constituir, também ela, fonte de progresso. A tarefa não é isenta de dificuldades, até porque e mau grado haver exemplos de que ela é capaz de se auto-reformar, toda a renovação carece, em regra, de estímulos externos que a facilitem e, em muitos casos, a provoquem.

Daí que sejam benvindas as contribuições externas que proporcionam uma visão menos apaixonada das realidades vividas, mas devidamente caldeadas com a nossa própria experiência.

A modernização, eficácia e boa resposta aos desafios que lhe são colocados defrontam-se com dificuldades em termos de uma boa execução. O elevado nível de tecnicidade do "produto", a diversidade de conhecimentos dos "clientes" e a utilização por parte da Administração duma linguagem que, muitas vezes, não distingue essa diversidade são algumas dessas dificuldades. Acresce que há normas, no âmbito ou fora do âmbito de reformas, que são publicadas hoje para serem aplicadas ontem e que, na maior parte dos casos, a formação dos funcionários e dos contribuintes não se faz ou faz-se tardiamente, umas vezes por falta de meios que, ou não são os adequados ou são simplesmente inexistentes, outras vezes por impossibilidade de se fazer essa formação, face ao mero desconhecimento das matérias a desenvolver.

E haverá mesmo quem defenda que, sendo a Administração Tributária uma organização de pessoas que constituem uma amostra de uma sociedade determinada, ela nunca poderá ser muito melhor do que a sociedade que lhe deu origem.

Preferimos, no entanto, a esta linha de pensamento determinista e pessimista, uma posição mais flexível e optimista, por acreditarmos que a Administração, ela própria, pode ser uma fonte de progresso e motor de mudança.

As novas tecnologias, interactivas com a dinâmica das transformações sociais, não podem ser ignoradas e não o têm sido.

A informatização dos serviços constitui um instrumento fundamental no combate às situações menos claras e que urge ver banidas. Mas constitui, igualmente, um "instrumento de trabalho" que se pretende seja colocado ao serviço do próprio contribuinte. Num caso e noutro, isso é uma realidade, bastando inventariar toda um série de realizações e de produtos "internos" e "externos" para o demonstrar.

A DGCI foi pioneira, na Europa, na desmaterialização das declarações e nas facilidades de pagamento dos impostos. E se não foi pioneira, esteve entre as primeiras a utilizar a *web* para se relacionar com os contribuintes ou o *e-learning* para formar os seus funcionários. Curiosamente nunca sentimos que isto tivesse muita importância para os *media* portugueses. Mas teve-o para o "Le Monde"

A introdução do IVA, reforma da tributação directa foram um êxito. Mas isso não teve grande importância para a comunicação social, mas teve-o para o FMI, a OCDE ou a Comissão Europeia, instituições que sempre nos apontaram com um exemplo a seguir e como interlocutores válidos de muitos países que se preparavam para reformas idênticas.

A DGCI é notícia quando o Director-Geral "ganha demais". Mas não é notícia quando o Director-Geral não é remunerado como o deveria ser um qualquer gestor duma qualquer empresa com a dimensão da DGCI.

A DGCI é notícia quando envia uma carta a um contribuinte entretanto falecido, mas não é notícia pelo esforço diário que os seus milhares de servidores fazem para esclarecer e ajudar os milhões de contribuintes vivos.

A DGCI é notícia quando deixa de cobrar uma determinada importância, mas não é notícia quando ultrapassa as exigentes metas orçamentais que lhe são anualmente impostas.

Obviamente não faltam exemplos em que a actuação da DGCI não pode deixar de ser criticada. Mas será que apenas na DGCI há maus exemplos?

Quando somos confrontados com referências em termos depreciativos à DGCI, situando-a a par de outras administrações fiscais classificadas (ainda que muitas vezes injustamente) de terceiro mundistas, devemos questionar-nos e verificar se as críticas que nos dirigem são, de facto, justas, reflectindo o sentir de quantos nos procuram ou se, pelo contrário, se fundamentam em juízos de valor que desconhecem a realidade, em termos, quer das qualidades profissionais e humanas de todos quantos a integram, quer da qualidade dos serviços que presta.

Sabemos que é muito difícil, em Portugal ou não importa onde, que uma Administração Tributária seja popular, no sentido de bem aceite, "querida", apoiadas ou, simplesmente, compreendida pelos seus "clientes". De facto, basta atentar na natureza dos serviços, quando o principal destinatário é o contribuinte, para se perceber tal estado de espírito. Basta, igualmente, atentar no facto de a Administração Tributária ser a executora da política fiscal do Estado e de, nesses termos, aparecer aos olhos da opinião pública como um mero arrecadador de receitas, sem nada dar directamente em troca, para se perceber que isto representa um importante *handicap* em termos de popularidade e da consequente aceitação do papel que lhe cabe na Sociedade.

Por outro lado, a característica (leia-se impopularidade) dos produtos e serviços "vendidos" e a impossibilidade de fazer políticas de promoção típicas de outras entidades que, mesmo oferecendo produtos socialmente inúteis e, muitas vezes, nefastos, conseguem convencer o destinatário que tal produto ou tal serviço é feito à sua imagem ou à sua medida ou, face a condicionalismos de ordem sigilosa, a incapacidade para explicar certas situações anunciadas como exemplos de ineficiência ou de puro laxismo, torna as coisas ainda mais difíceis.

Acresce ainda, quando se pretendem fazer determinadas reformas ou simples modificações neste ou naquele imposto, nesta ou naquela situação tributária, fácil é argumentar perante a opinião pública de nada valer a pena, porque tudo será votado ao inêxito face à ineficácia, incompetência, vetustez ou, numa palavra, à incapacidade da Administração Tributária.

Mas, quando se apregoa que é necessário ter um Administração capaz de aplicar as alterações legislativas anunciadas, ninguém se interroga ou se preocupa em saber se os poderes instituídos e responsáveis pelas alterações dão à Administração os meios que lhe permitam aplicar correcta e eficazmente a lei que produziram, atingindo, desse modo, os objectivos pretendidos.

E se não dão esses meios, como normalmente acontece, de quem é a culpa?

Apenas da Administração que não se moderniza ou também de quem impede essa modernização?.

Apenas da Administração que não dá resposta ou também de quem lhe não fornece os meios necessários a tal resposta?

Apenas da Administração que é ignorada ou também de quem ignora essa Administração.

Apenas da Administração que "complica" ou também de quem tudo parece querer fazer para tornar as coisas mais complicadas?

Há, de facto, muitas afirmações que, em muitos casos, revelam uma invulgar ignorância das realidades. Mas também há muitos exemplos de opiniões favoráveis ou de críticos que, quando confrontados e vivendo de perto essas realidades, mudam de opinião. Só que as opiniões favoráveis ou as mudanças de opinião não merecem eco igual.

Apenas alguns exemplos insuspeitos:

Respondeu o actual Director-Geral dos Impostos numa recente entrevista à Notícias Magazine, de 7 de Novembro. pp, confrontado com o que, quando da sua chegada à DGCI, fez para se inteirar do seu funcionamento, que:

Sobretudo tenho ouvido as pessoas: os membros do conselho de Administração Tributária e os directores de finanças, os funcionários e os sindicatos e, naturalmente, os membros do Governo responsáveis por esta área. É óbvio que me inteirei dos planos e objectivos fixados para a Direcção-Geral dos Impostos (DGCI). Posso aliás afirmar que, dentro da Administração Pública, um dos pontos fortes desta casa é ter objectivos claros, quantificados e descentralizados.

E mais referiu, desta feita a propósito do que o surpreendeu pela positiva na DGCI,

Várias coisas, a começar pela qualidade de um conjunto de pessoas que aqui trabalham e que têm lugar em qualquer tipo de organização, pública ou privada. Também me surpreendeu a capacidade da Administração Tributária que, com todos os seus problemas e limitações, tem conseguido, ano após ano, arrecadar a receita para fazer face a uma despesa galopante e difícil de controlar. A tal despesa que constitui um problema grave, de que toda a gente se queixa, muitas vezes esquecendo que, sistematicamente, os objectivos de receita vão sendo cumpridos com o esforço de alguém.

A Comissão Europeia e a OCDE reconheceram que foi a Administração Tributária que garantiu o crescimento das receitas que contribuíram decisivamente para o cumprimento dos objectivos que nos levaram à moeda única.

No mesmo sentido, o Parlamento Europeu quando, na nota 15 da TasK Force União Europeia e Monetária "A UEM e Portugal (Doc PE 116.227, de 21.04.98) referia *"o contributo mais importante para a acentuada redução do déficit público deve-se, no entanto, aos progressos notórios na eficácia da colecta fiscal"*.

E já dizia o Prof Sousa Franco, numa entrevista à Homem Magazine de Julho de 97;

"A *Administração Tributária tem funcionários bem mais competentes do que a média".*

Um outro anterior Ministro das Finanças, o Dr. Joaquim Pina Moura, em artigo no Diário de Notícias de 10 de Setembro de 2002, referia:

"Ao contrário da "ideologia" dominante, sustento que a Administração Tributária é parte indispensável da solução e parte menor do problema fiscal que ainda temos em Portugal.

Sustento mesmo mais: foram a acção, o profissionalismo, o sentido de serviço público deste "corpo especial", impulsionados desde 1994 pelas sucessivas equipas que dirigiram o Ministério das Finanças, que permitiram que o período de 1994 a 2001 constitua um dos ciclos mais marcantes e positivos da evolução da receita fiscal, do rejuvenescimento e modernização da Administração Tributária, do combate à fraude e evasão fiscal.

Sem este sucesso na cobrança fiscal não faríamos hoje, com alta probabilidade, parte da Zona Euro (..).

(..)Apesar de todos estes relevantes serviços prestados à causa pública, a Administração Tributária é mal-amada pelo conjunto dos contribuintes.

Este é um problema antigo, que só a continuação de uma sua persistente melhoria e modernização e, principalmente, uma efectiva pedagogia de cidadania fiscal pode, a prazo, diminuir.

O que é novo, particularmente nos últimos meses, é a falta de sentido de Estado com que alguns responsáveis políticos e outros enxovalham os trabalhadores dos impostos, por demagogia, populismo, incapacidade ou ignorância".

E termino, em termos de citações, com outro antigo Ministro das Finanças, o Dr Oliveira Martins, que, em artigo no DN, de 21 de Janeiro de 2002, referia:

Refiro ainda algumas linhas de credibilização económica, que estão lançadas e que não deverão ser interrompidas, sob pena de não cumprirmos os deveres e responsabilidades assumidos (...) a modernização da Administração Tributária, que nos permitirá ter a informatização completa num sistema que nos orgulha e é reconhecido e elogiado pelos nossos parceiros europeus – para garantir um combate sem tréguas à fraude e à evasão fiscais.

A Administração Tributária, pelo menos na palavra de quem a conhece por dentro, mesmo com as fraquezas que não negamos, não é assim tão má quanto muitos a querem pintar.

Sabemos não ser perfeita, mas está longe de constituir o obstáculo à modernização, ao bom funcionamento das reformas, à arrecadação do que é legítimo arrecadar ou ao combate à fraude e à evasão fiscais.

Infelizmente, para muitos o importante é que se confunda a árvore com a floresta, que se lance a suspeição de que o País não funciona, porque a máquina fiscal não funciona, que se encontre o alibi para que possa justifica-se o tudo continuar na mesma.

Forneçam-se – à Administração os meios humanos, técnicos e financeiros, dêem-se-lhe as condições pelo menos idênticas às das suas congéneres europeias, dê-se-lhe prestigio, garantindo-lhe necessária e indispensável independência face a vários poderes, averiguem-se e punam-se os prevaricadores, fazendo funcionar a justiça e, podem crer, tudo será mais fácil.

Não nos fiquemos pelas acusações fáceis mascaradas, muitas vezes, de boas intenções, porque é tempo de se falar uma linguagem de verdade, apontando os erros, é certo, mas não os apontando numa única direcção.

Recusamos que se insista na busca desenfreada de encontrar um único culpado pelos insucessos que nunca são nossos.

Uma reforma fiscal e um sistema fiscal são o somatório de vários contributos: dos académicos, dos políticos, dos funcionários, dos contribuintes, dos legisladores.

Mal vai o nosso futuro quando cada um não assume as suas próprias responsabilidades e continua tranquilo, convencendo-se a si próprio que a responsabilidade é sempre dos outros ou se preferirem, da Administração Tributária, preferindo dar razão aos que pensam que não é politicamente correcto defender a Administração Tributária e quem nela trabalha.

ADMINISTRAÇÃO TRIBUTÁRIA E NOVAS TECNOLOGIAS

INTERVENÇÃO

Dr. Miguel Teixeira de Abreu

1. Muito se tem falado sobre os benefícios que a utilização do acervo tecnológico moderno pode trazer aos diversos serviços da administração pública.

2. No que respeita à administração tributária, muito se tem falado na utilização das novas tecnologias como forma de prevenir a fraude e a evasão fiscais. Por permitir o cruzamento de informações; por permitir um mais fácil acesso à história fiscal de cada contribuinte; por permitir expor mais facilmente a real capacidade contributiva de cada contribuinte.

3. Nos que nos toca, gostaríamos de tecer algumas considerações sobre este tema numa perspectiva um pouco diferente. Gostaríamos de partilhar alguns episódios concretos, ocorridos no âmbito da nossa actividade profissional, que poderiam eventualmente ser melhor resolvidos se as novas tecnologias fossem (forem) utilizadas para fomentar a eficácia da administração tributária e, nessa medida, as relações da administração com os contribuintes e, nessa medida também, ajudar a combater a fraude e a evasão fiscais.

4. Porque não se tenham dúvidas, o combate à fraude e à evasão fiscal passa, em última instância, na nossa modesta opinião, por alterar a percepção psicológica que os contribuintes, em geral, têm dos destinos dados aos seus impostos e das razões que motivam a actuação da administração tributária.

Primeiro Episódio

5. No âmbito de uma impugnação de IRC (que se arrastou nos tribunais durante mais de 9 (nove!!!) anos), um contribuinte nosso cliente foi notificado da sentença, que lhe foi favorável.

Após o trânsito em julgado da sentença foram desenvolvidos contactos telefónicos com as autoridades fiscais no sentido de apurar quando se iria processar a devolução dos montantes pagos pela impugnante.

Com espanto, foi a impugnante informada (após alguns meses decorridos sobre a data da sentença) que a autoridade fiscal em causa não havia sido notificada da sentença.

A razão – para espanto nosso – era mais simples do que parece. É que o carteiro passa pelo referido serviço da administração fiscal antes da respectiva hora de abertura. E, assim sendo, deixa o correio no café que fica ao lado. Infelizmente, no meio dessas facilidades, a carta remetida pelo tribunal, que continha a referida sentença, perdeu-se – para ser encontrada apenas uns meses depois...

6. Pergunta-se: Para quando a utilização das novas tecnologias para impor aos tribunais que notifiquem as partes (também) por correio electrónico e, em anexo a essa mensagem, anexem cópia digitalizada da sentença?

Segundo Episódio

7. Uma empresa portuguesa enfrenta um processo de execução fiscal e, no decurso da respectiva oposição, presta a necessária garantia bancária.

Paralelamente, a empresa inicia um processo de fusão com outra sociedade e solicita ao Ministério das Finanças, ao abrigo do Decreto-Lei 404/90, a isenção de impostos e de emolumentos na referida operação.

O Ministério das Finanças oficia o serviço de finanças para que este informe se a empresa prestou garantia bancária no âmbito do processo de execução fiscal. E, à boa maneira de quem não tem de se preocupar com prazos, fica a aguardar.

Após dois meses sem que o serviço de finanças responda ao referido Ofício, a empresa envia uma exposição solicitando urgência na resposta. Mas, mais uma vez, fica sem qualquer resposta.

É então que se decide a dirigir-se pessoalmente ao referido serviço ... para constatar que este havia perdido a garantia bancária. Tem então de enviar ao serviço de finanças cópia da referida garantia, e do respectivo comprovativo de entrega para que, com base nesses documentos, o serviço de finanças finalmente responda ao Ofício do Ministério das Finanças.

8. Pergunta-se: Para quando a digitalização dos documentos entregues pelos contribuintes e a respectiva anexação aos processos a que se encontram adstritos? Para quando a centralização da informação relativa a cada contribuinte para que os Ofícios de uns possam ser respondidos rapidamente pelos outros?

Terceiro Episódio

9. Uma empresa espanhola pretende assinar um contrato promessa de compra e venda de um imóvel, com cláusula que preveja a cessão da sua posição contratual.

Perante a necessidade de liquidar o IMT, a empresa solicita ao RNPC o respectivo número de entidade equiparada. Tentou, munida desse número, liquidar IMT em diversos serviços de finanças na área de Lisboa, o que foi impossível.

O motivo é simples: o programa informático não reconhece o número de pessoa colectiva da sociedade uma vez que o cadastro do RNPC e das finanças é diferente. Para que o programa informático aceite o número do sujeito passivo é necessário que a empresa espanhola entregue declaração de inicio de actividade em Portugal. Sucede que a empresa não tem actividade comercial em Portugal.

Contactados a respeito deste impasse informático, os serviços reconhecem o problema ... mas recusam-se a proceder à liquidação manual do IMT.

10. Pergunta-se: Para quando a efectiva sensibilização dos funcionários da administração fiscal para o impacto que as suas decisões e atitudes têm na imagem do País junto de tantos e tantos investidores estrangeiros? A introdução de sistemas informáticos não pode impedir a RESOLUÇÃO ATEMPADA DE PROBLEMAS que é, afinal, a função de qualquer serviço público.

Conclusões

11. O tempo da nossa intervenção é curto e não permite grandes reflexões sobre os episódios referidos acima. Que, acredite-se, são exemplos retirados de uma longa lista de episódios passados connosco – e na certeza de que outros existem, testemunhados seguramente pelos presentes, agentes que são desta actividade.

12. A utilização dos sistemas informativos e das novas tecnologias poderá efectivamente contribuir para fomentar uma relação totalmente diferente entre a administração fiscal e os contribuintes, mas tem de ser aliada a uma correcta formação dos funcionários da administração fiscal (porque a máquina jamais substituirá a acção humana), e a uma estruturação moderna da orgânica da administração tributária, assente na especialidade (porque apenas o conhecimento das modernas operações comerciais permite o seu enquadramento fiscal correcto).

13. A utilização destes meios para centralizar a informação relativa a cada contribuinte, com a possibilidade de integrar a digitalização dos documentos por ele entregues e de acolher notificações enviadas por terceiros (tribunais incluídos) a ele respeitantes, poderia permitir que, em última instância, qualquer contribuinte, através da Internet, ou por contacto com qualquer serviço tributário, obtivesse, de forma imediata, as informações actualizadas a respeito dos seus processos e da sua situação contributiva.

14. E permitira evitar, de forma contundente, episódios como os que foram relatados acima ou outros – como quando um serviço de finanças decide que *"informações sobre reembolsos de IVA, só à 5ª feira"* (sic).

15. Apenas uma nota final para clarificar que esta apresentação não tem por objectivo denegrir a imagem da administração tributária. Em momento algum tomamos o todo pela parte e temos tido oportunidade de lidar, em muitas outras ocasiões, com membros da administração tributária de enorme valia técnica, profundo sentido de serviço e enorme disponibilidade para atender as solicitações do contribuinte.

16. Mas temos a profunda convicção que, se se pretendem utilizar as novas tecnologias para combater a fraude e a evasão fiscais, não se pode dar menor enfoque à sua utilização para melhorar a relação da administração tributária com os contribuintes, tornando-a mais célere, mais eficaz e mais competente.

Obrigado.

ADMINISTRAÇÃO TRIBUTÁRIA E NOVAS TECNOLOGIAS PRINCIPAIS DESAFIOS, NOVAS TECNOLOGIAS E MEDIDAS EM CURSO

Dr. Tiago Marreiros Moreira

1. Antecedentes

Os antecedentes do Ministério das Finanças tal como o conhecemos hoje remontam aos finais do século XV. Apesar de nos últimos séculos terem sido estruturadas diferentes formas de organização, mantiveram-se, no essencial, inalterados os principais objectivos funcionais comuns – o governo e a administração da área financeira do País.

A Administração Tributária teve sempre um papel relevante no nosso país, assumindo-se numa dupla vertente de entidade integrada no aparelho do Estado e de entidade dele distinta e diferenciada.

Os séculos XIX e XX caracterizaram-se por um crescimento exponencial do contingente de funcionários afectos à Administração Tributária e pelo incremento do seu "volume de negócios", tendo-se também registado um aumento bastante significativo do número de contribuintes.

Não é, pois, de estranhar que a Administração Tributária se assuma, nos dias de hoje, como a maior "empresa" portuguesa, revestindo uma importância fundamental no actual contexto da Administração Pública e da economia nacionais. Porém, importa ter presente que essa importância carrega consigo a importante responsabilidade de a Administração Tributária ter de saber desempenhar, de forma justa, rápida e eficaz, o seu papel.

É, por isso, com bastante preocupação que verifico a manutenção da existência de um enorme fosso no relacionamento entre a Administração

Tributária e os contribuintes, caracterizado por um clima de desconfiança e suspeição mútuas, no qual cada um destes actores apenas se preocupa em concentrar os seus esforços na tentativa de levar a melhor sobre o outro, ignorando que, afinal, ambos deveriam estar a zelar pelo cumprimento de um propósito comum.

Tal clima não será seguramente alheio à proliferação espontânea, ao longo dos anos, de numerosas fábulas populares, de todos nós conhecidas, nas quais são retratados como se de verdadeiros heróis se tratassem aqueles que sabiamente demonstraram particular habilidade para escapar às outrora temíveis e aguçadas garras do Fisco, ao mesmo tempo que se ridicularizam os inocentes contribuintes que se sacrificaram para pagar os seus impostos de forma assídua e pontual, convictos de estarem, desse modo, a dar um modesto, mas valioso, contributo para dotar os cofres do Estado dos recursos necessários e indispensáveis à gestão dos recursos do País, rumo a dias mais prósperos.

Outro dos traços característicos da Administração Tributária portuguesa foi a sua constante resistência à introdução de processos inovadores, porventura fruto de algum envelhecimento, falta de confiança e perda de motivação dos seus recursos humanos, tendência preocupante que se afigura fundamental inverter de imediato. Nesse sentido, apraz-me registar, no decurso dos últimos anos, alguns encorajadores sinais de mudança.

Existe, também, um preconceito, amplamente reconhecido pela própria Administração Tributária, de que os recursos humanos e técnicos ao seu dispor se afiguram escassos e desactualizados para assegurar um funcionamento rápido e eficaz desta gigantesca e enferrujada máquina, ideia que terá contribuído para conceber e fazer germinar na mente dos contribuintes a convicção de que a Administração Tributária portuguesa se considera impotente e incapaz de fiscalizar o cabal cumprimento das suas obrigações fiscais, em particular naqueles casos em que os contribuintes possuem mais e melhores recursos, o que não abona muito em favor da denominada justiça fiscal que todos desejaríamos ver concretizada, mas que tarda em verificar-se.

Pelo atrás exposto, os extraordinários desenvolvimento e globalização registados nas tecnologias de informação e no comércio electrónico nos finais do século XX afiguram-se como um tremendo desafio às Administrações Tributárias em geral e à nossa em particular, mas também como uma grande oportunidade para tentar alterar-se por completo o actual rumo das coisas no nosso país em matéria tributária.

Para tal, é necessário e urgente efectuar uma aposta convicta na dotação da Administração Tributária dos meios adequados que assegurem uma rápida melhoria da sua eficiência, agilidade e celeridade e que permitam uma partilha de conhecimentos e procedimentos entre as Administrações Tributárias dos vários países e entre os diferentes serviços da Administração Tributária. Não deverá, contudo, esquecer-se a necessidade sempre premente, num país de tão parcos recursos como é o nosso, de diminuir significativamente os elevados custos de manutenção registados actualmente nesta lenta, pesada e artesanal máquina de cobrança e administração de tributos.

Advogo, porém que, antes de serem encetadas quaisquer medidas, que se querem estruturais e ponderadas, é fundamental que seja efectuado um rápido, mas rigoroso, diagnóstico dos problemas que se vêm acumulando ao longo de dezenas de anos, o qual possa culminar na definição de um plano estrutural de viragem para ser implementado no decurso das próximas décadas.

As novas tecnologias de informação e da comunicação, se adequadamente utilizadas, representam indubitavelmente um instrumento fundamental para encetar essa viragem com a celeridade e eficácia requeridas.

Na verdade, as experiências encetadas noutros países vêm continuamente demonstrando que os investimentos efectuados, de forma ponderada, em novas tecnologias por parte das Administrações Tributárias apresentam, regra geral, um rápido e elevado retorno, permitindo simultaneamente uma redução substancial de custos a médio e longo prazo.

Não se deverá, porém, cair no tradicional erro de pensar que tais tecnologias, por si só, representam a poção mágica capaz de resolver de imediato os complexos problemas com que a Administração Tributária portuguesa se vem debatendo, já que as mesmas representam apenas uma interessante ferramenta ao serviço de objectivos mais ambiciosos.

Com efeito, esses problemas encontram-se de tal forma enraizados na estrutura da Administração Tributária, que apenas poderão ser removidos mediante uma radical viragem da cultura e mentalidades que continuam a dominar a Administração Pública (e Tributária) portuguesa, que represente um claro virar de página na forma de encarar a prestação do serviço público ao País e aos seus cidadãos, dando lugar a uma Nova Era na Administração Pública (e Tributária) portuguesa, que se quer mais sofisticada, mais justa, rápida e eficaz, cooperante e comunicante com os seus contribuintes, e simultaneamente capaz de subsistir com despesas de funcionamento inferiores às actualmente registadas, fruto da adequada gestão optimizada dos seus recursos.

2. Novos desafios colocados à Administração Tributária

A introdução de novas tecnologias da comunicação nos sistemas tributários, aliada à globalização dos mercados e das relações económicas e à crescente integração das economias nacionais, constitui um enorme desafio para as Administrações Tributárias.

Efectivamente, a conjuntura que vivemos convida à adopção pelas empresas de esquemas de divisão das várias fases dos seus ciclos produtivos por vários espaços fiscais, por razões de eficiência fiscal, procurando gerar uma concentração dos seus proveitos tributáveis em zonas nas quais os mesmos gozem de um tratamento fiscal privilegiado e onde os Governos demonstrem particular abertura para negociar uma fiscalidade mais favorável aplicável às suas estruturas de investimento.

Regista-se igualmente uma maior flexibilização na deslocalização de empresas, designadamente nas áreas das tecnologias de informação, para zonas de baixa tributação (zonas francas ou *off-shores*), que lhes permitam apresentar aos seus clientes condições e preços mais competitivos, aumentando desse modo significativamente as suas margens de lucro, gerando preocupantes fenómenos de concorrência desleal e de evasão fiscal.

Suscitam-se igualmente importantes desafios no que respeita ao quadro legal e às jurisdições aplicáveis às transacções electrónicas em termos fiscais, já que a galopante expansão do comércio electrónico no decurso dos últimos anos, em virtude da crescente utilização de novas tecnologias ao serviço das operações comerciais, veio dificultar ainda mais o respectivo controlo por parte das Administrações Tributárias.

De facto, a imaterialidade, a velocidade, o carácter anónimo e a dificuldade de reconstituição das transacções desmaterializadas, algumas delas levadas a cabo por empresas ou cidadãos virtuais, vieram criar novas possibilidades de evasão e fraude fiscal que, a curto prazo, poderão conduzir a uma ainda mais preocupante erosão das receitas fiscais das Administrações Tributárias.

Afigura-se, pois, fundamental reformular por completo, e com carácter urgente, todo o conceito de territorialidade, devendo ser repensadas as técnicas de retenção na fonte de entidades intermediárias e redefinidas as noções de residência fiscal, pessoa física e colectiva, bem como outros conceitos essenciais que se encontram completamente obsoletos.

A Administração Tributária portuguesa não poderá ficar insensível a todas estas novas realidades, e terá de saber encontrar as soluções que melhor sirvam a economia do País e os interesses dos contribuintes que serve, de modo a transmitir a imagem e uma realidade de uma jurisdição fiscal estável, eficiente, credível, respeitável e desburocratizada.

Com efeito, sou apologista que a nossa Administração Tributária – contrariamente àquilo que se vem verificando nos últimos anos, nos quais se tem assistido à criação de sucessivos obstáculos ao desenvolvimento económico do país – terá de assumir de forma activa o papel fundamental que lhe incumbe enquanto entidade impulsionadora e fomentadora desse desenvolvimento económico, não se cingindo a uma actividade de simples cobrança e fiscalização de tributos.

Se tal não acontecer, face às medidas que vêm sendo adoptadas por outros Estados membros no sentido de se tornarem ainda mais atraentes ao investimento estrangeiro, Portugal estará condenado a perder definitivamente a corrida da competitividade económica em termos europeus.

3. Novas tecnologias ao serviço da Administração Tributária

As novas tecnologias da informação poderão dar um valioso contributo à Administração Tributária portuguesa em diversas vertentes da sua actividade.

Desde logo, poderão constituir um poderoso instrumento de comunicação da Administração Tributária com os contribuintes e destes com aquela, de modo a pôr fim ao divórcio entre ambos actualmente existente e a construir um relacionamento sólido, assente numa base de confiança e respeito mútuos, mais adequado ao Estado de Direito e ao regime democrático em que actualmente vivemos.

As tecnologias de informação poderão, pois, constituir uma ferramenta extremamente interessante na aproximação entre a Administração Tributária e os seus contribuintes, em particular relativamente aos contribuintes mais jovens e às gerações vindouras, já que a prestação de um adequado serviço de apoio aos contribuintes, por via informática, contribuirá para um aumento significativo do índice de cumprimento voluntário das obrigações declarativas e fiscais (o que aliás já se verifica), bem como para uma maior eficácia nas fiscalizações levadas a cabo com base nos dados disponibilizados desta forma, fruto da significativa melhoria nos instrumentos de selecção dos contribuintes a fiscalizar. Não menos importante que os aspectos já referidos é o facto de comprovadamente as tecnologias de informação reduzirem significativamente os custos de liquidação e cobrança dos tributos.

As tecnologias de informação deverão ser também criteriosamente utilizadas na divulgação célere e eficaz aos contribuintes do quadro normativo vigente e da doutrina administrativa emanada, bem como para a consulta da sua actual situação tributária, já que tal se afigura fundamental para assegurar a transparência e a igualdade no acesso à informação.

É também por todos reconhecido o contributo essencial que a informática poderá dar (e nalguns casos já dá) na melhoria e efectividade da cobrança de impostos e na rapidez e eficiência com que tal cobrança se processa, com a inerente redução dos custos associados a esse processo.

As tecnologias de informação são igualmente um valioso instrumento de intercâmbio de informação e experiências e de cruzamento de dados entre os vários serviços da Administração Pública e da Administração Tributária, bem como entre as várias Administrações Tributárias, permitindo, designadamente, a formação à distância, a partilha de conhecimentos e a verificação mais eficaz da veracidade da informação disponibilizada pelos contribuintes.

Pese embora o anteriormente exposto, será importante que a Administração Tributária não ignore a realidade do país no qual vivemos, o qual padece de um grau de analfabetismo bastante elevado, onde a maioria da população não possui um acesso fácil a meios informáticos ou formação suficiente que lhes permita utilizar tais meios eficazmente e em que a maior parte do tecido empresarial é constituído por pequenas e médias empresas, algumas delas de estrutura meramente familiar.

Por tudo isto, a Administração Tributária deverá procurar utilizar os meios informáticos ao seu dispor com cautela e moderação, de modo a não dificultar e tornar ainda mais onerosa a já difícil tarefa de muitos dos contribuintes que pretendem cumprir os seus deveres fiscais e as suas obrigações declarativas.

Bibliografia

ANTÓNIO DE SOUSA FRANCO – O Novo Ambiente Tecnológico e o Sistema Fiscal – Cadernos de Ciência e Técnica Fiscal, número 187
Conferência UMIC / e Gov – Expotelecom / Inforpor 2003 – Direcção Geral de Informática e Apoio aos Serviços Tributários e Aduaneiros – Outubro de 2003
JEFFREY OWENS – O Comércio Electrónico e a Fiscalidade – Cadernos de Ciência e Técnica Fiscal, número 187
Ministério das Finanças – Relatório – Task Force "Diagnóstico e Plano" – Fevereiro de 2003

3.4. A Harmonização e a Concorrência Fiscais

INTERVENÇÃO

Professor Doutor Ruy de Albuquerque

Ao declarar abertos os nossos trabalhos, apresento a todos os neles participantes os melhores cumprimentos, cumprimentos de muita consideração. Faço-o confessando a honra que para mim representa presidir à actual sessão, tanto mais que ela se integra num ciclo de estudos organizado com o propósito de homenagear o Senhor Prof. Doutor Paulo Pitta e Cunha.

Circunstâncias várias, que não consegui remover, impedem-me de estar presente nas subsequentes sessões. Não se estranhará, por isso, o facto de eu fazer anteceder algumas palavras à ordem do dia, se assim me posso exprimir. Faço-o para não perder a oportunidade de expressamente manifestar o prazer com que vejo proclamados os méritos do Prof. Pitta e Cunha. Abrir-las-ei com a confissão de que tenho no Prof. Pitta e Cunha um dos meus maiores, mais queridos e mais íntimos Amigos. Digo-o agora para suprir a parcimónia com que refiro as altas qualidades do nosso homenageado de hoje – pois os sentimentos, a expressão respectiva, impõem-nos sempre uma moderação que frusta a objectividade.

O meu convívio com Paulo Pitta e Cunha começou nos tempos, para nós infelizmente remotos, da vida liceal. Recordo de então a figura sorridente do meu Amigo de hoje e de tantos anos. Recordo, ainda, a consideração generalizada que merecia – de todos, dos professores e dos discípulos. Num liceu excepcional, de que saíram tantos estudantes, coincidentes no tempo escolar e cujos méritos são atestados por carreiras subsequentes, o então estudante Paulo Pitta e Cunha levava a láurea da primazia. Disse uma vez que ele era um aluno galáctico, para empregar um termo comum na competição desportiva. Creio, ainda hoje, na idoneidade deste vocábulo para traduzir quanto desejo exprimir como descrição de um situação real.

Tal perfil manteve-o Pitta e Cunha como estudante universitário. Tendo eu iniciado a frequência dos bancos da nossa Faculdade mais cedo do que o Doutor Pitta Cunha, na simples antecedência de um ano, tal circunstância não só me não impede, mas consente, que deixe aqui o testemunho da mesma postura por parte do meu Colega. A continuação dos êxitos académicos decorreu em perfeita consonância com uma afabilidade cheia de *sense of humor*.

Permitirão quantos me escutam a quebra da linha objectiva destas palavras, com uma indiscrição da minha vida profissional.

Logo após a licenciatura ingressei no Ministério das Finanças, mais precisamente na Direcção Geral das Contribuições e Impostos, ai assumindo a qualidade de primeiro membro formal e de iniciador do Centro de Estudos Fiscais. Dirão todos que o Centro poderia ter começado melhor – com o que eu concordo absolutamente.

Em minha defesa só posso dizer ter-me pertencido a iniciativa de indicar o nome do meu amigo Pitta e Cunha, logo após a conclusão da sua licenciatura, para integrar a mesma Instituição. Coube-me mesmo o gosto de lhe transmitir o respectivo convite, cuja aceitação o transformou no segundo membro do Centro, depois seguido de António Brás Teixeira. Espero com a invocação desta circunstância suplementar obter a absolvição da falta inicial.

Ao convívio no Centro de Estudos, juntou-se de imediato o exercício de funções no mesmo grupo bancário – praticadas pelo então Dr. Pitta e Cunha com verticalidade e grande lealdade.

Também aqui tive o prazer de ser o transmissor do convite, igualmente com a diferença de um ano sobre o próprio início desta minha actividade. Mas o convívio mais prolongado com o meu Amigo, o universitário, nesse confesso ter estado ausente qualquer nunciatura. E como ela me teria honrado...

Nesse percurso comum franqueámos as diferentes fases do *cursus honorum* de forma inteiramente paralela – salvo naturalmente nos méritos. Só posso invocar, para diminuir as diferenças, o facto, entre nós dois exclusivo, de me haver cabido a honra de assistente do Prof. Paulo Cunha, cujo nome refiro agora com a invariável emoção da minha saudade: às qualidades de um grande mestre, juntava a generosidade de uma alma grande. A colaboração com ele nobilitava quem a prestava, numa acrescida e enorme mais valia.

Direi que este carácter sem refolhos do Prof. Paulo Cunha, é comum ao Prof. Pitta e Cunha. Perdoar-me-á ele esta referência pessoal, tão directa? Como quer que seja, a minha legitimidade no propósito de homenagem o Prof. Pitta e Cunha, que aqui nos congrega, limita-se à possibilidade de referir as suas grandes qualidades humanas, cuja inalterável constância só pode ser atestada com um conhecimento contínuo de muitos anos. Qualquer referência aos méritos científicos do Prof. Paulo Pitta e Cunha, haveria de ser tomada ironicamente por um conclave de especialista como presunção de profano...

Em todas as situações de dúvida, perante duas soluções possíveis, uma de facilitação de interesses alheios, outra de consideração por factores diversos, sempre o Prof. Pitta e Cunha escolheu o primeiro caminho, mesmo que isso lhe trouxesse incompreensões. E nessa postura invariável, está a marca da sua índole, a de um *gentleman*. Jamais o Prof. Pitta e Cunha se prevaleceu de uma prerrogativa para se impor a quem quer que fosse, como nunca o rancor o levou a desforrar-se de uma descortesia ou mesmo ofensa.

Ouvi um dia, a propósito de outrém, para caracterizar o carácter de uma terceira pessoa, proferido por quem dele se poderia prevalecer, um saboroso termo, registado ainda pelos dicionaristas, e que o egoísmo dos tempos modernos tornou *demodé*: dadivoso. É com ele que pretendo retratar a estrutura moral do Prof. Paulo Pitta e Cunha, nas relações com colegas, com os alunos, com todos, no ensino, na investigação, na vida social. Ouvia-o a uma figura para mim inesquecível, a Senhora Dona Maria Amélia Pitta e Cunha. E, por essa circunstância, espero que estas palavras sejam aceites pelo meu Amigo, pelo nosso Amigo comum, como uma síntese da maneira como o vejo, de quanto queria dizer para afirmar perante esta plateia a excepcionalidade de uma personalidade com o qual convivemos, por vezes em circunstâncias descoloridas e opacas.

O DESAFIO DOS NOVOS ESTADOS-MEMBROS E O CÓDIGO DE CONDUTA DA FISCALIDADE DAS EMPRESAS

Dra. CLOTILDE CELORICO PALMA

1. Conceito e efeitos da concorrência fiscal

As decisões de localização das empresas com vista a maximizar a competitividade não são, necessária nem unicamente, determinadas por motivos de ordem fiscal. Diversos factores terão maior ou menor importância consoante o tipo de empresa e de sector de actividade. Por exemplo, os custos do emprego, ou os custos não salariais da mão-de-obra, são tão elevados em alguns Estados membros que, potencialmente, poderão impedir o investimento interno. O custo das matérias-primas pode representar uma parte significativa dos custos totais, designadamente, para as indústrias de elevada intensidade energética, a taxa de tributação da energia pode ser um factor importante.

Com efeito, os factores com repercussões significativas para a competitividade das empresas são diversos, nomeadamente, os custos sociais do emprego, os regimes de segurança social, a legislação de protecção dos consumidores, a infra-estrutura de transportes, a qualificação da mão-de-obra, a educação, a saúde, os acordos internacionais vigentes e, naturalmente, o factor fiscal, designadamente, a base e os níveis das taxas de tributação das empresas.

A concorrência fiscal resulta, antes de mais, da natural diversidade dos sistemas fiscais. As características dos regimes fiscais nacionais baseiam-se em escolhas históricas, intrinsecamente ligadas a motivos de ordem política, económica, cultural e social dos governos e dos cidadãos[1]. Ora, se já eram relevantes as disparidades registadas a esse nível nos antigos Estados membros, aumentaram consideravelmente com a recente entrada na União Europeia de mais dez países. Perante este facto e a perspectiva de adesão de novos quatro candidatos – a Turquia, a Roménia, a Bulgária e a Croácia –, cada vez mais é legítimo questionar sobre as condições da concorrência fiscal dentro do próprio espaço comunitário.

Sobre o conceito de concorrência fiscal já se pronunciaram vários autores, em distintas perspectivas[2].

Tal como nota o Conselho Económico Social (CES) no seu Parecer sobre a *"Concorrência fiscal e suas consequências para a competitividade das empresas"*, o conceito de "concorrência fiscal" pode surgir em duas acepções:[3] *"A primeira, a situação fiscal global de um país relativamente a outros, que pode torná-lo mais atractivo para as empresas. Neste particular, a base e os níveis de tributação das empresas são geralmente os elementos determinantes. A segunda, independentemente das suas políticas fiscais de base, os Estados podem abrir excepções, derrogações, etc., com o intuito específico de atrair e reter a presença de empresas no país. Isto é considerado concorrência fiscal prejudicial. Estes incentivos podem também revestir a forma de auxílios estatais."*

A partir dos anos 80, houve uma tendência generalizada de introdução de regimes fiscais preferenciais ou privilegiados, essencialmente no tocante à constituição de centros financeiros, sociedades *holding*, centros de coordenação, de serviços, actividades de resseguros, etc. A generalização deste tipo de regimes, traduziu-se numa resposta dos países a uma crescente integração acompanhada de uma ausência de coordenação. Se numa situação estática as diferenças entre os sistemas fiscais passam despercebidas, à medida que avança a integração económica ressaltam, cada vez mais, como evidentes.

Uma concorrência cada vez mais intensa poderá aumentar a eficiência e as possibilidades de prosperidade económica, com reflexos

---

[1] São consequência da diversidade de tradições e devem-se, nomeadamente, ao facto de certos países terem optado por transferir uma parte muito considerável dos serviços sociais para o sector público, fazendo com que a fiscalidade tenha maior peso na economia.

[2] *Vide*, a este propósito, Carlo Pinto, *Tax Competition in EU Law*, Kluwer, 2003, pp.1 e ss.

[3] ECO/067, Bruxelas, 25 de Abril de 2002, ponto 1.5.

positivos para as empresas, para os trabalhadores e para a economia em geral. Todavia, tal como se nota[4], *"Há, contudo, riscos intrínsecos à integração quando a impossibilidade de aguentar a pressão dos concorrentes obriga a recorrer a outros métodos. É, por exemplo, maior o risco de negligenciar a segurança social e a protecção do ambiente e de lançar mão da política fiscal quando não se logra fazer face à concorrência com o aumento da produtividade. Alterações desta natureza acabam por anular as vantagens decorrentes do aumento da concorrência. A falta de competitividade ou se transforma em mudanças de orientação que afectam os trabalhadores e têm um impacto negativo no ambiente ou é exportada para outros países sob a forma de dumping fiscal. No atinente ao mercado interno, o legislador tem sabido, normalmente mas não sempre, encontrar vias para inverter com êxito esta tendência ao retrocesso nos âmbitos da segurança social e da protecção do ambiente. No caso da fiscalidade isto só muito raramente tem sucedido."*

Isto é, a concorrência fiscal pode assumir uma dupla faceta, positiva ou negativa, podendo, neste caso, falar-se na existência de uma concorrência fiscal prejudicial[5]. Poderá, em abstracto, definir-se com alguma

---

[4] Parecer do Conselho Económico e Social sobre *"A fiscalidade na UE: princípios comuns, convergência das normas fiscais e possibilidade de votação por maioria qualificada"*, ECO/119, Bruxelas, 10 de Dezembro de 2003, ponto 1.1.1.

[5] Sobre os trabalhos de regulação da concorrência fiscal prejudicial levados a cabo na EU e na OCDE, *vide*, entre nós, António Carlos dos Santos, *"A posição portuguesa face à regulação comunitária da concorrência fiscal"*, Conferência sobre Fiscalidade Internacional, Universidade Nova, Lisboa, 12 e 13 de Março de 2002, publicada no livro Planeamento e concorrência fiscal internacional, Fisco 2002, *"Point J of the Code of Conduct or the Primacy of Politics over Administration"*, European Taxation, vol. 40, n.º 9, 2000, António Carlos dos Santos e Clotilde Celorico Palma, *"A regulação internacional da concorrência fiscal nefasta"*, Ciência e Técnica Fiscal n.º395, Julho-Setembro de 99, Clotilde Celorico Palma, *"O controlo da concorrência fiscal prejudicial na União Europeia – ponto de situação dos trabalhos do Grupo do Código de Conduta"*, em fase de publicação pela Faculdade de Economia da Universidade de Coimbra (Coimbra Editora), numa colectânea em homenagem ao Professor Xavier de Basto, *"A OCDE e o combate às práticas da concorrência fiscal prejudicial: ponto de situação e perspectivas de evolução"*, Fiscalidade n.º 16, Outubro de 2003, *"A OCDE, a concorrência fiscal prejudicial e os paraísos fiscais: Novas formas de discriminação fiscal?"*, Ciência e Técnica Fiscal n.º403, Julho-Setembro de 2001, *"O combate à concorrência fiscal prejudicial – Algumas reflexões sobre o Código de Conduta comunitário da Fiscalidade das Empresas"*, Fiscália, Setembro de 99, n.º 21, *"A concorrência fiscal sob vigilância: Código de Conduta comunitário da Fiscalidade das Empresas versus Relatório da OCDE sobre as*

exactidão o que se entende por concorrência fiscal prejudicial? Cremos que não, e por este motivo a União Europeia e a Organização para a Cooperação e o Desenvolvimento Económico, as duas instâncias que principalmente cuidam deste problema, não a definiram, apenas dando pistas e alguns exemplos de situações que, *in extremis*, se poderão configurar enquanto tal. Um exemplo académico será o de um regime fiscal de taxa zero em sede de tributação das pessoas colectivas, intencionalmente desenhado para atrair investimento estrangeiro e sem aplicação a residentes. Mas, mesmo neste caso, sempre teremos que ter em consideração qual o sector de actividade ao qual se aplica tal regime, para efeitos da sua identificação como prejudicial[6]. Isto é, a caracterização de um regime fiscal como benéfico ou prejudicial, depende, obviamente, do contexto em que actua, sendo difícil e arriscado em abstracto avançar com um conceito universal de regime fiscal prejudicial. Existem, todavia, diversos indicadores de regimes prejudiciais que deverão ser aferidos casuisticamente, tendo em consideração o contexto das medidas e o seu impacto geral.

Por exemplo, atentemos no inquestionável caso de sucesso da Irlanda, no qual o factor fiscal teve um peso igualmente inquestionável. Este país, quando aderiu à então Comunidade Económica Europeia em 1973, tinha um rendimento *per capita* de cerca de 60% da média comunitária, sendo que, segundo dados de 2004, já se encontrava em 122% da média comunitária. Como é reconhecido pelas autoridades irlandesas, para este sucesso contribuiu, em grande parte, a visão estratégica do seu país no tocante à

Práticas da Concorrência Fiscal Prejudicial", Revisores & Empresas, Jan/ Mar/99, Xavier de Basto, *"Globalização e impostos – a luta contra a concorrência fiscal prejudicial"*, Boletim do Instituto Superior de Gestão, ano 12, n.º 20, Nuno de Sampayo Ribeiro, Regimes Fiscais Preferenciais, *Fisco*, Lisboa, 2002 e Freitas Pereira, *"Concorrência Fiscal Prejudicial – O Código de Conduta da União Europeia"*, Ciência e Técnica Fiscal n.º390, Abril-Junho 98.

[6] Por exemplo, em sede do Grupo do Código de Conduta da Fiscalidade das Empresas, houve uma preocupação essencialmente com a tributação das actividades financeiras, dada a respectiva mobilidade e os efeitos daí subjacentes, tendo-se, v.g, decidido que o Grupo não se iria pronunciar sobre as actividades de *shipping*, dada a competitividade a que a UE está sujeita neste domínio. Já no Fórum da OCDE para as Práticas da Concorrência Fiscal Prejudicial não houve, naturalmente, tal preocupação. Muito embora o objectivo essencial no Fórum não deixe de ser as actividades financeiras, a actividade de *shipping* foi analisada na óptica da prejudicialidade.

conformação do respectivo sistema fiscal, concretamente, a adopção de uma baixa taxa de tributação das sociedades (para além de uma série de medidas de enquadramento de uma estratégia a médio/longo prazo, tais como uma adequada absorção dos fundos comunitários e a celebração com a oposição de pactos de regime sobre questões chave).

Com efeito, na óptica dos critérios do Código de Conduta da Fiscalidade das Empresas, a Irlanda, tinha três regimes prejudiciais, a saber, o *International Financial Services Centre* ("IFSC"), o *Shannon Customs Free Airport Zone* ("SCFAZ") e as *Qualifying Manufacturing Companies*, de acordo com os quais se previa a aplicação de uma taxa de 10% em sede de imposto sobre o rendimento das pessoas colectivas, em vez da taxa normal de 32% (em 1998). A Comissão europeia, em sede de auxílios de Estado de natureza fiscal, negociou com a Irlanda um procedimento de *phasing out* destes regimes, de acordo com o qual a data de produção de efeitos terminará em 31 de Dezembro de 2005 relativamente aos dois primeiros e em 31 de Dezembro de 2010 no tocante ao último. Nesta negociação, não foram, obviamente, estranhas considerações relacionadas com o Código de Conduta. Mas a Irlanda não acabou pura e simplesmente com estes regimes: baixou gradualmente a sua taxa geral de tributação das sociedades de 32%, tendo, em 1 de Janeiro de 2003, introduzido uma taxa de 12,5% como taxa geral aplicável aos rendimentos qualificados como *"trading income"*. Até que ponto este regime poderá configurar um caso de concorrência fiscal benéfica ou de concorrência fiscal prejudicial?[7]

---

[7] Note-se que em sede do Código de Conduta este problema não se coloca, podendo os Estados membros competir entre si caso estejamos perante taxas gerais do imposto, ainda que baixas ou de tributação zero, desde que os residentes e os não residentes beneficiem de um *"level playing field"*. Devido ao facto de terem regimes prejudiciais na óptica do Código de Conduta, os Governos de Guernsey, Jersey e da Ilha de Man, que aplicam isenções significativas às actividades financeiras em sede de imposto sobre o rendimento das pessoas colectivas, anunciaram que, a 1 de Janeiro de 2006, vão introduzir uma taxa geral de imposto sobre o rendimento das pessoas colectivas de 0% e uma taxa mais elevada (embora reduzida) para as actividades financeiras, aplicando-se em regra a taxa de 20% às demais actividades. Através deste expediente invertem, pura e simplesmente, as regras do jogo. Com efeito, de acordo com o Código de Conduta as medidas abrangidas são apenas aquelas em que o nível de tributação seja significativamente inferior ao nível geral aplicado dentro do território do mesmo Estado membro. Por outro lado, estes territórios não estão abrangidos pelo mecanismo dos auxílios de Estado.

Na sua Comunicação sobre as prioridades da política fiscal para os próximos anos[8], a Comissão faz notar que *"(...) O objectivo geral das grandes economias mundiais, incluindo as dos Estados-Membros da UE, consiste em conseguir instaurar um contexto fiscal que promova uma concorrência livre e equitativa, que seja propícia a uma actividade empresarial transfronteiras e que simultaneamente previna uma erosão das bases fiscais nacionais. Nesta perspectiva, a luta contra a concorrência fiscal prejudicial, desenvolvida nos últimos anos no âmbito da OCDE e da UE através do "pacote fiscal", ocupou uma posição central na prossecução deste objectivo."*.

Mas saber até que ponto é que a UE tem, efectivamente, promovido uma concorrência fiscal livre e equitativa através do Código de Conduta da Fiscalidade das Empresas é algo que nos deverá preocupar. E como é que o poderá fazer em relação aos novos Estados membros, particularmente no caso da Estónia em que, praticamente, não existe tributação em sede de imposto sobre as sociedades, sendo certo que o Código não se aplica a medidas de carácter geral?

2. Evolução da tributação das sociedades nos Estados membros

Os regimes fiscais preferenciais introduzidos principalmente a partir dos anos 80, caracterizaram-se, no essencial, pela redução da taxa do imposto sobre as sociedades tendo em vista a atracção de investimento estrangeiro[9]. Tal como refere Silvia Giannini[10], este facto explica os motivos pelos quais Estados membros como a Irlanda, o Luxemburgo e os Países Baixos, apresentam receitas muito mais elevadas de imposto sobre

---

[8] Comunicação da Comissão ao Conselho, ao Parlamento Europeu e ao Comité Económico e Social, *A política fiscal da União Europeia – prioridades para os próximos anos*, COM (2001) 260 final, de 23 de Maio de 2001.

[9] Sobre a tributação das sociedades na União Europeia, *vide*, entre nós, Ana Paula Dourado, A Tributação dos Rendimentos de Capitais: A Harmonização na Comunidade Europeia, *Cadernos de Ciência e Técnica Fiscal* n.º 176, Lisboa, 1996, Paula Pereira, A Tributação das Sociedades na União Europeia. Entraves Fiscais ao Mercado Interno e Estratégias de Actuação Comunitária, *Almedina*, Coimbra, Janeiro de 2004, e Gabriela Pinheiro, A Fiscalidade Directa na União Europeia, *Universidade Católica do Porto*, Porto, 1998.

[10] *In "Mercado interno e fiscalidade: aspectos económicos"*, Ciência e Técnica Fiscal n.º 401, Janeiro-Março 2001.

as sociedades ou idêntica, em percentagem do PIB e do total das cobranças, do que Estados membros como a Alemanha e a Itália, apesar de terem uma taxa de imposto sobre as sociedades mais elevada

É certo que as diferenças na política fiscal dos vários Estados membros não se manifestam apenas ao nível das taxas de tributação mas também na forma como é calculada a base tributável e na estrutura global do regime fiscal. Todavia, como nota a aludida autora[11], *"A importância das taxas legais em economia aberta, resulta, antes de mais, do facto de que elas incentivam os grupos de sociedades, que operam em diferentes jurisdições, a deslocarem no seu interior custos e proveitos de modo a tirar vantagens das diversas taxas aplicadas a nível internacional. Dito de outro modo, as diferenças das taxas legais são o factor crucial de que dependem os incentivos para deslocar os lucros entre as diferentes jurisdições."* A este propósito prossegue, mencionando que, no que respeita às decisões de localização e investimento das empresas, o que é importante em conjunto com outros factores de natureza não fiscal, são as taxas efectivas, que têm em consideração os critérios de determinação da matéria tributável e do imposto e medem quanto é que se espera pagar em média sobre os lucros a obter de um novo investimento efectuado numa determinada jurisdição. Contudo, para as empresas que têm maior mobilidade a nível internacional, as grandes multinacionais e também certas actividades, como, v.g, os serviços financeiros, estas taxas efectivas tendem a ser muito próximas das taxas legais, uma vez que a dedução de custos tem menos peso para estas empresas, dado o sector da actividade em que operam ou porque tendem a ser mais rentáveis, sendo que quando aumenta a rentabilidade diminui a relevância das deduções.

Este entendimento é sufragado pela Comissão, designadamente no seu estudo sobre a fiscalidade das empresas, publicado em 23 de Outubro de 2001 sob a forma de uma Comunicação[12] e que foi objecto de um documento de trabalho dos por parte dos seus serviços[13]. Com efeito, neste estudo a Comissão conclui que o elemento mais importante dos sistemas de tributação no respeitantes às decisões de localização de não residentes e de escolha de uma forma específica de investimento, é a taxa nominal de tributação.

---

[11] *In* op. cit.
[12] COM(2001) 582 final.
[13] SEC(2001) 1681.

Neste contexto, vamos analisar, sinteticamente, a evolução registada ao nível das taxas nos diversos Estados membros.

2.1 *A tributação das sociedades nos antigos Estados membros*

Em 1980, só dois Estados membros – Espanha e Dinamarca –, tinham taxas inferiores a 40%, não sendo nenhuma inferior a 30%. Entre 1980 e 1997, a taxa de tributação das sociedades foi reduzida em média na União Europeia em dez pontos percentuais, de 46% para 36% (com excepção da Itália que aumentou a sua taxa).

De acordo com dados da Eurostat relativos ao período de 1995 a 2002[14], as tendências gerais que se revelam nos sistemas fiscais são três: a redução da carga fiscal sobre o trabalho (após um período em que aumentara)[15], algumas tentativas para reduzir a taxa do imposto sobre as sociedades e aumentar simultaneamente a base tributável e um aumento dos impostos indirectos decorrente, em parte, do crescimento dos designados "impostos verdes".

A evolução registada a este nível nos diversos Estados membros é díspar. Nos países nórdicos predominam os impostos directos, ao passo que, essencialmente em Portugal e na Grécia, a tendência consiste no predomínio dos impostos indirectos. Por outro lado, na Dinamarca, na Grã-Bretanha e na Irlanda, é despicienda a parte respeitante às quotizações sociais. Se considerarmos a fiscalidade que onera o trabalho, o capital e o consumo, a Suécia e a Finlândia parecem ser os países com a fiscalidade mais pesada nos três casos, enquanto na Dinamarca o maior ónus fiscal impende sobre o consumo e não sobre o capital. Os países com a pressão fiscal mais moderada, como a Grã-Bretanha e a Irlanda, aplicam, aparentemente, impostos relativamente elevados sobre o capital e o consumo. Na Grécia mais de 40% das receitas fiscais provém dos impostos sobre o consumo. Praticamente um terço das receitas fiscais do Luxemburgo provém do imposto sobre o capital. A Dinamarca e os Países Baixos são os países com a maior quota-parte de impostos ambientais.

---

[14] Structures of the taxation systems in the European Union, 2004 Edition.

[15] Entre 1980 e 1994 a média europeia da taxa de impostos implícita sobre o trabalho por conta de outrem aumentou regularmente, tendo passado de 34,7% para 40,5%, enquanto a mesma taxa, para outros factores de produção (capital, trabalho por conta própria, energia e recursos naturais) diminuiu de 44% para 35,2%.

Nos últimos anos, assistiu-se a uma tendência generalizada de deslocalização das reformas centradas em critérios de neutralidade fiscal para preocupações de redução das taxas. De facto, verifica-se que as últimas reformas do imposto sobre as sociedades nos diversos Estados membros se consubstanciaram todas na diminuição da taxa de tributação, tendo a média da UE a quinze descido de 38% em 1995, para 21,4% em 2004, conforme iremos analisar.

Veja-se, então, a este propósito, o mapa que se segue, que inclui os impostos e taxas adicionais às taxas gerais do imposto sobre as sociedades, tais, como, no caso português, a derrama[16]:

Taxa de tributação em imposto sobre o rendimento das pessoas colectivas, incluindo os impostos e taxas adicionais (%)

EM	1995	1996	1997	1998	1999	2000	2001	2002	2003	2004	Diferencial 2004-1995
BE	40,2	40,2	40,2	40,2	40,2	40,2	40,2	40,2	34,0	34,0	- 6,2
DK	34,0	34,0	34,0	34,0	32,0	32,0	30,0	30,0	30,0	30,0	- 4,0
DE	56,8	56,7	56,7	56,0	51,6	51,6	38,3	38,3	39,6	38,3	-18,5
EL	40,0	40,0	40,0	40,0	40,0	40,0	37,5	35,0	35,0	35,0	- 5,0
ES	35,0	35,0	35,0	35,0	35,0	35,0	35,0	35,0	35,0	35,0	0,0
FR	36,7	36,7	36,7	41,7	40,0	36,7	36,4	35,4	35,4	35,4	- 1,2
IE	40,0	38,0	36,0	32,0	28,0	24,0	20,0	16,0	12,5	12,5	- 27,5
IT*	52,2	53,2	53,2	41,3	41,3	41,3	40,3	40,3	38,3	37,3	- 15,0
LU	40,9	40,9	39,3	37,5	37,5	37,5	37,5	30,4	30,4	30,4	- 10,5
NL	35,0	35,0	35,0	35,0	35,0	35,0	35,0	34,5	34,5	34,5	- 0,5
AT	34,0	34,0	34,0	34,0	34,0	34,0	34,0	34,0	34,0	34,0	0,0
PT	39,6	39,6	39,6	37,4	37,4	35,2	35,2	33,3	33,3	27,5	- 12,1
FI	25,0	28,0	28,0	28,0	28,0	29,0	29,0	29,0	29,0	29,0	4,0
SE	28,0	28,0	28,0	28,0	28,0	28,0	28,0	28,0	28,0	28,0	0,0
UK	33,0	33,0	31,0	31,0	30,0	30,0	30,0	30,0	30,0	30,0	- 3,0
Média	38,0	38,1	37,8	36,7	35,9	35,3	33,8	32,6	31,9	31,4	- 6,6

* Desde 1998 que se inclui um imposto local de 4,25% (IRP)

Igualmente interessante neste contexto é o estudo da Comissão sobre a fiscalidade das empresas. No aludido estudo, a Comissão[17] faz notar que os resultados da análise quantitativa relativa a 1999 mostram que *"existe uma grande variação a nível da carga fiscal efectiva com que se deparam os investidores residentes em diferentes Estados-Membros da UE, bem como da forma como cada país trata os investimentos em ou provenientes de outros países (...).O intervalo de variação das taxas nacionais efectivas do imposto sobre as sociedades é de cerca de 37*

---

[16] Cujos dados foram retirados do Eurostat, op.cit.
[17] Cit. (12), pág. 7.

pontos percentuais no caso de um investimento marginal (entre -4,1% e 33,2%) e de cerca de 30 pontos percentuais no caso de investimentos mais lucrativos (entre 10,5 % e 39,7 %). (...) No conjunto de indicadores de âmbito nacional e transfronteiras, existe uma coerência notável no que diz respeito à posição relativa dos Estados-Membros, em especial nos níveis superior e inferior da classificação.".

2.2 A tributação das sociedades nos novos Estados membros

Relativamente ao imposto sobre as sociedades, a situação nos novos Estados membros é, em nosso entendimento, suficientemente preocupante para nos questionarmos sobre as perspectivas de evolução da concorrência fiscal na União Europeia e, em especial, sobre as opções nacionais em matéria de política fiscal portuguesa.

Com efeito, a taxa média de tributação dos novos Estados membros em sede de imposto sobre o rendimento das pessoas colectivas (21,5%) é cerca de 10% mais baixa do que a média dos restantes Estados membros da UE (31,4%)[18]. Por exemplo, no período de 1995-2004, Chipre reduziu a sua tributação em sede de imposto sobre o rendimento das pessoas colectivas de 25% para 15%. A Letónia reduziu a sua tributação de 29% para 15% e a Lituânia de 25% para 15%. A Polónia reduziu a tributação de 40% para 19%, a República Checa de 41% para 28%, tencionando ainda reduzi-la mais. A República Eslovaca também baixou a sua taxa de 40% para 19%, pretendendo aplicar uma *flat tax* de 19% para as pessoas colectivas e para as pessoas singulares, bem como uma única taxa de 19% em sede de IVA. Quanto aos novos candidatos, a Bulgária anunciou que irá baixar a sua taxa de tributação em sede de imposto sobre o rendimento das pessoas colectivas de 23.5% para 15% e a Roménia de 25% para 20%.

Veja-se, a este propósito, o mapa que se segue, que, à semelhança do anterior, inclui os impostos e taxas adicionais às taxas gerais do imposto sobre as sociedades[19]:

---

[18] De acordo com dados do Eurostat, op.cit.
[19] Cujos dados foram retirados do Eurostat, op.cit.

Taxa de tributação em imposto sobre o rendimento das pessoas colectivas, incluindo os impostos e taxas adicionais (%)

EM	1995	1996	1997	1998	1999	2000	2001	2002	2003	2004	Diferencial 2004-1995
CZ	41,0	39,0	39,0	35,0	35,0	31,0	31,0	31,0	31,0	28,0	- 13,0
EE *	26,0	26,0	26,0	26,0	26,0	26,0	26,0	26,0	26,0	26,0	0,0
CY	25,0	25,0	25,0	25,0	25,0	29,0	28,0	28,0	15,0	15,0	- 10,0
LV	25,0	25,0	25,0	25,0	25,0	25,0	25,0	22,0	19,0	15,0	- 10,0
LT	29,0	29,0	29,0	29,0	29,0	24,0	24,0	15,0	15,0	15,0	- 14,0
HU	19,6	19,6	19,6	19,6	19,6	19,6	19,6	19,6	19,6	17,7	- 2,0
MT	35,0	35,0	35,0	35,0	35,0	35,0	35,0	35,0	35,0	35,0	0,0
PL	40,0	40,0	38,0	36,0	34,0	30,0	28,0	28,0	27,7	19,0	- 21,0
SI	25,0	25,0	25,0	25,0	25,0	25,0	25,0	25,0	25,0	25,0	0,0
SK	40,0	40,0	40,0	40,0	40,0	29,0	29,0	25,0	25,0	19,0	- 21,0
Média	30,6	30,4	30,2	29,6	29,4	27,4	27,1	25,5	23,8	21,5	-9,1

* Desde 2000 que a Estónia só tributa a 26% os lucros distribuídos, aplicando-se nos demais casos uma taxa de 0%, sendo esta a taxa geral de tributação.

Conforme se referiu, embora o nível das taxas seja um indicador relevante das diferenças entre os sistemas fiscais, caso as comparações entre estes tenham unicamente como ponto de partida tal dado, poderão induzir em erro dada a variação considerável nas regras de cálculo da base tributável. Com efeito, uma taxa de tributação elevada pode dar origem a uma receita fiscal reduzida se for possível proceder a deduções substanciais no cálculo da base tributável. Todavia, de acordo com estudos efectuados, designadamente, pelo Centre for European Economic Research e a Ernst & Young, sobre a carga fiscal para as investidoras multinacionais nos novos Estados membros, conclui-se existirem mais vantagens de localização dos investimentos nestes países do que nos antigos Estados membros[20]. Neste contexto, também não nos poderemos esquecer que, para além dos níveis das taxas serem essenciais nas decisões de investimento das empresas, existe toda uma série de factores relevantes, tais como a especialização e o custo da mão de obra e das matérias primas. A conjugação de todos estes factores faz da adesão dos novos Estados membros um importante desafio a que deveremos, necessariamente, atender, sob pena de o perdermos[21].

---

[20] *Company Taxation in the New EU Member States. Survey for the Tax Regimes and Effective Tax Burdens for Multinational Investors,* Centre for European Economic Research, Mannheim, and Ernst & Young, November 2003.

[21] Sobre esta questão, *vide*, António Carlos dos Santos, *"Acabou o jogo de damas na fiscalidade"*, Diário de Notícias, Suplemento Empresas, Outubro 2004.

3. Aplicação do *acquis communnautaire* aos novos Estados membros

Os novos Estados membros alteraram o seu ordenamento jurídico fiscal de acordo com o *acquis communnautaire*, a cujo cumprimento ficaram obrigados na data da Adesão, i.e., 1 de Maio de 2004. Todavia, em alguns aspectos, conseguiram negociar períodos transitórios e medidas especiais de derrogação.

Tal foi o que se verificou em relação, designadamente, ao Imposto sobre o Valor Acrescentado, negociando, nomeadamente, a aplicação de taxas mais reduzidas deste imposto, e aos impostos especiais sobre o consumo. No tocante à Directiva mães e filhas, a Estónia negociou a aplicação de um período transitório que termina em 2008. Por outro lado, a República Checa, a Letónia, a Lituânia e a Polónia, beneficiam de um período transitório de 6 anos para a aplicação da Directiva dos juros e royalties, no que se reporta ao pagamento destes últimos, enquanto a Eslováquia beneficia de um período transitório de 2 anos igualmente no que respeita ao pagamento de royalties. Relativamente ao pagamento de juros, a Letónia e a Lituânia beneficiam de um período transitório de 6 anos.

No que respeita ao Código de Conduta, como não poderia deixar de ser, decidiu-se a nível comunitário que faz parte do acervo comunitário, pelo que os novos Estados membros estão vinculados (politicamente) ao respectivo cumprimento.

Uma resposta negativa a esta delicada questão (não nos podemos esquecer que o Código é *soft law*), provocaria, por sua vez, efeitos prejudiciais na óptica da concorrência fiscal, efeitos esses que este instrumento pretende combater.

Nestes termos, no contexto das negociações de adesão os Estados aderentes comprometeram-se a observar os princípios do Código, vinculando-se, designadamente, à não adopção de novas medidas fiscais prejudiciais (cláusula de congelamento ou *standstill*) e ao desmantelamento das já existentes (cláusula de desmantelamento ou *rollback*). A UE comprometeu-se a acompanhar de perto as medidas de implementação tendo em vista o respeito pelos princípios do Código, incluindo as medidas de *rollback*.

Para o efeito, o Conselho elaborou uma lista das medidas fiscais qualificáveis como potencialmente prejudiciais dos então candidatos e submeteu-a à apreciação do Grupo Alargamento, no qual participaram os delegados do Grupo do Código de Conduta. O Grupo possuía mandato para chegar a acordo e para apresentar um relatório e conclusões sobre uma lista de medidas fiscais prejudiciais e a adequação do respectivo desmantelamento.

No total, foram analisadas 52 medidas fiscais potencialmente prejudiciais, país por país. Estas medidas foram avaliadas nos termos do ponto B. do Código de Conduta, tendo-se adoptado um procedimento semelhante ao seguido para os antigos Estados membros, i.e, com base numa avaliação proposta pelos serviços da Comissão. No final, chegou--se a "acordo" relativamente à classificação de 30 medidas fiscais como prejudiciais[22]. Note-se, todavia, que, à semelhança do que se passou com a "aprovação" do Relatório Primarolo, a "qualificação" destas medidas como prejudiciais, não mereceu tal aprovação pela unanimidade dos membros do Grupo, tendo-se, para o efeito, em consideração o entendimento da maioria do Grupo. De facto, foram apostas algumas reservas, quer pelos próprios interessados directamente, quer por outros Estados membros que não concordaram com a avaliação, positiva ou negativa, dada pelo Grupo.

As medidas fiscais prejudiciais avaliadas pelo Grupo pertencem a oito países, pertencendo a maioria ao Chipre e a Malta. Na Estónia e na Letónia não foram identificadas quaisquer medidas prejudiciais, embora, como referimos, na Estónia só se tributem efectivamente em imposto sobre as sociedades os lucros distribuídos. O Grupo também avaliou o desmantelamento programado ou já efectuado pelos Estados aderentes no tocante às respectivas medidas fiscais prejudiciais.

No que respeita a 27 das 30 medidas fiscais prejudiciais que foram identificadas, o Grupo considerou adequadas as propostas de desmantelamento que consistem na eliminação dos elementos prejudiciais ou na supressão da medida fiscal prejudicial. De notar que Malta não concordou com a qualificação de duas medidas como prejudiciais, opondo-se ao respectivo desmantelamento, ainda não se tendo, à data, resolvido esta relevante questão.

Note-se que, à semelhança do que se constatou com determinadas medidas de certos Estados membros antigos, alguns dos novos Estados membros solicitaram o prolongamento dos efeitos das suas medidas para além de 31 de Dezembro de 2005. Este pedido, de acordo com o proce-

---

[22] Sobre esta matéria veja-se Joann M.Weiner, *"EU Governments Fear Increased Tax Competition in Wake of Accession"*, Tax Analysts, de 26 de Abril de 2004.

dimento então adoptado para os antigos Estados membros, terá que ser resolvido pelo Conselho. Apesar de para os regimes dos anteriores Estados membros a data limite autorizada pelo Conselho ser 31 de Dezembro de 2011,[23] o Grupo tomou nota de que alguns desses Estados aderentes tencionam aproveitar-se, naturalmente, do precedente entretanto criado com a autorização do prolongamento de efeitos até 2019 às Antilhas Neerlandesas.

4. Limitações do Código de Conduta da Fiscalidade das Empresas

Conforme já tivemos ocasião de nos pronunciar por diversas vezes[24], o Código de Conduta da Fiscalidade das Empresas tem diversas limitações que deveriam ser corrigidas, resultando ainda alguns problemas da sua deficiente implementação ao nível prático.

Desde logo, o facto de não abranger medidas de natureza de carácter geral, deixando intocáveis regimes como o da Estónia, e de se limitar à fiscalidade directa das empresas, não abrangendo quer a fiscalidade das pessoas singulares, quer a tributação indirecta. A este propósito, alguns Estados membros, nomeadamente a Alemanha, têm vindo a querer alargar o âmbito do Código à tributação das pessoas singulares, abrangendo o caso dos regimes especiais de tributação para trabalhadores altamente qualificados. No tocante ao IVA, se é certo que a UE tem um sistema comum, as taxas aplicáveis continuam a variar dentro de uma faixa apreciável, com uma amplitude de 10% na taxa normal do imposto, havendo ainda derrogações em certos Estados membros. Ora, estes tratamentos diferenciados aumentaram com a recente adesão. O regime de IVA de um

---

[23] Esta é, como é sabido, a data até à qual o Conselho autorizou a produção de efeitos dos benefícios fiscais às actividades financeiras do regime do Centro Internacional de Negócios da Madeira. Portugal teve dificuldades em fazer aprovar esta data, uma vez que a Comissão e a maioria dos Estados membros pretendiam como data limite para a produção de efeitos dos regimes qualificados como prejudiciais 31 de Dezembro de 2009. Posteriormente, determinados territórios dependentes do Reino Unido e dos Países Baixos conseguiram aprovar novas entradas de beneficiários nos seus regimes fiscais prejudiciais até 2007 e 2008, e o Conselho aprovou, para as Antilhas Holandesas, a produção de efeitos até 2019....

[24] Nomeadamente, in, "*O controlo da concorrência fiscal prejudicial na União Europeia – ponto de situação dos trabalhos do Grupo do Código de Conduta*", op. cit (5).

Estado membro pode constituir um atractivo ou um factor de afastamento para as empresas, causando deslocalizações de actividades económicas significativas.

Neste contexto, o entendimento sufragado por Portugal sempre foi no sentido de alargar o âmbito de aplicação do Código, abrangendo quer a questão dos assalariados, quer a tributação indirecta[25].

Acrescem ainda as questões práticas, decorrentes do curso que os trabalhos têm vindo a assumir no Grupo comunitário do Código de Conduta, mais conhecido pelo nome da sua Presidente Primarolo: o facto de, contrariamente ao disposto no ponto M. do Código, este nunca ter sido aplicável a países terceiros, de nunca ter sido objecto de revisão, contrariamente ao previsto no respectivo N (que prevê a revisão após dois anos a contar da data da adopção do Código); de a avaliação das medidas ter sido efectuada de forma ligeira, discriminatória e incompleta, não se tomando, designadamente, devidamente em consideração o disposto no ponto G. do Código quanto à cláusula de exclusão de prejudicialidade dos regimes de desenvolvimento económico proporcionais[26] e de não terem sido cuidadosamente apreciados os efeitos das medidas fiscais sobre os demais Estados membros, nomeadamente atendendo aos níveis de tributação efectiva das actividades em causa na Comunidade[27]; do desmantelamento das medidas estar a ser efectuado igualmente de forma

---

[25] Tal como nota António Carlos dos Santos, "*A posição portuguesa face à regulação comunitária da concorrência fiscal*", op. cit (5), "*Por isso Portugal apoiava a tese de que, mais do que delimitar o campo de aplicação do Código por uma enumeração das categorias de imposto ou dos sectores económicos cobertos, deveria seguir-se um método que se concentrasse no exame dos efeitos das medidas fiscais, quaisquer que elas fossem. Daí ainda que Portugal tivesse apoiado igualmente que os regimes especiais para os assalariados fossem contemplados na problemática coberta pelo Código. Do nosso ponto de vista, a concorrência fiscal relevante é, antes de mais, entre sistemas fiscais e não entre impostos*".

[26] Sendo um exemplo vivo de tal facto o que se passou com a avaliação das actividades financeiras do regime do Centro Internacional de Negócios da Madeira, tal como a autora descreve in "*O novo regime fiscal do Centro Internacional de Negócios da Madeira – Enquadramento e características fundamentais*", Fisco n.º 107/108, Março de 2003, Ano XIV.

[27] Note-se que, nos termos do previsto no primeiro parágrafo do ponto G do Código se determina que, "*O Conselho sublinha ainda a necessidade de durante essa avaliação, se apreciarem cuidadosamente os efeitos das medidas fiscais sobre os outros Estados-membros, nomeadamente tendo em conta os níveis de tributação efectiva das actividades em causa em toda a Comunidade*".

ligeira, discriminatória e incompleta, perpassando uma incómoda mas real sensação de protectorado dos regimes relacionados com o Reino Unido, sentido em que aponta igualmente a avaliação e o desmantelamento dos regimes dos novos Estados membros.

5. Propostas recentes sobre a fiscalidade das empresas

Os tempos áureos do Grupo do Código de Conduta já parecem ter passado. Dos últimos textos da Comissão, parece ressaltar a ideia de que os trabalhos sobre o Código de Conduta da Fiscalidade das Empresas quase que esgotaram o seu objectivo, devendo o Grupo limitar-se a fazer o acompanhamento do *standstill* e do *rollback* das medidas. Não se fala da revisão do Código e do alargamento do seu âmbito de aplicação. O Conselho Ecofin tem-se limitado a congratular o Grupo pelos resultados obtidos e a incentivá-lo para o prosseguimento dos trabalhos de acompanhamento do *rollback* e os últimos documentos oficiais limitamse a falar no aspecto do acompanhamento. Mas, mesmo que se optasse por rever o Código e se abrangesse o seu âmbito de aplicação, não seria suficiente para garantir uma concorrência fiscal equitativa no seio do espaço comunitário. Por outro lado, as limitações do Código e as iniquidades em que, por vezes, se tem vindo a traduzir na sua aplicação prática, deram origem a situações pouco desejáveis no que concerne a uma concorrência fiscal equitativa.

Quais são, a nível geral, as últimas propostas apresentadas a nível comunitário sobre a fiscalidade das empresas que poderão contribuir para esse objectivo?

5.1 *Matéria colectável uniforme*

De modo a eliminar os obstáculos fiscais na UE, a Comissão no seu estudo sobre a fiscalidade das empresas[28], propõe diversas soluções específicas, a saber:
  – A base tributável seria calculada de acordo com as regras do Estado membro de residência da sociedade;

---

[28] Cit. (12), pág. 15.

– Adopção de regras novas na UE para a determinação da base tributável, mantendo-se como opção a adopção das regras nacionais;
– Adopção de um imposto europeu sobre o rendimento das pessoas colectivas, obrigatório para as multinacionais;
– Harmonização das regras nacionais de tributação das sociedades, definindo-se uma base tributável e um sistema fiscal europeu únicos, em substituição dos sistemas nacionais existentes.

Contudo, a solução de proporcionar às empresas multinacionais uma matéria colectável comum consolidada do imposto sobre as sociedades para as suas actividades a nível da UE é a única que, no entendimento da Comissão, poderá, através de um quadro único para a tributação de empresas, eliminar de forma sistemática a maioria dos obstáculos às actividades económicas transfronteiras no mercado interno. De acordo com este entendimento sufragado pelo Conselho Económico Social e já legitimado no discurso do novo Comissário responsável pela fiscalidade, é necessário proporcionar às empresas uma matéria colectável comum consolidada do imposto sobre as sociedades para as suas actividades a nível da UE. Para esse efeito, importa desenvolver um mecanismo de repartição adequado susceptível de ser aceite por todos os participantes, competindo aos Estados membros a fixação das taxas nacionais do imposto sobre as sociedades. Assim sendo, a Comissão entende que os regimes manter-se-ão naturalmente em estado de concorrência latente pelo facto de comportarem diferenças.

A estratégia em duas etapas proposta pela Comissão orienta-se para o desenvolvimento de uma acção imediata sob forma de medidas específicas e o início simultâneo de um debate mais amplo relativo às medidas globais de carácter geral, com o objectivo de proporcionar às empresas da UE uma matéria colectável consolidada para as suas actividades a nível da União.[29]

---

[29] A este propósito, tenha-se, designadamente, em consideração a proposta apresentada pela Comissão em 24 de Junho de 2004, para a tributação das pequenas e médias empresas no Estado membro da residência. *"Esbozo de una possible aplicación experimental del régimen de imposición según las normas del Estado de origen a las pequeñas y medianas empresas"*, TAXUDC.1/DOC (04)1410. Sobre este projecto veja-se, Manuel Faustino, *"Tributação segundo as regras do Estado de residência para as PME – esboço de um projecto piloto"*, Revista da Câmara dos Técnicos Oficiais de Contas, n.º 58, Janeiro de 2005.

Tal como nota o Conselho Económico e Social no seu Parecer sobre a concorrência fiscal[30], na política fiscal deve-se começar por procurar estabelecer regras mais uniformes ao nível do cálculo dos impostos, das possibilidades de dedução, etc., e da gestão e da eficácia dos sistemas, antes de passar ao capítulo das decisões com incidência nas taxas de tributação. As diferenças não relacionadas com as taxas de tributação podem, em muitos casos, causar problemas mais graves, especialmente às pequenas empresas que tencionam penetrar com os seus produtos no mercado. Conforme refere, *"O debate sobre a fiscalidade tem-se concentrado até aqui excessivamente nas taxas de tributação.*

Uma vez que as taxas de tributação são mais propícias a controvérsia política, propomos que se comece por examinar as diferenças no cálculo da base tributável. Tal deveria permitir, numa fase seguinte, propor mais regras comuns por forma a aproximar os diversos métodos de cálculo. Numa terceira fase, em que são principalmente as taxas de tributação que estão na origem da diferença entre as receitas fiscais, o debate poderá orientar-se para a fixação de níveis mínimos.".

5.2 *Taxas mínimas*

A questão da fixação de taxas mínimas em sede de imposto sobre as sociedades tem sido recorrente. Já no Relatório Ruding, em 1992[31], tinha sido aventada a hipótese da adopção de uma taxa mínima de tributação a nível comunitário, tendo sido recebida pela Comissão com mais interesse do que outro tipo de propostas.

Tal como se nota[32], a adopção de uma taxa mínima de tributação poderia, nomeadamente, ser um complemento útil à aplicação do Código de Conduta, dado que a abolição dos regimes fiscais preferenciais pode induzir à redução generalizada das taxas como meio de reacção, como aconteceu no caso da Irlanda. Neste contexto, haveria que ter em consideração que o nível da taxa deveria ser competitivo face a países terceiros, devendo reforçar-se, concomitantemente, os mecanismos de troca de informações e as medidas de combate à fraude e evasão fiscal.

---

[30] Cit (3).

[31] *Report of the Committee of Independent Experts on Company Taxation*, Office for Official Publications of the European Communities, Bruxelas, 1992.

[32] Silvia Giannini, op. cit.

5.3 *Adopção da regra da maioria qualificada*

Um dos mais relevantes limites à actuação comunitária na área fiscal consubstancia-se, como é sabido, no facto de perdurar a regra da unanimidade em matéria de decisão. A adopção da regra da unanimidade na área fiscal traduz-se, na prática, num direito de veto dos Estados membros, pelo que são conhecidas várias situações de impasse ou a adopção de situações de compromisso menos adequadas.

Tem-se falado muito da adopção da regra da maioria qualificada na área fiscal[33]. Todavia, trata-se, cada vez mais, de uma matéria extremamente delicada. Não é por acaso que a Comissão tem exortado a um recurso mais frequente a compromissos políticos, invocando o exemplo do Código de Conduta, e ao mecanismo da cooperação reforçada.

Segundo o Conselho Económico e Social, é imperioso atribuir à UE competência em todas as questões com incidência no mercado interno e nas condições de concorrência entre os Estados membros. Haverá que definir os domínios a que esta diz respeito (mercado interno e condições de concorrência) e decidir se a decisão deve ser adoptada por unanimidade ou maioria qualificada. Esta regra deverá ser adoptada relativamente ao imposto sobre as sociedades, ao imposto sobre os rendimentos do capital e à tributação das actividades perigosas para o ambiente.

A este propósito, conforme se nota, em determinados impostos, a soberania nacional em certas decisões fiscais não passará de uma quimera enquanto, na prática, continuar a ser o mercado interno a fixar os limites das decisões nacionais nesta matéria. Um direito de decisão que é teórico, mas não real, não pode ser considerado soberania na verdadeira acepção da palavra.

Ora, a Constituição Europeia vem apenas introduzir o voto por maioria qualificada de forma restrita ao nível do imposto sobre as sociedades, em matérias relacionadas com a cooperação administrativa ou da luta contra a fraude fiscal e a evasão fiscal.

Julga-se que neste domínio se irá, progressivamente, optar por um recurso ao mecanismo da cooperação reforçada e a uma intensificação da harmonização por via política.

---

[33] Veja-se, a este propósito, a Comunicação da Comissão de 14 de Março de 2000, *Comunicação relativa à votação por maioria qualificada para aspectos do mercado único nos domínios da fiscalidade e da segurança social*, COM (2000) 114 final.

6. Conclusões

À medida que avança a integração económica na União Europeia, são cada vez mais evidentes as diferenças entre os vários regimes fiscais dos Estados membros. A integração é acompanhada sistematicamente por um aumento da concorrência, que pode conduzir a um aumento da eficiência e das possibilidades de prosperidade económica. Porém, quando não é possível fazer face à concorrência através do aumento da produtividade, há o risco de se recorrer a métodos que provocam a deterioração do ambiente e das condições sociais ou de optar pela redução dos impostos. Ora, a concorrência fiscal tem sido levada a efeito, sobretudo, através da fixação de taxas reduzidas de tributação.

O Conselho Europeu de Lisboa de Junho de 2000 lançou um objectivo estratégico para a União Europeia a concretizar até 2010– *"tornar--se no espaço económico mais dinâmico e competitivo do mundo baseado no conhecimento e capaz de garantir um crescimento económico sustentável, com mais e melhores empregos e com maior coesão social"*. Objectivo ambicioso, teoricamente politicamente correcto de enunciar, mas dificilmente exequível.....

Qual será o papel da fiscalidade no contexto deste objectivo? Globalmente, as conclusões do Conselho Europeu de Lisboa convidam todos os Estados membros a melhorar a competitividade dos seus regimes fiscais.

Tal como a Comissão referiu em 2001, na sua Comunicação sobre as prioridades da política fiscal para os próximos anos, tendo em vista este objectivo, *"Os regimes fiscais dos Estados-Membros deverão permitir a necessária reforma do mercado, o que só por si exige que a política fiscal comunitária seja inserida numa nova perspectiva". (....) Nos próximos anos, a EU acolherá um determinado número de novos Estados-Membros dotados do seu próprio regime fiscal. É essencial que, antes do alargamento, o corpo da legislação fiscal comunitária seja o mais possível consolidado e estabilizado. Do mesmo modo, após o alargamento, é fundamental assegurar que a fiscalidade não impeça os actuais e futuros Estados-Membros de concorrerem em condições de igualdade e de beneficiarem integralmente do mercado interno"*.

Perguntar-se-á, agora, decorridos quase quatro anos, será que estes objectivos foram cumpridos ou estarão em vias de o ser? Sendo certo que, no tocante a certos aspectos, ainda seria prematura uma resposta, dada a recente data da adesão dos novos Estados membros, não poderemos deixar de manifestar a nossa grande apreensão face ao que acabámos de expor. É certo que é impossível estabelecer comparações no que se reporta à tributação dos rendimentos das pessoas colectivas se nos circunscrevermos às taxas de tributação, uma vez que as possibilidades de dedução e outros factores também variam. Mas, conforme referimos, os diferenciais elevados das taxas podem influenciar a competitividade internacional das empresas da UE situadas em diferentes Estados membros, incentivando-as ainda a escolherem as localizações mais favoráveis do ponto de vista fiscal para a realização dos seus investimentos, que podem não ser as melhores localizações sob outros pontos de vista. A ser este o caso, as diferenças nos níveis de tributação efectiva das empresas podem implicar uma afectação ineficiente de recursos, com os correspondentes custos sobre o bem-estar.

Se for cada vez mais difícil tributar a matéria colectável móvel pelo facto de a concorrência no mercado interno conduzir à "harmonização" por baixo das taxas de tributação, será a população trabalhadora quem mais sentirá o ónus fiscal que se tornará, a pouco e pouco, incomportável numa situação demográfica como aquela que nos espera.

Se não forem tomadas decisões políticas, as condições de concorrência mais árduas devido à integração pressionarão para baixo os impostos e as contribuições que afectam mais directamente as empresas. O alijamento da pressão fiscal, bem como a redistribuição dos diversos tipos de tributação, poderá ser erróneo se for induzido exclusivamente pelo mercado.

Como exemplo do que acabámos de dizer, temos o caso da Irlanda, gerando-se, inevitavelmente, efeitos negativos de deslocalização das actividades económicas para estes países "inatacáveis". E que dizer do caso da Estónia, em que o nível geral de tributação em sede de IRC é quase inexistente?

Quer um quer outro casos não caiem na alçada do Código de Conduta, nem, tão pouco, no regime dos auxílios de Estado de natureza fiscal, caso, efectivamente, não exista um tratamento selectivo de certos entidades ou sectores de actividade.

Por isso mesmo, entendemos que, em tais circunstâncias, se deveria recorrer ao disposto nos art.ºˢ 96.º e 97.º do Tratado (ex art.ºˢ 101.º e 102.º)[34].

---

[34] De acordo com o previsto no art.º 96.º, *"Se a Comissão verificar que a existência de uma disparidade entre as disposições legislativas, regulamentares ou administrativas*

Mas afigura-se-nos que não se poderá falar de uma concorrência equitativa se não forem estabelecidos níveis mínimos para as taxas de tributação em imposto sobre as sociedades. Tal como o preconizado nas Orientações Gerais para as Políticas Económicas, a política fiscal da UE deve continuar a favorecer os esforços no sentido da diminuição das taxas nominais e, paralelamente, de uma harmonização da base de cálculo do imposto, reduzindo desse modo as distorções económicas inerentes aos regimes fiscais dos Estados membros.

Questionamos ainda se uma abordagem limitada à maior aproximação das bases tributáveis e das taxas será suficiente para assegurar uma concorrência fiscal saudável no seio da UE.

Há um aspecto fundamental em que se registam diferenças significativas entre os Estados membros, a saber, as questões relativas à estrutura dos regimes fiscais. Aspectos relativos à cobrança dos impostos, ou seja, quem é responsável pela cobrança? Quando é que isso acontece e com que frequência? Como é feita a inspecção? São utilizadas tecnologias informáticas modernas e as autoridades competentes e os cidadãos dispõem dos conhecimentos necessários para lidar com elas? Os procedimentos são simples ou burocráticos? Conforme nota o Conselho Económico e Social, estes factores poderão consubstanciar, em muitos casos, um entrave muito maior do que a falta de uniformidade das taxas de tributação[35].

---

dos Estados-membros falseia as condições de concorrência no mercado comum, provocando assim uma distorção que deve ser eliminada, consultará os Estado-membros em causa. Se desta consulta não resultar um acordo que elimine a distorção em causa, o Conselho, sob proposta da Comissão, deliberando por maioria qualificada, adoptará as directivas necessárias para o efeito. A Comissão e o Conselho podem tomar quaisquer outras medidas adequadas previstas no presente Tratado". Por outro lado, nos termos do n.º 1 do art.º 97.º, estatui-se que, "Quando houver motivo para recear que a adopção ou alteração de uma disposição legislativa, regulamentar ou administrativa possa provocar uma distorção, na acepção do artigo anterior, o Estado-membro que pretenda tomar essa medida consultará a Comissão. Após ter consultado os Estados-membros, a Comissão recomendará aos Estados interessados as medidas adequadas, tendentes a evitar a distorção em causa".

[35] Tal como nota o CES no seu Parecer sobre a concorrência fiscal, cit (3), *"A questão de deixar penetrar a concorrência nos vários regimes fiscais sempre tem ocasionado acesas polémicas. Aqui é fundamental não haver qualquer dúvida sobre o tipo de concorrência de que se está a falar. É erróneo presumir que esta diz sempre respeito a taxas de tributação ou a bases tributáveis. Agora a concorrência que permite a existência de*

Qual será, neste enquadramento, o papel reservado ao do Código de Conduta da Fiscalidade das Empresas? Deveremos pôr de lado este instrumento? Julgamos que tem a vantagem de limitar certos regimes existentes. Contudo, se não for objecto de aplicação mais equilibrada, poderá, tal como referimos, ter efeitos preversos. Para ser mais eficaz, o seu âmbito de aplicação deveria, igualmente, ser alargado. Todavia, é apenas uma peça que deverá ser articulada numa estratégia de actuação muito mais vasta a nível comunitário, sendo manifestamente insuficiente, ainda que conjugado com o mecanismo dos auxílios de Estado, para combater os efeitos prejudiciais da concorrência fiscal.

Neste contexto, não nos poderemos esquecer, a nível interno, do grande desafio que a adesão dos novos Estados membros significa para o nosso sistema fiscal, devendo ser preocupação dominante dotá-lo, numa perspectiva estratégica, de maior competitividade. Trata-se quase, neste panorama, de uma "simples" questão de sobrevivência.

---

sistemas mais eficazes e menos burocráticos deveria ser recebida de braços abertos. Para termos uma concorrência desta natureza, capaz de fazer progredir as melhores práticas, propomos que se pondere na hipótese de estabelecer um novo "método aberto de coordenação" para estes aspectos da política fiscal."

INTERVENÇÃO

Dra. Maria Margarida Mesquita Palha

I. Se a primeira decisão do Tribunal de Justiça com impacte na tributação directa data dos finais dos anos 80 – avoir fiscal, 28.01.1986, P. C-270/83 –, só a partir dos anos 90 se pode falar de activismo do Tribunal de Justiça nesta matéria, pela via da "integração negativa":
 – Klaus Biehl v. Luxemburgo – 8.05.1990, P. C-175/88 – constituiu um primeiro sinal em sede de tributação do rendimento das pessoas singulares;
 – Com Bachamann – 28.01.1992, P. C-204/90 –, porém, os Estados-membros suspiraram de alívio;
 – A partir daí, sucederam-se os acórdãos, quer quanto às pessoas singulares, quer quanto às pessoas colectivas: Schumacker – 14.02.1992, C-279/93 –, seguido pela Recomendação da Comissão 94/79/CE, de 21.12.1993, e Wielockx – 11.08.1995, C-80/94 – constituem apenas dois exemplos de decisões fundamentais.

Apesar destas decisões e de todas aquelas que se seguiram, o legislador português não procedeu às alterações necessárias na sua legislação fiscal – no CIRS, sirvam de exemplo os artigos 22.º, n.º 3, que exclui do englobamento os rendimentos dos não residentes sempre que sujeitos a taxas definitivas ou especiais, 71.º e 72.º. Em consequência, os não residentes abrangidos por este regime não beneficiam de deduções específicas nem de deduções à colecta, i.e., de deduções relativas a despesas pessoais e familiares.

Como explicar o status quo da legislação portuguesa? Passividade ou resistência das autoridades à alteração da lei interna?

II. É sabido que a harmonização da tributação directa não está expressamente prevista no TCE. Porém, a realização de um mercado, caracterizado pela abolição, entre Estados-membros, de obstáculos à livre circulação de mercadorias, pessoas, serviços e capitais, é um dos objectivos da acção comunitária (artigo 3.º,1,a) CE). Daí que, como tem vindo a ser sublinhado, a harmonização ou a aproximação das legislações internas não possa ser considerada um fim em si mesmo, mas um meio para eliminar os obstáculos fiscais à realização do mercado interno.

Em Verona, em 1996, no ECOFIN Informal, foram identificados três grandes desafios à EU, que se mantêm:
– Estabilização das receitas;
– Realização do mercado interno;
– Promoção do emprego.

Estes três desafios estão interligados: a abolição da concorrência prejudicial, ao devolver o poder de tributar ao Estado de residência do contribuinte, aumentará as suas receitas e contribuirá para a neutralidade do factor fiscal no mercado interno; com mais receita fiscal, a carga fiscal sobre o emprego, factor mais carregado pela globalização, poderá descer.

Será a harmonização dos sistemas de tributação directa dos Estados--membros necessária à realização destes desafios?

Em 1990, a Comissão abandonou a ideia de uma harmonização mais ambiciosa ao nível da fiscalidade das empresas, para se concentrar na eliminação dos obstáculos às liberdades fundamentais – harmonização sectorial. Contudo, presentemente, animada pelo activismo do Tribunal de Justiça na matéria, e tendo em conta os numerosos casos de dupla tributação, e de discriminação, e os custos excessivos resultantes da complexidade dos processos administrativos e atrasos dos reembolsos, volta a chamar a atenção para a necessidade de uma coordenação no âmbito da fiscalidade directa e a surgir com um considerável elenco de matérias em que defende que os Estados-membros devem chegar a um acordo.

O procedimento de infracção é usado como ameaça. Os Estados--membros devem acolher favoravelmente estas iniciativas ou, caso contrário, a Comissão apoiada no desenvolvimento da jurisprudência recente do Tribunal de Justiça, acabará por passar por cima da regra da unanimidade.

III. Quanto à concorrência fiscal, reconheço que estamos perante o que D. Williams qualifica de "dilema da UE": se a concorrência faz progredir a actividade económica, a estrutura da EU existe para que os Estados possam cooperar.

O que é concorrência legítima entre Estados?

Por que é que ao abrigo do artigo sobre auxílios de Estado (Art.º 87.º CE), regimes aparentemente distorsores da concorrência são aprovados?

É este o dilema da própria Comissão.

É concorrência desleal atrair ou tolerar rendimentos de apenas ficticiamente residentes?

Uma caixa postal é legítima para estabelecer a residência de uma empresa?

Segundo penso, o balanço da ZFM durante estes anos de existência ainda não está feito.

Há, porém, que sublinhar os embaraços que este regime nos tem causado – duas convenções sobre dupla tributação denunciadas, cláusulas de limitação de benefícios com muitos Estados com alcance evidentemente diverso. Sobretudo, porque associado a uma deficiente troca de informações, que criou a ideia de falta de transparência no funcionamento da nossa administração e na gestão daquele regime.

IV. Portugal deve, em consequência, rever a sua legislação fiscal de forma a garantir a sua compatibilidade com o disposto no TCE em matéria de não-discriminação e liberdades fundamentais e melhorar a sua atitude, globalmente, quanto à assistência mútua e às relações com os contribuintes não residentes.

Tal como a Comissão vem defendendo desde 2001, "A Política fiscal da EU – prioridades para os próximos anos" é tempo de ter em conta, no mercado único, os seus destinatários, i.e., os cidadãos e as empresas.

NOVA REFORMA FISCAL[1]

Dr. Nuno de Sampayo Ribeiro[2]

I – Gostaria de cumprimentar o Senhor Professor Ruy de Albuquerque, os Membros que acompanho nesta Mesa Redonda e agradecer o convite da Associação Fiscal Portuguesa e do Instituto de Direito Económico, Financeiro e Fiscal da Faculdade de Direito de Lisboa para aqui estar hoje.

É com muita alegria que participo nestas Jornadas mas sobretudo me associo à Homenagem ao Senhor Professor Paulo de Pitta e Cunha cuja mão e palavra amiga me vêm formando no curso dos anos.

II. 1 – O tema do painel desta manhã que é a "Harmonização e Concorrência Fiscais" suscita uma variedade de aspectos para cuja análise escolho dois: um no domínio das relações económicas internacionais

---

[1] Este texto baseia-se na intervenção na Mesa Redonda "*Harmonização e Concorrência Fiscais*", Sessão da Manhã de 19 de Novembro de 2004, das Jornadas "15 Anos da Reforma Fiscal de 88-89". Sem alterar a estrutura que correspondeu a uma intervenção oral de dez minutos foram desenvolvidos os aspectos necessários a adequá-la à leitura.

[2] Atribui-se a Heinrich von Kleist ter discernido que "*l' élaboration d'une idée puise en une part sombre de l'esprit et que sa formulation ne se fait que dans la clarification par la parole, avec un interlocuteur*" (von Kleist, Heinrich. *De L' Élaboration Progressive des Idées Par La Parole* [redigido entre 1805-1806, data suposta, Tradução do Alemão, notas e post-fácio de Anne Longuet Marx], Éditions Mille. Et. Une Nuits, n.º 433, s.l., 2003). A esta luz e mais do que alguma vez saberei, a intervenção mencionada e que assim culmina neste texto é devedora de Grato Reconhecimento, especialmente ao Senhor Prof. Cat. Doutor Paulo de Pitta e Cunha, ao Senhor Ramon J. Jeffery, Ph.D. (Cantab.), ao Senhor Dr. Jaime de Lacerda, à Senhora Doutora Fernanda Sampayo e ao Senhor Dr. Pedro Ferraz da Costa. As posições expressas são no entanto da minha exclusiva responsabilidade.

entendidas num enquadramento internacional e comunitário[3]; o outro no domínio nacional. No primeiro domínio, pretendo analisar a questão de saber se a interacção dos sistemas fiscais nacionais entre si decorrerá numa dinâmica de concorrência ou harmonização fiscal[4]; e no segundo, analisar a questão de saber qual a orientação mais adequada para a evolução do sistema português.

É, pois, em torno destes dois aspectos necessariamente interligados que me centrarei.

2 – Entrando na análise do primeiro aspecto apontado, destaco que o aprofundamento da integração económica internacional resultante da conjugação de conhecidos factores a que não me referirei por economia de tempo, coloca à definição da política fiscal pública um dado central: a deslocalização de factores económicos, como corolário dinâmico da mobilidade. Destaco que esta mobilidade reveste uma dupla dimensão: a geográfica, isto é dos factores económicos no espaço, mas também, a tecnológica que consiste na tendencial substituição do suporte cartular da informação pelo electrónico.

É neste contexto, insisto de mobilidade de factores económicos, que eclode um facto essencial: através de regimes fiscais preferenciais, os Estados procuram atrair e fixar fluxos de comércio, investimento e informação a partir das suas economias – fenómeno que é designado habitualmente na linguagem coloquial a coberto da expressão 'concorrência fiscal internacional'.

Como é sabido, nas organizações internacionais em especial na OCDE e na UE surgiram iniciativas muitas vezes apresentadas como de combate à concorrência fiscal dita 'prejudicial' mas que no essencial visam criar um sistema de normas-padrão para a reger. Analisando a evolução dos trabalhos respectivos pode apontar-se uma tentativa de ligar a tributação a uma opção pró alta-despesa pública ou a soluções[5] próxi-

---

[3] Existe muitas vezes a tendência para limitar o tema em debate à dimensão comunitária. Deve contrariar-se esta tendência já que o governo do sistema político-económico de Portugal, pela mera ordem das coisas supera a dimensão da UE.

[4] Relembre-se que o debate relativo à integração fiscal nas relações económicas internacionais realça duas vias possíveis para a reger. Uma é a harmonização fiscal que consiste no alinhamento das políticas fiscais nacionais; outra é a concorrência fiscal que consiste na coexistência de vários níveis e estruturas fiscais.

[5] Em especial o primado da tributação no Estado da residência.

mas dos interesses dos países com altos níveis de rendimento *per capita* e maior influência na vida de ambas as organizações.

Na perspectiva do ponto em análise o aspecto nuclear a reter é este: não será considerado 'prejudicial'[6] a criação ou a manutenção de regimes de nula ou baixa tributação para qualquer actividade, incluindo a financeira. Este sentido é, aliás, confirmado num documento recente da OCDE que clarifica que "each country remains free to determine the level of taxes which is suited to its economic, political, and social initiatives"[7].

Podemos pois assentar numa primeira conclusão: a diversidade fiscal continuará a marcar as relações fiscais internacionais. Na prática, tal significa dizer que a interacção dos sistemas fiscais nacionais será baseada na coexistência de diferentes níveis e estruturas fiscais. O mesmo é dizer numa permanente dinâmica de concorrência fiscal.

Sublinho que a evolução da política fiscal directa na UE reforça esta ideia. É verdade que existe uma harmonização selectiva mas que não desautoriza o que fica dito. Relembro que a política fiscal sobre o rendimento foi e é prerrogativa de soberania nacional, está sujeita aos princípios da subsidiariedade e da proporcionalidade e à regra da votação por unanimidade[8]. Relembro, ainda, que os limites e as constrições que o

---

[6] Significativamente não existe uma noção de concorrência fiscal prejudicial. A qualificação de 'prejudicial' designa que um dado regime não é regulado e fiscalizado por exemplo quanto aos critérios ditos de 'transparência' e da 'troca de informações'. Outro aspecto que não cabe aqui desenvolver mas apenas suscitar é a conexão com o sistema padrão-nascente de luta contra os crimes de branqueamento, financiamento do terrorismo, corrupção e do reforço da estabilidade do sistema financeiro internacional. Sobre este assunto ver 'Centros Financeiros Internacionais' (nossa intervenção no painel 'Globalização dos Mercados Financeiros' inserido no 'Seminário Internacional Corrupção, Fraude e Branqueamento de Capitais aspectos sócio-económicos e a ética da sociedade civil' organização da Polícia Judiciária e OLAF – Organismo Europeu de Luta AntiFraude, Lisboa, 10 de Janeiro de 2005 (em curso de publicação)).

[7] OECD. 'The OCDE's Project On Harmful Tax Competition A Briefing Note For Journalists'. (www.ocde.org. [documento distribuído por ocasião do 'The 2004 Report', Abril de 2004]).

[8] A reforçar o que fica dito aponta-se a resposta dada pelo Comissário László Kovács no decurso da audiência no Parlamento Europeu em 16 de Novembro de 2004. "In his opening statement relating to his Commission portfolio, he spoke of his vision for the meeting of the Lisbon goals: " *I am convinced that taxation and customs policy have an important role to play in the implementation of this strategy.*" Taxation should help the functioning of the Internal Market, he said, but any taxation initiative "should comply with the principle of subsidiarity and...be based on the rule of unanimity". His principle

direito comunitário projecta na soberania fiscal dos Estados Membros, confirma que estes mantêm ampla margem de manobra para criar oportunidades económicas através da política fiscal[9].

---

goal would be *"the elimination of all tax obstacles that currently inhibit individual and companies from operating freely across borders"*. All the available instruments should be used to meet the objectives of productivity, social cohesion and sustainable development, but *"not every tax problem requires a solution at European level""*. (sic.).

Pode ler-se, ainda "Alexander Radwan (EPP/ED, DE) asked how he would deal with ECOFIN and make progress despite the need for unanimity. Mr. Kovácks said there should be no change to the unanimity rule, but Member States should aim for cooperation and coordination of their tax policies rather than harmonization in most cases. Where unanimity was not possible, a group of Member States could decide to apply identical systems without this being mandatory across the EU". (sic.). Cfr. European Parliament, Directorate for the Media – Press Service, Brussels, 16 November 20004 Cdp. 090/04 "PRESS RELEASE Hearing of Laszlo Kovacs (Taxation and Customs Union)".

[9] Como defendemos em outras ocasiões, incluindo na Comunicação apresentada, em 11 de Dezembro de 1997, à *Comissão de Estudo da Tributação das Instituições e Produtos Financeiros*, criada no Conselho Superior de Finanças, o quadro fiscal a nascer das iniciativas da OCDE ou da UE favoreceria a concorrência fiscal internacional através de formas mais sofisticadas. Ou seja: para nós a concorrência fiscal seria um dado permanente que não terminaria por efeito das ditas iniciativas.

Outro aspecto em que sempre insistimos, foi o de distinguir entre as questões suscitadas pela concorrência entre sistemas fiscais nacionais e os processos inerentes às mencionadas iniciativas. Estes processos surgiram portadores de uma inaceitável cultura de desrespeito pelos princípios de formação do Direito Internacional e do Estado de Direito Democrático. Na OCDE, o princípio da proibição da aplicação extra-territorial das leis nacionais foi questionado por soluções que incluiam a aplicação de sanções (*'coordinate defensive measures'*), às jurisdições-alvo que não seguissem na esteira do proposto, incluindo às não-membros de tal Organização. Na UE, o dito 'Código de Conduta', surgia assente em grosseira violação do Estado de Direito: não haver impostos que não sejam votados pelos Parlamentos Nacionais.

Tudo, pois, recomendava perspicácia no posicionamento nacional em face destas iniciativas desencadeadas a coberto de um dito Interesse Geral. Em resultado tornava-se necessário, ontem como hoje, assegurar, designadamente, a existência em Portugal de soluções de eficiência fiscal alternativas às existentes em economias concorrentes.

Estas opiniões eram contrárias às dominantes na formulação da política fiscal nacional, que defendia e aderia a tais iniciativas, designadamente orientando a evolução do sistema fiscal baseada na hipótese de que a concorrência fiscal era um fenómeno temporário.

Significativamente, a defesa das posições por nós acolhida suscitava, também, fortes discordâncias, incluindo, irados protestos como por exemplo os efectuados pela Exma. Senhora Dr[a] M. dos Prazeres Lousa (hoje, Directora do *Centro de Estudos Fiscais*)

3. Um outro dado fundamental interessa considerar para terminar a análise do primeiro domínio: qual é a evolução dos sistemas fiscais nacionais?

Neste domínio, assiste-se à paulatina afirmação de uma Nova Vaga de Reformas Fiscais Nacionais. A novidade mais marcante desta Nova

---

no debate ocorrido na Conferência que proferi na *Associação Fiscal Portuguesa* sob o título *'Concorrência Fiscal'* em 7 de Janeiro de 2000.

No essencial, a posição que defendi e mantenho baseia-se na seguinte evidência: a incompatibilidade técnica inerente aos sistemas fiscais nacionais deixava antever – já em 1997 – e sem margem para dúvida, diversidade fiscal suficiente para a criação ou o aperfeiçoamento, no plano nacional, de regimes fiscais dirigidos a atrair e fixar empresas e investidores.

É facto que em Novembro de 2004 não necessito mudar de opinião, incluindo nas conclusões ou nos fundamentos. É facto, também, que as actividades económicas e as matérias fiscais excluídas do âmbito das iniciativas da OCDE e da UE ou a evolução normativa dentro e fora da UE, confirmou o despontar de soluções mais sofisticadas de baixa ou nula tributação, incluindo nas vocacionadas para a área charneira da desintermediação financeira ou com maior mobilidade geográfica: os serviços financeiros internacionais intragrupo (*holdings*, centros de coordenação, etc.).

Outros dados que reforçam o sentido das posições que defendo são as transformações ocorridas em 2001 nas ditas iniciativas. A OCDE, refocou os trabalhos na troca de informações, em especial após a mudança de posição dos EUA; e a UE, recentrou a protecção das condições fiscais de concorrência nas regras de auxílio de Estado. Em especial, a nova orientação comunitária quanto aos auxílios de Estado com finalidade regional, impulsionou, por exemplo na Irlanda e na Espanha, intervenções legislativas que exploram as zonas do sistema fiscal que não dependem da autorização da Comissão Europeia (ver sobre este assunto o nosso estudo *Regimes Fiscais Preferenciais*. Fisco, 2002). Nestes casos, o mecanismo fiscal preferencial foi, assim, alargado a todos os sectores empresariais e regiões, inclusive àquelas com localização estratégica o que objectivamente (e ironicamente) agrava as disparidades regionais no quadro do mercado único.

Merecem também realce as negociações relativas ao Alargamento porquanto confirmam o renovado interesse na utilização de regimes fiscais preferenciais. Esta tendência de ontem, aparentemente contrária à 'política Monti' surge, hoje, relançada designadamente pelo acordo obtido pelos Países ditos do Alargamento v.g. Estónia, Eslováquia.

Em síntese: avaliada desde a entrada no euro, a política fiscal de Portugal não soube, no essencial, interpretar os sinais e os desafios do tempo. Em especial os resultantes da conjunção da inserção da economia nacional no tabuleiro da circulação de factores, livre e concorrencial e do Escudo Português numa união monetária âncorada na estabilidade de preços e na convergência nominal entre os Estados contratantes. Em resultado, persiste centrada em insensatas orientações que a evolução da realidade confirma que repelem a criação de oportunidades económicas a partir de Portugal. A proposta de Orçamento do Estado de 2005 é só mais uma alarmante evidência.

Vaga, iniciada na década de 90 nos Países Nórdicos[10], é a importância da política fiscal na criação de oportunidades económicas.

No plano jurídico, surgem as ditas 'major changes' em ordem a instalar um dispositivo técnico consistente com o objectivo político de competitividade estrutural na atracção de novos investimentos ou na prevenção da deslocalização dos existentes, em especial de capital monetário. Os casos da Alemanha, Austrália, Áustria, França, Holanda, Luxemburgo, Itália, Irlanda, Países Nórdicos, Singapura permitem afirmar que os aspectos técnicos nucleares[11] são: a) na tributação pessoal, o regresso

---

[10] Vale a pena destacar a seguinte passagem do Prof. Vito Tanzi " It is thus likely that the concept of the *global* income tax, a la Simons, especially when applied with high marginal tax rates, will not survive. Most likely countries will go back to a schedular approach to taxation whereby, perhaps, wages and salaries will continue to be taxed at progressive rates while capital incomes may come to be taxed at proportional and relatively low rates to withstand foreign tax competition. This approach has recently been introduced by the Nordic countries and in some form has existed in countries such as Italy. An alternative may be the route of tax which has received a lot of attention in the United States. Both of these are possibilities but my views is that the option adopted by Nordic countries is more likely to materialize. Both of these options indicate a **move way from the ability to pay basis for taxation** (sublinhado nosso). Ver Tanzi, Vito. *Globalization, Tax Competition and then Future of Tax Systems*. (IMF, IMF Working Paper, s.l. 1996) p. 19.

[11] Sem preocupação de exaustão apontam-se os seguintes exemplos:

Holanda. "According to the new schedular system, all income of an individual taxable in the Netherlands will be divided in three separate categories ("boxes" or "schedules" under the new system). Each box is assessed independently, so it will not be possible to offset losses from one box against income or profit from another. Box 1 contains income from work and the primary residence. Box 2 includes income from a substantial (at least 5%) shareholding interest. Box 3 contains income from savings and investments. Depending on the box, both the tax treatment and tax rates may differ (cfr. Doornbosch, Harry B. e Berings, Stan. 'Netherlands 2000 Tax wrap-up' (2001) *Journal of International Taxation* August, p. 35.

França. "The French tax system has been substantially modified by Finance Law 2004, which abolished the imputation system, and the connected imputation credit and equalization tax with general effect from 1 January 2005". Outro aspecto relevante é o seguinte: "In contrast to rules prevailing in most OECD countries, the French corporate tax is based on tax territorial principle, whereby tax is only due on business income generated by enterprises (a permanent establishment, a dependent or a "full commercial cycle") operating in France. Accordingly, business income realized through enterprises operating outside France is not taken into account for French tax purposes nor are losses pertaining to such enterprises. It should be noted, however, that worldwide tax liability applies in the case of passive investment income" (cfr. IBFD. *European Tax Handbook* (IBFD, Amsterdam, 2004 [capítulo relativo à França, versão *on line*]).

a fórmulas cedulares, em especial o afastamento dos rendimentos de capital da tributação progressiva; e b) na tributação empresarial, a sofisticação dos regimes preferenciais aplicáveis ao rendimento obtido no estrangeiro (por residentes) ou em território nacional por não-residentes e a descida das taxas.

4 – Com base no exposto gostaria de assentar três ideais-chave sobre o primeiro domínio que me propus analisar: 1) a diversidade fiscal marcará as relações económicas internacionais; 2) a interacção dos sistemas fiscais nacionais será baseada na coexistência de diferentes níveis e estruturas fiscais o mesmo é dizer numa permanente dinâmica de concorrência fiscal; 3) a evolução dos sistemas fiscais nacionais confirma o aparecimento de uma Nova Vaga de Reformas Fiscais Nacionais que envia uma mensagem clara: o reforço e a sofisticação da competitividade estrutural na criação de oportunidades económicas, em especial a atracção de novos investimentos ou prevenção da deslocalização da base económica (em particular de capital monetário).

5 – Vejamos agora o segundo domínio que me propus analisar: qual a orientação mais adequada para a evolução do sistema português.

Na procura de resposta é relevante realçar algumas das inevitabilidades do contexto internacional envolvente, em especial que o reforço da eficiência global decorrente do aprofundamento da integração económica ligada à União Económica e Monetária, do crescente funcionamento do Mercado Único, ou da aplicação das políticas comuns não favorece igualmente todas as regiões ou agentes económicos e aumenta a importância das vantagens de localização geográfica para as empresas competitivas.

Acresce que a aproximação das condições económicas, em especial a vigência da união monetária, confere uma maior importância ao factor fiscal na decisão de investir. Acresce, ainda, que o Alargamento da Comunidade de par com os aspectos anteriormente referidos, intensificará os desequilíbrios regionais, bem assim com a multiplicação dos regimes de benefícios, incluindo fiscais, tendentes a superá-los.

Outros aspectos bem conhecidos são a redução a prazo dos fundos comunitários ou que o Alargamento da UE e o alvor asiático aumentam os destinos de investimento alternativos a Portugal.

Na perspectiva dos meios de actuação macro-económica destinados a apoiar o governo dos interesses nacionais no apontado contexto, destaco, de entre os dados indicados, a perda de decisão nacional na política monetária e cambial, porquanto traduz, designadamente, a impossibilidade de utilizar os mecanismos de moeda e câmbio. Em resultado, a política fiscal adquire, como meio de governo dos objectivos e aspirações da sociedade portuguesa, uma importância fulcral – porventura sem precedente na História do nosso País.

6 – Interessa, assim, apurar se o sistema fiscal vigente é adequado em face dos desafios que se colocam à sociedade e à economia portuguesa, em especial o do crescimento económico. Julgo que não é.

Alinho algumas considerações breves para demonstrar esta ideia. O principal desafio do novo contexto económico envolvente da nossa economia é o de ser capaz de realizar as necessidades do Estado, empresas e famílias em interacção com o sistema económico e o mercado de outros países *i.e.* *'de e para Portugal'* (integração económica internacional), e não apenas com o nosso país *i.e.* *'em Portugal'* (nacionalismo económico)[12]. No essencial, essa interacção assenta na afectação dos recursos económicos com base no mecanismo da concorrência; e a actividade produtiva organiza-se numa lógica de vantagem comparativa, em face dos demais produtores mundiais do mesmo produto. Ou seja: num fundo mercantil e concorrencial as economias nacionais especializam-se e disputam investimento.

Neste contexto, o sistema fiscal vigente persiste em aplicar a lógica anterior à adesão à CEE – a do nacionalismo económico. É um sistema dominado pela ideia de actividade económica reportada às fronteiras portuguesas e as suas linhas mestras vão no sentido de desencorajar o investimento fora de Portugal e de ampliar a tributação de não-residentes em Portugal.

A ilustrar este aspecto aponto dois casos: a) a opção ainda vigente pela neutralidade na exportação de capitais nos termos da qual os lucros obtidos fora de Portugal são tributados nas condições vigentes em Por-

---

[12] Sobre o problema da 'mudança económica global' (*economic global change*), em especial a evolução do 'nacionalismo económico' para a 'integração económica internacional', ver Jeffery, Ramon. J. *The Impact of State Sovereignty on Gobal Trade and Investment* (Kluwer Law and Taxation Publishers, Series on International Taxation, n.º 23, Deventer, 1999) pp. 15 et seq.

tugal; e b) a tributação de não-residentes que é mais alta e burocrática do que a vigente em economias nossas concorrentes[13].

Saliento que a opção apontada na alínea a) foi já objecto de uma proposta de alteração em 1999 formulada pela já citada Comissão de Estudo da Tributação das Instituições e Produtos Financeiros presidida pelo Professor Paulo de Pitta e Cunha[14]. Porém e apesar da concordância que mereceu, por exemplo, do Professor António de Sousa Franco, nada foi feito.[15]

Saliento, também, que na tributação dos não-residentes as adaptações ligadas à entrada em vigor do pacote fiscal[16] alteram a lógica vigente há décadas e afectam a coerência e integridade do actual sistema fiscal. Por esta razão, defendemos noutra ocasião[17] a necessidade de o repensar globalmente. Como então salientamos os mercados iriam reagir ao pacote fiscal, criando uma ocasião histórica para agir; mas que envolveria o risco de se ficar à espera, para agir depois, ao estilo de quem olha a "estrada

---

[13] Fruto, em boa parte, de uma visão retrógrada que em sede de movimento internacional de capitais persiste em circunscrever a ambição de Portugal à atracção de Investimento Directo Estrangeiro. Sobre este assunto ver *'Centros Financeiros Internacionais: impacto da cooperação multilateral* (texto da nossa intervenção distribuído aos participantes no *Forum Internacional da Caixa Geral de Depósitos',18 de Março de 2004,* Culturgest-Pequeno Auditório, Lisboa).

[14] A apontada Comissão recomendou que a dupla tributação internacional sobre o rendimento activo seja eliminado em Portugal através da aplicação do método da isenção, no pressuposto de este rendimento estar, na fonte, sujeito e não isento a imposto sobre o rendimento equivalente – eliminação a ser determinada com base em requisitos a definir. Ver Pitta e Cunha, Paulo e outros. *A Fiscalidade do Sector Financeiro Português em Contexto de Internacionalização* (Ministério das Finanças, Lisboa, 1999), pp. 258 a 261. Significativamente, a Espanha, em data posterior a esta recomendação, modificou o seu regime nesta direcção e em França, a partir de 1 de Janeiro de 2005, os lucros obtidos no estrangeiro não são tributados, nos termos apontados na nota n.º 11.

[15] Posição expressa no decurso do 'Painel IV A Relevância do CINM para a Economia Nacional e para as Empresas Portuguesas' no âmbito do Seminário *O Centro Internacional de Negócios da Madeira Presente e Futuro* (conferência organizada pela SDM em Lisboa, 23 de Junho de 2003). Ver também a entrevista concedida à Revista dos Técnicos Oficiais de Contas, que mereceu destaque editorial a coberto do título 'Falta um rumo ao nosso sistema fiscal' *in* TOC, Agosto 2003, n.º 41, pp. 7-11. Recorde-se que terminou funções de Ministro das Finanças em 1999.

[16] Em resultado do ECOFIN de 3 Junho de 2003.

[17] Ver o nosso texto 'Desafio Fiscal' *in* Jornal *Expresso*, edição n.º 1599, Julho de 2003.

pelo retrovisor"[18]. É facto que da apontada reacção dos mercados vem resultando um reforço e sofisticação da concorrência fiscal internacional e que, entre nós, nada foi feito ou proposto pelos XIV, XV e XVI Governos da República.

7 – Acresce aos aspectos indicados que, em Portugal, a obtenção de receita continua a ser o objectivo prioritário da política fiscal por força de uma ineficiente Despesa Pública, muito acima das possibilidades consentidas pela riqueza nacional; e as constantes mudanças ditadas pela míngua de receitas, incluindo extraordinárias, sacrificam a estabilidade dos regimes e a simplicidade do cumprimento das obrigações fiscais. Sacrificam, também, o significado histórico-político do Imposto ou o prestígio do dever social de o pagar. Significativamente, o impacto desta praxis na origem ou condescendência social com a evasão fiscal persiste convenientemente ignorada ou sem importância reconhecida.

8 – Hoje, insisto, a vocação do sistema fiscal apurar-se, primeira e principalmente, com referência à principal exigência que a integração económica internacional coloca a Portugal e que como vimos consiste na interacção do nosso sistema económico com o de outros países, no quadro de uma união monetária e em regime de circulação livre e concorrencial de factores económicos. Ora diante desta exigência torna-se necessário reconhecer que o modelo resultante da Reforma Fiscal de 88-89 está estruturalmente desadequado face ao novo ambiente nacional e internacional porquanto a realidade em que se baseava desapareceu[19]. Em face deste estado de coisas – que afecta muito negativamente a criação de riqueza, emprego qualificado e duradouro e poder de compra a partir de Portugal –, a evolução do sistema fiscal, deve ser orientada à luz da concepção de Reforma Fiscal defendida por Paulo de Pitta e Cunha, como um "processo contínuo e ordenado de aperfeiçoamento do quadro dos impostos, por forma a adequá-lo à evolução das condições económicas e sociais"[20].

---

[18] Expressão de Júlio Pomar. Ver *Diário de Notícias*, edição n.º 2530, Dezembro de 2002, (entrevista de Júlio Pomar a Maria Augusta Silva).

[19] Sublinho, de novo, que a sujeição a uma politica monetária decidida fora de Portugal segundo critérios que são avessos à nossa tradição ou perfil exige à política fiscal acrescida eficiência na criação de oportunidades económicas a partir de Portugal.

[20] Palavras proferidas por ocasião da tomada de posse da Comissão. Ver Comissão da Reforma Fiscal. *Reforma da Tributação do Rendimento* (Imprensa Nacional Casa da Moeda, Lisboa, 1987), p. 71.

O mesmo é dizer: adequar o sistema fiscal nacional às exigências da integração económica internacional que requer uma concepção de sistema vocacionada para **interacção de e para Portugal em substituição** da obsoleta concepção vigente que o acorrenta a uma vocação de **interacção em Portugal.**

9 – Para concluir a análise sobre o segundo domínio cabe agora perguntar: Qual o rumo a seguir?

Claramente repensar a política fiscal rumo a uma Nova Reforma Fiscal.

A política fiscal Portuguesa deve promover com carácter de máxima prioridade a evolução do sistema fiscal, de modo a vocacioná-lo para responder às exigências do Novo Ambiente envolvente marcado por uma dinâmica de concorrência fiscal entre economias nacionais e de que são factos-símbolo a União Monetária e a Nova Vaga de Reformas Fiscais Nacionais como referi no primeiro domínio que analisei.

Sublinho que a evolução que defendo é distinta da utilização do sistema fiscal para regular a conjuntura, no quadro da política orçamental, (em lugar dos câmbios e moeda) como o 'choque fiscal' que consistiu numa redução *ad hoc* da taxa geral do IRC em nome da competitividade da balança comercial (estimular as exportações); ou do recurso aos ditos 'contratos fiscais'.

Na solução em que venho insistindo, a evolução consistente com o objectivo de colocar o sistema fiscal a apoiar a economia nacional a concorrer em efectiva vantagem comparativa, exige, no quadro de uma adequada ponderação das circunstâncias orçamentais e do compromisso entre eficiência e equidade na distribuição da carga fiscal, a adopção de fórmulas novas de incidência e das taxas de IRS e IRC sobre as operações de e para Portugal quanto ao lucro das empresas, dividendos, mais--valias, poupança e trabalho[21].

Requer, antes de tudo, uma concepção de política fiscal que prestigie o valor social do Imposto, ligando-o – não só – ao financiamento público mas também ao privado, de modo a torná-lo símbolo da protecção do Estado aos valores prevalecentes e do apoio ao cidadão nas

---

[21] Ver os nossos textos 'Política Fiscal e Criação de Riqueza' 2004, *Fisco* n.º 113/114, pp. 87-90 e 'Repensar a Política Fiscal' 2004, *Fisco* n.º 115/116, p. 123.

acções portadoras de bem comum, tais como o investimento intelectual e o empreendedorismo (novas ideias, processos de produção e organização empresarial).

Requer, ainda, a aposta no aperfeiçoamento da qualidade do quadro fiscal de actuação e da estabilidade legislativa ou num clima de concórdia como parte do reforço da confiança recíproca entre Administração Fiscal e cidadãos. É um caminho exigente porque requer princípios, soluções e práticas – na linha da Nova Vaga de Reformas Fiscais Nacionais –, que em muitos aspectos contrariam a tradição fiscal nacional. As consequências de não o percorrer são muito duras, incluindo para a independência económica nacional.

III – É neste rumo que a Reforma Fiscal de 88-89 e muito em especial Paulo de Pitta e Cunha nos ensina o essencial: a percepção dos problemas e a consistência das soluções em face dos desafios da época.

Estar à altura deste ensino é um imperativo cívico mas é sobretudo dar-lhe a homenagem da realização.

4 – PERSPECTIVAS DE REFORMA

GLOBALIZATION AND TAX SYSTEMS

Professor Vito Tanzi

I. Introduction

Modern tax systems developed largely in the period between 1930 and 1960 when there were: (a) major restrictions on trade imposed by the Great Depression and by World War II and its aftermath; (b) limited capital movements; (c) little cross-country investment and, consequently, a limited role for multinational enterprises; (d) limited cross-country mobility of people; and (e) almost no cross-country direct shopping by individuals.

During these decades, the tax burdens of most countries were relatively low also because governments had not assumed many social and economic responsibilities that they would assume in later years and especially after 1960. For industrial countries, the tax burdens were generally lower than 30 percent of their gross domestic products (GDP) even for countries that later would become welfare states. For developing countries, the tax burdens were probably half that level. For example, in Brazil where in the year 2004 the tax burden would exceed 36 percent of GDP, it was less than 15 percent of GDP before 1951 and around 16 percent in 1961.

Between 1930 and 1960 two important "technological" developments would have great impacts on the tax systems of most countries. These were: (a) the introduction and the affirmation of the concept of the "global and progressive" income tax; and (b) the introduction of the value added tax. The first of these developments would be especially significant in the industrial countries. The second would be significant for all countries. These two developments would contribute a great deal to the rise of tax levels in later years. Of course, some incomes had been taxed for a long time in various countries. For example, wages or presumptive profits or rents from properties had been taxed separately and generally at low and proportional rates. This was called the "schedular approach" to income taxation. A famous Italian public finance economist of a century ago, De Viti De Marco, had argued that, for various reasons (facility of evasion for some forms of income, differential effort required, durability of income flows, different costs of earning incomes), the rates applied proportionally to the various income categories should be different for different categories (i.e. for different schedules). Also sales taxes on specific products or even general sales taxes had existed before. These, however, were different from the value added tax.

In a very influential book published in 1938 Henry Simons, a professor at the University of Chicago, made a strong case for treating all sources of income of individuals as a whole (the global income) and for taxing this whole with progressive rates. This approach, it was argued, would better satisfy equity considerations. Coming in the period of the New Deal and just before World War II, this concept became popular in the United States, where it helped finance the war. It was exported to other countries, and in the 1950s and 1960s, American tax consultants tried hard to promote it in Latin American countries, but the success of this idea in those countries remained limited. To this day, personal income taxes remain relatively unimportant, as major revenue sources, in Latin America.

Unlike the global income tax, the value added tax is a European invention. It originated in France and its first full description is contained in a book published in 1956 written in French by Maurice Lauré. This tax replaced the turnover (cascade) taxes on sales that had existed among the six members of the Coal and Steel Trade Community. Because of their cascade characteristics, the turnover taxes had capricious effects on trade flows. That impact had to be estimated in order to remove the tax from the price of the exports and to impose it on the price of the imports. The calculation of that impact led to disputes among the partners in the trade agreement. Thus, the value added tax was welcomed, because it allowed the zero-rating of exports and the imposition of imports without discord. The countries were free to impose the rate they liked without interfering with trade flows. This feature has made the value added tax a welcome addition for countries that are part of customs unions as long as customs offices remain to control trade flows at the frontiers to allow the tax to be collected at destination. Furthermore, the value added tax has proven itself to be a major revenue source for all countries.

In industrial countries, the two developments mentioned above made it possible for the tax systems to accommodate the large demands for public revenue that the growing functions of governments, especially the so-called welfare states, were creating. In developing countries, it was especially the value added tax that made it possible the expansion of public revenue in recent years.

II. The Growing Role of Globalization

In recent decades and especially since the 1980s, important developments which are generally captured under the term globalization have been changing the economic landscape with great, potential implications for tax systems. The most important among these developments are:
(a) The opening of economies and the extraordinary growth of international trade. Countries that used to be relatively closed such as Brazil, China, India, the United States and others have become much more open, as measured by the ratios of imports and exports into their gross domestic products. Countries that were already open, have become more so. World foreign trade has been growing at a rate double that of world GDP.
(b) Growth in trade has been accompanied by a phenomenal growth of cross-border capital movements. Promoted by both the removal of policy obstacles to capital mobility and by technological innovation such as the Internet, there has been an extraordinary growth in the amount of capital that crosses frontiers, either to finance direct investment or to feed portfolio investments. The amount of money that changes daily from one currency to another is now about two trillion dollars.
(c) The importance of multinationals has grown enormously, both in their financing of direct investment or in promoting trade among parts of the same enterprises located in different countries. Trade among related parts of the same enterprises has become a large part of total world trade.
(d) These international activities, accompanied by higher per capita incomes, falling costs of transportation, and some policy changes have led to a high mobility of individuals either as economic agents or as consumers. More and more individuals now

earn all or parts of their incomes outside the countries where they have their official residence. Equally more and more individuals spent part of their income outside the countries where they live.

It seems natural to assume that the developments outlined above have or would have an impact in the countries' tax systems because these systems were formed in a world with different characteristics, and that these countries might have difficulties in adjusting to the new economic landscape. The implications of these developments for the tax systems are not yet fully understood. However, there is increasing evidence and much theory to suggest that those developments are creating increasing difficulties for the tax administrators of some countries and, perhaps, opportunities for those of other countries. The reason is that they are creating the conditions for increasing "tax competition."

An implication of the above developments is that a country's potential tax base, that is what a country can tax, is no longer strictly limited to that country's territory, but, in some sense, it has extended to include parts of the global economy. A country can now attract and tax: (a) foreign financial capital; (b) foreign real capital in the form of foreign direct investment; (c) foreign consumers; (d) foreign workers; and (e) foreign individuals with high incomes. It is this possibility that is fueling tax competition among countries.

Tax competition implies that, to some extent a country's tax burden can be exported. A country, and especially a small country, may now be able to "raid" the tax bases of other countries in a way that was not possible in earlier times. In some sense, the "world tax base," like the ocean and the atmosphere, has become a kind of "commons," a common resource for all countries to exploit.

Tax competition is in part related to the importance of taxation for location. By lowering the burden of taxation, tax competition attempts to make a location more attractive than other locations. The attraction of a location depends on several elements such as: (a) nominal or statutory tax rates; (b) tax burdens, that is the ratio of taxes to gross domestic product (GDP) or to specific tax bases; (c) tax practice (administrative and compliance costs); (d) predictability of the tax system or "tax certainty" over time; (e) legal transparency, that is clarity of the tax laws; (f) use of tax revenue, that is the services that the residents or the enterprises get from the government in exchange for the taxes paid; (g) fiscal deficits and public debt, because these may forecast tax increases in the future; and (h) the economic or investment climate of the country.

Ceteris paribus, a low level of taxation can attract business activities and financial capital to a particular location by making it more attractive from a tax point of view. However, the ceteris paribus assumption often does not hold. There are many other elements that can neutralize a low tax level. For example, the predictability of the tax system and compliance costs are clearly important elements. These elements can easily neutralize low tax rates. The "tax climate" of a particular location influences: (a) the amount of investment in that location and the choice of investment; (b) the choice of financing of that investment; and (c) the legal form of the enterprises.

When people face high tax rates or an unfriendly tax climate in today's environment, they may: (a) "vote with their feet," thus moving to a friendlier tax environment as long as the ceteris paribus condition holds; (b) "vote with their portfolio," by sending their savings abroad to safer and lower taxed jurisdictions; (c) remain in the country, but exploit tax avoidance opportunities, or even go underground with their activities; and (d) engage in, or increase, explicit tax evasion. Tax competition is making it easier to engage in the first two options.

Tax competition is creating frictions and diplomatic problems between countries and between groups of countries. It has been a hot topic: (a) within the European Union; (b) between some countries of the Union and Switzerland; (c) between the European Union and the United States; and (d) between the Caribbean countries and OECD countries and so on.

A question that is often raised is whether tax competition is a positive or a negative phenomenon. Should countries welcome it or not? On this question views diverge. Some and especially theoretical economists and those with a public choice bent tend to see it as a beneficial phenomenon. On the other hand, many ministers of finance, directors of taxation and policy-oriented economists tend to see it as a negative, and possibly a significant, problem.

Arguments in Favor of Tax Competition:
(a) It forces countries to lower tax rates especially on mobile tax bases such as financial capital, highly skilled workers, and so on. Lower tax rates imply lower welfare costs.

(b) By reducing tax revenue, it forces governments to reduce inefficient public spending. This is the "starve the beast" theory that was favored by the Reagan Administration.
(c) It may allocate world savings toward areas where, it is claimed, the savings are used more productively. This was a common claim made by representatives of the U.S. government in the first half of the 1980s.
(d) Because of lower tax revenue, it may force policymakers to re-think the economic role of the state.
(e) It may lead to a tax structure more dependent on immobile tax bases. Economists would consider these bases less distortional for the economy.

Arguments Against Tax Competition:
(a) Because public spending may be politically or legally inflexible downward, at least in the short and medium run, the consequence of tax competition could be, for some countries, increased fiscal deficits and public debts.
(b) When public spending is cut, there is no assurance that what will be cut will be the inefficient part of the public spending. Inefficient spending may have stronger constituencies to defend it. For example, experience shows that capital spending tends to be reduced more than current spending.
(c) Tax competition may lead to "tax degradation" because governments may try to maintain public revenue by introducing bad taxes to replace lost revenues. An example of this is a tax on financial transactions introduced in recent years by several countries, especially in Latin America.
(d) Governments may replace public spending with inefficient public regulations. This has happened in various countries in the past.
(e) The shift of the tax burden from mobile factors (such as financial assets and highly skilled individuals) to immobile factors (largely labor income) will tend to make the tax system less fair and may increase pressures for redistributive public spending.
(f) The increased taxes on labor income are likely to stimulate growth of the underground economy and, as a consequence, the growth of tax evasion.

(g) Tax competition (and reactions to it) could make tax administration and compliance more difficult. It could also reduce the predictability of the tax system of specific countries, thus affecting negatively the investment climate. Professors Kydland and Prescott received last year's Nobel Prize in Economics for their work that indicated how unpredictability of policy can have negative effects on the decisions of economic agents and consequently on economic stability and growth.

III. Globalization and Tax Systems: General Aspects

In a quantitative sense, it is still difficult to identify the specific impact of globalization on tax revenue. At least at this time it can be argued that its impact is not strong or obvious. But closer observations begins to reveal changes that point to potential future difficulties:

(a) For example, in OECD countries, where the ratio of tax revenue to GDP had in earlier decades been growing at a significant pace, that ratio has stopped growing even though existing fiscal deficits would call for higher revenue if public spending could not be cut. Furthermore, in several OECD countries, the average tax ratio has started to fall.

(b) The rates of both personal income taxes and corporate income taxes have been reduced in most countries in part because of tax competition.

(c) The rates of excise taxes on luxury products have been sharply reduced in many countries leading to substantial reductions in the revenue from these taxes. These reductions are the consequence of the increased travel by taxpayers and the possibility of shopping in places where excise taxes on expensive items are lowest.

(d) The "global income tax," that had been very popular and for many years in the 1960s and 1970s had been considered the "fairest" of all taxes, has been losing popularity. One sees a progressive return to schedular tax systems that make a distinction between taxes on labor (a non-mobile factor) and taxes on capital (a mobile factor). The "dual income taxes" introduced by the Scandinavian countries are an example of this breaking away from the concept of a global income tax.

(e) There is a growing interest in flat rate-taxes and several countries (Russia, Ukraine, Estonia, Latvia and some others) have introduced such a tax while other countries (Belarus, Georgia, Guatemala, the Kyrgyz Republic, El Salvador, Paraguay and Poland) have been considering the introduction of such a tax. Also, especially in the United States, there is increasing talk of replacing income taxes with "consumption taxes."

IV. The Rise of Fiscal Termites

In papers written over the past few years, I called attention to the rise of "fiscal termites." These "termites" result from the interplay of globalization, tax competition and new technology. Like biological termites, fiscal termites are likely to weaken the foundations of current tax systems, thus making it more difficult, over time, for countries to maintain high levels of taxation. I will refer to some of these termites without much detail.

The first of these termites is <u>Electronic Commerce</u>. Electronic commerce has been growing at a fast rate both within countries and between countries. It has been growing for consumer goods and services, as well as for trade in inputs of intermediate and capital goods. Its growth has been accompanied and facilitated by the growing shift from physical to digital products. This kind of commerce leaves fewer traces than the previous invoice based commerce. The growth of electronic commerce is creating difficulties for tax administrators as well as for legislators who are at a loss on how to tax it. These difficulties are related to: the identification of transactions; the application of the destination principle; the identification of the place of origin of a transaction when the product traded takes a digital form; the meaning of jurisdiction; the determination of the tax address of persons or enterprises; and so on.

The second termite is <u>Electronic Money</u>. Progressively real money is being replaced by electronic money embedded in chips of electronic cards. This electronic money, – e-cash – can be on-line, i.e. in the form of a "purse" software purchased from a participating local bank for specific use; or off-line, that is a real substitute for cash. Records of transactions can exist for accounted "purses" but not for unaccounted "purses." But the record can be kept domestically or abroad. Unaccounted purses can be fed by deposits in secret bank accounts in countries that allow these deposits. The end result is that it is becoming progressively more difficult to trace transactions that use electronic money.

The third termite originates in the transactions that take place between different parts of the same enterprise (i.e. <u>Intra-Company Transactions</u>). These transactions require the use of "transfer prices" that is of the prices at which one part of the enterprise "buys" products or services from another part. These different parts of a multinational company may be located in different countries with different tax systems. Furthermore, the products or services bought may not be traded in the open market, so that they may not have an arm's length price that can be used as a reference. These are almost like transactions within members of the same family. For some items they may have just family values.

Problems arise especially with: inputs made specifically for a final product (say a jet plane), which may not have an arm's length price established by the market; use of copyrights, trademarks and patents for which a value must be assessed; allocation of headquarters costs and R&D costs; interest on loans made from one part to another part of a multinational corporation. The determination of these costs or of the prices of the goods and services traded within the enterprise is often difficult and arbitrary. It lends itself to manipulations aimed at showing more profits in countries (such as Ireland), where taxes on enterprise profits are low and less profit in countries such as Germany and Italy, where the taxes on enterprises are high. Some countries (such as Australia) have started the policy of negotiating agreements on the valuation of inputs in advance with relevant enterprise. But, to some extent, this makes the tax on enterprise profits a tax on "presumptive" profits and not on real, objective profits. Of course, given the complexity of the relations among different parts of the same multinationals located in different countries, and given the differences in the tax rates on the profits of the enterprises across countries, the strategic use of "transfer prices" by enterprises can significantly reduce the total taxes paid by multinational enterprises.

The fourth termite is the existence and the rapid growth in past years of <u>Off-shore Financial Centers and Tax Havens</u>. Various studies have estimated the total deposits in these tax havens at levels that may approach the annual output of the U.S. economy. Their distinguishing characteristics are: (a) low tax rates; (b) rules that make it difficult or impossible to identify owners of deposits in these countries; and (c) lack of regulatory powers and of information on those deposits on the part of the countries where the owners of the deposits reside. These tax havens allow individuals and enterprises from the countries where the capital originates to receive incomes in ways that make it difficult for national authorities to tax them. Thus, they become a major tool for tax evasion and an important "fiscal termite." In recent years, there has been a better coordinated effort to reduce the role of these off-shore centers and tax havens in money laundering and especially in money laundering that could be tied to terrorism. There have been pressures on the part of the OECD, the IMF, the Financial Action Task Force, and particular governments to make tax havens increase their transparency. There has also been strong resistance on the part of some of these countries or territories, where these off-shore centers are located, to change their policies. It is an open question at this time whether this fiscal termite will become less important in the future.

The firth termite consists of new, Exotic and Complex Financial Instruments that have entered the financial market. The day is long past when a normal citizen could understand, and easily choose from, the financial instruments in which he/she could invest his or her savings. In the past, these instruments would have a return that was transparent and fixed over a time period (savings accounts or certificates or bonds) or that would be uncertain and variable (shares in enterprises). New investments (such as various categories of derivatives, etc.) are much more complex. For these, it is not easy to identify whether a return is a capital gain or a dividend and it is difficult to allocate spacially the origin of any potential gain. Many of these new instruments are specifically designed to avoid (if not evade) paying taxes. The financial field has attracted "rocket scientists" and extremely clever individuals. They have developed complex mathematical models and financial instruments that are not easily understood by normal citizens. It is more and more difficult for the employees of tax administrations, who have a normal training and modest incomes, to keep up with these tax developments. This termite is likely to keep growing in importance in future years.

Globalization has also created new pressures or financial markets that are forcing more tax competition among countries. Given the Mobility of Financial Capital, it has become difficult for governments to maintain global income taxes levied with high progressive tax rates. The reason is that the marginal incomes (i.e. the highest part of a person's income) are often capital incomes (i.e. returns on financial assets). Global income taxes, levied with high progressive rates, create strong incentives for individuals to move their financial assets to countries where the tax rates are low and, especially, where banking secrecy or other rules provide confidential cover for the depositor. Exchange of information could help, but many of the countries or territories that receive the deposits are not likely to violate their explicit or implicit commitments to their depositors not to reveal their identity and incomes. Therefore, the countries of residence of the owners of these accounts are not likely to be able to tax the related incomes. An alternative would be the imposition of withholding taxes on the part of the host countries.

Increasing foreign activities of individuals, both as workers and as consumers, are also creating difficulties for national tax administrations. Incomes earned abroad are often not reported to the national or home country tax authorities. Foreign travel allows individuals to buy expensive items (jewelry, cameras, etc.) in countries where excise taxes are lower. Competition for mobile consumers has encouraged some countries, and especially small countries, to lower these excise taxes in order to attract foreign consumers. The consequence of these trends is, once again, greater difficulty for many countries to raise high tax revenue.

It is likely that in addition to the termites mentioned above, there are other developments that would merit to be added to the above list. Furthermore, it is possible that some of the above termites may combine to create even greater difficulties. These developments will over time have a progressively larger impact on: (a) tax burdens; (b) tax structures; and (c) the use of particular tax bases. The net result will be a world with lower tax revenue and different tax systems. It would be wise for the governments of many countries to anticipate these developments and take the necessary compensating actions.

DESAFIOS ACTUAIS DA POLÍTICA FISCAL

Dr. A. Carlos dos Santos[*]

1. O contexto, externo e interno, de definição da política fiscal mudou radicalmente desde 1995.

No plano externo, a globalização incrementou a interdependência dos sistemas tributários, acelerou a mobilidade internacional das bases tributárias, nomeadamente, do capital financeiro, das empresas e do trabalho altamente qualificado.[1] Incentivou-se a concorrência fiscal entre Estados, quer defensiva (para segurar as bases de tributação domésticas), quer ofensiva (para atrair capital e empresas estrangeiras), quer por imitação (os sistemas fiscais alheios servem hoje mais que nunca de referência aos sistemas fiscais nacionais). A concorrência fiscal e as liberdades de circulação permitiram o alargamento do espaço do planeamento fiscal das empresas, da optimização fiscal, mormente das empresas transnacionais.[2]

Neste contexto, não é hoje possível definir internamente uma política fiscal sem tomar em consideração as políticas fiscais dos outros

---

[*] Coordenador do Núcleo de Economia e Finanças da Representação Permanente de Portugal junto da União Europeia, em Bruxelas.

[1] A distinção entre bases de tributação assente na mobilidade é uma classificação emergente no direito fiscal contemporâneo.

[2] Note-se que o planeamento fiscal não é um objectivo ilícito em si mesmo (não se confunde com a fraude e a evasão fiscais). É um comportamento económico dos contribuintes que se traduz na procura de uma redução dos seus custos fiscais por meios legais. O planeamento fiscal pode ser objecto de censura ética (são os grandes contribuintes quem tem mais possibilidades de a ele recorrer) ou política (caso o Estado não crie ou não aplique mecanismos para o contrariar), mas não é objecto de qualquer juízo de ilicitude. Os Estados procuram normalmente contrariar as consequências financeiras mais nocivas das técnicas de planeamento fiscal através de uma melhor técnica legislativa e de medidas anti-abuso. No entanto, a diversidade dos sistemas fiscais e a mobilidade dos factores torna impossível a erradicação deste fenómeno.

Estados. Nenhum sistema funciona em regime de autarcia económica. Esta situação é ainda mais clara dentro de um espaço económico integrado, onde a abolição das fronteiras aduaneiras é uma realidade e a abolição das fronteiras fiscais um objectivo em construção.

2. Acresce que a revolução digital, o novo ambiente tecnológico e comunicacional trouxeram consigo não apenas a necessidade de enquadrar e regular fiscalmente realidades novas como o tele-trabalho e o comércio electrónico, mas, sobretudo, problemas de exercício autónomo da soberania estadual quer relativamente à tributação do rendimento mundial global, quer mesmo em relação a certos factos tributários ocorridos no próprio território. Os Estados considerados individualmente, mesmo os Estados de média ou grande dimensão, têm muita dificuldade em tornar efectiva a tributação de realidades "imateriais", em particular no domínio das actividades financeiras. A possibilidade de abertura de contas bancárias em qualquer Estado (em particular naqueles onde as regras de protecção do sigilo bancário são rigorosas) torna muito difícil a existência de troca de informações. As dificuldades de controlo existentes alargam substancialmente o espaço da fraude e evasão fiscais.

A cooperação internacional bilateral (nomeadamente no quadro das convenções para evitar a dupla tributação e a evasão fiscal) é manifestamente insuficiente para esse efeito e a cooperação internacional multilateral, mesmo em espaços económicos integrados, é ainda relativamente embrionária. Não por acaso, o editorial de um número, hoje clássico, da revista *The Economist*, de 31 de Maio de 1997, intitulava-se *The disappearing taxpayer*. Não por acaso a mesma revista dedicava um artigo à extinção dos impostos. A definição de uma política fiscal exige ter em mente esta realidade.

3. No plano da União Europeia, é hoje claro que – de acordo com a constituição económica comunitária – a regra é a concorrência fiscal entre Estados, baseada nos princípios da unanimidade de decisão em matéria fiscal, da subsidiariedade e do reconhecimento mútuo dos sistemas fiscais.[3] A excepção é a harmonização fiscal, em especial no campo da tributação directa, preterida por formas de coordenação mais flexíveis.

---

[3] É, porém, difícil dizer qual o peso efectivo das reduções de impostos provocada pela concorrência fiscal na atracção do investimento estrangeiro e qual é o peso de outros

A concorrência fiscal no quadro comunitário conhece, é certo, limitações. Os seus efeitos mais nefastos para o mercado interno e para as finanças de outros Estados membros são objecto de um controlo decorrente sobretudo da aplicação das regras de auxílios de Estado, do compromisso político subjacente ao Código de conduta sobre a fiscalidade directa e da possibilidade de, em certas circunstâncias, serem desencadeados processos de harmonização fiscal.[4] Além disso, os sistemas fiscais nacionais estão vinculados à observância do princípio da não discriminação e das liberdades económicas fundamentais (liberdade de estabelecimento e de prestação de serviços, liberdade de circulação de mercadorias, pessoas e capitais), cujas normas gozam de efeito directo e das regras da concorrência. Hoje existe de facto um muito maior controlo por parte da Comissão e da jurisprudência comunitária relativamente à conformidade dos direitos fiscais nacionais com estes princípios e normas. Este complexo sistema comunitário de regulação dos sistemas fiscais nacionais não impede contudo a enorme diversidade destes sistemas, mas conduz à tendência para uma convergência relativa quanto aos seus efeitos.

---

factores relevantes, como a maior estabilidade política, os baixos custos de mão de obra, a existência de pessoal altamente qualificado, um ambiente propício à inovação tecnológica, etc. Mas alguma influência, por certo, terão. Um recente inquérito dos serviços da Comissão (Setembro de 2004) junto de 700 empresas de 14 países indicia que a grande maioria das empresas (87%) tem em consideração a fiscalidade antes de se implantar num outro Estado membro. Por outro lado, um trabalho de uma empresa de consultoria informa que o número de projectos de investimento na Europa dos 15 caiu 11% em 2002, enquanto que, no mesmo período, subiu 14% nos 10 Estados candidatos.

[4] As tentativas de resolução de alguns destes problemas através do incremento da cooperação interestadual, nomeadamente a regulação da chamada concorrência fiscal prejudicial levada a cabo pela OCDE e pela União Europeia produziram alguns resultados, mas tal processo parece esgotado. A acção da OCDE perdeu credibilidade com a nova política da administração Bush (muito mais favorável à concorrência fiscal e a um controlo mínimo dos paraísos fiscais), enquanto a acção do Grupo do Código de conduta (hoje muito distante da sua configuração inicial) na prática canalizou a concorrência fiscal para novas formas (a utilização das medidas gerais de política fiscal, como acontece com as recentes reduções de taxas do imposto sobre as sociedades na Irlanda, a tributação indirecta, a tributação das pessoas singulares) e beneficiou certos territórios, em particular Gibraltar e as dependências da coroa britânica quanto às datas limite para a entrada de novos beneficiários dos regimes fiscais preferenciais e os territórios das Antilhas holandesas, quanto à data limite (2019) para o desmantelamento de certas medidas. Deste modo, estes territórios oferecem-se hoje para receber as bases tributárias provenientes de outros regimes preferenciais entretanto extintos ou em fase de desmantelamento por aplicação do Código de conduta ou do regime dos auxílios de Estado.

4. Além disso, uma vez realizado, no essencial, o programa do mercado interno previsto no Livro Branco (1985), novos fenómenos vieram pôr desafios adicionais aos sistemas fiscais nacionais. Por um lado, há certos factores institucionais que limitam a concorrência fiscal. É o caso da União Económica e Monetária e dos instrumentos de governação económica a ela ligados – o Pacto de estabilidade e crescimento (PEC) e as Grandes opções de política económica (GOPE) que constrangem indirectamente as políticas fiscais dos Estados membros, nomeadamente as estratégias de concorrência fiscal, pois limitam a possibilidade de reduções de impostos, em particular aos Estados em situação de incumprimento do PEC ou mesmo em situação de não equilíbrio orçamental. É igualmente o caso do quadro, em negociação, das perspectivas financeiras para 2007-2013, mais difícil para os Estados que não são contribuintes líquidos. [5]

5. Mas, por outro lado, há factores objectivos que incrementam a concorrência fiscal. É o caso da realização do maior alargamento da União verificado até hoje, com a integração, em 1 de Maio de 2004, de 10 novos Estados membros, com economias, culturas e experiências políticas muito diferentes das existentes na Europa dos quinze, à qual poderá, aliás, seguir-se, a curto prazo, a entrada da Roménia e Bulgária, da Croácia e, a médio prazo, da Turquia. No plano económico, este alargamento significa um enorme incremento da liberdade de circulação de capitais, de serviços e de empresas e um espaço económico com mais 80 milhões de consumidores (a livre circulação das pessoas permanece, por ora, condicionada). Mas significa sobretudo, no domínio que aqui nos interessa, uma muito maior diversidade dos sistemas fiscais existentes no espaço da União, em especial no que toca à fiscalidade directa sobre as empresas, e uma muito maior dificuldade de harmonização e mesmo de coordenação fiscal entre os actuais 25 Estados membros. Significa, numa palavra, condições acrescidas para a concorrência fiscal, tanto mais que

---

[5] Ainda recentemente, o chanceler Schroeder, primeiro, e o ministro das finanças francês, Nicolas Sarkozy, depois, vieram a público criticar os Estados que pratiquem *dumping* fiscal e ameaçá-los com a supressão dos fundos comunitários. Não se pode baixar os próprios impostos e investir com o dinheiro dos outros – diz Sarkozy. Para os Estados contribuintes líquidos, o exemplo da Irlanda está ainda bem presente.

muitos destes Estados, como o Chipre, a Estónia ou a Eslováquia, prosseguem estratégias muito agressivas de concorrência fiscal activa.[6]

Estas estratégia condiciona naturalmente a política fiscal dos Estados com preferências por níveis de tributação e de despesas públicas mais elevados que cedo começaram a ser forçados a reagir. Assim, a Áustria, com fronteiras com vários dos novos Estados, iniciou um programa de redução do IRC. A Alemanha e a França seguem o mesmo caminho, ao mesmo tempo que procuram conter ou retardar as estratégias de concorrência fiscal dos novos Estado membros.

Balanço feito, verifica-se que a Comissão continua a afastar a hipótese sugerida em 1992 pelo Relatório Ruding de introdução de uma taxa mínima de tributação das sociedades e a incentivar, através de vários

---

[6] Alguns exemplos dão-nos conta da dimensão do problema: a) a média das taxas de tributação do imposto sobre o rendimento das pessoas colectivas dos outros novos Estados situa-se 9,3 pontos percentuais (p.p.) abaixo da taxa média dos 15 (20,5% contra 29,8%). Este diferencial sobe para 12,3 p.p., se excluirmos Malta e a Irlanda dos cálculos. É um dado muito relevante pois, como refere o relatório da Comissão sobre "A fiscalidade das empresas no mercado interno" (2002), o indicador mais importante para os investidores é a taxa nominal de tributação; b) apesar de algumas importantes reduções de taxas terem ocorrido recentemente na Europa dos 15, os novos Estados têm prosseguido idênticas ou maiores descidas: assim, por exemplo, a Hungria e a República Checa reduziram o IRC em 2 p.p. projectando ambos reduzir a curto prazo mais 4 p.p.; por sua vez, a Letónia reduziu em 7 p.p., a Lituânia, em 9 p.p., e a Polónia, em 15 p.p.; c) – a Eslováquia ampliou a base tributária, extinguindo isenções e regimes excepcionais, e reduziu simultaneamente a taxa do IRC de 29% para 19%, possuindo igualmente uma taxa única de 19% no IRS e no IVA. O seu Primeiro Ministro, Ivan Miklos, tem, aliás, assumido publicamente uma estratégia de concorrência fiscal, não através de regimes fiscais preferenciais, mas da redução da taxa do regime geral; d) – a Estónia substituiu em 2002 o IRC por um sistema de tributação em que os rendimentos não distribuídos são isentos e os distribuídos aos sócios são tributados através de uma taxa de retenção na fonte de 26% (recorde-se que nada no acervo comunitário exige que os Estados membros possuam um imposto tipo IRC). Com a adesão, foi-lhe concedido um período transitório (até fim de 2008) para aplicar a directiva "mães e filhas" a qual exige a abolição das retenções na fonte nos dividendos; e) – a cultura fiscal da maioria destes Estados é favorável à concorrência fiscal activa: no final de 2003, oito dos dez Estados (as excepções eram a Estónia e Letónia) tinham regimes fiscais preferenciais considerados como prejudiciais à luz do Código de conduta sobre a fiscalidade directa das empresas e manifestavam intenção de criar outros. Só Chipre e Malta tinham à sua conta, respectivamente, 9 e 8 desses regimes, sendo, aliás, normalmente rotulados, nos guias da especialidade, como paraísos fiscais. De momento, discute-se no Grupo Primarolo a forma de levar a cabo a extinção destes regimes; f) – Chipre, seguindo o exemplo da Irlanda, reduziu a taxa geral de IRC de 25% para 10%.

mecanismos, as estratégias de concorrência fiscal centradas sobretudo na redução da taxa normal de imposto sobre as sociedades. No entanto, a mesma Comissão aposta agora numa harmonização da base tributável das sociedades, estratégia semelhante à seguida em sede de IVA anos atrás. Mas esta estratégia é alvo de forte oposição do Reino Unido, da Irlanda, de Malta, da Estónia e da República Checa. Perante esta realidade, começa a desenhar-se a hipótese de uma cooperação reforçada neste campo, integrando Estados como a Alemanha, a França, a Áustria, os Países Baixos, a Suécia, a Finlândia e a Dinamarca e, provavelmente, a Espanha e a Itália.[7] Eis uma questão a que Portugal não pode, a curto prazo, deixar de ter posição clara.

6. Este novo contexto externo afecta hoje profundamente a definição de qualquer política fiscal.[8] Para além dele há, no entanto, ainda que ter em conta o actual contexto interno da fiscalidade portuguesa muito distinto do que existia há uns anos atrás. Apesar de algumas modificações positivas terem sido introduzidas, o balanço global da evolução do nosso sistema fiscal é, em meu entender, deficitário. Perdeu-se, ao longo destes anos, uma boa oportunidade de levar a cabo uma reforma à altura dos novos desafios da fiscalidade. De facto, o poder político desistiu, nos últimos tempos, de prosseguir com persistência uma estratégia fiscal claramente definida, desenvolvendo-a, melhorando-a, adaptando-a a novas circunstâncias, corrigindo-a sempre que fosse necessário. Pelo contrário, por razões de protagonismo (quem chega ao poder tem entre nós a forte tentação de começar tudo de novo) ou de cedência à agenda da comunicação social (os media pretendem respostas imediatas, novidade, acção permanente, em especial no domínio dos impostos sobre o rendimento, o que é pouco compatível com um trabalho que exige estudo, ponderação, criação de rotinas) ou de simples miopia política (não distinguir o

---

[7] A cooperação reforçada exige um mínimo de 8 Estados membros.

[8] Basta pensar que não é o mesmo definir uma política fiscal no quadro da UEM, do Pacto de Estabilidade e Crescimento e das Grandes Orientações de Política Económica (GOPE), experiência que a grande maioria dos políticos não possui, ou sem tais constrangimentos. Como não é o mesmo definir uma política fiscal num ambiente de cooperação ou de forte concorrência fiscal. Neste contexto é, como se disse, urgente uma discussão política e técnica sobre as actuais propostas da Comissão em sede de imposto sobre as sociedades e sobre a possível existência de formas de cooperação reforçada no seio da União. Portugal deve ter uma posição a respeito destas questões, deve ter uma atitude próactiva, evitando ser confrontado com factos consumados.

essencial do acessório, nomeadamente no combate à evasão fiscal), assistimos ao longo destes anos a um sucessivo ziguezague de políticas (muitas vezes dentro de governos formados pelas mesmas forças partidárias) que fez com que o sistema fiscal não ganhasse coerência, estabilidade e previsibilidade e passasse a navegar ao sabor das circunstâncias, com as inevitáveis consequências de desmoralização da administração tributária, de degradação da ética cívica, de perda de credibilidade, de ineficácia na arrecadação fiscal. Ou seja, consolidou-se, na prática, um sistema fiscal mais arbitrário e mais injusto.

7. Alguns exemplos bastam para demonstrar o que dissemos. Passados os dois primeiros anos do XIII Governo constitucional, em que a política fiscal foi essencialmente posta ao serviço dos objectivos da adesão ao euro e do acordo de concertação estratégica (condição de governabilidade de um executivo minoritário), uma Resolução do Conselho de Ministros (nº 119/97) de 14 de Julho de 1997, definiu uma estratégia de reforma da reforma fiscal dos anos 80 para levar a cabo em 6 anos. Quatro prioridades foram definidas até ao fim da legislatura (1999): a criação de uma Lei Geral Tributária e a reforma das leis transversais ao sistema fiscal – codificação conjunta do procedimento e do processo tributário (CPPT), unificação dos regimes jurídicos das infracções aduaneiras e não aduaneiras, revisão das custas, criação de um regime para disciplinar a acção da inspecção tributária;[9] a reforma das administrações fiscal e aduaneira, dos sistemas de informação e da organização das carreiras;[10] a reforma da tributação indirecta;[11] e a extensão da rede de

---

[9] Todas estas reformas foram efectuadas, com excepção da unificação dos regimes de infracções, cujo grupo de trabalho produziu, no entanto, um ante-projecto legislativo.

[10] Recorde-se a criação da Administração Geral Tributária, englobando as Direcções Gerais dos Impostos (DGCI) das Alfândegas (DGAIEC) e da Informática e Apoio aos Serviços Tributários, entretanto criada (DGITA), a instituição de um Conselho Nacional de Fiscalidade e de um Defensor do Contribuinte, a criação da Unidade de Coordenação da Luta contra a Evasão e Fraude Fiscal e Aduaneira (UCLEFA), a criação do FET, (Fundo de Estabilização Tributária) a enorme extensão da rede informática tributária, das tesourarias e das alfândegas (rede RITTA) e a criação de múltiplos novos sistemas de informações, a abertura de concursos para admissão de funcionários que permitissem uma renovação de um quadro envelhecido e a reforma das carreiras da DGCI.

[11] Foram publicados o Código do Selo, cujo regime foi muito simplificado, o Código dos Impostos Especiais de Consumo, criada a taxa intermédia do IVA e transpostas diversas directivas comunitárias no âmbito deste imposto, algumas cuja transposição era desde há muito exigida.

convenções de dupla tributação para níveis aceitáveis no plano europeu. Ao mesmo tempo diversos grupos de trabalho levavam a cabo estudos para a reforma da tributação do Imposto Automóvel, da tributação do património e da tributação directa. Esta última foi sendo, entretanto, alvo de algumas intervenções cirúrgicas, a mais importante das quais foi a transformação dos abatimentos à matéria colectável em deduções à colecta em sede de IRS. Medidas necessárias para um combate eficaz ao mercado paralelo, como as colectas mínimas do IRS e o regime forfetário do IVA, foram propostas, mas inviabilizadas por falta de consenso político[12].

8. O XIV Governo teve duas fases com políticas fiscais distintas: na primeira, ao mesmo tempo que dava continuidade à reforma das leis transversais (com a introdução do regime jurídico unificado das infracções tributárias e de algumas importantes modificações ao CPPT), alterou as prioridades da reforma fiscal e encurtou drasticamente o calendário da sua realização. A introdução de algumas medidas de reforma da tributação do rendimento, a reforma da tributação do património (com a proposta de substituição da sisa pelo IVA) e a reforma fiscal ecológica passaram a ser as novas prioridades, relegando para segundo plano o aprofundamento do quadro institucional da administração tributária, cujo plano de reforma não chegou a ver a luz dia, e a prossecução da reforma da tributação indirecta. Estas novas prioridades deveriam ser levadas a cabo num curto espaço de tempo (por exemplo, a reforma da tributação ecológica seria efectuada em quatro meses). Algumas reformas emblemáticas ocorreram no campo da tributação directa, como o novo regime de tributação das mais-valias mobiliárias, ou na LGT, com a introdução de algumas derrogações ao regime do sigilo bancário, embora, num caso e noutro, sem resultados práticos significativos, nomeadamente no plano da arrecadação das receitas fiscais. Acresce que o projecto de substituição da sisa pelo IVA, pelo menos nos termos propostos, foi abandonado por contrariar, como era previsível, as regras comunitárias relativas às taxas do IVA.

Na segunda fase, o XIV Governo procurou retomar o caminho da Resolução do Conselho de Ministros, avançando os trabalhos relativamente à reforma do Imposto Automóvel, clarificando a posição portuguesa no

---

[12] A "colecta mínima" do IRC foi aprovada, em 1998 sob a forma de "pagamento especial por conta".

plano da fiscalidade internacional e voltando a dar mais atenção às questões da máquina fiscal e ao funcionamento da UCLEFA. O pouco tempo de governação não permitiu, porém, a consolidação desta orientação.

9. A principal marca do XV Governo foi a do abandono da perspectiva de uma reforma fiscal global, regressando ao tempo dos ajustamentos ao sistema, acompanhados de algumas reformas pontuais ou parcelares. Numa primeira fase, optou, no plano substantivo, pela reposição do antigo regime de tributação das mais-valias e por efectuar algumas alterações em impostos existentes, dando-lhe outras designações (substituição da Sisa e da Contribuição Autárquica pelo Imposto Municipal sobre as Transmissões de Imóveis e pelo Imposto Municipal sobre Imóveis, com introdução de um sistema de avaliações objectivo, ainda não testado).[13] Optou ainda pela extinção do Imposto Sucessório, em vez da sua reforma, como sabiamente propunha o Prof. Teixeira Ribeiro. No plano administrativo, decidiu-se pelo regresso ao passado, inviabilizando o quadro institucional de gestão da fiscalidade introduzido pelos governos anteriores, com extinção da AGT e do Defensor do Contribuinte e com esterilização da UCLEFA.[14] Em contrapartida levou a cabo uma regionalização dos serviços fiscais das Regiões autónomas, que tem sido objecto de grande controvérsia. A meu ver, as medidas mais positivas levadas a cabo nesta fase centraram-se no aprofundamento e melhoria de alguns sistemas de informação fiscal. Mas isso não impediu a degradação da cobrança fiscal, cujas receitas não acompanharam sequer o crescimento económico. Daí que, condicionado pelo Pacto de Estabilidade e Crescimento e por dificuldades estruturais na contenção da despesa, o Governo tenha deixado cair a anunciada redução da taxa do IRC e tivesse procedido à subida, não prevista, da taxa normal do IVA e realizado uma operação de titularização dos créditos fiscais, de duvidosa legalidade, nomeadamente face aos regimes dos mercados públicos e dos auxílios de Estado.

---

[13] Temos muitas dúvidas que a entrada em vigor, na sua plenitude, do Imposto Municipal sobre Imóveis não conduza a aumentos desproporcionados de tributação que transformem, na prática, os sujeitos passivos do imposto numa espécie de inquilinos das autarquias. Este muito provável aumento da carga fiscal dos impostos locais é, em nosso entender, pouco compreensível, pois não só não conta para a redução do défice como torna o financiamento do poder local mais dependente da construção civil.

[14] Simultaneamente procedeu-se ao reforço das competências da Polícia Judiciária em matéria de ilícito fiscal e das formas de cooperação desta polícia com a (DGCI) e com a DGAIEC.

O XVI Governo manteve, em larga medida, as orientações políticas do governo anterior. No entanto, a governação passou a ter um tom abertamente "justicialista" (no meu entender, pouco consentâneo com a ideia de Estado de direito) e o acento tónico foi posto na apresentação de mais um pacote legislativo destinado a combater a evasão e fraude fiscais. Algumas dessas medidas são, porém, de questionável constitucionalidade, outras parecem instituídas mais para dar satisfação a uma agenda mediática do que para prosseguir um verdadeiro combate à evasão e fraude. Tal combate não é, no fundamental, uma questão de mais instrumentos legislativos, mas uma questão de eficácia administrativa, de melhoria dos recursos humanos e financeiros, de melhoria dos sistemas de formação profissional, de informação, de prevenção, de fiscalização e de justiça tributária e de reforço da cooperação internacional.[15] A prioridade neste domínio deve ser a luta contra o crime organizado mormente na tributação indirecta (facturas falsas, fraude carrossel no IVA, falsas exportações, etc.) e a redução do mercado informal que representa cerca de 22% do PIB.[16] Um aspecto positivo foi, quanto a nós, o reconhecimento da necessidade de uma forma avançada de articulação entre as instituições que integram a administração tributária, embora sem que tenha havido clareza relativamente ao modelo a seguir.

10. Decorreram assim sete anos desde a Resolução do Conselho de Ministros de 1997 e, fruto de sucessivas inflexões políticas, o sistema fiscal português não atingiu os níveis de qualidade e de eficiência que poderia e deveria ter atingido. A insatisfação perante o desempenho do sistema cresceu. Mais: perante um ambiente internacional cada vez mais complexo, é agora mais difícil intervir no sistema fiscal do que o era há alguns anos atrás. Por outro lado, a política exige hoje demais à fiscalidade: que, entre outras coisas, contribua para resolver problemas de justiça social, de competitividade, de meio ambiente, de sustentação do

---

[15] Este combate não deve, porém, ser efectuado ao arrepio dos direitos e garantias dos contribuintes, em nome da eficácia do sistema informático ou das necessidades da arrecadação fiscal.

[16] Neste contexto, as medidas mais interessantes, se forem levadas à prática, serão as relativas ao reforço da obrigatoriedade de registo bancário dos pagamentos e ao reforço do controlo dos reembolsos do IVA. A retoma da ideia da criação de uma polícia tributária, inicialmente anunciada, parece, infelizmente, ter sido abandonada por pressões corporativas.

Estado social, de apoio às famílias, de incentivo à economia (à poupança, ao emprego, etc.), de cumprimento das metas do Pacto de Estabilidade e Crescimento.

Passados estes anos, os excessivos ziguezagues da política conduziram a que os principais problemas do sistema fiscal português permanecessem. Por um lado, não foram ainda resolvidos satisfatoriamente problemas da geração anterior das reformas fiscais, como a organização e funcionamento do sistema (introdução de maior justiça fiscal no desenho do sistema, de eficiência de cobrança, de melhoria dos sistemas de informação e do aparelho administrativo, de renovação de quadros, entre outros). Por outro, o sistema fiscal está já confrontado com as questões das novas gerações de reformas fiscais, como as da competitividade, da concorrência fiscal, da adaptação à revolução digital, do aprofundamento da União Europeia que não lhe dão tempo para respirar.

11. Perante um panorama pouco animador, que fazer?

Em primeiro lugar, superar as duas tentações mais óbvias, a tentação de navegar à vista através de pequenos ajustamentos, sem qualquer rumo previamente definido e a tentação de dar o grande salto em frente, adoptando uma estratégia de ruptura mais ou menos abrupta. A meu ver, a estratégia adequada não é uma nem outra, mas a de fazer avançar com segurança, em todos os tabuleiros, um plano de intervenção para o curto e médio prazos. Em segundo lugar, estar ciente que não se resolvem os problemas do passado, se os de hoje não forem afrontados simultaneamente. Isto implica uma grande atenção à questão da concorrência fiscal defensiva e estratégica, mormente aquela que pode contribuir para a fixação de forças de aglomeração.[17]

Em terceiro lugar, estar igualmente ciente que as questões de justiça fiscal não se resolvem com base em mero voluntarismo político ou com catadupas de produção legislativa, muitas vezes de reduzida ou nula eficácia.

Em quarto lugar, deve evitar-se a tentação de centrar na questão fiscal a discussão política por excelência. A questão fiscal (como, em geral, a financeira) é importante, mas muito mais importante é a questão sócio-económica. Os problemas centrais, para falar apenas nos problemas

---

[17] Isto não significa necessariamente uma corrida à concorrência fiscal activa que poderia pôr em causa o embrionário Estado Social e a disciplina das finanças públicas.

com relevância económica, são os do aparelho produtivo, do modelo de desenvolvimento, da produtividade, do emprego, das condições sociais e ambientais da produção, da qualidade de vida. Neste domínio, a fiscalidade é apenas um instrumento entre muitos outros.

Em quinto lugar, exige-se uma atitude realista e prudente. Não se deve pedir ao sistema fiscal aquilo que ele não está em condições de dar. O facto da política fiscal ser um dos poucos instrumentos que, embora com muitas limitações, permanece na esfera de competências dos Estados membros da União Europeia leva a que sobre ele impenda uma sobrecarga de objectivos financeiros e extra-financeiros a que não consegue dar resposta. O sistema torna-se então excessivamente complexo, burocrático, pouco transparente e, em última instância, mais injusto.

Há assim que estabelecer uma definição clara de objectivos e de prioridades da política fiscal como primeiro passo para o seu êxito. No contexto actual, em meu entender, tais objectivos devem ser essencialmente três: 1º) criar condições para a estabilidade das receitas fiscais e da legislação fiscal (esta é hoje a questão mais importante para a captação do investimento estrangeiro); 2º) apoiar as políticas para o desenvolvimento definidas no quadro da estratégia de Lisboa que mais interessem ao nosso sistema sócio-económico; 3º) corrigir as injustiças mais flagrantes do nosso sistema fiscal, objectivo que, em larga medida, depende dos anteriores.

12. O primeiro objectivo significa, antes de tudo, que a prioridade das prioridades seja dada à reforma do aparelho tributário (DGCI, DGAEIC, DGITA e outros organismos de Estado com funções tributárias). Isto implica encontrar um modelo de organização para estas entidades que, contrariando a inércia e a estreiteza de vistas do corporativismo administrativo, permita congregar o máximo de sinergias e de economias de escala no seu funcionamento.[18] Isto implica ainda concentrar esforços numa profunda reformulação de métodos e técnicas de formação profissional e na melhoria das condições de trabalho dos funcionários desses organismos, bem como privilegiar transformações ace-

---

[18] Isto implica ainda – e esta não é, ao contrário do que se possa pensar, uma questão de somenos – concentrar num único edifício os serviços centrais da DGCI, da DGITA e da DGAIEC, cuja dispersão por mais de uma dezenas de locais (uns arrendados, outros propriedade do Estado) só conduz a descoordenação e ineficiência.

leradas nos sectores dos sistemas de informações, da justiça tributária e da fiscalização. Mas exige-se, ao mesmo tempo, como condição de justo equilíbrio entre as prerrogativas da administração e os direitos e garantias dos contribuintes, a total separação de poderes entre função administrativa e judicial e a criação de um órgão independente que efectue a sistemática avaliação técnica *ex ante* e *ex post* das políticas fiscais e da sua concretização administrativa. Sem estes passos, não há receitas fiscais estáveis, os objectivos de política fiscal não passarão de meras promessas, o combate à fraude e evasão esgota-se num mero discurso político, o cumprimento do PEC será mais difícil, as garantias dos contribuintes não serão plenamente asseguradas e a justiça tributária não passará de um mito.

No plano legislativo, este objectivo implica que a Lei Geral Tributária se assuma claramente como uma lei de valor reforçado, sem o que a sua função de racionalização do sistema fiscal fica altamente prejudicada. Este objectivo implica igualmente o alinhamento da nossa fiscalidade pelos padrões comunitários (por exemplo, conformação do direito fiscal português com a jurisprudência comunitária, preparação para a introdução das normas de contabilidade IAS, maior racionalidade na tributação de juros, dividendos e *royalties*).

13. O segundo objectivo implica uma redução da despesa fiscal *efectiva* e que esta seja prioritariamente orientada para os factores susceptíveis de propiciarem crescimento e desenvolvimento económico e social.[19]

As fontes de receita fiscal de um Estado como o nosso são uma matéria prima escassa e, além do mais, sujeitas a políticas agressivas de concorrência fiscal de outros Estados e a formas de planeamento fiscal por parte das empresas transnacionais. Isto impõe uma grande prudência quanto às prioridades do gasto público, uma grande firmeza na contenção dos mil e um pedidos dos diversos grupos de pressão, frequentemente contrários ao direito comunitário (do tipo "IVA das fraldas"), e uma rigorosa avaliação *ex ante* e *ex post* da despesa fiscal. Inovação, investigação, formação profissional, em particular no quadro de apoio a pequenas

---

[19] Esta é uma matéria politicamente sensível no plano interno e, como dissemos, sujeita a forte vigilância por parte das instâncias comunitárias, nomeadamente em sede de auxílios de Estado e de Pacto de Estabilidade e Crescimento.

e médias empresas, apoio a grandes projectos de desenvolvimento e reais incentivos a poupança (que não sirvam apenas para a banca diminuir a taxa de remuneração dos depósitos) devem ser, a meu ver, no contexto actual, os objectivos centrais da despesa fiscal.

Importaria ainda discutir abertamente qual o tipo de neutralidade (na exportação de capitais ou na importação de capitais) a que, no plano internacional, o sistema fiscal português deve obedecer. É uma questão em análise em vários Estados membros, sobre a qual não tenho ainda posição definida.

A política fiscal poderá assim contribuir, a par de outros instrumentos mais talhados para o efeito, para a competitividade, entendida esta, não de forma economicista, como um fim em si mesmo, mas como a capacidade de uma nação melhorar, a prazo, o nível de vida dos seus cidadãos, o que implica alto nível de emprego e de coesão social e territorial.[20]

14. O terceiro objectivo, infelizmente mais difícil de atingir, pelo menos a curto prazo, exige um grande realismo na análise e na acção. Com efeito, fruto da diferente mobilidade dos factores de produção (capital, trabalho independente ou trabalho altamente especializado versus trabalho dependente e património imobiliário), os sistemas fiscais que, em teoria, deveriam ser um factor de introdução de maior justiça, através de uma redistribuição de rendimentos interna ao sistema (baseada no princípio da capacidade contributiva, na progressividade das taxas e dos escalões nos impostos sobre o rendimento) são hoje globalmente mais injustos do que eram há dez ou vinte anos atrás, antes dos tempos da globalização. A liberdade de circulação de capitais aumentou as possibili-

---

[20] A competitividade não é um fenómeno exclusivamente económico, a sua promoção não é efectuada apenas ou sobretudo pela via fiscal (inovação, qualificação, comunicações, são factores tão ou mais importantes para esse efeito), e mesmo a competitividade fiscal não se esgota na redução de taxas (estabilidade das leis, previsibilidade do comportamento da administração, facilidade e baixos custos no cumprimento das obrigações fiscais, redes adequadas de convenções de duplas tributações, reformulação de certas opções no desenho da estrutura do IRC são factores igualmente muito importantes). De passagem, refira-se que a competitividade não pode, ao contrário do que ainda há pouco tempo vi escrito por dois ilustres economistas portugueses, alicerçar-se com base em subsídios à exportação, sejam eles de natureza financeira ou fiscal. Tal caminho é claramente interdito pelas regras da OMC e dos auxílios de Estado na União Europeia.

dades de "deslocalização" das fontes mais móveis de receitas fiscais, a revolução digital e as novas tecnologias de comunicação incrementaram, de forma exponencial, a utilização de formas sofisticadas de planeamento, de evasão e mesmo de fraude fiscal. Em consequência, a possibilidade de os sistemas fiscais operarem políticas redistributivas é hoje bem menor do que antes.

Mais grave ainda: as ameaças que impendem sobre a estabilidade das receitas fiscais põem em risco a própria existência do modelo do Estado social de direito, traço que permite distinguir o modelo do capital europeu (a chamada "economia social de mercado") face ao capitalismo americano.

A tendência dos Estados europeus é para adoptarem sistemas mais defensivos (veja-se o exemplo nórdico do *dual income system*), procurando impedir que os sistemas fiscais, já de si injustos, se tornem ainda mais injustos por verem diminuir o seu contributo para o financiamento das políticas sociais. A tributação cedular volta mesmo a ganhar terreno em relação aos sistemas únicos de tributação do rendimento. A tendência é igualmente para uma simplificação dos sistemas fiscais, transferindo para a despesa orçamental em vez da despesa fiscal (isenções, bonificações, abatimentos, deduções, etc.) o financiamento das discriminações positivas necessárias. Não se trata de abdicar da pretensão de lutar por uma maior justiça, como, por exemplo, em nome da simplicidade, advogam os defensores da substituição da fiscalidade directa pela indirecta, mais regressiva e igualmente sujeita a evasão e fraude. A questão não está no abandono puro e simples de qualquer pretensão de construir um sistema fiscal mais justo. Este é um desígnio louvável e mesmo um imperativo constitucional. Mas há que ter consciência que a prossecução deste objectivo, num contexto de integração económica e de livre circulação de factores, é hoje muito mais difícil, inclusive em países com níveis de qualidade administrativa e de cultura fiscal muito superiores aos nossos. Deste modo, a tendência nos países europeus mais desenvolvidos é, por um lado, para um maior equilíbrio entre tributação da despesa (do rendimento despendido, deixando de fora poupança e investimento) e do rendimento auferido (com uma progressividade mais mitigada que anteriormente), surgindo, amiúde, a tributação do património como um corrector das outras formas de tributação e, por outro, para que a justiça distributiva seja prosseguida cada vez mais pelo contributo indirecto da fiscalidade para a justiça social (políticas de redistribuição, serviços públicos de qualidade tendencialmente gratuitos, segurança social essencialmente pública) do que pela via clássica da procura de uma justiça interna ao sistema fiscal.

Deste modo, a busca da justiça deve, quanto a nós, pelo menos numa primeira fase, ser prioritariamente efectuada pela via da despesa pública selectiva, com uma grande simplificação do sistema fiscal, mormente da despesa fiscal. Isto implica, contudo, uma atenção redobrada relativamente à função financeira dos impostos e à efectivação do princípio da legalidade, como forma de salvaguardar o embrionário Estado social que temos. Isso implica ainda uma cooperação fiscal internacional cada vez mais estreita, e, nomeadamente uma muito maior abertura em relação a formas mais avançadas de coordenação fiscal (por exemplo, a defesa, na Europa, de uma taxa mínima de IRC, a defesa de sistemas justos e equilibrados de regulação da concorrência fiscal, o reforço da assistência mútua e da cooperação administrativa, em particular em sede de preços de transferência, a criação de um sistema eficaz de informações para a implantação da directiva da poupança).

É neste quadro, tendo consciência das limitações existentes, que deve ser reavaliada a tributação do rendimento, como contributo para uma maior justiça fiscal. É que esta forma de tributação só se torna mais justa se for eficaz. Muitas vezes, a questão não é tanto a de saber se, por razões de justiça, deve ser tributada esta ou aquela forma de rendimentos ou estas ou aquelas entidades : a questão é a de saber *como as tributar com uma razoável eficácia*, pois, sem uma resposta prévia a esta pergunta, aquele objectivo não passará de uma boa intenção, arriscando-se a tributação a ser meramente virtual (a não sair do texto da lei), com enormes custos administrativos e psicológicos, entre os quais a desmoralização de uma máquina fiscal votada a combates inglórios ou superiores às suas forças. Sem reforço da cooperação internacional e sem profundas melhorias na administração, certos objectivos são inalcançáveis e, portanto, geradores de efeitos perversos.

É também neste quadro que, na actual conjuntura, deve ser analisada a questão das reduções gerais das taxas de impostos. São normalmente populares em termos políticos, mas nem sempre possíveis ou desejáveis. Elas pressupõem, em primeiro lugar, a sanidade das finanças públicas, desde logo a racionalização da despesa pública, concentrando esta nas questões essenciais. Em segundo lugar, quando possíveis, devem servir objectivos de política económica e financeira perfeitamente definidos (por exemplo, defesa contra a concorrência fiscal externa, criação de um ambiente favorável à atracção do investimento, alívio dos cidadãos com menores rendimentos, coesão social e territorial, etc.), deles dependendo a escolha dos impostos em que tais reduções serão possíveis e a intensidade de tais reduções. De qualquer modo, quanto a nós, as reduções gerais ou selectivas de impostos não devem hoje funcionar, entre outras coisas, como sucedâneo de uma política de salários que deve ser baseada na contratação colectiva, nem como um prémio a empresas sem futuro, nem como incentivo a pré-reformas, nem como forma de forçar a privatização da segurança social ou dos serviços públicos essenciais.

LA FISCALITÉ DES SOCIÉTÉS DANS L'UNION EUROPÉENNE ÉLARGIE

M. MICHEL AUJEAN[1],

Le présent texte reprend en les actualisant, les propos de ma présentation lors de la Conférence de Lisbonne. L'objectif poursuivi était de présenter les initiatives récentes de la Commission s'agissant de la fiscalité des entreprises dans l'Union européenne après l'élargissement de la Communauté de quinze à vingt cinq Etats membres. Aux fins de cette présentation sont passés en revue: les développements récents des fiscalités dans l'UE puis les résultats des travaux relatifs à la concurrence fiscale dommageable, le besoin de coordination des politiques fiscales et enfin les perspectives de mise en place d'une base commune d'imposition des entreprises dans l'Union.

I. LES DEVELOPPEMENTS RECENTS DES FISCALITES DANS L'UNION EUROPEENNE.

I.1. Les développements généraux.

Dans l'UE-15, depuis la fin des années 90, un certain nombre d'Etats membres ont adopté des mesures visant à réduire la charge fiscale

---

[1] Les vues exprimées dans cette contribution représentent exclusivement les opinions de l'auteur et ne reflètent pas nécessairement le point de vue de la Commission européenne.
Directeur des analyses et politiques fiscales, DG TAXUD, Commission européenne.

pesant sur leur économie. Les réformes fiscales qui ont ainsi été mises en œuvre varient tant en couverture qu'en profondeur mais elles avaient généralement pour objectif: de réduire le poids de la fiscalité sur les revenus du travail (par des réductions des taux d'impôt sur le revenu et des contributions sociales), d'abaisser le taux d'imposition des sociétés (tout en élargissant fréquemment la base de cet impôt) et d'améliorer le fonctionnement du marché des capitaux. Les réformes entreprises en matière de fiscalité indirecte ont été plus diverses. L'accroissement du poids de la fiscalité indirecte étant généralement dirigé vers la fiscalité environnementale, souvent comme la contrepartie de la réduction de la fiscalité sur le facteur travail (l'approche dite du double dividende). Dans quelques Etats membres, la part du revenu reçu par les régions (ou Etats fédérés) s'est également accrue.

Le ratio moyen dans UE-15 des prélèvements obligatoires au PIB a continué de croître entre 1995 et 1999 en dépit des réformes mentionnées ci-dessus. C'est seulement dans les dernières années (2000-2002) que des réductions substantielles du ratio sont apparues dans la majorité des Etats membres (Voir Graphique 1, Prélèvements obligatoires/PIB en %). L'une des raisons pour lesquelles ces réductions ne se sont pas manifestées plus tôt dans les agrégats statistiques tient au fait que la reprise de la fin des années 90 s'est probablement traduite par un gonflement du prélèvement fiscal global; la récession de ces dernières années à mis fin à cette tendance et les réductions fiscales sont maintenant visibles dans les chiffres de 2001 et 2002. Le ratio prélèvements obligatoires/PIB demeure relativement élevé dans les pays nordiques ainsi qu'en Belgique, cependant qu'il est relativement faible au Royaume Uni, au Portugal, en Espagne et en Irlande. Les chiffres de l'Irlande témoignent de la plus forte réduction de la charge fiscale globale. Par ailleurs les ratios des pays de l'UE demeurent élevés en termes de standards internationaux.

Le Graphique 1 présente également l'évolution des taux d'imposition implicites (TII = revenus fiscaux exprimés en % de la base potentielle d'imposition correspondante) entre 1995 et 2002 dans l'UE-15[2]. La charge fiscale moyenne sur le travail rapportée à sa base potentielle d'imposition – c-à-d la rémunération des salariés telle qu'elle ressort des comptes nationaux plus les taxes sur les salaires – tend à diminuer légère-

---

[2] Commission européenne, Structures des systèmes d'imposition dans l'UE, édition 2004.

ment depuis la fin des années 90, renversant ainsi la tendance à long terme que connaissait le TII du travail depuis les années 70. Un autre fait marquant des développements récents semble être la charge fiscale croissante pesant sur le capital jusqu'à l'année 2000. Cette dernière tendance peut être en partie attribuable au cycle de l'activité économique. Pour cette même raison une diminution du TII du capital est visible à partir de 2001. Le taux d'imposition implicite du travail reste le plus élevé, avec 36,3% en 2002. Le taux d'imposition implicite du capital se situe à 28% soit environ 9 points de moins que celui du travail.

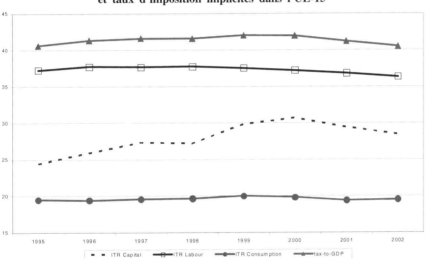

Graphique 1 – Prélèvements obligatoires en % du PIB et taux d'imposition implicites dans l'UE-15

I.2. L'élargissement.

A la suite de l'élargissement de l'Union au 1er Mai 2004, il est intéressant de comparer succinctement la structure fiscale des nouveaux et des anciens Etats membres. Les nouveaux Etats membres (UE-10) ont en général un ratio de prélèvements obligatoires en % du PIB inférieur à celui des anciens Etats membres (UE-15). En 2002, en utilisant la moyenne arithmétique, le ratio de UE-10 est inférieur de 6,6 points à celui de UE-15. Les nouveaux Etats membres sont composés de trois pays (Slovénie, Pologne et Hongrie) avec un niveau proche de celui de

UE-15 et d'un groupe rassemblant les autres pays à un niveau substantiellement inférieur, jusqu'à 12 points de pourcentage. Au sein des quinze, seule l'Irlande a un ratio inférieur à celui de ce second groupe de nouveaux Etats membres (voir Graphique 2)

Graphique 2 – Composition des prélèvements obligatoires en % du PIB dans UE-25 (2002)

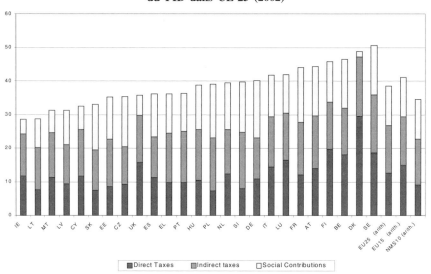

En ce qui concerne la structure des recettes fiscales par type d'impôt, les nouveaux Etats membres ont en général une proportion plus faible d'impôts directs par rapport au total des recettes, y compris les cotisations sociales. En 2002, la différence entre la moyenne arithmétique des taux dans l'UE-15 et dans les nouveaux Etats membres était d'environ 10 points de pourcentage. L'une des raisons de cette différence tient aux taux d'imposition plus faibles applicables tant à l'impôt sur les sociétés qu'à l'impôt sur le revenu dans les nouveaux Etats membres. En 2004, le taux moyen d'impôt sur les sociétés y est 10 points plus bas que dans UE-15 et la moyenne du taux supérieur de l'impôt sur le revenu y est 13 points plus basse (voir Graphiques 3 et 4). La faible part des impôts directs dans les nouveaux Etats membres est contrebalancée par une proportion plus forte de taxes indirectes et pour la Tchéquie, la Pologne et la Slovaquie par des cotisations sociales plus élevées. Si l'on observe les prélèvements par niveau de gouvernement, il n'y a pas de grandes différences dans les taxes perçues par les autorités locales entre la moyenne UE-15 et la moyenne UE-10 (environ 10% du total des prélèvements).

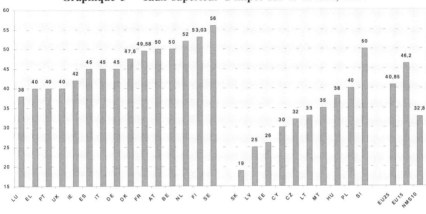

Graphique 3 – Taux supérieur d'impôt sur le revenu, 2004

Des différences notables dans le ratio Prélèvements obligatoires/ PIB et dans la composition des impôts sont également présentes entre les quinze Etats membres. Pour ce qui est de la charge fiscale globale, il existe une différence de 22 points entre la Suède et l'Irlande. Certains pays (notamment les pays nordiques: Suède, Danemark et Finlande) ont des proportions relativement élevées d'impôts directs en % des recettes totales tandis que quelques pays du sud (Portugal, Grèce) ont plutôt une part élevée d'impôts indirects. Au Danemark, au Royaume Uni et en Irlande la part des cotisations sociales dans le total des recettes est relativement faible tandis que cette même part est relativement élevée en Allemagne ainsi qu'en France.

I.3. Développements récents relatifs à l'imposition des sociétés dans l'Union élargie.

I.3.1. Taux et recettes d'IS.

Au cours des dernières années s'est dessinée une nette tendance à la diminution des taux d'imposition des sociétés dans les nouveaux Etats membres. En même temps s'est manifestée une tendance à supprimer les régimes fiscaux spécifiques et favorables qui y existaient. Toutefois, la tendance à réduire les taux d'IS existait déjà dans l'UE-15 depuis 1995 ainsi que nous l'avons mentionné ci-dessus (voir Graphique 4).

En dépit de cette tendance assez claire de réduction généralisée des taux nominaux d'IS, l'effet sur les recettes apparaît assez mitigé. Dans l'UE-15, au cours de la période 1995-2002, un léger accroissement des recettes d'IS en pourcentage du PIB a été enregistré (voir Graphique 5); en outre le taux implicite d'imposition des sociétés s'est sensiblement accru au cours de la même période[3]. Pour les nouveaux Etats membres, la situation est assez différente, montrant en moyenne une baisse des recettes d'impôt sur les sociétés exprimée en % du PIB de l'ordre d'un point de pourcentage. D'après les données actuellement disponibles, cette tendance est significative en Slovaquie, Pologne et Lituanie. A l'opposé, Malte, Chypre et la Slovénie font apparaître un accroissement des recettes. En 2002 les nouveaux Etats membres ont en moyenne un niveau de recettes d'IS en % du PIB proche du niveau atteint dans l'UE-15.

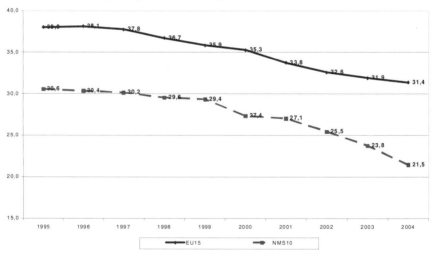

Graphique 4 – Evolution des taux supérieurs d'imposition des sociétés (y compris les surcharges locales), 1995-2004

---

[3] Le taux implicite d'imposition sur les sociétés est un sous-indicateur du taux implicite d'imposition du capital mentionné plus haut. Il s'est accru de 6,5 points de pourcentage entre 1995 et 2002 dans l'UE-15.

Graphique 5 – Evolution des recettes d'impôts sur les sociétés dans l'UE-25 (en % du PIB), 1995-2002

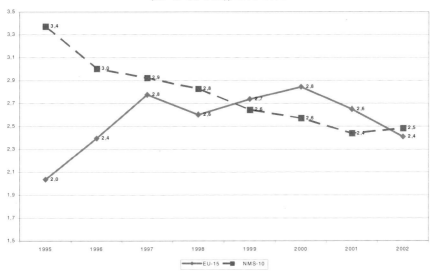

Lorsque l'on analyse ces données il convient de noter que ces indicateurs de recettes d'IS sont influencés par plusieurs facteurs tels que la position cyclique et les possibilités de report des pertes. Leur interprétation doit donc être prudente. Ce qui semble ressortir des chiffres présentés est que la réduction des taux d'IS n'a pas conduit jusqu'à présent à une course généralisée au moins-disant fiscal pouvant aboutir à l'épuisement des recettes d'impôt sue les sociétés. Simultanément, il y a des signes de réduction des recettes d'IS dans certains pays qui impliquent que les développements futurs devront être prudemment observés. En particulier du fait que certains Etats membres ont mis en œuvre des réductions substantielles de taux en 2003 et 2004 (Chypre, la Pologne, la Lettonie, la Slovaquie et le Portugal et en 2005 l'Autriche) pour lesquelles les données en termes de recettes ne sont pas encore disponibles.

II. LA CONCURRENCE FISCALE ET LE CODE DE CONDUITE.

II.1. Les travaux du Code de conduite en matière de fiscalité des entreprises

Le Code de conduite en matière de fiscalité des entreprises a été adopté le 1er décembre 1997 dans le cadre du paquet fiscal[4]. Il vise l'élimination des mesures fiscales dommageables dans un délai déterminé auquel se sont engagés politiquement les États membres, et prévoit à cet effet la création d'un groupe de travail au sein du Conseil.

II.1.1. *Les mesures fiscales dommageables sont définies de manière précise*

Les mesures fiscales dommageables sont définies de manière générale comme étant celles «ayant, ou pouvant avoir, une incidence sensible sur la localisation des activités économiques au sein de la Communauté».

Plus précisément, ce sont les mesures dérogatoires dans un système fiscal, c'est-à-dire celles «établissant un niveau d'imposition effective nettement inférieur, y compris une imposition nulle, par rapport à ceux qui s'appliquent normalement dans l'État membre concerné». Ces mesures dérogatoires peuvent procéder du taux d'imposition nominal, de la base d'imposition ou de tout autre facteur pertinent et résulter de dispositions de nature législative, réglementaire, mais aussi des pratiques administratives plus connues dans certains pays sous le nom de «rulings». Il est observé que le critère de spécificité conduit à exclure du champ d'application du Code de conduite l'application généralisée d'un faible taux d'imposition, tels que le taux de 12,5% d'impôt sur les sociétés qui sera adopté un peu plus tard par l'Irlande ou le taux de 0% appliqué en Estonie sur les revenus non distribués.

Enfin, un certain nombre de critères complémentaires permettent d'identifier assez précisément les mesures fiscales visant à «séduire le contribuable du voisin». Ces critères dont la liste est indicative sont au nombre de cinq:
– (i) si les avantages sont accordés exclusivement à des non-résidents ou pour des transactions conclues avec des non-résidents;

---

[4] JOCE C2 du 6.01.1998

- (ii) si les avantages sont totalement isolés du marché national, de sorte qu'ils n'ont pas d'incidence sur la base fiscale nationale;
- (iii) si les avantages sont accordés même en l'absence de toute activité économique réelle et de présence économique substantielle à l'intérieur de l'Etat membre offrant ces avantages fiscaux;
- (iv) si les règles de détermination des bénéfices issus des activités internes d'un groupe multinational divergent des principes généralement admis sur le plan international, notamment les règles approuvées par l'OCDE;
- (v) si les mesures fiscales manquent de transparence, notamment lorsque les dispositions légales sont appliquées avec souplesse et d'une façon non transparente au niveau administratif.

II.1.2. *Le double engagement politique des États membres*

La plus grande spécificité du code de conduite réside sans doute dans sa nature politique. Il s'agit d'un simple engagement politique, mais formellement constaté, des ministres des finances et des chefs de gouvernements. C'est dans l'unanimité par laquelle il a été adopté qu'il puisera l'essentiel de sa force, et qui sera aussi parfois source de faiblesse.

Cet engagement politique de chacun des 15 États membres de l'époque consiste en deux volets:
- d'une part, le démantèlement des mesures fiscales dommageables dans un délai déterminé de 5 ans, étant précisé que ce calendrier sera par la suite légèrement assoupli;
- d'autre part, le gel, c'est-à-dire l'interdiction d'adopter de nouvelles mesures dommageables.

Il est précisé que le champ d'application géographique du Code de conduite n'est pas limité aux États membres eux-mêmes, mais s'étend également à leurs territoires dépendants ou associés.

II.1.3. *Un groupe de travail au fonctionnement atypique*

La mise en œuvre du Code de conduite est confiée à un groupe[5], placé sous l'égide du Conseil, et composé de représentants de haut niveau

---

[5] La création de ce groupe fut décidée lors du Conseil ECOFIN du 9 mars 1998 (JOCE C99 du 1er avril 1998)

des États membres. Ce groupe est chargé d'évaluer les mesures fiscales susceptibles de rentrer dans le champ d'application du Code. À la différence des autres groupes de travail du Conseil qui connaissent une présidence tournante, le Groupe Code de conduite est présidé depuis son origine par Mme Dawn Primarolo, «Paymaster general» du Royaume--Uni, et plusieurs fois reconduite dans son mandat de présidente du groupe.

Ce Groupe fonctionne de manière atypique. Les décisions y sont prises en principe à l'unanimité, mais en l'absence de celle-ci la position majoritaire et les différents avis minoritaires exprimés sont mentionnés. Par ailleurs, bien que le secrétariat du groupe soit formellement assuré par le Secrétariat général du Conseil, c'est en pratique les services de la Commission qui préparent la quasi-totalité des documents de travail du groupe en y apportant leur expertise. Du point de vue institutionnel toutefois, la perspective reste largement intergouvernementale.

II.2. Des résultats largement satisfaisants

Le Groupe Code de conduite a fourni un travail considérable, en dépit de difficultés évidentes tenant à la nature du processus tel que décrit ci-dessus.

Parmi les 15 États membres et leurs territoires dépendants ou associés, près de 300 mesures fiscales ont été recensées, décrites, analysées, discutées, et évaluées. Sur ces 300 mesures, 66 seulement ont été considérées comme étant effectivement dommageables. Un travail comparable auprès des 10 nouveaux États membres fut mené par la Commission, puis validé par le Conseil, et conduisit à l'identification de 30 mesures dommageables sur un total de plus de 50 mesures examinées.

Les résultats les plus visibles de ces travaux sont d'une part le large respect du «gel» des mesures dommageables par l'ensemble des États membres, et d'autre part, s'agissant du démantèlement, son achèvement ou sa bonne progression pour la très grande majorité des mesures dommageables identifiées.

Ces résultats n'ont pas été obtenus sans difficultés, celles-ci étant essentiellement liées à la nature politique de la démarche. Ainsi, si à certains égards l'unanimité de départ a pu servir la dynamique des travaux, l'exigence d'unanimité lors de la décision finale a ouvert la voie à des compromis difficilement évitables, dont on retrouvera la trace par exemple dans l'octroi de longues périodes de transition.

En tant qu'instrument de lutte contre la concurrence fiscale dommageable, le Code de conduite s'est donc révélé d'une bonne efficacité, même si l'on ne peut exclure que certaines pratiques administratives aient échappé à la vigilance du Groupe. De plus, il aura également permis, tant au niveau politique que technique, la diffusion d'une «culture» de lutte contre la concurrence fiscale dommageable.

Mais l'efficacité du Code de conduite en tant qu'instrument de coordination des politiques fiscales mérite également d'être soulignée. Cette méthode pourrait être reprise pour progresser au niveau communautaire dans d'autres domaines fiscaux où elle est plus souhaitable ou plus souple que l'harmonisation. Les travaux menés en matière de prix de transfert en sont pour partie un exemple.

III. LE BESOIN DE COORDINATION DES POLITIQUES FISCALES.

La fiscalité est au cœur de la souveraineté des Etats. Elle est un instrument essentiel de l'action des gouvernements. C'est pourquoi toute action coordonnée en la matière au niveau international, qui peut impliquer une perte formelle de souveraineté des Etats, doit être justifiée. Dans le cadre de l'Union européenne, il existe un souci croissant de démontrer la valeur ajoutée des propositions communautaires, qui répond également à la nécessité d'obtenir des accords unanimes sur les propositions avancées par la Commission européenne.

III.1. Concurrence, coopération, harmonisation, coordination – de quoi parle-t-on?

Il existe différentes formes de coopération en matière fiscale. Le terme d'harmonisation n'en est qu'un parmi d'autre, qui s'applique à un nombre restreint de domaines. Si l'on veut bien faire ressortir les avantages des projets fiscaux européens, il est indispensable de rappeler les formes de coopération souhaitées et les gains que l'UE pourrait en retirer ou, à défaut, le coût de la non Europe fiscale qui en découlerait.

Trop fréquemment on oppose la concurrence fiscale à l'harmonisation: ceci est certainement simpliste et trompeur. A cet égard, il peut être utile de définir ce que l'on peut entendre par harmonisation dans le cadre juridique et institutionnel existant. L'exemple nous en est donné par la TVA et la référence à l'article 93 du traité qui invite à «l'harmonisation des législations relatives aux taxes sur le chiffre d'affaires». Ainsi considérée, **l'harmonisation** consiste à substituer aux systèmes existants de taxes sur le chiffre d'affaires un système commun: la TVA, fondé sur un ensemble de règles communes inscrites dans une directive qui devra à son tour être transposée en droit national. Cependant un degré de concurrence, jugé acceptable au regard des nécessités de fonctionnement du marché intérieur (voir article 93), continue d'exister dans la mesure où les taux de TVA ne font l'objet que d'une règle de taux minimum à respecter. Le degré de rapprochement atteint par l'harmonisation élimine dans une certaine mesure les différences nationales. Il est également le plus difficile à obtenir puisqu'il exige des décisions à l'unanimité, ce qui signifie que l'harmonisation sera rarement la solution adoptée en présence de concurrence fiscale dommageable. Toutefois, dans certains cas, une certaine convergence peut résulter des efforts entrepris pour éliminer des formes de concurrence fiscale dommageable. Ainsi les régimes de holding au sein de l'Union sont-ils devenus de plus en plus similaires à la suite des travaux entrepris dans le cadre du Code de conduite pour éliminer les aspects dommageables desdits régimes.

Une autre approche est envisageable et a constitué la base de nombreuses réflexions récentes. Elle consiste à rechercher un degré de coordination des politiques fiscales, par une meilleure utilisation du cadre institutionnel et juridique et par la recherche du consensus. La **coordination** est alors définie comme le fait, tout en conservant des systèmes fiscaux nationaux et donc différents de s'efforcer de rendre ces systèmes fiscaux compatibles avec les règles du traité et, dans toute la mesure du possible, compatibles entre eux. La **coordination des politiques fiscales** devient ainsi le maître mot de la politique à conduire pour ce qui est des impôts directs, en l'état actuel de la construction institutionnelle[6]. Cependant, les difficultés du processus décisionnel demeurant inchangées à ce stade, différents instruments peuvent permettre de progresser vers cette

---

[6] Ceci vise tant le principe de subsidiarité que l'absence de pouvoir de décider de l'impôt en l'état actuel des pouvoirs des institutions (no tax without representation). Pour une présentation plus détaillée voir Michel Aujean; «Une politique fiscale pour la Communauté européenne: le programme de la Commission; La Gazette du Palais – Gazette européenne N° 32 – 18 Novembre 2003.

coordination, la Communication de politique fiscale de mai 2001[7] indique ainsi: *«des communications, des recommandations, des lignes directrices et des documents interprétatifs peuvent fournir aux États membres des orientations sur l'application des principes du Traité et favoriser l'élimination rapide des obstacles au marché intérieur».* Par ailleurs, la communication de mai 2001 fait clairement référence à l'évolution de la jurisprudence de la CJCE et à l'intention de la Commission *«d'adopter désormais une stratégie plus volontariste dans le domaine des infractions fiscales et de se montrer plus prompte à engager des actions lorsqu'elle pense qu'il y a infraction à la législation communautaire»... «Elle veillera également à une application correcte des arrêts de la CJCE. Il y a notamment urgence dans le domaine de la fiscalité directe: la ligne de conduite actuelle qui consiste à laisser la jurisprudence en matière de fiscalité directe se développer au hasard, en se bornant à réagir aux affaires portées par les contribuables devant la CJCE, n'est pas le tremplin idéal à la réalisation d'objectifs adoptés à l'échelle communautaire»*[8]. La volonté est ainsi clairement exprimée d'un examen assez systématique des décisions de la Cour avec les administrations fiscales afin de parvenir si possible à une interprétation commune des arrêts et d'assurer ainsi une réponse coordonnée des États membres. De la même façon, il convient d'instaurer une discussion des mesures ou domaines dans lesquels les législations fiscales nationales sont susceptibles de poser problème, notamment au regard des libertés fondamentales garanties par le Traité. Un exemple caractéristique est donné par la communication d'avril 2001 relative à **l'élimination des entraves fiscales à la fourniture transfrontalière des retraites professionnelles**[9] qui conclut de la façon suivante *«La Commission considère que le traitement fiscal discriminatoire des contrats d'assurance retraite et d'assurance vie conclus auprès d'institutions de retraite établies dans un autre État membre est contraire aux libertés fondamentales du Traité CE. La Commission contrôlera les règles nationales applicables et prendra les*

---

[7] Communication de la Commission: «Politique fiscale de l'Union européenne-Priorités pour les prochaines année», COM (2001) 260 final du 23 mai 2001.

[8] Cf. communication de mai 2001 déjà citée. Par ailleurs, dans une communication du 26 juillet 2000 intitulée «Adéquation entre ressources humaines et tâches de l'institution», la Commission préconisait une intensification générale de ses efforts dans son rôle de gardienne des Traités.

[9] COM (2001) 214 final du 19 avril 2001.

mesures qui s'imposent pour garantir que ces règles respectent réellement les libertés fondamentales du Traité CE; elle saisira si nécessaire la Cour de justice, sur la base de l'article 226 du Traité CE».

N'ayant pas obtenu, par une action volontaire des États membres concernés, les modifications de leurs législations qui auraient permis d'en éliminer le caractère discriminatoire, la Commission n'a eu d'autre choix que d'engager des procédures d'infraction à l'encontre desdits régimes. Le 5 février 2003 la Commission a donc, d'une part, envoyé un avis motivé au Danemark lui demandant de modifier sa législation fiscale et de réserver aux cotisations de retraite versées à des fonds de pension établis dans d'autres États membres un traitement fiscal identique à celui réservé aux cotisations versées à des fonds domestiques. D'autre part, la Commission a engagé des procédures d'infraction à l'encontre de la Belgique, de l'Espagne, de la France, de l'Italie et du Portugal, qui appliquent apparemment des règles fiscales discriminatoires analogues à celles du Danemark[10]. Le 9 juillet 2003, la Commission a décidé de saisir la Cour de justice à l'encontre du Danemark, ce dernier n'ayant pas modifié sa législation en dépit de l'avis motivé que lui a adressé la Commission en février 2003. Ce même jour, la Commission a engagé des procédures d'infraction à l'encontre du Royaume-Uni et de l'Irlande[11]. On peut s'attendre à ce que la Commission effectue prochainement d'autres démarches dans ce dossier.

Par cette approche proactive à l'encontre des infractions présumées, la Commission a donc concrétisé les annonces faites dans ses communications d'avril et de mai 2001. Outre la question des pensions complémentaires, un certain nombre de sujets impliquant des risques de discrimination ont déjà fait l'objet de discussions dans le cadre d'un groupe de travail avec les États membres. Quoique jusqu'à présent ces discussions se soient révélées décevantes, la Commission a affirmé son intention de poursuivre cette approche qui lui paraît être au coeur de la coordination des politiques fiscales et d'aborder ainsi de nouveaux thèmes qu'elle estime prioritaires. De la même façon la Commission a l'intention d'adresser des communications au Conseil et au Parlement européen sur les domaines dans lesquels elle considère qu'une coordination est néces-

---

[10] Communiqué de presse IP/03/179 du 5 février 2003.
[11] Communiqué de presse IP/03/965 du 9 juillet 2003.

saire. Ainsi une communication consacrée à l'imposition des dividendes reçus par les particuliers a été présentée en Novembre 2003 afin de susciter un débat sur les différents mécanismes existants (imputation – avoir fiscal –, exonération ou taxation cédulaire) aux fins de réduire ou d'éliminer la double imposition économique des dividendes.

La coordination des politiques fiscales est un art difficile et les progrès se révèlent lents mais la problématique est de plus en plus claire: faut-il laisser le soin à la CJCE, en condamnant les dispositions nationales incompatibles avec la législation communautaire, d'amener les États membres à modifier leurs législations chacun pour soi? Doit-on plutôt coordonner la réponse avec les États membres et prévenir ces situations par la discussion préalable? Pour la Commission la réponse est claire: le processus est asymétrique, la CJCE n'a pas le pouvoir de construire et de remplacer les dispositions incompatibles. Le jeu institutionnel, en confiant le droit d'initiative à la Commission et le pouvoir de décision au Conseil apporte une réponse, encore faut-il que le processus décisionnel – l'unanimité – permette de parvenir à des décisions.

Parmi les autres formes de coopération, une place particulière doit être faite à l'échange d'informations. En effet, l'échange d'informations et la coopération administrative sont des mesures qui, à l'évidence, respectent la souveraineté des pays coopérants tout en leur permettant d'assurer la bonne application de leur système fiscal à leurs contribuables. De ce point de vue, c'est certainement la forme de coopération la plus adaptée à la mise en œuvre de systèmes fiscaux décentralisés dans un monde globalisé. Toutefois, l'interdépendance financière globale rend justement nécessaire la participation de tous à l'échange d'informations. En l'absence de normes et de règles similaires, les pays les moins coopératifs ou même non coopératifs constituent des trous noirs où les transactions suspectes disparaissent à jamais. L'accès limité à l'information ou l'absence d'échanges effectifs d'informations dans certains pays constituent des anomalies qui devront inévitablement être éliminées dans les années qui viennent. L'alternative pour ces pays risque en effet d'être la mise à l'écart par le biais de restrictions, par exemple en matière de liberté des mouvements de capitaux. Ainsi, la révision de l'article 58 du traité proposée dans le projet de Traité Constitutionnel ouvre la porte à certaines possibilités de restrictions à la liberté des mouvements de capitaux en direction de pays tiers dans de telles circonstances.

Finalement, dans la période récente, d'autres formes de coopération sont apparues efficaces. Dans l'Union, les approches non législatives tendent à devenir de plus en plus appréciées dans certains domaines tels l'emploi ou les affaires sociales (autre domaine normalement soumis à la règle de l'unanimité). L'idée est ici de s'accorder sur certains grands objectifs tout en laissant aux Etats membres le soin de décider de la meilleure façon de parvenir à la réalisation de ces objectifs. Des rapports réguliers ou l'examen par les pairs permettent ainsi des échanges fructueux sur les meilleures pratiques et la façon de progresser ensemble vers des buts communs. Il existe peut-être des situations pouvant recevoir ce type de traitement non-législatif dans le domaine fiscal. Dans un contexte voisin nous avons fait de bonnes expériences avec le code de conduite en matière de fiscalité des entreprises et il pourrait être intéressant d'examiner si d'autres thèmes liés à la concurrence fiscale peuvent être de bons candidats à des approches de ce type.

III.2. **Objectifs et instruments pour la fiscalité des entreprises**

La nécessité d'une coopération européenne dans le domaine de la fiscalité des sociétés n'est pas neuve. On rappellera par exemple que le rapport von Neumark (1962) proposait une harmonisation des systèmes d'imposition des entreprises dans la Communauté[12]. En revanche, les formes que devraient prendre cette coopération demeurent un sujet de controverse. Seules trois directives et une Convention ont pu être adoptées dans ce domaine au cours des 40 dernières années.

Dans ce contexte, la Communication sur la Politique fiscale de mai 2001[13] a constitué une étape intéressante dans la réflexion sur la fiscalité des sociétés à deux égards. D'une part, la recherche d'une coordination des politiques fiscales des Etats membres, tout particulièrement pour la fiscalité des entreprises, y était prônée, la Commission européenne indiquant en même temps que les taux d'imposition devaient rester une prérogative nationale. D'autre part, une approche mettant en œuvre tous

---

[12] Europäische Wirtschaftgemeinschaft – Kommission: Bericht des Steuer– und Finanzausschusses (Neumark Bericht), Brüssel, 1962.

[13] Cf. COM(2001)260 du 21 mai 2001 op.cit.

les instruments disponibles: législatifs comme non-législatifs, utilisant la conviction aussi bien que la pure application du droit communautaire était annoncée.

La nécessité d'un rapprochement, voire d'une harmonisation, des bases d'imposition dans l'UE a, depuis lors, été confirmée à différentes reprises.

L'élimination des barrières fiscales, telles que la double imposition, les coûts fiscaux liés aux restructurations et, en général, toute mesure fiscale qui induit une préférence pour l'investissement domestique présente des avantages économiques. Ils résultent de la capacité ainsi ouverte de sélectionner des investissements alternatifs (domestiques *versus* transfrontaliers) sur base de leur efficacité économique. Au travers d'une amélioration des conditions de concurrence, l'efficacité globale est améliorée, contribuant ainsi à des gains de productivité et à une plus grande compétitivité des entreprises européennes. Dans une certaine mesure, la suppression des obstacles fiscaux à le même effet économique qu'un processus de libéralisation favorisant l'intégration.

La coexistence des différents régimes fiscaux nationaux est aussi source de coûts administratifs supplémentaires pour les entreprises voulant élargir leur activité dans le marché intérieur. A cet égard, l'enquête des services de la Commission sur les coûts de mise en conformité et les obstacles fiscaux au bon fonctionnement du marché intérieur [SEC(2004)1182/2] met bien en évidence l'importance de la fiscalité pour la conduite d'un grand nombre d'opérations réalisées par les entreprises dans l'UE. Les résultats obtenus des réponses fournies par les 700 entreprises qui ont répondu à cette enquête montrent clairement l'accroissement significatif des coûts de mise en conformité aux obligations fiscales lorsque les entreprises entreprennent des activités transfrontalières dans l'UE. Ces coûts augmentent également avec la croissance des activités, par exemple lorsque des filiales sont créées dans d'autres Etats membres. Les principaux résultats de cette étude sont reproduits en annexe.

Il est clair, comme nous le reverrons ci-après, que l'établissement d'une base commune d'imposition apporterait des bénéfices substantiels aux sociétés actives dans le marché unique en éliminant une distorsion majeure aux choix d'investissements et en réduisant considérablement le coût de mise en conformité. Ainsi une grande part de la difficulté inhérente au fait de devoir se conformer aux législations de quelque 25 Etats membres lorsque l'on est une entreprise active dans toute l'Union serait éliminée. Ceci est encore plus vrai pour les PME pour lesquelles ces coûts sont considérablement plus élevés comme le montre fort bien l'enquête[14].

En bref, l'introduction d'une base commune, en éliminant les barrières fiscales, donnerait la possibilité aux entreprises d'utiliser leurs ressources à des usages directement productifs et d'exploiter ainsi de nouvelles possibilités de croissance.

Globalement ce processus d'élimination de distorsions à l'investissement générerait des effets dynamiques très positifs. Un plus haut degré d'efficacité dans l'allocation des ressources pour les entreprises qui investissent dans l'Union au-delà des frontières nationales, une stimulation des processus d'entrée et de sortie et des gains d'intégration de la même nature que ceux qui ont présidé à la mise en place du marché unique[15].

Les bénéfices potentiels sont clairs mais avant cela, nombre de questions devront avoir été résolues qui détermineront le bénéfice net de cette action. Ainsi, le coût de transition du système actuel à une base commune consolidée est loin d'être clair, les coûts liés à la mise en œuvre d'un mécanisme de répartition ne sont pas connus, ces questions et bien d'autres doivent encore trouver réponse.

IV. LES PERSPECTIVES DE MISE EN PLACE D'UNE BASE COMMUNE CONSOLIDEE D'IMPOSITION DES ENTREPRISES.

IV.1. Introduction: Concept d'assiette consolidée commune pour l'impôt des sociétés

Le but principal de la mise en place d'une base ou assiette commune consolidée pour l'impôt des sociétés est de créer une situation

---

[14] European Commission (2004) «European Tax Survey», Commission Staff Working Paper, SEC(2004) 1128/2.

[15] See Navaretti, G.B., and Venables, A.J. (2004), «Multinationals in the world economy», Princeton University Press.

permettant aux opérateurs économiques de tirer le bénéfice maximal du potentiel du marché intérieur, sans être freinés ou limités par des obstacles fiscaux, tout en sauvegardant la souveraineté budgétaire et fiscale des Etats membres et en offrant à ces derniers de mettre leurs systèmes nationaux à l'abri des risques de conflit avec le Traité. A long terme, ce concept pourrait aussi permettre de mieux sauvegarder la base commune d'imposition par la mise en œuvre de mesures anti-abus (y.c. un système d'imputation général) qui, à cause de leurs effets discriminatoires à l'intérieur de l'Union, ne sont plus tenables dans la législation purement nationale des Etats membres. Dans le même temps, la détermination d'une base commune contribuerait de façon significative à l'achèvement de l'objectif de Lisbonne et notamment celui que la Communauté s'est fixée de devenir, d'ici 2010, la zone économique la plus compétitive au monde.

A cette fin et sur le plan technique, l'assiette commune consolidée doit permettre aux entreprises établies dans au moins deux États membres de calculer leurs revenus imposables au niveau du groupe sur la base d'un seul corps de règles, celles d'une nouvelle assiette définie au niveau de l'UE. Cela permettrait de réduire les coûts de mise en conformité liés à la fiscalité et de s'attaquer de manière efficace à la plupart des obstacles fiscaux qui continuent d'empêcher les entreprises de développer leurs activités au sein de l'UE (règles relatives aux prix de transferts, absence de compensation transfrontalière des pertes, etc.). Dans le même temps, dans de nombreux domaines cette démarche réduirait grandement le risque que la Cour européenne de justice ne déclare que les législations fiscales des États membres constituent des restrictions illégales au regard des libertés fondamentales du Traité.

Cette nouvelle approche consisterait, en quelque sorte, à abolir en partie le système actuel de séparation comptable pour les transactions transfrontalières réalisées au niveau de l'UE par un groupe d'entreprises. Dans un système de comptabilisation séparée, les États membres ont le sentiment de disposer d'une pleine souveraineté pour décider des règles fiscales qui s'appliquent. Or, en réalité, les décisions que les États membres prennent concernant leurs assiettes fiscales respectives sont interdépendantes depuis de nombreuses années déjà, et cette interdépendance ne fera que croître. Aujourd'hui, les systèmes fiscaux des États membres sont par ailleurs de plus en plus exposés à la fraude et à l'évasion fiscale, ces mécanismes exploitant précisément les faiblesses liées au principe de la comptabilisation séparée dans le contexte juridique du marché intérieur. De plus, le système actuel est très coûteux pour les entreprises et les autorités fiscales, tant en termes de coûts administratifs qu'en termes de coûts de mise en conformité.

Des initiatives ciblées sont certes très utiles mais ne pourront jamais à elles seules résoudre totalement ces problèmes. Toutes ces raisons semblent suffisamment impérieuses pour doter les entreprises d'une assiette européenne d'imposition, ce qui serait aussi une manière de reconnaître que leur marché domestique est désormais un marché européen, c'est-à-dire le marché intérieur.

Les développements qui suivent vont nous permettre de passer en revue les différents éléments concernant la base commune et en particulier:
- le contexte économique et le développement de la stratégie de la Commission
- le rôle des normes comptables internationales pour l'élaboration de la base et les travaux d'un groupe de travail spécifique au niveau européen
- les possibilités envisageables pour le mécanisme de répartition de la base
- les liens actuels avec le processus de Lisbonne et les travaux futurs

IV.2. Le contexte économique et historique

IV.2.1. *La nécessité d'adapter la fiscalité des entreprises dans l'UE à un environnement en constante évolution*

Dans l'étude «La Fiscalité des entreprises dans le Marché intérieur» [SEC(2001)1681] de 2001 les services de la Commission, faisant suite à un mandat officiel que lui a donné le Conseil des Ministres, ont – parmi d'autres éléments – analysé les différences entre les niveaux d'imposition effective des entreprises dans les Etats membres et dressé l'inventaire des obstacles fiscaux qui freinent encore les activités économiques transfrontalières dans le marché intérieur. Cette étude a clairement identifié la nécessité d'adapter la fiscalité des entreprises dans l'UE à un environnement en constante évolution.

L'absence de progrès en ce domaine depuis la dernière étude générale sur la fiscalité des entreprises dans la Communauté européenne (le «Rapport du comité d'experts indépendants sur la fiscalité des entreprises» de 1992, rapport Ruding) n'était guère tenable. A cet égard, l'étude de la Commission de 2001 en constatant que les changements globaux intervenus depuis les années 90 rendaient indispensable une réévaluation de la stratégie de l'UE dans le domaine de la fiscalité des entreprises a relancé le débat.

En effet, depuis le début des années 90, l'environnement économique général s'est considérablement modifié.

- l'Union a connu une vague de fusions et acquisitions internationales;
- l'émergence du commerce électronique et la mobilité croissante des facteurs économiques rendent de plus en plus difficile la définition et la préservation de l'assiette de l'impôt sur les sociétés;
- l'intégration économique au sein du marché intérieur et l'union économique et monétaire continuent à progresser et les obstacles non fiscaux (économiques, technologiques et institutionnels) au commerce transfrontalier sont démantelés les uns après les autres, faisant ainsi davantage apparaître le poids réel des obstacles fiscaux qui subsistent;
- les grandes entreprises de l'UE considèrent aujourd'hui l'ensemble de l'Union comme leur «marché domestique» et s'efforcent donc de se doter de structures paneuropéennes efficaces pour leurs activités. Cela se traduit, au sein des groupes d'entreprises, par des phénomènes de réorganisation et de centralisation des fonctions économiques au niveau de l'UE;
- les préoccupations des contribuables, entreprises ou particuliers, bénéficient aujourd'hui d'une plus grande attention;
- il existe aujourd'hui, grâce au code de conduite sur la fiscalité des entreprises, à des actions similaires entreprises au niveau de l'OCDE et également au renforcement des règles de l'UE sur les aides d'État, de meilleures perspectives d'élimination des régimes fiscaux préférentiels dommageables au sein du marché intérieur.

Compte tenu de ces évolutions, l'importance de tous les éléments d'appréciation des régimes d'imposition des entreprises s'accroît presque automatiquement. Cela est le cas parce que les États membres se font concurrence – en utilisant *tous* les éléments de leurs systèmes fiscaux, spécifiques ou structurels – pour attirer les investissements et l'activité économique sur leur territoire.

Encore aujourd'hui, ces éléments ont des conséquences majeures sur le fonctionnement des régimes d'imposition des entreprises dans l'UE et la plupart des évolutions observées continuent d'exercer des effets. L'élargissement de l'UE n'a fait qu'accentuer les problèmes. L'effondrement de la 'nouvelle économie' et les cycles économiques ne changent pas ce constat.

IV.2.2. *Les aspects économiques*

Pour pouvoir évaluer l'importance globale de ces problèmes et la pertinence des solutions envisageables, il faut prendre en considération l'efficience économique. Dans la perspective de la Commission, d'un point de vue économique, la Commission considère que la fiscalité des entreprises dans l'UE devra:

- contribuer à la compétitivité internationale des entreprises de l'UE conformément à l'objectif stratégique fixé par le Conseil européen de Lisbonne;
- garantir que les considérations fiscales introduisent le moins de distorsions possible au niveau des décisions économiques des agents;
- éviter les coûts de mise en conformité inutiles ou anormalement élevés, ainsi que les obstacles fiscaux à l'activité économique transfrontalière;
- ne pas exclure la possibilité d'une concurrence fiscale, tout en s'attaquant à toute forme de concurrence fiscale qui seraient dommageable ou économiquement non souhaitable

Un système d'imposition des entreprises répondant à ces objectifs est *a priori* susceptible d'accroître le bien-être. Toutefois, pour apprécier le niveau *global* de bien-être, il conviendrait également de prendre en compte le financement et l'offre de biens et services publics, leur relation complexe avec les recettes fiscales, ainsi que l'efficacité de l'administration publique. Par ailleurs, la politique fiscale doit, dans un contexte communautaire, soutenir et renforcer les autres objectifs des politiques de l'UE.

IV.2.3. *Les obstacles fiscaux et la stratégie à deux niveaux*

L'étude des services de la Commission a identifié et analysé en détail un certain nombre de domaines dans lesquels les régimes de l'impôt sur les sociétés contiennent ou provoquent des obstacles pénalisant les échanges, l'établissement et l'investissement transfrontaliers ou freinant l'activité économique transfrontalière dans le marché intérieur. Ces obstacles entraînent des charges fiscales supplémentaires et autres coûts de mise en conformité liés à l'extension des activités à plus d'un État membre, qui grèvent la compétitivité internationale des sociétés européennes et entraînent un gaspillage de ressources. Les principaux problèmes observés en 2001, auxquels des solutions ponctuelles ont parfois été apportées depuis lors, étaient les suivants:

- la répartition des profits doit se faire selon le «principe de pleine concurrence» avec enregistrement comptable distinct, c'est-à-dire transaction par transaction[16];
- les flux transfrontaliers de revenus entre sociétés associées sont souvent soumis à une imposition supplémentaire, voir double imposition, p.ex. moyennant des retenues à la source prélevés sur les paiements intragroupe *bona-fide* de dividendes, intérêts et redevances;
- les importantes limitations dont fait l'objet la compensation transfrontalière des pertes (lorsqu'elle existe) peuvent entraîner une double imposition (économique);
- les opérations transfrontalières de restructuration sont soumises à des charges fiscales importantes[17];
- en raison des conflits de compétence fiscale, les risques de double imposition sont multipliés. Cela est vrai pour tous les éléments précédemment identifiés comme constituant des obstacles mais surtout aussi concernant les conventions de double imposition;
- certains régimes fiscaux contiennent un biais favorisant l'investissement intérieur[18];

---

[16] Cela provoque de nombreux problèmes, en particulier au niveau du traitement fiscal des prix de transfert intragroupe, qui se traduisent notamment par des risques de double imposition et des coûts de mise en conformité particulièrement élevés.

[17] La directive sur les fusions (90/434) prévoit certes une possibilité de report de l'impôt sur les sociétés pour de telles opérations, mais son champ d'application est trop étroit et sa mise en œuvre dans les différents États membres a été très hétérogène, ce qui réduit son efficacité. La fiscalité sur les plus-values et les transferts qui grève les opérations transfrontalières de restructuration est souvent excessivement lourde, ce qui pousse les entreprises à conserver en l'état des structures d'organisation qui ne sont pas optimales d'un point de vue économique.

[18] C'est en particulier le cas pour les systèmes d'imputation accordant un crédit d'impôt aux seuls actionnaires nationaux, qu'appliquent encore un certain nombre d'États membres.

- nombre de ces problèmes proviennent du fait que les entreprises de l'UE sont tenues de se conformer à *quinze (25 aujourd'hui) corps de règles différents*. Alors que ces entreprises' tendent de manière croissante à considérer l'UE comme un *seul* marché, cette situation nuit à l'efficacité économique des stratégies et des structures d'entreprises.

Ces obstacles fiscaux sont encore d'une très vive actualité. En particulier, l'obligation pour les entreprises de composer avec 25 systèmes fiscaux différents (lois, conventions et pratiques fiscales ...) reste clairement la cause fondamentale de la plupart des problèmes liés à l'imposition sur le marché intérieur et la source de coûts de mise en conformité élevés et constitue de ce fait une barrière à l'activité économique transfrontalière.

Dans sa Communication «Vers un marché intérieur sans entraves fiscales – Une stratégie pour permettre aux entreprises d'être imposées sur la base d'une assiette consolidée de l'impôt sur les sociétés couvrant l'ensemble de leurs activités dans l'Union européenne» [COM(2001)582], la Commission avait présenté ses conclusions politiques et opérationnelles. Celles-ci se fondaient sur l'analyse développée par ses services, avec l'aide des experts privés, dans l'étude détaillée. En particulier, deux types d'actions y étaient présentés pour supprimer les entraves au marché intérieur dans le domaine de l'impôt sur les sociétés: des mesures ciblées visant des obstacles particuliers et des mesures générales et ambitieuses destinées à remédier à tous les problèmes, ou presque, «en une seule fois». Ces deux types de mesures ont des avantages et des inconvénients qui leur sont propres. Cette approche s'est traduite dans une véritable stratégie à deux niveaux:

- Les mesures ciblées contribueraient à traiter les problèmes les plus urgents à court et à moyen terme. Certaines de ces mesures ciblées, comme les initiatives visant à régler les problèmes soulevés par les traités de double imposition, peuvent constituer en même temps des étapes préparatoires en vue de solutions plus ambitieuses et générales, d'autres continueront d'être nécessaires (telles que celles concernant les opérations de restructurations transfrontalières). Les mesures ciblées ne sont pas détaillées dans ce qui suit.[19]

---

[19] Pour plus de détails voir les Communications de la Commission «Vers un marché intérieur sans entraves fiscales – Une stratégie pour permettre aux entreprises d'être

- Une initiative plus ambitieuse, qui assurerait la couverture de l'ensemble des activités des entreprises au niveau de l'UE par une assiette unique et consolidée de l'impôt sur les sociétés, offrirait une solution plus systématique et à plus long terme. Une telle solution générale apportera aux problèmes actuels une meilleure réponse qui sera aussi plus définitive, mais elle requiert des travaux techniques plus approfondis avant de pouvoir déboucher sur des propositions spécifiques. Les travaux relatifs à cette solution globale sont décrits plus en détail ci-après.

Après la publication de la stratégie fin 2001 la Commission a entamé les premiers pas nécessaires à sa réalisation, en particulier en ce qui concerne les mesures ciblées. Pour la solution à long terme, il fallait d'abord s'assurer d'un soutien politique suffisant et identifier les meilleurs concepts et moyens d'avancer. L'idée d'une base fiscale consolidée commune à l'échelle communautaire a été rapidement et largement acceptée, et même saluée par les milieux d'affaires et les fiscalistes comme un corrélatif logique et cohérent pour le marché intérieur, au moins à long terme. Toutefois, les réactions à la stratégie de la Commission de 2001 ont fait apparaître de nouvelles préoccupations politiques et de nombreux États membres sont actuellement sceptiques, pour des raisons tant politiques que techniques. Certains contestent même le raisonnement fondamental qui sous-tend le concept.

En 2003, la Commission, dans sa Communication «Un marché intérieur sans obstacles liés à la fiscalité des entreprises: réalisations, initiatives en cours et défis restants» [COM (2003)726] a confirmé sa stratégie. Elle a, en particulier, conclu que la base commune consolidée de l'impôt sur les sociétés couvrant l'ensemble des activités réalisées dans l'Union européenne est le *seul* moyen propre à permettre aux sociétés opérant sur le marché intérieur de surmonter ces difficultés de manière systématique et d'établir de véritables conditions de marché unique dans le domaine de la fiscalité des entreprises. La Commission reconnaît l'ambition politique et certaines difficultés techniques des

---

imposées sur la base d'une assiette consolidée de l'impôt sur les sociétés couvrant l'ensemble de leurs activités dans l'Union européenne» [COM(2001)582] et «Un marché intérieur sans obstacles liés à la fiscalité des entreprises: réalisations, initiatives en cours et défis restants» [COM(2003)726]

approches globales envisagées. Elle reste néanmoins convaincue que, en tant que mesure conçue pour améliorer le fonctionnement du marché intérieur, la base fiscale commune est une nécessité.

IV.2.4. *L'impact de la jurisprudence de la Cour européenne de Justice*

La Commission est aussi d'avis que seul l'approche systématique proposée protégera de manière adéquate les intérêts financiers légitimes des États membres et permettra à ces derniers de tenir compte de leurs capacités de recouvrement lors de la mise en œuvre de la politique fiscale. Actuellement, des problèmes potentiels existent dans certains États membres, dans la mesure où il apparaît que certains aspects de leur politique fiscale contreviennent aux principes énoncés dans le Traité. Si ces États membres retardent l'adoption de mesures correctives jusqu'à ce que ces violations soient confirmées par des décisions de la Cour européenne de Justice (CJCE), ils se trouveront alors dans l'obligation de modifier leurs régimes fiscaux dans l'urgence et sans coordination. Cette approche est, nous l'avons déjà souligné, inefficace, elle ne résout pas les problèmes fondamentaux et elle laisse souvent entrouvertes des possibilités de planification fiscale. Par ailleurs, dans la mesure où les décisions d'investissement sont motivées par de telles considérations d'«ingénierie» financière, plutôt que par des perspectives purement économiques, elles sont aussi prises au détriment d'une utilisation optimale des capitaux, et donc de la réalisation des «objectifs de Lisbonne» susmentionnés.

IV.3. **Une nouvelle impulsion à l'automne 2004: la création d'un groupe de travail**

Suite aux travaux et discussions préparatoires la Commission avait soumis un «Non-Paper» au Conseil Ecofin informel des 10-11 septembre 2004 en vue d'obtenir les opinions des Etats membres sur la meilleure approche à suivre dans les travaux futurs. Au cours de cette réunion, la proposition de la Commission de s'engager dans l'élaboration d'une assiette fiscale commune pour l'impôt des sociétés au niveau de l'UE a été accueillie positivement par la large majorité des Etats. En particulier, la création d'un groupe de travail sous présidence de la Commission a été saluée et le groupe a été effectivement créé en Novembre 2004. Il n'est pas inutile de souligner que c'est la première fois que les Etats membres acceptent d'entamer une discussion technique sur une approche visant à remplacer les systèmes d'imposition nationaux par une base commune d'imposition.

L'un des premiers thèmes à aborder par le groupe est de définir exactement l'approche de base à adopter pour élaborer l'assiette fiscale commune. Comme expliqué ci-dessus la Commission estime qu'en dépit de certains inconvénients conceptuels, les normes comptables internationales (IFRS/IAS) peuvent constituer un outil pour concevoir une assiette fiscale, du moins comme point de départ général et en guise de référence. Toutefois, les discussions devraient, à terme, être guidées par des principes fiscaux appropriés qui seraient examinés à un stade précoce, en tenant compte en particulier des similitudes avec les principes comptables et des différences avec ceux-ci. Ces principes fiscaux devraient également correspondre à l'objectif de Lisbonne, et notamment répondre à la nécessité de stimuler la compétitivité internationale des entreprises de l'UE en favorisant l'émergence d'une assiette fiscale moderne encourageant les investissements et la prise de risque économique. Il convient également de souligner que l'assiette fiscale commune pour l'impôt des sociétés, lorsqu'elle aura été mise en place, ne serait pas systématiquement liée aux normes comptables étant donné que tout développement ou évolution ultérieur(e) serait principalement dicté(e) par des besoins fiscaux et non purement comptables.

Les premières réunions de ce «groupe de travail sur une assiette commune consolidée pour l'impôt des sociétés (Groupe de travail ACCIS)» et d'un sous-groupe ont eu lieu dès décembre 2004 et le groupe s'est doté d'un statut (mandat, règlement intérieur et plan de travail etc.).[20] En tant que groupe d'experts, le groupe de travail a pour mission d'apporter une assistance technique et de donner des avis à la Commission; les contributions de ses membres revêtiront donc un caractère technique. Du fait de son caractère consultatif, le groupe de travail ne prendra pas de décisions. Des sous-groupes seront constitués pour effectuer des recherches plus détaillées sur des questions précises et faire rapport sur leurs travaux au groupe de travail principal. Le groupe de

---

[20] Pour plus d'informations voir: http://europa.eu.int/comm/taxation_customs/taxation/company_tax/common_tax_base/index_en.htm

travail est établi initialement pour une durée de trois ans, qui pourra toutefois être prolongée selon l'avancement des travaux. Au départ, environ quatre réunions par an sont prévues, mais cette fréquence peut varier selon les besoins.

CONCLUSION GENERALE

Les développements de ces dernières années en matière de fiscalité des entreprises ont conduit l'Union à envisager la mise en place d'une base commune consolidée d'imposition. C'est un développement tout à fait logique et cohérent, étant donné que la fragilité sur les plans économique et juridique des actuels systèmes nationaux d'imposition ne laisse guère d'alternative. Au niveau micro-économique, cette base commune permettrait d'accroître la compétitivité internationale des entreprises européennes par rapport à celle des entreprises des grands marchés concurrents: Etats-Unis, Japon et Chine. En réduisant les coûts de mise en conformité inutiles ou anormalement élevés et en éliminant la plupart des coûts résultants des inefficacités économiques engendrées par les obstacles fiscaux à l'intérieur de l'UE, elle permettrait en effet aux opérateurs économiques de tirer le profit maximal du Marché intérieur. Les réductions de coûts ainsi réalisées peuvent être considérables. L'assiette commune simplifierait également de nombreuses opérations internationales de restructuration ce qui facilitera la création de groupes européens à l'échelle du marché mondial. Simultanément, une base commune renforcerait l'effet de la concurrence et l'efficacité du Marché unique, en assurant que les considérations fiscales introduisent le moins de distorsions possible au niveau des décisions économiques des agents. A terme, ceci devrait se traduire en une réduction des prix pour les consommateurs avec des effets économiques bénéfiques induits (performance améliorée, croissance accrue etc.). Dans ce sens, l'économie globale devrait profiter de l'introduction de l'assiette ce qui emporte en même temps des effets positifs sur les recettes fiscales.

Mais la base commune a aussi des avantages plus concrets pour les États membres, tout en conservant, ou en contribuant à rétablir, leur souveraineté budgétaire et fiscale. Tout d'abord, les Etats membres appliqueraient leur taux d'imposition national à la fraction de la base d'imposition globale qui leur serait allouée conformément à un mécanisme de répartition défini d'un commun accord. Donc, ils resteraient, dans cette mesure, «maîtres» de systèmes fiscaux qui seront pourtant plus transparents et plus simples qu'aujourd'hui. Ce dernier aspect constitue, au-delà des effets économiques secondaires, un énorme avantage pour les Etats membres car l'assiette commune comble ainsi les lacunes des systèmes nationaux dont la difficile coexistence est actuellement source d'abus et d'évasion fiscale. De plus, l'assiette commune par définition supprime de nombreuses situations et restrictions discriminatoires. De la sorte, non seulement des obstacles fiscaux aux activités paneuropéennes des entreprises sont éliminés, mais les systèmes fiscaux des Etats membres sont en quelque sorte mis à l'abri des risques de conflit avec le Traité et de la «menace» de la Cour de Justice. A long terme, ce concept pourrait même permettre de mieux sauvegarder la base commune d'imposition par la mise en œuvre de mesures anti-abus (y.c. si nécessaire avec l'adoption d'un système d'imputation général) qui, aujourd'hui, du fait de leurs effets discriminatoires à l'intérieur de l'Union, ne sont plus tenables dans le cadre des législations purement nationales des Etats membres.

Par ailleurs, la base commune offre aussi la possibilité de soutenir et renforcer les autres objectifs des politiques de l'UE, par exemple en concevant des incitations fiscales généralisées pour la recherche et l'innovation ou pour la protection de l'environnement. En même temps, ne procédant pas de l'harmonisation traditionnelle, l'assiette commune n'exclut pas la possibilité d'une certaine concurrence fiscale, tout en excluant toute forme de concurrence fiscale qui serait dommageable ou économiquement non souhaitable. Enfin, notamment si elle était adoptée par tous les Etats membres, la simplification considérable de l'assiette augmenterait sensiblement l'efficacité administrative et de contrôle des administrations – un effet non négligeable.

5 – HOMENAGEM AO PROF. DOUTOR PAULO DE PITTA E CUNHA E INTERVENÇÕES FINAIS

RELEMBRANDO OS TEMPOS DA REFORMA

Professor PAULO DE PITTA E CUNHA

Foi para mim um grato privilégio e uma elevada responsabilidade ter exercido a presidência dos trabalhos da Comissão de Reforma Fiscal, ao longo dos quatro anos da sua existência (1984-1988). Não se tratou de um esforço individual, mas de uma missão confiada a toda uma equipa, de que fizeram parte (por ordem alfabética) António Braz Teixeira, António Joaquim Carvalho, Carlos Santos Ferreira, Jorge Braga de Macedo, José Martins Barreiros, José Xavier de Basto, Manuel Lopes Porto, Manuel Henrique Freitas Pereira, Manuel Pires, Maria de Lurdes Correia e Vale, Rogério Fernandes Ferreira e, a partir de 1987, ainda Carlos Pamplona Corte Real e Nuno Sá Gomes.

É com pesar que se regista o falecimento, entretanto ocorrido, de Joaquim Carvalho e Martins Barreiros.

Aos ilustres vogais da Comissão, bem como aos qualificados colaboradores (recordo, entre outros, os nomes de João Coelho, Vasco Guimarães, Teresa Faria, António Lobo Xavier, José Carlos Gomes dos Santos, Vitor Gaspar, João Amaral Tomás, Celeste Cardona, Lopes Faustino, Armindo Teixeira Borges, Gaspar da Encarnação) endosso as palavras de apreço que me foram dirigidas ao longo destes dias.

Lembro, com saudade, o interesse com que a acção da Comissão foi acompanhada por personalidades como Teixeira Ribeiro, que estivera na base das soluções da reforma fiscal dos anos 60, com realce para o lançamento da tributação dos rendimentos reais, e de Vitor Faveiro, impulsionador do Centro de Estudos Fiscais, em cujo corpo de fundadores me integrei.

A Comissão contou com valiosos contributos de personalidades de renome internacional, como Richard Musgrave, que no final dos anos 70 fez uma memorável visita a Lisboa, propondo algumas linhas para uma futura reforma da fiscalidade; Vito Tanzi, Director do Departamento de Assuntos Fiscais do Fundo Monetário Internacional, que promoveu a realização de um estimulante seminário sobre a reforma portuguesa; e Joseph Pechman, paladino da tributação compreensiva do rendimento.

Antevista, em momento anterior, por Morais Leitão, a Comissão foi criada, em Agosto de 1984, por um Governo presidido por Mário Soares, com Ernâni Lopes como Ministro das Finanças, e concluiu os seus trabalhos em Outubro de 1988, estando então à frente do Governo Cavaco Silva, com Miguel Cadilhe na pasta das Finanças e Oliveira Costa no cargo de Secretário de Estado dos Assuntos Fiscais.

Na fase que culminou com a aprovação da Lei de autorização que, fundindo as duas propostas governamentais relativas à reforma dos impostos sobre o rendimento, esteve na origem da publicação dos novos Códigos fiscais, assumiu relevo a acção da Comissão de Economia e Finanças da Assembleia da República, presidida por Rui Machete, e incluindo os parlamentares João Cravinho, Nogueira de Brito e Octávio Teixeira.

Tendo deparado, durante cerca de ano e meio, com frustrante escassez de meios materiais e humanos que lhe deveriam ter sido concedidos nos termos do diploma que a criou, a Comissão enfrentou durante esse período grandes dificuldades de funcionamento regular. Sem dispor de instalações fixas, tinha de reunir em salas de ocasião, que umas vezes encontrava livres, outras vezes não, e ao cabo de grandes esforços o mais que conseguira obter fora a colaboração de um funcionário subalterno! Só a partir dos finais de 1985 foram proporcionadas à Comissão as condições necessárias para o seu trabalho regular, incluindo um sóbrio local próprio para as suas reuniões. Para aqueles que consideraram exagerados os quatro anos do tempo de vida da Comissão, a resposta é que, bem vistas as coisas, só se dispôs de dois anos e meio para a tarefa.

Tendo-se prolongado mais do que se previra a agonia do sistema anterior, o País esperava, sem dúvida, pela reforma. A época era propícia: davam-se os primeiros passos na CEE, com a abertura dos mercados e a perspectiva de incremento do investimento estrangeiro; atravessava-se uma conjuntura de optimismo e de expansão da economia. Os constrangimentos de ordem internacional à concepção do sistema fiscal português eram ainda pouco intensos. Mesmo assim, tratando-se de uma modificação estrutural, é surpreendente que tenha havido consenso entre as formações políticas, da esquerda à direita, em termos dos objectivos e dos modelos preconizados pela Comissão de Reforma. Curiosamente, como tive ocasião de referir ao desenvolver as grandes linhas da reforma, os pontos que se prestaram a polémica suscitaram-se dentro de casa, entre a Comissão e o próprio Ministro das Finanças.

Reuni algumas das análises que fiz sobre os temas da reforma em dois livros, "A Reforma Fiscal", logo em 1989, e "A Fiscalidade dos Anos 90", em 1996. Em 1994, havia-me debruçado sobre "O Andamento da Reforma Fiscal", e em 2002 publiquei comentários acerca dos ajustamentos fiscais do último ano do século XX. Em 1999, estando o meu saudoso colega António de Sousa Franco à frente do Ministério das Finanças, tive o gosto de voltar a uma missão de estudo da fiscalidade, ao coordenar a Comissão que se debruçou sobre a matéria da tributação das instituições e dos produtos financeiros. Não escasseou, quer da minha parte, quer de outros interessados por esta problemática, a produção de estudos sobre a reforma fiscal de 1988. Seria, no entanto, altamente desejável que viessem ainda a publicar-se os numerosos trabalhos da reforma. Foi inaugurada, já há anos, uma colecção para tal efeito, mas, até hoje, não se passou do primeiro volume. Oxalá não se deixe cair este assunto.

Entre muitos aspectos curiosos da vida da Comissão, não quero deixar de recordar a forma como as siglas relativas aos novos impostos vieram a fixar-se. Ainda se pensou em designá-los IPS e IPC: respectivamente imposto das pessoas singulares e imposto das pessoas colectivas; mas logo se ponderou que esta opção poderia ter como involuntário resultado pôr-se em relevo a referência a certas forças políticas, deixando as restantes injustificadamente esquecidas... Foi por isso que pareceu mais neutra a fórmula de IRS e de IRC, imposto de rendimento das (pessoas) singulares e imposto de rendimento das (pessoas) colectivas, embora se soubesse que a sigla IRS de algum modo se confundia com as iniciais do bem conhecido departamento da Administração dos Estados Unidos pelo qual correm, nesse país, os assuntos dos impostos sobre o rendimento (o Internal Revenue Service)...

A deliberação tomada neste sentido foi democraticamente assumida, como era timbre dos processos de decisão da Comissão de reforma. Recordo, aliás, a respeito do método de votação, que o presidente não se mostrou favorável em relação a certas opções relativas à tributação local, nem mostrou particular simpatia pelo sistema do coeficiente conjugal, o que não impediu a posição colectivamente assumida pela Comissão quanto a estes aspectos. Para ser franco, não sei, no entanto, o que teria sucedido se o presidente fosse posto em minoria na discussão de aspectos fulcrais do modelo...

Julgo não ser excessivo repetir que a reforma de 88/89 constituiu uma viragem histórica na fiscalidade portuguesa. Procurou-se consagrar os objectivos de equidade, eficiência, simplicidade e estabilidade do quadro normativo dos impostos. A unicidade (tendencial); a moderação da progressividade e o alargamento das bases de incidência; a tributação do rendimento acréscimo, quer em IRS, quer em IRC; a consolidação da tributação dos rendimentos efectivos; a ênfase posta nas garantias dos contribuintes foram elementos marcantes da reforma. Poderá talvez dizer-se que a "intendência" não acompanhou o traçado normativo da nova fiscalidade; mas esta problemática já excedia os limites da missão da Comissão de Reforma Fiscal, a qual, no entanto, não se eximiu a chamar a atenção, repetidas vezes, para a necessidade de a reforma da Administração acompanhar a reforma normativa.

Reconhece-se que a reforma nasceu com certas distorções em relação aos modelos puros, designadamente em termos de se admitirem excepções à globalização (as taxas liberatórias) e a não comunicabilidade entre algumas categorias.

Mas os princípios de base não ruíram ao longo dos quinze anos entretanto decorridos. As novas figuras fiscais estão consolidadas, não sofrendo, em si, contestação. Julgo, como já referi, que os membros da Comissão de Reforma Fiscal instituída em 1984 têm razões para se congratularem pela forma como se desempenharam a sua missão.

Na síntese que há dias apresentei, conclui com palavras de certa preocupação e de alguma perplexidade, mas também de esperança.

De preocupação, pela insistência em métodos simplificados de determinação indirecta da matéria colectável e pelo retrocesso no plano das garantias dos contribuintes, e ainda pela menor atenção dada a aspectos de competitividade internacional no contexto da mundialização (fazendo sobressair o espírito territorialista do antigo tempo da fiscalidade com fronteiras), ao ponto de se admitir passar-se por cima de compromissos assumidos a nível europeu com respeito a regimes tributários especiais.

De perplexidade, perante o regresso, que se observa em alguns países economicamente evoluídos, à fórmula da tributação cedular, segundo o modelo da "dual income taxation", introduzido nos anos 90 nos países nórdicos e já no princípio do século actual na Holanda – sistema que suscita naturais reservas pelo desvio que envolve em relação à visão da equidade fiscal: a concepção do imposto sobre o rendimento alheia-se dos princípios da justiça distributiva, para se centrar nos imperativos da competitividade.

De esperança porque, apesar de tudo, o espírito da reforma de 1988-89 não se apagou. Temos a percepção de que, sem embargo da fase recessiva dos últimos anos, o País se desenvolveu e se modernizou, não havendo razões para deixar de se confiar no futuro. No domínio que aqui directamente nos diz respeito, é consolador verificar que despontou uma nova geração de cultores da ciência fiscal, nos seus ângulos jurídico, económico e político, a qual saberá propor as revisões do sistema e as reestruturações da Administração que se mostrem convenientes.

Uma palavra final para agradecer às entidades promotoras, e em especial a Eduardo Paz Ferreira e Rogério Manuel Fernandes Ferreira, que de forma particularmente feliz levaram a bom termo a iniciativa a que lançaram ombros, permitindo-me recordar os tempos em que tive o orgulho de me contar entre os fundadores da Associação Fiscal Portuguesa e o período, já distante, em que desempenhei as funções de presidente da direcção desta instituição.

A todos, muito obrigado.

Lisboa, 19 de Novembro de 2004

INTERVENÇÃO

Professor Doutor Eduardo Paz Ferreira
Presidente da AFP

A abrir a sua dissertação de doutoramento, apresentada, em 1972, o então assistente da Faculdade de Direito de Lisboa, Paulo de Pitta e Cunha criticava vivamente as concepções que defendiam a neutralidade da ciência económica e escrevia: "... a pretensão de neutralidade ética da ciência económica supunha uma rígida separação entre meios e fins, estes situados fora do campo da análise económica, aqueles nela integrados. Ora, tal separação não é realista: reconduz-se a uma questão de posição relativa no seio de uma cadeia cujos elos sucessivamente se inter-influenciam".

Foi seguramente essa concepção que permitiu a Pitta e Cunha, professor, imprimir ao seu ensino, como à sua investigação, um forte cunho opinativo, tantas vezes arredado da Universidade portuguesa e foi, também, muito provavelmente essa mundividência que o levou a não hesitar em assumir, de par com a sua carreira académica, a autoria de múltiplos relatórios e projectos, entre os quais tem, porventura, uma posição central, o que foi objecto destas jornadas, a que se associaram largas dezenas de vultos da fiscalidade portuguesa, unidos por um mesmo sentimento de apreço e admiração.

A esse coro de vozes se juntaram os decisores políticos da época, que se quiseram associar às jornadas, atestando, de resto, um reconhecimento supra-partidário que raras vezes se encontra entre nós e permitindo uma melhor compreensão de alguns percalços da reforma.

Julgo conhecer suficientemente o Professor Pitta e Cunha para me permitir intuir que essa expressão de homenagem o tocou seguramente mais fundo do que o ritual das actuais cerimónias oficiais, banalizadas no cinzentismo anónimo de tantos dos homenageados ou na obscuridade das razões invocadas.

Tem a Associação Fiscal Portuguesa procurado homenagear figuras que se distinguiram especialmente na área da fiscal idade, como sucedeu já com o Dr. Vítor Faveiro e com o Professor Rogério Fernandes Ferreira. Fazemo-lo convictos que estamos que a sociedade civil não pode esquecer o trabalho e o mérito daqueles que serviram o país como podiam e sabiam, mas sempre dedicada e brilhantemente.

São muitas as razões que justificam a homenagem ao Professor Pitta e Cunha. Muitas delas têm natureza estritamente universitária e serão a seu tempo assumidas pela Universidade. Por isso ficamo-nos, agora, essencialmente pelas que se relacionam com a fiscalidade.

E, nesse domínio, mau grado esta tentativa de separação de águas, é imprescindível dar nota do seu vasto conjunto de títulos sobre fiscalidade, num arco temporal que vai de 1960 a 2002 e em que ressaltam títulos como, "Problemas fiscais da Associação Europeia de Comércio Livre", 1960; "Os direitos fiscais na Convenção de Estocolmo", 1960; "Os impostos sobre as transacções", 1963; "Aspectos fiscais da integração económica internacional", 1964; "The Portuguese tax reform", 1966; "A Wholesale sales tax in Portugal", 1966;; "Taxation of royalties in Portugal", 1970; "Direito fiscal – primeiras linhas de um curso", 1975; "A tributação do rendimento na perspectiva de uma reforma fiscal", 1979; "O imposto extraordinário e as características da actual estrutura tributária portuguesa", 1981; "A reforma fiscal portuguesa dos anos 80", 1982; "O imposto único sobre o rendimento: reflexão sobre algumas linhas da proposta", 1987; "A reforma da tributação do rendimento individual: linhas do modelo e referências constitucionais", 1988; "A reestruturação do sistema de tributação do rendimento em Portugal no contexto mundial de reformas fiscais", 1988; "Sobre a reforma da tributação do rendimento individual", 1989; "A reforma fiscal", 1989; "O andamento da reforma fiscal", 1995 ; "A reforma fiscal: balanço do primeiro sexénio", 1995; "A fiscalidade dos anos 90 (estudos e pareceres)", 1996; O Sistema fiscal no limiar do século XXI", 1998; "A reestruturação do sistema de tributação do rendimento em Portugal no contexto mundial de reformas fiscais", 1998; " A fiscalidade do sector financeiro português em contexto de internacionalização", 1999; ou "Tax harmonization", 2002.

Trata-se de um acervo impressionante de obras, tanto mais quanto foram produzidas em paralelo com o empenho do autor noutras disciplinas, como relações económicas internacionais e direito comunitário, áreas em que tem igualmente ampla e qualificada obra.

A par com estes estudos, o Professor Pitta e Cunha desenvolveu uma intensa actividade profissional na área fiscal, quer na sua profissão liberal, como atestam exemplarmente, o conjunto de pareceres incluídos em A Fiscalidade dos Anos 90, quer sobretudo na preparação de diplomas.

De facto, não nos podemos, esquecer que, como aqui nos recordou outro grande vulto da fiscalidade, José Xavier de Basto, o Professor Pitta e Cunha foi o autor dos projectos de imposto sobre transacções em 1965/66, para vinte anos depois vir a assumir a presidência da comissão de reforma fiscal que criaria o sistema fiscal moderno com que Portugal vive.

Naturalmente que nem todas as soluções da reforma são isentas de crítica, ainda que se tenha conseguido ficar a perceber melhor, no fim destas jornadas, o que foi da responsabilidade da Comissão e o que deve ser endossado a outras entidades.

Nada disto impede o amplo consenso positivo que aqui ficou claramente expresso e que, a propósito do Código do IRS, fora já igualmente afirmando pelo saudoso Professor Teixeira Ribeiro, autor da anterior reforma fiscal.

Se hoje temos um sistema fiscal – naturalmente em permanente discussão como todos os outros – mas que constitui um quadro de modernidade evidente nos seus fundamentos e de equilíbrio nas suas soluções, isso deve-se essencialmente ao Professor Pitta e Cunha, ao seu saber, à sua capacidade de liderar equipas e de estabelecer compromissos entre diferentes ideias, aspecto que aqui foi repetidamente assinalado pelos participantes na Comissão.

Seja-me, aliás, permitido estender a homenagem que aqui é prestada ao Professor Pitta e Cunha a todos quantos com ele colaboraram e que, com raras excepções, estiveram connosco ao longo da semana.

Como está subjacente à mensagem que Richard Musgrave fez chegar até nós e que tive o prazer de vos ler, a fiscalidade e a defesa de certos valores exigem uma personalidade forte e o Professor Pitta e Cunha tem-na sem dúvida.

Num momento de tão aceso debate sobre os caminhos da fiscalidade, compreenderão, pois, seguramente, que faça um apelo ao Professor Pitta e Cunha para que mantenha o seu empenho nas questões fiscais, fazendo sentir a sua voz especialmente autorizada.

Não me alongarei mais sobre a reforma que esteve aqui em debate ao longo desta semana. Quereria agora apenas recordar que a Associação Fiscal Portuguesa tem, a outros títulos, uma dívida de gratidão, para com o nosso homenageado.

Fundador da Associação, viria a presidir ao conselho directivo e actualmente ao conselho científico, nunca regateando a colaboração a qualquer das actividades por ela levadas a cabo.

Também na Associação Fiscal tive, pois, o privilégio de beneficiar do apoio e orientação do Professor Pitta e Cunha, agravando a dívida de gratidão que fui acumulando ao longo de décadas em que, a vários títulos, tive a honra de com ele colaborar.

É, assim, fácil de compreender que seja com viva emoção que lhe entrego a salva de prata que fica a marcar a homenagem que todos lhe quisemos prestar.

CARTA DO PROFESSOR RICHARD MUSGRAVE

Professor Richard Musgrave

Caro Professor Paz Ferreira,

Eu e a minha mulher ficámos encantados por receber o seu convite para participar na conferência a realizar com vista à celebração do trabalho desenvolvido pelo Professor Pitta e Cunha. A sua extraordinária contribuição para o desenvolvimento do pensamento e políticas fiscais é merecedora desse reconhecimento. Contudo a minha idade avançada (em breve completarei 94 anos de idade) impossibilita-me de viajar, razão pela qual, lamentavelmente, não poderei estar presente. Poderemos, assim, pedir-lhe que transmita os nossos cumprimentos e desejos de boa sorte ao Professor Pitta e Cunha e, bem assim, aos demais colegas e amigos da "comunidade fiscal"! É com saudade que lembro a minha passada colaboração com o Professor Pitta e Cunha e desejo-lhe o melhor por muitos mais anos de trabalho produtivo.

Mudando de assunto, não posso transmitir nenhuns avanços recentes na política fiscal dos Estados Unidos da América. Pelo contrário, muito trabalho precisa de ser feito para manter a fortalecer boas políticas fiscais, especialmente em face da má administração que ameaça o sistema fiscal dos Estados Unidos da América. Como saberão, o imposto sobre o rendimento está a ser fortemente colocado em causa, e verifica-se um apoio crescente à sua substituição por um imposto sobre o consumo. Alguns esperam que a alteração para um imposto com base no consumo abolirá a tributação com base em taxas progressivas, enquanto que outros acreditam ser possível implementar um imposto com base no consumo e manter a tributação pessoal e taxas progressivas. O recurso a uma taxa única de imposto sobre o consumo iria, obviamente, simplificar a sua aplicação, tal como o faria um imposto sobre as vendas ou sobre o valor acrescentado, mas haveria um elevado custo em termos de equidade. Por outro lado, o uso de uma taxa personalizada e progressiva evitaria o referido custo em termos de justiça social mas perder-se-ia, em muito, a simplificação do imposto. Destarte, concluo que a abordagem que se mostra mais prudente com vista à simplificação do imposto sobre o rendimento passa, em grande medida, pelo alargamento da sua base, e espero que os estados Unidos procedam nesse sentido.

Independentemente do rumo que venha a ser adoptado, é evidente que é necessária uma sólida liderança para levar a cabo a reforma fiscal, razão pela qual é de extrema importância que o Professor Pitta e Cunha dê continuidade ao seu excelente trabalho.

A minha mulher junta-se a mim nas felicitações ao Professor Pitta e Cunha, e a transmitir os nossos desejos de que a conferência em sua honra seja um sucesso.

Com elevada consideração, Atenciosamente,

RICHARD A. MUSGRAVE

INTERVENÇÃO

Professor Doutor Pedro Soares Martínez

Esta sessão traz-me à memória muitas e gratas recordações. Umas relacionadas com a carreira universitária de Paulo Manuel de Pitta e Cunha, que jubilosamente acompanhei, outras respeitantes a uma saudosa fase de extremo optimismo quanto às possibilidades de situar a legislação tributária e o Direito Fiscal nos quadros da subordinação aos princípios gerais de Direito. Parafraseando Eça de Queiroz, direi que éramos assim, os juristas mais ou menos ligados ao Ministério das Finanças, naquelas décadas de 50 e de 60 do passado século XX. Mantínhamos a fundada esperança de que a Rua da Alfândega se estruturasse em consonância com a formação jurídica. O meu optimismo vinha do tempo em que tive a honra de colaborar com um grande Mestre de Economia e de Finanças – Armindo Monteiro. E embora minguado, desde que participei nos trabalhos da Comissão de Reforma Fiscal dos anos 50, tê-lo-ei ainda mantido, mesmo amortecido, por longo período. Só pela permanência de alguns restos daquele optimismo se explicará que, em 1994, me tenha lançado na tentativa penosa, frustrante e frustrada, de ordenar e compilar a legislação tributária portuguesa

Suponho que a juventude do meu Colega e Amigo Pitta e Cunha lhe tenha permitido manter até muito mais tarde aquele nosso comum optimismo, bastante afrouxado no meu espírito mais pelo desencanto da reforma fiscal em que colaborei do que pelos admissíveis desacertos da inevitável "contra-reforma" fiscal.

O prolongamento no tempo do referido optimismo, aliado aos seus muitos talentos e ao sempre dominante propósito de bem cumprir, ofereceu a Pitta e Cunha o feliz ensejo de projectar, a nível de valiosíssimos projectos legislativos, os frutos dos seus muitos méritos de jurista, de economista e de professor distintíssimo. É, pois, de justiça elementar que todos quantos conhecem esses seus méritos e se têm dedicado, em Portugal, ao estudo, quer doutrinário quer pragmático, das complexidades da construção do Direito Fiscal, da elaboração e da aplicação das normas tributárias, se tenham reunido aqui, quando não fisicamente em intenção, para lhe dirigirem, com reiterados protestos de apreço e de admiração, um sentido agradecimento por tudo quanto fez em prol da harmonização lógica, equilibrada e justificada, do sistema fiscal português.

SESSÃO DE ENCERRAMENTO

INTERVENÇÃO DO VICE-PRESIDENTE DA ASSOCIAÇÃO FISCAL PORTUGUESA

Dr. ROGÉRIO M. FERNANDES FERREIRA

Excelentíssimo Senhor Secretário de Estado dos Assuntos Fiscais e Excelentíssimo Senhor Director-Geral dos Impostos,
Excelentíssimo e Caro Senhor Professor Doutor Paulo de Pitta e Cunha,
Minhas Senhoras e Meus Senhores:

Cabe-me encerrar os nossos trabalhos, tarefa que desempenho com gosto e muita honra.

O tema destas Jornadas não podia, em minha opinião, ter sido mais interessante, mais oportuno e mais actual, às quais ficou associada uma, há muito merecida, Homenagem ao Presidente, Professor Doutor Pitta e Cunha, e aos restantes membros da Comissão da Reforma Fiscal de 1988/89.

Ficou patente, durante estes cinco dias, que a Reforma permitiu – na feliz expressão do Presidente da Associação Fiscal Portuguesa, Professor Paz Ferreira – a "entrada na modernidade" do sistema fiscal português e que ela constitui, hoje, o quadro de referência do debate sobre os novos problemas da fiscalidade portuguesa.

Ao longo destes cinco dias, julgo podermos concluir que, afinal, o sistema fiscal português não carece, de momento, de mais reformas profundas (estruturais), mas, ao invés, de estabilidade normativa e de simplificação administrativa.

A este respeito, para além do que referirei mais adiante, sugere-se a criação de uma estrutura com atribuições semelhantes ao *Tax Law*

Review Comittee do Reino Unido e, bem assim, a eventual atribuição de valor jurídico reforçado à Lei Geral Tributária, numa próxima revisão constitucional, salientando-se a necessidade, premente, da conciliação das normas do novo contencioso tributário com o administrativo, nomeadamente em sede de prazos e de regras de contagem dos mesmos.

Aspecto que mereceu consenso nestas Jornadas foi ainda o da necessidade de uma revisão global dos benefícios fiscais. Atrevo-me, complementarmente, a acrescentar a necessidade de se vir a proceder, simultaneamente, a uma quantificação mais fidedigna da receita tributária cessante e a uma avaliação tipo "custo/benefício" da despesa fiscal.

A revogação de algumas normas de benefícios fiscais (*vg.* PPR/E, PPA e CPH), prevista na proposta de Lei do Orçamento do Estado para 2005 não representa, infelizmente, a necessária política de reavaliação (global) dos benefícios fiscais actualmente existentes, nem implicou, como devia, qualquer tipo de avaliação "custo-benefício". Essa reavaliação até poderia vir a justificar a revogação proposta, ainda que em momento conjunturalmente mais adequado: a despesa fiscal (receita cessante) decorrente de benefícios fiscais, entre 2000 e 2004, aumentou de 878 para 1080 milhões de euros e a respeitante ao IRS de 405 para 572 milhões de euros, com um acréscimo de mais de 10% em relação ao ano de 2003; e os benefícios fiscais associados a contas poupança-habitação e a planos de poupança-reforma representam cerca de 55% do total da despesa fiscal associada ao IRS. A medida tem, assim, impacto financeiro na receita (menor despesa fiscal), e no défice, mas também custos sociais e económicos, afectando a poupança e a evolução desejável do financiamento da segurança social através do terceiro pilar, o *funding* bancário e os contribuintes mais "cumpridores" e com maior nível de rendimentos. Para tal revisão, poder-se-ia partir do relatório da Comissão de Reavaliação dos Benefícios Fiscais, de 1998, e promover a criação de um corpo administrativo da avaliação da execução da despesa fiscal, quantificando periodicamente o seu custo/benefício e também vir a desenvolver-se o Mapa XXI (receita tributária cessante) constante das Leis do Orçamento do Estado, com força tendencialmente vinculativa (tipicidade quantitativa).

Discordo, por isso, do estabelecimento *avulso* de um "tecto máximo" para os benefícios fiscais, previsto na mesma proposta de Lei do Orçamento do Estado para 2005, havendo, aliás, a necessidade de se definir tal conceito.

Além disso, haverá que concretizar o disposto na Lei Geral Tributária, desde 1999, segundo a qual as normas sobre benefícios fiscais, que não tenham carácter de permanência – ou seja, sem natureza "estrutural" –, são temporárias *(sunset legislation)*, só devendo renovar-se, portanto, após confirmação (periódica) da sua real justificação, económica ou social.

Também o regime de benefícios constante do Decreto-Lei n.º 404/90, de 21 de Dezembro, em particular, respeitante a actos de cooperação e de concentração de empresas, sucessivamente prorrogado desde o início dos anos 90, mais do que ser revogado (ou não renovado), como também se propõe na proposta de Lei do Orçamento do Estado para 2005, devia ser revisto, uma vez que não tem servido, apenas, os objectivos extrafiscais para que foi criado, mas também razões de planeamento fiscal, muitas vezes abusivo, e que a Administração tributária não consegue controlar adequadamente. O que é inaceitável é o deferimento dos benefícios nele previstos sem um efectivo controlo dos efeitos positivos que o mesmo pressupõe. Para o efeito, sugere-se a criação de um regime de isenção, ou de redução de taxa, condicionado à demonstração *a posteriori* (passados 2 a 4 anos) dos efeitos económicos positivos que resultaram da operação, como forma de prevenir o planeamento abusivo e promover a aplicação dos benefícios nele previstos às situações que o justificam efectivamente.

Merecedora de consenso alargado, nesta Jornadas, foi a importância da informática como intrumento de controlo e de prevenção da fraude e da evasão fiscais.

A este respeito, torna-se premente, provavelmente, a reformulação das entidades responsáveis pelo desenvolvimento e aplicação das tecnologias de informação, com tutela directa do Ministro das Finanças, além da finalização da informatização dos serviços da Administração tributária, da conta-corrente do contribuinte e, em particular, da aplicação generalizada do novo Sistema de Execuções Fiscais (SEF), para o qual devem, rápida e adequadamente, migrar os anteriores processos de execução fiscal, como aliás está determinado desde há muito. Importante seria ainda a reactivação da Unidade de Coordenação da Luta contra a Fraude e a Evasão Fiscal e Aduaneira (UCLEFA) e a actualização periódica da portaria dos "paraísos fiscais".

Mantém-se também a necessidade de uma maior coordenação, modernização, credibilização, motivação e rejuvenescimento (diminuição progressiva da idade média) da Administração tributária, para satisfação da qual algo contribuiria a criação de um instituto superior de formação tributária e, em particular, noutro âmbito, um efectivo impedimento da acumulação, directa ou indirecta, de funções públicas e privadas, que sempre terão de assumir carácter excepcional, temporário e não remunerado.

Os relatórios elaborados na década de 90 recomendaram ainda uma gestão coordenada das áreas comuns à DGCI e à DGAIEC, tendo a lei orgânica do Ministério das Finanças criado, em 1996, a DGITA, com tarefas de concepção, desenvolvimento, concretização e exploração das tecnologias de informação e comunicação ao serviço, quer dos Impostos, quer das Alfândegas. Foi por visar, essencialmente, esses objectivos – assegurar a coordenação, o planeamento estratégico e a gestão comum dos diversos serviços da Administração tributária – que foi criada, em 1999, a AGT, extinta em 2002, que tinha como vogais, por inerência, os directores-gerais da DGCI, da DGAIEC e da DGITA, questionada por alguns sectores, muito provavelmente em virtude da urgência de a colocar em funcionamento.

E é a este propósito que se saúda o anunciado propósito do Governo de criar um órgão de coordenação nas "contribuições e impostos" – mesmo o de incluir o administrador não executivo que vem da IGFSS –, mas duvida-se da eficácia da solução encontrada, tal como é anunciada, no que respeita à atribuição de poderes executivos a essa "nova estrutura", dada a história, o tempo de vida, os problemas próprios e a idiossincrasia de cada uma das referidas duas direcções-gerais, pelo que discordo do anunciado "desaparecimento" da figura do Director-Geral dos Impostos. Em rigor, pelo que se anuncia, nem parece que "desapareça", uma vez que o mais certo é, nesta primeira fase, e a concretizar-se a solução aventada na comunicação social, que um dos vogais do novo Conselho de Administração das Contribuições e Impostos (CACI) tenha, necessariamente, o "pelouro" da DGCI, um outro, o da DGAIEC e, um último, o da actual DGITA. Mas, contrariamente ao que alguns têm defendido, os seis administradores "credíveis, idóneos e acima de qualquer suspeita" que dele façam parte não devem ser nomeados pelo Parlamento – a nomeação deverá caber, sim, ao Ministro das Finanças (ou, mesmo, ao Primeiro-Ministro e ao Ministro das Finanças), uma vez que terão, segundo se indica, funções executivas, que não devem ser *politizadas*.

Não quero deixar de me pronunciar, muito embora não tenha sido objecto directo das nossas Jornadas, sobre o actual regime de derrogação fiscal do sigilo bancário – que não deve ser, outra vez, alterado, mas, sim, aplicado e aperfeiçoado.

A derrogação deve passar a operar em relação a contribuintes com e sem contabilidade organizada e o recurso da decisão administrativa de derrogação assumir efeitos suspensivos, quer em caso de tributação por métodos directos, quer por métodos indirectos, deixando assim de, afinal, se "beneficiar o infractor".

E são também de evitar, nesta matéria, os conceitos indeterminados, passando a lei a definir, para efeitos de derrogação, os "*familiares*" e os "terceiros que se encontram numa *relação especial* com o contribuinte", para além de dever criar (por lei e não por portaria) as "regras especiais de reserva de informação a observar pelos serviços" a que o legislador alude.

A impossibilidade legal de atribuição de efeitos suspensivos ao recurso judicial da decisão de derrogação fiscal do sigilo bancário, que se anuncia na proposta de Lei do Orçamento do Estado para 2005 será de duvidosa constitucionalidade; e a não audição prévia do visado na decisão administrativa de derrogação fiscal do sigilo bancário – prevista na mesma proposta de Lei – também, para quem entenda o direito de participação na decisão como análogo a direito, liberdade e garantia, caso o regime a instituir não se limite ao *necessário* para salvaguardar outros direitos ou interesses constitucionalmente protegidos, não podendo diminuir-se a extensão e o alcance do conteúdo essencial do direito pessoal à "reserva da intimidade da vida privada e familiar".

Suscitada nestas Jornadas foi, ainda, a necessidade de uma avaliação e limitação da carga fiscal, em geral, incluindo custos de cumprimento. Parece, porém, que hoje se deve ir mais longe, passando a preocupação a incidir, também, nas taxas e noutros tributos e contribuições especiais e parafiscais, concretizando-se o disposto na Constituição, desde 1997, e na Lei Geral Tributária, desde 1999, quanto à criação do regime geral das taxas. Para o efeito, poder-se-ia partir da redacção prevista no artigo 53.º da proposta de Lei do Orçamento de Estado para 2002, que, então, não foi aprovada na Assembleia da República.

Aprovada que foi, finalmente, a reforma da tributação do património – em termos que considero incompletos, uma vez que os novos critérios de avaliação e taxas não permitem, durante um período demasiadamente alargado e provavelmente incerto, uma tributação *uniforme* –, apontou-se a reforma da tributação automóvel como aquela que caberá empreender no futuro, contemplando a componente ambiental.

São de saudar, quanto à primeira, algumas das linhas gerais de orientação seguidas na reforma da tributação do património: a preocupação de assumir as suas duas vertentes essenciais – a estática e a dinâmica – e, em especial, a decisão de avançar no sentido de terminar com a situação insustentável de sobretributação dos imóveis novos e subtributação dos antigos, e a de, por esta via, se promover a luta contra a fraude e a evasão fiscais nesta área de tributação. Preferiria, não obstante, ver resolvidos estes problemas através de uma avaliação geral dos prédios urbanos, de base declarativa e prazo predeterminado (30 meses), reportada a determinado ano e, só depois, proceder à redução das taxas da actual contribuição autárquica, em função de valores patrimoniais então já uniformemente fixados; e, simultânea, mas imediatamente, que se tivesse procedido à abolição do imposto municipal de sisa e do imposto sucessório, substituindo-os pelo imposto do selo, na lógica de uma «contribuição de registo», com redução para metade das actuais taxas da sisa. Pois assim se permitiria, reavaliados que fossem, também, os benefícios fiscais inerentes à actual sisa – nomeadamente, a isenção relativa à aquisição de imóveis com destino à habitação, então restringida a verdadeira «isenção de base» e a imóveis para habitação *própria* e *permanente* dos adquirentes, como na contribuição autárquica (actual IMI) –, gerar a receita necessária para àquela avaliação e compensar os municípios da abolição da sisa, libertando, simultaneamente, dois funcionários de cada um dos serviços de finanças (são quase 400) para funções de fiscalização – ou outras –, que se dedicavam aos dois impostos anteriores e que, agora, foram substituídos por dois outros idênticos (o IMT e o IMI).

O certo é que os critérios de avaliação e as taxas do IMI não permitem uma tributação uniforme, criando, por um período demasiadamente alargado, desigualdades que não devem poder ser toleradas pela Constituição. Veja-se o caso de fracções autónomas de um mesmo edifício, perfeitamente idênticas, avaliadas, uma automaticamente, por coeficientes de desvalorização monetária, às quais se aplica uma taxa de IMI variável entre 0,4% e 0,8% e, outras, de acordo com os novos critérios de avaliação directa, com taxas de imposto variáveis entre 0,2% e 0,5%.

No que respeita à tributação ambiental, os estudos realizados em Portugal (em 1997 e 2001), e pelas associações do sector, e as novas orientações na União Europeia (de 2002), apontam, como se disse, para a alteração da tributação do automóvel: a tributação automóvel irá contemplar a componente ambiental (grau de poluição – CO_2), deixando de se basear unicamente na cilindrada, deste modo favorecendo os veículos mais benignos para o ambiente.

Não tanto a quebra verificada nas vendas de automóveis ligeiros de passageiros nos dois últimos anos, mas, muito provavelmente, antes as orientações da União Europeia e a necessidade, já hoje premente, da redução de emissões de CO_2 (Protocolo de *Kyoto*), trarão, de novo, para o centro das atenções governamentais essa reforma da tributação automóvel. Não sendo viáveis, de imediato, tais alterações *estruturais*, parece que se poderia reflectir, para já, sobre a possibilidade de o IVA incidente sobre o IA ser eliminado, mesmo à custa do aumento das taxas deste último, harmonizando a tributação automóvel com a de outros Estados membros com impostos idênticos e favorecendo a aquisição de veículos novos, em detrimento da "importação" de usados (com ganhos para a segurança rodoviária e o ambiente).

Este nosso Evento pôde contar, pela primeira vez, praticamente, com todos os fiscalistas portugueses, e alguns estrangeiros – de que me permito distinguir o Professor Vito Tanzi -, de diferentes gerações, e com mais de noventa intervenientes, incluindo professores, políticos, funcionários, advogados e consultores, técnicos e revisores de contas, assim permitindo, quinze anos após a "Reforma Pitta e Cunha", uma aprofundada reflexão sobre o presente e o futuro da fiscalidade portuguesa, devidamente enquadrada no seu competitivo ambiente mundial.

Agradeço aos Conferencistas e aos Intervenientes nas mesas redondas e aos Presidentes das sessões e aos Moderadores, em nome da Associação Fiscal Portuguesa e em meu nome pessoal, o alto nível científico que imprimiram aos nossos trabalhos, sem esquecer a dedicação de todos os outros que, na retaguarda, permitiram a realização destas Jornadas organizadas pela AFP e pelo IDEFF, e, também, aos nossos patrocinadores, sem os quais não se realizariam. Deixo, ainda, o nosso agradecimento a todos os participantes que, com a sua presença, observações, dúvidas e interrogações, contribuíram, empenhada e decisivamente, para a vivacidade destes trabalhos e conclusões – em breve publicados.

Lisboa, 19 de Novembro de 2004

ALOCUCAO DE HOMENAGEM A PAULO DE PITTA E CUNHA NAS JORNADAS SOBRE OS 15 ANOS DA REFORMA FISCAL DE 1988/89

Dr. João Lopes Alves

Tomar a palavra nesta sessão do homenagem ao Professor Doutor Paulo de Pitta e Cunha significa para mim um privilégio pessoal que devo agradecer ao penhorante convite da Associação Fiscal Portuguesa e um grande prazer. É que homenagear Paulo de Pitta e Cunha representa no meu caso, antes de mais, saudar calorosamente alguém cuja amizade muito me preza e de que benefício desde quando, há tantos anos já, condiscípulos que fomos na Faculdade do Direito da Universidade de Lisboa, me aprouve ver avançar nos percursos da vida como referência cimeira nos domínios da sua vasta actividade académica e cientifica – o Direito, a Ciência das Finanças, a Fiscalidade – e um exemplo de compromisso cívico que, sem alardes "mediáticos", como agora se diz (e detestavelmente se diz...) tem exercido com a determinação serena de quem cumpre o que deve ser cumprido.

Penso que uma das razões pelas quais fui convidado a intervir nesta sessão teve a ver com o facto de eu estar bem situado para poder dar algum testemunho pessoal da ligação do homenageado à AFP, em particular aos primeiros passos da Associação. E realmente essa ligação foi estreita e como de esperar produtiva, prosseguindo ao longo dos quase quarenta anos que a AFP leva da existência, dentro dos quais o Paulo veio a ser Presidente do Conselho Directivo e é actualmente Presidente do Conselho Cientifico

Como estarão lembrados alguns colegas e amigos que vejo presentes nesta sala, o projecto da Associação Fiscal Portuguesa germinou nos princípios dos anos sessenta do século que passou e não deixa de ser interessante recordar em Jornadas comemorativas de uma reforma crucial da fiscalidade portuguesa que a ideia da criação da AFP, ou talvez melhor, o reconhecimento da necessidade do se constituir uma associação com as suas características, foi despoletada por outra Reforma Fiscal, de 1963, a chamada "Reforma Teixeira Ribeiro", por alusão ao presidente da Comissão dessa Reforma que, como sabemos, foi, e com influência decisiva nos trabalhos, aquele grande professor da Faculdade de Direito de Coimbra que viria a ser, poucos anos depois, o primeiro Presidente do Conselho Cientifico da APP.

Se é certo que a Reforma de 1988/89 permitiu a entrada na modernidade da fiscalidade portuguesa, como sublinhou há momentos o Professor Doutor Paz Ferreira, também merece saliência histórica que no confronto com o anquilosado 'statu quo ante' da velha Reforma de 1929, que desenhara uma estrutura ainda basicamente em vigor nos primórdios dos 'Sixties', a Reforma de 1963, sobretudo pelos efeitos associados à prevalência tendencial do princípio da tributação dos rendimentos reais, provocou um fortíssimo e positivo sopro de progresso no nosso ambiente fiscal, com repercussões profundas quer na readaptação organizacional e operativa das actividades privadas (empresas e particulares) para responderem às exigências contabilísticas, comportamentais e de gestão em geral, advenientes do novo quadro fiscal, quer ao nível do tipo de intervenção e correspondente apetrechamento técnico da Administração Tributária.

Foi no reconhecimento do muito que este esforço poderia ganhar com o fomento de um espaço de intercâmbio descomprometido de pontos de vista, de discussão aberta, de esclarecimento recíproco entre os principais protagonistas, directos e indirectos, do proteiforme cenário da fiscalidade – funcionários da Administração Tributária, gente das empresas, advogados e consultores, contabilistas, docentes e investigadores universitários, magistraturas, etc. – que teve origem a Associação Fiscal Portuguesa, iniciativa genuinamente inscrita na sociedade civil diríamos hoje, com tanto mais mérito da parte dos promotores quanto o relacionamento entre o mundo dos contribuintes e o do Fisco se caracterizava por uma indiferença impregnada de alguma desconfiança recíproca, para não dizer hostilidade, que foi necessário superar no terreno, e a envolvente sócio-política estava longe de favorecer a emergência de pólos de livre debate fosse do que fosse. Neste contexto, nunca é de mais realçar o papel absolutamente determinante que tiveram no lançamento e dinamização do projeto, pelo lado do sector publico o então Director Geral das Contribuições e Impostos, Vítor Faveiro, além de dirigente público de excepção fiscalista notavelmente informado sobre as questões tributárias portuguesas e internacionais e que, no caso, encontrou inspiração nas actividades de uma prestigiada organização internacional de âmbito mundial, a IFA (Internacional Fiscal Association), em cujos congressos anuais participava habitualmente, a qual se alimentava do mesmo espírito que seria o da AFP, e, pelo lado do sector privado, o Conde do Caria, personalidade marcante da vida empresarial, à data Presidente da antiga e representativa Associação Comercial de Lisboa – Câmara de Comércio, que trouxe à ideia os contributos da sua inteligência aguda do alcance das coisas e da entusiasmante capacidade mobilizadora de realização que investia em todas as iniciativas a que se propunha. Ambos souberam conquistar para o projecto o Professor Marcelo Caetano que, naturalmente, pesou no processo com toda uma dimensão científica e pessoal unanimemente reconhecida, que dispensa qualquer ênfase. Designadamente porque, primeiro Presidente do Conselho Directivo da APP, estabeleceu imediatamente uma privilegiada ponte informal com a área universitária que se revelaria vital para a qualidade do trabalho que a Associação foi desenvolvendo.

Voltando a referir a inscrição intima das questões de Reforma Fiscal no "código genético" da AFP, merece destaque de lembrança que, ainda antes da sua constituição formal, ocorrida em Abril do 1965, o núcleo organizador e polarizador da colectividade em formação promoveu em Dezembro de 1963, com o apoio do Ministério das Finanças e da Associação Comercial de Lisboa, umas Jornadas de Estudo de Direito Fiscal dedicadas à analise em profundidade de todo o novo quadro introduzido pela "Reforma Teixeira Ribeiro", logrando, ao mais alto nível da "comunidade fiscal portuguesa" de então, a participação pluridisciplinar e pluriprofissional que se visava a congregar na futura AFP. Ouvimos há pouco um dos participantes activos nessas Jornadas, o Dr. Henrique Medina Carreira, recordar a exemplaridade do evento, de que, felizmente, nos ficou o registo proporcionado pela publicação das actas dos trabalhos num dos volumes dos "Cadernos de Ciência e Técnica Fiscal", editados pelo Centro do Estudos Fiscais da DGCI, e que foi realmente um marco inaugural decisivo para o reconhecimento, por todos os potenciais interessados, dos efeitos altamente benéficos para o progresso da fiscalidade portuguesa que se poderiam esperar da criação da AFP.

Paulo de Pitta e Cunha, então jovem assistente na Faculdade de Direito da Universidade de Lisboa, foi um desses interessados, figurando entre os fundadores da AFP, e não resisto a dar aqui conta de um episódio de colaboração científica com a novel Associação que me tocou de perto e que é significativo dos atributos de camaradagem disponível e de capacidade fora do comum do nosso homenageado.

A primeira grande manifestação publica da AFP consistiu na organização em Lisboa do XX Congresso Internacional de Direito Financeiro e Fiscal da IFA que, de 5 a 9 de Setembro do 1966, reuniu na Aula Magna da Reitoria da Universidade mais de mil congressistas, vindos do todo o mundo, sendo ainda de referir, de passagem, que, por iniciativa da AFP, em conjugação com a Associação Espanhola de Direito Financeiro e o Instituto Latinoamericano de Direito Tributário (ILADT), se realizaram na semana seguinte na Curia, em ligação com a Universidade de Coimbra, as I Jornadas Luso-Hispano – Americanas de Estudos Tributários, de âmbito circunscrito a fiscalistas dos dois países ibéricos e dos países latino-americanos.

Estas duas realizações combinadas obtiveram excepcional projecção e saldaram-se por um notável êxito científico e social cujos reflexos ainda hoje perduram nas relações privilegiadas que, desde então, a AFP continua a manter com a IFA, o ILADT e as congéneres espanholas. Sem embargo, o Congresso da IFA foi ameaçado por um dissabor inesperado que poderia ter lançado uma sombra muito desagradável sobre os trabalhos e, de certo modo, a qualidade da organização. É que, cabendo ao pais anfitrião designar o relator geral de um dos dois temas principais, o que fora feito oportunamente, sucedeu que, já com o relatório escrito apresentado, o relator nos comunicou, quase em cima do acontecimento, que estava impedido do comparecer nos debates. Dado o papel fulcral previsto para o relator geral na economia dos trabalhos (apresentação técnica do tema, tendo em conta os numerosos relatórios nacionais, moderação e intervenção muito activa nas discussões, preparação das conclusões, etc.), a coisa apareceu-nos com todo o ar de catástrofe. Tendo sido o secretário geral do Congresso e nessa qualidade acompanhado por dentro todas as vicissitudes da organização ainda hoje me recordo dos meus pesadelos na circunstância... Pois bem e a nosso convite, o Paulo prontificou-se, sem hesitações, a salvar a situação, substituindo o relator, não obstante o esforço redobrado e a responsabilidade que isso significava. Mais: a qualidade das suas intervenções veio a ser um factor de primeira importância para o sucesso científico do trabalho sobre o tema, como os congressistas nacionais e estrangeiros reconheceram e fizeram questão de salientar. Foi uma estreia preciosa, se assim o posso dizer, e oportuníssima dadas as circunstancias, no historial da colaboração continuada de Paulo de Pitta e Cunha com a Associação, que se efectivou, ao longo dos anos, quer internamente, quer em representação da AFP no estrangeiro, mediante a participação em congressos e jornadas de estudo, ou realizando conferências, coordenando colóquios e seminários, moderando mesas redondas, etc. Em razão da matéria, destacam-se as suas contribuições para o estudo das questões da Reforma Fiscal, sobretudo dos problemas da passagem do sistema cedular ao sistema unitário na tributação do rendimento, que seria a chave da Reforma de 1988/89, e, a partir da fase em que ganhou actualidade e relevância crescente o progressivo aprofundamento das relações de Portugal com a então CEE, para a discussão das correlativas questões fiscais e seu impacto económico-financeiro.

Revertendo a um plano mais institucional, Paulo de Pitta e Cunha, como já foi lembrado aqui, desempenhou de 1974 a 1978 o cargo de Presidente do Conselho Directivo da AFP e é desde 1978 Presidente do Conselho Cientifico, órgão a que pertencia de há muito como vogal nato por inerência do seu status académico.

Pode dizer-se, assim, sem ponta de exagero, que a acção de Paulo de Pitta e Cunha é indissociável da história da AFP desde os primórdios da Associação e isto na medida em que não o podemos separar da história da fiscalidade portuguesa contemporânea, quer na sua vertente teórica, quer em realizações práticas fundamentais. Permita-me agora ele que o abraço que daqui lhe envio seja dirigido ao homem de ciência mas também de carácter, ao amigo certo dos seus amigos que é e sempre foi.

Grato pela vossa atenção.

INTERVENÇÃO DO DIRECTOR-GERAL DAS CONTRIBUIÇÕES E IMPOSTOS

Dr. Paulo Macedo

Senhor Secretário de Estado dos Assuntos Fiscais
Senhores Presidentes da Associação Fiscal Portuguesa e do Instituto de Direito Económico, Financeiro e Fiscal,
Minhas Senhoras e meus Senhores,

Começo por saudar a Associação Fiscal Portuguesa e o Instituto de Direito Económico, Financeiro e Fiscal pela organização destas Jornadas, às quais a Direcção-Geral dos Impostos não hesitou em se associar, patrocinando-as e contribuindo com diversas intervenções e participantes. Fizemo-lo com particular empenho e satisfação, pela importância que a Reforma Fiscal teve na criação de um sistema fiscal moderno como é o português e pelo que a Reforma Fiscal significou na mudança qualitativa das relações da Administração Fiscal com os contribuintes.

Associamo-nos naturalmente também a esta merecida homenagem ao Presidente da Comissão da Reforma Fiscal, homenagem que me permito estender aos restantes membros da Comissão, designadamente aos anteriores senhores Directores do Centro de Estudos Fiscais, a Dra. Maria de Lourdes Correia e Valle e o Juiz Conselheiro Prof. Dr. Freitas Pereira, que, por motivos vários, não puderam estar aqui presentes, mas que contribuíram de forma decisiva para o que é hoje, apesar das diversas alterações entretanto efectuadas, a espinha dorsal do Código do Imposto sobre o Rendimento das Pessoas Colectivas.

Refiro aliás, a este propósito, que no dia 28 do passado mês de Julho, o Conselho de Administração Fiscal da Direcção-Geral dos Impostos, a que presido, fez lavrar em acta um voto de louvor, cujo teor cito:

"O Conselho de Administração Fiscal associa-se à merecida homenagem que a Associação Fiscal Portuguesa irá prestar ao Presidente da Comissão da Reforma Fiscal de 1989, Senhor Professor Doutor Paulo Pitta e Cunha, na comemoração dos 15 anos da Reforma Fiscal, enaltecendo a elevada competência técnica e científica posta ao serviço da modernização do sistema fiscal português, materializada em vários estudos e documentos de trabalho elaborados pela Comissão que liderou, a cujos membros se estende o presente e merecido louvor, culminando com a publicação dos códigos dos impostos sobre o rendimento das pessoas singulares e das pessoas colectivas e do código da contribuição autárquica".

Uma vez mais, o nosso obrigado, Senhor Professor Doutor Pitta e Cunha.

Desde que tomei conta do cargo que agora ocupo, procurei que a Administração Fiscal reforçasse o acesso à visão do exterior, quer sobre o funcionamento da organização, quer sobre o fenómeno tributário, quer em termos teóricos, quer relativamente às soluções concretas vigentes. Entre outras iniciativas, instituí uma prática no Conselho de Administração Fiscal que se traduz em ocupar a parte inicial da reunião do Conselho com intervenções de personalidades de reconhecido mérito na área da fiscalidade que nos fornecem a sua própria perspectiva sobre as mais diversas questões relevantes. Em minha opinião, estas intervenções têm traduzido contributos muito importantes para que melhor possamos cumprir a missão que, por lei, nos está cometida.

É também neste contexto que encaramos a participação da Direcção-Geral dos Impostos nestas Jornadas, cujo sucesso se deve em muito à excelência das comunicações apresentadas e à valia técnica dos debates produzidos sobre matérias cuja actualidade e importância são evidentes.

Durante as Jornadas reflectiu-se sobre as opções legais da Reforma de 88/89, os seus desenvolvimentos e a sua desvirtuação parcial. Foram também abordados os desafios do futuro que qualquer sistema fiscal enfrenta (e o português não é excepção): os fenómenos da globalização da economia, do comércio electrónico, da tendencial integração dos sistemas fiscais dos países da União Europeia, do rápido desenvolvimento tecnológico, não raras vezes associado às mais sofisticadas fraudes fiscais internacionais.

Um dos temas recorrentes nesta área é a conclusão no sentido da necessidade de aumentar os níveis de eficiência e eficácia da Direcção--Geral dos Impostos. Este aspecto é absolutamente vital para que possamos cumprir os nossos objectivos, nomeadamente o objectivo principal, que consiste na obtenção da receita do Estado, ou seja, dos recursos necessários à prossecução dos fins que a Constituição da República lhe atribui.

Estamos a trabalhar no sentido do aumento da eficácia da organização, através da melhoria das plataformas tecnológicas, com o que esperamos reforçar o combate à evasão e maximizar a execução fiscal.

Programa de melhoria da eficácia da DGCI

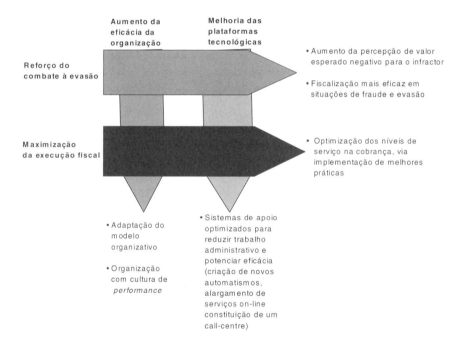

Mas não obstante reconhecer que é, de facto, possível e mesmo imperativo aumentar a eficiência e a eficácia da máquina fiscal, não posso deixar de contestar as afirmações de quem entende que todas as ineficiências do nosso sistema fiscal são imputáveis à Administração Fiscal.

Julgo, aliás, que ninguém acreditará que as leis são todas perfeitas e que quem falha são sempre as organizações que têm por missão zelar pela sua aplicação e pelo seu cumprimento. Os problemas surgem inclusivamente, não poucas vezes, durante o processo legislativo, já que nem sempre o legislador tem a preocupação de se assegurar que as normas que se propõe criar são exequíveis, designadamente em termos operativos (ou seja, tecnológicos e processuais), que o respectivo cumprimento pode ser controlado e de fazer uma análise custo/benefício da respectiva adopção. A ineficiência do sistema começa muitas vezes aqui.

Por outro lado, todos reclamam um sistema fiscal:
– que gere mais receita;
– que seja mais simples;
– que seja mais competitivo;
– que seja mais equitativo;
– que aceite apenas níveis reduzidos de fraude e evasão fiscais.

Não se tratará eventualmente de uma equação impossível, mas é certamente muito difícil conjugar todos estes aspectos. E neste processo só podemos avançar de forma gradual, seleccionando os passos que, em cada momento, devem ser dados de acordo com uma prévia definição de prioridades e tendo em conta os recursos disponíveis, assumindo de uma forma clara as opções adoptadas entre os "trade-offs" em presença.

O reforço do combate à evasão e fraude fiscais constitui um desses passos e é um objectivo essencial por seis ordens de razões:
– A necessidade absoluta de uma maior equidade fiscal, num sistema que abranja todos os contribuintes;
– A necessidade de um aumento da receita fiscal global, conseguido através da inclusão no sistema dos contribuintes dele excluídos e, simultaneamente, a redução da carga fiscal de cada contribuinte e a eliminação de distorções a diferentes níveis, já que, se todos pagarem os impostos devidos, é possível que cada um pague menos impostos;
– A eliminação (ou, pelo menos, a atenuação) de um factor de distorção, designadamente em termos de competitividade empresarial;
– A necessidade de evitar a delapidação do património do Estado, ou seja, de todos nós, que é causada pelas mais recentes tácticas fraudulentas de "reembolso" de impostos que não foram pagos por ninguém – a fraude já não consiste apenas em deixar de pagar o imposto que é devido; muitas vezes, "recupera-se" imposto que nunca foi pago;

- A necessidade de salvaguardar a receita voluntária;
- A necessidade de obviar à minimização do único instrumento significativo de política económica.

A percepção que os agentes económicos incumpridores têm do risco associado ao incumprimento é uma área importante em que pretendemos também agir. Neste contexto, haverá que aumentar a percepção da probabilidade de fiscalização e, não menos importante, da punição das infracções detectadas.

A introdução de novos mecanismos de fiscalização, a divulgação dos principais resultados das fiscalizações e das novas ferramentas de combate à evasão e a divulgação de custos económicos para o contribuinte incumpridor contribuirão certamente para aquele objectivo. Uma maior celeridade na execução de acções de inspecção e a agilização do processo decisório dos processos de contraordenação e de crime fiscal serão igualmente importantes.

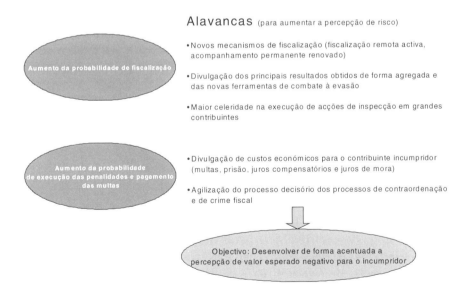

Gestão proactiva da percepção do risco pelos agentes económicos incumpridores

O êxito no combate à evasão e fraude fiscais passa principalmente pela definição, posterior calendarização e implementação "no terreno", de um programa integrado, já delineado, de medidas legislativas e de natureza operativa e tecnológica, que, se espera, permitirão atingir os resultados pretendidos. A maximização e optimização das funcionalidades e utilização de tecnologias de informação são objectivos inevitáveis no contexto da sociedade de informação em que vivemos.

A concretização destes objectivos passará por várias medidas, que foram já estudadas ou estão neste momento a ser estudadas, na perspectiva de definição de prioridades que antes referi.

Resultados esperados a médio prazo por força da automatização de processos, criação de call-centre e continuação do desenvolvimento do site da DGCI

Pretendemos, neste contexto, e entre outras medidas, disponibilizar um número crescente de serviços na Internet, criar canais alternativos de contacto com os contribuintes, automatizar procedimentos rotineiros, (como a emissão de certidões, cadernetas prediais, actualização de matrizes, actualização de cadastro, etc.) aumentar os serviços "self service" acessíveis aos contribuintes, evitando que tenham que se deslocar aos serviços da DGCI para cumprirem as suas obrigações, com ganhos globais de produtividade significativos para o País.

Em última instância, pretendemos afinal que seja prestado aos contribuintes, pela Administração Fiscal, um serviço de melhor qualidade que possa ajudar na sua necessária "reconciliação" com o sistema fiscal, assegurando a receita indispensável às crescentes pressões sociais impostas do lado da despesa.

Uma última palavra para manifestar o agradecimento da DGCI à Associação Fiscal Portuguesa e aos seus Presidente e Vice-Presidente, o Prof. Doutor Paz Ferreira e o Dr. Rogério Manuel Fernandes Ferreira que em boa hora decidiram organizar estas Jornadas.

Muito obrigado.

ÍNDICE

PREFÁCIO 5

1 – INTERVENÇÕES INICIAIS

Intervenção Inicial do Presidente da AFP 15

As Grandes Linhas da Reforma Fiscal de 1988-89 19
   Prof. Paulo de Pitta e Cunha

O Enquadramento Político da Reforma Fiscal de 1988/89 27
   Dr. Miguel Cadilhe

As Vicissitudes do Processo Legislativo na Reforma Fiscal de 1988/89 37
   Dr. Olívio Mota Amador

A Reforma da Tributação do Rendimento nos Anos 90: Encontros e Desencontros 49
   Conselheiro Ernesto da Cunha

Os Desenvolvimentos Posteriores à Reforma de 1988/1989 57
   Dr. Luís Máximo dos Santos

Resumo da intervenção 69
   Dr. Octávio Teixeira

2 – REFORMA FISCAL DE 1988/1989

2.1. A Tributação do Rendimento das Pessoas Singulares

O IRS na Reforma Fiscal de 1988/89 73
   Prof. Dr. Xavier de Basto

O Código do IRS face ao Direito Internacional Fiscal 89
   Prof. Doutor Manuel Pires

A Reforma Fiscal de 1989 (uma visão por dentro) 97
Dr. VASCO BRANCO GUIMARÃES

A Evolução dos Reembolsos no IRS: Uma Perspectiva Jurídico-Financeira 107
Dr. MANUEL FAUSTINO

Comunicação 121
Dr. JOAQUIM ÁGUEDA PETISCA

2.2. A Tributação do Rendimento das Pessoas Colectivas

O Enquadramento do IRC na Reforma Fiscal de 1988/89 133
Prof. Doutor ROGÉRIO FERNANDES FERREIRA

A Tributação das Sociedades na Constituição e na Reforma de 1988/89 145
Dr. HENRIQUE MEDINA CARREIRA

Tributação dos Lucros das Sociedades na U.E.: Perspectiva actual e evolução
    histórica 155
Dr. RAUL ESTEVES

O Conceito de Estabelecimento Estável na Tributação do Rendimento 171
Prof. Doutor LUÍS MENEZES LEITÃO

O IRC no Contexto Internacional 185
Dr. LUÍS MAGALHÃES
KPMG

A Reforma Fiscal e a Competitividade das Empresas: Sucesso ou Oportu-
    nidade Perdida 239
Dr. CARLOS LOUREIRO
DELOITTE

Alguns Desafios ao Código do IRC – Preços de Transferência e o Desafio
    Europeu 251
Dra. PAULA ROSADO PEREIRA

2.3. A Tributação Local e os Benefícios Fiscais

A Tributação Local na Reforma Fiscal de 1988/89. Uma avaliação 15 anos
    depois 277
Prof. Doutor MANUEL PORTO

Os Benefícios Fiscais na Reforma Fiscal de 1988/89 297
Dr. Nuno Sá Gomes

Do Código da Contribuição Predial ao Código do Imposto Municipal
sobre Imóveis 313
Prof. Doutor Rui Duarte Morais

Algumas Notas em Especial sobre a Tributação de Prédios Urbanos no
Contexto da Reforma da Tributação do Património 327
Dr. Luís D. S. Morais

O papel do economista na reforma da tributação local – o "ontem", o
"hoje" e o "amanhã" 345
Dr. José Carlos Gomes Santos

Breves Notas sobre Benefícios Fiscais numa Perspectiva Económica 355
Dra. Maria Teresa Barbot Veiga de Faria

3 – NOVOS DESAFIOS DA TRIBUTAÇÃO

3.1. O Investimento Estrangeiro e os Contratos Fiscais

Intervenção 361
Conselheiro Presidente do S.T.A. Dr. Manuel Fernando dos Santos Serra

Resumo da intervenção 365
Dra. Maria Eduarda Azevedo

Investimento Estrangeiro e Contratos Fiscais 369
Prof. Doutor José Casalta Nabais

Em torno do «investimento estrangeiro e contratos fiscais»: Uma visão
sobre a competitividade fiscal portuguesa 395
Dr. Ricardo Henriques da Palma Borges

IDE: Sucursais e Subsidiárias – Discriminações e Situações Triangulares 435
Dr. Francisco de Sousa da Câmara

3.2. Fiscalidade Ambiental e do Urbanismo

Fiscalidade do Ambiente e do Urbanismo – que Papel? 453
Dr. Rodolfo Vasco Lavrador

(Um d`) Os Novos Desafios da Fiscalidade Ambiental: A Política Energética e as Finanças Públicas 457
Dra. CLAUDIA SOARES

O Automóvel e o Ambiente: o Contributo do Instrumento Fiscal 487
Dr. MANUEL TEIXEIRA FERNANDES

As Implicações Financeiras da Política Tributária Ambiental 497
Dr. GUILHERME WALDEMAR D'OLIVEIRA MARTINS

Fiscalidade Ambiental e do Urbanismo 539
Mesa Redonda
Dra. ISABEL MARQUES DA SILVA

A Tributação do Urbanismo no Quadro do Desenvolvimento Sustentável ... 545
Dr. CARLOS BAPTISTA LOBO

3.3. A Administração Tributária e as Novas Tecnologias

Encefalopatia Espongiforme Administrativa 585
Prof. Doutor JOÃO CAUPERS

A Administração Tributária e as Novas Tecnologias 595
Dr. JOÃO JOSÉ AMARAL TOMAZ

Um Ponto de Vista sobre a Administração Tributária 625
Dr. ANTÓNIO NUNES DOS REIS

Intervenção 633
Dr. MIGUEL TEIXEIRA DE ABREU

Administração Tributária e Novas Tecnologias – principais desafios, novas tecnologias e medidas em curso 639
Dr. TIAGO MARREIROS MOREIRA

3.4. A Harmonização e a Concorrência Fiscais

Intervenção 649
Prof. Doutor RUY DE ALBUQUERQUE

O Desafio dos Novos Estados-Membros e o Código de Conduta da Fiscalidade das Empresas 653
Dra. CLOTILDE CELORICO PALMA

Intervenção 677
Dra. MARIA MARGARIDA MESQUITA PALHA

Nova Reforma Fiscal 681
Dr. николай NUNO DE SAMPAYO RIBEIRO

4 – PERSPECTIVAS DE REFORMA

Globalization and Tax Systems 695
Prof. VITO TANZI

Desafios Actuais da Política Fiscal 707
Dr. ANTÓNIO CARLOS SANTOS

La Fiscalité des Societés dans L`Union Européenne Élargie 725
M. MICHEL AUJEAN

5 – HOMENAGEM AO PROF. DOUTOR PAULO DE PITTA E CUNHA E INTERVENÇÕES FINAIS

Relembrando os tempos da Reforma 757
Prof. PAULO DE PITTA E CUNHA

Intervenção do Presidente da AFP em homenagem ao Prof. Doutor PAULO
DE PITTA E CUNHA 763

Carta do Prof. RICHARD MUSGRAVE 767

Intervenção do Prof. Doutor PEDRO SOARES MARTÍNEZ 769

Intervenção do Vice-Presidente na AFP no encerramento das Jornadas..... 771

Alocução do Dr. JOÃO LOPES ALVES 779

Intervenção do Director-Geral das Contribuições e Impostos 785
Dr. PAULO MACEDO